U0567860

中国人为人、处世、治学的必读书

四书五经

（春秋）孔子等　著
思　履　译注

中国華僑出版社
北京

图书在版编目（CIP）数据

图解四书五经 /（春秋）孔子等著；思履译注．—北京：中国华侨出版社，2015.8（2019.8 重印）

ISBN 978-7-5113-5646-8

Ⅰ．①图… Ⅱ．①孔… ②思… Ⅲ．①四书－通俗读物 ②五经－通俗读物 Ⅳ．① B222.1-49 ② Z126.27-49

中国版本图书馆 CIP 数据核字（2015）第 210215 号

图解四书五经

著　　者：（春秋）孔　子等
译　　注：思　履
责任编辑：雪　珂
封面设计：韩立强
文字编辑：黎　娜
美术编辑：吴秀侠
经　　销：新华书店
开　　本：720mm × 1020mm　1/16　印张：51　字数：1450 千字
印　　刷：北京鑫海达印刷有限公司
版　　次：2016 年 8 月第 1 版　2019 年 8 月第 2 次印刷
书　　号：ISBN 978-7-5113-5646-8
定　　价：88.00 元

中国华侨出版社　北京市朝阳区静安里 26 号通成达大厦 3 层　邮编：100028
法律顾问：陈鹰律师事务所
发 行 部：（010）58815874　　传　　真：（010）58815857
网　　址：www.oveaschin.com　　E-mail：oveaschin@sina.com

前言

“四书五经”是“四书”和“五经”的合称，它是儒家思想文化的重要核心载体，是中华民族宝贵的精神财富。古代上至帝王将相、下至黎民百姓，他们修身、齐家、治国、立德都以“四书五经”为根本依据。现代人要想真正了解中华国学传统文化经典，就必须阅读“四书五经”。

“四书五经”之名始见于南宋，南宋著名理学家朱熹将“四书”“五经”进行编校整理后合称“四书五经”。所谓“四书”，是指《大学》《中庸》《论语》《孟子》这四本书，它们为儒家传道、授业的基本教材；所谓“五经”，是《诗经》《尚书》《易经》《春秋》和《礼记》这五本书的合称，经朱熹编订之后广为流传。“四书五经”自南宋定名后一直沿用至今，影响极为深远。

“四书五经”内容博大精深，蕴含着丰富的文化内涵，阅读时必须仔细琢磨品味。南宋理学家朱熹在阅读“四书”时曾说，要“先读《大学》，以定其规模；次读《论语》，以立其根本；次读《孟子》，以观其发越；次读《中庸》，以求古人之微妙处”。按照这个由浅入深的次序，我们将逐一介绍“四书”，以便读者对“四书”的大致内容有个基本的把握。

《大学》原本是《礼记》中的一篇，相传经由孔子的学生曾参整理成文，是孔子讲授“初学入德之门”的要籍。主要讲述“修身”“齐家”“治国”“平天下”的重要思想，这也成为儒家传统思想中知识分子尊崇的信条和最高的理想。

《中庸》也是《礼记》中的重要一篇，相传是“孔门传授心法”的著作，是孔子的孙子子思“笔之子书，以授孟子”的。中庸是儒家的一种主张，意思是“执两用中”。中庸也是完美之意，即在处理问题时不要走极端，而是要找到处理问题适合的方法，使人生变得完美。

《论语》由孔子的弟子及其再传弟子编撰而成，是儒家学派的经典著作之一，集中体现了孔子的政治主张、伦理思想、道德观念及教育原则等。

《孟子》由孟子和他的弟子记录并整理而成，是孟子言论的汇编，记录了孟子的治国思想、政治观点和政治行动，成书大约在战国中期，属儒家经典著作。

《诗经》是我国第一部诗歌总集，收录西周初年至春秋中叶三百余首诗歌，根据音乐不同划分为“风”“雅”“颂”三部分，全面反映了先秦时期社会生活的方方面面，同时诗中广泛运用赋、比、兴的写作手法，并开创了我国传统诗歌的现实主义之先河。

《尚书》是我国现存最早的官方史书，是上古历史文献的汇编。该书分为《虞书》《夏书》《商书》和《周书》四个部分，主要记录虞、夏、商、周各代一部分帝王的言行。

《易经》被誉为“群经之首，大道之源”，在内容上特别强调宇宙变化生生不已的性质，提出了“天地之大德曰生”“生生之谓易”的主张；又提出通变观念，“穷则变，变则通，通则久”，发挥了“物极必反”的思想，强调“居安思危”的忧患意识；还肯定了变革的重要意义。

《春秋》是中国现存最早的一部编年体史书，据传是由孔子修订的。记载了从鲁隐公元年（公元前 722 年）到鲁哀公十四年（公元前 481 年）的历史，内容包括诸侯国间的聘问、会盟、征伐、婚丧、篡弑等。书中几乎每个句子都暗含褒贬之意，这种“微言大义”的写法被后人称为“春秋笔法”。

《礼记》是一部儒家思想的资料汇编，里面包含的儒家思想史料相当丰富。它的思想理论性内容深厚而丰富，它以礼乐为核心，内容主要是记载和论述先秦的礼制、礼仪，记录孔子和其弟子等的问答，记述修身做人的准则等，涉及政治、伦理、哲学、美学、教育、宗教、文化等方面的思想学说。

“四书五经”是中国历史悠久、地位崇高的文化典籍，这些经典中蕴含了华夏先哲的智慧，记述了儒家学说的核心思想，内容涉及历史、政治、哲学、文学等方面。自西汉“独尊儒术”后，这些经典就一直备受推崇。阅读“四书五经”，既可修身养性，又可增智广识，还可立德立志。然而，传统国学经典对我们多数人来说可能存在着某些阅读障碍，因此我们撷取了“四书五经”中的精华内容，增加的注解、译文等辅助性栏目，为读者扫除字、词、句等阅读障碍，使两千年前的经典浅显易解。同时，为帮助读者更为直观地理解和领会古代先贤的思想与精神，编者精心绘制了与正文相契合的精美插图，原汁原味地再现了当时的历史背景、社会生活和人物的情感、精神风貌，诠释圣贤的思想和言论。图文配合，意境悠远，与经典古籍相得益彰，为读者的阅读增添了不少趣味，使阅读变为一种赏心悦目的视觉享受。

阅读“四书五经”，可以通晓古今智慧，塑造完整人格，丰富美好情感，同时改进我们的生活态度、工作态度和思维方式，成就不一样的人生。

目录

大学

中庸

论语

孟子

诗经

尚书

易经

春秋

礼记

大学

大学

《大学》虽然只有2000多字，却讲了齐家、治国、平天下的大道理。孙中山先生称之为“中国最有系统的政治哲学”。

《大学》

作者 曾参

曾子，姓曾，名参，字子舆。他出身于没落的贵族家庭，性格相当豪放。他勤奋好学，是儒学的积极推广者，是孔子之后具有承上启下作用的重要人物。

时代 春秋末年

西戎、犬戎与申侯伐周，杀周幽王于骊山，镐京大乱，周平王东迁洛邑。周室衰微，诸侯兼并相篡弑，诸侯领地动辄百里，王畿仅数里。礼崩乐坏，时局动荡，战祸不息，历时数百年。

内容 初学入德之门

朱熹自《礼记》之中取出《大学》一篇，分经一章，传十章，并且做了注。

曾子的学生把老师阐释的“大学之道”记录下来，编成书本。但在当时，这本书没有得到应有的重视，学者们只把它收在《礼记》中。一直到了唐朝，《大学》才受到了大儒韩愈的推崇。及至宋代，朱熹才把它定为“四书”的第一部书，并特意为《大学》作章句集注。

曾子得到了孔子的真传。

孔子之后，曾子将儒学继续发扬光大。

“三纲八目”是“大学之道”的核心。“三纲”指的是明德、亲民、至善；“八目”是格物、致知、诚意、正心、修身、齐家、治国、平天下。实际上，儒家学说都是围绕“大学之道”展开的，若是懂得了它，就好比抓住了一把打开儒学大门的金钥匙，到时就可以登堂入室，领略儒学经典中蕴藏的全部精义了。

曾参认为，早在夏商周时代，就已经开始强调品德之事了，他还引用《尚书》中的《康诰》《太甲》《帝尧》来论证：“《康诰》篇上说：‘能够光大美好的品德。’《太甲》篇上说：‘上天赋予的光明禀性是应该经常被注视的。’《帝尧》篇上说：‘伟大美德能够得以弘扬。’这些都是在说光明正大的美德应该得到发扬。”

格物致知是“大学之道”的第一个阶梯，是要我们研究了解每一种事物，这样的话心中的知识才有可能推究到极点。人的心灵最为敏锐，能够认识各种事物；而天下的各种事物，都有一定的道理可寻。只要对这些道理深入研究，就能让知识充实。

看得出，《大学》一书的形成和成熟，不但有孔子的智慧，也有曾子的智慧，甚至于朱熹的智慧也渗透其间。因此，也可以说《大学》是中国知识分子集体智慧的结晶。

三纲领

“大学之道，在明明德，在亲民，在止于至善”，这就是《大学》的第一句话，它讲的正是儒家学者的终极理想。儒家认为成人学习的根本有三点：

明明德

首先是要“明明德”，就是要把原本人自身所具备的善良通明的品德展现出来。虽然每个人都有这样的品德，但不是每个人都能将它们展现出来。所以儒家首先要倡导彰显自身的光明的德行，以光明整个社会。

亲民

其次是要“亲民”，就是要身躬力行地与周遭人相亲近，知其所难，助其所危。这是一个很广义的说法，我们知道每个儒家学者都有治国平天下的理想，所以所谓亲民，大方面指要亲近治下的民众，小方面则是指要关心周遭的每个人，无论为官还是为民，都要有为民着想、关心社会的心，这样才可以创造一个和谐的社会环境。

止于至善

最后是要“止于至善”，就是将事物做到尽善尽美而不动摇。这是一个很高的境界。

儒家心目中有一个理想的大同世界，在这个世界里，人们单纯善良，不欺互助，和谐无间。而要实现这样的大同，无疑需要每个人的努力。“明明德”“亲民”“止于至善”，统称为《大学》的三纲目，是儒家教育希望每个儒者应该具备的人生终极目的。

八条目

格物

格物，就是要求人们亲历其事，亲操其物，即物穷理，增长见识。在读书中求知，在实践中求知，而后明辨事物，穷尽事物之理。

致知

致知，就是从推格事物之理中，求为真知。所谓知，指道德意识而言，知既至，则能明是非、善恶之辨，闻见所及，胸中了然。物格而后知至。

诚意

诚意，就是要意念诚实。好善之意发于心之自然，非有所矫饰，自然能做到不欺人，亦不自欺，要在“慎独”上下功夫，严格要求自己，修养德行。

正心

正心，就是要除去各种不安的情绪，不为物欲左右，保持心灵的安静。心得其正，则公正诚明，无所偏倚。故意诚而后心正。

修身

修身，就是要不断提高自己的品德修养。只有自身的品德端正，修养深厚，无偏见，无邪念，才能为人民所拥护。

齐家

齐家，就是要整治好自己的家庭，只有教育好自己的家庭成员，才能教化人民。

治国

治国，就是要为政以德，实行德治，施仁政于国中。君主要像保护赤子那样保护人民，以至善之德教化人民，使人民除旧布新。

平天下

平天下，就是要布仁政于天下，使天下太平。平天下最重要的是要求君主具有“絜矩之道”，即以度己之心度人的崇高品质，作为人民的榜样。

六个步骤

止

知止是知道目的和标准。人生要有方向，事业要有目标，做人要有本分。事物之优劣，人事之是非都有标准，所以无论治国、齐家、修身都要知道目的和标准是什么。

定

目的既明，方向明确，则心志便能确定不移了。人生最怕没有方向，心志飘移，蹉跎岁月，一事无成。

静

心定下来，知道为了什么而活着、向哪个方向去努力，就会平心静气了。浮躁归于宁静，宁静方能致远。

安

“安”是随处而安稳。朱子释“安”字为“安，谓随处而安”。《管子·内业》曰：“圣人与时变而不化，从物而不移，能正能静，然后能定。”

虑

“虑”是思考精审。朱子《大学章句》释“虑”字为“虑，谓处事精详”。凡事需周密思考再行动，方能最大限度地避免各种偏颇与失误。

得

“得”有完成、达成的意思。朱子《大学章句》释“得”字为“得，谓得其所止”，就是最终达到当初所设定的目的和标准。

孙中山曾说：“我们今天要恢复民族精神，不但是要唤醒固有的道德，就是固有的知识也应该唤醒。中国有什么固有的知识呢？就人生对于国家的观念，中国古时有很好的政治哲学。我们以为欧美的国家，近来很进步，但是说到他们的新文化，还不如我们政治哲学的完全。中国有一段最有系统的政治哲学，外国的大政治家还没有见到、还没有说到那样清楚的，就是大学中所说的‘格物、致知、诚意、正心、修身、齐家、治国、平天下’那一段话。把一个人从内发扬到外，由一个人的内部做起，推到平天下止。像这样精微开展的理论，无论外国什么政治哲学家都没有见到，都没有说出，这就是我们政治哲学的知识中独有的宝贝，是应该要保存的。这种正心、诚意、修身、齐家的道理，本属于道德的范围，今天要把它放在知识范围内来讲，才是适当。我们祖宗对于这些道德上的功夫，从前虽然是做过了的，但是自失了民族精神之后，这些知识的精神，当然也失去了。所以普通人读书，虽然常用那一段话做口头禅，但是多是习而不察，不求甚解，莫明其妙的。”

【原文】

古之欲明明德于天下者，先治其国。

大学之道[①]，在明明德[②]，在亲民[③]，在止于至善[④]。

知止而后有定[⑤]，定而后能静，静而后能安，安而后能虑，虑而后能得[⑥]。

物有本末[⑦]，事有终始。知所先后，则近道矣。

古之欲明明德于天下者，先治其国；欲治其国者，先齐其家；欲齐其家者，先修其身；欲修其身者，先正其心；欲正其心者，先诚其意；欲诚其意者，先致其知；致知在格物[⑧]。

物格而后知至，知至而后意诚，意诚而后心正，心正而后身修，身修而后家齐，家齐而后国治，国治而后天下平。

自天子以至于庶人，壹是皆以修身为本[⑨]。

其本乱[⑩]，而末治者，否矣。其所厚者薄，而其所薄者厚，未之有也。

【注解】

①道：指一定的人生观、世界观和思想体系。②明明德：前一个“明”为动词，使……明显。明德，就是美德，美好的德行。③亲民：亲，当作“新”，动词，使……革旧更新。民，天下的人。④止：达到。至善：指善的最高境界。至，极。⑤止：所到达的地方，用作名词，指上文所说的“止于至善”。⑥得：获得。⑦本：树的根本。末：树梢。⑧致知：致，达到，求得。知，知识。格物：推究事物的原理。⑨壹是：一切。⑩乱：紊乱。这里指破坏的意思。

【译文】

大学的主旨，在于使人们的美德得以显明，在于鼓励天下的人革除自己身上的旧习，在于使人们达到善的最高境界。

知道所应达到的境界是“至善”，而后才能有确定的志向，有了确定的志向，而后才能心静不乱，心静不乱而后才能安稳泰然，安稳泰然而后才能行事思虑精详，行事思虑精详而后才能达到善的最高境界。

世上万物都有本有末，万事都有了结和开始，明确了它们的先后次序，那么就与道接近了。

在古代，想要使美德显明于天下的人，首先要治理好他的国家；想要治理好自己的国家，首先要整治好他的家庭；想要整治好自己的家庭，首先要努力提高自身的品德修养；想要提高自身品德修养，首先要心正不邪；想要心正不邪，首先要自己意念诚实；想要意念诚实，首先要获得一定的知识；而获得知识的方法就在于穷究事物的原理。

只有将事物的原理一一推究到极处，而后才能彻底地了解事物；只有彻底地了解事物，而后才能意念诚实；只有意念诚实，而后才能心正不邪；只有心正不邪，而后才能提高自身的品德修养；只有提高了自身的品德修养，而后才能整治家庭；只有整治好家庭，而后才能治理好国家；只有治理好国家，而后才能使天下太平。

从天子到老百姓，都要以提高自身品德修养作为根本。

自身的品德修养这个根本被破坏了，想要家齐、国治、天下平，那是不可能的。正如我所厚待的人反而疏远我，我所疏远的人反而厚待我，这样的事情是没有的。

【原文】

《康诰》曰①：“克明德②。”

《太甲》曰③：“顾諟天之明命④。”

《帝典》曰⑤：“克明峻德⑥。”皆自明也。

【注解】

①《康诰》：是《尚书·周书》中的篇名。周公在平定三监（管叔、蔡叔、霍叔）武庚所发动的叛乱后，便封康叔于殷地。这个诰就是康叔上任之前，周公对他所做的训辞。②克：能够。明：崇尚。③《太甲》：是《尚书·商书》中的篇名。④顾諟天之明命：这是伊尹告诫太甲的话。顾，回顾，这里指想念。諟，是，此。明命，即明德，古人认为是天所赋予的，故称为明命。⑤《帝典》：即《尧典》，《尚书·虞书》中的篇名，主要记述尧、舜二帝的事迹。⑥峻：大。

【译文】

《康诰》中说：“能够崇尚美德。”

《太甲》中说：“经常想念上天赋予的美德。”

《尧典》中说：“使大德能够显明。”这些都是说要使自己的美德得以发扬。

【原文】

汤之盘铭曰①：“苟日新②，日日新，又日新。”

《康诰》曰：“作新民。”

《诗》曰③：“周虽旧邦④，其命维新⑤。”

是故，君子无所不用其极⑥。

【注解】

①汤：即商汤，商朝的建立者。盘：青铜制的盥洗器具。铭：即镂刻在器皿上用以称颂

功德或申鉴戒的文字，后来成为一种文体。②苟：假如，如果。③《诗》：指《诗经》。是我国第一部诗歌总集。这里所引的两句诗，出自《诗经·大雅·文王》，这是一首歌颂周文王的诗。④周：指周国。邦：古代诸侯封国之称。⑤命：天命。⑥君子：这里指统治者。极：尽头，顶点。

【译文】

商汤在盘器上镂刻警辞说："如果能在一天内洗净身上的污垢，那么就应当天天清洗，每日不间断。"

《康诰》中说："振作商的遗民，使他们悔过自新。"

《诗经》中说："周国虽是一个古老的诸侯国，但由于文王初守天命除旧布新，所以它的生命力还是旺盛的。"

所以，那些执政者在新民方面，没有一处不用尽心力，达到善的最高境界。

【原文】

《诗》云："邦畿千里①，维民所止②。"

帮畿千里，维民所止。

《诗》云："缗蛮黄鸟③，止于丘隅④。"子曰："于止，知其所止，可以人而不如鸟乎⑤？"

《诗》云："穆穆文王，于缉熙敬止⑥。"为人君，止于仁；为人臣，止于敬；为人子，止于孝；为人父，止于慈；与国人交，止于信。

《诗》云："瞻彼淇澳⑦，菉竹猗猗⑧。有斐君子⑨，如切如磋⑩，如琢如磨⑪。瑟兮僩兮⑫，赫兮喧兮⑬。有斐君子，终不可諠兮⑭！""如切如磋"者，道学也；"如琢如磨"者，自修也；"瑟兮僩兮"者，恂慄⑮也；"赫兮喧兮"者，威仪也；"有斐君子，终不可諠兮"者，道盛德至善，民之不能忘也。

《诗》云："于戏⑯！前王不忘。"君子贤其贤而亲其亲，小人乐其乐而利其利，此以没世不忘也⑰。

【注解】

①邦畿：古代指直属于天子的疆域。即京都附近地区，以后多指京城管辖地区。千里：方圆千里。②维：犹"为"。止：居住。③缗蛮：鸟鸣声。缗，原诗为"绵"字。黄鸟：即

麻雀。④ 止：栖息。丘：多树的土山。隅：原诗为“阿”字，即较大的丘陵。这两句诗引自《诗经·小雅·绵蛮》。⑤“子曰”一句：孔子这段话的意思是，鸟都知道在应该栖息的地方栖息，那么人更应当努力达到善的最高境界。⑥ 于：同“於”，乌的古字，叹词。缉熙：光明的样子。止：语气词。这两句诗引自《诗经·大雅·文王》。⑦ 淇：淇水，在今河南省北部。澳：水弯曲的地方。⑧ 猗猗：优美茂盛的样子。⑨ 斐：有文采的样子。君子：指卫武公。⑩ 如切如磋：指治学应如切锉骨器那样严谨。切，用刀切断。磋，用锉锉平。⑪ 如琢如磨：指修身应如琢磨玉器那样精细。琢，用刀雕刻。磨，用沙磨光。⑫ 瑟：庄重。僩：威严。⑬ 赫：光明。喧：有威仪貌。⑭ 諠：忘记。⑮ 恂：惶恐。慄：恐惧。恂慄，即谦恭谨慎的样子。⑯ 于戏：音义同“呜呼”，叹词，相当于现代汉语的“哎呀”。⑰ 没世：终身，一辈子。

【译文】

《诗经》中说：“方圆千里的京都，那里都为许多百姓所居住。”

《诗经》中说：“缗蛮叫着的黄鸟，栖息在山丘多树的地方。”孔子说：“黄鸟在栖息的时候，都知道栖息在它所应当栖息的处所，难道人反而不如鸟吗？”

《诗经》中说：“端庄美好的周文王啊，为人光明磊落，做事始终庄重谨慎。”做君主的要尽力施行仁政，做臣子的要尽力恭敬君主，做儿女的就要尽力孝顺父母；做父亲的就要尽力做到对儿女慈爱；与他人交往，要尽力做到诚实守信。

《诗经》中说：“看那淇水弯曲的岸边，绿竹优美茂盛。那富有文采的卫武公，研究学问如切磋骨器，修炼自身如琢磨美玉，认真精细。他的仪表庄重威严，他的品德光明显赫。这样一位文采斐然的卫武公，真是令人难忘啊！”“如切如磋”，是说他研求学问的功夫；“如琢如磨”，是说他省察克治的功夫；“瑟兮僩兮”是说他戒慎恐惧的态度；“赫兮喧兮”，是说他令人敬畏的仪表；“有斐君子，终不可諠兮”，是说他盛大德行臻于至善的地步，人民所以不能忘记他啊。

《诗经》上说：“呜呼！前代贤王的德行我们不能忘记啊！”后世的贤人和君主，仰赖前代贤王的教化，尊敬他们所尊敬的贤人，亲近他们所亲近的亲人；后世的人民，也仰赖前代贤王的教化，享受他们赐予的安乐和福利。所以在他们没世以后永久也不会被人们忘记啊！

【原文】

子曰：“听讼，吾犹人也，必也使无讼乎[①]！”无情者不得尽其辞[②]。大畏民志[③]，此谓知本。

【注解】

①“子曰”一句：引自《论语·颜渊篇》。听：处理，判断。讼：诉讼，争讼。② 无情：情况不真实。辞：此处指虚诞的言辞。③ 畏：作动词，让……敬服。意谓在上者之明德既明，自然能使人民的心志为之畏服。

【译文】

孔子说："听诉讼审理案子，我也和别人一样，最要紧的，在于使诉讼不再发生。"使隐瞒真实情况的人不敢陈说虚诞的言辞来控告别人，自然没有争讼。让人民敬服圣德，没有争讼，这才叫知道根本。

听讼，吾犹人也，必也使无讼。

【原文】

此谓知本[①]。此谓知之至也[②]。

【注解】

① 此谓知本：这一句和上一章的末句相同，程子以为是"衍文"，就是多余的一句，应该删去。② 此谓知之至也：朱子以为这一句的上面有阙文，这是阙文结尾的一句。

【译文】

这才叫知道听讼的根本。这才叫了解得彻底。

【原文】

所谓诚其意者，毋自欺也[①]。如恶恶臭[②]，如好好色[③]，此之谓自谦[④]。故君子必慎其独也[⑤]。

小人闲居为不善[⑥]，无所不至。见君子而后厌然[⑦]，揜其不善[⑧]，而著其善[⑨]。人之视己，如见其肺肝然，则何益矣！此谓诚于中，形于外。故君子必慎其独也。

曾子曰："十目所视，十手所指，其严乎[⑩]！"

富润屋，德润身[⑪]，心广体胖[⑫]，故君子必诚其意。

【注解】

① 自欺：自己欺骗自己。② 恶恶：前一个"恶"字，动词，憎也。后一个"恶"字，形容词，不善也。③ 好好：前一个"好"字，动词，爱也。后一个"好"字，形容词，美也。④ 谦：同"慊"，快也，足也。⑤ 独：独处也。⑥ 闲居：即独处。⑦ 厌然：闭藏貌。就是藏藏躲躲见不得人的样子。⑧ 揜：覆蔽也，就是遮掩的意思。⑨ 著：显明。⑩ 其严乎：严，敬畏也。其严乎，是说敬畏之甚也。⑪ 润身：谓润益其身，荣泽见于外也。可引申为修养身心。润，益也，泽也。⑫ 广：宽大之意。胖：舒坦。

【译文】

所谓“诚其意”，是说不要自己欺骗自己。要使厌恶不好的事物如同厌恶腐坏的气味一样，喜爱善良如同喜爱美色一样，这就是求得满足，没有丝毫矫饰的意思。所以君子致力于自修，尤其在一个人独处，所行所为没有别人知道的时候特别慎重。

小人在他一个人独处的时候做坏事，无所不为，见到君子便藏藏躲躲地掩盖他的坏处，彰显他的善良。可是别人看来，看到他的坏处如同看见他的肺腑一样清清楚楚，这样掩饰，又有什么益处呢？这就是说，一个人内心的真实，一定会表现于外的。所以君子致力于自修，特别慎重，尤其当一个人独处，所行所为没有别人知道的时候。

曾子说：“在一个人独处的时候，就像有十只眼睛在注视着自己，十只手在指着自己，这是多么严峻而可畏啊！”

财富可以修饰房屋，道德可以修饰人身，使心胸宽广而身体舒泰安康。所以，品德高尚的人一定要使自己的意念真诚。

【原文】

所谓修身，在正其心者。身有所忿懥[①]，则不得其正；有所恐惧，则不得其正；有所好乐，则不得其正；有所忧患，则不得其正。

心不在焉，视而不见，听而不闻，食而不知其味。

此谓修身，在正其心。

【注解】

① 身：程颐认为应为“心”。忿懥：愤怒。

【译文】

所谓的“修身，在正其心”，是说心里有了愤怒，于是心就不能端正；有了恐惧，于是心就不能端正；有了贪图，于是心就不能端正；有了愁虑，心就不能端正。

如果心不专注，心中有了愤怒、恐惧、贪图、愁虑而不知检察，为它们所支配，那么，眼睛看着东西却像没有看到，耳朵听着声音却像没有听到，口里吃着东西也不知道是什么滋味了。

所以说修身在于端正自己的心。

【原文】

所谓齐其家，在修其身者。人之其所亲爱而辟焉[①]，之其所贱恶而辟焉，之其所畏敬而辟焉，之其所哀矜而辟焉[②]，之其所敖惰而辟焉[③]。故好而知其恶，恶而知其美者，天下鲜矣！

故谚有之曰："人莫知其子之恶，莫知其苗之硕④。"

此谓身不修，不可以齐其家。

【注解】

①之：同"于"，对于。辟：偏向。②哀矜：同情，怜悯。《诗经·小雅·鸿雁》："爱及矜人，哀此鳏寡。"③敖：倨慢。惰：怠慢，不敬。④硕：本谓头大，引申为大，这里是茂盛的意思。

【译文】

所谓的"齐其家，在修其身"，是说一般人对于自己所亲近爱护的人往往有过分亲近的偏向；对于自己所轻蔑厌恶的人往往有过分轻蔑厌恶的偏向；对于自己所畏服敬重的人往往有过分敬畏尊重的偏向；对于自己所哀怜悯恤的人往往有过分爱怜悯恤的偏向；对于自己所鄙视怠慢的人往往有过分鄙视怠慢的偏向。所以，喜爱一个人而又能了解他的坏处，厌恶一个人而又能了解他的好处，这种人真是天下少有了。

因此有谚语说："人都不知道自己儿子的缺点，不满足自己禾苗的茁壮。"

这就叫作不提高自身的品德修养，就不能整治好家庭。

【原文】

所谓治国，必先齐其家者，其家不可教而能教人者无之。故君子不出家而成教于国。孝者，所以事君也；弟者，所以事长也；慈者，所以使众也。

欲治其国，先齐其家。

《康诰》曰："如保赤子①。"心诚求之，虽不中，不远矣，未有学养子而后嫁者也。

一家仁，一国兴仁；一家让，一国兴让；一人贪戾，一国作乱；其机如此。此谓一言偾事②，一人定国。

桃之夭夭，其叶蓁蓁。之子于归，宜其家人。

尧、舜帅天下以仁而民从之③。桀、纣帅天下以暴而民从之，其所令，反其所好，而民不从。是故，君子有诸己而后求诸人④；无诸己而后非诸人，所藏乎身不恕，而能喻诸人者，未之有也。

故治国，在齐其家。

《诗》云："桃之夭夭，其叶蓁蓁。之子于归，宜其家人⑤。"宜其家人，而后可以教国人。

《诗》云："宜兄宜弟⑥。"宜兄宜弟，而后可以教国人。

《诗》云："其仪不忒，正是四国⑦。"其为父子兄弟足法，而后民法之也。

此谓治国，在齐其家。

【注解】

要以爱护婴儿一样的心情去爱护百姓。

①赤子：初生的婴儿。孔颖达疏："子生赤色，故言赤子。"《尚书·周书·康诰》原文作"若保赤子。"②偾事：犹言败事。偾，覆盖。③帅：同"率"，率领，统帅。④有诸己：为自己所有的。这里指自己有了善的品德。诸，"之于"的合音。⑤"桃之"四句：这四句诗引自《诗经·周南·桃夭》的最后一段。《桃夭》这首诗是祝贺女子出嫁时所唱的歌。夭夭：草木茂盛的样子。诗以桃树喻少女。蓁蓁：树叶茂盛的样子。之子：那个少女，指待嫁少女。于归：出嫁。⑥宜兄宜弟：这句诗引自《诗经·小雅·蓼萧》。《蓼萧》是一首感恩祝福的诗歌。宜兄宜弟意为使家中兄弟互相友爱。⑦"其仪"两句：这两句诗引自《诗经·曹风·鸤鸠》。仪：指礼仪。忒：差错。正是：亦作"是正""整正"的意思。

【译文】

所谓治理国家，必须首先治好家庭，意思是说，如果连自己的家人都不能教育好而能教育好一国人民的人，那是没有的。所以君子能够不出家门，就把他的教化推广到全国。在家里孝顺父母，就能侍奉好君主；在家里恭顺兄长，就能尊辈长上；在家里慈爱子女，就能善于使用属下和民众。

《康诰》中说："(爱护百姓)如同爱护婴儿一样。"这就要求做父母的以诚恳之心去忖度婴儿的心情。虽然不能完全中意，但是也不会差得很远。爱子之心出于天性，人人都有。谁也没有见过女子先学会抚养孩子的方法而后再出嫁的。

国君的一家能够践行仁爱，仁爱就会在一个国家里盛行起来；国君的一家能够践行礼让，礼让就会在一个国家里盛行起来；要是国君自己贪婪暴戾，那么一国的人也会跟着起来作乱了。国君所作所为的关键作用竟有这样的重要。这就叫作一句话可以败坏事业，一个人的行为可以安定国家。

尧、舜用仁政统率天下，于是人民就跟随着仁爱；桀、纣以暴政统率治天下，那么人民也就跟他们不讲仁爱。他们要人民从善的政令，与他们喜好暴虐的本性是相违背的，于是人民不服从他们的政令。所以说，国君自己有了善的品德而后才能要求别人为善，自己身上没有恶习而后才能去批评别人，使人改恶从善。如果自己不讲恕道，却去开导别人要讲恕道，那是办不到的事。

所以君主要治理好国家，首先要治好他的家庭。

《诗经》中说："桃花是那么娇嫩美好，叶子又是那么茂盛，像花一样美好的这个女子，嫁到夫家，一定会和他的家人和睦相处。"君主只有使一家人和睦相亲，而后才能教育全国的人民。

《诗经》中说："家中兄弟和睦友爱。"君主只有使自家兄弟和睦相处、互相友爱，而后才能教育全国的人民。

《诗经》中说："他的行为规范仪容端庄没有差错，才能整治好各国。"国君要使自己家中的人，做父亲的慈爱、做儿子的孝顺、做兄长的友爱、做弟弟的恭敬，只有使他们的言行足以成为全国人民的标准，然后全国人民才会效法。

这就是所谓的，国君要治理好国家，首先要整治好他的家庭。

【原文】

所谓平天下，在治其国者，上老老而民兴孝①，上长长而民兴弟②，上恤孤而民不倍③，是以君子有絜矩之道也④。

所恶于上，毋以使下；所恶于下，毋以事上；所恶于前，毋以先后；所恶于后，毋以从前；所恶于右，毋以交于左；所恶于左，毋以交于右，此之谓絜矩之道。

外本内末，争民施夺。

《诗》云："乐只君子⑤，民之父母。"民之所好好之，民之所恶恶之。此之谓民之父母。

《诗》云："节彼南山，维石岩岩。赫赫师尹，民具尔瞻⑥。"有国者不可以不慎，辟则为天下僇矣。

《诗》云："殷之未丧师，克配上帝。仪监于殷，峻命不易[7]。"道得众，则得国；失众，则失国。

是故君子先慎乎德[8]。有德此有人，有人此有土，有土此有财，有财此有用。

德者，本也；财者，末也。

外本内末，争民施夺[9]。

是故财聚则民散，财散则民聚。

是故言悖而出者，亦悖而入；货悖而入者，亦悖而出。

《康诰》曰："惟命不于常[10]。"道善则得之；不善则失之矣。

《楚书》曰："楚国无以为宝，惟善以为宝。"

舅犯曰："亡人无以为宝[11]，仁亲以为宝。"

《秦誓》曰："若有一个臣，断断兮无他技[12]。其心休休焉[13]，其如有容焉。人之有技，若己有之。人之彦圣，其心好之，不啻若自其口出[14]。寔能容之[15]。以能保我子孙黎民，尚亦有利哉。人之有技，媢疾以恶之[16]。人之彦圣，而违之俾不通[17]。寔不能容，以不能保我子孙黎民，亦曰殆哉！"

亡人无以为宝，仁亲以为宝。

唯仁人放流之，迸诸四夷[18]，不与同中国[19]。此谓"唯仁人为能爱人，能恶人"。

见贤而不能举，举而不能先，命也[20]。见不善而不能退[21]，退而不能远，过也。

好人之所恶，恶人之所好，是谓拂人之性，菑必逮夫身[22]。

是故君子有大道，必忠信以得之，骄泰以失之。

生财有大道，生之者众，食之者寡，为之者疾，用之者舒[23]，则财恒足矣！

仁者以财发身，不仁者以身发财。

未有上好仁，而下不好义者也；未有好义，其事不终者也[24]；未有府库财，非其财者也。

孟献子曰[25]："畜马乘[26]，不察于鸡豚[27]；伐冰之家[28]，不畜牛羊；百乘之家[29]，不畜聚敛之臣，与其有聚敛之臣，宁有盗臣。"此谓国不以利为利，以义为利也。

长国家而务财用者，必自小人矣。彼为善之[30]，小人之使为国家，菑害并至，虽有善者，亦无如之何矣。此谓国不以利为利，以义为利也。

【注解】

唯仁人为能爱人。

①老老：尊敬老人。②长长：尊重长上。③恤：体恤，怜爱。倍：同"背"，违背。④絜：量度。矩：制作方形的工具。⑤只：犹"哉"，语气词。⑥"节彼"四句：节：高峻，雄伟的样子。维：发语词。岩岩：高峻的山崖。赫赫：显赫。师尹：太师尹氏的简称。师，太师，周王朝执政大臣之一。具：通"俱"。瞻：望。这里是"注视"的意思。⑦"殷之未丧师"四句：丧：丧失。师：众人。克：能。配：符合。仪监于殷：是说应以失败的殷商为借鉴。峻命：指天命。峻，大。⑧乎：在。⑨争民：使人民争斗。施夺：进行抢夺。⑩惟：只。命：指天命。不于常：没有一定常规。⑪亡人：流亡在外的人。⑫断断：诚恳的样子。⑬休休：平易宽容的样子。⑭不啻：不仅，不但。⑮寔："实"的异体字。《尚书》为"是"，可以通用。是，"这"的意思。⑯娟疾：嫉妒。"娟"，《尚书》为"冒"。⑰俾：使。不通：即不达于君。通，《尚书》为"达"。⑱迸：通"屏"，驱除。四夷：古代泛指我国边远地区的少数民族。东夷、西戎、南蛮、北狄，谓之四夷。⑲中国：汉族多建都于黄河南北，故称其地为"中国"，即中原地区。⑳"举而"二句：先：尽早地使用。命：当作"慢"字，是怠慢的意思。㉑退：离去。引申为摈斥。㉒菑："灾"的异体字，灾祸。逮：及，到。㉓舒：舒缓，适当。㉔终：完成。㉕孟献子：鲁国的大夫。姓仲孙名蔑。㉖乘：古时一车四马为一乘。㉗察：细看。引申为计较。㉘伐：凿。㉙百乘之家：指诸侯之下的大夫，有封邑，可出兵车百辆。㉚彼为善之：朱注："此句上下，疑有阙文误字。"

【译文】

所谓要使天下太平在于治理好国家，是因为国君尊敬老人，便会使孝敬之风在全国人民中兴起；国君尊敬长上，便会使敬长之风在全国人民中兴起；国君怜爱孤幼，便会使全国人民照样去做。所以，做国君应当做到推己及人，在道德上起示范的作用。

憎恶上面的人以无礼待自己，就不能以无礼对待下面的人；憎恶下面的人以不忠诚待自己，就不能以不忠诚来侍奉上面的人；憎恨前面的人以不善待自己，就不能把不善加在后面人的身上；憎恶后面的人以不善待自己，就不能以不善施于前面的人；憎恶右边的人以不善待自己，就不能以不善施于左边的人；憎恨左边的人对己不善，就不能以不善对待右边的人。这就是所说的道德上的示范作用。

《诗经》中说："快乐啊国君，你是全国人民的父母。"国君应当喜爱人民所喜爱的东西，憎恶人民所憎恶的东西。这才能称为人民的父母。

《诗经》中说："雄伟高峻那南山，石崖高峻不可攀。权势显赫尹太师，人民目光把你瞻。"掌握了国家大权的人不可以不慎重，如有偏差，就会被天下人民所不容。

《诗经》中说："殷代没有丧失众人拥护的时候，还能与上天的旨意相配合。今天我们周朝应以殷商的失败为借鉴，因为天命是不容易获得的。"国君能在道德上起模范作用，就会得到众人的拥护，也就会得到国家；否则，就会失去众人的拥护，也就会失去国家。

所以，国君首先要在道德修养上慎重从事，有了道德就会有人；有了人就会有国土；有了国土就会有财富；有了财富国家就好派用场。

道德像是树的根本，财富像是树的枝梢。

如果国君把道德和财富二者本末倒置，就会使人民相互争斗、抢夺。

所以，国君只是聚敛财富，就会使人民离散；国君把财富散发给人民，就会使人民聚集在他的周围。

所以，用违背情理的言语出口去责备别人，别人也将以违背情理的言语来回敬；用违背道理的手段聚敛来的财富，最终也会被别人用违背道理的手段掠夺去。

《康诰》中说："只有天命的去留没有常规。"好的道德就能得到天命，没有好的道德就会失去天命。

《楚书》说："楚国没有什么可以当作宝贝的，只有把'善'当作宝贝。"

（晋献公之丧，秦穆公使人吊公子重耳）重耳的舅舅子犯教重耳说："逃亡在外的人没有什么可以当作宝贝，只有把仁爱当作宝贝。"

《秦誓》中说："假如我有这样一个臣子，忠诚老实而没有其他本领，但是他品德高尚，胸怀宽广，能够容人，别人有才能，就像他自己有才能一样；别人具有美德，他打从内心喜爱，不只是像从他口中说出来的那样，这种胸怀宽广的人如果加以重用，那是完全可以保住我子孙后代和人民的幸福的，是完全可以为我子孙后代和人民谋利益的。如果别人有才能，便嫉妒和憎恨他；别人有美德，便对人家进行压制，使别人的美德不能被国君所了解，这种心胸狭窄的人如果加以任用，那是不能够保住我子孙后代和人民的幸福的，这种人是太危险了啊！

只有有仁德的人，才能把这种避贤忌才的人给予流放，驱逐他们到边远蛮荒的地方，不许他们与贤能的人同留在中原地区。这就是说只有有仁德的人，才懂得爱什么人、恨什么人。

见到贤才而不能荐举，或是虽然推举却又不能先于己而重用，这是以怠慢的态度

若有一个臣，断断兮无他技。其心休休焉，其如有容焉。

对待贤才；见到坏人而不能予以黜退，或是已予黜退却又不能驱之远离，这是政治上的失误。

如果你喜爱大家所厌恶的坏人，厌恶大家所喜爱的好人，这叫作违背了人的本性，灾祸必然会降临到你的身上。

所以国君要懂在道德上起示范作用的大道理，必须以忠诚老实的态度才能获得它，如果傲恣放纵，那就会失掉它。

创造财富有个重要方法，这就是让众多的人投入生产中去，减少消费的人数，并且要使生产加快，使用资财留有余地。这样才能使国家财富经常充足。

有仁德的国君会用散财使自身兴起，没有仁德的国君会用尽心机专门聚敛财富。

从来没有在上的国君爱行仁政，而在下的臣民不以忠义事君的事情；从来没有臣民都爱好仁义，而有什么事情做不成功的道理；没有听说过人民爱好忠义，而不能把国家府库中的财富当成自家财富那样给予保护的道理。

鲁国的贤大夫孟献子曾说："有四匹马拉车的大夫之家，不应该去计较那些饲养鸡豚的微利；能够凿冰丧祭的卿大夫之家，不应该饲养牛羊以图利；有兵车百乘并有封地的卿大夫之家，不应该蓄养只懂得聚敛民财的家臣。与其有这种敛财的家臣，还不如有盗窃府库的家臣。"这就是说，一个国家不应该以财货为利，而应该以仁义为利。

治理国家的君主专门致力于财富的聚敛，这一定是受了来自小人好利心理的影响。那些小人想以此投其所好，以获得国君的喜爱。如果国君重用那些小人来治理国家，那么天灾人祸就会同时到来。到那时，虽然有善人贤才，也是无可奈何，挽救不了的。这说明治理国家的人不能以自己的私利为利益，而应当以仁义为利益。

中庸

中庸

宋代朱熹说，《中庸》是"孔门"传授心法。《中庸》的内容，论述了人性、社会、政治、哲学，提出了具有普遍意义的中庸之道。

《中庸》

作者 子思

子思是孔子的孙子，子思的父亲早在孔子在世时就死了，但子思却获得了经常与孔子交流的机会。孔子死后，子思又拜曾子为师，成为儒家八派中的一个代表，他将他所得真传传给了孟子，便是《中庸》。我们现在经常说孔孟之道，要知道在孔子和孟子之间，还有曾子和子思为儒家做出的贡献。

时代 战国初年

战国始于公元前475年，或者从韩、赵、魏三家分晋（公元前403年）算起，至公元前221年秦并六国。战国时期，齐、楚、燕、韩、赵、魏、秦这七个诸侯强国连年征战，在军事、政治、外交各方面的斗争十分激烈。由于秦国的商鞅变法发挥了富国强兵的重要作用，秦国终于后来居上，逐一灭掉了其他六国，完成了"秦王扫六合"的统一大业。

内容 孔门心法

不偏不倚　过犹不及　忠恕之道

中庸，其实是一种处世方法，这种方法融入人的行为方式，就自然成为一种道德素养；融入国家管理，则成为政治管理原则。这里所讲的，就是这种处世方法的理论和运用。

安贫守志的子思

鲁缪公曾多次邀请子思做官，子思坚持不受。为了潜心研究学问，他移居到了宋国，以免被人打扰。鲁缪公这人倒是很执着，一次被拒绝了不死心，就派使者去宋国拜见子思，还带了一份厚礼。子思二话没说，当即把人赶了出去。子思一辈子也没做官，学生求学时给他的一点见面礼就成了他唯一的生活来源，所以他一辈子住在破旧的陋巷中度日，过着饥寒交迫的日子，跟颜回有点像。饱受生活折磨的子思，到了62岁的时候再也支撑不下去了，离开了人世。

子思作《中庸》。

何为"中庸"?《中庸》里主要讲了什么?

所谓中庸，宋代程颐解为："不偏之谓中，不易之谓庸。"《中庸》云："喜怒哀乐之未发，谓之中；发而皆中节，谓之和。中也者，天下之大本；和也者，天下之达道也。致中和，天地位焉，万物育焉。"这是《中庸》的核心思想，写出了天地和谐的自然天性，是宇宙的本来状态，而天地之间的人拥有这样的和谐状态，就达到很高的境界。天地万物达到一种和谐无碍的境界，人与天地合为一体，万物欣欣向荣，人则可以得到可持续的发展。

《中庸》不长，不到1万字，却是跟《论语》《孟子》并列的经典，它主要说的是什么呢？说白了就是中庸之道，就是用中正、中和的方式做人做事，这是《中庸》最核心的东西。

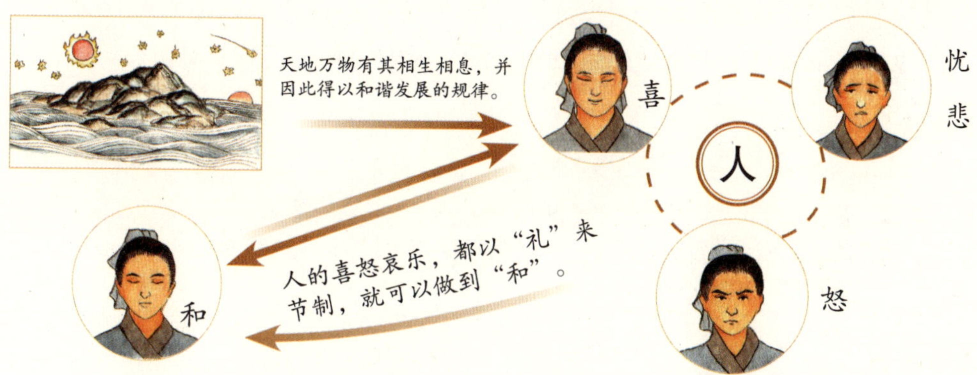

“中”原意不是现在人想的“持中，中立”那么简单，它其实是有点玄机的，首先是叫人不要过头了、极端了，不偏不倚是为中，万事都要刚好才行。就像是一道菜，火候适中时候才能烧好。《中庸》里还说“喜怒哀乐之未发，谓之中”，可见它还指人的本心，人人心里都有个“礼”，喜怒哀乐变成行为的时候，这个“礼”就让行为做到恰当、自如不过分。“庸”如何解呢？孔子说“不易之谓庸”，庸就是稳定不变的东西。一句话，中庸就是让人的内心和行为做到协调，做事情不要有过和不及。

如果说《大学》是治世哲学，那《中庸》可称得上修身哲学，如书中说“自诚明，谓之性；自明诚，谓之教。诚则明也，明则诚也”，说的是心诚跟明理的关系，如果理顺了，读书人可受益一辈子。所以历史上的朱熹、顾炎武、曾国藩诸人，读懂了《中庸》，才做到了至善、至诚的中庸境界。

《中庸》还提出了“诚”的概念。人要想与天地并列，达到天人合一的境界，就必须要“至诚”。曾子也把“诚”作为达到最高理想的必要修养，子思把诚发挥到极致。只有诚，才能充分发挥自己固有的天性，才能发挥事物最大的潜力，才能参与天地化育。

高明之道，中庸不是折中主义

孔子的中庸思想长时间被人误解。很多人觉得中庸就是“折中主义”，做到中庸的人就表现为唯唯诺诺、软弱无能，“好好先生”。其实，中庸所揭示的道理，非但不是这般消极悲观的，而且还是积极乐观的。承认矛盾、重视统一，这是中庸反映的道理，这也是儒家思想重要的一部分。这种“无过无不及”的“恰到好处”，就是儒家道德的最高准则。

《中庸》解释的不单是做人的道德准则，还涉及国计民生的问题，所以它才会成为人们终身受用的经典和“实学”。

【原文】

天命之谓性①，率性之谓道②，修道之谓教③。

道也者，不可须臾离也；可离，非道也。是故君子戒慎乎其所不睹，恐惧乎其所不闻。莫见乎隐④，莫显乎微⑤。故君子慎其独也。

喜怒哀乐之未发，谓之中⑥；发而皆中节⑦，谓之和。中也者，天下之大本也；和也者，天下之达道也。致中和，天地位焉，万物育焉。

【注解】

①天命之谓性：人的本性是上天所赐予的。命，令也。性，指天赋予人的本性。②率：循，遵循。道：是指事物运动变化所应遵循的普遍规律。③教：教化，政教。④见：通“现”，表现。隐：隐蔽，暗处。⑤微：细事。⑥中：指不偏不倚。⑦发：表露。中：合乎，符合。节：法度。

【译文】

天所赋予人的就是本性，遵循着本性行事发展就是道，把道加以修明并推广于众就是教化。

道，是不可以片刻离开的，如果可以离开，那就不是道了。所以，君子就是在没有人看见的地方也是谨慎小心的，在没有人听见的地方也是有所戒惧的。要知道，最隐暗的地方，也是最容易发现的。最微细得看不见的事物也是最容易显露的。因此，君子一个人独居的时候要特别谨慎。

人们喜怒哀乐的感情没有表露出来的时候无所偏向，叫作中；表现出来以后符合法度，叫作和。中，是天下万事万物的根本；和，是天下共行的普遍标准。达到“中和”的境界，那么，天地一切都各安其所，万物也都各遂其生了。

【原文】

仲尼曰：“君子中庸①，小人反中庸，君子之中庸也，君子而时中②。小人之反中庸也，小人而无忌惮也。”

【注解】

①中庸：不偏不倚，过与不及之间。②时中：做事恰到好处。

【译文】

孔子说：“君子的言行都符合中庸不偏不倚的标准，小人的言行违背了中庸的标准，君子之所以能够达到中庸的标准，是因为他们的言行处处符合中道。小人之所以处处违背中庸的标准，是因为他们无所顾忌和畏惧！”

【原文】

子曰：“中庸其至矣乎！民鲜能久矣①。”

【注解】

①鲜：少。

【译文】

孔子说："中庸是最高的道德标准了吧！可是人民已经长时间不能做到了。"

【原文】

子曰："道之不行也[1]，我知之矣：知者过之[2]，愚者不及也。道之不明也，我知之矣：贤者过之，不肖者不及也[3]。人莫不饮食也，鲜能知味也。"

子曰：人莫不饮食也，鲜能知味也。

【注解】

①道：中庸之道。②知者：指智慧超群的人。知，通"智"，智慧，聪明。③不肖者：柔懦的庸人，与贤者相对。

【译文】

孔子说："中庸之道不能在天下实行，我知道原因了：聪明的人自以为是，实行的时候超过了它的标准，而愚蠢的人智力不及，不能达到它的标准。中庸之道不能为人所明了，我也知道原因了：有德行的人要求过高，因而把它神秘化了；没有德行的人要求又太低，因而把它庸俗化了。这正像人们没有谁不吃不喝，但却很少有人能够真正品尝滋味。"

【原文】

子曰："道其不行矣夫[1]！"

【注解】

①其：助词，表示推测。矣夫：感叹语，意犹未尽的意思。

【译文】

孔子说："中庸之道恐怕不能在天下实行了啊！"

【原文】

子曰："舜其大知也与！舜好问而好察迩言[1]，隐恶而扬善，执其两端，用其中于民。其斯以为舜乎！"

【注解】

①迩言：浅近的话。《诗经·小雅·小旻》："维迩言是听，维迩言是争。"

【译文】

孔子说："舜帝可算是一个拥有大智慧的人吧！他乐于向别人请教，而且喜欢对那些浅近的话进行仔细审察。他包容别人的缺点而表扬其优点，他度量人们认识上过与不及两个极端的偏向，用中庸之道去引导人们。这就是舜之所以成为舜的原因吧！"

【原文】

子曰："人皆曰'予知'，驱而纳诸罟擭陷阱之中[①]，而莫之知辟也。人皆曰'予知'，择乎中庸，而不能期月守也[②]。"

人皆曰"予知"，驱而纳诸罟擭陷阱之中，而莫之知辟也。

【注解】

①罟：网的总称。擭：装有机关的捕兽木笼。罟擭陷阱，比喻利的圈套。②期月：一整月。

【译文】

孔子说："人人都说'我是明智的'，但是在利欲的驱使下，他们却都像禽兽那样落入捕网木笼的陷阱中，连躲避都不知道。人人都说'我是明智的'，但是选择了中庸之道却连一个月也不能坚持下去。"

【原文】

子曰："回之为人也[①]，择乎中庸。得一善，则拳拳服膺[②]，而弗失之矣。"

【注解】

①回：即颜回，字子渊，鲁国人，孔子最得意的门生。②拳拳：奉持之貌，牢握不舍的意思。服膺：谨记在心。

【译文】

孔子说："颜回的为人，选择了中庸之道。他得到了这一善道，就牢牢地把它记在心中，丝毫不敢忘却。"

【原文】

子曰："天下国家可均也[①]，爵禄可辞也[②]，白刃可蹈也[③]，中庸不可能也。"

【注解】

①均：平治。②爵禄：爵位俸禄。辞：辞掉。③蹈：踩踏。

【译文】

孔子说："天下国家是可以平治的，官爵俸禄是可以辞掉的，利刃是可以践踏的，只有中庸之道是不容易做到的。"

【原文】

子路问强。子曰："南方之强与？北方之强与？抑而强与①？宽柔以教，不报无道②，南方之强也，君子居之。衽金革③，死而不厌④，北方之强也，而强者居之⑤。故君子和而不流⑥，强哉矫⑦！中立而不倚，强哉矫！国有道，不变塞焉⑧，强哉矫！国无道，至死不变，强哉矫！"

子路问强。子曰：南方之强与？北方之强与？

【注解】

①抑：抑或，表示选择。而：同"尔""汝"，指子路。②报：报复。无道：横暴无礼。③衽金革：枕着武器、盔甲睡觉。衽，卧席，这里作动词用。金，指刀枪剑戟之类。革，指盔甲之类。④厌：悔恨。⑤居之：属这一类。⑥流：随波逐流，无原则地迁就。⑦矫：强盛的样子。⑧不变塞：不改变穷困时的操守。塞，原指堵塞，这里指穷困。

【译文】

子路问孔子要怎样才算得刚强。孔子回答说："你问的是南方人的刚强呢，还是北方人的刚强呢，还是像你这样的刚强呢？用宽容温和的态度去教化别人，即便别人对我蛮横无理也不加以报复，这是南方人的刚强，君子就属于这一类。经常枕着刀枪、穿着盔甲睡觉，在战场上拼杀，战死而不悔，这是北方人的刚强，性格强悍的人属于这一类。所以，君子善于与人协调，又绝不无原则地迁就别人，这才是真正的刚强啊！君子真正独立，不偏不倚，这才是真正的刚强啊！国家太平、政治清明时，君子不改变穷苦时的操守，这才是真正的刚强啊！国家混乱、政治黑暗时，君子到死也坚持操守，这才是真正的刚强啊！"

【原文】

子曰："素隐行怪①，后世有述焉，吾弗为之矣。君子遵道而行，半途而废，吾弗能已矣。君子依乎中庸，遁世不见知而不悔②，唯圣者能之。"

【注解】

①素：据《汉书》，应为“索”，寻求。②遁世：避世。

【译文】

孔子说：“世上有些人总爱去追求那些隐僻的道理，去做那些怪异荒诞的事情，虽然后代有人称道他们，但是我绝不会做这样的事。有些君子遵循中庸之道行事，却往往半途而废，但我是不会中途停止的。有些君子依着中庸之道行事，虽然避世隐居不为人们所了解，也不悔恨，这只有圣人才能做到。”

【原文】

君子之道，费而隐。

夫妇之愚可以与知焉①，及其至也②，虽圣人亦有所不知焉。夫妇之不肖，可以能行焉，及其至也，虽圣人亦有所不能焉。天地之大也，人犹有所憾③。故君子语大，天下莫能载焉；语小，天下莫能破焉。

《诗》云：“鸢飞戾天，鱼跃于渊④。”言其上下察也。

君子之道，造端乎夫妇⑤，及其至也，察乎天地。

君子之道，造端乎夫妇。

【注解】

①夫妇：非指夫妻之夫妇，而是指匹夫匹妇。②至：最，指最精微之处。③撼：不满意。④“鸢飞”两句：这两句诗引自《诗经·大雅·旱麓》。《旱麓》是一首赞扬有道德修养的人，求福得福，能培养人才的诗。戾：到达。⑤造端：开始。

【译文】

君子所持的中庸之道，作用非常广泛而且道理非常精微。

匹夫匹妇虽然愚昧，但是对于日常的道理他们也是可以知道的，若要论及这些道理的精微之处，那即使是圣人也会有不知道的奥秘。匹夫匹妇虽然不贤，但是对于日常的道理他们也是能够实行的，若是达到这些道理的最高标准，那即使是圣人也有不能达到的地方。天地可以说是十分辽阔广大的了，但仍然不能使人都感到满意。因此，君子所持的道，就大处来讲，天下没有什么能承载得了的；就小处来讲，天下没有谁能剖析得了的。

《诗经》中说:“老鹰高飞上青天，鱼儿跳跃在深渊。”这两句诗是比喻持中庸之道的人能够对上对下进行详细审察。

君子所持的中庸之道，开始于匹夫匹妇之间，达到最高境界，便彰明于天地之间，到处存在。

【原文】

子曰:“道不远人。人之为道而远人，不可以为道。

“《诗》云:‘伐柯伐柯，其则不远[①]。’执柯以伐柯，睨而视之[②]，犹以为远。故君子以人治人，改而止。

“忠恕违道不远[③]，施诸己而不愿，亦勿施于人。

“君子之道四[④]，丘未能一焉[⑤]。所求乎子以事父，未能也；所求乎臣以事君，未能也；所求乎弟以事兄，未能也；所求乎朋友先施之，未能也。庸德之行[⑥]，庸言之谨，有所不足，不敢不勉，有余不敢尽。言顾行，行顾言，君子胡不慥慥尔[⑦]！”

【注解】

①“伐柯”两句：这两句诗引自《诗经·豳风·伐柯》。《伐柯》是一首描写关于婚姻的诗。伐：砍。柯：斧柄。②睨：斜视。③忠恕：儒家伦理思想。尽己之心为“忠”；推己及人为“恕”。④君子之道四：即孝、悌、忠、信。⑤丘：孔子自称其名。⑥庸德：平常的道德。⑦胡：何。慥慥：笃厚真实的样子。

【译文】

孔子说:“中庸之道并不是远离人们的，假若有的人在行道时使它远离人们，那就不可以叫作中庸之道了。

“《诗经》中说:‘砍斧柄啊砍斧柄，斧柄的样子在眼前。’拿着斧柄做样子来砍制斧柄，斜着眼睛瞧瞧就看得见，但对砍制斧柄的人来说，还算是离得远的。所以，君子以其人之道还治其人之身，直到他们改了为止。

“能够做到忠和恕，那就离中庸之道不远了。何为忠恕？心中不乐意别人加给自己的东西，也施加给别人。

“君子之道有四种，我孔丘一种也不能做到。做儿子在于孝，我常要求做儿子的必须孝顺父母，但我却不能完全做到这一点；做臣子在于忠，我常要求臣子必须忠于国君，但我自己却不能对国君尽忠；做弟弟在于尊敬兄长，我常要求做弟弟的这样做，但我自己往往不能完全做到这一点；做朋友在讲信用，我常要求别人这样做，但我自己往往不能首先这样做。在平常道德的实行上，在日常语言的谨慎上，我有许多做得不够的地方，这使我不敢不努力去加以弥补，有做得较好的地方，也不敢把话全部说尽。言语要照顾到行动，行动也要照顾到言语。如果能这样做，那么君子的心中还有什么不笃实的呢！”

【原文】

射有似乎君子。

君子素其位而行[①]，不愿乎其外[②]。素富贵，行乎富贵；素贫贱，行乎贫贱；素夷狄，行乎夷狄；素患难，行乎患难；君子无入而不自得焉。

在上位，不陵下[③]。在下位，不援上[④]。正己而不求于人，则无怨，上不怨天，下不尤人。故君子居易以俟命[⑤]，小人行险以徼幸[⑥]。

子曰："射有似乎君子[⑦]，失诸正鹄[⑧]，反求诸其身。"

【注解】

①素：处在。位：地位。②愿：倾慕，羡慕。其外：指本位之外的东西。③陵：同"凌"，凌虐，欺压。④援：攀附，巴结。⑤居易：处在平易而不危险的境地。俟：等候。命：天命。⑥行险：即冒险。徼："侥"的异形字。⑦射有似乎君子：这句是以射箭的道理来比喻君子"正己而不求于人"的道理。⑧失诸正鹄：指未射中靶子。失，这里指没有射中。正鹄，箭靶。

【译文】

君子在自己所处的位子上行使自己所奉行的道理，从来不会倾慕本位之外的东西。处于富贵的地位上，就做富贵地位上所应该做的事情；处于贫贱的地位上，就做在贫贱地位上所应该做的事情；处在夷狄的地位上，就做在夷狄地位上所应该做的事情；处于患难中，就做处在患难中应该做的事情。君子无论处于什么地位，都不会感到不安适的。

君子高居上位，不会去凌虐居于下位的人。君子居于下位，也不会去巴结居于上位的人。自己正直就不会去乞求别人，这样，就无所怨恨，对上不怨恨天命，对下不归咎别人。所以，君子按照自己现时所处的地位来等候天命的到来，而小人则企图以冒险的行为来求得偶然成功或意外地免除不幸。

孔子说："射箭的道理与君子'正己而不求于人'的道理有相似之处。比如没有射中靶子，应该回过头来从自己身上去找原因。"

【原文】

君子之道[①]，辟如行远，必自迩；辟如登高，必自卑。

《诗》曰："妻子好合，如鼓瑟琴。兄弟既翕，和乐且耽。宜尔室家，乐尔妻帑[②]。”子曰：“父母其顺矣乎！”

【注解】

①君子之道：指求取君子之道的方法。②“妻子”六句：这几句诗引自《诗经·小雅·棠棣》。《棠棣》是一首称述家庭和睦、兄弟友爱的诗。鼓：弹奏。琴瑟：是古代两种拨弦乐器的名称，比喻夫妻感情和谐。翕：聚合。耽：久。原诗为“湛”字。妻帑：妻子儿女的统称。帑，儿子。

【译文】

求取君子之道的方法，就像走远路一样，一定要从近处开始；就像登高处一样，一定要从低处开始。

《诗经》中说：“你和妻子很和美，就像琴瑟声调妙；兄弟相处极和睦。团聚快乐实在好。组织一个好家庭，你和妻儿感情深。”孔子赞叹说：“像这样，父母就能安乐无忧、心情舒畅啊！”

妻子好合，如鼓瑟琴。

【原文】

子曰：“鬼神之为德[①]，其盛矣乎！视之而弗见；听之而弗闻；体物而不可遗。使天下之人，齐明盛服[②]，以承祭祀[③]，洋洋乎如在其上[④]，如在其左右。

“《诗》曰：‘神之格思，不可度思，矧可射思[⑤]。’夫微之显[⑥]，诚之不可掩，如此夫！”

【注解】

①鬼：古代迷信者认为人死后精灵不灭，称之为鬼。一般指已死的祖先。神：宗教及古代神话中所幻想的主宰物质世界，超乎自然，具有人格和意识的精灵。②齐明：在祭祀之前必须斋戒沐浴，以示虔诚。齐，同“斋”。盛服：衣冠穿戴整齐华美。③承：奉。祭祀：指祭鬼祀神。④洋洋：舒缓漂浮的样子。⑤“神之”三句：这几句诗引自《诗经·大雅·抑》。《抑》主要写的是规劝周朝统治者修德守礼，指责某些执政者的昏庸。格：至，来。思：语助词，无意义。矧：况且。射：厌弃。⑥微：这里指鬼神的事情隐匿虚无。显：指鬼神可将祸福显现于人间，所以又是明显的。

【译文】

孔子说：“鬼神的德行可真是大得很啊！它看不见，也听不到，但它却体现在万物之中使人无法离开它。天下的人都斋戒净心，穿着庄重整齐的服装去祭祀它，无所不在啊！好像就在你的头上，好像就在你左右。

“《诗经》说：‘神的降临，不可揣测，怎么能够怠慢不敬呢？’从隐微到显著，真实的东西就是这样不可掩盖！”

【原文】

子曰：“舜其大孝也与！德为圣人，尊为天子，富有四海之内，宗庙飨之①，子孙保之。故大德，必得其位，必得其禄，必得其名，必得其寿。故天之生物，必因其材而笃焉，故栽者培之，倾者覆之。

舜其大孝也与。德为圣人，尊为天子。

“《诗》曰：‘嘉乐君子，宪宪令德。宜民宜人，受禄于天。保佑命之，自天申之②。’故大德者必受命。”

【注解】

①宗庙飨之：指在宗庙里受祭献。飨，祭献。②“嘉乐”六句：这是《诗经·大雅·假乐》中的第一章。《假乐》是一首为周成王歌功颂德的诗。嘉乐：喜欢，快乐。嘉，原诗为“假”字。宪宪：原诗为“显显”，意同，即盛明的样子。令德：美德。令，善，美。民：泛指庶人。人：不包括庶人的“民”在内，一般指士大夫以上的人，即在位的人。“宜民宜人”意为，周成王既能与在下之民相处得好，又能与在位之人相处得好。

【译文】

孔子说：“舜帝可以说是个大孝子吧！他有圣人的崇高品德，有天子的尊贵地位，普天下都是他的，世世代代在宗庙中享受祭献，子子孙孙永保祭祀不断。所以，像舜这样有大德大仁的人，必然会获得天下至尊的地位，必然会获得厚禄，必然会获得美好的名声，而且必然会获得高寿。所以，天生万物，必定要由各自资质的本身来决定是否给予厚施，能够栽培的就一定会去栽培它，而要倾覆的也就只能让它倾覆。

“《诗经》中说：‘欢喜快乐周成王，美德盛明放光芒。善处庶人百官中，获得天赐厚禄长。上帝保佑周成王，使他福禄能长享。’所以说，有崇高道德品质的人，一定会受到上天的命令而成为天下的君主。”

【原文】

子曰：“无忧者，其惟文王乎①！以王季为父②，以武王为子③，父作之④，子述之⑤，武王缵大王、王季、文王之绪⑥，壹戎衣而有天下⑦，身不失天下之显名，尊为天子，富有四海之内，宗庙飨之，子孙保之。

“武王末受命，周公成文武之德[8]，追王大王、王季[9]，上祀先公以天子之礼。斯礼也，达乎诸侯、大夫，及士、庶人。父为大夫，子为士，葬以大夫，祭以士；父为士，子为大夫，葬以士，祭以大夫。期之丧[10]，达乎大夫；三年之丧，达乎天子；父母之丧，无贵贱，一也。”

【注解】

①文王：指周文王。②王季：名季烈，周文王之父。③武王：周武王，西周王朝的建立者。④父作之：指父亲王季为文王开创了基业。作，开创，创始。⑤子述之：指儿子武王继承文王的遗志，完成统一大业。述，循、继承。⑥缵：继承。大王：“大”古读“太”。大王，即王季之父古公亶父。绪：事业，这里指前人未竟的功业。⑦壹戎衣：即歼灭大殷。壹，同“殪”，歼灭。戎，大。衣，“殷”之误读。⑧周公：西周初年的政治家。姓姬名旦，武王之弟，故又称“叔旦”，因采邑周地，又称“周公”。⑨王：第一个“王”为动词，即尊……为王。⑩丧：丧礼。

【译文】

孔子说：“自古帝王中，无忧无虑的大概只有周文王吧！因为他有贤明的王季做父亲，有英勇的武王做儿子，父亲王季为他开创了基业，儿子武王继承了他的遗志，完成了他所没有完成的事业。武王继承了太王、王季、文王的未竟功业，灭掉了殷朝，取得了天下。周武王这种以下伐上的行动，不仅没有使他自身失掉显赫天下的美名，反而被天下人尊为天子，普天下都是他的，世世代代在宗庙中享受祭献，子子孙孙永保祭祀不断。

“周武王直到晚年才受上天之命而为天子，因此他也有许多没有完成的事业。武王死后，周公辅助成王才完成了文王和武王的功德，追尊太王、王季为王，用天子的礼节来追祭祖先，并且把这种礼节一直用到诸侯、大夫以及士和庶人中间。周公制定的礼节规定：如果父亲是大夫，儿子是士的，当父亲亡故时，那就必须以大夫的礼节来安葬他，在祭祀时儿子只能用士的礼节。父亲是士，儿子是大夫的，当父亲亡故时，那就必须以士的礼节来安葬他，在祭祀时儿子用大夫的礼节。为期一年的丧礼，只能在大夫中使用；为期三年的丧礼，就只有天子才能使用；至于父母的丧礼，没有贵贱之分，天子、庶人都是一样的。”

【原文】

子曰：“武王、周公其达孝矣乎！夫孝者，善继人之志；善述人之事者也。春秋[1]，修其祖庙，陈其宗器[2]，设其裳衣，荐其时食[3]。

“宗庙之礼，所以序昭穆也[4]；序爵，所以辨贵贱也；序事，所以辨贤也；旅酬下为上[5]，所以逮贱也[6]；燕毛[7]，所以序齿也[8]。

“践其位，行其礼，奏其乐；敬其所尊，爱其所亲；事死如事生，事亡如事存，孝之至也。

"郊社之礼[⑨]，所以事上帝也；宗庙之礼，所以祀乎其先也。明乎郊社之礼，禘尝之义[⑩]，治国其如示诸掌乎[⑪]！"

【注解】

①春秋：四季的代称。这里指祭祖的时节。②陈：陈列。宗器：古代宗庙祭祀时所用的器物。③荐：进献。时食：指古代祭祀祖先所进献的时鲜食品。④昭穆：是古代一种宗法制度。宗庙的次序是有规定的，始祖庙居中，以下是父子（祖、父）递为昭穆，左为昭，右为穆。昭穆，在这里指祭祀的时候，可以排出父子、长幼、亲疏的次序。⑤旅：众。酬：以酒相劝为酬。⑥逮：及。⑦燕毛：指祭祀完毕，举行宴饮时，以毛发的颜色来区别老少长幼，安排宴会的座次。燕，同"宴"，宴会。毛，头发。⑧序齿：即根据年龄的大小来定宴会的席次或饮酒的次序。齿，年龄。⑨郊社：周代于冬至的时候，在南郊举行祭天的仪式，称为"郊"；夏至的时候，在北郊进行祭地的仪式，称之为"社"。⑩禘尝：在此应为宗庙四时祭祀之一，每年夏季举行。尝，也是四时祭祀之一，在秋季举行。《礼记·王制》："天子诸侯宗庙之祭，春曰礿，夏曰禘，秋曰尝，冬曰烝。"⑪示：同"视"。

【译文】

孔子说："周武王和周公，他们可以算达到孝的最高标准吧！所谓孝的标准，就是要像周武王和周公那样，善于继承前人的遗志；善于完成前人所未完成的事业。在春秋祭祀的时节，及时整修祖宗庙宇；陈列祭祀要用的祭器，摆设先王遗留下来的衣裳；进献时鲜食品。

武王周公其达孝乎！

"按照宗庙的礼节，就能把父子、长幼、亲疏的次序排列出来；把官职爵位的秩序排列出来，就能将贵贱分辨清楚；排列祭祀时各执事的秩序，就能分辨清楚才能的高低；在众人劝酒时，晚辈必须为长辈举杯，这样就能使爱抚之情延伸到地位低下的人身上；以毛发的颜色来决定宴席的座次，就能使老老少少秩序井然。

"站立在先前排定的位置上，行使祭祀的礼节；奏起祭祀的音乐；尊敬那些理应尊敬的人；爱护那些理应亲近的人；侍奉死去的人就像侍奉活着的人一样；侍奉亡故的人就像侍奉生存着的人一样，这才是孝的最高标准。

"制定了祭祀天地的礼节，是用来侍奉上帝；制定了宗庙的礼节，是用来祭祀祖先。明白了郊社的礼节和夏祭秋祭的意义，那么治理天下国家的道理，也就像看着自己手掌上的东西那样明白容易啊！"

【原文】

哀公问政[①]。子曰："文武之政，布在方策[②]。其人存，则其政举；其人亡，则其政息。人道敏政[③]，地道敏树[④]。夫政也者，蒲卢也[⑤]。

"故为政在人，取人以身，修身以道，修道以仁。仁者，人也[⑥]，亲亲为大[⑦]。义者，宜也，尊贤为大。亲亲之杀[⑧]，尊贤之等，礼所生也[⑨]。

"在下位不获乎上，民不可得而治矣[⑩]。故君子不可以不修身；思修身，不可以不事亲；思事亲，不可以不知人；思知人，不可以不知天。

"天下之达道五，所以行之者三。曰：'君臣也；父子也；夫妇也；昆弟也[⑪]；朋友之交也'。五者，天下之达道也。'知、仁、勇'三者[⑫]，天下之达德也。所以行之者一也[⑬]。

"或生而知之，或学而知之，或困而知之，及其知之一也。或安而行之，或利而行之，或勉强而行之，及其成功一也。"

子曰："好学近乎知，力行近乎仁，知耻近乎勇。

"知斯三者，则知所以[⑭]修身；知所以修身，则知所以治人；知所以治人，则知所以治天下国家矣。

"凡为天下国家有九经[⑮]，曰：修身也；尊贤也；亲亲也；敬大臣也；体群臣也；子庶民也[⑯]；来百工也[⑰]；柔远人也[⑱]；怀诸侯也[⑲]。

"修身，则道立；尊贤，则不惑；亲亲，则诸父昆弟不怨；敬大臣，则不眩[⑳]；体群臣，则士之报礼重[㉑]；子庶民，则百姓劝；来百工，则财用足；柔远人，则四方归之；怀诸侯，则天下畏之。

"齐明盛服[㉒]，非礼不动，所以修身也；去谗远色[㉓]，贱货而贵德，所以劝贤也；尊其位，重其禄，同其好恶，所以劝亲亲也；官盛任使[㉔]，所以劝大臣也；忠信重禄，所以劝士也；时使薄敛[㉕]，所以劝百姓也；日省月试，既禀称事[㉖]，所以劝百工也；送往迎来，嘉善而矜不能，所以柔远人也；继绝世[㉗]，举废国，治乱持危，朝聘以时[㉘]，厚往而薄来，所以怀诸侯也。凡为天下国家有九经，所以行之者一也。

"凡事豫则立，不豫则废。言前定，则不跲[㉙]；事前定，则不困；行前定，则不疚；道前定，则不穷。

"在下位不获乎上，民不可得而治矣；获乎上有道，不信乎朋友，不获乎上矣；信乎朋友有道，不顺乎亲，不信乎朋友矣；顺乎亲有道，反诸身不诚，不顺乎亲矣；诚身有道，不明乎善，不诚乎身矣。

"诚者，天之道也；诚之者，人之道也。诚者，不勉而中，不思而得，从容中道[㉚]，圣人也。诚之者，择善而固执之者也[㉛]。

“博学之，审问之，慎思之，明辨之，笃行之。有弗学，学之弗能弗措也；有弗问，问之弗知弗措也；有弗思，思之弗得弗措也；有弗辨，辨之弗明弗措也；有弗行，行之弗笃弗措也。人一能之，己百之；人十能之，己千之。果能此道矣，虽愚必明，虽柔必强。”

【注解】

诚者，天之道也。

①哀公：即鲁哀公，名蒋。春秋时鲁国国君，在位二十七年，谥号哀公。②布：陈列。方策：指典籍。方，方版，古时书写用的板。策，同“册”，竹简。③人道：是我国古代哲学中与“天道”相对的概念。这里指以人施政的道理。敏：迅速。④地道：谓以沃土种植的道理。⑤蒲卢：即芦苇。⑥仁者，人也：意思是说，所谓仁就是人民之间相亲相爱。⑦亲亲为大：意思是说，人们虽然相互亲爱，但都是以爱自己的亲属为主要方面。亲亲，前一个“亲”为动词，意为“爱”。后一个“亲”指亲属。⑧杀：降等。⑨礼所生也：这句是说“亲亲之杀，尊贤之等”都是从礼仪中产生。礼，泛指奴隶社会或封建社会贵族等级制的社会规范和道德规范。⑩“在下位”两句：此两此句疑误印，与下文重复。⑪昆弟：兄弟。昆，兄长。⑫知、仁、勇：这三种是儒家的伦理思想，被誉为通行于天下的美德。⑬一：专一，诚实。⑭所以：怎样。⑮经：常规。⑯子：动词，即爱……如子。庶民：众民，指人民。⑰来：招来，召集。百工：西周时对工奴的总称，春秋时沿用此称，并作为各种手工业工匠的总称。⑱柔：安抚，怀柔，引申为优待。远人：这里指远方的来客，即外族人。⑲怀：安抚。⑳眩：眼花，引申为迷惑。㉑报：报答。礼：这里是敬意。重：深厚。㉒齐明：这里专指内心虔诚。盛服：衣冠穿戴整齐，这里指外表仪容端庄。㉓去谗：摒弃谗佞小人的坏话。去，摒弃。谗，谗佞小人的坏话。远色：远离女色。㉔官盛：官属众多。任使：听任差使。㉕时使：使用百姓要适时。薄敛：减轻赋税的征收。㉖既禀：与“饩廪”同。饩廪，古代指月给的薪资粮米。称：相称。事：工效。㉗绝世：指卿大夫子孙中已经失去世禄的人。㉘朝聘：古代诸侯定期朝见天子。《礼记·王制》：“诸侯之于天子也，比年一小聘，三年一大聘，五年一朝。”㉙跲：障碍。㉚从容：举止行动。㉛固执：坚守不渝。执，握住。

【译文】

鲁哀公向孔子询问政事。孔子回答说：“周文王和周武王的政治理论都记载在典籍上。如果今天有像周文王和周武王那样的人存在，那么他们的政治理论便能实施；如果今天没有像周文王和周武王那样的人存在，那么他们的政治理论也就废弛了。以人施政的道理在于使政治迅速昌明；以肥沃土地种植树木的道理在于使树木迅速生长。以人施政最容易取得成效，就像种植蒲苇那样容易生长。

“所以国君处理政事的方法就在于获得贤才，而获得贤才的方法，就在于国君努力提高自身的品德修养，要提高自身的品德修养，就在于使自己的言行符合道德规范；要使自己的言行符合道德规范，就在于树立仁爱之心。所谓仁，就是人与人之间相互亲爱，而以爱自己的亲属最为重要。所谓义，就是说人们相处应该适宜得当，而以尊敬贤人最为重要。爱自己的亲属有等级，尊敬贤人有级别，这些都是从礼仪中产生出来的。

“处在下位的人不能够得到上面的信任和支持，那么他就不可能管理好人民。所以，君子不能不努力提高自身的品德修养；想提高自身的品德修养，就不能不侍奉好自己的亲人；想侍奉好自己的亲人，就不能不知道尊贤爱人；想知道尊贤爱人，就不能不了解和掌握自然的法则。

“天下普遍共行的大道有五种，而实行这些大道的美德有三种。‘君臣之道，父子之道，夫妇之道，兄弟之道，交朋友之道’，这五种就是天下共行的大道。‘智慧，仁爱，勇敢’这三种，就是天下共行的美德。而实行这些大道和美德的方法只能是诚实专一。

“有的人生来就知道这些道理，有的人通过学习才知道这些道理，有的人是在遇到困难后去学习才知道这些道理。虽然人们掌握这些道理有先有后，但是真正知道这些道理后，他们又都是一样的了。有的人心安理得去实行这些道理，有的人是看到了它们的益处才去实行这些道理，有的人则是勉强去实行这些道理。虽然人们实行这些道理有差别，但是当他们获得了成功的时候，却又都是一样了。”

孔子说:“爱好学习的人接近智，努力行善的人接近仁，知道羞耻的人接近勇。

“知道这三项的人，就知道怎样提高自身的品德修养；知道怎样提高自身的品德修养，就知道怎样治理别人；知道怎样治理别人，就知道怎样去治理天下国家了。

“大凡治理天下国家有九条常规，那就是：努力提高自身的品德修养，尊重贤人，爱护自己的亲人，敬重大臣，体恤众臣，像爱自己的儿子那样去爱人民，召集各种工匠以资国用，优待远方的来客，安抚四方的诸侯。

“能够提高自己的品德修养，就能树立一个良好的道德典范；能够尊重贤人，就不会被事物的假象所迷惑；能够爱自己的亲人，就不会使叔伯、兄弟产生怨恨；能够尊敬大臣，在处理事情时就不会迷惑不定；能够体恤众臣，那些为士的人就会重重报答恩德；能够做到爱民如子，百姓们就会更加勤奋努力；能够召集各种工匠，就可以使国家财务充足；能够优待远方的来客，四方的人都会归顺；能够安抚各国诸侯，全天下的人都会自然敬畏。

“必须内心虔诚外表端庄，不符合礼节的事绝不要去干，这才是提高自身品德修养的方法；摒弃那些谗佞小人的坏话，远离那些诱人的女色，轻视钱财货物，珍视道德品质，这才是劝勉贤人最好的方法；加升他们的爵位，重赐他们的俸禄，与他们的喜好厌恶相同，这才是劝勉人们去爱自己亲人的好方法；为大臣多设属官，这才是奖励大臣的好方法；对待士要讲究‘忠’‘信’，并以厚禄供养他们，这才是劝勉士为国效力的好方法；役使百姓要适时，赋税征收要减轻，这才是劝勉百姓努力从事生产的好方法；天天省视工匠的工作情况，月月考查他们的技术本领，发给他们的粮米薪

或生而知之，或学而知之，或困而知之。

资要与他们的工效相称，这才是劝勉各种工匠努力工作的好方法；对于远方的客人，要盛情相迎，热情相送，对其中有善行的人要给予嘉奖，对其中能力薄弱的人要给予同情，这才是招徕远方来客的好方法；延续已经绝禄的世家，复兴已经废灭的国家，整顿已经混乱的秩序，扶救处于危难之中的国家，让诸侯各自选择适当的时节来朝聘，贡礼薄收，赏赐厚重，这才是安抚四方诸侯的好方法。大凡治理天下国家有九条常规，但是，实行这些常规的方法只是一条，即诚实专一。

“无论做什么事情，如能预先确立一种诚实态度，就一定能成功，不能这样，就不能成功。人们在讲话之前能告诉自己必须诚实，讲起话来就会流畅而无障碍；做事以前告诉自己必须诚实，做事时就不会感到有什么困难；行动之前告诉自己必须诚实，行动之后就不会产生内疚；实行道德之前告诉自己必须诚实，实行时就不会有什么行不通的地方。

“处在下位的人不能得到上面的信任和支持，那就不可能治理好人民。要想得到上面的信任和支持，有一定的道理，就是在交朋友时要讲信用，如果连朋友都不信任自己，那么就不能得到上面的信任和支持；要使朋友信任自己，有一定的道理，就是要孝顺父母，如果不能孝顺父母，那么就不能得到朋友的信任；要孝顺父母，有一定的道理，就是要使自己内心诚实，不能使自己内心诚实，就不能孝顺父母；要使自己内心诚实，有一定的道理，就是要显出自己善的本性来，如果不能使自己善的本性显出来，那么就不能使自己的内心诚实了。

“诚，是上天赋予人们的道理；实行这个‘诚’，那是人为的道理。天生诚实的人，不必勉强，他为人处世自然合理；不必苦苦思索，他言语行动就能得当，他的举止不偏不倚，符合中庸之道。这种人就是我们所说的‘圣人’，要实行这个诚，就必须选择至善的道德，并且坚守不渝才行。

“要广泛地学习各种知识，详尽细密地探究事物的原理，对自己所学的东西要谨慎思考，辨清是非，当获得了真理之后，就要坚决地去实践它。有的东西不学习也就罢了，学了，就一定要掌握它，如果还不能掌握，那就不要停止学习；有的东西不问也就罢了，问就得问一个清楚，如果还没有弄清楚，那就不要罢休；有的问题不思考也就罢了，要思考就要有切身体会，如果不能获得什么体会，那就不要停止思考；有的事情不辨别也就罢了，要辨别就一定要把是非辨清，如果不能辨清，那就不要停止辨别；有的措施不实践也就罢了，要实践就一定要做到彻底，如果不彻底，那就不要停止实践。别人一遍能做好的，我做它一百遍也一定能做好；别人十遍能做好的，我做它一千遍也一定能做好。一个人如果能够按照这个道理去做，那么即使是愚蠢的人，也一定会变得聪明；即使是柔弱的人，也一定会变得刚强。”

【原文】

自诚明①，谓之性；自明诚，谓之教；诚则明矣，明则诚矣。

【注解】

①自：由于。

【译文】

由于内心诚实而明察事理，这叫作天赋的本性；由于明察事理后达到内心真诚，这叫作后天的教育感化。内心真诚就自然会明察事理，而明察事理也就会做到内心诚实。

【原文】

唯天下至诚，为能尽其性①；能尽其性，则能尽人之性；能尽人之性，则能尽物之性；能尽物之性，则可以赞大地之化育；可以赞天地之化育，则可以与天地参矣②。

【注解】

①尽其性：即尽量发挥自己的天赋本性。②与天地参：与天地并列为三。参，并立。

【译文】

只有天下至诚的圣人，才能尽量发挥自己天赋的本性；能尽量发挥自己天赋的本性，就能尽量发挥天下人的本性；能尽量发挥天下人的本性，就能尽量发挥万物的本性；能尽量发挥万物的本性，就可以帮助天地对万事万物进行演化和发展；能帮助天地对万事万物进行演化和发展，就可以与天地并立为三了。

【原文】

其次致曲①，曲能有诚，诚则形，形则著，著则明，明则动，动则变，变则化，唯天下至诚为能化。

【注解】

①致曲：推究出细微事物的道理。致，推致。曲，郑玄注：“犹小小之事也。”

【译文】

那些次于圣人的贤人，如果能通过学习而推究一切细微事物的道理，那么由此也能达到诚；内心诚实了就会表现出来，表现出来了就会日益显著，日益显著就会更加光明，更加光明而后能使人心感动，就会使人发生转变，使人发生了转变，就可以化育万物，只有天下至诚之人才能做到化育万物。

【原文】

至诚之道，可以前知。国家将兴，必有祯祥；国家将亡，必有妖孽。见乎蓍龟[①]，动乎四体[②]。祸福将至：善，必先知之；不善，必先知之。故至诚如神。

至诚之道，可以前知。

【注解】

①见乎蓍龟：从蓍草、龟甲的占卜中发现。蓍龟，即蓍草和龟甲，古代用来占卦。②动乎四体：即从人们的仪表、行动中察觉。四体，四肢。

【译文】

掌握了至诚之道，就可以预知未来的事。国家将要兴旺，一定有吉祥的征兆；国家将要衰亡，必然会有妖孽出来作祟。这些或呈现在蓍草龟甲上，或表现在人的仪表上。祸福即将要来临时，是吉兆，是一定可以预先知道的；是凶兆，也一定可以预先知道。所以说掌握了至诚之道的人就像神灵一样。

【原文】

诚者，自成也；而道，自道也。诚者[①]，物之终始，不诚无物。是故君子诚之为贵。诚者，非自成己而已也，所以成物也。成己，仁也；成物，知也。性之德也，合外内之道也，故时措之宜也。

【注解】

①诚：此处的诚，是从广义上讲，指的是贯穿于一切事物中的实理，即事物的本质和发展规律。

【译文】

诚，就是完成自身道德修养的要素；道，就是知道自己走向完成品德修养所应该走的道路。诚，是天地自然之力，它贯穿在世界上万事万物之中，而始终不离开，没有“诚”就没有世界上的万事万物。所以，君子把“诚”看作是一种高贵的品德。所谓诚，并不仅仅是完成自身的品德修养就算到头了，而是要使万物都得到完成。完成自身的品德修养便是“仁”；使万物得到完成便是“智”，“仁”和“智”都是人们天性中所固有的美德，它们内外结合，便是“成己”“成物”的道理，所以经常实行就没有不适宜的地方。

【原文】

故至诚无息，不息则久，久则征①，征则悠远，悠远则博厚，博厚则高明。博厚，所以载物也；高明，所以覆物也；悠久，所以成物也。博厚配地，高明配天，悠久无疆。如此者，不见而章，不动而变，无为而成。

天地之道，可一言而尽也：其为物不贰②，则其生物不测。天地之道：博也，厚也，高也，明也，悠也，久也。今夫天，斯昭昭之多③，及其无穷也，日月星辰系焉④，万物覆焉。今夫地，一撮土之多，及其广厚，载华岳而不重⑤，振河海而不泄⑥，万物载焉。今夫山，一卷石之多⑦，及其广大，草木生之，禽兽居之，宝藏兴焉。今夫水，一勺之多⑧，及其不测，鼋鼍蛟龙鱼鳖生焉，货财殖焉。

《诗》云：“维天之命，於穆不已⑨。”盖曰天之所以为天也⑩。“於乎不显⑪，文王之德之纯⑫。”盖曰：文王之所以为文也，纯亦不已。

【注解】

①征：验证，证明。②不贰：无二心。③斯昭昭之多：这句是指天由小小的明亮所积累。昭昭，小小的光明。④星辰：星系的总称。系：悬系。⑤华岳：即西岳华山，为五岳之一。⑥振：郑玄注“振，犹收也。”此处引申为“收容”的意思。泄：同“泄”，泄露。⑦一卷石之多：山由小小石堆积累而成。⑧勺：古代舀酒用的器具。⑨“维天”两句：这两句诗引自《诗经·周颂·维天之命》。《维天之命》这首诗是祭祀周文王的乐歌。於：叹词。穆：庄严，肃穆。不已：不止。⑩盖：推测之词。⑪於乎：与“呜呼”同。显：光明。⑫纯：纯洁无瑕。

【译文】

所以，至诚的道理是从来不会止息的。不止息就会长久流传，长久流传就会得以验证，得以验证就会悠远，悠远就会广博深厚，广博深厚就会精明高妙。广博深厚，所以能承载天下万物；精明高妙，所以能覆盖天下万物；悠远长久，所以能生成天下万物。广博深厚可以与地相比，精明高妙可以与天相比，悠远长久则是永无止境。像这样，虽然不加以表现，却自然彰明；虽然不去行动，却自然可以感人化物；虽然无所作为，却自然会获得成功。

天地的道理用一句话就可以全部概括：它自身诚一不二，而化生万物，形形色色，难以测知其中奥秘。天地的道理还在于：广博，深厚，高妙，精明，悠远，长久。现在就拿天来说吧，它只不过是由点点光明所积累，可是说到天的整体，那真是无穷无尽，日月星辰都靠它维系，世界万物都靠它覆盖。现在拿地来说吧，地，不过是由一撮撮土聚积起来的，可是论及地的全部，那真是广博深厚，承载像华山那样的崇山峻岭也不觉得重，容纳那众多的江河湖海也不会泄漏，世间万物都由它承载了。再说山吧，不过是由拳头大的石块聚积起来的，可等到它高大无比时，草木在上面生长，禽兽在上面居住，宝藏在上面储藏。再说水吧，不过是一勺一勺聚积起来的，可等到它浩瀚无涯时，蛟龙鱼鳖等都在里面生长，珍珠珊瑚等有价值的东西都在里面繁殖。

《诗经》中说："只有那天命啊，肃穆庄严，运转不停！"这大概就是天之所以为天的原因吧。"多么显赫光明啊，文王之德大而且纯！"这大概就是文王之所以被称为"文"王的原因吧，就是因为它纯洁无瑕的品德常行不止。

【原文】

大哉，圣人之道！洋洋乎发育万物，峻极于天①。优优大哉②，礼仪三百③，威仪三千④。待其人而后行。故曰：苟不至德，至道不凝焉。故君子尊德性而道问学，致广大而尽精微，极高明而道中庸，温故而知新，敦厚以崇礼。是故居上不骄，为下不倍⑤。国有道，其言足以兴；国无道，其默足以容⑥。《诗》曰："既明且哲，以保其身⑦。"其此之谓与！

君子居上不骄，为下不倍。国有道，其言足以兴；国无道，其默足以容。

【注解】

①峻极：极其高峻。于：至。②优优：宽裕充足的样子。③礼仪：经礼，典礼制度。④威仪：曲礼，指礼的细节。⑤倍：同"悖"，违背。⑥其默足以容：谓缄默不语，足以为执政者所容，因而也就可以远避灾祸。⑦"既明"两句：这两句诗引自《诗经·大雅·烝民》。《烝民》是一首歌颂仲山甫（周宣王的臣子）的诗。

【译文】

伟大啊，圣人的道德！充满于天地之间，使万物生长发育，它高及苍天，无所不包。真是充裕而又伟大啊，礼的大纲多到三百天，礼的细节有三千多条。一定要等那有才德的圣人出来才能够实行。所以说，假如不是像伟大的圣人那样具有最高的德行，那么伟大的道理就不会凝聚在他心中。因此君子一定要恭敬奉持天生的德行，广泛学习，探究事理，使学问和天赋德行日臻广大，达到精深高妙的境界，不偏不倚，遵循中庸之道。在学习方面，要做到温习已有的知识从而获得新知识；在道德修养方面，要使专诚之心更加充实，用以崇尚礼仪。所以身居高位不骄傲，身居低位不自弃；国家政治清明时，他的言论足以振兴国家；国家政治黑暗时，他的沉默足以保全自己。《诗经》上说："既明智又通达事理，可以保全自身。"大概就是说的这个意思吧！

【原文】

子曰："愚而好自用①；贱而好自专②；生乎今之世，反古之道③；如此者，灾及其身者也。"

非天子，不议礼，不制度④，不考文⑤。今天下，车同轨⑥，书同文⑦，行同伦⑧。虽有其位，苟无其德，不敢作礼乐焉⑨；虽有其德，苟无其位，亦不敢作礼乐焉。

子曰："吾说夏礼⑩，杞不足征也⑪；吾学殷礼⑫，有宋存焉⑬。吾学周礼，今用之，吾从周。"

【注解】

①自用：只凭自己的主观意志行事。②自专：按自己的主观意志独断专行。③反：同"返"，引申为恢复。④制：制定。度：法度。⑤考：考订。文：指文字的笔画和形体。⑥轨：车子两轮间的距离。古代制车，两轮之间的距离都有定制。⑦书同文：书写的是同样的文字。⑧伦：指伦理道德。⑨乐：音乐。古代天子治理作乐，以治天下。⑩说：解说。一说为"悦"，喜爱。夏礼：夏代的礼法。⑪杞：古国名。⑫殷礼：殷代礼法。⑬宋：古国名，开国君主是商纣的庶兄微子启。

【译文】

孔子说："愚昧的人往往喜欢凭自己的主观意志行事；卑贱的人却常常喜欢独断专行。他们生于现在的时代不遵守当今的法律，却一心想去恢复古代的法律。这样的人，灾祸一定会降到他们的身上。"

不是天子，不敢议论礼制，不敢制订法度，不敢考订文字的笔画形体。现在天下车子的轮距一致，文字的字体统一，实行的伦理道德相同。虽然处在天子的地位，如果没有圣人的德行，是不敢制作礼乐制度的；虽然有圣人的美德，如果没有天子的地位，也是不敢制作礼乐制度的。

孔子说："我解说夏朝的礼制，但是夏的后代已经衰败，现在只有一个杞国存在，所以不足以验证；我学习殷朝的礼制，现在还有它的后代宋国存在；我学习周朝的礼制，它正是当今所使用的，所以我遵从周礼。"

【原文】

王天下有三重焉，其寡过矣乎！上焉者①，虽善无征；无征不信；不信民弗从。下焉者②，虽善不尊③；不尊不信；不信民弗从。故君子之道，本诸身，征诸庶民，考诸三王而不缪④，建诸天地而不悖，质诸鬼神而无疑⑤，百世以俟圣人而不惑。质诸鬼神而无疑，知天也；百世以俟圣人而不惑，知人也。

是故，君子动而世为天下道，行而世为天下法，言而世为天下则。远之则有望，近之则不厌。

《诗》曰："在彼无恶，在此无射。庶几夙夜，以永终誉⑥。"君子未有不如此，而蚤有誉于天下者也⑦。

【注解】

君王治理天下要做好议订礼仪，制订法度，考订文字规范这三件大事。

①上焉者：指远于当今之世的礼仪制度，如前文所说的夏礼、商礼。②下焉者：指虽为圣人，而地位在下，他主张的礼仪制度虽善却不能实施。③不尊：没有尊贵的地位。④三王：指夏禹、商汤、周文王。缪：通"谬"，错误。⑤质：证实，保证。一说为质问。⑥"在彼"四句：这四句诗引自《诗经·周颂·振鹭》。《振鹭》这首诗是周王设宴招待来朝的诸侯时，在宴席上唱的乐歌。在彼无恶：彼，诸侯所在国。无恶，无人憎恨。这句是说，诸侯勤于政事，本国无人憎恨。在此无射：此，指周王所在地，即朝廷。无射，不厌恨。这句是说，诸侯来到朝廷朝见天子，朝廷里没有人厌恨他。庶几夙夜：庶几，差不多。夙夜，早晚，犹言早起晚睡。这句是说，各诸侯早起晚睡，勤于政事。以永终誉：永，长。终，"众"的假借字。誉，赞誉。这句是说，各诸侯能长受众人的称赞。⑦蚤：通"早"。

【译文】

君王治理天下能够做好议订礼仪、制订法度、考订文字规范这三件重要的事，他的过失就会减少。离当今社会很远的礼仪制度，虽然好，但由于年代相隔太远，因而得不到验证，得不到验证就不能取信于民，不能取信于民，老百姓就不会听从。身为圣人而身处下位的人，他所主张的礼仪制度虽然好，但由于没有尊贵的地位，也不能取信于民；不能取信于民，老百姓就不会听从。所以君子治理天下的道理，应该以自身的品德修养为根本，并从老百姓那里得到验证和信任，用夏、商、周三代的礼仪制度来考察而没有谬误，建立于天地自然之间而没有违背之处，得到了鬼神的证实而没有疑问，这样就是等到百世以后的圣人来实行也不会有什么疑惑之处了。得到鬼神的证实而没有疑误不明的地方，这是因为了解和掌握了天理；等到百世以后的圣人来实行也不会有什么疑惑之处了，这是因为知道了人的情理。

所以君王的言语行动能世世代代成为天下共行的道理，君王的所作所为能世世代代成为天下遵循的法度，君王的言谈话语能世世代代成为天下必守的准则。隔得远的则有仰慕之心，离得近的也不会有厌恶之意。

《诗经》上说："诸侯在国没有人憎恶，在朝同样没有人厌烦，早起晚睡政事勤，众人称赞美名存。"君王中没有不这样做而能够早早在天下获得名望的。

【原文】

仲尼祖述尧、舜[①]，宪章文、武[②]，上律天时[③]，下袭水土[④]。辟如天地之无不持载[⑤]，无不覆帱[⑥]。辟如四时之错行，如日月之代明[⑦]。万物并育而不相害[⑧]，道并行而不相悖[⑨]，小德川流，大德敦化，此天地之所以为大也。

【注解】

①祖述：遵循前任的行为或学说。这句是说孔子遵循尧舜二帝的道统。②宪章文、武：宪章，效法。这句是说效法周文王和周武王的典章制度。③上律天时：律，效法。天时，谓自然变化的时序，或言节气、气候或言阴晴寒暑的变化。"天时"在古时用意很广。④袭：符合。水土：犹言地理环境。⑤"辟如"句：这句是说天地广博深厚没有什么不能承载。⑥无不覆帱：没有什么不能覆盖。覆帱，覆盖的意思。⑦代：交替的意思。⑧并育：即同时生长。相害：互相妨害。⑨道：指天地之道，即四季更迭、日月交替之道。悖：违背。

【译文】

孔子遵循尧舜二帝的道统，效法文王、武王所定制的典范，上依据天时变化规律，下符合地理环境。譬如天地广博深厚，没有什么不能承载，没有什么不能覆盖。又譬如四季的更迭运行，日月的交替照耀。天地间万物同时生长而互不妨害，天地之道同时并行而互不冲突。小的德行如河水一样长流不息，大的德行使万物敦厚淳朴、无穷无尽。这就是天地之所以广大的原因。

【原文】

唯天下至圣，为能聪明睿知，足以有临也[①]；宽裕温柔，足以有容也[②]；发强刚毅，足以有执也[③]；齐庄中正[④]，足以有敬也；文理密察[⑤]，足以有别也[⑥]。

唯天下至圣，为能聪明睿知。

溥博渊泉[⑦]，而时出之[⑧]。溥博如天，渊泉如渊。见而民莫不敬，言而民莫不信，行而民莫不说[⑨]。

是以声名洋溢乎中国，施及蛮貊[⑩]；舟车所至，人力所通，天之所覆，地之所载，日月所照，霜露所队[⑪]，凡有血气者，莫不尊亲[⑫]，故曰配天。

【注解】

①临：本指高处朝向低处，后引申为上对下之称。②容：包容，容纳。③执：操持决断天下大事。④齐庄：庄重恭敬。中正：不偏不倚。⑤文理：条理。密察：详察细辨。⑥别：分辨是非邪正。⑦溥博渊泉：溥博，普遍广博。溥，普遍。渊泉，深潭。《列子·黄帝》："心如渊泉，形如处女。"后引申为思虑深远。⑧而时出之：出，溢出。这句是说，至圣的人的美德就像渊泉外溢一样，常常表现出来。⑨说：同"悦"，喜悦。⑩施：传播。及：到。蛮貊：谓南蛮北狄等边远少数民族。⑪队：同"坠"，坠落。⑫尊亲：尊重亲近。"尊、亲"二字后面省略了宾语。

【译文】

只有天下最圣明伟大的人，才能做到聪明智慧，足以居上位而临下民；宽博优裕，温和柔顺，足以包容天下的人和事；奋发图强，刚强坚毅，足以操持决断天下大事；庄重恭敬，处事中正，足以获得人民的尊敬；条理清晰，详辨明察，足以分辨是非邪正。

圣明伟大的人，他们的美德广博而深厚，并常常会表露出来。他们的美德就像天空一样广阔，就像潭水一样幽深。这种美德表现在仪容上，老百姓没有谁不敬佩；表现在言谈中，老百姓没有谁不信服；表现在行动上，老百姓没有谁不喜悦。

因此，他们美好的名声传遍了整个中原地区，并且传播到边远少数民族的地方；凡是船只车辆所能到达的，人所能通行的，苍天所能覆盖的，大地所能承载的，太阳和月亮所能照耀着的，霜露所能坠落到的地方；凡是有血气生命的人，没有不尊重和不亲近他们的；所以说圣人的美德可以和天相配。

【原文】

唯天下至诚，为能经纶天下之大经[①]，立天下之大本[②]，知天地之化育。夫焉有所倚？肫肫其仁[③]，渊渊其渊[④]，浩浩其天[⑤]。苟不固聪明圣知[⑥]，达天德者[⑦]，其孰能知之？

【注解】

①经纶：原指整理丝缕，这里引申为创制天下的法规。大经：指常道，法规。②大本：根本大德。③肫肫：诚挚，与"忳忳"同。忳，诚恳貌。④渊渊其渊：意思是说圣人的思虑如潭水一般幽深。渊渊，水深。⑤浩浩其天：圣人的美德如苍天一般广阔。浩浩，原指水盛大的样子。⑥固：实。⑦达天德者：通达天赋美德的人。

【译文】

只有天下达到诚的最高境界的人，才能创制天下的法规，才能树立天下的根本大德，掌握天地化育万物的道理，这怎么会有偏向呢？他的仁心是那样的真诚，他的思虑像潭水般幽深，他伟大的美德像苍天一样广阔。假如不是具有真正聪明智慧而通达天赋美德的人，谁又能真正了解他呢？

【原文】

《诗》曰："衣锦尚䌹①。"恶其文之著也。故君子之道，闇然而日章②；小人之道，的然而日亡③，君子之道，淡而不厌，简而文，温而理，知远之近④，知风之自⑤，知微之显⑥，可与入德矣。

君子之道，淡而不厌。

《诗》云："潜虽伏矣，亦孔之昭⑦。"故君子内省不疚⑧，无恶于志⑨。君子之所不可及者，其唯人之所不见乎！

《诗》云："相在尔室，尚不愧于屋漏⑩。"故君子不动而敬，不言而信。

《诗》曰："奏假无言，时靡有争⑪。"是故君子不赏而民劝⑫，不怒而民威于铁钺⑬。

《诗》曰："丕显惟德，百辟其刑之⑭。"是故君子笃恭而天下平。

《诗》云："予怀明德，不大声以色⑮。"子曰，"声色之于以化民，末也。"《诗》曰："德輶如毛⑯。"毛犹有伦⑰，"上天之载，无声无臭⑱。"至矣。

【注解】

①"衣锦"句：这句诗引自《诗经·卫风·硕人》。《硕人》写的是庄姜初嫁庄公为妻时的场景。衣：作动词，穿。锦：这里指色彩华美的丝绸服装。尚：加在上面。䌹：用麻纱制作的单罩衣。尚䌹：即加上麻纱罩衣。②闇然：暗淡的样子。闇，"暗"的异体字。日章：日渐彰明。章，同"彰"。③的然：鲜艳的样子。的，鲜艳，显著。④知远之近：意思是要往远去必从近开始。⑤知风之自：风，谓教化。这句是说，教化别人必须从自己做起。⑥知微之显：微，隐蔽之处。这句是说，隐蔽之处对明显之处也有一定的影响。⑦"潜虽"两句：这两句诗引自《诗经·小雅·正月》。《正月》是一首揭露现实的诗。潜：潜藏。伏：隐匿。孔：很，甚。昭：明。⑧内省：经常在内心省察自己。疚：原意为久病。引申为忧虑不安。⑨无恶：引申为无愧。志：心。⑩"相在"两句：这两句诗引自《诗经·大雅·抑》。相：看。在尔室：你独自一个人在室。尚：当。不愧于屋漏：意指内心光明，不在暗中做坏事或者起坏念头。屋漏，指古代室内西北角阴暗处。⑪"奏假"两句：这两句诗引自《诗经·商颂·烈祖》。《烈祖》是商的后代宋在祭祀祖先时唱的乐歌。奏假：祷告。无言：默默无声。⑫不赏而民劝：无须赏赐就能使人民受到鼓励。⑬铁钺：古代执行军法时用的斧子，与"斧钺"同。这里引申为刑戮。⑭"丕显"两句：这两句诗引自《诗经·周颂·烈文》。《烈文》是周王在举行封侯仪式

上所唱的乐歌。丕显：充分显扬。丕，大。百辟：谓诸侯。刑：法则。⑮“予怀”两句：这两句诗引自《诗经·大雅·皇矣》。《皇矣》是一首史诗，叙述周朝祖先开国创业的历史。⑯“德輶”句：这句诗引自《诗经·大雅·烝民》。德：指德的微妙。輶：古时候一种轻便车辆，引申为轻。毛：羽毛。⑰毛犹有伦：这句是说羽毛虽然轻微，但还是有东西可以类比的。⑱“上天”两句：这两句诗引自《诗经·大雅·文王》。载：道理。臭：气味。这句诗的大意是说，上天化育万物的道理，没有声音和气味，世上没有什么东西可以形容它的高妙。

小人之道，的然而日亡。

【译文】

《诗经》上说：“身穿锦绣衣服，外面罩件套衫。”这是为了避免锦衣花纹太鲜艳。所以，君子为人的道理在于，外表黯然无色而内心美德才日益彰明；小人的为人之道在于，外表色彩鲜艳，但是随着时间的推移便会日渐黯淡。君子为人的道理还在于，外表素淡而不使人厌恶，外表简朴而内含文采，外表温和而内有条理，知道远是从近开始，知道感化别人是从自己做起，知道微小隐蔽的地方会影响到显著的地方，能够掌握以上这些道理的，就可以算是具有圣人崇高的美德了。

《诗经》上说：“即使鱼潜藏很深，但仍然会看得清楚的。”所以君子经常在内心省察自己，就不会有过失和内疚，就不会心有愧。由此可知，人们之所以不能超越君子的原因，大概就是因为君子在这些不被人看见的地方也严格要求自己。

《诗经》上说：“看你独自在室内的时候，应当也无愧于神明。”所以，君子就是在没做什么事的时候也是怀着敬畏谨慎的心理，在没有言语的时候就已经诚信专一了。

《诗经》上说：“默默无声暗祈祷，今时不再有争斗。”所以，君子不赏赐而老百姓也会受到鼓励；不发怒而老百姓畏惧他就会胜过刑戮的威严。

《诗经》说：“弘扬好的德行，诸侯们便会来效法。”所以，君子笃实恭敬，就能使天下太平。

《诗经》上说：“怀念文王光明的美德，从不用厉声厉色。”孔子说：“用厉声厉色去感化老百姓，这是没有抓住根本。”《诗经》上说：“美德轻如羽毛。”羽毛虽轻微细小，但还是有东西可以类比。《诗经》中说“化育万物上天道，无声无息真微妙”，这才是达到了最高的境界啊。

论语

论 语　《论语》是记载孔子和他的弟子们言行的典籍，全书20篇，一万余字。一般认为，《论语》是由孔子弟子所辑录。

《论语》

作者 孔门弟子

《论语》一书真实而生动地记录了孔子及其弟子的言行，应该是孔门弟子在孔子生前就开始了记录。孔子逝世以后，弟子们继续追忆编纂成书。

时代 春秋末期至战国初期

传说孔子有弟子三千人，至于最后由谁来最终编撰在一起的，已经无可考证了。最后编订当在战国初期。今天的《论语》版本，是东汉末年的大学者郑玄根据几个古本作的《论语注》。今注本有杨伯峻的《论语译注》。

内容 孔门言行录

为最早的语录体书籍

现存《论语》共20篇，内容以伦理教育为主，对中国文化影响极为深远。

孔子与《论语》

孔子是中国古代伟大的思想家、教育家。由他开创的儒家学派在历史上产生了深远影响，儒家文化一直成为封建时代中华民族的主体文化。但是孔子“述而不作”，没有留下完整、系统的学术专著。两千多年间，只有一部记录了孔子及其学生的言论与事迹的语录体著作流传了下来，这就是《论语》。

此书共20篇，总约一万余字。这些文字，是我们今天研究孔子思想最宝贵的材料。

何以书名《论语》，诸家说法不一。一般认为，“论”是“论纂”，“语”是“语言”，因此，“论语”就是把孔子及其弟子的对话“论纂”起来的意思。《论语》各篇都以每篇开始的两字或三字为篇名。如第一篇的第一章以“学而时习之，不亦说乎”为首句，于是第一篇便定名为“学而篇”；第二十篇以“尧曰”开头，因此第二十篇便称为“尧曰篇”。

《论语》的编纂，约始于春秋末年，而成书于战国初期。

孔子像。

孔子其人

孔子，名丘，字仲尼，春秋时鲁国陬邑（今山东曲阜东南）人。历史上对孔子的生卒年月一直争论不休，但意见相差也不过一两年。大多学者认为是生于鲁襄公二十二年（公元前551年），死于鲁哀公十六年（公元前479年），享年73岁。

孔子是殷商的苗裔。周武王灭殷商后，封殷商的微子启于宋。孔子的祖先便是宋国的宗室。后来家世衰微，失掉了贵族的地位。孔子的父亲叔梁纥，曾做过鲁国郰地（今山东曲阜境内）的地方长官，在孔子3岁那年就去世了。孔子从小与寡母相依为命。孔子曾说："吾少也贱，故多能鄙事。"他不得不从事各种劳动，广泛地接触了下层社会。

30岁前后，孔子开始收徒讲学，创办了中国历史上第一所私学，孔子以"学而不厌，诲人不倦"的精神，培养了"贤人七十，弟子三千"。50岁时，孔子在鲁国做官，先后做过中都宰（中都的长官）、司空和大司寇（主管司法），但时间不长，终因鲁国的动乱而离开了鲁因。此后他周游列国，到过卫、曹、宋、陈、蔡等国，向各国君主宣传自己建立社会秩序、尊重人爱护人的主张，但都没有被采用。68岁，孔子又返回鲁国，开始专心于教育和整理、传授古代文化的工作。中华上古文化正是因为有了孔子才流传下来、普及开来，前人说："天不生仲尼，万古长如夜。"孔子的光辉远传。

少年贫贱，勤奋好学。

青年时已博学多艺，开始授徒。

中年时入朝为官，鲁国因此大治。

其道不行，周游列国，历经坎坷。

《论语》的内容

《论语》的内容非常丰富，涉及社会与人的各个方面，有人誉之为"东方的圣经"，并不为过。《论语》的核心内容是"仁"。它既是孔子理想中最高的政治原则，又是最高的道德准则。"仁"的根本含义则是"仁者爱人"。

"忠恕"是由"仁"派生出来的，忠恕之道的基本要求是以诚待人，推己及人。具体内容是，己立立人，己达达人；己所不欲，勿施于人。由此中国人形成了"四海之内皆兄弟"的宽广情怀。"仁"推广到政治就是"仁政"。孔子认为治理好国家，君主一定要重视人品、道德，要讲究信用，爱护民众，这是治国的基本原则。子曰："道千乘之国，敬事而信，节用而爱人，使民以时。"《论语》中，讲到"仁"109次，讲到"礼"75次。孔子认为有了"仁"的本质还要通过"礼"的实践才能做到全社会都遵守。

回到鲁国，整理遗产，聚徒授业。

圣人离世，光照千古。

孔子的教学内容

孔子致力于培养士和君子，即为实现仁政、德治培养人才，他很注重人的内在素质和外在表现，他的教育方针是德才并重，道德教育和知识教育并重。

孔子最基本的教育内容是德育，即加强弟子们的品德修养。孔子以“仁”为最高目标，为了使弟子们准确地把握仁、理解仁，曾多次详尽地回答弟子们提出的问题。

汉字的“仁”由二人会意，讲的就是如何最恰如其分地处理好人与人之间的关系。

孔子认为刚强正直、果断朴实、言语谨慎，都可以说是接近于仁的。

孔子讲“仁者爱人”，但不是无原则地爱；“君子亦有恶”，“唯仁者能好人，能恶人”。并强调人容易冲动，需要有所抑制，掌握分寸，就是“中庸”之道。

孔子认为仁人必须立志，一个人如果具备了求仁的意志，就可以求仁而达仁。“仁”的外在形式是“礼”。他说“克己复礼为仁”。

在具体的教学中，孔子以《诗》《书》《礼》《乐》《易》《春秋》作为教材。

诗

《诗》即《诗经》，在当时主要是用于典礼、讽谏、言语和赋诗言志等各个方面。孔子教授《诗》以“温柔敦厚”的诗教为主。

書

《书》即是《尚书》，是上古时代有关政治大事及言论的实录资料。孔子把它作为政治教材和历史教材来用，要求弟子们以此作为从政、行道、立身的法典依据。《论语》中记录孔子三次引《书》，都是以古喻今，讲解如何从政、行道的。

禮

《礼》指《仪礼》，是一本专门讲解各种典礼节仪及行为规范之书。其中“士礼”占了很大部分，是当时的士阶层立身行事的具体规范。孔子既把《礼》作为文献教材进行讲解，又把《礼》作为学习礼的仪式技能的重要教材。孔子进行的礼教，重在实用。因为礼是立身处世的行动准则，所以他告诫自己的儿子孔鲤说：“不学礼，无以立。”

樂

《乐》即《乐经》，也是孔子教学中的一项重要教材，今已亡佚。乐教不仅指学习音乐的基本功，同时也包括学习音乐理论和审美等内容。孔子主张礼乐治国，以礼来规范制约，以乐来陶冶浸染。他是把《诗》《礼》《乐》融为一体的：“兴于诗，立于礼，成于乐。”在孔子的心目中，立志而后学诗，学诗而后知礼，知礼以后才能从音乐的启迪中自觉地陶冶性情。

易

《易》即《周易》，分《经》和《传》两部分。《经》的内容在孔子以前就已经有了，《传》的内容则是后儒完成的。在孔子时代，《易》是一部讲阴阳八卦的占卜之书，内容神秘庞杂，在鲁国保存得比较完整。据《史记·孔子世家》记载，“孔子晚而喜《易》”，“读《易》，韦编三绝”。孔子曾经深入研究过《易》，并吸取书中朴素的辩证法思想来教育弟子。

春秋

《春秋》成书于孔子去世前二年，是他亲自编著的。孔子以当时的《百国春秋》为蓝本，将各国“史记”中的主要大事统于一体，先作为教材用，后来才整理成现今的传本。《春秋》中包含了孔子的社会政治理论，定名分，寓褒贬，微言大义，是孔子对学生们进行政治和历史教育的重要教科书。

孔子还以“六艺”来培养弟子们的才能，包括礼、乐、射、御、书、数。

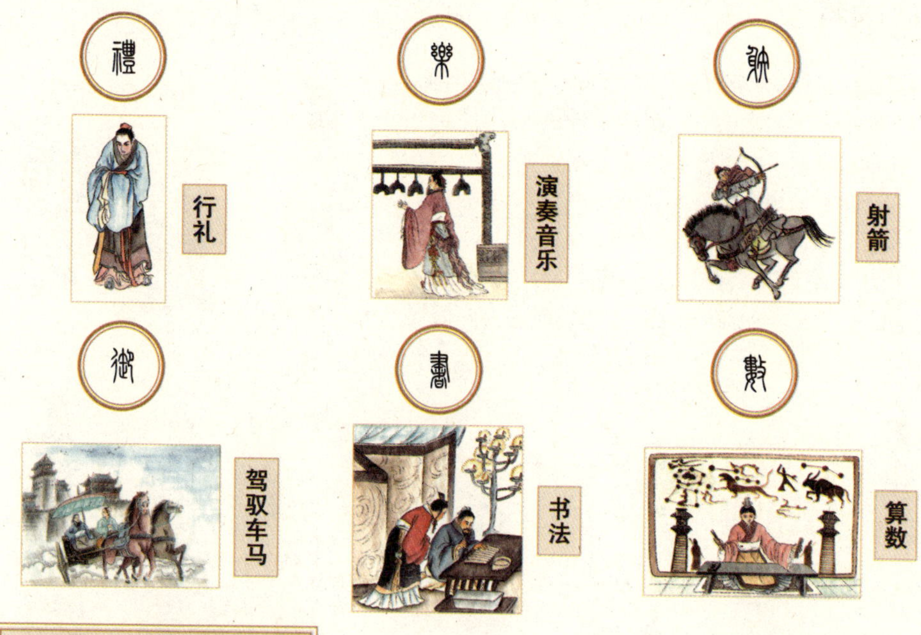

有教无类的办学方针

孔子的办学方针是“有教无类”，与殷、周统治阶级主要为贵族阶级办学的方针大不相同。孔子所收的弟子知名的，除了孟懿子、南宫敬叔来自贵族家庭外，绝大部分来自贫贱人家及少数所谓“自由民”。而得意门生中，颜渊是住在陋巷的穷苦子弟；曾参，母亲以纺织为业，自己曾种地耘瓜；子路，曾穷得主食草籽，“为亲负米”；子张原是“鲁之鄙人”；闵子骞，父亲出外时还得给父亲拉车子；原宪，家住穷巷，穿戴破旧；公冶长，是被人疑为盗窃而拘囚监狱，受过冤刑的青年；至于比较富裕的子贡，也不过是个属于“自由民”的商人。

孔子招收学生的手续很简单，只要携带一束干肉（束脩），象征性地表示对老师的敬意就可以了。孔子弟子号称三千，是指孔子一生中教授学生的总数，这些学生大都出身寒微。收教这些贫贱人家的子弟的目的，正如他的弟子子夏所说的，是“学而优则仕”，让这些贫贱的劳动人民的子弟学习文化知识、六艺技艺，将来为官行政，实行他的“仁”道政治主张。

孔子教学以“文、行、忠、信”来分科。“文”是文化，“行”是道德修养，“忠”是尽己为人，“信”是言行一致、言而有信。这四种内容，都是普通百姓所喜爱的，因而吸引了很多普通人家的年轻子弟。这就把殷周以来专为贵族开办的各种礼仪的“儒术”，改造成为经世济民的“儒学”，孔子也就成为中国儒家学派的“开山鼻祖”了。

有教无类。

孔门十哲

据《史记》记载，孔子有弟子三千，其中精通六艺者有七十二人，称“七十二贤人”。其中最为有成的十个弟子被称为“孔门十哲”。

在德行方面出众的有：颜回、闵损、冉耕、冉雍。

在政事方面出众的有：冉求、仲由。

在言语方面出众的有：宰我、端木赐。

在文学方面出众的有：言偃、卜商。

孔子弟子多达三千人，其中贤人七十二，而且有很多为各诸侯国高官栋梁。孔子死后，“七十子之徒散游诸侯，大者为师傅卿相，小者友教士大夫”。

颜回

闵损

冉耕

冉雍

冉求

仲由

宰我

端木赐

言偃

卜商

《论语》的价值

1. 奠定了中华文明基本的价值观

孔子继承了尧、舜、禹、汤、文、武、周公的道统，完整地提出了“仁”，奠定了中国社会人与人之间的基本道德准则，也是政治伦理的基本观念。孔子提出了一整套的建立和谐社会的价值观，如孝、悌、恭、敬、信、宽、惠等。

孔子是中国历史上最早创设较大规模私学的伟大教育家。

2. 创造了人格的典范

怎样做人、怎样做一个具有完善人格的“仁者”，《论语》做了最好的讲述。《论语》中所表现的真实孔子的伟大人格，两千多年来，一直是中华民族的榜样。

3. 提出了理想社会的秩序

4. 有极高的文学价值

《论语》是学习文言文的最好的奠基性读物。《论语》的记事非常生动，人物刻画精细入微，连孔子与学生谈话时的不同的神情都生动地传达出来。

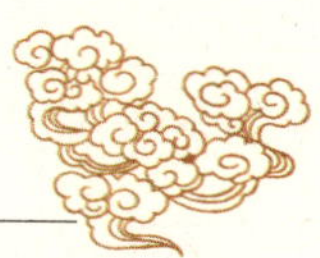

学而篇

【原文】

子曰[①]："学而时习之[②]，不亦说乎[③]？有朋自远方来，不亦乐乎[④]？人不知而不愠[⑤]，不亦君子乎[⑥]？"

学而时习之，不亦说乎。

【注解】

①子：中国古代对有学问、有地位的男子的尊称。《论语》中"子曰"的"子"都是指孔子。②习："习"字的本义是鸟儿练习飞翔，在这里是温习和练习的意思。③说：同"悦"，高兴、愉快的意思。④乐：快乐。⑤愠：怒，怨恨，不满。⑥君子：《论语》中的"君子"指道德修养高的人，即"有德者"；有时又指"有位者"，即职位高的人。这里指"有德者"。

【译文】

孔子说："学到的东西按时去温习和练习，不也很高兴吗？有朋友从很远的地方来，不也很快乐吗？别人不了解自己，自己却不生气，不也是一位有修养的君子吗？"

【原文】

有子曰[①]："其为人也孝弟而好犯上者[②]，鲜矣[③]；不好犯上而好作乱者，未之有也[④]。君子务本，本立而道生。孝弟也者，其为仁之本与[⑤]！"

【注解】

①有子：孔子的学生，姓有，名若。在《论语》中，孔子的学生一般都称字，只有曾参和有若称"子"。②弟：同"悌"，敬爱兄长。③鲜：少。④未之有也："未有之也"的倒装句，意思是没有这种人。⑤与：即"欤"字，表示疑问的助词。《论语》中句末的"与"同"欤"。

【译文】

有子说："那种孝顺父母、敬爱兄长的人，却喜欢触犯上级，是很少见的；不喜欢触犯上级却喜欢造反的人，更是从来没有的。有德行的人总是力求抓住这个根本。根本建立了便产生了仁道。孝敬父母、敬爱兄长，大概便是仁道的根本吧！”

【原文】

子曰：“巧言令色①，鲜矣仁②！”

【注解】

①巧言令色：巧，好。令，善。巧言令色，即满口说着讨人喜欢的话，满脸装出讨人喜欢的脸色。②鲜：少的意思。

【译文】

孔子说：“花言巧语，伪装出一副和善的面孔，这种人是很少仁德的。”

【原文】

曾子曰①：“吾日三省吾身②：为人谋而不忠乎？与朋友交而不信乎？传不习乎③？”

【注解】

①曾子：孔子晚年的学生，名参，字子舆，比孔子小四十六岁。生于公元前505年，鲁国人，是被鲁国灭亡了的鄫国贵族的后代。曾参是孔子的得意门生，以孝著称，据说《孝经》就是他撰写的。②三省：多次反省。③传：老师讲授的功课。

【译文】

曾参说：“我每天从多方面反省自己：替别人办事是不是尽心竭力了？与朋友交往是不是诚实守信了？对老师传授的功课，是不是用心复习了？”

【原文】

子曰：“道千乘之国①，敬事而信②，节用而爱人③，使民以时④。”

节用而爱人，使民以时。

【注解】

①道：通“导”，引导之意。此处译为治理。千乘之国：乘，古代用四匹马拉的兵车。春秋时期，打仗用兵车，故车辆数目的多少往往标志着这个国家的强弱。千乘之国，即指代大国。②敬事：“敬”是指对待所从事的事务要谨慎专一、兢兢业业，即今人所说的敬业。③爱人：古代“人”的含义有广义与狭义之分。

广义的“人”，指一切人群；狭义的“人”，仅指士大夫以上各个阶层的人。此处的“人”与“民”相对而言。④使民以时：时，指农时。古代百姓以农业为主，这里是说役使百姓要按照农时，即不要误了耕作与收获。

【译文】

孔子说：“治理拥有一千辆兵车的国家，应该恭敬谨慎地对待政事，并且讲究信用；节省费用，并且爱护人民；征用民力要尊重农时，不要耽误耕种、收获的时节。”

【原文】

子曰：“弟子入则孝①，出则弟②，谨而信③，泛爱众，而亲仁④。行有余力⑤，则以学文⑥。”

【注解】

①弟子：有二义，一是指年幼之人，弟系对兄而言，子系对父而言，故曰弟子；二是指学生。此处取前义。入：古时父子分别住在不同的居处，学习则在外舍。入是入父宫，指进到父亲住处；或说在家。②出：与“入”相对而言，指外出拜师学习。出则弟，是说要用悌道对待师长，也可泛指年长于自己的人。③谨：寡言少语称之为谨。④仁：指具有仁德的人，即温和、善良的人。此形容词用作名词。⑤行有余力：指有闲暇时间。⑥文：指诗、书、礼、乐等文化知识。

【译文】

孔子说：“小孩子在父母跟前要孝顺，出外要敬爱师长，说话要谨慎，言而有信，和所有人都友爱相处，亲近那些具有仁爱之心的人。做到这些以后，如果还有剩余的精力，就用来学习文化知识。”

【原文】

子夏曰①：“贤贤易色②；事父母，能竭其力；事君，能致其身③；与朋友交，言而有信。虽曰未学，吾必谓之学矣。”

【注解】

①子夏：姓卜，名商，字子夏，孔子的高足，以文学著称。比孔子小四十四岁，生于公元前507年。孔子死后，他在魏国宣传孔子的思想主张。②贤贤：第一个“贤”字作动词用，尊重的意思。贤贤即尊重贤者。易：有两种解释，一是改变的意思；二是轻视的意思，即尊重贤者而看轻女色。③致其身：致，意为“奉献”“尽力”。这里是尽忠的意思。

【译文】

子夏说：“一个人能够尊重贤者而看轻女色；侍奉父母，能够竭尽全力；服侍君主，能够献出自己的生命；同朋友交往，说话诚实、恪守信用。这样的人，即使他自己说没有学过什么，我也一定要说他已经学习过了。”

【原文】

子曰："君子不重则不威①，学则不固②，主忠信③。无友不如己者④。过则勿惮改⑤。"

【注解】

①重：庄重、自持。②学则不固：所学不牢固。与上句联系起来就可理解为：一个人不庄重就没有威严，所学也不牢固。③主忠信：以忠信为主。④无：通"毋"，不要的意思。不如己者：指不忠不信的人，"不如己者"是比较委婉的说法。⑤过：过错、过失。惮：害怕、畏惧。

【译文】

孔子说："一个君子，如果不庄重，就没有威严；即使读书，所学也不会牢固。行事应当以忠和信这两种道德为主。不要和不忠不信的人交朋友。有了过错，要不怕改正。"

【原文】

曾子曰："慎终追远①，民德归厚矣②。"

【注解】

①慎终：指对父母之丧要尽其哀。追远：指祭祀祖先要致其敬。②民德：指民心，民风。厚：朴实，淳厚。民德归厚，指民心归向淳厚。

【译文】

曾子说："谨慎地对待父母的丧事，恭敬地祭祀远代祖先，就能使民心归向淳厚了。"

【原文】

子禽问于子贡曰①："夫子至于是邦也，必闻其政，求之与？抑与之与②？"子贡曰："夫子温、良、恭、俭、让以得之。夫子之求之也，其诸异乎人之求之与③？"

夫子至于是邦也，必闻其政。

【注解】

①子禽：姓陈，名亢，字子

禽。子贡：姓端木，名赐，字子贡，比孔子小三十一岁。②抑与之：抑，反语词，可作“还是……”解。与之，（别人）自愿给他。③其诸：表示不太肯定的语助词，有“或者”“大概”的意思。

【译文】

子禽问子贡说：“夫子每到一个国家，一定听得到这个国家的政事。那是求人家告诉他的呢，还是人家主动说给他听的呢？”子贡说：“夫子是靠温和、善良、恭敬、节俭和谦让得来的。夫子的那种求得的方式，大概是不同于别人的吧？”

【原文】

子曰：“父在观其志①。父没观其行②。三年无改于父之道，可谓孝矣。”

【注解】

①其：指儿子，不是指父亲。②行：行为。

【译文】

孔子说：“当他父亲活着时，要看他本人的志向；他父亲去世以后，就要考察他本人的具体行为了。如果他长期坚持父亲生前那些正确原则，就可以说是尽孝了。”

【原文】

有子曰：“礼之用，和为贵。先王之道①，斯为美，小大由之。有所不行，知和而和，不以礼节之，亦不可行也。”

【注解】

①先王之道：指的是古代圣王治国之道。

【译文】

有子说：“礼的功用，以遇事做得恰当和顺为可贵。以前的圣明君主治理国家，最可贵的地方就在这里。他们做事，无论事大事小，都按这个原则去做。如遇到行不通的，仍一味地追求和顺，却并不用礼法去节制它，也是行不通的。”

【原文】

有子曰：“信近于义，言可复也①；恭近于礼，远耻辱也②；因不失其亲③，亦可宗也④。”

【注解】

①复：实践，履行。②远：使远离，可以译为避免。③因：依靠之意。④宗：主。可宗，可靠。

【译文】

有子说："约言符合道德规范，这种约言才可兑现。态度谦恭符合礼节规矩，才不会遭受羞辱。接近那些值得亲近的人，也就可靠了。"

【原文】

子曰："君子食无求饱，居无求安，敏于事而慎于言，就有道而正焉[①]，可谓好学也已。"

【注解】

① 有道：指有道德、有学问的人。正：匡正，端正。

【译文】

孔子说："君子饮食不追求饱足；居住不追求安逸；对工作勤奋敏捷，说话却谨慎；接近有道德有学问的人并向他学习，纠正自己的缺点，就可以称得上是好学了。"

【原文】

子贡曰："贫而无谄，富而无骄，何如？"子曰："可也。未若贫而乐、富而好礼者也。"子贡曰："《诗》云：'如切如磋，如琢如磨[①]'，其斯之谓与[②]？"子曰："赐也[③]，始可与言《诗》已矣，告诸往而知来者[④]。"

【注解】

① 如切如磋，如琢如磨：出自《诗经·卫风·淇奥》篇。意思是：好比加工象牙，切了还得磋，使其更加光滑；好比加工玉石，琢了还要磨，使其更加细腻。② 其：表测度语气，可译为"大概"。③ 赐：子贡的名。孔子对学生一般都称名。④ 来者：未来的事，这里借喻为未知的事。

【译文】

子贡说："贫穷却不巴结奉承，富贵却不骄傲自大，怎么样？"孔子说："可以了，但还是不如虽贫穷却乐于道，虽富贵却谦虚好礼。"子贡说："《诗经》上说：'要像骨、角、象牙、玉石等的加工一样，先开料，再粗锉，细刻，然后磨光'，那就是这样的意思吧？"孔子说："赐呀，现在可以同你讨论《诗经》了。告诉你以往的事，你能因此而知道未来的事。"

【原文】

子曰："不患人之不己知，患不知人也。"

【译文】

孔子说："不要担心别人不了解自己，应该担心的是自己不了解别人。"

为政篇

【原文】

子曰："为政以德，譬如北辰，居其所而众星共之①。"

【注解】

①北辰：北极星。共：同"拱"，环绕。

【译文】

孔子说："用道德的力量去治理国家，自己就会像北极星那样，安然处在自己的位置上，别的星辰都环绕着它。"

为政以德，譬如北辰，居其所而众星共之。

【原文】

子曰："《诗》三百①，一言以蔽之②，曰：'思无邪'。"

【注解】

①《诗》三百：《诗经》中共收诗三百零五篇。"三百"是举其整数而言。②蔽：概括。

【译文】

孔子说："《诗经》共三百多篇，用一句话来概括它，就是'思想纯正'。"

【原文】

子曰："道之以政①，齐之以刑，民免而无耻②；道之以德，齐之以礼，有耻且格③。"

【注解】

①道：有两种解释，一说是引导的意思，另一说是领导、治理，与"道千乘之国"的"道"相同。此从后解。②免：免罪、免刑、免祸。③格：纠正。

【译文】

孔子说："用政令来治理百姓，用刑罚来制约百姓，百姓可暂时免于罪过，但不会感到不服从统治是可耻的；如果用道德来统治百姓，用礼教来约束百姓，百姓不但有廉耻之心，而且会纠正自己的错误。”

【原文】

子曰：“吾十有五而志于学①，三十而立②，四十而不惑，五十而知天命，六十而耳顺③，七十而从心所欲不逾矩。”

【注解】

①有：同“又”。古文中表数字时常用“有”代替“又”，表示相加的关系。②立：站立，成立。这里指立身处世。③耳顺：对于外界一切相反相异、五花八门的言论，能分辨真伪是非，并泰然处之。

【译文】

孔子说：“我十五岁立志学习，三十岁在人生道路上站稳脚跟，四十岁心中不再迷惘，五十岁知道上天给我安排的命运，六十岁听到别人说话就能分辨是非真假，七十岁能随心所欲地说话做事，又不会超越规矩。”

【原文】

孟懿子问孝①，子曰：“无违②。”樊迟御③，子告之曰：“孟孙问孝于我，我对曰，无违。”樊迟曰：“何谓也？”子曰：“生，事之以礼；死，葬之以礼，祭之以礼。”

【注解】

①孟懿子：鲁国大夫，姓仲孙，名何忌。懿，谥号。②无违：不要违背礼节。③樊迟：孔子的学生，姓樊，名须，字子迟。御：驾车，赶车。

【译文】

孟懿子问什么是孝道。孔子说：“不要违背礼节。”不久，樊迟替孔子驾车，孔子告诉他：“孟孙问我什么是孝道，我对他说，不要违背礼节。”樊迟说：“这是什么意思？”孔子说：“父母活着的时候，依规定的礼节侍奉他们；死的时候，依规定的礼节安葬他们、祭祀他们。”

【原文】

孟武伯问孝①，子曰：“父母唯其疾之忧②。”

【注解】

①孟武伯：上文孟懿子的儿子，名彘，“武”是谥号。②其：指孝子。

【译文】

孟武伯问什么是孝道，孔子说：“父母只为孩子的疾病担忧（而不担忧别的）。”

【原文】

子游问孝[①]，子曰："今之孝者，是谓能养。至于犬马，皆能有养。不敬，何以别乎？"

【注解】

①子游：孔子的高足，姓言，名偃，字子游，吴人。

【译文】

子游请教孝道，孔子说："现在所说的孝，指的是能养活父母便行了。即使狗和马，也都有人饲养。对父母如果不恭敬顺从，那和饲养狗马有什么区别呢？"

【原文】

子夏问孝，子曰："色难[①]。有事，弟子服其劳[②]；有酒食[③]，先生馔[④]；曾是以为孝乎[⑤]？"

子夏问孝，子曰：色难。

【注解】

①色难：有两种解释，一说孝子侍奉父母，以做到和颜悦色为难；另一说难在承望、理解父母的脸色。今从前解。②弟子：年轻的子弟。③食：食物。④先生：与"弟子"相对，指长辈。馔：吃喝。⑤曾：副词，竟然的意思。

【译文】

子夏问什么是孝道，孔子说："侍奉父母经常保持和颜悦色最难。遇到事情，由年轻人去做；有好吃好喝的，让老年人享受，难道这样就是孝吗？"

【原文】

子曰："吾与回言终日[①]，不违，如愚。退而省其私[②]，亦足以发，回也不愚。"

【注解】

①回：姓颜，名回，字子渊，孔子最得意的门生。②退：从老师那里退下。省：观察。私：私语，指颜回与别人私下讨论。

【译文】

孔子说："我整天对颜回讲学，他从不提出什么反对意见，像个蠢人。等他退下，我观察他私下里同别人讨论时，却能发挥我所讲的，可见颜回他并不愚笨呀！”

【原文】

子曰：“视其所以[①]，观其所由[②]，察其所安[③]。人焉廋哉[④]？人焉廋哉？”

【注解】

①以：为。所以：所做的事。②所由：所经过的途径。③安：安心。④廋：隐藏，隐蔽。

【译文】

孔子说：“看一个人的所作所为，考察他处事的动机，了解他心安于什么事情。那么，这个人的内心怎能掩盖得了呢？这个人的内心怎能掩盖得了呢？”

【原文】

子曰：“温故而知新，可以为师矣。”

【译文】

孔子说：“在温习旧的知识时，能有新的收获，就可以当老师了。”

【原文】

子曰：“君子不器。”

【译文】

孔子说：“君子不能像器皿一样（只有一种用途）。”

【原文】

子贡问君子，子曰：“先行其言而后从之。”

【译文】

子贡问怎样才能做一个君子。孔子说：“对于你要说的话，先实行了，然后说出来。”

【原文】

子曰：“君子周而不比[①]，小人比而不周。”

【注解】

①周：团结多数人。比：勾结。

【译文】

孔子说："德行高尚的人以正道广泛交友但不互相勾结，品格卑下的人互相勾结却不顾道义。"

【原文】

子曰："学而不思则罔[①]，思而不学则殆[②]。"

【注解】

①罔：迷惘，没有收获。②殆：疑惑。

【译文】

孔子说："学习而不思考就会迷惘无所得；思考而不学习就会疑惑不解。"

学而不思则罔。

【原文】

子曰："攻乎异端[①]，斯害也已[②]！"

【注解】

①攻：做。异端：中庸的两端，指"过"和"不及"。②斯：连词，这就、那就的意思。也已：语气词。

【译文】

孔子说："做事情过或不及，都是祸害啊！"

【原文】

子曰："由[①]！诲女，知之乎[②]？知之为知之，不知为不知，是知也。"

【注解】

①由：孔子的高足，姓仲，名由，字子路，卞（故城在今山东省泗水县东）人。②知：作动词用，知道。

【译文】

孔子说："由啊，我教给你的，你懂了吗？知道就是知道，不知道就是不知道，这才是真正的智慧！"

【原文】

子张学干禄[①]，子曰："多闻阙疑，慎言其余，则寡尤；多见阙殆，慎行其余，则寡悔。言寡尤，行寡悔，禄在其中矣。”

【注解】

①子张：孔子的学生，姓颛孙，名师，字子张。干禄：谋求禄位。

【译文】

子张请教求得官职俸禄的方法。孔子说：“多听，把不明白的事情放到一边，谨慎地说出那些真正懂得的，就能少犯错误；多观察，不明白的就保留心中，谨慎地实行那些真正懂得的，就能减少事后懊悔。言语少犯错误，行动很少后悔，自然就有官职俸禄了。”

【原文】

哀公问曰[①]：“何为则民服？”孔子对曰：“举直错诸枉[②]，则民服；举枉错诸直，则民不服。”

【注解】

①哀公：鲁国国君，姓姬，名将，鲁定公之子，在位二十七年，“哀”是谥号。②错：同“措”，安置。诸：“之于”的合音。枉：邪曲。

【译文】

鲁哀公问道：“我怎么做才能使百姓服从呢？”孔子答道：“把正直的人提拔上来，使他们位居不正直的人之上，则百姓就服从了；如果把不正直的人提拔上来，使他们位居正直的人之上，百姓就会不服从。”

【原文】

季康子问[①]：“使民敬、忠以劝[②]，如之何？”子曰：“临之以庄，则敬；孝慈，则忠；举善而教不能，则劝。”

【注解】

①季康子：鲁大夫季桓子之子，鲁国正卿，“康”是谥号。②以：通“与”，可译为“和”。

【译文】

季康子问：“要使百姓恭敬、忠诚并互相勉励，该怎么做？”孔子说：“如果你用庄重的态度对待他们，他们就会恭敬；如果你能孝顺父母、爱护幼小，他们就会忠诚；如果你能任用贤能之士，教育能力低下的人，他们就会互相勉励。”

【原文】

或谓孔子曰[①]：“子奚不为政[②]？”子曰：“《书》云：‘孝乎惟孝，友于兄弟。’施于有政，是亦为政，奚其为为政？”

【注解】

①或：有人。②奚：疑问词，当“何”“怎么”“为什么”讲。

【译文】

有人问孔子说：“您为什么不当官参与政治呢？”孔子说：“《尚书》中说：‘孝呀！只有孝顺父母，才能推广到友爱兄弟。’并把孝悌的精神扩展、影响到政治上去。这也是参与政治，为什么一定要当官才算参与政治呢？”

【原文】

子曰：“人而无信[①]，不知其可也。大车无輗[②]，小车无軏，其何以行之哉？”

【注解】

①而：如果。信：信誉。②大车：指牛车。輗：大车辕和车辕前横木相接的活键。

【译文】

孔子说：“一个人如果不讲信誉，真不知他能怎么办。就像大车的横木两头没有活键，小车的横木两头少了关扣一样，怎么能行驶呢？”

【原文】

子张问：“十世可知也[①]？”子曰：“殷因于夏礼，所损益可知也；周因于殷礼，所损益可知也；其或继周者，虽百世，可知也。”

【注解】

①世：古时称三十年为一世，一世为一代。也有的把“世”解释为朝代。也：表疑问的语气词。

【译文】

子张问：“今后十代的礼制现在可以预知吗？”孔子说：“殷代承袭夏代的礼制，其中废除和增加的内容是可以知道的；周代继承殷代的礼制，其中废除和增加的内容，也是可以知道的。那么以后如果有继承周朝的朝代，就是在一百代以后，也是可以预先知道的。”

【原文】

子曰：“非其鬼而祭之，谄也。见义不为，无勇也。”

【译文】

孔子说：“祭祀不该自己祭祀的鬼神，那是献媚；见到合乎正义的事而不做，那是没有勇气。”

八佾篇

【原文】

孔子谓季氏①："八佾舞于庭②，是可忍也③，孰不可忍也？"

孔子闻季氏舞八佾于庭曰：是可忍也，孰不可忍也。

【注解】

①季氏：季孙氏，鲁国大夫。②八佾：古代奏乐舞蹈，每行八人，称为一佾。天子可用八佾，即六十四人；诸侯六佾，四十八人；大夫四佾，三十二人。季氏应该用四佾。③忍：忍心，狠心。

【译文】

孔子谈到季孙氏说："他用天子才能用的八佾在庭院中奏乐舞蹈，这样的事都狠心做得出来，还有什么事不能狠心做出来呢？"

【原文】

三家者以《雍》彻①。子曰："'相维辟公，天子穆穆②'，奚取于三家之堂？"

【注解】

①三家：鲁国当政的三家大夫孟孙、叔孙、季孙。《雍》:《诗经·周颂》中的一篇，为周天子举行祭礼后撤去祭品、祭器时所唱的诗。彻：同"撤"，古代祭礼完毕后撤祭馔，乐人唱诗以娱神。②"相维辟公，天子穆穆"二句：诸侯都在助祭，天子恭敬地主祭。见《雍》诗。相，助祭的人。维，用于句中的助词，可以译为"是"。辟公，诸侯。穆穆，庄严肃穆。

【译文】

孟孙、叔孙和季孙三家祭祖时，唱着《雍》这首诗歌来撤去祭品。孔子说："《雍》诗说的'诸侯都来助祭，天子恭敬地主祭'怎么能用在三家大夫的庙堂上呢？"

【原文】

子曰："人而不仁，如礼何[①]？人而不仁，如乐何？"

【注解】

① 如礼何：怎样对待礼仪制度。

【译文】

孔子说："做人如果没有仁德，怎么对待礼仪制度呢？做人如果没有仁德，怎么对待音乐呢？"

【原文】

林放问礼之本[①]，子曰："大哉问！礼，与其奢也，宁俭；丧，与其易也[②]，宁戚。"

【注解】

① 林放：鲁国人。② 易：治理，办妥。

【译文】

林放问礼的根本。孔子说："你的问题意义重大啊！礼，与其求形式上的豪华，不如俭朴一些好；治丧，与其在仪式上面面俱到，不如内心真正悲痛。"

【原文】

子曰："夷狄之有君[①]，不如诸夏之亡也[②]。"

【注解】

① 夷狄：古代中原地区的人对周边地区的贬称，谓之不开化。② 诸夏：古代中原地区华夏族的自称。亡：通"无"。

【译文】

孔子说："夷狄有君主（而不讲礼节），还不如中原之地的没有君主（而讲礼节）哩。"

【原文】

季氏旅于泰山[①]。子谓冉有曰[②]："女弗能救与？"对曰："不能。"子曰："呜呼！曾谓泰山不如林放乎？"

【注解】

① 旅：祭山，这里作动词用。在当时，只有天子和诸侯才有资格祭祀名山大川。② 冉有：名求，字子有，孔子的学生，比孔子小二十九岁。冉有当时在季氏门下做事。

【译文】

季氏要去祭祀泰山，孔子对冉有说："你不能阻止吗？"冉有回答说："不能。"孔子说："唉！难道说泰山之神还不如林放懂礼吗？"

【原文】

子曰："君子无所争。必也射乎[①]！揖让而升[②]，下而饮。其争也君子。"

揖让而升，下而饮，其争也君子。

【注解】

①射：指古代的射礼。射礼规定两人一组，相互作揖然后登堂，射完再相互作揖退下。各组射完后，再作揖登堂饮酒。②揖：拱手行礼。

【译文】

孔子说："君子没有什么可与别人争的事情。如果有，一定是比射箭了。比赛时，相互作揖谦让后上场。射完后，登堂喝酒。这是一种君子之争。"

【原文】

子夏问曰："'巧笑倩兮[①]，美目盼兮[②]，素以为绚兮[③]'。何谓也？"子曰："绘事后素。"曰："礼后乎？"子曰："起予者商也[④]！始可与言《诗》已矣。"

【注解】

①倩：笑容美好。②盼：眼睛黑白分明。③绚：有文采。"巧笑倩兮……绚兮"这三句诗前两句见《诗·卫风·硕人》，第三句可能是逸诗。④起：阐明。

【译文】

子夏问道："'轻盈的笑脸多美呀，黑白分明的眼睛多媚呀，好像在洁白的底子上画着美丽的图案呀。'这几句诗是什么意思呢？"孔子说："先有白色底子，然后在上面画画。"子夏说："这么说礼仪是在有了仁德之心之后才产生的了？"孔子说："能够发挥我的思想的是卜商啊！可以开始和你谈论《诗经》了。"

【原文】

子曰："夏礼，吾能言之，杞不足征也[①]；殷礼，吾能言之，宋不足征也[②]。文献不足故也[③]。足，则吾能征之矣。"

【注解】

①杞：国名，杞君是夏禹的后代，周初的故城在今河南杞县，其后迁移。征：证明、验证。②宋：国名，宋君是商汤的后代，故城在今河南商丘市南。③文：典籍。献：指贤人。

文献足，则能征之。

【译文】

孔子说："夏代的礼仪制度，我能说一说，但它的后代杞国不足以作证明；殷代的礼仪制度，我能说一说，但它的后代宋国不足以作证明。这是杞、宋两国的历史资料和知礼人才不足的缘故。如果有足够的历史资料和懂礼的人才，我就可以验证这两代的礼了。"

【原文】

子曰："禘自既灌而往者[1]，吾不欲观之矣。"

【注解】

①禘：一种极为隆重的祭礼，只有天子才能举行。灌：祭礼开始时，向代表受祭者献酒的仪式。

【译文】

孔子说："举行禘祭的仪式，从完成第一次献酒以后，我就不想看下去了。"

【原文】

或问禘之说，子曰："不知也。知其说者之于天下也，其如示诸斯乎[1]！"指其掌。

【注解】

①示：有二义，一为"置"，摆或放的意思，即指放在手上的东西，一目了然；二为"视"。两说皆通，今从前说。斯：指后面的"掌"字。

【译文】

有人问孔子关于举行禘祭的内容，孔子说："不知道。知道的人治理天下，可能像把东西放在这里一样容易吧！"说的时候，指着自己的手掌。

【原文】

祭如在[①]，祭神如神在。子曰："吾不与祭[②]，如不祭。"

【注解】

①祭如在：祭祀祖先时，好像祖先真的就在面前。祭，祭祀。在，存在，这里指活着。②与：参与。

【译文】

祭祀祖先时，好像祖先真的在面前；祭神的时候，好像神真的在面前。孔子说："我如果不亲自参加祭祀，祭了就跟不祭一样。"

【原文】

王孙贾问曰[①]："与其媚于奥[②]，宁媚于灶[③]，何谓也？"子曰："不然获罪于天，无所祷也。"

【注解】

①王孙贾：卫国权臣。据说他是周王之后，因得罪周王，出仕于卫。他的问话，用的是比喻，带有挑衅意味。②奥：后室的西南角，被视为尊者所居的位置。③灶：古人认为灶里有神，因此在灶边祭之。这里王孙贾以奥比喻卫灵公或其宠姬南子，以灶自喻，暗示孔子与其巴结卫灵公及南子，不如巴结自己更实惠。

【译文】

王孙贾问道："与其巴结奥神，不如巴结灶神，这是什么意思？"孔子说："不是这样的。如果得罪了上天，到什么地方去祷告求情也是无用的。"

【原文】

子曰："周监于二代[①]，郁郁乎文哉[②]！吾从周。"

【注解】

①监：通"鉴"，借鉴。二代：指夏、商二代。②郁郁：文采盛貌。文：指礼乐制度。

【译文】

孔子说："周代的礼仪制度是参照夏朝和商朝修订的，多么丰富多彩啊！我主张接受周代的。"

【原文】

子入太庙[①]，每事问。或曰："孰谓鄹人之子知礼乎[②]？入太庙，每事问。”子闻之，曰：“是礼也。”

【注解】

①太庙：开国的君主叫太祖，太祖的庙叫太庙。这里指周公的庙，周公是鲁国最先受封的君主。②鄹：鲁国地名，在今山东省曲阜市东南。孔子的父亲做过鄹大夫，所以这里称为鄹人。

子入太庙，每事问。

【译文】

孔子进入太庙，每遇到一件事都细细地询问。有人说：“谁说鄹邑大夫的儿子懂得礼仪呀？他进到太庙里，每件事都要问人。”孔子听到这话，说：“这正是礼嘛。”

【原文】

子曰：“射不主皮①，为力不同科②，古之道也。”

【注解】

①射不主皮：皮，指代箭靶。古代箭靶叫“侯”，用布或皮做成，中心画着猛兽等。孔子此处讲的射不是军事上的射，而是练习礼乐的射，因此以中不中为主，不以穿破皮侯为主。②为：因为。同科：同等，同级。

【译文】

孔子说：“比射箭，主要不是看能否射穿皮做的箭靶子，因为各人力气大小不同。这是古时候的规则。”

【原文】

子贡欲去告朔之饩羊①。子曰：“赐也！尔爱其羊，我爱其礼。”

【注解】

①去：去掉，废除。告朔之饩羊：告朔，朔为每月的第一天。周天子于每年秋冬之交向诸侯颁布来年的历书，历书包括指明有无闰月、每月的朔日是哪一天，这就叫“告朔”。诸侯接受历书后，藏于祖庙。每逢初一，便杀一头羊祭于庙。羊杀而不烹叫“饩”（烹熟则叫“飨”）。告朔饩羊是古代一种祭礼制度。

【译文】

子贡想把每月初一告祭祖庙的羊废去不用。孔子说："赐呀！你爱惜那只羊，我则爱惜那种礼。"

【原文】

子曰："事君尽礼，人以为谄也。"

【译文】

孔子说："按照礼节去侍奉君主，别人却认为这是在讨好君主哩。"

【原文】

定公问[①]："君使臣，臣事君，如之何？"孔子对曰："君使臣以礼，臣事君以忠。"

【注解】

①定公：鲁国国君，姓姬名宋，"定"是谥号。

【译文】

鲁定公问："国君役使臣子，臣子服侍君主，各应该怎么做？"孔子答道："君主应该按照礼节役使臣子，臣子应该用忠心来服侍君主。"

【原文】

子曰："《关雎》乐而不淫[①]，哀而不伤。"

【注解】

①《关雎》：《诗经》中的第一篇。

【译文】

孔子说："《关雎》这首诗快乐而不放荡，悲哀而不悲伤。"

子曰：《关雎》乐而不淫，哀而不伤。

【原文】

哀公问社于宰我[①]。宰我对曰："夏后氏以松，殷人以柏，周人以栗，曰：使民战栗。"子闻之，曰："成事不说，遂事不谏[②]，既往不咎。"

【注解】

①社：土地神，祭祀土神的庙也称社。宰我：名予，字子我，孔子的学生。②遂事：已完成的事。

【译文】

鲁哀公问宰我，做土地神的神位应该用什么木料。宰我回答说："夏代人用松木，殷代人用柏木，周代人用栗木，目的是使百姓战战栗栗。"孔子听到这些话，告诫宰我说："已经过去的事不用解释了，已经完成的事不要再劝谏了，已过去的事也不要再追究了。"

【原文】

子曰："管仲之器小哉①！"或曰："管仲俭乎？"曰："管氏有三归②，官事不摄③，焉得俭？""然则管仲知礼乎？"曰："邦君树塞门④，管氏亦树塞门。邦君为两君之好，有反坫⑤，管氏亦有反坫。管氏而知礼，孰不知礼？"

【注解】

①管仲：名夷吾，齐桓公时的宰相，辅助齐桓公成为诸侯的霸主。②三归：三处豪华的公馆。③摄：兼任。④树：树立。塞门：在大门口筑的一道短墙，以别内外，相当于屏风、照壁等。⑤反坫：古代君主招待别国国君时，放置献过酒的空杯子的土台。

【译文】

孔子说："管仲的器量太小啦！"有人问："管仲节俭吗？"孔子说："管仲有三处豪华的公馆，他手下的人从不兼职，怎么能称得上节俭呢？""那么管仲懂礼仪吗？"孔子说："国君在宫门前立了一道影壁，管仲也在自家门口立了影壁；国君设宴招待别国君主、举行友好会见时，在堂上设有放置空酒杯的土台，管仲宴客也有这样的土台。如果说管仲知礼，那还有谁不知礼呢？"

【原文】

子语鲁大师乐①，曰："乐其可知也：始作，翕如也②；从之③，纯如也④，皦如也⑤，绎如也⑥，以成⑦。"

【注解】

①语：告诉，作动词用。大师：太师，乐官名。②翕：意为合，聚，协调。③从：放纵，展开。④纯：美好、和谐。⑤皦：音节分明。⑥绎：连续不断。⑦以成：以之而成，即以从之纯如、皦如、绎如三者而成。

【译文】

孔子给鲁国乐官讲奏乐过程："奏乐过程是可以了解的：开始演奏时，各种乐器合奏，声音洪亮而优美，听众随着乐声响起而为之振奋；乐曲展开后美好而和谐，节奏分明，连续不断，如流水绵绵流淌，直至演奏结束。”

【原文】

仪封人请见①，曰：“君子之至于斯也，吾未尝不得见也。”从者见之②。出曰：“二三子何患于丧乎③？天下之无道也久矣，天将以夫子为木铎④。”

【注解】

①仪：地名。封人：镇守边疆的小官。请见：请求会见孔子。②从者：随从之人。见之：让他被接见。③二三子：你们这些人。患：忧愁，担心。丧：失掉官位。④木铎：以木为舌的铜铃，古代用以宣布政教法令。

【译文】

仪地的一个小官请求会见孔子，说：“凡是到这个地方的君子，我没有不求见的。”孔子的学生们领他去见孔子。出来以后，他说：“你们几位为什么担心失去官位呢？天下无道已经很久了，因此上天将以孔夫子为圣人来教化天下。”

【原文】

子谓《韶》①：“尽美矣②，又尽善也③。”谓《武》④：“尽美矣，未尽善也。”

【注解】

①《韶》：相传是舜时的乐曲名。②美：指乐曲的声音言。③善：指乐曲的内容言。④《武》：相传是周武王时的乐曲名。

子谓《韶》：“尽美矣，又尽善也。”

【译文】

孔子评论《韶》，说：“乐曲美极了，内容也好极了。”评论《武》，说：“乐曲美极了，内容还不是很好。”

【原文】

子曰：“居上不宽，为礼不敬，临丧不哀，吾何以观之哉！”

【译文】

孔子说：“居于统治地位的人，不能宽宏大量，行礼的时候不恭敬，遭遇丧事时不悲伤哀痛，这个样子，我怎么看得下去呢？”

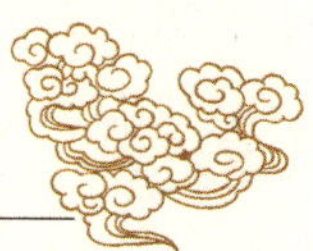

里仁篇

【原文】

子曰："里仁为美①。择不处仁，焉得知②？"

【注解】

①里：可作名词，居住之地；也可以作动词，居住。均通。今从第二义。②知：同"智"。

【译文】

孔子说："居住在有仁风的地方才好。选择住处，不居住在有仁风的地方，怎能说是明智呢？"

里仁为美。

【原文】

子曰："不仁者不可以久处约①，不可以长处乐。仁者安仁，知者利仁②。"

【注解】

①约：穷困之意。②知：同"智"。

【译文】

孔子说："没有仁德的人不能够长久地安于穷困，也不能够长久地处于安乐之中。有仁德的人长期安心于推行慈爱精神，聪明的人认识到仁对他有长远的利益而实行仁。"

【原文】

子曰："唯仁者能好人①，能恶人②。"

【注解】

①好：爱好。②恶：厌恶。

【译文】

孔子说："只有讲仁爱的人，才能够正确地喜爱某人、厌恶某人。"

【原文】

子曰："苟志于仁矣，无恶也。"

【译文】

孔子说："如果立志追求仁德，就不会去做坏事。"

【原文】

子曰："富与贵，是人之所欲也，不以其道得之，不处也。贫与贱，是人之所恶也，不以其道得之，不去也。君子去仁，恶乎成名①？君子无终食之间违仁，造次必于是②，颠沛必于是③。"

【注解】

①恶乎：怎样。②造次：急促、仓促。③颠沛：用以形容人事困顿，社会动乱。

【译文】

孔子说："金钱和地位，是每个人都向往的，但是，以不正当的手段得到它们，君子不享受。贫困和卑贱，是人们所厌恶的，但是，不通过正当的途径摆脱它们，君子是不会摆脱的。君子背离了仁的准则，怎么能够成名呢？君子时时刻刻都不离开仁德，即使在匆忙紧迫的情况下也一定要遵守仁的准则，在颠沛流离的时候也和仁同在。"

【原文】

子曰："我未见好仁者、恶不仁者。好仁者，无以尚之①；恶不仁者，其为仁矣，不使不仁者加乎其身。有能一日用其力于仁矣乎？我未见力不足者。盖有之矣，我未之见也。"

【注解】

①尚：通"上"，用作动词，超过的意思。

【译文】

孔子说："我从未见过喜爱仁德的人和厌恶不仁德的人。喜爱仁德的人，那就没有比这更好的了；厌恶不仁德的人，他实行仁德，只是为了不使不仁德的事物加在自己身上。有谁能在某一天把他的力量都用在仁德方面吗？我没见过力量不够的。或许有这样的人，只是我没有见过罢了。"

【原文】

子曰："人之过也，各于其党①。观过，斯知仁矣②。"

【注解】

①党：类别。②斯：则，就。仁：通"人"。

【译文】

孔子说："人们所犯的错误，类型不一。所以观察一个人所犯错误的性质，就可以知道他的为人。"

人之过也，各于其党。

【原文】

子曰："朝闻道①，夕死可矣。"

【注解】

①道：道理，指真理。

【译文】

孔子说："早晨能够得知真理，即使当晚死去，也没有遗憾。"

【原文】

子曰："士志于道，而耻恶衣恶食者，未足与议也。"

【译文】

孔子说："读书人立志于追求真理，但又以穿破衣、吃粗糙的饭食为耻，这种人就不值得和他谈论真理了。"

【原文】

子曰："君子之于天下也，无适也①，无莫也②，义之与比③。"

君子之于天下也，无适也，无莫也。

【注解】

①适：通“嫡”，亲近、厚待之意。②莫：通“漠”，疏远、冷淡之意。③义：适宜、妥当。比：亲近、相近。

【译文】

孔子说：“君子对于天下的事和人，没有亲疏厚薄之分，而只按照义去做就行了。”

【原文】

子曰：“君子怀德，小人怀土；君子怀刑，小人怀惠。”

【译文】

孔子说：“君子心怀的是仁德；小人则怀恋乡土。君子关心的是刑罚和法度，小人则关心私利。”

【原文】

子曰：“放于利而行①，多怨。”

【注解】

①放：或译为纵，谓纵心于利也；或释为依据，今从后说。利：这里指个人利益。

【译文】

孔子说：“如果依据个人的利益去做事，会招致很多怨恨。”

【原文】

子曰：“能以礼让为国乎①，何有②？不能以礼让为国，如礼何③？”

【注解】

①礼让：礼节和谦让。②何有：何难之有，不难的意思。③如礼何：把礼怎么办，即如何实行礼制呢。

【译文】

孔子说：“能用礼让的原则来治理国家吗，难道这有什么困难吗？如果不能用礼让的原则来治理国家，又怎么能实行礼制呢？”

【原文】

子曰：“不患无位，患所以立。不患莫己知，求为可知也。”

【译文】

孔子说："不愁没有职位，只愁没有足以胜任职务的本领。不愁没人知道自己，应该追求能使别人知道自己的本领。"

【原文】

子曰："参乎！吾道一以贯之①。"曾子曰："唯。"子出。门人问曰："何谓也？"曾子曰："夫子之道，忠恕而已矣②。"

【注解】

①贯：贯穿，贯通。如以绳穿物。②忠恕：据朱熹注，尽己之心以待人叫作"忠"，推己及人叫作"恕"。

子曰：参乎！吾道一以贯之。

【译文】

孔子说："曾参呀！我的学说可以用一个根本的原则贯穿起来。"曾参答道："是的。"孔子走出去以后，其他学生问道："这是什么意思？"曾参说："夫子的学说只不过是忠和恕罢了。"

【原文】

子曰："君子喻于义①，小人喻于利。"

【注解】

①喻：通晓，明白。

【译文】

孔子说："君子懂得大义，小人只懂得小利。"

【原文】

子曰："见贤思齐焉①，见不贤而内自省也②。"

【注解】

①贤：贤人，有贤德的人。齐：看齐。②省：反省，检查。

【译文】

孔子说："看见贤人就应该想着向他看齐；见到不贤的人，就要反省自己有没有类似的毛病。"

【原文】

子曰："事父母几谏[①]。见志不从，又敬不违，劳而不怨[②]。"

【注解】

①几：轻微，婉转。②劳：劳心，担忧。

【译文】

孔子说："侍奉父母，对他们的缺点应该委婉地劝止，如果自己的意见没有被采纳，仍然要对他们恭敬，不加违抗。只在心里忧愁而不怨恨。"

【原文】

子曰："父母在，不远游，游必有方。"

【译文】

孔子说："父母活着的时候，子女不远游外地；即使出远门，也必须要有一定的去处。"

【原文】

子曰："三年无改于父之道，可谓孝矣。"

【译文】

孔子说："如果能够长时间地不改变父亲生前所坚持的准则，就可说做到了孝。"

【原文】

子曰："父母之年，不可不知也。一则以喜，一则以惧。"

【译文】

孔子说："父母的年纪不能不知道，一方面因其长寿而高兴，一方面又因其年迈而有所担忧。"

【原文】

子曰："古者言之不出，耻躬之不逮也[①]。"

【注解】

①逮：及，赶上。

【译文】

孔子说："古代的君子从不轻易发言表态，他们以说了而做不到为可耻。"

【原文】

子曰："以约失之者鲜矣[①]。"

【注解】

①约：约束，拘谨。

【译文】

孔子说："因为约束自己而犯错误，这样的事比较少。"

【原文】

子曰："君子欲讷于言而敏于行[①]。"

【注解】

①讷：说话迟钝。

【译文】

孔子说："君子说话应该谨慎，而行动要敏捷。"

【原文】

子曰："德不孤，必有邻。"

【译文】

孔子说："品德高尚的人不会孤独，一定有志同道合的人和他做伴。"

【原文】

子游曰："事君数，斯辱矣；朋友数，斯疏矣。"

【译文】

子游说："进谏君主过于频繁，就会遭受侮辱；劝告朋友过于频繁，反而会被疏远。"

朋友数，斯疏矣。

公冶长篇

【原文】

子谓公冶长[①]："可妻也[②]。虽在缧绁之中[③]，非其罪也。"以其子妻之[④]。

【注解】

①公冶长：齐国人（一说鲁国人），姓公冶，名长，孔子的高足。②妻：把女儿嫁给。③缧绁：捆绑犯人的绳索。这里指监狱。④子：儿女，此处指女儿。

子谓公冶长，虽在缧绁之中，非其罪也。

【译文】

孔子谈到公冶长时说："可以把女儿嫁给他。虽然他曾坐过牢，但不是他的罪过。"便把自己的女儿嫁给了他。

【原文】

子谓南容[①]："邦有道，不废；邦无道，免于刑戮。"以其兄之子妻之[②]。"

【注解】

①南容：姓南容，名适，字子容，孔子的高足。②兄之子：孔子的哥哥孔皮，此时已去世，故孔子为侄女主婚。

【译文】

孔子评论南容时说："国家政治清明时，他不会被罢免；国家政治黑暗时，他也可免于刑罚。"就把自己兄长的女儿嫁给了他。

【原文】

子谓子贱[①]："君子哉若人！鲁无君子者，斯焉取斯？"

【注解】

①子贱：姓宓，名不齐，字子贱，也是孔子的高足。

【译文】

孔子评论子贱说："这个人是君子啊！如果鲁国没有君子，他从哪里获得这种好品德的呢？"

【原文】

子贡问曰："赐也何如？"子曰："女，器也。"曰："何器也？"曰："瑚琏也[①]。"

【注解】

①瑚琏：古代祭祀时盛粮食的器具，很珍贵。

【译文】

子贡问孔子："我这个人怎么样？"孔子说："你好比是一个器具。"子贡又问："是什么器具呢？"孔子说："宗庙里盛黍稷的瑚琏。"

【原文】

或曰："雍也仁而不佞[①]。"子曰："焉用佞？御人以口给[②]，屡憎于人。不知其仁，焉用佞？"

【注解】

①雍：冉雍，字仲弓，孔子的学生。佞：能言善说，有口才。②御：抵挡，这里指争辩顶嘴。口给：应对敏捷，指口才好。

【译文】

有人说："冉雍这个人有仁德，但没有口才。"孔子说："何必要有口才呢？伶牙俐齿地同别人争辩，常常让人讨厌。我不知道他是否可称得上仁，但为什么要有口才呢？"

【原文】

子使漆雕开仕[①]，对曰："吾斯之未能信。"子说[②]。

【注解】

①漆雕开：姓漆雕，名开，字子若，孔子的高足。②说：同"悦"。

【译文】

孔子叫漆雕开去做官。他回答说："我对这事还没有信心。"孔子听了很高兴。

【原文】

子曰："道不行，乘桴浮于海[①]，从我者，其由与！"子路闻之喜。子曰：

"由也好勇过我，无所取材。"

【注解】

①桴：用来在水面浮行的木排或竹排，大的叫筏，小的叫桴。

【译文】

孔子说："如果主张的确无法推行了，我想乘着木排漂流海外。但跟随我的，恐怕只有仲由吧？"子路听了这话很高兴。孔子说："仲由这个人好勇的精神大大超过我，其他没有什么可取的才能。"

子曰：道不行，乘桴浮于海。从我者，其由与。

【原文】

孟武伯问："子路仁乎？"子曰："不知也。"又问。子曰："由也，千乘之国，可使治其赋也。不知其仁也。""求也何如？"子曰："求也，千室之邑，百乘之家，可使为之宰也①，不知其仁也。""赤也何如②？"子曰："赤也，束带立于朝，可使与宾客言也。不知其仁也。"

【注解】

①宰：古代县、邑一级的行政长官。卿大夫的家臣也叫宰。②赤：公西赤，字子华，孔子的学生。

【译文】

孟武伯问："子路算得上有仁德吗？"孔子说："不知道。"孟武伯又问一遍。孔子说："仲由啊，一个具备千辆兵车的大国，可以让他去负责军事。至于他有没有仁德，我就不知道了。"又问："冉求怎么样？"孔子说："求呢，一个千户规模的大邑，一个具备兵车百辆的大夫封地，可以让他当总管。至于他的仁德，我弄不清。"孟武伯继续问："公西赤怎么样？"孔子说："赤呀，穿上礼服，站在朝廷上，可以让他和宾客会谈。他仁不仁，我就不知道了。"

【原文】

子谓子贡曰："女与回也孰愈①？"对曰："赐也何敢望回？回也闻一以知十，赐也闻一以知二。"子曰："弗如也，吾与女弗如也②。"

【注解】

①愈：胜过，超过。②与：有两种解释：其一，同意、赞成；其二，和。此处取后一种说法。

【译文】

孔子对子贡说：“你和颜回相比，哪个强一些？”子贡回答说：“我怎么敢和

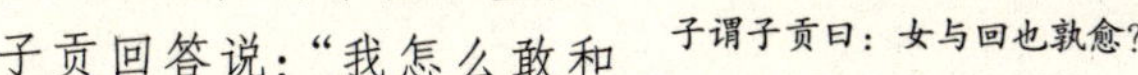

子谓子贡曰：女与回也孰愈？

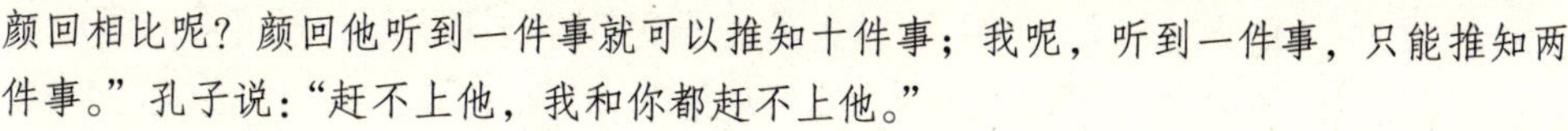

颜回相比呢？颜回他听到一件事就可以推知十件事；我呢，听到一件事，只能推知两件事。”孔子说：“赶不上他，我和你都赶不上他。”

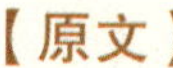

【原文】

宰予昼寝。子曰：“朽木不可雕也，粪土之墙不可杇也①。于予与何诛②？”子曰：“始吾于人也，听其言而信其行；今吾于人也，听其言而观其行。于予与改是。”

【注解】

①杇：同“圬”，指涂饰，粉刷。②与：语气词。诛：意为责备、批评。

【译文】

宰予在白天睡觉。孔子说：“腐朽了的木头不能雕刻，粪土一样的墙壁不能粉刷。对宰予这个人，不值得责备呀！”孔子又说：“以前，我对待别人，听了他的话便相信他的行为；现在，我对待别人，听了他的话还要观察他的行为。我是因宰予的表现而改变了对人的态度的。”

【原文】

子曰：“吾未见刚者。”或对曰：“申枨①。”子曰：“枨也欲，焉得刚？”

【注解】

①申枨：孔子的学生，姓申，名枨，字周。

【译文】

孔子说：“我没有见过刚毅不屈的人。”有人回答说：“申枨是这样的人。”孔子说：“申枨啊，他的欲望太多，怎么能刚毅不屈？”

【原文】

子贡曰：“我不欲人之加诸我也①，吾亦欲无加诸人。”子曰：“赐也，非

尔所及也。"

【注解】

①加：有两种解释，一是施加，二是凌辱。今从前义。

【译文】

子贡说："我不愿别人把不合理的事加在我身上，我也不想把不合理的事加在别人身上。"孔子说："赐呀，这不是你可以做得到的。"

【原文】

子贡曰："夫子之文章，可得而闻也；夫子之言性与天道①，不可得而闻也。"

【注解】

①天道：天命。《论语》中孔子多处讲到天和命，但不见有孔子关于天道的言论。

【译文】

子贡说："老师关于《诗经》《尚书》《仪礼》《乐经》等文献的讲述，我们能够听得到；老师关于人性和天命方面的言论，我们从来没听到过。"

【原文】

子路有闻，未之能行，唯恐有闻。

【译文】

子路听到了什么道理，如果还没有来得及去实行，便唯恐又听到新的道理。

【原文】

子贡问曰："孔文子何以谓之'文'也①？"子曰："敏而好学，不耻下问，是以谓之'文'也。"

【注解】

①孔文子：卫国大夫，姓孔，名圉，"文"是谥号。

【译文】

子贡问道："孔文子为什么谥他'文'的称号呢？"孔子说："他聪明勤勉，喜爱学习，不以向比自己地位低下的人请教为耻，所以谥他'文'的称号。"

【原文】

子谓子产①："有君子之道四焉：其行己也恭，其事上也敬，其养民也惠，其使民也义。”

【注解】

①子产：姓公孙，名侨，字子产，郑国大夫。做过正卿，是郑穆公的孙子，为春秋时郑国的贤相。

【译文】

孔子评论子产说：“他有四个方面符合君子的标准：他待人处世很谦恭，侍奉国君很负责认真，养护百姓有恩惠，役使百姓合乎情理。”

【原文】

子曰：“晏平仲善与人交①，久而敬之。”

【注解】

①晏平仲：名婴，谥号为“平”，齐国的大夫，曾任齐景公的宰相。

【译文】

孔子说：“晏平仲善于与人交往，相识时间久了，别人更加尊敬他。”

晏平仲善与人交。

【原文】

子曰：“臧文仲居蔡山节藻棁①，何如其知也②？”

【注解】

①臧文仲：姓臧孙，名辰，“文仲”是他的谥号。春秋时鲁国大夫。居蔡：居，作动词用，藏的意思。蔡，国君用以占卜的大龟。蔡这个地方产龟，因此把大龟叫“蔡”。臧文仲藏了一只大龟。山节藻棁：节，柱上的斗拱。棁，房梁上的短柱。山节藻棁即指把斗拱雕成山形，在棁上绘上水草花纹。古时是装饰天子宗庙的做法。②知：同“智”。孔子认为臧文仲为大龟盖豪华的房子，为僭越行为，不智。

【译文】

孔子说：“臧文仲为产自蔡地的大乌龟盖了一间房子，中有雕刻成山形的斗拱和画着藻草的梁柱，他这样做算一种什么样的聪明呢？”

【原文】

子张问曰：“令尹子文三仕为令尹①，无喜色；三已之，无愠色。旧令尹之政，必以告新令尹。何如？”子曰：“忠矣。”曰：“仁矣乎？”曰：“未知，焉得仁？”“崔子弑齐君[②]。陈文子有马十乘[③]，弃而违之[④]。至于他邦，则曰：‘犹吾大夫崔子也。’违之。之一邦，则又曰：‘犹吾大夫崔子也。’违之，何如？”子曰：“清矣。”曰：“仁矣乎？”曰：“未知，焉得仁？”

【注解】

①令尹：楚国的官名，相当于宰相。子文：姓斗，名縠於菟，字子文，楚国贤相。三仕三已的“三”不是实指，而是概数，可译为“几”。②崔子：崔杼，齐国的大夫，曾杀掉他的国君齐庄公。弑：古代在下的人杀掉在上的人叫“弑”。③陈文子：齐国大夫，名须无。④违：离开。

【译文】

子张问道：“楚国的令尹子文几次担任令尹的职务，没有显出高兴的样子；几次被罢免，也没有怨恨的神色。他当令尹时的政事，一定交代给下届接位的人。这个人怎么样？”孔子说：“可算得上对国家尽忠了。”子张问：“算得上有仁德吗？”孔子说：“不知道，这怎么能算仁呢。”子张又问：“崔杼杀了齐庄公，陈文子有四十匹马，他都丢弃不要，就离开了。到了另一个国家，说：‘这里的执政者和我国的崔子差不多’，又离开了。再到了一国，说：‘这里的执政者和我国的崔子差不多’，还是离开了。这人怎么样？”孔子说：“很清高。”子张说：“算得上有仁德吗？”孔子说：“不知道，这怎么能算有仁德呢？”

【原文】

季文子三思而后行[①]。子闻之，曰：“再，斯可矣。”

【注解】

①季文子：鲁国的大夫，姓季孙，名行父，“文”是谥号。

【译文】

季文子办事，要反复考虑多次后才行动。孔子听到后，说：“考虑两次就可以了。”

【原文】

子曰：“宁武子[①]，邦有道，则知；邦无道，则愚。其知可及也，其愚不可及也。”

【注解】

①宁武子：姓宁，名俞，谥号为“武”，卫国的大夫。

【译文】

孔子说：“宁武子这个人，在国家政治清明时就聪明，当国家政治黑暗时就装糊涂。他的聪明是别人可以做得到的，他的装糊涂，别人是赶不上的。”

雍也篇

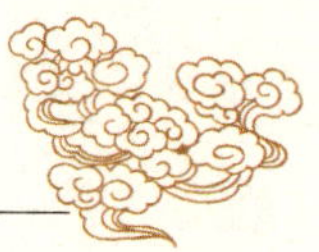

【原文】

子曰："雍也可使南面[①]。"

【注解】

①南面：古时尊者的位置是坐北朝南，天子、诸侯、卿大夫等听政时皆面南而坐。此以"南面"指代卿大夫之位。

【译文】

孔子说："冉雍这个人啊，可以让他去做一个部门或一个地方的长官。"

【原文】

仲弓问子桑伯子[①]，子曰："可也，简。"仲弓曰："居敬而行简，以临其民，不亦可乎？居简而行简，无乃大简乎[②]？"子曰："雍之言然。"

【注解】

①子桑伯子：鲁人，事迹不详。②无乃：岂不是。

子桑伯子居敬而行简，以临其民。

【译文】

仲弓问子桑伯子这个人怎么样，孔子说："这个人不错，他办事简约。"仲弓说："如果态度严肃认真，而办事简约不烦，这样来治理百姓，不也可以吗？如果态度马虎粗疏，办起事来又简约，那不是太简单了吗？"孔子说："你的话很对。"

【原文】

哀公问："弟子孰为好学？"孔子对曰："有颜回者好学，不迁怒[①]，不贰过[②]。不幸短命死矣[③]。今也则亡[④]，未闻好学者也。"

【注解】

① 不迁怒：不把对此人的怒气发泄到彼人身上。② 不贰过："贰"是重复、一再的意思。这是说不犯同样的错误。③ 短命死矣：颜回死时年仅三十一岁。④ 亡：同"无"。

【译文】

鲁哀公问："你的学生中谁最爱好学习？"孔子回答说："有个叫颜回的最爱学习。他从不迁怒于别人，也不犯同样的过错。只是他不幸短命死了。现在没有这样的人了，再也没听到谁爱好学习的了。"

【原文】

子华使于齐[①]，冉子为其母请粟[②]，子曰："与之釜[③]。"请益，曰："与之庾[④]。"冉子与之粟五秉[⑤]。子曰："赤之适齐也，乘肥马，衣轻裘。吾闻之也，君子周急不继富。"

【注解】

① 子华：孔子的学生，姓公西，名赤，字子华，鲁国人。② 冉子：姓冉，名求，字子有，鲁国人。粟：小米。③ 釜：古代量器，六斗四升为一釜。④ 庾：古代量器，二斗四升为一庾。⑤ 秉：古代量器，十六斛为一秉。一斛为十斗。

【译文】

子华出使齐国，冉有替子华的母亲向孔子请求补助一些小米。孔子说："给她六斗四升。"冉有请求再增加一些，孔子说："再给她二斗四升。"冉有却给了她八百斗。孔子说："公西赤到齐国去，乘着肥马拉的车，穿着又轻又暖和的皮袍。我听人说，君子应该救济有紧急需要的穷人，而不应该给富人添富。"

【原文】

原思为之宰[①]，与之粟九百，辞。子曰："毋以与尔邻里乡党乎[②]！"

【注解】

① 原思：姓原，名宪，字子思，孔子的学生。宰：家宰，管家。② 邻里乡党：古代地方单位的名称。五家为邻，二十五家为里，一万二千五百家为乡，五百家为党。

【译文】

原思做了孔子家的总管，孔子给他报酬小米九百斗，他推辞不要。孔子说："不要这样推辞！多余的就给你的邻里乡亲吧！"

【原文】

子谓仲弓，曰[①]："犁牛之子骍且角[②]，虽欲勿用，山川其舍诸？"

【注解】

①子谓仲弓：有两种解释，一是孔子对仲弓说；二是孔子对第三者议论仲弓，今从前说。②犁牛：耕牛。骍且角：祭祀用的牛，毛色为红，角长得端正。骍，红色。

【译文】

孔子对仲弓说："耕牛生的小牛犊长着红色的毛皮，两角整齐，虽然不想用来当祭品，山川之神难道会舍弃它吗？"

【原文】

子曰："回也，其心三月不违仁。其余则日月至焉而已矣。"

【译文】

孔子说："颜回呀，他的心中长久地不离开仁德，其余的学生，只不过短时间能做到这点罢了。"

【原文】

季康子问[①]："仲由可使从政也与？"子曰："由也果，于从政乎何有？"曰："赐也可使从政也与？"曰："赐也达，于从政乎何有？"曰："求也可使从政也与？"曰："求也艺，于从政乎何有？"

季康子问：仲由可使从政也与？

【注解】

①季康子：即季孙肥，春秋时期鲁国的正卿。"康"是谥号。

【译文】

季康子问："仲由可以参与政事吗？"孔子说："仲由呀，办事果断，参与政事有什么困难呢？"又问："端木赐可以参与政事吗？"孔子说："端木赐呀，通情达理，参与政事有什么困难呢？"又问："冉求可以参与政事吗？"孔子说："冉求呀，多才多艺，参与政事有什么困难呢？"

【原文】

季氏使闵子骞为费宰[①]。闵子骞曰："善为我辞焉。如有复我者，则吾必在汶上矣[②]。"

【注解】

①闵子骞：孔子的学生，姓闵，名损，字子骞。费：季氏的封邑，在今山东省费县西北。②汶：汶水，即今山东大汶河。汶上，暗指齐国。

【译文】

季氏派人通知闵子骞，让他当季氏采邑费城的长官。闵子骞告诉来人说："好好地为我推辞掉吧！如果再有人为这事来找我，那我一定逃到汶水那边去。"

【原文】

伯牛有疾[①]。子问之，自牖执其手[②]，曰："亡之，命矣夫！斯人也而有斯疾也！斯人也而有斯疾也！"

【注解】

①伯牛：孔子的学生，姓冉，名耕，字伯牛。②牖：窗户。

【译文】

冉伯牛病了，孔子去探望他，从窗户里握着他的手，说道："没有办法，真是命呀！这样的人竟得这样的病呀！这样的人竟得这样的病呀！"

【原文】

子曰："贤哉，回也！一箪食[①]，一瓢饮，在陋巷，人不堪其忧，回也不改其乐。贤哉，回也！"

【注解】

①箪：古代盛饭的竹器。

【译文】

孔子说："真是个大贤人啊，颜回！用一个竹筐盛饭，用一只瓢喝水，住在简陋的巷子里。别人都忍受不了那穷困的忧愁，颜回却能照样快活。真是个大贤人啊，颜回！"

【原文】

冉求曰："非不说子之道[①]，力不足也。"子曰："力不足者，中道而废，今女画[②]。"

【注解】

①说：同"悦"。②女：同"汝"，你。画：划定界限，停止前进。

【译文】

冉求说："我不是不喜欢老师的学说，是我力量不够。"孔子说："如真的力量不够，你会半途而废。如今你却画地为牢，不肯前进。”

【原文】

子谓子夏曰：“女为君子儒，毋为小人儒。”

【译文】

孔子对子夏说：“你要做个君子式的儒者，不要做小人式的儒者。”

【原文】

子游为武城宰[1]。子曰：“女得人焉尔乎？”曰：“有澹台灭明者[2]，行不由径。非公事，未尝至于偃之室也。”

【注解】

①武城：鲁国的城邑，在今山东省费县西南。②澹台灭明：人名，姓澹台，名灭明，字子羽。后来也成为孔子的学生。

澹台灭明行不由径。非公事，未尝至于偃之室。

【译文】

子游担任武城地方的长官。孔子说：“你在那里得到什么优秀人才了吗？”子游回答说：“有个名叫澹台灭明的人，行路时不抄小道，不是公事，从不到我家里来。”

【原文】

子曰：“孟之反不伐[1]，奔而殿[2]，将入门，策其马[3]，曰：‘非敢后也，马不进也。’”

【注解】

①孟之反：又名孟之侧，鲁国大夫。伐：夸耀。②殿：在最后。③策：鞭打。

【译文】

孔子说：“孟之反不喜欢自夸，打仗败了，他走在最后（掩护撤退）。快进城门时，他用鞭子抽打着马说：‘不是我敢垫后呀，是我的马不肯快跑呀！’”

【原文】

子曰：“不有祝鮀之佞[1]，而有宋朝之美[2]，难乎免于今之世矣。”

【注解】

①祝鮀：卫国大夫，字子鱼。他是祝官，名鮀。善于外交辞令。②宋朝：宋国的公子朝。《左传》中曾记载他因美貌而惹起祸乱的事情。

【译文】

孔子说："如果没有祝鮀那样的口才，却仅仅有宋朝那样的美貌，在当今的社会里就难以避免祸害了。"

【原文】

子曰："谁能出不由户？何莫由斯道也？"

【译文】

孔子说："谁能够走出屋子而不经过房门呢？为什么没有人走这条必经的仁义之路呢？"

谁能出不由户？何莫由斯道也。

【原文】

子曰："质胜文则野，文胜质则史。文质彬彬①，然后君子。"

【注解】

①文质彬彬：文质配合得当。

【译文】

孔子说："质朴多于文采就难免显得粗野，文采超过了质朴又难免流于虚浮，文采和质朴完美地结合在一起，才能成为君子。"

【原文】

子曰："人之生也直，罔之生也幸而免①。"

【注解】

①罔：诬罔不直的人。

【译文】

孔子说："人凭着正直生存在世上，不正直的人也能生存，那是靠侥幸避免了祸害啊。"

【原文】

子曰："知之者不如好之者，好之者不如乐之者。"

【译文】

孔子说："（对于任何学问、知识、技艺等）知道它的人，不如爱好它的人；爱好它的人，又不如以它为乐的人。"

【原文】

子曰："中人以上，可以语上也[①]；中人以下，不可以语上也。"

【注解】

①语：告诉，讲说，谈论。

【译文】

孔子说："中等以上资质的人，可以给他讲授高深的学问；而中等以下资质的人，不可以给他讲授高深的学问。"

【原文】

樊迟问知[①]，子曰："务民之义，敬鬼神而远之[②]，可谓知矣。"问仁，曰："仁者先难而后获，可谓仁矣。"

【注解】

①樊迟：孔子的学生，姓樊，名须，字子迟。②远：作及物动词，疏远、避开。

【译文】

樊迟问怎么样才算聪明，孔子说："努力从事人民认为合理的工作，尊敬鬼神，但要疏远它们，这样可以称得上是聪明了。"樊迟又问怎么样才叫作有仁德，孔子说："有仁德的人先付出艰苦的努力，然后得到收获，这样可以说是有仁德了。"

【原文】

子曰："知者乐水[①]，仁者乐山。知者动，仁者静。知者乐，仁者寿。"

【注解】

①乐：喜爱。

【译文】

孔子说："聪明的人乐于水，仁德的人乐于山。聪明的人爱好活动，仁德的人爱好沉静。聪明的人活得快乐，仁德的人长寿。"

述而篇

【原文】

子曰："述而不作，信而好古，窃比于我老彭[①]。"

【注解】

①比于我老彭：把自己比作老彭。老彭，商代的贤大夫彭祖。

【译文】

孔子说："阐述而不创作，相信并喜爱古代文化，我私下里把自己比作老彭。"

【原文】

子曰："默而识之[①]，学而不厌，诲人不倦，何有于我哉？"

【注解】

①识：通"志"，记住。

【译文】

孔子说："把所见所闻默默地记在心上，努力学习而从不满足，教导别人而不知

子曰：默而识之，学而不厌，诲人不倦，何有于我哉？

疲倦，这些事我做到了多少呢？”

【原文】

子曰：“德之不修，学之不讲，闻义不能徙，不善不能改，是吾忧也。”

【译文】

孔子说：“不去培养品德，不去讲习学问，听到义在那里却不能去追随，有缺点而不能改正，这些都是我所忧虑的。”

【原文】

子之燕居[①]，申申如也[②]，夭夭如也[③]。

【注解】

①燕居：安居，闲居。②申申：舒展齐整的样子。③夭夭：和舒之貌。

【译文】

孔子在家闲居的时候，穿戴很整齐，态度很温和。

【原文】

子曰：“甚矣，吾衰也！久矣，吾不复梦见周公[①]。”

【注解】

①周公：姓姬，名旦，周武王之弟，鲁国国君的始祖。他是孔子最敬佩的古代圣人。

【译文】

孔子说：“我衰老得很厉害呀！我已经好久没有梦见周公了。”

【原文】

子曰：“志于道，据于德，依于仁，游于艺[①]。”

【注解】

①艺：指六艺，包括礼、乐、射、御、书、数。

【译文】

孔子说：“以道为志向，以德为根据，以仁为依靠，而游憩于礼、乐、射、御、书、数六艺之中。”

【原文】

子曰：“自行束脩以上[①]，吾未尝无诲焉。”

【注解】

①束脩：一束干肉，即十条干肉，是古代一种最菲薄的见面礼。

【译文】

孔子说："只要是主动给我十条干肉作为见面礼的，我从没有不给予教诲的。"

【原文】

子曰："不愤不启[①]，不悱不发[②]。举一隅不以三隅反，则不复也。"

【注解】

①愤：思考问题时有疑难想不通。②悱：想表达却说不出来。发：启发。

【译文】

孔子说："教导学生，不到他冥思苦想仍不得其解的时候，不去开导他；不到他想说却说不出来的时候，不去启发他。给他指出一个方面，如果他不能由此推知其他三个方面，就不再教他了。"

【原文】

子食于有丧者之侧，未尝饱也。

【译文】

孔子在有丧事的人旁边吃饭，从来没有吃饱过。

孔子在有丧事的人旁边吃饭，从没有吃饱过。

【原文】

子曰："若圣与仁，则吾岂敢！抑为之不厌[①]，诲人不倦，则可谓云尔已矣[②]。"公西华曰："正唯弟子不能学也。"

【注解】

①抑："只不过是"的意思。②云尔：这样说。

【译文】

孔子说："说到圣和仁，那我不敢当！不过是朝着圣与仁的方向去努力做而不厌倦，教导别人不知疲倦，那是可以这样说的。"公西华说："这正是我们弟子学不到的。"

【原文】

子疾病[①]，子路请祷[②]。子曰："有诸[③]？"子路对曰："有之。《诔》曰[④]：'祷尔于上下神祇[⑤]。'"子曰："丘之祷久矣。"

【注解】

①疾：指有病。病：指病情严重。②请祷：向鬼神请求和祷告，即祈祷。③诸："之于"的合音。④《诔》：向神祇祷告的文章。和哀悼死者的文体"诔"不同。⑤尔：你。祇：地神。

【译文】

孔子病得很重，子路请求祈祷。孔子说："有这回事吗？"子路回答说："有的。《诔》文中说：'为你向天地神灵祈祷。'"孔子说："我早就祈祷过了。"

【原文】

子曰："奢则不孙[①]，俭则固[②]。与其不孙也，宁固。"

【注解】

①孙：同"逊"，恭顺。不孙，即为不逊，这里指"越礼"。②固：简陋、鄙陋，这里是寒酸的意思。

【译文】

孔子说："奢侈豪华就会显得不谦逊，省俭朴素则会显得寒碜。与其不谦逊，宁可寒碜。"

【原文】

子温而厉，威而不猛，恭而安。

【译文】

孔子温和而严厉，有威仪而不凶猛，谦恭而安详。

【原文】

子曰："君子坦荡荡，小人长戚戚。"

【译文】

孔子说："君子的心地开阔宽广，小人却总是心地局促，带着烦恼。"

君子心胸宽广，小人经常忧愁。

泰伯篇

【原文】

子曰："泰伯[①]，其可谓至德也已矣。三以天下让，民无得而称焉。"

【注解】

①泰伯：又叫太伯，周朝祖先古公亶父的长子。古公有三个儿子：泰伯、仲雍、季历。季历的儿子就是姬昌（周文王）。传说古公预见到姬昌的圣德，想打破惯例把君位传给幼子季历。长子泰伯为使父亲愿望实现，便偕同仲雍出走他国，使季历和姬昌顺利即位，后来姬昌之子统一了天下。

【译文】

孔子说："泰伯，那可以说是道德最崇高的人了。他多次把社稷辞让给季历，人民简直都找不出恰当的词语来称颂他。"

【原文】

子曰："恭而无礼则劳，慎而无礼则葸[①]，勇而无礼则乱，直而无礼则绞[②]。君子笃于亲[③]，则民兴于仁，故旧不遗，则民不偷[④]。"

【注解】

①葸：拘谨、畏惧的样子。②绞：说话尖刻，出口伤人。③笃：厚待，真诚。④偷：淡薄，不厚道。

【译文】

孔子说："一味恭敬而不知礼，就未免会劳倦疲乏；只知谨慎小心，却不知礼，便会胆怯多惧；只是勇猛，却不知礼，就会莽撞作乱；心直口快却不知礼，便会尖利刻薄。君子能用深厚的感情对待自己的亲族，民众中则会兴起仁德的风气；君子不遗忘背弃他的故交旧朋，那民众便不会对人冷淡漠然了。"

【原文】

曾子有疾，召门弟子曰："启予足[①]，启予手，《诗》云：'战战兢兢，如临深渊，如履薄冰[②]。'而今而后，吾知免夫！小子！"

【注解】

①启：通“晵”，看。②“战战兢兢”三句：见《诗经·小雅·小旻》。

【译文】

曾子生病，把他的弟子召集过来，说道：“看看我的脚！看看我的手！《诗经》上说：‘战战兢兢，好像面临着深渊，好像走在薄薄的冰层上。’从今以后，我才知道自己可以免于祸害刑戮了！学生们！”

曾子有疾，召门弟子。

【原文】

曾子有疾，孟敬子问之①。曾子言曰：“鸟之将死，其鸣也哀；人之将死，其言也善。君子所贵乎道者三：动容貌，斯远暴慢矣；正颜色，斯近信矣；出辞气，斯远鄙倍矣②。笾豆之事③，则有司存④。”

【注解】

①孟敬子：鲁国大夫仲孙捷。②鄙倍：鄙陋，错误。倍，通“背”，背理，错误。③笾豆：祭礼中使用的器皿，笾是竹制的，豆是木制的。笾豆之事：此代表礼仪中的一切具体细节。④有司：主管祭祀的官吏。

【译文】

曾子生病了，孟敬子去探问他。曾子说：“鸟将要死时，鸣叫声是悲哀的；人将要死时，说出的话是善意的。君子所应当注重的有三个方面：使自己的容貌庄重严肃，这样就可以避免别人的粗暴和怠慢；使自己面色端庄严正，这样就容易使人信服；讲究言辞和声气，这样就可以避免粗野和错误。至于礼仪中的细节，自有主管部门的官吏负责。”

【原文】

曾子曰：“以能问于不能，以多问于寡；有若无，实若虚；犯而不校①。昔者吾友尝从事于斯矣②。”

【注解】

①校：计较。②吾友：有人说指颜渊。

【译文】

曾子说："有才能却向没有才能的人请教，知识广博却向知识少的人请教；有学问却像没学问一样，满腹知识却像空虚无所有；即使被冒犯，也不去计较。从前我的一位朋友就是这样做的。"

【原文】

曾子曰："可以托六尺之孤①，可以寄百里之命②，临大节而不可夺也。君子人与③？君子人也。"

【注解】

①六尺之孤：古人以七尺指成年，六尺指十五岁以下。②百里：指方圆百里的诸侯大国。③与：同"欤"，表疑问的语气词。

曾子曰：可以托六尺之孤，可以寄百里之命，临大节而不可夺也。君子人也。

【译文】

曾子说："可以把幼小的孤儿托付给他，可以将国家的命脉寄托于他，面对安危存亡的紧要关头，却能不动摇屈服。这样的人是君子吗？这样的人是君子啊。"

【原文】

曾子曰："士不可以不弘毅①，任重而道远。仁以为己任，不亦重乎？死而后已，不亦远乎？"

【注解】

①弘毅：宏大刚毅。

曾子曰：士不可以不弘毅，任重而道远。

【译文】

曾子说："士人不可以不弘大刚毅，因为他肩负的任务重大而路程遥远。把实现仁德作为自己的任务，难道不重大吗？到死方才停止下来，难道不遥远吗？"

【原文】

子曰："兴于诗①，立于礼②，成于乐③。"

【注解】

①兴：兴起，开始。②立：成立，建立。③成：完成。

【译文】

孔子说："从学习《诗经》开始，把礼作为立身的根基，掌握音乐使所学得以完成。"

【原文】

子曰："民可使由之，不可使知之。"

【译文】

孔子说："可以使民众按照我们的指引去做，不可以让他们知道为什么要这样做。"

【原文】

子曰："好勇疾贫[①]，乱也。人而不仁，疾之已甚[②]，乱也。"

【注解】

①疾：恨，憎恨。②已甚：即太过分。已，太。

【译文】

孔子说："喜欢勇敢逞强却厌恶贫困，是一种祸害。对不仁的人憎恶太过，也是一种祸害。"

孔子认为，好勇逞强却厌恶贫困，对不仁的人憎恶太过，都是祸害。

【原文】

子曰："如有周公之才之美，使骄且吝，其余不足观也已。"

【译文】

孔子说："即使有周公那样美好的才能，如果骄傲而吝啬的话，那其他方面也就不值得一提了。"

【原文】

子曰："巍巍乎，舜、禹之有天下也，而不与焉[①]。"

【注解】

①不与：不参与其富贵，即不图自己享受。

【译文】

孔子说："多么崇高啊！舜、禹拥有天下，不是为了自己享受（却是为百姓勤劳）。

【原文】

舜有臣五人而天下治。武王曰："予有乱臣十人[①]。"孔子曰："才难，不其然乎？唐、虞之际，于斯为盛，有妇人焉[②]，九人而已。三分天下有其二，以服事殷。周之德，其可谓至德也已矣。"

【注解】

①乱臣：据《说文》："乱，治也。"此处所说的"乱臣"，应为"治国之臣"。②妇人：传说是指太姒，文王妻，武王母，亦称文母。

舜有臣五人而天下治。

【译文】

舜有五位贤臣，天下就得到了治理。武王说过："我有十位能治理天下的臣子。"孔子说："人才难得，不是这样吗？唐尧、虞舜时代以及周武王时，人才最盛。然而武王十位治国人才中有一位还是妇女，所以实际上只有九人而已。周文王得了天下的三分之二，还仍然服侍殷朝，周朝的道德，可以说是最高的了。"

【原文】

子曰："禹，吾无间然矣[①]。菲饮食而致孝乎鬼神[②]，恶衣服而致美乎黻冕[③]，卑宫室而尽力乎沟洫[④]。禹，吾无间然矣！"

【注解】

①间然：意见。②菲：薄。乎：相当于"于"。③黻冕：古代祭祀时的衣帽。④沟洫：沟渠，指农田水利。

【译文】

孔子说："禹，我对他没有意见了。他自己的饮食吃得很差，却用丰盛的祭品孝敬鬼神；他自己平时穿得很坏，却把祭祀的服饰和冠冕做得华美；他自己居住的房屋很差，却把力量完全用于沟渠水利上。禹，我对他没有意见了。"

子罕篇

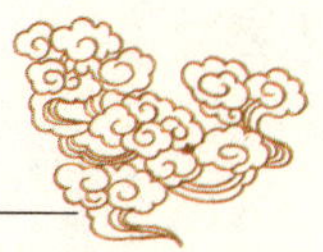

【原文】

子罕言利与命与仁[①]。

【注解】

①罕：稀少。

【译文】

孔子很少（主动）谈论功利、天命和仁德。

【原文】

达巷党人曰[①]："大哉，孔子！博学而无所成名。"子闻之，谓门弟子曰："吾何执？执御乎？执射乎？吾执御矣。"

子谓门弟子曰：吾何执？执御乎？执射乎？吾执御矣。

【注解】

①达巷党人：达巷，地名。党，五百家为党。达巷党，即达巷里（或屯）。

【译文】

达巷里有人说："孔子真是伟大啊！学问广博，可惜没有使他树立名声的专长。"孔子听了这话，对弟子们说："我干什么好呢？是去驾马车呢，还是去当射箭手呢？我还是驾马车吧！"

【原文】

子曰："麻冕[①]，礼也；今也纯[②]，俭[③]；吾从众。拜下，礼也；今拜乎上，泰也[④]；虽违众，吾从下。"

【注解】

①麻冕：麻织的帽子。②纯：黑色的丝。③俭：用麻织帽子，比较费工，所以说改用丝

织是俭。④ 泰：骄纵。

【译文】

孔子说："用麻线来做礼帽，这是合乎礼的；如今用丝来制作礼帽，这样俭省些，我赞成大家的做法。臣见君，先在堂下磕头，然后升堂磕头，这是合乎礼节的；现在大家都只是升堂磕头，这是倨傲的表现。虽然违反了大家的做法，我还是主张要先在堂下磕头。"

子曰：麻冕，礼也；今也纯，俭；吾从众。

【原文】

子绝四：毋意①，毋必②，毋固③，毋我④。

【注解】

① 意：通"臆"，主观地揣测。② 必：绝对。③ 固：固执。④ 我：自以为是。

【译文】

孔子杜绝了四种毛病：不凭空臆测，不武断绝对，不固执拘泥，不自以为是。

【原文】

子畏于匡①，曰："文王既没，文不在兹乎？天之将丧斯文也，后死者不得与于斯文也②；天之未丧斯文也，匡人其如予何③！"

子畏于匡，曰：天之未丧斯文也，匡人其如予何。

【注解】

① 子畏于匡：匡，地名，在今河南省长垣县西南。畏，受到威胁。公元前 496 年，孔子从卫国到陈国去经过匡地。匡人曾受到鲁国阳虎的掠夺和残杀。孔子的相貌与阳虎相像，匡人误以为孔子就是阳虎，所以将他围困。② 与：参与。③ 如予何：奈我何，把我怎么样。

【译文】

孔子在匡地被拘围，他说："周文王死后，文明礼乐不是保存在我这里吗？上天如果要消灭这种文明礼乐，那我这个后死之人也就不会掌握这种文明礼乐了；上天如果不想灭除这种文明礼乐，匡地的人能把我怎么样呢？”

【原文】

太宰问于子贡曰[①]：“夫子圣者与？何其多能也？”子贡曰：“固天纵之将圣[②]，又多能也。”子闻之，曰：“太宰知我乎？吾少也贱，故多能鄙事。君子多乎哉？不多也。”

【注解】

①太宰：官名，辅佐君主治理国家的人。②纵：使，让。

【译文】

太宰向子贡问道：“夫子是圣人吗？为什么他这样多才多艺呢？”子贡说：“这本是上天想让他成为圣人，又让他多才多艺。”孔子听了这些话，说：“太宰知道我呀！我小时候贫贱，所以学会了不少鄙贱的技艺。君子会有很多技艺吗？不会有很多的。”

【原文】

牢曰[①]：“子云：‘吾不试[②]，故艺。’”

【注解】

①牢：孔子的学生，姓琴，名牢。《史记·仲尼弟子列传》无此人。②不试：不被国家任用。

【译文】

子牢说：“孔子说过：‘我不曾被国家任用，所以学得了一些技艺。’”

子云：吾不试，故艺。

【原文】

子曰：“吾有知乎哉？无知也。有鄙夫问于我，空空如也，我叩其两端而竭焉[①]。”

【注解】

①叩其两端而竭焉：指孔子就农夫所问的问题，从首尾两头开始反过来叩问他，一步步问到穷竭处，问题就不解自明了。叩，叩问。两端，指鄙夫所问问题的首尾。竭，尽。

【译文】

孔子说：“我有知识吗？没有知识。有一个边远地方的人来问我，我对他谈的问题本来一点也不知道。我从他所提问题的正反两方面去探求，尽我的力量来帮助他。”

【原文】

子曰：“凤鸟不至①，河不出图②，吾已矣夫！”

【注解】

①凤鸟：传说中的一种神鸟。凤鸟出现就预示天下太平。②河图：传说圣人受命，黄河就出现图画，即八卦图。《尚书·顾命》孔安国注：“河图，八卦。伏羲王天下，龙马出河，遂则其文以画八卦，谓之河图。”

【译文】

孔子说：“凤凰不飞来了，黄河中没有出现图画，我这一生也就完了吧！”

【原文】

子见齐衰者、冕衣裳者与瞽者①，见之，虽少，必作②；过之，必趋③。

【注解】

①齐衰：丧服，古时用麻布制成。衣：上衣。裳：下服。瞽：盲。②作：站起来，表示敬意。③趋：快步走，亦表示敬意。

【译文】

孔子对于穿丧服的人、穿礼服戴礼帽的人和盲人，相见的时候，哪怕他们很年轻，也一定会站起身来；经过这些人身边时，他一定快步走过。

【原文】

颜渊喟然叹曰①：“仰之弥高②，钻之弥坚，瞻之在前，忽焉在后。夫子循循然善诱人③，博我以文，约我以礼，欲罢不能。既竭吾才，如有所立卓尔④。虽欲从之，末由也已⑤。”

【注解】

①喟然：叹气的样子。②弥：更加，越发。③循循然：有步骤地。④卓尔：高高直立的样子。尔，相当于“然”。⑤末：无。

【译文】

颜渊感叹地说：“我的老师啊，他的学问道德，抬头仰望，越望越觉得高；努力钻研，越钻研越觉得深。看着好像在前面，忽然又像在后面了。老师善于有步骤地引导我们，用各种文献来丰富我们的知识，用礼来约束我们的行为，我们想要停止学习都不可能。我已经用尽自己的才力，似乎有一个高高的东西立在我的前面。虽然我想要追随上去，却找不到可循的路径。”

【原文】

子疾病，子路使门人为臣[①]。病间[②]，曰："久矣哉，由之行诈也！无臣而为有臣。吾谁欺？欺天乎？且予与其死于臣之手也，无宁死于二三子之手乎？且予纵不得大葬[③]，予死于道路乎？"

【注解】

①为臣：臣，指家臣，总管。孔子当时不是大夫，没有家臣，但子路叫门人充当孔子的家臣，准备由此人负责总管安葬孔子之事。②病间：病情减轻。间，空隙，引申为有时间距离，再引申为疾病稍愈。③大葬：指大夫的隆重葬礼。

【译文】

孔子病重，子路让孔子的学生充当家臣准备料理丧事。后来，孔子的病好些了，知道了这事，说："仲由做这种欺诈的事情很久啦！我没有家臣而冒充有家臣。我欺骗谁呢？欺骗上天吗？我与其死在家臣手中，也宁可死在你们这些学生手中啊！而且我纵使不能按照大夫的葬礼来安葬，难道会死在路上吗？"

【原文】

子贡曰："有美玉于斯，韫椟而藏诸[①]？求善贾而沽诸[②]？"子曰："沽之哉！沽之哉！我待贾者也！"

【注解】

①韫椟：藏在柜子里。韫，藏。椟，木柜子。②贾：商人。贾又同"价"，价格。取后一义，善贾即"好价钱"。沽：卖。

【译文】

子贡说："这儿有一块美玉，是把它放在匣子里珍藏起来呢，还是找位识货的商人卖掉呢？"孔子说："卖掉它吧！卖掉它吧！我在等待识货的商人啊！"

【原文】

子欲居九夷[①]。或曰："陋，如之何？"子曰："君子居之，何陋之有？"

子欲居九夷。

【注解】

①九夷：古代对边远少数民族的蔑称。

【译文】

孔子想到边远地区去居住。有人说："那地方非常鄙陋，怎么能居住呢？"孔子说："有君子住在那儿，怎么会鄙陋呢？"

【原文】

子曰："吾自卫反鲁[①]，然后乐正，《雅》《颂》各得其所[②]。"

【注解】

①自卫反鲁：孔子从卫国返回鲁国是在鲁哀公十一年冬。反，同"返"。②《雅》《颂》：《诗经》中两类不同的诗的名称，同时也是两类不同的乐曲的名称。

【译文】

孔子说："我从卫国回到鲁国，才把音乐进行了整理，《雅》和《颂》都有了适当的位置。"

【原文】

子曰："出则事公卿，入则事父兄，丧事不敢不勉，不为酒困，何有于我哉？"

【译文】

孔子说："出外便服侍公卿，入门便侍奉父兄，有丧事，不敢不勉力去办，不被酒所困扰，这些事我做到了哪些呢？"

【原文】

子在川上曰："逝者如斯夫！不舍昼夜。"

【译文】

孔子站在河边，说："消逝的时光就像这河水一样呀，日夜不停地流走。"

【原文】

子曰："吾未见好德如好色者也。"

【译文】

孔子说："我没有见过像好色那样好德的人。"

【原文】

子曰："三军可夺帅也[①]，匹夫不可夺志也[②]。"

【注解】

①三军：古代大国三军，每军一万二千五百人。②匹夫：男子汉，泛指普通老百姓。

【译文】

孔子说："一国的军队，可以强行使它丧失主帅；一个男子汉，却不可能强行夺去他的志向。”

【原文】

子曰：“岁寒，然后知松柏之后凋也①。”

【注解】

①凋：凋零。

【译文】

孔子说：“寒冷的季节到了，才知道松柏的叶子是最后凋零的。”

岁寒，然后知松柏之后凋也。

【原文】

子曰：“知者不惑，仁者不忧，勇者不惧。”

【译文】

孔子说：“聪明的人不疑惑，仁德的人不忧愁，勇敢的人不畏惧。”

【原文】

子曰：“可与共学，未可与适道；可与适道，未可与立①；可与立，未可与权②。”

【注解】

①立：立于道而不变，即坚守道。②权：本义为秤锤，引申为权衡轻重，随机应变。

【译文】

孔子说：“可以和自己一同学习的人，未必可以和自己走共同的道路；可以和自己走共同的道路，未必可以和自己事事依礼而行；可以和自己事事依礼而行，未必可以和自己一起变通灵活处事。”

【原文】

“唐棣之华，偏其反而，岂不尔思？室是远而。”子曰：“未之思也，夫何远之有？”

【译文】

“唐棣树的花，翩翩地摇摆，难道不思念你吗？是因为家住得太远了。”对于这四句古诗，孔子说：“那是没有真正思念啊，如果真的思念，又怎么会觉得遥远呢？”

乡党篇

【原文】

孔子于乡党①，恂恂如也②，似不能言者。其在宗庙朝廷，便便言③，唯谨尔。

【注解】

①乡党：古代地方组织的名称。五百家为党，一万二千五百家为乡。②恂恂：恭顺貌。如：相当于“然”。③便便：明白畅达。

【译文】

孔子在本乡的地方上，非常恭顺，好像不太会说话的样子。他在宗庙和朝廷里，说话明白而流畅，只是说得很谨慎。

【原文】

朝，与下大夫言，侃侃如也①；与上大夫言，訚訚如也②。君在，踧踖如也③，与与如也④。

【注解】

①侃侃：温和快乐。②訚訚：形容辩论时中正，讲理而态度诚恳。③踧踖：恭敬而小心的样子。④与与：行步安详。

君在，踧踖如也。

【译文】

上朝的时候，跟下大夫谈话，显得温和而快乐；跟上大夫谈话时，显得正直而恭敬。君主临朝时，他显得恭敬而不安，走起路来却又安详适度。

【原文】

君召使摈①，色勃如也②，足躩如也③。揖所与立④，左右手，衣前后，襜如也⑤。趋进⑥，翼如也。宾退，必复命曰：“宾不顾矣。”

【注解】

①摈：通“傧”，接待宾客。②勃如：显得庄重。③躩如：脚步快的样子。④所与立：同他一起站着的人。⑤襜：衣蔽前，即遮蔽前身的衣服。襜如，衣服摆动的样子。⑥趋进：快步向前。一种表示敬意的行为。

【译文】

鲁君召孔子去接待使臣宾客，他的面色庄重矜持，步伐轻快。向同他站在一起的人作揖，向左向右拱手，衣裳随之前后摆动，却显得整齐。快步向前时，好像鸟儿舒展开了翅膀。宾客告退后，他一定向君王回报说：“客人已经不回头了。”

【原文】

入公门，鞠躬如也[①]，如不容。立不中门[②]，行不履阈[③]。过位，色勃如也，足躩如也，其言似不足者。摄齐升堂[④]，鞠躬如也，屏气似不息者[⑤]。出，降一等，逞颜色，怡怡如也。没阶，趋进，翼如也。复其位，踧踖如也。

【注解】

①鞠躬：此不做曲身讲，而是形容谨慎恭敬的样子。②中门：中于门，表示在门的中间。“中”用作动词。③阈：门限，即门槛。④摄齐：提起衣裳的下摆。齐，衣裳的下摆。⑤屏气：憋住气。

入公门，鞠躬如也。

【译文】

孔子走进朝堂的大门，显出小心谨慎的样子，好像没有容身之地。他不站在门的中间，进门时不踩门槛。经过国君的座位时，脸色变得庄重起来，脚步也快起来，说话的声音低微得像气力不足似的。他提起衣服的下摆走上堂，显得小心谨慎，憋住气，好像不呼吸一样。走出来，下了一级台阶，面色舒展，怡然和乐。走完了台阶，快步向前，姿态好像鸟儿展翅一样。回到自己的位置，显得恭敬而不安的样子。

【原文】

执圭[①]，鞠躬如也，如不胜。上如揖，下如授。勃如战色，足蹜蹜[②]，如有循。享礼[③]，有容色。私觌[④]，愉愉如也。

【注解】

①圭：一种玉器，上圆下方。举行典礼时，君臣都拿着。②蹜蹜：脚步细碎紧凑，宛如迈不开步一样。③享礼：使者向所访问的国家献礼物的礼节。④觌：会见。

【译文】

（孔子出使到别的诸侯国，行聘问礼时）拿着圭，恭敬而谨慎，好像拿不动一般。向上举圭时好像在作揖，向下放圭时好像在交给别人。神色庄重，战战兢兢；脚步紧凑，好像在沿着一条线行走。献礼物的时候，和颜悦色。私下里和外国君臣会见时，则显得轻松愉快。

【原文】

君子不以绀緅饰[①]。红紫不以为亵服[②]。当暑，袗絺绤[③]，必表而出之。缁衣[④]，羔裘[⑤]，素衣，麑裘[⑥]；黄衣，狐裘。亵裘长，短右袂[⑦]。必有寝衣[⑧]，长一身有半。狐貉之厚以居[⑨]。去丧无所不佩。非帷裳[⑩]，必杀之[⑪]。羔裘玄冠不以吊[⑫]。吉月[⑬]，必朝服而朝。

【注解】

①绀：深青带红（天青色）。緅：黑中带红。饰：镶边。②亵服：平时在家里穿的便服。③袗絺绤：袗，单衣。絺，细葛布。绤，粗葛布。这里是说，穿粗的或细的葛布单衣。④缁：黑色。⑤羔裘：羔羊皮袍。古人穿皮袍，毛向外，因此外面要用罩衣。古代的羔裘都是黑色的羊毛，因此要配上黑色罩衣，就是缁衣。⑥麑：小鹿，白色。⑦袂：衣袖。⑧寝衣：被。古代大被叫衾，小被叫被。⑨居：今字作“踞”。古人席地而坐，即蹲着坐。⑩帷裳：礼服，上朝或祭礼时穿，用整幅的布不加裁剪而成，上窄下宽，多余的布做成褶。⑪杀：减少，裁去。⑫玄冠：一种黑色礼帽。羔裘玄冠都是黑色的，古代用作吉服，故不能穿去吊丧。⑬吉月：每月初一。

【译文】

君子不用青中透红或黑中透红的布做镶边，红色和紫色不用来做平常家居的便服。暑天，穿细葛布或粗葛布做的单衣，一定是套在外面。黑色的衣配羔羊皮袍，白色的衣配小鹿皮袍，黄色的衣配狐皮袍。居家穿的皮袄比较长，可是右边的袖子要短一些。睡觉一定要有小被，长度是人身长的一倍半。用厚厚的狐貉皮做坐垫。服丧期满之后，任何饰物都可以佩带。不是上朝和祭祀时穿的礼服，一定要经过裁剪。羊羔皮袍和黑色礼帽都不能穿戴着去吊丧。每月初一，一定要穿着上朝的礼服去朝贺。

【原文】

齐[①]，必有明衣[②]，布。齐必变食[③]，居必迁坐[④]。

【注解】

①齐：通“斋”，斋戒。②明衣：斋戒沐浴后换穿的干净内衣。③变食：改变日常饮食，不饮酒，不吃韭、葱、蒜等气味浓厚的蔬菜，不吃鱼肉。④迁坐：改变卧室。古人在斋戒以及生病时，住在“外寝”，而平常居住的卧室则叫“燕寝”，与妻室在一起。

【译文】

斋戒沐浴时，一定有浴衣，用麻布做的。斋戒时，一定改变平时的饮食；居住一定要改换卧室。

【原文】

食不厌精，脍不厌细[①]。食饐而餲[②]，鱼馁而肉败[③]，不食。色恶，不食。臭恶[④]，不食。失饪[⑤]，不食。不时，不食。割不正，不食。不得其酱，不食。肉虽多，不使胜食气[⑥]。唯酒无量，不及乱。沽酒市脯[⑦]，不食。不撤姜食，不多食。

食不厌精，脍不厌细。

【注解】

①脍：切过的鱼或肉。②饐：食物放久发臭。餲：食物放久变味。③馁：鱼腐烂。败：肉腐烂。④臭：气味。⑤饪：煮熟。⑥食气：饭料，即主食。气，同“饩”。⑦脯：肉干。

【译文】

粮食不嫌舂得精，鱼和肉不嫌切得细。粮食腐败发臭，鱼和肉腐烂，都不吃。食物颜色难看，不吃。气味难闻，不吃。烹调不当，不吃。不到该吃饭时，不吃。切割方式不得当的食物，不吃。没有一定的酱醋调料，不吃。席上的肉虽多，吃它不超过主食。只有酒不限量，但不能喝到神志昏乱的地步。从市上买来的酒和肉干，不吃。吃完了，姜不撤除，但吃得不多。

【原文】

疾，君视之，东首[①]，加朝服，拖绅[②]。

【注解】

①东首：头向东。②绅：束在腰间的大带。

【译文】

孔子病了，君主来探望，他便头朝东而卧，把上朝的礼服盖在身上，拖着大带子。

【原文】

君命召，不俟驾行矣。

【译文】

君主下令召见孔子，他不等车马驾好就先步行过去了。

君命召，不俟驾行矣。

【原文】

入太庙，每事问。

【译文】

孔子进入太庙中，每件事都问。

【原文】

朋友死，无所归，曰："于我殡①。"

【注解】

①殡：停放灵柩和埋葬都可以叫殡。这里泛指一切丧葬事务。

【译文】

朋友死了，没有人负责收殓，孔子说："由我来料理丧事吧。"

【原文】

朋友之馈，虽车马，非祭肉，不拜。

【译文】

朋友的馈赠，即使是车和马，不是祭祀用的肉，孔子在接受时，也不会行拜谢礼。

【原文】

寝不尸，居不容①。

【注解】

①居：家居。容：容仪。

【译文】

孔子睡觉时不像死尸一样直躺着，在家里并不讲究仪容。

【原文】

见齐衰者，虽狎，必变。见冕者与瞽者，虽亵，必以貌。凶服者式之①。式负版者②。有盛馔，必变色而作③。迅雷风烈必变。

【注解】

①式：通“轼”，古代车前横木。用作动词，表示俯身。②版：古代用木板刻写的国家图籍。③作：站起来。

【译文】

孔子看见穿丧服的人，即使是关系亲密的，也一定会改变态度。看见戴着礼帽和失明的人，即使是很熟悉的，也一定表现得有礼貌。乘车时遇见穿丧服的人，便低头俯伏在车前的横木上表示同情。遇见背负着国家图籍的人，也同样俯身在车前的横木上表示敬意。有丰盛的肴馔，一定改变神色，站起来。遇到打雷和大风时，一定改变神色。

【原文】

升车，必正立，执绥①。车中，不内顾，不疾言，不亲指。

【注解】

①绥：上车时扶手用的索带。

【译文】

孔子上车时，一定站立端正，拉住扶手的带子登车。在车中，不向里面环顾，不快速说话，不用手指指画画。

【原文】

色斯举矣，翔而后集。曰：“山梁雌雉，时哉时哉！”子路共之①。三嗅而作②。

【注解】

①共：“拱”的本字，拱手。②嗅：张开两翅的样子。

【译文】

（孔子在山谷中行走，看见几只野鸡）孔子神色一动，野鸡飞着盘旋了一阵后，又落在了一处。孔子说：“这些山梁上的母野鸡，得其时啊！得其时啊！”子路向它们拱拱手，野鸡振几下翅膀飞走了。

【原文】

厩焚。子退朝，曰：“伤人乎？”不问马。

【译文】

马厩失火了。孔子退朝回来，说：“伤到人了吗？”没问马怎么样了。

先进篇

【原文】

子曰："先进于礼乐，野人也①；后进于礼乐，君子也②。如用之，则吾从先进。"

【注解】

①野人：乡野平民或朴野粗鲁的人。②君子：指卿大夫等当权的贵族。他们享有世袭特权，可以先做官，后学习。

【译文】

孔子说："先学习了礼乐而后做官的，是原来没有爵禄的平民，先做了官而后学习礼乐的，是卿大夫的子弟。如果让我来选用人才，那么我赞成选用先学习礼乐的人。"

子曰：先进于礼乐，野人也；后进于礼乐，君子也。

【原文】

子曰："从我于陈、蔡者①，皆不及门也②。"

【注解】

①陈、蔡：春秋时的国名。孔子曾在陈、蔡之间遭受困厄。②不及门：有两种解释：一、指不及仕进之门，即不当官；二、指不在门，即不在孔子身边。今从后说。

【译文】

孔子说："跟随我在陈国、蔡国之间遭受困厄的弟子们，都不在我身边了。"

【原文】

德行：颜渊，闵子骞，冉伯牛，仲弓。言语：宰我，子贡。政事：冉有，季路。文学①：子游，子夏。

【注解】

①文学：文献知识，即文学、历史、哲学等方面的文献知识。这里文学的含义与今相异。

【译文】

（孔子的弟子各有所长）德行好的有：颜渊，闵子骞，冉伯牛，仲弓。娴于辞令的有：宰我，子贡。能办理政事的有：冉有，季路。熟悉古代文献的有：子游，子夏。

【原文】

子曰："孝哉闵子骞！人不间于其父母昆弟之言①。"

【注解】

①间：空隙。用作动词，表示找空子。不间，找不到空子。

【译文】

孔子说："闵子骞真是孝顺呀！人们对于他的父母兄弟称赞他的话没有异议。"

【原文】

南容三复白圭①，孔子以其兄之子妻之。

【注解】

①三复白圭：多次吟诵"白圭"之诗。《诗经·大雅·抑》有诗句"白圭之玷，尚可磨也；斯言之玷，不可为也。"意思是白玉上面的污点，还可以把它磨掉，但说话不谨慎而出错，却是无法挽回的。南容三复白圭，目的是告诫自己说话要谨慎。

【译文】

南容把"白圭之玷，尚可磨也；斯言之玷，不可为也"几句诗反复诵读，孔子便把自己哥哥的女儿嫁给了他。

【原文】

季康子问："弟子孰为好学？"孔子对曰："有颜回者好学，不幸短命死矣，今也则亡。"

【译文】

季康子问："你的学生中哪个好学用功呢？"孔子回答说："有个叫颜回的学生好学用功，不幸短命早逝了，现在没有这样的人了。"

季康子问：弟子孰为好学？

【原文】

颜渊死，颜路请子之车以为之椁[①]。子曰：“才不才，亦各言其子也。鲤也死[②]，有棺而无椁。吾不徒行以为之椁[③]。以吾从大夫之后[④]，不可徒行也。”

【注解】

①颜路：颜渊的父亲，也是孔子的学生，名无繇，字路。椁：古代棺材有的有两层，内层叫棺，外层叫椁。②鲤：孔鲤，字伯鱼，孔子的儿子。③徒行：步行。④从大夫之后：跟随在大夫行列之后。孔子曾经做过鲁国的司寇，属于大夫的地位，不过此时已去位多年。

【译文】

颜渊死了，他的父亲颜路请求孔子把车卖了给颜渊做一个外椁。孔子说：“不管有才能还是没才能，说来也都是各自的儿子。孔鲤死了，也只有棺，没有椁。我不能卖掉车子步行来给他置办椁。因为我曾经做过大夫，是不可以徒步出行的。”

【原文】

子贡问：“师与商也孰贤？”子曰：“师也过，商也不及。”曰：“然则师愈与？”子曰：“过犹不及。”

子曰：师也过，商也不及。

【译文】

子贡问道：“颛孙师（即子张）与卜商（即子夏）谁更优秀？”孔子说：“颛孙师有些过分，卜商有些赶不上。”子贡说：“这么说颛孙师更强一些吗？”孔子说：“过分与赶不上同样不好。”

【原文】

柴也愚[①]，参也鲁[②]，师也辟[③]，由也喭[④]。

【注解】

①柴：高柴，字子羔，孔子的学生。②鲁：迟钝。③辟：通“僻”，偏激。④喭：鲁莽，刚烈。

【译文】

高柴愚笨，曾参迟钝，颛孙师偏激，仲由鲁莽。

【原文】

子曰："回也其庶乎①，屡空②。赐不受命，而货殖焉③，亿则屡中④。"

【注解】

①庶：庶几，差不多。②屡空：盛食物的器皿常常是空的，指贫困。③货殖：经营商业。④亿：通"臆"，猜测，料事。

【译文】

孔子说："颜回呀，他的道德修养已经差不多了，可是他常常很贫困。端木赐不听天由命，而去做生意，猜测市场行情往往很准。"

【原文】

子张问善人之道，子曰："不践迹①，亦不入于室②。"

【注解】

①践迹：踩着前人的脚印走，即沿着老路走。②入于室：比喻学问和修养达到了精深的地步。

【译文】

子张问成为善人的途径，孔子说："不踩着前人的脚印，做学问也到不了家。"

【原文】

子曰："论笃是与①，君子者乎？色庄者乎？"

【注解】

①论笃是与：赞许言论笃实。这是"与论笃"的倒装说法。"与"是动词，表示赞许的意思。"论笃"是宾语前置。"是"用于动宾倒装，无义。

【译文】

孔子说："只是赞许说话稳重的人，但这种人是真正的君子呢，还是仅仅从容貌上看起来庄重呢？"

【原文】

子路问："闻斯行诸？"子曰："有父兄在，如之何其闻斯行之？"冉有问："闻斯行诸？"子曰："闻斯行之。"公西华曰："由也问'闻斯行诸'，子曰‘有父兄在’；求也问‘闻斯行诸’，子曰‘闻斯行之’。赤也惑，敢问。”子曰：“求也退[①]，故进之；由也兼人[②]，故退之。”

子曰：求也退，故进之；由也兼人，故退之。

【注解】

①求也退：冉有性懦弱，遇事退缩不前。②由也兼人：子路好勇过人。

【译文】

子路问：“一听到就行动吗？”孔子说：“父亲和兄长都在，怎么能一听到就行动呢？”冉有问：“一听到就行动吗？”孔子说：“一听到就行动。”公西华说：“仲由问‘一听到就行动吗’，您说‘父亲和兄长都在，怎么能一听到就行动呢’；冉求问‘一听到就行动吗’，您说‘一听到就行动’。我有些糊涂了，斗胆想问问老师。”孔子说：“冉求平日做事退缩，所以我激励他；仲由好勇胜人，所以我要压压他。”

【原文】

子畏于匡，颜渊后。子曰：“吾以女为死矣。”曰：“子在，回何敢死？”

【译文】

孔子被囚禁在匡地，颜渊后来赶来。孔子说：“我还以为你死了哩！”颜渊说：“您还活着，我怎么敢先死呢？”

【原文】

季子然问[①]：“仲由、冉求可谓大臣与？”子曰：“吾以子为异之问，曾由与求之问。所谓大臣者，以道事君，不可则止。今由与求也，何谓具臣矣[②]。”曰：“然则从之者与？”子曰：“弑父与君，亦不从也。”

【注解】

①季子然：鲁国大夫季孙氏的同族人。因为当时仲由、冉求都是季氏的家臣，故问。②具臣：备位充数的臣属。《史记·仲尼弟子列传》集解引孔安国说：“言备臣数而已。”朱熹注同。

【译文】

季子然问：“仲由和冉求是否称得上大臣？”孔子说：“我以为你要问别的事，哪知道竟是问仲由和冉求呀。我们所说的大臣，应该能以合于仁道的方式去侍奉君主，如果行不通，便宁可不干。现在由和求这两个人呀，只算得上是备位充数的臣罢了。”季子然又问：“那么，他们肯听话吗？”孔子说：“如果是杀父亲杀君主，他们也是不会听从的。”

【原文】

子路使子羔为费宰。子曰：“贼夫人之子[①]。”子路曰：“有民人焉，有社稷焉[②]，何必读书，然后为学？”子曰：“是故恶夫佞者。”

【注解】

①贼：害。夫：那。子羔没有完成学业就去做官，孔子认为这是害了人家的儿子。②社稷：古代帝王、诸侯所祭的土神和谷神，后用为国家的代称。

【译文】

子路叫子羔去做费地的长官。孔子说：“这是害人家的儿子。”子路说：“有百姓，有土地五谷，何必读书才算学习？”孔子说：“所以我讨厌那些能说会道的人。”

【原文】

子路、曾皙、冉有、公西华侍坐[①]。子曰：“以吾一日长乎尔[②]，毋吾以也。居则曰[③]：‘不吾知也！’如或知尔，则何以哉？”

子路率尔而对曰[④]：“千乘之国，摄乎大国之间[⑤]，加之以师旅，因之以饥馑[⑥]，由也为之，比及三年[⑦]，可使有勇，且知方也[⑧]。”夫子哂之[⑨]。

“求，尔何如？”对曰：“方六七十，如五六十[⑩]，求也为之，比及三年，可使足民。如其礼乐，以俟君子。”

“赤，尔何如？”对曰：“非曰能之，愿学焉。宗庙之事，如会同，端章甫[⑪]，愿为小相焉[⑫]。”

“点，尔何如？”鼓瑟希[⑬]，铿尔，舍瑟而作[⑭]，对曰：“异乎三子者之撰[⑮]。”子曰：“何伤乎？亦各言其志也。”曰：“莫春者[⑯]，春服既成，冠者五六人，童子六七人，浴乎沂[⑰]，风乎舞雩[⑱]，咏而归。”夫子喟然叹曰[⑲]：“吾与点也[⑳]！”

三子者出，曾皙后。曾皙曰：“夫三子者之言何如？”子曰：“亦各言其志也已矣。”曰：“夫子何哂由也？”曰：“为国以礼，其言不让，是故哂之。”“唯求则非邦也与[㉑]？”“安见方六七十如五六十而非邦也者？”“唯赤则非邦也与？”“宗庙会同，非诸侯而何？赤也为之小[㉒]，孰能为之大？”

【注解】

①曾皙：名点，字子皙，曾参的父亲，也是孔子的学生。②以：认为。尔：你们。③居：

平日。④ 率尔：轻率，急切。⑤ 摄：迫近。⑥ 因：仍，继。饥馑：饥荒。⑦ 比及：等到。⑧ 方：方向，指道义。⑨ 哂：讥讽的微笑。⑩ 如：或者。⑪ 端：玄端，古代礼服的名称。章甫：古代礼帽的名称。⑫ 相：傧相，祭祀和会盟时主持赞礼和司仪的官。相有卿、大夫、士三级，小相是最低的士一级。⑬ 希：同“稀”，指弹瑟的速度放慢，节奏逐渐稀疏。⑭ 作：站起来。⑮ 异乎：不同于。撰：具，述。⑯ 莫春：夏历三月。莫，同“暮”。⑰ 沂：水名，发源于山东南部，流经江苏北部入海。⑱ 风：迎风纳凉。舞雩：地名，原是祭天求雨的地方，在今山东曲阜。⑲ 喟然：长叹的样子。⑳ 与：赞许，同意。㉑ 唯：语首词，没有什么意义。㉒ 之：相当于“其”。

【译文】

子路、曾皙、冉有、公西华四人陪同孔子坐着。孔子说：“我比你们年龄都大，你们不要因为我在这里就不敢尽情说话。你们平时总爱说没有人了解自己。如果有人了解你们，那你们怎么办呢？”

子路对曰：千乘之国，摄乎大国之间，加之以师旅，因之以饥馑；由也为之，比及三年，可使有勇，且知方也。

子路轻率而急切地回答说：“如果有一个千乘之国，夹在几个大国之间，外面有军队侵犯它，国内又连年灾荒，我去治理它，只要三年，就可以使那里人人有勇气、个个懂道义。”孔子听后讥讽地笑了一笑。

又问：“冉求，你怎么样？”回答说：“方圆六七十里或五六十里的小国家，我去治理它，等到三年，可以使人民富足。至于礼乐方面，只有等待贤人君子来施行了。”

孔子又问：“公西赤，你怎么样？”回答说：“不敢说我有能力，只是愿意学习罢了。宗庙祭祀或者同外国盟会，我愿意穿着礼服，戴着礼帽，做一个小傧相。”

孔子接着问：“曾点！你怎么样？”他弹瑟的节奏逐渐稀疏，“铿”的一声放下瑟站起来，回答道：“我和他们三位所说的不一样。”孔子说：“那有什么妨碍呢？也不过是各人谈谈志愿罢了。”曾皙说：“暮春三月的时候，春天的衣服都穿在身上了，我和五六位成年人，还有六七个儿童一起，在沂水岸边洗洗澡，在舞雩台上吹风纳凉，唱着歌儿走回去。”孔子长叹一声说：“我赞赏你的主张。”

子路、冉有、公西华三个人都出去了，曾皙后走。他问孔子：“他们三位同学的话怎么样？”孔子说：“也不过各人谈谈自己的志愿罢了。”曾皙说：“您为什么讥笑仲由呢？”孔子说：“治理国家应该注意礼仪，他的话一点也不谦逊，所以笑他。”曾皙又问：“难道冉求所讲的不是有关治理国家的事吗？”孔子说：“怎么见得方圆六七十里或五六十里的地方就算不上一个国家呢？”曾皙再问：“公西赤讲的就不是国家吗？”孔子说：“有宗庙、有国家之间的盟会，不是国家是什么？公西华只能做小傧相，谁能做大傧相呢？”

颜渊篇

【原文】

颜渊问仁，子曰："克己复礼为仁[①]。一日克己复礼，天下归仁焉。为仁由己，而由人乎哉？"

颜渊曰："请问其目。"子曰："非礼勿视，非礼勿听，非礼勿言，非礼勿动。"

颜渊曰："回虽不敏，请事斯语矣。"

【注解】

①克己复礼：克制自己，使自己的行为归到礼的方面，即合于礼。复礼，归于礼。

【译文】

颜渊问什么是仁。孔子说："抑制自己，使言语和行动都符合礼，就是仁。一旦做到了这些，天下的人都会称许你有仁德。实行仁德是由自己，难道是靠别人？"

颜渊说："请问实行仁德的具体途径。"孔子说："不合礼的事不看，不合礼的事不听，不合礼的事不言，不合礼的事不动。"

颜渊说："我虽然不聪敏，请让我照这些话去做。"

【原文】

仲弓问仁，子曰："出门如见大宾，使民如承大祭。己所不欲，勿施于人。在邦无怨[①]，在家无怨[②]。"

仲弓曰："雍虽不敏，请事斯语矣。"

【注解】

①邦：诸侯统治的国家。②家：卿大夫的封地。

【译文】

仲弓问什么是仁。孔子说："出门好像去见贵宾，役使民众好像去承担重大祀典。自己所不想要的事物，就不要强加给

在邦无怨。

别人。在邦国做事没有抱怨，在卿大夫之家做事也无抱怨。”

仲弓说：“我冉雍虽然不聪敏，请让我照这些话去做。”

【原文】

司马牛问仁，子曰：“仁者，其言也讱[①]。”曰：“其言也讱，斯谓之仁已乎？”子曰：“为之难，言之得无讱乎？”

【注解】

①讱：说话谨慎，不轻易出口。

【译文】

司马牛问什么是仁，孔子说：“仁人，他的言语谨慎。”司马牛说：“言语谨慎，这就可以称作仁了吗？”孔子说：“做起来难，说话能不谨慎吗？”

司马牛问仁。

【原文】

司马牛问君子，子曰：“君子不忧不惧。”曰：“不忧不惧，斯谓之君子已乎？”子曰：“内省不疚[①]，夫何忧何惧？”

【注解】

①疚：内心痛苦，惭愧。

【译文】

司马牛问怎样才是君子。孔子说：“君子不忧愁，不恐惧。”司马牛说：“不忧愁、不恐惧，这就叫君子了吗？”孔子说：“内心反省而不内疚，那还有什么可忧虑和恐惧的呢？”

【原文】

司马牛忧曰：“人皆有兄弟，我独亡。”子夏曰：“商闻之矣：‘死生有命，富贵在天。’君子敬而无失，与人恭而有礼，四海之内皆兄弟也。君子何患乎无兄弟也？”

【译文】

司马牛忧愁地说："别人都有兄弟，唯独我没有。"子夏说："我听说：'死生由命运决定，富贵在于上天的安排。'君子认真谨慎地做事，不出差错，对人恭敬而有礼貌，四海之内的人，就都是兄弟，君子何必担忧没有兄弟呢？"

【原文】

子张问明。子曰："浸润之谮[1]，肤受之愬[2]，不行焉，可谓明也已矣。浸润之谮，肤受之愬，不行焉，可谓远也已矣。"

【注解】

①浸润之谮：像水浸润物件一样逐渐传播的谗言。谮，诬陷。②肤受之愬：像皮肤感受到疼痛一样的诬告，即诽谤。愬，同"诉"。

【译文】

子张问什么是明智。孔子说："暗中传播的谗言，切身感受的诽谤，在你这儿都行不通，就可以称得上明智了。暗中传播的谗言，切身感受的诽谤，在你这里都行不通，就可以说是有远见了。"

【原文】

子贡问政。子曰："足食，足兵[1]，民信之矣。"子贡曰："必不得已而去，于斯三者何先？"曰："去兵。"子贡曰："必不得已而去，于斯二者何先？"曰："去食。自古皆有死，民无信不立。"

孔子向子贡阐释为政的根本在于取信于民的道理。

【注解】

①兵：武器，指军备。

【译文】

子贡问怎样治理政事。孔子说："粮食充足，军备充足，民众信任政府。"子贡说："如果迫不得已要去掉一些，三项中先去掉哪一项呢？"孔子说："去掉军备。"子贡说："如果迫不得已，要在剩下的两项中去掉一项，先去掉哪一项呢？"孔子说："去掉粮食。自古以来，人都是要死的，如果没有民众的信任，那么国家就不会长久。"

【原文】

棘子成曰[①]："君子质而已矣[②]，何以文为[③]？"子贡曰："惜乎，夫子之说君子也[④]！驷不及舌[⑤]。文犹质也，质犹文也。虎豹之鞟犹犬羊之鞟[⑥]。"

【注解】

①棘子成：卫国大夫。古代大夫尊称为"夫子"，故子贡以此称之。②质：质地，指思想品德。③文：文采，指礼节仪式。④说：谈论。⑤驷不及舌：话一出口，四匹马也追不回来，即"一言既出，驷马难追"。⑥鞟：去毛的兽皮。

【译文】

棘子成说："君子有好本质就行了，要文采做什么呢？"子贡说："可惜呀！夫子您这样谈论君子。一言既出，驷马难追。文采如同本质，本质也如同文采，二者是同等重要的。假如去掉虎豹和犬羊的有文采的皮毛，那这两样皮革就没有多大的区别了。"

【原文】

哀公问于有若曰："年饥，用不足，如之何？"有若对曰："盍彻乎[①]？"曰："二，吾犹不足，如之何其彻也？"对曰："百姓足，君孰与不足[②]？百姓不足，君孰与足？"

有若向鲁哀公阐释百姓足则国家足的道理。

【注解】

①盍彻乎：盍，何不。彻，西周时流行于诸侯国的一种田税制度。旧注曰："什一而税谓之彻。"②孰与：与谁，同谁。

【译文】

鲁哀公问有若说："年成歉收，国家备用不足，怎么办呢？"有若回答说："何不实行十分抽一的税率呢？"哀公说："十分抽二，尚且不够用，怎么能实行十分抽一呢？"有若回答说："如果百姓用度足，国君怎么会用度不足呢？如果百姓用度不足，国君用度怎么会足呢？"

【原文】

子张问崇德辨惑[①]。子曰："主忠信[②]，徙义[③]，崇德也。爱之欲其生，恶之欲其死，既欲其生，又欲其死，是惑也。‘诚不以富，亦祇以异[④]’。”

【注解】

①崇德：提高道德修养的水平。惑：迷惑，不分是非。②主忠信：以忠厚诚实为主。③徙义：向义靠拢。徙，迁移。④诚不以富，亦祇以异：见《诗·小雅·我行其野》。这两句诗引在这里，颇觉费解。有人认为是错简。今按朱熹《四书集注》中解释译出。

【译文】

子张向孔子请教怎样提高品德修养和辨别是非。孔子说：“以忠厚诚实为主，行为总是遵循道义，这就可以提高品德。对于同一个人，爱的时候希望他长期活下去；厌恶的时候，又希望他死去。既要他长寿，又要他短命，这就是迷惑。‘这样对自己实在是没有益处，也只能使人感到奇怪罢了’。”

【原文】

齐景公问政于孔子，孔子对曰：“君君，臣臣，父父，子子。”公曰：“善哉！信如君不君，臣不臣，父不父，子不子，虽有粟，吾得而食诸？”

君君，臣臣，父父，子子。

【译文】

齐景公向孔子询问政治。孔子回答说：“国君要像国君，臣子要像臣子，父亲要像父亲，儿子要像儿子。”景公说：“好啊！如果真的国君不像国君，臣子不像臣子，父亲不像父亲，儿子不像儿子，即使有粮食，我能够吃得着吗？”

【原文】

子曰：“片言可以折狱者[①]，其由也与？”子路无宿诺[②]。

【注解】

①折狱：即断案。狱，案件。②宿诺：拖了很久而没有兑现的诺言。宿，久。

【译文】

孔子说：“根据单方面的供词就可以判决诉讼案件的，大概只有仲由吧？”子路没有说话不算数的时候。

【原文】

子曰："听讼，吾犹人也。必也使无讼乎！"

【译文】

孔子说："审理诉讼案件，我同别人一样。重要的是必须使诉讼的案件不发生！"

【原文】

子张问政，子曰："居之无倦，行之以忠。"

【译文】

子张问怎样治理政事，孔子说："居于官位不懈怠，执行君令要忠实。"

【原文】

子曰："博学于文，约之以礼，亦可以弗畔矣夫！"

【译文】

孔子说："君子广泛地学习文化典籍，并用礼来约束自己，也就可以不至于离经叛道了。"

【原文】

子曰："君子成人之美，不成人之恶。小人反是。"

【译文】

孔子说："君子成全别人的好事，而不促成别人的坏事。小人则与此相反。"

【原文】

季康子问政于孔子，孔子对曰："政者，正也。子帅以正[①]，孰敢不正？"

【注解】

①帅：通"率"，率领。

【译文】

季康子向孔子询问为政方面的事，孔子回答说："'政'的意思就是端正，您自己先做到端正，谁还敢不端正？"

【原文】

季康子患盗，问于孔子。孔子对曰："苟子之不欲，虽赏之不窃。"

【译文】

季康子担忧盗窃，来向孔子求教。孔子对他说：“如果您不贪求太多的财物，即使奖励他们去偷，他们也不会干。”

【原文】

季康子问政于孔子，曰：“如杀无道，以就有道，何如？”孔子对曰：“子为政，焉用杀？子欲善而民善矣。君子之德风，小人之德草。草上之风[①]，必偃[②]。”

君子之德风，小人之德草。

【注解】

①草上之风：谓风吹草。上，一作“尚”，加也。“上之风”谓上之以风，即加之以风。②偃：倒下。

【译文】

季康子向孔子问政事，说：“假如杀掉坏人，以此来亲近好人，怎么样？”孔子说：“您治理国家，怎么想到用杀戮的方法呢？您要是好好治国，百姓也就会好起来。君子的品德如风，小人的品德如草。草上刮起风，草一定会倒。”

【原文】

子张问：“士何如斯可谓之达矣[①]？”子曰：“何哉，尔所谓达者？”子张对曰：“在邦必闻，在家必闻。”子曰：“是闻也，非达也。夫达也者，质直而好义，察言而观色，虑以下人[②]。在邦必达，在家必达。夫闻也者，色取仁而行违，居之不疑。在邦必闻，在家必闻。”

【注解】

①达：通达。②下人：下于人，即对人谦逊。

【译文】

子张问：“士要怎么样才可说是通达了？”孔子说：“你所说的通达是什么呢？”

子张回答说："在诸侯的国家一定有名声，在大夫的封地一定有名声。"孔子说："这是有名声，不是通达。通达的人，本质正直而喜爱道义，体会别人的话语，观察别人的脸色，时常想到对别人谦让。这样的人在诸侯的国家一定通达，在大夫的封地也一定通达。有名声的人，表面上要实行仁德而行动上却相反，以仁人自居而毫不迟疑。他们在诸侯的国家一定虚有其名，在大夫的封地也一定虚有其名。"

夫达也者，质直而好义，察言而观色，虑以下人。在邦必达，在家必达。

【原文】

樊迟从游于舞雩之下，曰："敢问崇德、修慝、辨惑[1]。"子曰："善哉问！先事后得，非崇德与？攻其恶，无攻人之恶，非修慝与？一朝之忿，忘其身，以及其亲，非惑与？"

【注解】

①修慝：改恶从善。修，治，指改正。慝，邪恶。

【译文】

樊迟跟随孔子在舞雩台下游览，说道："请问如何提高自己的品德修养，改正过失，辨别是非？"孔子说："问得好啊！辛劳在先，享乐在后，这不就可以提高自己的品德修养吗？检查自己的错误，不去指责别人的缺点，这不就改正了过失吗？因为一时气愤，而不顾自身和自己的双亲，这不就是迷惑吗？"

【原文】

樊迟问仁，子曰："爱人。"问知，子曰："知人。"樊迟未达。子曰："举直错诸枉[1]，能使枉者直。"

樊迟退，见子夏，曰："乡也[2]，吾见于夫子而问知[3]，子曰：'举直错诸枉，能使枉者直。'何谓也？"子夏曰："富哉言乎！舜有天下，选于众，举皋陶[4]，不仁者远矣。汤有天下，选于众，举伊尹[5]，不仁者远矣。"

【注解】

①举直错诸枉：把正直的人提拔到邪恶的人的上面，即选用贤人，罢黜坏人。错，通“措”，安置。②乡：同“向”，过去。③见于：被接见。④皋陶：舜时的贤臣。⑤伊尹：商汤时辅相。

【译文】

樊迟问什么是仁，孔子说：“爱人。”樊迟又问什么是智，孔子说：“善于知人。”樊迟没有完全理解。孔子说：“把正直的人提拔上来，使他们的位置在不正直的人上面，就能使不正直的人变正直。”

舜有天下，选于众，举皋陶，不仁者远矣。

樊迟退了出来，见到子夏，说：“刚才我去见老师，问他什么是智，他说：‘把正直的人提拔上来，使他们的位置在不正直的人上面’，这是什么意思？”子夏说道：“这是含义多么丰富的话呀！舜有了天下，在众人中选拔人才，把皋陶提拔了起来，不仁的人就远远地离开了。汤得了天下，也从众人中选拔人才，把伊尹提拔起来，那些不仁的人就远远离开了。”

【原文】

子贡问友，子曰：“忠告而善道之①，不可则止，毋自辱焉。”

【注解】

①道：通“导”。

【译文】

子贡问怎样交朋友。孔子说：“忠心地劝告他并好好地开导他，如果不听从就罢了，不要自取侮辱。”

【原文】

曾子曰：“君子以文会友，以友辅仁。”

【译文】

曾子说：“君子用文章学问来结交、聚合朋友，通过朋友来帮助自己培养仁德。”

子路篇

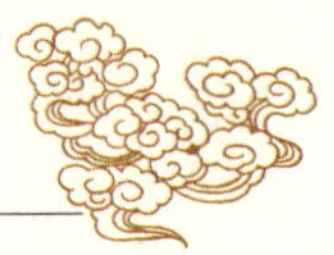

【原文】

子路问政。子曰："先之，劳之。"请益，曰："无倦。"

【译文】

子路问为政之道。孔子说："自己先要身体力行带好头，然后让老百姓辛勤劳作。"子路请求多讲一些，孔子说："不要倦怠。"

子路问政。子曰：先之，劳之。

【原文】

仲弓为季氏宰，问政，子曰："先有司，赦小过，举贤才。"曰："焉知贤才而举之？"子曰："举尔所知。尔所不知，人其舍诸？"

【译文】

仲弓做了季氏的总管，问怎样管理政事，孔子说："自己先给下属各部门主管人员做出表率，原谅他人的小错误，提拔贤能的人。"仲弓说："怎么知道哪些人是贤能的人而去提拔他们呢？"孔子说："提拔你所知道的，那些你所不知道的，别人难道会埋没他吗？"

【原文】

子路曰："卫君待子而为政，子将奚先？"子曰："必也正名乎！"子路曰："有是哉，子之迂也！奚其正？"子曰："野哉，由也！君子于其所不知，盖阙如也①。名不正则言不顺，言不顺则事不成，事不成则礼乐不兴，礼乐不兴则刑罚不中②，刑罚不中则民无所措手足。故君子名之必可言也，言之必可行也。君子于其言，无所苟而已矣③。"

【注解】

①阙：通"缺"。存疑的意思。②中：得当。③苟：随便，马虎。

【译文】

子路说："卫国国君要您去治理国家，您打算先从哪些事情做起呢？"孔子说："首先必须正名分。"子路说："有这样做的吗？您真是太迂腐了。这名怎么正呢？"孔子说："仲由，真粗野啊。君子对于他所不知道的事情，总是采取存疑的态度。名分不正，说起话来就不顺当合理。说话不顺当合理，事情就办不成。事情办不成，礼乐也就不能兴盛。礼乐不能兴盛，刑罚的执行就不会得当。刑罚不得当，百姓就不知怎么办好。所以，君子一定要定下一个名分，必须能够说得明白，说出来一定能够行得通。君子对于自己的言行，是从不马虎对待的。"

【原文】

樊迟请学稼，子曰："吾不如老农。"请学为圃，曰："吾不如老圃。"樊迟出。子曰："小人哉，樊须也！上好礼，则民莫敢不敬；上好义，则民莫敢不服；上好信，则民莫敢不用情。夫如是，则四方之民襁负其子而至矣①，焉用稼？"

【注解】

①襁：背负小孩所用的布兜子。

【译文】

樊迟向孔子请教如何种庄稼，孔子说："我不如老农民。"又请教如何种蔬菜，孔子说："我不如老菜农。"樊迟出去了。孔子说："真是个小人啊！樊迟这个人！居于上位的人爱好礼仪，老百姓就没有不恭敬的；居于上位的人爱好道义，老百姓就没有不服从的；居于上位的人爱好诚信，老百姓就没有不诚实的。如果能够做到这一点，那么，四方的老百姓就会背负幼子前来归服，何必要自己来种庄稼呢？"

【原文】

子曰："诵《诗》三百，授之以政①，不达②；使于四方③，不能专对④；虽多，亦奚以为⑤？"

【注解】

①授：交给。②不达：办不好。③使：出使。④不能专对：不能随机应变，独立应对。古代使节出使，遇到问题要随机应变，独立地进行外事活动。⑤以：用。

孔子提倡学以致用。

【译文】

孔子说："熟读了《诗经》三百篇，交给他政务，他却搞不懂；派他出使到四方各国，又不能独立应对外交。虽然读书多，又有什么用处呢？"

【原文】

子曰："其身正，不令而行；其身不正，虽令不从。"

【译文】

孔子说："（作为管理者）如果自身行为端正，不用发布命令，事情也能推行得通；如果本身不端正，就是发布了命令，百姓也不会听从。"

其身正，不令而行。

【原文】

子曰："鲁、卫之政，兄弟也。"

【译文】

孔子说："鲁国的政事和卫国的政事，像兄弟一样。"

【原文】

子谓卫公子荆："善居室[①]。始有，曰：'苟合矣[②]。'少有，曰：'苟完矣。'富有，曰：'苟美矣。'"

【注解】

①善居室：善于治理家政，善于居家过日子。②合：足。

【译文】

孔子谈到卫国的公子荆，说："他善于治理家政。当他刚开始有财物时，便说：'差不多够了。'当稍微多起来时，就说：'将要足够了。'当财物到了富有时候，就说：'真是太完美了。'"

【原文】

子适卫[①]，冉有仆[②]。子曰："庶矣哉[③]！"冉有曰："既庶矣，又何加焉[④]？”曰：“富之。”曰：“既富矣，又何加焉？”曰：“教之。”

【注解】

①适：往，到……去。②仆：动词，驾驭车马。亦作名词用，指驾车的人。③庶：众多。④加：再，增加。

子适卫。

【译文】

孔子到卫国去，冉有为他驾车。孔子说：“人口真是众多啊！”冉有说：“人口已经是如此众多了，又该做什么呢？”孔子说：“使他们富裕起来。”冉有说：“已经富裕了，还该怎么做？”孔子说：“教育他们。”

【原文】

子曰：“苟有用我者，期月而已可也[①]，三年有成。”

【注解】

①期月：一年。

【译文】

孔子说：“假如有人任用我主持国家政事，一年之内就可以见到成效，三年便能完全治理好。”

【原文】

子曰：“善人为邦百年[①]，亦可以胜残去杀矣[②]。诚哉是言也！”

【注解】

①为邦：治国。②胜残：克服残暴。

【译文】

孔子说：“善人治理国家一百年，也就能够克服残暴行为，消除虐杀现象了。这句话说得真对啊！”

【原文】

子曰：“如有王者，必世而后仁[①]。”

【注解】

① 世：古代以三十年为一世。

【译文】

孔子说："如果有王者兴起，也一定要三十年之后才能实现仁政。"

【原文】

子曰："苟正其身矣，于从政乎何有？不能正其身，如正人何？"

【译文】

孔子说："如果端正了自己的言行，治理国家还有什么难的呢？如果不能端正自己，又怎么能去端正别人呢？"

【原文】

冉子退朝①，子曰："何晏也？"对曰："有政。"子曰："其事也。如有政，虽不吾以②，吾其与闻之③。"

【注解】

① 朝：朝廷。或指鲁君的朝廷，或指季氏议事的场所。② 不吾以：不用我。以，用。③ 与：参与。

孔子向冉有说明"议事"与"议政"的区别。

【译文】

冉有从办公的地方回来，孔子说："今天为什么回来得这么晚呢？"冉有回答说："有政务。"孔子说："那不过是一般性的事务罢了。如果是重要的政务，即使不用我，我还是会知道的。"

【原文】

定公问："一言而可以兴邦，有诸？"孔子对曰："言不可以若是，其几也①，人之言曰：'为君难，为臣不易。'如知为君之难也，不几乎一言而兴邦乎？"曰："一言而丧邦，有诸？"孔子对曰："言不可以若是，其几也。人之言曰：'予无乐乎为君，唯其言而莫予违也。'如其善而莫之违也，不亦善乎？如不善而莫之违也，不几乎一言而丧邦乎？"

【注解】

①几：近。

【译文】

鲁定公问："一句话可以使国家兴盛，有这样的事吗？"孔子回答说："对语言不能有那么高的期望。有人说：'做国君难，做臣子也不容易。'如果知道了做国君的艰难，（自然会努力去做事）这不近于一句话而使国家兴盛吗？"定公说："一句话而丧失了国家，有这样的事吗？"孔子回答说："对语言的作用不能有那么高的期望。有人说：'我做国君没有感到什么快乐，唯一使我高兴的是我说的话没有人敢违抗。'如果说的话正确而没有人违抗，这不是很好吗？如果说的话不正确也没有人敢违抗，这不就近于一句话就使国家丧亡吗？"

【原文】

叶公问政，子曰："近者说[①]，远者来。"

叶公问政。子曰：近者说，远者来。

【注解】

①说：同"悦"。

【译文】

叶公问怎样治理国家。孔子说："让近处的人快乐满意，使远处的人闻风归附。"

【原文】

子夏为莒父宰[①]，问政，子曰："无欲速，无见小利。欲速则不达，见小利则大事不成。"

【注解】

①莒父：鲁国的一个城邑，在今山东省莒县境内。

【译文】

子夏做了莒父地方的长官，问怎样治理政事。孔子说："不要急于求成，不要贪图小利。急于求成，反而达不到目的；贪图小利则办不成大事。"

【原文】

叶公语孔子曰[①]："吾党有直躬者[②]，其父攘羊而子证之[③]。"孔子曰：

“吾党之直者异于是：父为子隐，子为父隐，直在其中矣。”

【注解】

①语：告诉。②党：指家乡。古代五百家为党。③攘：即偷窃。证：告发。

【译文】

叶公告诉孔子说：“我家乡有个正直的人，他父亲偷了别人的羊，他便出来告发。”孔子说：“我家乡正直的人与这不同：父亲替儿子隐瞒，儿子替父亲隐瞒，正直就在这里面了。”

【原文】

樊迟问仁。子曰：“居处恭，执事敬，与人忠。虽之夷狄，不可弃也。”

【译文】

樊迟问什么是仁。孔子说：“平时的生活起居要端庄恭敬，办事情的时候严肃认真，对待他人要忠诚。就是去边远的少数民族居住的地方，也是不能废弃这些原则的。”

【原文】

子贡问曰：“何如斯可谓之士矣？”子曰：“行己有耻，使于四方不辱君命，可谓士矣。”曰：“敢问其次？”曰：“宗族称孝焉，乡党称弟焉。”曰：“敢问其次？”曰：“言必信，行必果，硁硁然小人哉[①]！抑亦可以为次矣。”曰：“今之从政者何如？”子曰：“噫！斗筲之人[②]，何足算也！”

【注解】

①硁硁：象声词，敲击石头的声音。这里引申为像石块那样坚硬。②斗筲之人：比喻器量狭小的人。筲，竹器，容一斗二升。

【译文】

子贡问道：“怎样才可称得上‘士’呢？”孔子说：“能用羞耻之心约束自己的行为，出使不辜负君主的委托，这就可以称作‘士’了。”子贡说：“请问次一等的‘士’是什么样的？”孔子说：“宗族的人称赞他孝顺，乡里的人称赞他友爱。”子贡说：“请问再次一等的‘士’是什么样的？”孔子说：“说话一定要诚信，做事一定要坚定果断，这虽是耿直固执的小人，但也可以算是再次一等的‘士’了。”子贡说：“现在那些执政的人怎么样？”孔子说：“唉！一班器量狭小的家伙，算得了什么呢！”

【原文】

子曰：“不得中行而与之[①]，必也狂狷乎[②]！狂者进取，狷者有所不为也。”

【注解】

①中行：行为合乎中庸。与：相与，交往。②狷：性情耿介，不肯同流合污。

孔子说：如果找不到行为合乎中庸的人为友，一定只能和勇者及洁身自爱者交往。

【译文】

孔子说：“找不到行为合乎中庸的人而和他们交往，一定只能和勇于向前及洁身自好的人交往！勇于向前的人努力进取，洁身自好的人不会去做坏事！激进的人勇于进取，耿介的人不做坏事。”

【原文】

子曰：“南人有言曰：‘人而无恒，不可以作巫医[①]。’善夫！”“不恒其德，或承之羞[②]。”子曰：“不占而已矣[③]。”

【注解】

①巫医：用卜筮为人治病的人。②不恒其德，或承之羞：此二句引自《易经·恒卦·爻辞》。意思是说，人如果不能长期坚持自己的德行，有时就要遭受羞辱。③占：占卜。

【译文】

孔子说：“南方人有句话说：‘人如果没有恒心，就不可以做巫医。’这话说得好啊！”《周易》上说：“不能长期坚持自己的德行，有时就要遭受羞辱。”孔子又说：“这句话的意思是叫没有恒心的人不要占卦罢了。”

【原文】

子曰：“以不教民战，是谓弃之。”

【译文】

孔子说：“让没有受过训练的人去作战，这是抛弃他们，让他们去送死。”

宪问篇

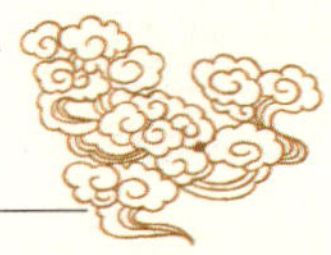

【原文】

宪问耻[①]，子曰："邦有道，谷[②]；邦无道，谷，耻也。""克、伐、怨、欲不行焉[③]，可以为仁矣？"子曰："可以为难矣，仁则吾不知也。"

【注解】

①宪：姓原，名宪，字子思，孔子的学生。②谷：俸禄。③克：好胜。伐：自夸。

【译文】

原宪问什么叫耻辱。孔子说："国家政治清明，做官领俸禄；国家政治黑暗，也做官领俸禄，这就是耻辱。"原宪又问："好胜、自夸、怨恨和贪婪这四种毛病都没有，可以称得上仁吗？"孔子说："可以说是难能可贵，至于是不是仁，我就不能断定了。"

【原文】

子曰："士而怀居[①]，不足以为士矣。"

【注解】

①怀居：留恋家室的安逸。怀，思念，留恋。居，家居。

【译文】

孔子说："士人如果留恋安逸的生活，就不足以做士人了。"

【原文】

子曰："邦有道，危言危行[①]；邦无道，危行言孙[②]。"

【注解】

①危：直，正直。②孙：通"逊"。

【译文】

孔子说："国家政治清明，言语正直，

子曰：邦有道，危言危行；邦无道，危行言孙。

行为正直；国家政治黑暗，行为也要正直，但言语应谦逊谨慎。"

【原文】

子曰："有德者必有言，有言者不必有德。仁者必有勇，勇者不必有仁。"

【译文】

孔子说："有德的人一定有好的言论，但有好言论的人不一定有德。仁人一定勇敢，但勇敢的人不一定有仁德。"

【原文】

南宫适问于孔子曰[①]："羿善射[②]，奡荡舟[③]，俱不得其死然。禹、稷躬稼而有天下[④]。"夫子不答。

南宫适出，子曰："君子哉若人！尚德哉若人！"

【注解】

①南宫适：姓南宫，名适，字子容，孔子的学生。②羿：传说中夏代有穷国的国君，善于射箭，曾夺夏太康的王位，后被其臣寒浞所杀。③奡：古代一个大力士，传说是寒浞的儿子，后来为夏少康所杀。④禹：夏朝的开国之君，善于治水，注重发展农业。稷：传说是周朝的祖先，又为谷神，教民种植庄稼。

【译文】

南宫适向孔子问道："羿擅长射箭，奡善于水战，都没有得到善终。禹和稷亲自耕作庄稼，却得到了天下。"孔子没有回答。

南宫适退出去后，孔子说："这个人是君子啊！这个人崇尚道德啊！"

【原文】

子曰："君子而不仁者有矣夫，未有小人而仁者也。"

【译文】

孔子说："君子之中也许有不仁的人吧，但小人之中却不会有仁人。"

【原文】

子曰："爱之，能勿劳乎？忠焉[①]，能勿诲乎？"

子曰：爱之，能勿劳乎？忠焉，能勿诲乎？

【注解】

①焉：相当于“于是”，也相当于“于之”，但古代“于”和“之”一般不连用。

【译文】

孔子说：“爱他，能不以勤劳相劝勉吗？忠于他，能不以善言来教诲他吗？”

【原文】

子曰：“为命①，裨谌草创之②，世叔讨论之③，行人子羽修饰之④，东里子产润色之⑤。”

【注解】

①命：指外交辞令。②裨谌：郑国的大夫。③世叔：即子太叔，名游吉。郑国的大夫。子产死后，继子产为郑国宰相。④行人：官名，掌管朝觐聘问事务，即外交事务。子羽：公孙羽，郑国的大夫。⑤东里：子产所居之地，在今郑州市。

【译文】

孔子说：“郑国制订外交文件，由裨谌起草，世叔提出意见，外交官子羽修改，东里子产进行加工润色。”

【原文】

或问子产，子曰：“惠人也。”

问子西①，曰：“彼哉！彼哉②！”

问管仲，曰：“人也。夺伯氏骈邑三百③，饭疏食，没齿无怨言。”

孔子评价子产为宽厚仁慈的人。

【注解】

①子西：楚国的令尹，名申，字子西。一说为郑国大夫。②彼哉！彼哉：他呀！他呀！这是当时表示轻视的习惯语。③伯氏：齐国的大夫。骈邑：齐国的地方。

【译文】

有人问子产是怎样的人，孔子说：“是宽厚仁慈的人。”

问子西是怎样的人，孔子说：“他呀！他呀！”

问管仲是怎样的人，孔子说："他是个人才。他剥夺了伯氏骈邑三百户的封地，使伯氏只能吃粗粮，却至死没有怨言。"

【原文】

子曰："贫而无怨难，富而无骄易。"

【译文】

孔子说："贫穷而没有怨恨很难，富贵而不骄矜倒很容易。"

【原文】

子曰："孟公绰为赵魏老则优①，不可以为滕、薛大夫②。"

【注解】

①孟公绰：鲁国的大夫，为人清心寡欲。赵魏：晋国最有权势的大夫赵氏、魏氏。老：大夫的家臣。优：优裕。②滕、薛：当时的小国，在鲁国附近。滕在今山东滕州市，薛在今山东滕州市西南。

子曰：孟公绰为赵、魏老则优，不可以为滕、薛大夫。

【译文】

孔子说："孟公绰担任晋国的赵氏、魏氏的家臣是绰绰有余的，但是做不了滕国和薛国这样小国的大夫。"

【原文】

子路问成人①，子曰："若臧武仲之知②，公绰之不欲，卞庄子之勇③，冉求之艺，文之以礼乐，亦可以为成人矣。"曰："今之成人者何必然？见利思义，见危授命，久要不忘平生之言④，亦可以为成人矣。"

【注解】

①成人：全人，即完美无缺的人。②臧武仲：鲁国大夫臧孙纥。他在齐国时，能预见齐庄公将败，不受其田邑。见《左传·襄公二十三年》。③卞庄子：鲁国的大夫，封地在卞邑，以勇气著称。④久要：长久处于穷困之中。

【译文】

子路问怎样才算是完人。孔子说："像臧武仲那样有智慧，像孟公绰那样不贪求，像卞庄子那样勇敢，像冉求那样有才艺，再用礼乐来增加他的文采，就可以算个完人了。”孔子又说：“如今的完人何必要这样呢？见到利益能想到道义，遇到危险时肯献出生命，长期处在贫困之中也不忘平生的诺言，也就可以算是完人了。”

【原文】

子问公叔文子于公明贾曰①：“信乎？夫子不言，不笑，不取乎？”

公明贾对曰：“以告者过也②。夫子时然后言，人不厌其言；乐然后笑，人不厌其笑；义然后取，人不厌其取。”

子曰：“其然？岂其然乎？”

【注解】

①公叔文子：卫国的大夫。公明贾：卫国人，姓公明，名贾。②以：此。

【译文】

孔子向公明贾问到公叔文子，说：“是真的吗？他老先生不言语、不笑、不取钱财？”

公明贾回答说：“那是告诉你的人说错了。他老人家是到该说话时再说话，别人不讨厌他的话；高兴了才笑，别人不厌烦他的笑；应该取的时候才取，别人不厌恶他的取。”

孔子说道：“是这样的吗？难道真的是这样的吗？”

夫子时然后言，人不厌其言；乐然后笑，人不厌其笑；义然后取，人不厌其取。

【原文】

子曰：“臧武仲以防求为后于鲁①，虽曰不要君②，吾不信也。”

【注解】

①防：地名，武仲封邑，在今山东费县东北。②要：要挟。

【译文】

孔子说：“臧武仲凭借防邑请求立他的后代为鲁国的卿大夫，虽然有人说他不是要挟国君，我是不信的。”

【原文】

子曰：“晋文公谲而不正①，齐桓公正而不谲②。”

【注解】

①晋文公：姓姬，名重耳，“春秋五霸”之一。谲：欺诈，玩弄手段。正：正派。②齐桓公：姓姜，名小白，“春秋五霸”之一。

【译文】

孔子说：“晋文公诡诈而不正派，齐桓公正派而不诡诈。”

【原文】

子路曰：“桓公杀公子纠①，召忽死之，管仲不死。”曰：“未仁乎？”子曰：“桓公九合诸侯②，不以兵车，管仲之力也！如其仁③！如其仁！”

子曰：桓公九合诸侯，不以兵车，管仲之力也！如其仁！如其仁！

【注解】

①公子纠：齐桓公的哥哥。齐桓公与其争位，杀掉了他。②九合诸侯：指齐桓公多次召集诸侯会盟。③如：乃，就。

【译文】

子路说：“齐桓公杀了公子纠，召忽自杀以殉，但管仲却没有死。”接着又说：“管仲是不仁吧？”孔子说：“桓公多次召集各诸侯国会盟，不用武力，都是管仲出的力。这就是他的仁德！这就是他的仁德！”

【原文】

子贡曰：“管仲非仁者与？桓公杀公子纠，不能死，又相之。”子曰：“管仲相桓公，霸诸侯，一匡天下，民到于今受其赐。微管仲①，吾其被发左衽矣②。岂若匹夫匹妇之为谅也③，自经于沟渎而莫之知也④？”

【注解】

①微：如果没有。用于和既成事实相反的假设句的句首。②被：通“披”。衽：衣襟。“披发左衽”是当时少数民族的打扮，这里指沦为夷狄。③谅：诚实。④自经：自缢。渎：小沟。

【译文】

子贡说："管仲不是仁人吧？齐桓公杀了公子纠，他不能以死相殉，反又去辅佐齐桓公。"孔子说："管仲辅佐齐桓公，称霸诸侯，匡正天下一切，人民到现在还受到他的好处。如果没有管仲，我们大概都会披散着头发，衣襟向左边开了。难道他要像普通男女那样守着小节小信，在山沟中上吊自杀而没有人知道吗？"

【原文】

公叔文子之臣大夫僎与文子同升诸公[①]。子闻之，曰："可以为'文'矣[②]。"

【注解】

①臣大夫：即家大夫，文子的家臣。僎：人名。本是文子的家臣，因文子的推荐，和文子一起做了卫国的大臣。同升诸公：同升于公朝。②可以为"文"：周朝的谥法，"赐民爵位曰'文'"。公叔文子使大夫僎和他一起升于公朝，所以孔子说他可以谥为"文"。

公叔文子擢升为卫国大臣。

【译文】

公叔文子的家臣大夫僎，（被文子推荐）和文子一起擢升为卫国的大臣。孔子听说了这件事，说："可以给他'文'的谥号了。"

【原文】

子言卫灵公之无道也，康子曰："夫如是，奚而不丧[①]？"孔子曰："仲叔圉治宾客[②]，祝鮀治宗庙，王孙贾治军旅。夫如是，奚其丧？"

【注解】

①奚而：为什么。②仲叔圉：即孔文子，他与祝鮀、王孙贾都是卫国的大夫。

【译文】

孔子谈到卫灵公的昏庸无道，季康子说："既然这样，为什么没有丧国呢？"孔子说："他有仲叔圉接待宾客，祝鮀管治宗庙祭祀，王孙贾统率军队。像这样，怎么会丧国呢？"

【原文】

子曰："其言之不怍[①]，则为之也难。"

【注解】

①怍：惭愧。

【译文】

孔子说："说话大言不惭，实行这些话就很难。"

【原文】

陈成子弑简公[①]。孔子沐浴而朝[②]，告于哀公曰："陈恒弑其君，请讨之。"公曰："告夫三子[③]。"

孔子曰："以吾从大夫之后，不敢不告也，君曰'告夫三子'者！"之三子告，不可。孔子曰："以吾从大夫之后，不敢不告也。"

【注解】

①陈成子：即陈恒，齐国大夫。弑：下杀上为弑。简公：齐简公，名壬。②孔子沐浴而朝：沐浴，洗头洗澡，这里指斋戒。当时孔子已告老还家，他认为臣弑其君是大逆不道，非讨不可，故有此举。③夫：指示代词，那。三子：指孟孙、季孙、叔孙三家大夫。由于他们势力强大，主宰着鲁国的政治，故哀公不敢自主。

【译文】

陈成子杀了齐简公。孔子在家斋戒沐浴后去朝见鲁哀公，告诉哀公说："陈恒杀了他的君主，请出兵讨伐他。"哀公说："你去向季孙、仲孙、孟孙三人报告吧！"

孔子退朝后说："因为我曾经做过大夫，不敢不来报告。可君主却对我说去向那三人报告。"孔子到季孙、叔孙、孟孙三人那里去报告，他们不同意讨伐。孔子说："因为我曾经做过大夫，不敢不报告。"

【原文】

子路问事君，子曰："勿欺也，而犯之[①]。"

【注解】

①犯：冒犯。指当面直言规劝。

【译文】

子路问怎样服侍君主，孔子说："不要欺骗他，但可以犯颜直谏。"

孔子向子路阐释事君要忠诚、正直的道理。

【原文】

子曰："君子上达，小人下达[①]。"

【注解】

①上达、下达：有几种解释：一、上达于仁义，下达于财利；二、上达于道，下达于器（即农工商各业）；三、上达是日进乎高明，长进向上，下达是日究乎污下，沉沦向下。今从第一义。

【译文】

孔子说："君子向上通达仁义，小人向下通达财利。"

【原文】

子曰："古之学者为己，今之学者为人。"

古之学者为己。

【译文】

孔子说："古代学者学习是为了充实提高自己，现在的学者学习是为了做给别人看。"

【原文】

蘧伯玉使人于孔子①，孔子与之坐而问焉，曰："夫子何为？"对曰："夫子欲寡其过而未能也。"使者出，子曰："使乎！使乎！"

【注解】

①蘧伯玉：卫国的大夫，名瑗。孔子在卫国时，曾住在他家。

【译文】

蘧伯玉派使者去拜访孔子，孔子请使者坐下，然后问道："先生近来在做什么呢？"使者回答说："先生想要减少自己的过失但还没能做到。"使者出去之后，孔子说："好一位使者呀！好一位使者呀！"

【原文】

子曰："不在其位，不谋其政①。"曾子曰："君子思不出其位。"

【注解】

①谋：谋划、考虑。

【译文】

孔子说："不在那个职位上，就不去谋划那个职位上的政事。"曾子说："君子所思虑的不越出他的职权范围。”

【原文】

子曰：“君子耻其言而过其行[1]。”

【注解】

①而：用法同“之”。

【译文】

孔子说：“君子把说得多做得少视为可耻。”

【原文】

子曰：“君子道者三，我无能焉：仁者不忧，知者不惑，勇者不惧。”子贡曰：“夫子自道也。”

【译文】

孔子说：“君子所遵循的三个方面，我都没能做到：仁德的人不忧愁，智慧的人不迷惑，勇敢的人不惧怕。”子贡说道：“这是老师对自己的描述。”

【原文】

子贡方人[1]，子曰：“赐也贤乎哉？夫我则不暇。”

【注解】

①方人：讥评、诽谤别人。

【译文】

子贡议论别人。孔子说：“你端木赐就什么都好吗？我就没有这种闲工夫。”

孔子批评子贡随便议论别人。

【原文】

子曰：“上好礼，则民易使也。”

【译文】

孔子说：“居上位的人遇事依礼而行，民众就容易役使了。”

卫灵公篇

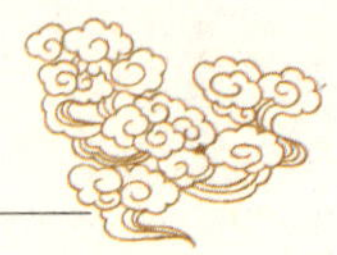

【原文】

卫灵公问陈于孔子①，孔子对曰："俎豆之事②，则尝闻之矣；军旅之事，未之学也。"明日遂行。

【注解】

①陈：同"阵"，军队作战时，布列的阵势。②俎豆：古代盛肉食的器皿，用于祭祀，故意译为礼仪之事。

【译文】

卫灵公向孔子询问排兵布阵的方法。孔子回答说："祭祀礼仪方面的事情，我听说过；用兵打仗的事，从来没有学过。"第二天就离开了卫国。

【原文】

在陈绝粮，从者病，莫能兴。子路愠见曰："君子亦有穷乎？"子曰："君子固穷，小人穷斯滥矣。"

【译文】

孔子在陈国断绝了粮食，跟从的人都饿病了，躺着不能起来。子路生气地来见孔子说："君子也有困窘没有办法的时候吗？"孔子说："君子在困窘时还能固守正道，小人一困窘就会胡作非为。"

君子固穷，小人穷斯滥矣。

【原文】

子曰："赐也，女以予为多学而识之者与①？"对曰："然。非与？"曰："非也。予一以贯之②。"

【注解】

①识：通“志”，记住。②一以贯之：即以忠恕之道贯穿它。

【译文】

孔子对子贡说：“赐呀，你以为我是多多地学习并能记住的人吗？”子贡回答说：“是的，难道不是这样吗？”孔子说：“不是的，我是用一个基本思想把它们贯穿起来。”

【原文】

子曰：“由！知德者鲜矣。”

【译文】

孔子说：“仲由！知晓德的人太少了。”

【原文】

子曰：“无为而治者，其舜也与？夫何为哉①？恭己正南面而已矣。”

【注解】

①夫：他。

【译文】

孔子说：“无为而使天下得到治理的人，大概只有舜吧？他做了什么呢？他只是庄重端正地面向南地坐在王位上罢了。”

子曰：无为而治者，其舜也与？

【原文】

子张问行①，子曰：“言忠信，行笃敬②，虽蛮貊之邦③，行矣。言不忠信，行不笃敬，虽州里④，行乎哉？立则见其参于前也⑤，在舆则见其倚于衡也⑥，夫然后行。”子张书诸绅⑦。

【注解】

①行：通达的意思。②笃：忠厚。③蛮貊：南蛮北狄，指当时我国南方和北方的少数民族。④州里：五家为邻，五邻为里。五党为州，二千五百家。州里指近处。⑤参：显现。⑥衡：车辕前面的横木。⑦绅：贵族系在腰间的大带。

【译文】

子张问怎样才能处处行得通。孔子说："言语忠实诚信，行为笃厚恭敬，即使到了蛮貊地区，也能行得通。言语不忠实诚信，行为不笃厚恭敬，即使是在本乡本土，能行得通吗？站立时，就好像看见'忠实、诚信、笃厚、恭敬'的字样直立在面前；在车上时，就好像看见这几个字靠在车前横木上，这样才能处处行得通。"子张把这些话写在衣服大带上。

【原文】

子曰："直哉，史鱼①！邦有道如矢，邦无道如矢。君子哉，蘧伯玉！邦有道则仕，邦无道则可卷而怀之②。"

【注解】

①史鱼：卫国大夫，字子鱼。临死前要儿子不为他在正堂治丧，以此劝谏卫灵公任用蘧伯玉，斥退弥子瑕，古人称为"尸谏"。②卷：收。怀：藏。

【译文】

孔子说："史鱼正直啊！国家政治清明，他像箭一样直；国家政治黑暗，他也像箭一样直。蘧伯玉是君子啊！国家政治清明时，他就出来做官；国家政治黑暗时，就把自己的才能收藏起来（不做官）。"

【原文】

子曰："可与言而不与之言①，失人②；不可与言而与之言，失言③。知者不失人④，亦不失言。"

【注解】

①与言：与他谈论。言，谈论。②失人：错失人才。③失言：说错话。④知：通"智"，明智，聪明。

【译文】

孔子说："可以和他谈的话但没有与他谈，这是错失了人才；不可与他谈及却与他谈了，这是说错了话。聪明的人不错过人才，也不说错话。"

【原文】

子曰："志士仁人，无求生以害仁，有杀身以成仁。"

【译文】

孔子说："志士仁人，不会为了求生损害仁，却能牺牲生命去成就仁。"

【原文】

子贡问为仁，子曰："工欲善其事，必先利其器。居是邦也，事其大夫之贤者，友其士之仁者。"

子贡问为仁，子曰：居是邦也，事其大夫之贤者，友其士之仁者。

【译文】

子贡问怎样培养仁德，孔子说："工匠要想做好工，必须先把器具打磨锋利。住在这个国家，就要侍奉大夫中的贤人，结交士中的仁人。"

【原文】

颜渊问为邦，子曰："行夏之时①，乘殷之辂②，服周之冕③，乐则《韶》《舞》④，放郑声，远佞人⑤。郑声淫，佞人殆⑥。"

【注解】

①夏之时：夏代的历法，便于农业生产。②辂：天子所乘的车。殷代的车由木制成，比较朴实。③冕：礼帽。周代的礼帽比以前的华美。④《韶》：舜时的乐曲。《舞》：同《武》，周武王时的乐曲。⑤佞人：用花言巧语去谄媚人的人。⑥殆：危险。

【译文】

颜渊问怎样治理国家。孔子说："实行夏朝的历法，乘坐殷朝的车子，戴周朝的礼帽，音乐就用《韶》和《舞》，舍弃郑国的乐曲，远离谄媚的人。郑国的乐曲很淫秽，谄媚的人很危险。"

【原文】

子曰："人无远虑，必有近忧。"

【译文】

孔子说："人没有长远的考虑，一定会有眼前的忧患。"

【原文】

子曰："已矣乎！吾未见好德如好色者也。"

【译文】

孔子说："罢了罢了！我没见过喜欢美德如同喜欢美色一样的人。"

【原文】

子曰："臧文仲其窃位者与[①]？知柳下惠之贤而不与立也[②]。"

【注解】

① 窃位：身居官位而不称职。② 柳下惠：春秋中期鲁国大夫，姓展名获，又名禽，他受封的地名是柳下，"惠"是他的谥号，所以被人们称为柳下惠。立：同"位"。

【译文】

孔子说："臧文仲大概是个窃据官位（而不称职）的人吧！他知道柳下惠贤良，却不给他官位。"

【原文】

子曰："躬自厚而薄责于人[①]，则远怨矣。"

【注解】

① 躬自：自身，自己。

【译文】

孔子说："严厉地责备自己而宽容地对待别人，就可以远离别人的怨恨了。"

【原文】

子曰："不曰'如之何，如之何'者，吾末如之何也已矣[①]。"

【注解】

① 末：无，不。

【译文】

孔子说："不说'怎么办，怎么办'的人，我对他也不知道该怎么办了。"

【原文】

子曰："众恶之，必察焉；众好之，必察焉。"

【译文】

孔子说："众人都厌恶他，一定要去考察；大家都喜爱他，也一定要去考察。"

【原文】

子曰："人能弘道，非道弘人。"

【译文】

孔子说："人能够把道发扬光大，不是道能把人发扬光大。"

【原文】

子曰："过而不改，是谓过矣。"

【译文】

孔子说："有了过错而不改正，这就真叫过错了。"

【原文】

子曰："吾尝终日不食，终夜不寝，以思，无益，不如学也。"

【译文】

孔子说："我曾经整天不吃、整夜不睡地去思索，没有益处，不如去学习。"

【原文】

子曰："君子谋道不谋食。耕也，馁在其中矣①；学也，禄在其中矣。君子忧道不忧贫。"

【注解】

①馁：饥饿。

【译文】

孔子说："君子谋求的是道而不去谋求衣食。耕作，常常会有饥饿；学习，往往得到俸禄。君子担忧是否能学到道，不担忧贫穷。"

【原文】

子曰："知及之①，仁不能守之，虽得之，必失之。知及之，仁能守之，不庄以涖之②，则民不敬。知及之，仁能守之，庄以涖之，动之不以礼，未善也。"

【注解】

①知：通"智"。②涖：通"莅"，临，到。

知及之，仁能守之，庄以涖之，动之不以礼，未善也。

【译文】

孔子说："靠聪明才智得到它，不用仁德去保持它，即使得到了，也一定会丧失。靠聪明才智得到它，用仁德守住它，但不以庄重的态度来行使职权，那么民众就不敬畏。靠聪明才智得到它，用仁德保持它，能以庄重的态度来行使职权，但不能按照礼来动员，也是不完善的。"

【原文】

子曰："君子不可小知而可大受也。小人不可大受而可小知也。"

【译文】

孔子说："君子不可以用小事来察知，却可以接受重任；小人不可以承担重任，却可以用小事来察知。"

【原文】

子曰："民之于仁也，甚于水火。水火，吾见蹈而死者矣，未见蹈仁而死者也。"

【译文】

孔子说："民众对于仁的需要，超过对水火的需要。水和火，我看见有人死在里面，却没有见过有为实行'仁'而死的。"

【原文】

子曰："当仁，不让于师。"

【译文】

孔子说："面临仁时，对老师也不必谦让。"

【原文】

子曰："君子贞而不谅①。"

【注解】

①贞：正，指固守正道。谅：信，指不分是非而守信。

【译文】

孔子说："君子讲大信，而不拘泥于遵守小信。"

【原文】

子曰："事君，敬其事而后其食。"

【译文】

孔子说："侍奉君主，应该认真做事，而把领取俸禄的事放在后面。"

【原文】

子曰："有教无类。"

【译文】

孔子说："人人都教，没有高低贵贱的等级差别。"

【原文】

子曰："道不同，不相为谋[①]。"

【注解】

①为：与，对。

孔子有教无类。

【译文】

孔子说："志向主张不同，不在一起谋划共事。"

【原文】

子曰："辞达而已矣。"

【译文】

孔子说："言辞能表达出意思就可以了。"

【原文】

师冕见[①]，及阶，子曰："阶也。"及席，子曰："席也。"皆坐，子告之曰："某在斯，某在斯。"师冕出。子张问曰："与师言之道与？"子曰："然，固相师之道也[②]。"

【注解】

①师：乐师。冕：人名。古代的乐师一般是盲人。②相：帮助。

【译文】

师冕来见孔子，走到台阶边，孔子说："这儿是台阶。"走到座席边，孔子说："这是座席。"大家都坐下后，孔子告诉他说："某人在这里，某人在这里。"师冕告辞后，子张问道："这是和盲人乐师言谈的方式吗？"孔子说："是的，这本来就是帮助盲人乐师的方式。"

季氏篇

【原文】

季氏将伐颛臾[①]。冉有、季路见于孔子[②]，曰：“季氏将有事于颛臾。”孔子曰：“求！无乃尔是过与[③]？夫颛臾，昔者先王以为东蒙主[④]，且在邦域之中矣，是社稷之臣也。何以伐为[⑤]？”冉有曰：“夫子欲之，吾二臣者皆不欲也。”孔子曰：“求！周任有言曰[⑥]：‘陈力就列，不能者止。’危而不持，颠而不扶，则将焉用彼相矣[⑦]？且尔言过矣。虎兕出于柙[⑧]，龟玉毁于椟中，是谁之过与？”

季氏将伐颛臾，冉有、季路见于孔子。

冉有曰：“今夫颛臾，固而近于费[⑨]。今不取，后世必为子孙忧。”孔子曰：“求！君子疾夫舍曰欲之而必为之辞。丘也闻有国有家者，不患寡而患不均，不患贫而患不安[⑩]。盖均无贫，和无寡，安无倾。夫如是，故远人不服，则修文德以来之。既来之，则安之。今由与求也，相夫子，远人不服，而不能来也；邦分崩离析，而不能守也；而谋动干戈于邦内。吾恐季孙之忧，不在颛臾，而在萧墙之内也[⑪]。”

【注解】

① 颛臾：鲁国的附属国，在今山东省费县西。② 见于：被接见。③ 无乃：岂不是。尔是过：责备你。“过”用作动词，表示责备。“是”用于颠倒动宾之间，无义。④ 东蒙主：东蒙，蒙山。主，主持祭祀的人。⑤ 为：用于句末的语气词。这里表诘问语气。⑥ 周任：人名，周代史官。⑦ 相：搀扶盲人的人叫相，这里是辅助的意思。⑧ 兕：雌性犀牛。⑨ 费：季氏的采邑。⑩ 不患寡而患不均，不患贫而患不安：当作“不患贫而患不均，不患寡而患不安”。据俞樾《群经平议》。⑪ 萧墙：照壁屏风，指宫廷之内。

【译文】

季氏准备攻打颛臾。冉有、子路去拜见孔子，说："季氏准备对颛臾用兵了。"孔子说："冉求！难道不是你的过错吗？颛臾，以前先王让它主持东蒙山的祭祀，而且它在鲁国的疆域之内，是国家的臣属，为什么要攻打它呢？"冉有说："季孙大夫想去攻打，我们两人都不同意。"孔子说："冉求！周任说过：'根据自己的才力去担任职务，不能胜任的就辞职不干。'盲人遇到了危险不去扶持，跌倒了不去搀扶，那还用辅助的人干什么呢？而且你的话说错了。老虎、犀牛从笼子里跑出来，龟甲和美玉在匣子里被毁坏了，是谁的过错呢？"

冉有说："现在颛臾，城墙坚固，而且离季氏的采邑费地很近。现在不攻占它，将来一定会成为子孙的祸患。"孔子说："冉求！君子痛恨那些不说自己想那样做却一定要另找借口的人。我听说，对于诸侯和大夫，不怕贫穷而怕财富不均；不怕人口少而怕不安定。因为财富均衡就没有贫穷，和睦团结就不觉得人口少，境内安定就不会有倾覆的危险。像这样做，远方的人还不归服，那就再修仁义礼乐的政教来招揽他们。他们来归服了，就让他们安心生活。现在，仲由和冉求你们辅佐季孙，远方的人不归服却又不能招揽他们；国家分崩离析却不能保全守住；反而谋划在国内动用武力。我恐怕季孙的忧患不在颛臾，而在他自己的宫墙之内呢。"

【原文】

孔子曰："天下有道，则礼乐征伐自天子出；天下无道，则礼乐征伐自诸侯出。自诸侯出，盖十世希不失矣①；自大夫出，五世希不失矣；陪臣执国命②，三世希不失矣。天下有道，则政不在大夫。天下有道，则庶人不议。"

【注解】

①希：少。②陪臣：大夫的家臣。

【译文】

孔子说："天下政治清明，制礼作乐以及出兵征伐的命令都由天子下达；天下政治昏乱，制礼作乐以及出兵征伐的命令都由诸侯下达。政令由诸侯下达，大概延续到十代就很少有不丧失的；政令由大夫下达，延续五代后就很少有不丧失的；大夫的家臣把持国家政权，延续到三代就很少有不丧失的。天下政治清明，国家的政权就不会掌握在大夫手中；天下政治清明，普通百姓就不会议论朝政了。"

【原文】

孔子曰："禄之去公室五世矣①，政逮于大夫四世矣②，故夫三桓之子孙微矣。"

【注解】

①禄：俸禄，这里指政权。公室：诸侯的家族。②逮：及。四世：指季孙氏文子、武子、

平子、桓子四世。

【译文】

孔子说："国家政权离开了鲁国公室已经五代了，政权落到大夫手中已经四代了，所以鲁桓公的三家子孙都衰微了。"

【原文】

孔子曰："益者三友，损者三友。友直，友谅①，友多闻，益矣。友便辟②，友善柔，友便佞③，损矣。"

益者三友，友直，友谅，友多闻。

【注解】

①谅：诚信。②便辟：逢迎谄媚。③便佞：用花言巧语取悦于人。

【译文】

孔子说："有益的朋友有三种，有害的朋友有三种。同正直的人交友，同诚信的人交友，同见闻广博的人交友，是有益的。同逢迎谄媚的人交友，同表面柔顺而内心奸诈的人交友，同花言巧语的人交友，是有害的。"

【原文】

孔子曰："益者三乐，损者三乐。乐节礼乐，乐道人之善，乐多贤友，益矣。乐骄乐，乐佚游①，乐宴乐，损矣。"

孔子论乐。

【注解】

①佚：放荡。

【译文】

孔子说："有益的快乐有三种，有害的快乐有三种。以用礼乐调节自己为乐，以称道人的好处为乐，以有很多德才兼备的朋友为乐，是有益的。以骄纵享乐为乐，以放荡游乐为乐，以宴饮无度为乐，是有害的。"

【原文】

孔子曰："侍于君子有三愆[①]：言未及之而言谓之躁，言及之而不言谓之隐，未见颜色而言谓之瞽[②]。"

【注解】

①愆：过失。②瞽：眼睛瞎。

【译文】

孔子说："侍奉君子容易出现三种过失：没有轮到他发言而发言，叫作急躁；到该说话时却不说话，叫作隐瞒；不看君子的脸色而贸然说话，叫作盲目。"

【原文】

孔子曰："君子有三戒：少之时，血气未定，戒之在色；及其壮也，血气方刚，戒之在斗；及其老也，血气既衰，戒之在得[①]。"

【注解】

①得：贪得，包括名誉、地位、财货等。

【译文】

孔子说："君子有三件事应该警惕戒备：年少的时候，血气还没有发展稳定，要警戒迷恋女色；壮年的时候，血气正旺盛，要警戒争强好斗；到了老年的时候，血气已经衰弱，要警戒贪得无厌。"

【原文】

孔子曰："君子有三畏：畏天命，畏大人，畏圣人之言。小人不知天命而不畏也，狎大人，侮圣人之言。"

【译文】

孔子说："君子有三种敬畏：敬畏天命，敬畏王公大人，敬畏圣人的言论。小人不知道天命，所以不敬畏它，轻视王公大人，侮慢圣人的言论。"

孔子曰：君子有三畏：畏天命，畏大人，畏圣人之言。

【原文】

孔子曰："生而知之者，上也；学而知之者，次也；困而学之，又其次也；困而不学，民斯为下矣。"

【译文】

孔子说："生来就知道的，是上等；经过学习后才知道的，是次等；遇到困惑疑难才去学习的，是又次一等了；遇到困惑疑难仍不去学习的，这种人就是下等的了。"

【原文】

孔子曰："君子有九思：视思明，听思聪，色思温，貌思恭，言思忠，事思敬，疑思问，忿思难①，见得思义。"

【注解】

①难：后患。

【译文】

孔子说："君子有九种思考：看的时候要思考看明白了没有，听的时候要思考听清楚了没有，待人接物时，要想想脸色是否温和，样貌是否恭敬，说话时要想想是否忠实，做事时要想想是否严肃认真，有疑难时要想着询问，气愤发怒时要想想可能产生的后患，看见可得的要想想是否合乎义。"

【原文】

孔子曰："见善如不及，见不善如探汤。吾见其人矣，吾闻其语矣。隐居以求其志，行义以达其道。吾闻其语矣，未见其人也。"

【译文】

孔子说："见到善的行为，就像怕赶不上似的去努力追求；看见不善的行为，就像手伸进了沸水中那样赶快避开。我看见过这样的人，也听到过这样的话语。隐居起来以求保全自己的志向，按照义的原则行事以贯彻自己的主张。我听到过这样的话语，却没见过这样的人。"

【原文】

齐景公有马千驷①，死之日，民无德而称焉。伯夷、叔齐饿于首阳之下②，民到于今称之。其斯之谓与③？

【注解】

①千驷：四千匹马。驷，同驾一辆车的四匹马。②伯夷、叔齐：商朝末年孤竹君的两个儿子。首阳：山名。父亲死后，兄弟互让君位而出逃。周灭商后，他们耻食周粟，隐居于首阳山，采薇而食，最后饿死。③其斯之谓与：这一句中的"斯"字是指什么，上文没有交代，因此意思不清。有人以为，《颜渊篇第十》里的"诚不以富，亦祇以异"（引自《诗·小雅·我行其野》）当在此句之前。

【译文】

齐景公有四千匹马，他死的时候，人民找不到他有什么德行值得称颂的。伯夷和叔齐饿死在首阳山上，人民到现在还在称颂他们。大概就是这个意思吧！

【原文】

陈亢问于伯鱼曰[①]：“子亦有异闻乎？”对曰：“未也。尝独立，鲤趋而过庭。曰：‘学诗乎？’对曰：‘未也。’‘不学诗，无以言。’鲤退而学诗。他日，又独立，鲤趋而过庭。曰：‘学礼乎？’对曰：‘未也。’‘不学礼，无以立。’鲤退而学礼。闻斯二者。”陈亢退而喜曰：“问一得三：闻诗，闻礼，又闻君子之远其子也[②]。”

孔子尝独立，鲤趋而过庭。曰：学诗乎？

【注解】

①陈亢：姓陈，名亢，字子禽。伯鱼：姓孔，名鲤，字伯鱼，孔子的儿子。②远：不接近，不亲昵。

【译文】

陈亢向伯鱼问道：“你在老师那里有得到与众不同的教诲吗？”伯鱼回答说：“没有。他曾经独自站在那里，我快步走过庭中，他说：‘学诗了吗？’我回答说：‘没有。’他说：‘不学诗就不会应对说话。’我退回后就学诗。另一天，他又独自一人站着，我快步走过庭中，他说：‘学礼了吗？’我回答说：‘没有。’他说：‘不学礼，就没法立足于社会。’我退回后就学礼。我只听到过这两次教诲。”陈亢回去后高兴地说：“问一件事，知道了三件事，知道要学诗，知道要学礼，又知道君子不偏私自己的儿子。”

【原文】

邦君之妻，君称之曰夫人，夫人自称曰小童；邦人称之曰君夫人，称诸异邦曰寡小君；异邦人称之，亦曰君夫人。

【译文】

国君的妻子，国君称她为夫人，夫人自称为小童；国内的人称她为君夫人，在其他国家的人面前称她为寡小君；别的国家的人也称她为君夫人。

阳货篇

【原文】

阳货欲见孔子①，孔子不见，归孔子豚②。孔子时其亡也③，而往拜之。遇诸途。谓孔子曰："来！予与尔言。"曰："怀其宝而迷其邦，可谓仁乎？曰："不可。""好从事而亟失时④，可谓知乎⑤？"曰："不可。""日月逝矣，岁不我与。"孔子曰："诺，吾将仕矣。"

【注解】

①阳货：又叫阳虎，季氏的家臣。把持季氏的权柄时，曾经将季桓子拘禁起来而企图把持鲁国国政。后篡权不成逃往晋国。见：用作使动词，"见孔子"为"使孔子来见"。②归：通"馈"，赠送。豚：小猪。古代礼节，大夫送士礼品，士必须在大夫家里拜受礼物。③时：通"伺"，窥伺，打听。④亟：屡次。⑤知：通"智"。

【译文】

阳货想要孔子去拜见他，孔子不去拜见，他便送给孔子一头蒸熟了的小猪。孔子打听到他不在家时，前往他那里去回拜表谢，却在途中遇见阳货。阳货对孔子说："来！我同你说话。"孔子走过去，阳货说："一个人怀藏本领却听任国家迷乱，可以叫作仁吗？"孔子说："不可以。""喜好参与政事而屡次错失时机，可以叫作聪明吗？"孔子说："不可以。""时光很快地流逝了，岁月是不等人的。"孔子说："好吧，我将去做官了。"

阳货欲见孔子，孔子不见，遇诸途。

【原文】

子曰："性相近也，习相远也。"

【译文】

孔子说："人的本性是相近的，后天的习染使人与人之间相差甚远。"

【原文】

子曰："唯上知与下愚不移。"

【译文】

孔子说："只有上等的智者与下等的愚人是改变不了的。"

【原文】

子之武城[①]，闻弦歌之声[②]。夫子莞尔而笑[③]，曰："割鸡焉用牛刀？"子游对曰："昔者偃也闻诸夫子曰：'君子学道则爱人，小人学道则易使也。'"子曰："二三子！偃之言是也。前言戏之耳。"

【注解】

①武城：鲁国的一个小城，当时子游是武城宰。②弦歌：以琴瑟伴奏歌唱。弦，指琴瑟。③莞尔：微笑的样子。

孔子过武城，见武城之人弦歌不辍。

【译文】

孔子到了武城，听到管弦和歌唱的声音。孔子微笑着说："杀鸡何必用宰牛的刀呢？"子游回答说："以前我听老师说过：'君子学习了道就会爱人，老百姓学习了道就容易使唤。'"孔子说："学生们，言偃的话是对的。我刚才说的话是同他开玩笑罢了。"

【原文】

公山弗扰以费畔[①]，召，子欲往。子路不说，曰："末之也已[②]，何必公山氏之之也[③]？"子曰："夫召我者，而岂徒哉？如有用我者，吾其为东周乎！"

【注解】

①公山弗扰：人名，又称公山不狃，字子洩，季氏的家臣。当时公山弗扰伙同阳货在费邑背叛季氏。畔：通"叛"。②末之也已：末，无。之，到、往。末之，无处去。已，止、算

了。③之之也：第一个“之”字是助词，后一个“之”字是动词，“去、到”的意思。

孔子向子路解释应公山弗扰之召的原因。

【译文】

公山弗扰在费邑反叛，召孔子，孔子准备前往。子路不高兴，说：“没有地方去就算了，何必到公山氏那里去呢？”孔子说：“那召我去的人，岂会让我白去一趟吗？如果有任用我的人，我就会使周朝的政德在东方复兴。”

【原文】

子张问仁于孔子，孔子曰：“能行五者于天下，为仁矣。”“请问之。”曰：“恭，宽，信，敏，惠。恭则不侮，宽则得众，信则人任焉，敏则有功，惠则足以使人。”

【译文】

子张向孔子问仁。孔子说：“能够在天下实行五种美德，就是仁了。”子张问：“请问是哪五种？”孔子说：“恭敬，宽厚，诚信，勤敏，仁惠。恭敬就不会招致侮辱，宽厚就会得到众人的拥护，诚信就会得到别人的任用，勤敏则会取得功绩，仁惠就能够使唤人。”

【原文】

佛肸召①，子欲往。子路曰：“昔者由也闻诸夫子曰：‘亲于其身为不善者，君子不入也。’佛肸以中牟畔②，子之往也，如之何？”子曰：“然。有是言也。不曰坚乎，磨而不磷③？不曰白乎，涅而不缁④。吾岂匏瓜也哉？焉能系而不食？”

【注解】

①佛肸：晋国大夫赵简子的家臣，中牟邑宰。②中牟：春秋时晋邑。故址在今河北邢台和邯郸之间。③磷：薄，损伤。④涅：黑土，黑色染料。这里作动词，用黑色染料染物。缁：黑色。

【译文】

佛肸召孔子，孔子打算前往。子路说：“以前我从老师这里听过：‘亲自行不善的人，君子是不会去的。’佛肸在中牟发动叛乱，您要去，这是怎么回事呢？”孔子说：“是的，我讲过这样的话。但不是说过坚硬的东西，磨也磨不损吗？不是说过洁白的东西，染也染不黑吗？我难道是只苦葫芦吗，悬挂在那里却不可食用？”

【原文】

子曰：“由也！女闻六言六蔽矣乎[①]？”对曰：“未也。”

“居[②]！吾语女。好仁不好学，其蔽也愚；好知不好学，其蔽也荡；好信不好学，其蔽也贼[③]；好直不好学，其蔽也绞[④]；好勇不好学，其蔽也乱；好刚不好学，其蔽也狂。”

【注解】

①六言：六句话，此处实际上指的是六种品德（仁、智、信、直、勇、刚）。六蔽：六种弊病。②居：坐。③贼：害。④绞：说话尖刻。

【译文】

孔子说：“仲由！你听过六种品德和六种弊病吗？”子路回答说：“没有。”

孔子说：“坐下！我告诉你。爱好仁却不爱好学习，它的弊病是愚蠢；爱好聪明而不爱学习，它的弊病是放荡不羁；爱好诚信而不爱好学习，它的弊病是容易被人利用伤害；爱好直率而不爱好学习，它的弊病是说话尖刻刺人；爱好勇敢而不爱好学习，它的弊病是狂妄。”

子曰：由也！女闻六言六蔽矣乎？

【原文】

子曰：“小子何莫学夫诗[①]！诗，可以兴，可以观[②]，可以群，可以怨[③]；迩之事父，远之事君；多识于鸟兽草木之名。”

【注解】

①小子：指学生们。②观：

孔子教诲弟子要学习《诗经》。

观察力。③怨：讽刺。

【译文】

孔子说："学生们为什么没有人学《诗经》呢？学习《诗经》可以激发心志，可以提高观察力，可以培养群体观念，可以学得讽刺方法。近则可以用其中的道理来侍奉父母；远可以用来侍奉君主，还可以多认识鸟兽草木。"

【原文】

子谓伯鱼曰："女为《周南》《召南》矣乎[①]？人而不为《周南》《召南》，其犹正墙面而立也与[②]？"

【注解】

①《周南》《召南》：《诗经·国风》中的第一、二两部分篇名。周南和召南都是地名。这是当地的民歌。②正墙面而立：面向墙壁站立。

【译文】

孔子对伯鱼说："你学习《周南》《召南》了吗？一个人如果不学习《周南》《召南》，那就像对着墙站立一样无法行走了。"

【原文】

子曰："礼云礼云，玉帛云乎哉？乐云乐云，钟鼓云乎哉？"

【译文】

孔子说："礼呀礼呀，仅仅说的是玉器和丝帛吗？乐呀乐呀，仅仅说的是钟鼓等乐器吗？"

【原文】

子曰："色厉而内荏[①]，譬诸小人，其犹穿窬之盗也与[②]！"

【注解】

①荏：软弱。②窬：同"逾"，爬墙。

【译文】

孔子说："外表严厉而内心怯懦，用小人做比喻，大概像

孔子说，色厉而内荏的人，就像挖洞爬墙的盗贼一样。

个挖洞爬墙的盗贼吧。"

【原文】

子曰："乡愿[①]，德之贼也[②]。"

【注解】

① 乡愿：乡里多数人认为是忠厚之人。这种人貌似好人，实为与流俗合污以取媚于世的伪善者。愿，忠厚。② 贼：毁坏，败坏。

【译文】

孔子说："不分是非的好好先生，是道德的败坏者。"

【原文】

子曰："道听而途说，德之弃也。"

【译文】

孔子说："把道路上听来的东西四处传说，是背弃道德的行为。"

【原文】

子曰："鄙夫可与事君也与哉？其未得之也，患得之[①]；既得之，患失之。苟患失之，无所不至矣。"

【注解】

① 患得之：这里是"患不得之"的意思。这是当时楚地的俗语。

鄙夫在朝，患得患失。

【译文】

孔子说："鄙夫，可以和他们一起侍奉君主吗？他们在未得到职位时，总是害怕得不到；得到职位以后，又唯恐失去。如果老是担心失去职位，就没有什么事做不出来。"

【原文】

子曰："古者民有三疾，今也或是之亡也[①]。古之狂也肆，今之狂也荡；古之矜也廉[②]，今之矜也忿戾；古之愚也直，今之愚也诈而已矣。"

【注解】

①是之亡:"亡是"的倒装说法,"之"字用在中间,无义。亡,通"无"。②廉:本义是器物的棱角,人的行为刚正不阿被称为"廉"。

【译文】

孔子说:"古代的百姓有三种毛病,现在或许都没有了。古代的狂人是轻率肆意,现在的狂人则是放荡不羁;古代矜持的人是棱角分明,现在矜持的人是恼羞成怒,强词夺理;古代愚笨的人是憨直,现在愚笨的人是欺诈伪装罢了。"

【原文】

子曰:"巧言令色,鲜矣仁。"

【译文】

孔子说:"花言巧语,伪装和善,这种人很少有仁德。"

【原文】

子曰:"恶紫之夺朱也①,恶郑声之乱雅乐也②,恶利口之覆邦家者。"

【注解】

①恶:厌恶。紫之夺朱:朱是正色,紫是杂色。当时紫色代替朱色成为诸侯衣服的颜色。②雅乐:正统音乐。

【译文】

孔子说:"憎恶紫色夺去红色的光彩和地位,憎恶郑国的乐曲淆乱典雅正统的乐曲,憎恶用巧言善辩颠覆国家的人。"

【原文】

子曰:"予欲无言。"子贡曰:"子如不言,则小子何述焉?"子曰:"天何言哉?四时行焉,百物生焉,天何言哉?"

【译文】

孔子说:"我不想说话了。"子贡说:"您如果不说话,那我们这些学生传述什么呢?"孔子说:"天说什么话了吗?四季照样运行,万物照样生长,天说什么话了吗?"

子曰:天何言哉?四时行焉,百物生焉。

微子篇

【原文】

微子去之[①]，箕子为之奴[②]，比干谏而死[③]。孔子曰："殷有三仁焉。"

【注解】

①微子：名启，商纣王的同母兄弟。微子出生时，他母亲还未被正式立为妃，纣是母亲立为妃后所生，故纣得以继承王位。②箕子：纣王的叔父。纣王暴虐无道，箕子曾向他进谏，纣王不听，箕子便假装发疯，被降为奴隶。③比干：也是纣王的叔父。他竭力劝谏纣王，被纣王剖心而死。

【译文】

微子离开了商纣王，箕子做了他的奴隶，比干强谏被杀。孔子说："殷朝有三位仁人！"

【原文】

柳下惠为士师[①]，三黜。人曰："子未可以去乎？"曰："直道而事人，焉往而不三黜？枉道而事人，何必去父母之邦？"

【注解】

①士师：官名，主管刑罚。

柳下惠曰：直道而事人，焉往而不三黜？枉道而事人，何必去父母之邦？

【译文】

柳下惠担任掌管刑罚的官，多次被罢免。有人问："您不可以离开鲁国吗？"他说："用正直之道来侍奉人，去哪里而能不被多次罢免呢？不用正直之道来侍奉人，又为什么一定要离开故国家园呢？"

【原文】

齐景公待孔子曰[①]："若季氏[②]，则吾不能；以季、孟之间待之[③]。"曰："吾老矣，不能用也。"孔子行。

【注解】

①齐景公：齐国的国君。②季氏：鲁国的大夫，位居上卿。③孟：指孟孔氏，鲁国的大夫，位居下卿。

【译文】

齐景公谈到怎样对待孔子时说："像鲁国国君对待季氏那样对待孔子，那我做不到；只能用低于季氏而高于孟氏的规格来对待他。"不久又说："我老了，不能用他了。"孔子就离开了齐国。

【原文】

齐人归女乐[①]，季桓子受之[②]，三日不朝，孔子行。

【注解】

①归：通"馈"，赠送。②季桓子：季孙斯，鲁国的执政上卿。

【译文】

齐国人赠送鲁国一批歌女乐师，季桓子接受了，好几天不上朝，孔子就离开了鲁国。

【原文】

楚狂接舆歌而过孔子曰[①]："凤兮，凤兮，何德之衰？往者不可谏，来者犹可追。已而，已而，今之从政者殆而！"孔子下，欲与之言。趋而辟之，不得与之言。

【注解】

①接舆：楚国的隐士。一说他姓接名舆，一说因他接孔子之车而歌，所以称他接舆。

【译文】

楚国的狂人接舆唱着歌经过孔子的车子，说："凤凰啊，凤凰啊！为什么道德如此衰微，过去的已经不能挽回，未来的还来得及改正。算了吧，算了吧！现在那些从政的人危险呀！"孔子下车，想要同他说话。接舆快走几步避开了孔子，孔子没能同他交谈。

楚狂接舆歌而过孔子。

【原文】

长沮、桀溺耦而耕[①]，孔子过之，使子路问津焉[②]。长沮曰："夫执舆者为谁[③]？"子路曰："为孔丘。"曰："是鲁孔丘与？"曰："是也。"曰："是知津矣[④]。"问于桀溺，桀溺曰："子为谁？"曰："为仲由。"曰："是鲁孔丘之徒与？"对曰："然。"曰："滔滔者天下皆是也，而谁以易之[⑤]？且而与其从辟人之士也[⑥]，岂若从辟世之士哉？"耰而不辍[⑦]。子路行以告。夫子怃然曰[⑧]："鸟兽不可与同群，吾非斯人之徒与而谁与？天下有道，丘不与易也。"

【注解】

①长沮、桀溺：两位隐士，真实姓名和身世不详。耦而耕：两个人合力耕作。②津：渡口。③执舆：执辔（揽着缰绳）。本是子路的任务。因为子路下车去问渡口，暂时由孔子代替。④是知津矣：这话是认为孔子周游列国，应该熟悉道路。⑤谁以易之：与谁去改变它呢。以，与。⑥而：同"尔"，你，指子路。辟：通"避"。⑦耰：播下种子后，用土覆盖上，再用耙将土弄平，使种子深入土里，鸟不能啄，这就叫耰。⑧怃然：失意的样子。

【译文】

长沮和桀溺并肩耕地，孔子从他们那里经过，让子路去打听渡口在哪儿。长沮说："那个驾车的人是谁？"子路说："是孔丘。"长沮又问："是鲁国的孔丘吗？"子路说："是的。"长沮说："他应该知道渡口在哪儿。"子路又向桀溺打听，桀溺说："你是谁？"子路说："我是仲由。"桀溺说："是鲁国孔丘的学生吗？"子路回答说："是的。"桀溺就说："普天之下到处都像滔滔洪水一样混乱，和谁去改变这种状况呢？况且你与其跟从逃避坏人的人，还不如跟从逃避污浊尘世的人呢。"说完，还是不停地用土覆盖播下的种子。子路回来告诉了孔子。孔子怅然若失地说："人是不能和鸟兽合群共处的，我不和世人在一起又能和谁在一起呢？如果天下有道，我就不和你们一起来改变它了。"

【原文】

子路从而后，遇丈人，以杖荷蓧[①]。子路问曰："子见夫子乎？"丈人曰："四体不勤，五谷不分[②]，孰为夫子？"植其杖而芸[③]。子路拱而立。止子路宿，杀鸡为黍而食之，见其二子焉[④]。明日，子路行以告。子曰："隐者也。"使子路反见之，至，则行矣。子路曰："不仕无义。长幼之节，不可废也；君臣之义，如之何其废之？欲洁其身而乱大伦。君子之仕也，行其义也。道之不行，已知之矣。"

【注解】

①蓧：古代在田中除草的工具。②五谷：古书中有不同的说法，最普通的一种指稻、黍、

稷、麦、菽。稻麦是主要粮食作物；黍是黄米；稷是粟，一说是高粱；菽是豆类作物。③芸：通“耘”。④见其二子：使其二子出来见客。

子路遇丈人。

【译文】

子路跟随孔子落在后面，遇到一个老人，用手杖挑着除草用的工具。子路问道：“您看见我的老师了吗？”老人说：“四肢不劳动，五谷分不清。谁是你的老师呢？”说完，把手杖插在地上开始锄草。子路拱着手站在一边。老人便留子路到他家中住宿，杀鸡做饭给子路吃，还叫他的两个儿子出来相见。第二天，子路赶上了孔子，并把这事告诉了他。孔子说：“这是个隐士。”叫子路返回去再见他。子路到了那里，他已经出门了。子路说：“不出来做官是不义的。长幼之间的礼节，不可以废弃；君臣之间的道义，又怎么可以废弃呢？本想保持自身纯洁，却破坏了重大的伦理道德。君子出来做官，是为了实行君臣之义。至于我们的政治主张行不通，是早就知道的了。”

【原文】

逸民①：伯夷、叔齐、虞仲、夷逸、朱张、柳下惠、少连②。子曰：“不降其志，不辱其身，伯夷、叔齐与！”谓柳下惠、少连：“降志辱身矣，言中伦③，行中虑，其斯而已矣。”谓虞仲、夷逸：“隐居放言④，身中清⑤，废中权⑥。我则异于是，无可无不可。”

【注解】

①逸：同“佚”，散失、遗弃。②伯夷、叔齐、柳下惠皆见前。虞仲、夷逸、朱张、少连四人身世无从考，从文中意思看，当是没落贵族。③中：符合。④放言：放肆直言。⑤身中清：立身清白。清，清白。⑥废中权：弃官合乎权宜。废，放弃。权，权宜。

【译文】

隐居不做官的人有：伯夷、叔齐、虞仲、夷逸、朱张、柳下惠、少连。孔子说：“不降低自己的志向，不辱没自己的身份，就是伯夷和叔齐吧！”又说：“柳下惠、少连降低了自己的志向，辱没了自己的身份，但言语合乎伦理，行为经过考虑，也就是如此罢了。”又说：“虞仲、夷逸，避世隐居，放肆直言，立身清白，弃官合乎权宜。我就和他们不一样，没有什么可以，也没有什么不可以。”

【原文】

太师挚适齐[①]，亚饭干适楚[②]，三饭缭适蔡[③]，四饭缺适秦[④]，鼓方叔入于河[⑤]，播鼗武入于汉[⑥]，少师阳、击磬襄入于海[⑦]。

【注解】

①师挚：太师是鲁国乐官之长，挚是人名。适：往，到。②亚饭干：第二次吃饭时奏乐的乐师，名干。古代天子、诸侯吃饭时都要奏乐，所以乐师有亚饭、三饭、四饭之称。③缭：人名。④缺：人名。⑤鼓方叔：击鼓的乐师，名方叔。⑥播鼗武：播，摇。鼗，小鼓。武，摇小鼓者的名字。⑦少师阳：副乐官，名阳。击磬襄：敲磬的乐师，名襄。

【译文】

太师挚到齐国去了，亚饭乐师干到楚国去了，三饭乐师缭到蔡国去了，四饭乐师缺到秦国去了，打鼓乐师方叔进入黄河地区了，摇鼗鼓的乐师武进入汉水一带了，少师阳、敲磬的乐师襄到海滨去了。

【原文】

周公谓鲁公曰[①]："君子不施其亲[②]，不使大臣怨乎不以，故旧无大故则不弃也，无求备于一人。"

【注解】

①鲁公：指周公之子，鲁国始封之君伯禽。②施：通"弛"，废弃的意思。

【译文】

周公对鲁公说："一个有道的国君不疏远他的亲族；不使大臣怨恨没有被任用；故旧朋友如果没有大的过错，就不要抛弃他们；不要对一个人求全责备。"

【原文】

周有八士：伯达，伯适，仲突，仲忽，叔夜，叔夏，季随，季騧[①]。

【注解】

①此八人事迹不详。有人认为，周朝有位良母，她四胎生了八个双生子，都是有名的士，后来都当了大官。

【译文】

周朝有八个著名的士人：伯达、伯适、仲突、仲忽、叔夜、叔夏、季随、季騧。

子张篇

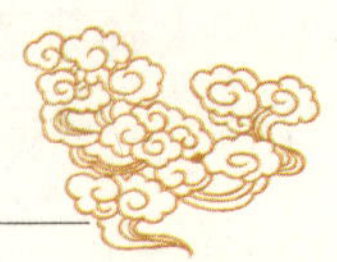

【原文】

子张曰："士见危致命，见得思义，祭思敬，丧思哀，其可已矣。"

【译文】

子张说："士人看见危险肯献出生命，看见有所得就想想是否合于义，祭祀时想到恭敬，服丧时想到悲痛，这也就可以了。"

士见危致命，见得思义。

【原文】

子张曰："执德不弘，信道不笃，焉能为有？焉能为亡？"

【译文】

子张说："执行德却不能弘扬它，信奉道却不笃定，这样的人可有可无。"

【原文】

子夏之门人问交于子张。子张曰："子夏云何？"对曰："子夏曰：'可者与之①，其不可者拒之。'"子张曰："异乎吾所闻：君子尊贤而容众，嘉善而矜不能。我之大贤与，于人何所不容？我之不贤与，人将拒我，如之何其拒人也？"

【注解】

①与："可者与之"的"与"是相与、交往的意思，后文两个"与"字是语气词。

【译文】

子夏的门人向子张请教怎样交朋友。子张说："子夏说了什么呢？"子夏的学生回答说："子夏说：'可以交往的就和他交往，不可以交往的就拒绝他。'"子张说："这和我所听到的不一样！君子尊敬贤人，也能够容纳众人，称赞好人，怜悯无能的人。

如果我是个很贤明的人，对别人有什么不能容纳的呢？如果我不贤明，别人将会拒绝我，我怎么能去拒绝别人呢？”

【原文】

子夏曰：“虽小道，必有可观者焉，致远恐泥①，是以君子不为也。”

【注解】

①泥：阻滞，不通，妨碍。

【译文】

子夏说：“即使是小技艺，也一定有可取之处，但它恐怕会妨碍从事远大的事业，所以君子不做这些事。”

【原文】

子夏曰：“日知其所亡，月无忘其所能，可谓好学也已矣。”

【译文】

子夏说：“每天知道自己以前所不知的，每月不忘记以前所已学会的，可以说是好学了。”

【原文】

子夏曰：“博学而笃志，切问而近思，仁在其中矣。”

【译文】

子夏说：“广泛地学习并且笃守自己的志向，恳切地提问并且常常思考眼前的事，仁就在这中间了。”

【原文】

子夏曰：“百工居肆以成其事，君子学以致其道。”

【译文】

子夏说：“各行各业的工匠在作坊里完成他们的工作，君子则通过学习来掌握道。”

【原文】

子夏曰：“小人之过也必文①。”

【注解】

①文：掩饰。

【译文】

子夏说："小人犯了错误一定会加以掩饰。"

【原文】

子夏曰："君子有三变：望之俨然[①]，即之也温[②]，听其言也厉。"

子夏论君子：望之俨然，即之也温，听其言也厉。

【注解】

①俨然：庄严的样子。②即：接近。

【译文】

子夏说："君子会使人感到有三种变化：远远望去庄严可畏，接近他时却温和可亲，听他说话则严厉不苟。"

【原文】

子夏曰："君子信而后劳其民，未信，则以为厉己也；信而后谏，未信，则以为谤己也。"

【译文】

子夏说："君子在得到民众的信任之后才去役劳他们，没有得到信任就去役劳，民众就会认为是在虐害他们。君子得到君主的信任之后才去进谏，没有得到信任就去进谏，君主就会以为是在诽谤自己。"

【原文】

子夏曰："大德不逾闲，小德出入可也。"

【译文】

子夏说："大的道德节操上不能逾越界限，在小节上有些出入是可以的。"

【原文】

子游曰："子夏之门人小子，当洒扫应对进退则可矣，抑末也[①]。本之则无，如之何？"

子夏闻之，曰："噫！言游过矣！君子之道，孰先传焉？孰后倦焉[②]？譬诸草木[③]，区以别矣。君子之道，焉可诬也？有始有卒者，其惟圣人乎！"

【注解】

①抑：连词，表示转折。这里是"可是"的意思。②倦：这里指教诲。③譬诸草木：譬

之于草木。草木有大小，比喻学问有深浅，应当分门别类，循序渐进。

【译文】

子游说："子夏的学生们，做洒水扫地、接待客人、趋进走退一类的事，是可以的，不过这些只是细枝末节的事。根本的学问却没有学到，这怎么行呢？"

子夏听到这话，说："咳！言游说错了！君子的学问，哪些先传授、哪些后传授，就好比草木一样，是区分为各种类别的。君子的学问，怎么能歪曲呢？有始有终地循序渐进，大概只有圣人吧！"

【原文】

子夏曰："仕而优则学，学而优则仕。"

【译文】

子夏说："做官仍有余力就去学习，学习成绩优异就去做官。"

【原文】

子游曰："丧致乎哀而止[①]。"

【注解】

①丧：居丧。止：足，可以。

【译文】

子游说："居丧充分表达了哀思也就可以了。"

【原文】

子游曰："吾友张也为难能也，然而未仁。"

【译文】

子游说："我的朋友子张是难能可贵的了，然而还没有达到仁的境界。"

【原文】

曾子曰："堂堂乎张也，难与并为仁矣。"

【译文】

曾子说："仪表堂堂的子张啊，很难和他一起做到仁。"

【原文】

曾子曰："吾闻诸夫子：人未有自致者也[①]。必也亲丧乎！"

【注解】

①致：到了极点。这里指人的真情全部表露出来。

【译文】

曾子说："我听老师说过，人不会自动地充分表露感情，如果有，一定是在父母死亡的时候吧！"

【原文】

曾子曰："吾闻诸夫子：孟庄子之孝也[1]，其他可能也，其不改父之臣与父之政，是难能也。"

【注解】

①孟庄子：名速，鲁国大夫，孟献子的儿子。

孟庄子之孝也，其他可能也，其不改父之臣与父之政，是难能也。

【译文】

曾子说："我听老师说过，孟庄子的孝，其他方面别人可以做到，而他不改换父亲的旧臣和父亲的政治措施，这是别人难以做到的。"

【原文】

孟氏使阳肤为士师[1]，问于曾子，曾子曰："上失其道，民散久矣。如得其情，则哀矜而勿喜。"

【注解】

①阳肤：曾子的弟子。

【译文】

孟氏让阳肤担任掌管刑罚的官，阳肤向曾子求教。曾子说："在上位的人丧失了正道，民心离散已经很久了。如果审案时审出真情，就应该悲哀怜悯而不要沾沾自喜！"

【原文】

子贡曰："纣之不善[1]，不如是之甚也。是以君子恶居下流，天下之恶皆归焉。"

【注解】

①纣：商朝最后一个君主，是有名的暴君。

【译文】

子贡说："商纣王的无道，不像现在流传的那么严重。所以君子忌讳身染污行，因为一沾污行，天下的坏事就都归集到他身上去了。"

【原文】

子贡曰："君子之过也，如日月之食焉：过也，人皆见之；更也，人皆仰之。"

【译文】

子贡说："君子的过失，就像日食和月食一样：有过错时，人人都看得见；他改正了，人人都仰望他。"

【原文】

卫公孙朝问于子贡曰[①]："仲尼焉学[②]？"子贡曰："文武之道，未坠于地，在人。贤者识其大者[③]，不贤者识其小者，莫不有文武之道焉。夫子焉不学？而亦何常师之有？"

【注解】

①公孙朝：卫国大夫。当时鲁、郑、楚三国也都有公孙朝。所以指明卫公孙朝。②焉：何处，哪里。③识：通"志"。《汉书·刘歆传》引作"志"。

【译文】

卫国的公孙朝向子贡问道："仲尼的学问是从哪里学的？"子贡说："周文王和周武王之道，并没有失传，还留存在人间。贤能的人掌握了其中重要部分，不贤能的人只记住了细枝末节。周文王和周武王之道是无处不在的，老师从哪儿不能学呢？而且又何必有固定的老师呢？"

【原文】

叔孙武叔语大夫于朝曰[①]："子贡贤于仲尼。"子服景伯以告子贡[②]。子贡曰："譬之宫墙，赐之墙也及肩，窥见室家之好。夫子之墙数仞，不得其门而入，不见宗庙之美、百官之富[③]。得其门者或寡矣。夫子之云，不亦宜乎！"

【注解】

①叔孙武叔：鲁国大夫，名州仇，"武"是他的谥号。②子服景伯：名何，鲁国的大夫。③官：这里指房舍。

【译文】

叔孙武叔在朝廷上对大夫们说："子贡比仲尼更强些。"子服景伯把这话告诉了子贡。子贡说："就用围墙做比喻吧，我家围墙只有齐肩高，从墙外可以看到里面房屋的美好。我老师的围墙有几仞高，找不到大门进去，就看不见里面宗庙的雄美、房屋的富丽。能够找到大门的人或许太少了。所以叔孙武叔先生那样说，不也是很自然的吗？"

【原文】

叔孙武叔毁仲尼。子贡曰："无以为也！仲尼不可毁也。他人之贤者，丘陵也，犹可逾也；仲尼，日月也，无得而逾焉。人虽欲自绝，其何伤于日月乎？多见其不知量也。"

叔孙武叔诋毁孔子，子贡为孔子抗议。

【译文】

叔孙武叔诋毁仲尼。子贡说："不要这样做！仲尼是不可诋毁的。他人的贤能，好比丘陵，还可以逾越；仲尼，就好比是日月，是无法逾越的。一个人即使想自绝于日月，对日月又有什么伤害呢？只显出他不自量力罢了。"

【原文】

陈子禽谓子贡曰："子为恭也，仲尼岂贤于子乎？"子贡曰："君子一言以为知①，一言以为不知，言不可不慎也。夫子之不可及也，犹天之不可阶而升也。夫子之得邦家者②，所谓立之斯立，道之斯行③，绥之斯来，动之斯和。其生也荣，其死也哀，如之何其可及也？"

【注解】

①知：通"智"。②邦：诸侯统治的地区。家：卿大夫统治的地区。③道：同"导"，引导，教化。

【译文】

陈子禽对子贡说："你太谦恭了，仲尼岂能比你更有才能？"子贡说："君子一句话可以表现出聪明，一句话也可以表现出不聪明，所以说话不可以不慎重。我的老师没人赶得上，就好像青天无法通过阶梯登上去一样。假如老师得到国家去治理的话，说要立于礼，百姓就立于礼；引导百姓，百姓就跟着实行；安抚百姓，百姓就会来归服；动员百姓，百姓就会勠力同心。他活着时荣耀，死了令人哀痛，别人怎么可能赶得上他呢？"

尧曰篇

【原文】

尧曰："咨①！尔舜！天之历数在尔躬，允执其中②。四海困穷，天禄永终。"舜亦以命禹。

曰："予小子履敢用玄牡③，敢昭告于皇皇后帝：有罪不敢赦，帝臣不蔽，简在帝心④。朕躬有罪，无以万方；万方有罪，罪在朕躬。"

周有大赉⑤，善人是富。"虽有周亲，不如仁人。百姓有过，在予一人⑥。"

谨权量⑦，审法度⑧，修废官，四方之政行焉。兴灭国，继绝世，举逸民，天下之民归心焉。

所重：民，食，丧，祭。

宽则得众，信则民任焉⑨，敏则有功，公则说。

【注解】

①咨：即"啧"，感叹词，表示赞美。②允：诚信。③履：商汤的名。④简：有两种解释：一、阅，计算，引申为明白的意思；二、选择。⑤赉：赏赐。⑥"虽有"四句：是周武王伐纣之辞。周亲，至亲。⑦权：秤锤，指量轻重的标准。量：斗斛，指量容积的标准。⑧法度：量长度的标准。⑨信则民任焉：汉行经无此五字，有人说是衍文。

【译文】

尧说："啧啧！你舜啊！按照上天安排的次序，帝位要落到你身上了，你要真诚地执守中正之道。如果天下的百姓贫困穷苦，上天给你的禄位也就永远终止了。"舜也这样告诫禹。

商汤说："我小子履谨用黑色的公牛作为祭品，明白地禀告光明伟大的天帝：有罪的人我不敢擅自赦免。您的臣仆的罪过我也不敢掩盖隐瞒，这是您心中知道的。我本人如果有罪，不要牵连天下万方；天下万方有罪，罪责就在我一个人身上。"

周朝实行大封赏，使善人都富贵起来。周武王说："虽然有至亲，也不如有仁人。百姓有罪过，罪过都在我一人身上。"

谨慎地检验并审定度量衡，恢复废弃了的职官，天下四方的政令就会通行了。复兴灭亡了的国家，承续已断绝的宗族，提拔被遗落的人才，天下的百姓就会诚心归服了。

所重视的是：民众，粮食，丧礼，祭祀。

宽厚就会得到众人的拥护，诚恳守信就会得到民众的信任，勤敏就能取得功绩，公正则大家心悦诚服。

【原文】

子张问于孔子曰："何如斯可以从政矣？"子曰："尊五美，屏四恶，斯可以从政矣。"子张曰："何谓五美？"子曰："君子惠而不费，劳而不怨，欲而不贪，泰而不骄①，威而不猛。"子张曰："何谓惠而不费？"子曰："因民之所利而利之，斯不亦惠而不费乎？择可劳而劳之，又谁怨？欲仁而得仁，又焉贪？君子无众寡，无小大，无敢慢，斯不亦泰而不骄乎？君子正其衣冠，尊其瞻视，俨然人望而畏之，斯不亦威而不猛乎？"子张曰："何谓四恶？"子曰："不教而杀谓之虐；不戒视成谓之暴；慢令致期谓之贼；犹之与人也②，出纳之吝谓之有司③。"

【注解】

①泰：安宁。②犹之与人：犹之，同样的意思。与，给予。犹之与人，同样是给人。③出纳：出和纳两个相反的意义连用，其中"纳"的意义虚化而只有"出"的意义。有司：古代管事者之称，职务卑微。

【译文】

子张向孔子问道："怎样才可以治理政事呢？"孔子说："推崇五种美德，摒弃四种恶政，这样就可以治理政事了。"子张说："什么是五种美德？"孔子说："君子使百姓得到好处却不破费，使百姓劳作却无怨言，有正当的欲望却不贪求，泰然自处却不骄傲，庄严有威仪而不凶猛。"子张说："怎样是使百姓得到好处却不破费呢？"孔子说："顺着百姓想要得到的利益就让他们能得到，这不就是使百姓得到好处却不破费吗？选择百姓可以劳作的时间去让他们劳作，谁又会有怨言呢？想要仁德而又得到了仁德，还贪求什么呢？无论人多人少，无论势力大小，君子都不怠慢，这不就是泰然自处却不骄傲吗？君子衣冠整洁，目不斜视，态度庄重，庄严的威仪让人望而生敬畏之情，这不就是庄严有威仪而不凶猛吗？"子张说："什么是四种恶政？"孔子说："不进行教化就杀戮叫作虐，不加申诫便强求别人做出成绩叫作暴，起先懈怠而又突然限期完成叫作贼，好比给人财物，出手吝啬叫作小家子气的官吏。"

【原文】

子曰："不知命，无以为君子也①；不知礼，无以立也；不知言②，无以知人也。"

【注解】

①无以："无所以"的省略。②知言：善于分析别人的言语，辨别其是非善恶。

【译文】

孔子说："不懂得天命，就没有可能成为君子；不懂得礼，就没有办法立身处世；不能分辨别人的言语，便不能了解别人。"

孟子

孟子

《孟子》一书虽然只有7篇34000余字。但是对中国社会、中国人有着极其深远的影响，而且早已是世界文化遗产的一部分。孟子不仅在哲学伦理上发展了孔子的思想，而且建立了以“民本”为基础的政治思想体系——“仁政”学说。

《孟子》

作者 孟子及其弟子

孟子名轲，是山东人，他的先祖是鲁国贵族，可后来家道衰微。孟子三岁丧父，母亲十分注重他的教育，“孟母三迁”“三断机杼”都成了中国人教子的成语典故。孟子成为孔子之后影响最大的一代大儒，被后世称为“亚圣”。

时代 战国

战国时期（公元前476年，一说前453年或前403年～前221年），简称战国，是中国历史上分裂对抗最严重且最持久的时代之一。这一时期各国混战不休，故被后世称为“战国”。伴随着私田制和铁器的广泛运用，社会新兴阶层的崛起，战国时期的中国从政治、经济、文化、科技上迎来变革的高峰，各国为了获取土地、财富、人口，不断开展兼并战争；辩士纵横捭阖，宿将战场争锋，杰出人物大量涌现。战国承春秋乱世，启帝秦发端，中续百家争鸣的文化潮流。孟子生活的战国时代，大国都致力于富国强兵，孟子的仁政学说被认为是迂远而不切实际。

内容

《孟子》共7篇：《梁惠王》上、下；《公孙丑》上、下；《滕文公》上、下；《离娄》上、下；《万章》上、下；《告子》上、下；《尽心》上、下。孟子从性善论的角度出发，主张“仁政”“王道”。《孟子》一书记述了孟子所从事的政治活动，阐发了他把孔子“仁”的思想发展成的“仁政”学说，并建立了以“性善论”为理论基础的养性、养气、养心的哲学论理。特别是他提出的“民为贵君为轻”的政治思想，像一把火炬，两千多年来在历史中闪耀着光辉。

孟子生平

孟子，名轲，字子舆，是鲁国贵族孟孙氏的后裔。约公元前372年，他诞生在邹国（今山东邹城一带），孟孙氏家族没落后迁居于此。孟子三岁时，父亲就死了，靠母亲织布维持生计。

孟子的家本来住在郊外靠近墓地的山边。孟母见儿子很喜欢模仿着玩丧礼、祭礼的游戏，便决定迁居到城里去居住。

迁到城里后，住在一个市场附近，孟子看到商贩们做生意，又玩起了讨价还价的游戏。

孟母又把家迁到一个学堂附近，孟子就跟着读书人学习起礼仪来。

孟子八岁时，孟母省吃俭用将他送进学堂，但孟子起初学习并不努力，不能坚持用功。孟母看到这种情况，愤然用剪刀剪断织布机上的布，对孟子说：“你读书没有恒心，半途而废，和这又有什么差别呢！”孟子从此刻苦攻读。

孟子年岁稍长，便到鲁国去游学，到了鲁国的国都曲阜。这时，孔子的孙子子思已经去世了，孟子便受教于子思的门人。他日夜攻读，学业迅速长进，他决心继承孔子的学说并发扬光大。

邹穆公听说孟子贤能，便请他回国，但不久孟子便发现邹穆公并不采纳他的建议，于是率领门人离开邹国，周游列国，向诸侯游说实现王道和仁政的理想。

孟子首先到了齐国。齐威王虽将孟子待为上宾，并拜他为卿，却不给他实权。孟子感到在齐国难以施展他的政治抱负，便辞去官职。齐威王再三挽留，并赠以黄金百镒，被孟子婉拒。

之后孟子先后到过宋国、梁国、滕国，又返回到齐国，但都未能实现自己的政治理想。公元前 311 年，孟子结束了十年游说诸侯的生活，回到邹国，专心著述，阐扬孔子的学说。公元前 289 年，孟子去世，终年 84 岁。他的学说对后世儒学影响极大，被公认为孔子学说的继承者，尊为“亚圣”。

孟子的思想及其政治主张

孟子根据战国时期的经验，总结各国治乱兴亡的规律，提出一个富有民主性的著名命题：“民为贵，社稷次之，君为轻。”认为君主应以爱护人民为先，要保障人民权利。主张保国爱民、礼贤下士，提出要让人民有基本的生活保障，还要为民制产，藏富于民。而且人民有权决定君主的名义与地位。孟子这一思想在中国思想界是破天荒的。《孟子》所阐述的要勇于担当道义的思想造就了许许多多富贵不淫、威武不屈、贫贱不移的大丈夫。

孟子的思想和政治主张可以总结为以下四大要点：

1. 提出以民为本的思想，主张仁政，人民是可贵的，国家社稷应该是为人民的，君主所作所为应该是为了国家社稷和人民的。孟子的这一思想在中国历史上影响极为深远，有民主思想的思想家们都从这里得到理论的支持，而坚持专制的统治者如朱元璋则痛恨孟子的学说。

2. “道性善”。孟子解析心的内容为四端，即“恻隐之心”“羞恶之心”“辞让之心”“是非之心”这仁、义、礼、智“四端”。证明人性的本善，这为儒家的人文主义思想奠定了基础。孟子以“心”论“性”，宋代的陆九渊、明代的王阳明就是在孟子论心、论性的基础上发展出了“心即理”的心学理论。

3. “明浩然之气”。孟子提出了一整套锻炼、修养、成就人格的学说，为两千多年以来，有志于成就事业的人指出了下功夫的途径，并鼓舞了无数的志士仁人去克服困难，建功立业。

4. “黜五霸而尊三王”。孟子继承孔子学说和先圣先王的道统，发扬周公“制礼作乐”的精神，他提出“辟杨、墨”。孟子提出了一整套做人做事和社会生活的价值判断标准，他强调义利之辨、人兽之辨和取予之道，为中华民族建立礼乐型的教化系统做出了贡献。

梁惠王章句上

本篇主要记载了孟子与梁惠王、梁襄王和齐宣王的谈话，集中体现了孟子的仁政思想。针对战国时代战乱频繁、人民生活动荡不安的现状，孟子明确提出了自己的政治主张，即用仁义来对抗暴力。孟子极力主张仁义，反复论述了道德力量的强大，认为实行仁义之政，必定能得到本国乃至各国人民的拥护，这样也就必然会无敌于天下。基于此，他反对诸侯间为谋取私利而进行的战争，对统治者率兽食人的暴虐政治给予了直言不讳的抨击。强调了人民的重要性，指出只要统治者不嗜杀人，就能争取到民心，并进而统一天下。他还提出了一套具体的仁政方略，即让人民拥有五亩之宅和百亩之田的"恒产"，保障人民的基本生活，在此基础上对人民进行礼义道德教育，提高人民的向善之心，通过这样的措施来感化天下的百姓，从而达到统一天下的目的。这是孟子的政治蓝图，具有浓郁的人道主义色彩，虽然难以被当时力求富国强兵的诸侯所接受，但对后世儒家政治思想的影响是非常深远的。

【原文】

孟子见梁惠王①。王曰："叟②，不远千里而来，亦将有以利吾国乎？"孟子对曰："王何必曰利？亦有仁义而已矣③。

"王曰，何以利吾国，大夫曰④，何以利吾家，士庶人曰⑤，何以利吾身，上下交征利⑥，而国危矣。

"万乘之国⑦，弑其君者⑧，必千乘之家⑨；千乘之国，弑其君者，必百乘之家。万取千焉，千取百焉，不为不多矣。苟为后义而先利⑩，不夺不餍⑪。

"未有仁而遗其亲者也，未有义而后其君者也。王亦曰仁义而已矣，何必曰利？"

【注解】

①子：对人的一种尊称，和现在称"先生"差不多。梁惠王：即魏惠王，名䓨，公元前（下面一律简称前）370年即位，前334年死。魏与韩、赵三家春秋时本是晋国的大夫，后来逐渐吞灭晋国其他世族，三分晋国，到前403年，东周威烈王正式承认他们为诸侯，史书多是把这一年作为战国时代的开始。魏惠王因避秦兵威胁，从安邑（今山西安邑）迁都大梁（今河南开封），所以魏国又称梁国。王本是天子的称号，但随着周室衰微，战国时，魏、齐、秦、韩、赵、燕、楚也都称王。②叟：年老的男人，这里是对长者的尊称。③仁义：仁，爱，重在思

想；义，宜（指应做的事），重在行为。④大夫：周代官制分卿、大夫、士三个等级。⑤庶人：古时候称小官吏为庶人。⑥上下：指从王到庶人。交：互相。征：取，求。⑦万乘之国：古代兵车一辆称一乘，国家的大小强弱可以根据拥有兵车的数量来衡量。万乘之国，指能出兵车万乘的国家。⑧弑：古代臣杀君、子女杀父母叫弑。⑨千乘之家：古代卿大夫大都有一定的封邑，这种卿大夫统治的封邑称为家。有封邑当然也有兵车。卿大夫的封邑大，可以出兵车千乘；卿大夫的封邑小，可以出兵车百乘。⑩苟为：如果真是。⑪夺：篡夺。餍：满足。

【译文】

孟子谒见梁惠王。惠王说："老先生，不远千里而来，也将有什么有利于我国吗？"孟子回答道："大王何必讲利？有仁义也就够了。

"大王说有什么有利于我国，大夫们说有什么有利于我家，士和庶人们说有什么有利于我自身，（这样）上下交相追逐私利，那么，国家就危险了。

孟子见梁惠王。

"能出兵车万乘的国家，谋杀那个国家的君主的，必然是能出兵车千乘的卿大夫之家；能出兵车千乘的国家，谋杀那个国家的君主的，必然是能出兵车百乘的卿大夫之家。（卿大夫）在拥有万乘兵车的国家中获得兵车千乘，在拥有千乘兵车的国家中获得兵车百乘，不能说是不多了。假如真个是轻义而重私利，那就非闹到篡夺君位的地步是不能满足的。

"从来没有讲'仁'的人会遗弃他的双亲的，从来没有讲'义'的人而对他的君主有所怠慢的。大王您也只要讲仁义就够了，何必讲利呢？"

【原文】

孟子见梁惠王，王立于沼上[①]，顾鸿雁麋鹿[②]，曰："贤者亦乐此乎？"孟子对曰："贤者而后乐此，不贤者虽有此不乐也。《诗》云[③]：'经始灵台[④]，经之营之[⑤]，庶民攻之[⑥]，不日成之。经始勿亟[⑦]，庶民子来。王在灵囿[⑧]，麀鹿攸伏[⑨]，麀鹿濯濯[⑩]，白鸟鹤鹤[⑪]。王在灵沼，於牣鱼跃[⑫]。'文王以民力为台为沼，而民欢乐之，谓其台曰'灵台'，谓其沼曰'灵沼'，乐其有麋鹿鱼鳖。古之人与民偕乐，故能乐也。

"《汤誓》曰[⑬]：'时日害丧，予及女皆亡[⑭]。'民欲与之偕亡，虽有台池鸟兽，岂能独乐哉？"

【注解】

①沼：水池。②顾：望着。③《诗》云：《诗》指《诗经》。下面的十二句诗，引自颂扬周文王建造灵台，享受苑囿钟鼓之乐的《大雅·灵台》诗。④经：测量。灵台：台名，故址在今陕西西安西北。旧说文王所造，由于百姓的共同建造，很快落成，如有神帮助，所以叫灵台（下“灵囿”“灵沼”同）。⑤营：筹划。⑥庶民：众民。攻：建造。⑦亟：急。“勿亟”是说文王不加督促。⑧囿：古代帝王豢养禽兽、种植花木的园林。⑨麀鹿：母鹿。攸：在上古文献里同“所”。“攸伏”是说（母鹿）安于它原来所在的地方，没有被惊动。⑩濯濯：肥大而毛有光泽的样子。⑪鹤鹤：《诗经》作翯翯，羽毛洁白的样子。⑫於：感叹词。牣：充满。这句是赞叹鱼儿充满水池，蹦蹦跳跳。⑬《汤誓》：《尚书》篇名，是伊尹辅佐商汤伐夏桀时的誓词。⑭“时日”两句：时：是，这个。害：同“曷”，何时。丧：灭亡。夏朝的暴君桀曾说过：“我有天下，就如同天上有太阳一样；太阳毁灭了，我才会灭亡呢。”老百姓对他的暴虐怨恨到了极点，所以冲着他说：“这个太阳什么时候毁灭呢？要是它会毁灭，那我们即使跟它一块儿灭亡也在所不惜。”

【译文】

孟子谒见梁惠王，惠王站在池塘边，望着（那些）鸿雁麋鹿，（问孟子）说：“贤德的人也喜欢享受这些东西吗？”孟子回答说：“是贤德的人然后才能享受到这些东西，不是贤德的人，尽管拥有这些东西也享受不到。《诗经》里面说：‘开始筹建灵台，又是测量又是筹划。百姓齐来建造它，不几天便落成。动工不用多督促，百姓都如子女自动来。文王偶来游灵囿，母鹿伏地自悠悠。母鹿肥大毛色润，白鸟素洁世无俦！文王来到灵沼旁，啊！满池鱼儿蹦得欢！’文王用百姓的劳力建台开池，百姓却欢欢喜喜，称他的台为‘灵台’，称他的沼为‘灵沼’，为他能享受到麋鹿鱼鳖的奉养而感到快乐。古时的贤者能够与民同乐，所以能得到快乐。

“《尚书》里的《汤誓》（载着百姓诅咒暴君夏桀的话）说：‘这个太阳何时灭亡呢？我宁愿跟你一同灭亡。’百姓要跟他一同灭亡，那他即使有台池鸟兽，难道能够独自享受吗？”

【原文】

梁惠王曰：“寡人之于国也，尽心焉耳矣[①]！河内凶，则移其民于河东[②]，移其粟于河内；河东凶亦然[③]。察邻国之政，无如寡人之用心者。邻国之民不加少，寡人之民不加多[④]，何也？”

孟子对曰：“王好战，请以战喻：填然鼓之[⑤]，兵刃既接，弃甲曳兵而走[⑥]，或百步而后止，或五十步而后止，以五十步笑百步，则何如[⑦]？”

曰：“不可；直不百步耳[⑧]，是亦走也。”

曰：“王如知此，则无望民之多于邻国也。不违农时，谷不可胜食也；数罟不入洿池[⑨]，鱼鳖不可胜食也；斧斤以时入山林[⑩]，材木不可胜用也。谷与鱼鳖不可胜食，材木不可胜用，是使民养生丧死无憾也[⑪]。养生丧死无憾，王道之始也[12]。

“五亩之宅，树之以桑，五十者可以衣帛矣[13]；鸡豚狗彘之畜，无失其时[14]，七十者可以食肉矣；百亩之田，勿夺其时，数口之家，可以无饥矣；谨庠序之教[15]，申之以孝悌之义[16]，颁白者不负戴于道路矣[17]。七十者衣帛食肉，黎民不饥不寒；然而不王者[18]，未之有也[19]。

“狗彘食人食而不知检[20]，涂有饿莩而不知发[21]；人死，则曰：‘非我也，岁也。’是何异于刺人而杀之，曰：‘非我也，兵也。’王无罪岁，斯天下之民至焉。”

【注解】

①“寡人”两句：寡人：古时王侯自我的谦称。焉耳矣：三个语气词叠用，在于加重语气，表示恳切的情感。②“河内凶”两句：河内：魏地，在今河南济源一带。凶：发生灾荒。河东：也是魏地，在今山西安邑一带。③亦然：也是这样做。④加：在这里作“更”字解。⑤填然：鼓声咚咚的样子。鼓：击鼓，名词动用。之：语气词，没有实际意义。古时击鼓进兵，鸣金退兵。⑥“兵刃”两句：兵：兵器。既：已经。曳：拖着。走：奔逃。⑦何如：怎么样。⑧直：只是。耳：语气词，表限止，有“罢了”的意思。⑨数：密。罟：网。洿：低洼的地方。⑩斤：斧。时：指草木零落的季节。⑪养生：养活生者。丧死：安葬死者。憾：恨。⑫王道：指古代政治哲学中君主以仁义治天下，以德政安抚臣民的政策，与凭借武力、刑法、权势等进行统治的霸道是对立的。⑬衣：穿，名词动用。帛：丝织品的总称。⑭“鸡豚”两句：豚：小猪。彘：猪。畜：牲畜。时：指交配、繁殖和饲养的适当时机。⑮谨：认真办好。庠序：古代乡学，商代叫序，周代叫庠，这里泛指学校。⑯申：反复陈述。孝悌：尽心侍奉父母为孝，敬爱兄长为悌。⑰颁白：同“斑白”，头发花白。负戴：负是背东西，戴是用头顶东西。⑱王：使天下归服，名词动用。⑲未之有也：是“未有之也”的倒装。⑳检：制约。㉑涂：同“途”，路上。莩：同“殍”，饿死的人。发：指发放仓里的存粮以赈救饥民。

【译文】

梁惠王说：“我对于治理国家，（真是）尽心竭力了呀！河内发生了灾荒，就将那里的灾民移往河东，将河东的粮食运送到河内。当河东发生了灾荒时，我也是这样做。看看邻国的君主办理政事，没有一个像我这样尽心的。可是，邻国的人民并不见减少，而我的人

五亩之宅，树之以桑，五十者可以衣帛矣。

民并不见增多，这是什么缘故呢？”

孟子回答道：“大王您喜欢打仗，就让我拿战争来打比方吧。战鼓冬冬地敲响了，兵刃已经相接，（打了败仗的）就丢下盔甲，拖着武器，狼狈逃窜，有的逃了上百步停下来，有的逃了五十步住了脚，逃了五十步的拿自己只逃了五十来步这点去讥笑逃了上百步的（胆子小），（您觉得）怎么样呢？”

梁惠王说：“不行；只不过没有跑到百步罢了，可这也是逃跑呀。”

孟子说：“大王您既然懂得了这个道理，就不必去巴望您国家的人民比邻国增多啦。（治理国家的人）只要不去剥夺农民耕种的时间，那粮食就会吃不尽；不拿过于细密的渔网到池塘中去捞鱼，那鱼类水产便吃不完；砍伐林木有一定的时间，那木材便用不尽。粮食和鱼类水产吃不完，木材用不尽，这样便使老百姓供养生人、安葬死者都不感到有什么不满。老百姓对养生送死没有什么不满，这便是王道的开端。

“五亩大的宅园，种上桑树，上了五十岁的人就可以穿上丝绵袄了；鸡和猪狗一类家畜，不耽误它们饲养繁殖的时间，上了七十岁的人就可以有肉吃了。一家人百亩的耕地，农事不失其时，几口人的家庭就不会挨饿。认真地搞好学校教育，反复地阐明孝顺父母、敬爱兄长的重要意义，须发花白的老人们就不再会肩背着、头顶着（重物件）出现在道路上了。七十岁上的人有丝绵衣穿、有肉吃，一般老百姓饿不着、冻不着，这样还不能使天下归服，是从来不曾有过的事。

“（现在）猪狗一类家畜吃着人吃的粮食却不知道设法制止，路上出现了饿死的人却不知道开仓赈济饥民。老百姓死了，却说：‘（致他们于死的）不是我，是凶年饥岁。’这和拿刀把人刺杀，却说‘杀人的不是我，是兵器’有什么不同呢？大王您要是能够不归罪于凶年饥岁，这样，普天之下的老百姓便会涌向您这儿来了。”

【原文】

梁惠王曰：“寡人愿安承教[①]。”

孟子对曰：“杀人以梃与刃[②]，有以异乎？”

曰：“无以异也。”

“以刃与政，有以异乎？”

曰：“无以异也。”

始作俑者，其无后乎！

曰：“庖有肥肉[③]，厩有肥马[④]，民有饥色，野有饿莩，此率兽而食人也。兽相食，且人恶之[⑤]；为民父母行政，不免于率兽而食人，恶在其为民父母也[⑥]？仲尼曰：‘始作俑者，其无后乎！’为其象人而用之也。如之何其使斯民饥而死也？”

【注解】

①安：安心乐意，作动词“承”的状语。承：接受。②梃：棍棒。③庖：厨房。④厩：马棚，也泛指牲口棚。⑤且：尚且，作副词用。恶：讨厌。⑥恶：同“乌”，疑问代词。恶在，与“何在”相似。

【译文】

梁惠王（对孟子）说：“我乐意接受您的教导。”

孟子回答道：“用棍棒和用刀子杀害人，有什么不同吗？”

惠王说：“没有什么不同。”

（孟子紧接着问道：）“用刀子和用政治杀害人有什么不同吗？”

惠王说：“没有什么不同。”

孟子说：“厨房里摆着肥美的肉食，马栏里关着膘肥体壮的马匹，老百姓却面有饥色，田野上横陈着饿死者的尸体，这无异于赶着兽类去吃人。兽类自相残食，人们尚且憎恶它们这种行为；那些号称为民父母的执政者，办理政事时，不免干出类似驱赶兽类去吃人的勾当来，那么，他们作为人民父母的意义又在哪里呢？孔仲尼说过一句这样的话：‘第一个制作殉葬用的木（土）偶的人，该会没有后代留下吧！’（孔子对这个为什么要深恶痛绝呢？）就因为用了像人形貌的木（土）偶去殉葬。（照这样看来，办理政事的人）又怎么可以使这些老百姓饥饿至死呢？”

【原文】

梁惠王曰：“晋国[①]，天下莫强焉[②]，叟之所知也。及寡人之身，东败于齐，长子死焉[③]；西丧地于秦七百里[④]；南辱于楚[⑤]。寡人耻之，愿比死者一洒之[⑥]。如之何则可？”

孟子对曰：“地方百里而可以王[⑦]。王如施仁政于民，省刑罚，薄税敛，深耕易耨[⑧]；壮者以暇日修其孝悌忠信，入以事其父兄，出以事其长上，可使制梃以挞秦楚之坚甲利兵矣[⑨]。

“彼夺其民时，使不得耕耨以养其父母，父母冻饿，兄弟妻子离散。彼陷溺其民[⑩]，王往而征之，夫谁与王敌？故曰：‘仁者无敌。’王请勿疑！”

【注解】

①晋国：即魏国。这里梁惠王称自己的国家为晋国，据记载当时的魏人周霄也自称晋国，又据1957年在安徽寿县出土的《鄂君启金节铭文》，当时的楚国也称魏国为晋国。②莫：无指代词，这里代国家，“没有国家”之意。③东败于齐，长子死焉：公元前341年，魏攻韩，韩向齐求救，齐乃命田忌为将、孙膑为军师伐魏救韩。魏惠王则派太子申、庞涓为将迎战。孙膑采用减灶法引诱魏军追击至马陵狭道伏击。魏军大败，庞涓自杀，太子申被俘，魏

国从此由盛转衰。梁惠王这里说的便是那次战役。④ 西丧地于秦七百里：马陵之役后，秦国屡次打败魏国，迫使魏国献出河西之地和上郡的十五个县城。⑤ 南辱于楚：公元前 324 年，魏被楚将昭阳击败于襄陵，魏国失去八邑。⑥ 比：为，代。一：全部。洒：即洗，“洒”字与“洗”字古时通用，洗雪。⑦ 地方百里：“地方”不能连读，因为不是一词。古代以“方”指土地面积，“方百里”指纵横百里的小国。⑧ 易耨：易，副词，有迅速的意思。耨，耘田除草。⑨ 挞：用鞭子或是棍子打人。⑩ 陷溺：坑害、暴虐的意思。

【译文】

梁惠王（对孟子）说：“晋（魏）国的强大，当今世上没有哪个国家比得上，这是您老人家所知道的。但到了我继承王位，东面被齐国打败，连我的大儿子也送了命；西面丧失土地七百余里给秦国；南面又被楚国所折辱。我对此深以为耻，愿意替那些为国牺牲的人彻底雪耻报仇。要怎么办才可以（做到）呢？”

孟子曰：仁者无敌。

孟子答道：“只要有百里见方的土地就可以使天下归服，（何况魏国是个大国呢？）大王您如果能够对人民实施仁政，废除严刑峻法，减免苛捐杂税，督促人民深耕土地，速除杂草；壮年者在农闲的日子讲求孝顺父母、敬爱兄长、为人办事尽心竭力和待人诚实的道理，在家里侍奉父兄，出外则侍奉长辈和上级，这样便可以使他们哪怕是制造木棒也足以打败秦、楚身披坚厚的铁甲、手执锐利的兵器的军队了。

“（秦、楚等）那些国家剥夺人民的耕种时间，使他们不能从事农耕来养活他们的父母，以至于父母受冻挨饿，兄弟、妻子和孩子流离失散。他们陷人民于水深火热之中，大王您派军队前往讨伐他们，又有谁跟您对敌呢？所以有句老话说：‘仁德的人是无敌于天下的。’大王对这点就不要再怀疑了！”

【原文】

孟子见梁襄王[①]，出，语人曰[②]：“望之不似人君，就之而不见所畏焉[③]。卒然问曰[④]：‘天下恶乎定？’吾对曰：‘定于一。’

“‘孰能一之？’

“对曰：‘不嗜杀人者能一之。’

“孰能与之[⑤]？’

“对曰：‘天下莫不与也。王知夫苗乎[⑥]？七八月之间旱[⑦]，则苗槁矣。天油然作云，沛然下雨，则苗浡然兴之矣[⑧]。其如是，孰能御之？今夫天下之人牧[⑨]，未有不嗜杀人者也。如有不嗜杀人者，则天下之民皆引领而望之矣[⑩]。诚如是也，民归之，由水之就下，沛然谁能御之[⑪]？’”

【注解】

①襄王：惠王的儿子。②语：告诉。③就：靠近。所畏：可敬畏的地方。“所”字后跟他动词（或叫及物动词）“畏”字，组成“所字结构”，相当于一个名词，做动词“见”的宾语。④卒然：突然，出乎意料。⑤与：有服从或归附的意思。⑥夫：语助词。苗：禾苗。⑦七八月：这里指周朝的历法，周历七八月，即夏历的五六月。⑧浡然：蓬蓬勃勃生长的样子。兴：生长。之：语气词，无实际意义，只起调整音节的作用；凡是跟在自动词（或叫不及物动词）后面的“之”字多是属于此类。⑨人牧：牧养百姓的人，指人君。⑩引领：伸长脖子。⑪“由水”两句：由：通“犹”，好像。这里的“沛然”，有水流迅疾、势不可挡的意思，与上面“沛然下雨”的“沛然”含意略有出入。

孟子见梁襄王。

【译文】

孟子见梁襄王，出来之后，告诉他人说：“远远望上去不像个国君的样子，走近他前面却又看不到有什么使人敬畏的地方。（见了我后）突然问道：‘天下要怎样才能安定呢？’我回答说：‘天下安定在于统一。’

（他紧接着又问道：）‘谁能统一天下呢？’

我对他说：‘不喜欢杀人的国君就能统一天下。’

（他又问：）‘谁会归附他呢？’

我又回答：‘天下没有不归附他的。大王您知道禾苗生长的情况吗？当七八月（也即农历五六月）间一发生干旱，禾苗就要枯槁了。一旦天上乌云翻滚，大雨倾盆，禾苗便又蓬蓬勃勃地长势喜人了。要是像这样，谁能阻挡它（生长）呢！现在世上那些做国君的人，没有不喜欢杀人的。如果有不喜欢杀人的，天下的老百姓，就都会伸长脖子巴望他来解救自己了。假如真是这样，那么，老百姓归附他，就好比水向低处流，奔腾澎湃，有谁能阻挡得了它们呢！’”

【原文】

齐宣王问曰[①]："齐桓、晋文之事[②]，可得闻乎？"

孟子对曰："仲尼之徒，无道桓文之事者，是以后世无传焉，臣未之闻也。无以[③]，则王乎？"

曰："德何如则可以王矣？"

曰："保民而王，莫之能御也。"

曰："若寡人者，可以保民乎哉？"

曰："可。"

曰："何由知吾可也？"

曰："臣闻之胡龁曰[④]，王坐于堂上，有牵牛而过堂下者，王见之，曰：'牛何之？'对曰：'将以衅钟[⑤]。'王曰：'舍之！吾不忍其觳觫[⑥]，若无罪而就死地。'对曰：'然则废衅钟与？'曰：'何可废也？以羊易之！'不识有诸[⑦]？"

曰："有之。"

曰："是心足以王矣。百姓皆以王为爱也，臣固知王之不忍也。"

王曰："然，诚有百姓者，齐国虽褊小[⑧]，吾何爱一牛？即不忍其觳觫，若无罪而就死地，故以羊易之也。"

曰："王无异于百姓之以王为爱也。以小易大，彼恶知之？王若隐其无罪而就死地[⑨]，则牛羊何择焉？"

王笑曰："是诚何心哉？我非爱其财而易之以羊也，宜乎百姓之谓我爱也。"

曰："无伤也，是乃仁术也[⑩]，见牛未见羊也。君子之于禽兽也，见其生，不忍见其死；闻其声，不忍食其肉。是以君子远庖厨也[⑪]。"

齐宣王问孟子。

王说曰[⑫]："《诗》云：'他人有心，予忖度之[⑬]。'夫子之谓也[⑭]。夫我乃行之，反而求之，不得吾心。夫子言之，于我心有戚戚焉[⑮]。此心之所以合于王者何也？"

曰："有复于王者曰[⑯]：'吾力足以举百钧[⑰]，而不足以举一羽；明足以察秋毫之末[⑱]，而不见舆薪[⑲]。'则王许之乎？"

曰:“否。”

“今恩足以及禽兽，而功不至于百姓者，独何与?然则一羽之不举，为不用力焉;舆薪之不见，为不用明焉;百姓之不见保，为不用恩焉。故王之不王，不为也，非不能也。”

曰:“不为者与不能者之形何以异?”

曰:“挟太山以超北海⑳，语人曰:‘我不能。’是诚不能也。为长者折枝㉑，语人曰:‘我不能。’是不为也，非不能也。故王之不王，非挟太山以超北海之类也;王之不王，是折枝之类也。

【注解】

①齐宣王：姓田，名辟疆，齐威王的儿子，在位十八年。据推测，孟子在见了梁襄王之后便离开魏国到了齐国，这时齐宣王即位不过两年。②齐桓、晋文：齐桓公，姓姜，名小白；晋文公，姓姬，名重耳。他们先后称霸于春秋时代。③以：通“已”。无以，犹言“如果一定要说下去”。④胡龁：齐宣王左右的近臣。⑤衅钟：衅，是古代血祭新制的器物衅的一种仪式。衅钟就是宰杀牲口，血祭新铸成的钟的仪式。⑥觳觫：因恐惧而浑身发抖。⑦诸：“之乎”二字的合音。⑧褊：狭小。⑨隐：哀怜之义。⑩“无伤”两句：无伤：不妨事，没有关系。仁术：行仁政的方法。⑪远：使远离。⑫说：通“悦”，高兴。⑬“他人”两句：这两句诗引自《诗经·小雅·巧言》。忖度：推测，揣想。⑭夫子：古代对人的敬称，和称先生、长者差不多，后沿用为对老师的专称。⑮戚戚：心动的样子；由于切合本意而感到心动。⑯覆：禀白，报告。⑰钧：古代三十斤为一钧。⑱秋毫之末：鸟兽到秋天换毛，新长的毛细，尖端尤其锐小，叫作秋毫。秋毫之末，比喻极细微的东西。⑲舆薪：车子装满木柴。⑳挟：用腋夹着东西。太山：即泰山。超：跳过。北海：即渤海。㉑折枝：古来有三种解释，一说折取树枝，一说弯腰行礼，一说按摩肢体，这里取第一种解释。

【译文】

齐宣王问(孟子)道:“(您先生可以把)春秋时齐桓公和晋文公称霸于诸侯的事迹讲给我听听吗?”

孟子回答说:“孔子的学生们没有谈到齐桓公和晋文公的事迹的，所以后世不曾传下来，我没有听说过。如果一定要我说下去，就谈谈(君主以仁义治天下，以德政安抚臣民)使天下归服的王道好吗?”

齐宣王问道:“要具备怎样的道德才能够使天下归服呢?”

孟子答道:“通过护育百姓(让他们安居乐业)的方法使天下归服，那是没有谁能阻挡得了的。”

齐宣王又问:“像我这样的人，可以护育百姓吗?”

孟子答道:“可以。”

齐宣王又问:“您怎么知道我可以呢?”

孟子回答说:“我听您的近臣胡龁说，有一次大王坐在堂上，有个牵着牛走过堂下的人，您问他道：‘牵牛上哪儿去？’那人答道：‘要把它杀了去祭钟。’您说：‘放掉它吧！我实在不忍心看它吓得发抖的样子，没有罪过却被往死里送。’那个人回问道：‘那么，就废止祭钟的仪式吗？’您说：‘怎么可以废止呢？拿只羊去换吧！’不知有没有这回事？”

齐宣王说：“有这回事。”

孟子说：“有这样的好心就足以（施行王道）使天下归服了。百姓都以为大王是吝啬，我本来就知道您是于心不忍哩。”

齐宣王说：“对，假如真个是像百姓所想的，齐国地方虽不大，我怎么会舍不得一头牛呢？就是因为不忍心看到它吓得发抖，这样毫无罪过却要往死里送，所以才用羊去换它。”

孟子说：“百姓以为您吝啬，大王也不必奇怪。拿小小的羊去换下头大牛来，他们又怎么知道您的用意呢？您要是哀怜牲畜没有罪过却往死地里送，那么在牛羊两者之中又有什么区别呢？”

齐宣王不禁发笑道：“这真个是什么心理呢？我并不是吝惜钱财才拿只羊去替换它（牛），（您这么一说）百姓要说我吝啬是理所当然的了。”

孟子说：“（百姓这样误解）没有关系，（王这种不忍之心）正是仁爱之道，因为你只见到牛而没有见到羊。一个有仁爱之心的人对于那些家禽家畜，看见它们活着，就不忍心看到它们死去；听到它们悲鸣哀嚎，便不忍心吃它们的肉。因此君子总是要把厨房安排在远离自己的地方。”

齐宣王听了高兴地说：“《诗经》里面讲过：‘别人有想法，我能猜中它。’说的就是夫子这样的人。我自己做了这件事，回过头来反问自己（为什么要这样做），却说不出所以然来。经您老先生这样一讲，我心里感到有些触动了。这种心理为什么就能与王道相合呢？”

孟子说：“有人向大王禀告道：‘我的力气能够举起三千斤重的东西，却拿不起一根羽毛；（我的）视力能够看清秋天里刚换过的兽毛的末梢，却看不见一大车木柴。’那么，您大王会相信他这种说法吗？”

齐宣王说：“不会。”

孟子（马上接着）说：“现在您大王一片仁心使禽兽沾恩，却不能使百姓得到好处，这是什么原因呢？这样看来，一根羽毛拿不起来，是因为不愿用手力；一车木柴看不见，是因为不愿用目力；百姓不被爱护，是因为不愿广施恩泽。所以大王的不能（通过行王道）使天下归服，是不肯做，并不是不能做。”

齐宣王问道：“不肯做和不能做从现象上说来有什么不同？”

孟子说：“要一个人将泰山挟在腋下跳过渤海，他告诉别人说：‘我不能做。’这的确是不能做。叫一个人替年迈力衰的长辈折取树枝，他告诉别人说：‘我不能做。’这是不肯做，不是不能做。所以大王的不能（通过行王道）使天下归服，不是属于将泰山挟在腋下跳过渤海一类事情；大王的不能（通过行王道）使天下归服，是属于替年迈力衰的长辈折取树枝一类的事情。

【原文】

“老吾老，以及人之老；幼吾幼，以及人之幼①，天下可运于掌。《诗》云：‘刑于寡妻，至于兄弟，以御于家邦②。’言举斯心加诸彼而已。故推恩足以保四海，不推恩无以保妻子。古之人所以大过人者，无他焉，善推其所为而已矣。今恩足以及禽兽，而功不至于百姓者，独何与？

老吾老，以及人之老。

“权③，然后知轻重；度④，然后知长短。物皆然，心为甚⑤。王请度之⑥！

“抑王兴甲兵，危士臣，构怨于诸侯，然后快于心与？”

王曰：“否，吾何快于是？将以求吾所大欲也。”

曰：“王之所大欲，可得闻与？”

王笑而不言。

曰：“为肥甘不足于口与？轻煖不足于体与？抑为采色不足视于目与⑦？声音不足听于耳与？便嬖不足使令于前与⑧？王之诸臣皆足以供之，而王岂为是哉？”

曰：“否，吾不为是也。”

曰：“然则王之所大欲可知已。欲辟土地，朝秦楚⑨，莅中国而抚四夷也⑩。以若所为⑪，求若所欲，犹缘木而求鱼也。”

王曰：“若是其甚与？”

曰：“殆有甚焉⑫。缘木求鱼，虽不得鱼，无后灾；以若所为，求若所欲，尽心力而为之，后必有灾。”

曰：“可得闻与？”

曰：“邹人与楚人战⑬，则王以为孰胜？”

曰：“楚人胜。”

曰：“然则小固不可以敌大，寡固不可以敌众，弱固不可以敌强。海内之地，方千里者九，齐集有其一⑭。以一服八，何以异于邹敌楚哉？盖亦反其本矣⑮。

【注解】

①老吾老，以及人之老：第一个“老”字是动词，指敬爱、敬重；第二、三个“老”字

是名词，指先辈、年长者。幼吾幼，以及人之幼：第一个“幼”字是动词，指爱护；第二、三个“幼”字是名词，子弟。②“刑于寡妻”三句：这三句诗出自《诗经·大雅·思齐》篇。刑：典范，榜样。这里作动词用。御：治理。③权：本指秤锤，这里作动词，称量。④度：本指计量长短的标准，这里作动词，测量。⑤心为甚：意思是说物的轻重长短难齐，一定要称一称、量一量然后才知道。心的轻重长短，和物相比较就更难齐一了。⑥度：衡量，斟酌。⑦采色：即“彩色”。⑧便嬖：左右受宠爱的人。⑨朝：使之来朝见，使动用法。⑩莅：临。中国：指当时的中原。莅中国，是说君临（即统治）中原。抚四夷：安抚四方边远少数民族。⑪若：第二人称代词，你。⑫殆：副词，表示不肯定。可译为“几乎”“可能”“大概”。⑬邹：当时小国，在今山东邹城一带。楚：当时大国，原在今湖北和湖南北部，后来扩展到今河南、安徽、江苏、浙江、江西和四川。⑭齐集有其一：是说集合齐国的土地，占到天下土地的九分之一。⑮盖：同“盍”，何不。

【译文】

“尊奉自家的长辈，推广开去也尊奉别人家的长辈；爱护自家的孩子，推广开去也爱护别人家的孩子，那么，治理天下便可以像把一件小东西放在手掌上转动那么容易了。《诗经》里面说过：‘在家先为妻子立榜样，然后兄弟也照样，再行推广治家邦。’这不过是说把自己的一片仁爱之心加到别人的身上罢了。所以推广恩泽就足以能保有天下，不推广恩泽连自己的老婆孩子也护育不了。古代那些圣明的国君之所以能远远超过一般人，没有别的什么秘诀，只不过善于推行他们的好行为罢了。现在大王的恩泽能够惠及禽兽，而百姓们却得不到点好处，这是为什么呢？

“称一称，然后才知道轻重；量一量，然后才知道长短。凡是物体，没有不是这样的，心的长短轻重就较一般物体更难齐一，尤其需要衡量。请您大王细加衡量吧！

“难道您大王要动员军队，使您的臣下和士兵冒生命的危险，和诸侯结下深仇大恨，然后心里才感到快活吗？”

齐宣王说：“不，我怎么会对这个有快感呢？我之所以这样做，是想借此得到我所十分希望得到的东西。”

孟子问道：“大王所十分希望得到的东西，可以说给我听听吗？”

齐宣王笑而不言。

孟子（先故意用试探的口吻）问道：“是为了肥美的食物不够味吗？轻暖的衣着不够舒适吗？还是为了文采美色不中看吗？美妙的音乐不中听吗？侍奉左右的宠臣不够役使吗？大王的臣子这些方面都能充分供给，您难道为的是这些吗？”

齐宣王说：“不，我不是为这些。”

孟子说：“那么，您所十分希望得到的东西可以知道了，您是想扩张国土，使秦、楚等大国都来朝贡，统治整个中原地带，安抚四方边远部族地区。凭您现在的所作所为，去追求您所想得到的东西，简直像是爬到树上去抓鱼一样。”

齐宣王问道：“竟然有这样严重吗？”

孟子说：“恐怕还要更严重哩。爬到树上去抓鱼，尽管抓不到鱼，却不会有什么后患；凭您的所作所为，去追求您所希望得到的东西，要是尽心竭力地去做，必然会留下灾祸在后头。”

齐宣王说：“（这是什么道理呢？）可以讲给我听听吗？”

孟子反问道：“假如邹国人跟楚国人开战，那么您大王认为谁会得胜呢？”

齐宣王回答道：“当然楚国人会得胜。”

孟子说：“这样说来，小国本来就不可以抵挡大国，人数少的本来就不可以抵挡人数多的，势力弱的本来就不可以抵挡势力强的。现在天下拥有千里见方的土地的一共只有九个，齐国的土地凑合起来也不过只占九分之一。拿九分之一的地方去征服九分之八的地方，这跟邹国去和楚国对敌又有什么分别呢？您为什么不回到根本上去求得问题的解决呢？

【原文】

“今王发政施仁，使天下仕者皆欲立于王之朝，耕者皆欲耕于王之野，商贾皆欲藏于王之市，行旅皆欲出于王之涂，天下之欲疾其君者，皆欲赴愬于王。其若是，孰能御之？”

孟子劝齐宣王发政施仁。

王曰：“吾惽，不能进于是矣。愿夫子辅吾志，明以教我。我虽不敏，请尝试之。”

曰：“无恒产而有恒心者，惟士为能。若民，则无恒产，因无恒心。苟无恒心，放辟邪侈，无不为已。及陷于罪，然后从而刑之，是罔民也。焉有仁人在位，罔民而可为也？是故明君制民之产，必使仰足以事父母，俯足以畜妻子，乐岁终身饱，凶年免于死亡；然后驱而之善，故民之从之也轻。

“今也制民之产，仰不足以事父母，俯不足以畜妻子，乐岁终身苦，凶年不免于死亡。此惟救死而恐不赡，奚暇治礼义哉？

“王欲行之，则盍反其本矣：五亩之宅，树之以桑，五十者可以衣帛矣。鸡豚狗彘之畜，无失其时，七十者可以食肉矣。百亩之田，勿夺其时，八口之家，可以无饥矣。谨庠序之教，申之以孝悌之义，颁白者不负戴于道路矣。老者衣帛食肉，黎民不饥不寒，然而不王者，未之有也。”

【译文】

“现在大王如果发布命令，施行仁政，使天下想做官的人都愿意在大王的朝中做官，耕田的人都愿意在大王的田野里种地，经商的人都愿意到大王的街市上做生意，

孟子向齐宣王发表自己的政治见解。

旅行的人都愿意到大王的国土上来游历，天下那些对自己的国君不满的臣僚都愿来到您大王跟前申诉。要是真能做到这样，又有谁能跟您对敌呢？”

齐宣王说：“我的脑子不大好使了，对您的构想不能有进一步的体会。希望先生辅佐我达到目的。我虽然缺乏才干，请让我试试看。”

孟子道：“一个人没有一定的维持生计的产业，却能坚持一贯向善之心，这只有读书明理的人才做得到。至于一般老百姓，只要失去一定的维持生计的产业，就会动摇一贯的向善之心。假使没有了一贯的向善之心，就会放荡不走正路，胡作非为，没有什么干不出来的。等到因此犯了罪，然后对他们施加刑罚。这等于设下网罗陷害人民。哪有仁爱的国君在位，却可以干出陷害人民的事的呢？所以贤明的国君规定老百姓的产业，一定要使他们上足够奉养他们的父母亲，下足够养活他们的老婆孩子。遇上好年成尽可丰衣足食，凶年饥岁也不至于饿死；然后要求他们走上向善的道路，所以老百姓也就容易听从了。

“现在规定老百姓的产业，上不够奉养父母亲，下不够养活老婆孩子，即使年成好也尽是艰难困苦，遇上凶年饥岁，就更是免不了要饿死。这样就连救自家人的性命都还来不及，哪有空闲时间去讲究礼义呢？

“大王您既然想成就统一天下的大业，何不从根本上来着手呢？五亩大的宅园，种上桑树，上了五十岁的人就可以穿上丝绵袄了；鸡和猪狗一类家畜，不耽误它们饲养繁殖的时间，上了七十岁的人就可以有肉吃了。一家人百亩的耕地，农事不失其时，八口人吃饭的人家，就可以不闹饥荒了。认真地搞好学校教育，反复地阐明孝顺父母、敬爱兄长的重要意义，须发花白的老人们就不再会肩背着、头顶着（重物件）出现在道路上了。七十岁上的人有丝绵衣穿、有肉吃，一般老百姓饿不着、冻不着，这样还不能使天下归服，是从来不曾有过的事。”

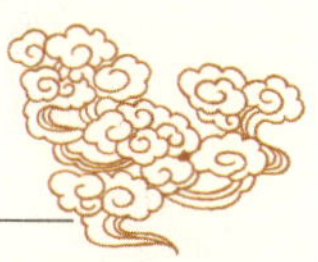

梁惠王章句下

本篇记载了孟子与齐宣王、滕文公、邹穆公的谈话，以及在鲁国的遭遇。孟子与齐宣王的谈话，反复阐述了“与民同乐”的主题，是孟子“推恩”即“推己及人”思想的一个重要方面，国君无论是“好货”还是“好色”，只要能推己及人，而不是谋求一己之私，都不是一种恶行。得民心与否，是孟子对诸侯行为的评判标准。对齐国是否应该吞并燕国，孟子是从民心向背的角度来看的，认为“取之而燕民悦，则取之……取之而燕民不悦，则勿取”。当邹穆公指责自己的百姓对官长的死难袖手旁观时，孟子则指出是官长们平时漠视百姓的苦难才造成了这样的后果。人民始终是孟子政治思想的出发点。先秦时代的民本思想，到孟子这里被发展到了极致。对于君臣关系，孟子也从仁义的角度做出了新的价值判断，像桀、纣这样破坏仁义的暴君，在孟子看来已经丧失了作为国君的资格，而只是一名独夫，可以予以诛杀。这是非常大胆而有意义的论断，也体现出“仁义”是孟子思想中最高的价值范畴，其他一切都处于从属地位。比起后世以忠君为行为准则的思想，孟子观点的合理性和进步性是显而易见的。

【原文】

庄暴见孟子①，曰：“暴见于王，王语暴以好乐②，暴未有以对也。”曰：“好乐何如？”

孟子曰：“王之好乐甚，则齐国其庶几乎③！”

他日，见于王曰：“王尝语庄子以好乐④，有诸？”

王变乎色⑤，曰：“寡人非能好先王之乐也，直好世俗之乐耳。”

孟子见齐王问曰：独乐乐，与人乐乐，孰乐？

曰：“王之好乐甚，则齐其庶几乎。今之乐，由古之乐也⑥。”

曰：“可得闻与？”

曰："独乐乐[7]，与人乐乐，孰乐？"

曰："不若与人。"

曰："与少乐乐，与众乐乐，孰乐？"

曰："不若与众。"

"臣请为王言乐。今王鼓乐于此[8]，百姓闻王钟鼓之声，管籥之音[9]，举疾首蹙頞而相告曰[10]：'吾王之好鼓乐，夫何使我至于此极也？父子不相见，兄弟妻子离散？'今王田猎于此，百姓闻王车马之音，见羽旄之美[11]，举疾首蹙頞而相告曰：'吾王之好田猎，夫何使我至于此极也？父子不相见，兄弟妻子离散？'此无他，不与民同乐也。

"今王鼓乐于此，百姓闻王钟鼓之声，管籥之音，举欣欣然有喜色而相告曰：'吾王庶几无疾病与，何以能鼓乐也？'今王田猎于此，百姓闻王车马之音，见羽旄之美，举欣欣然有喜色而相告曰：'吾王庶几无疾病与，何以能田猎也？'此无他，与民同乐也。今王与百姓同乐，则王矣。"

【注解】

①庄暴：齐国的臣子。②乐：音乐。③庶几："差不多"的意思，但只用于积极方面。④子：是古代对有学问、道德或爵位的人的尊称。⑤王变乎色：齐王变色是由于对自己的爱好不正当感到惭愧的缘故。⑥由：通"犹"。⑦独乐乐：前"乐"是动词，爱好、欣赏的意思。后"乐"是名词，做音乐解。⑧鼓乐：奏乐。⑨管籥：古代吹奏器，如今天笙箫之类乐器。⑩举：副词，都。疾首：头痛。蹙頞：皱着鼻梁发愁的样子。頞，鼻梁。⑪羽旄：本指用鸟的五彩羽毛和旄牛的尾巴装饰的旗帜，这里作为仪仗的代称。

【译文】

庄暴见到孟子，说："齐王召见我庄暴，告诉我他喜欢音乐，我（一时）想不到用什么话来回答他。"（稍停一会儿）接着问孟子道："（一个做国君的人）喜欢音乐，究竟应不应该呢？"

孟子说："齐王要是非常喜欢音乐，那么齐国差不多就可以治理好了啊！"

王鼓乐而百姓闻之。

后来有一天，孟子被齐宣王召见时，说："大王曾经告诉过庄暴您喜欢音乐，有这回事吗？”

齐宣王一听，（惭愧得）脸上都变了颜色，说：“我并不是爱好先代帝王遗留下来的古乐，只不过是一些世俗流行的音乐罢了。”

孟子说：“大王您要是非常喜欢音乐，那么，齐国就会治理得差不多了呢！时下流行的音乐和古代的音乐都一样嘛。”

齐宣王说：“这个道理可以说给我听听吗？”

孟子（没有正面回答齐宣王，却反问）道：“一个人单独享受听音乐的快乐，和跟别人一道享受听音乐的快乐，哪一种更快乐些呢？”

齐宣王说：“当然跟别人一道听音乐更快乐。”

孟子（继续问）道：“跟少数人一道享受听音乐的快乐和跟多数人享受听音乐的快乐，哪一种更快乐些呢？”

齐宣王说：“当然跟多数人听音乐更快乐。”

孟子（紧接着）说：“请让我为您陈述一下应该怎样来享受欣赏音乐的乐趣吧。假如现在大王在这里演奏音乐，老百姓一听到大王鸣钟击鼓的声音和箫管吹出的曲调，大家全都觉得头痛，皱着鼻梁互相诉苦道：‘我们大王光顾自己爱好鼓乐，为何把我们弄到父子不能相见，兄弟、妻子和孩子流离失散这样困苦不堪的地步呢？’现在大王在这里打猎，老百姓听到大王车马的声音，看见华丽的仪仗，大家全都觉得头痛，皱着鼻梁互相诉苦道：‘我们大王光顾自己打猎开心，为何把我们弄到父子不能相见，兄弟、妻子和孩子流离失散这样困苦不堪的地步呢？’这没有别的原因，只是由于不与老百姓一同娱乐的缘故。

“假如现在大王在这里奏乐，老百姓一听到您鸣钟击鼓的声音和箫管吹出的曲调，大家都喜形于色地奔走相告道：‘我们大王大概没有什么疾病吧，（要不然）怎么能够奏乐呢？’现在您大王在这里打猎，老百姓一听到大王车马的声音，看见华丽的仪仗，大家都喜形于色地奔走相告道：‘我们大王大概没有什么疾病吧，（要不然）怎么能打猎呢？’这没有别的原因，只是由于与老百姓一同娱乐的缘故。现在只要大王能跟老百姓一同娱乐，（就能够使人民归附于您）就可以使天下归服了。”

【原文】

齐宣王问曰：“文王之囿①，方七十里，有诸？”

孟子对曰：“于传有之②。”

曰：“若是其大乎？”

曰：“民犹以为小也。”

曰：“寡人之囿，方四十里，民犹以为大，何也？”

曰：“文王之囿，方七十里，刍荛者往焉③，雉兔者往焉④，与民同之。民以为小，不亦宜乎？臣始至于境，问国之大禁⑤，然后敢入。臣闻郊关之内有囿方四十里，杀其麋鹿者，如杀人之罪，则是方四十里为阱于国中。民以为大，不亦宜乎？”

【注解】

①囿：古代帝王豢养禽兽、种植花木的园林。②传：这里泛指古书。③刍荛：刍，本指饲料；荛，本指柴火。这里的“刍荛者”，指割牧草和打柴的人。④雉：野鸡。“雉兔者”指猎取野鸡和兔子的人。⑤大禁：重大的禁令。

【译文】

齐宣王问孟子道：“传说周文王豢养禽兽种植花木的园子方圆有七十里，有这回事吗？”

孟子回答说：“在古书上是有这样的记载。”

齐宣王说：“真有这样大吗？”

孟子说：“老百姓还觉得小了呢。”

齐宣王说：“我的园子，只有方圆四十里，老百姓还认为大了，这是为什么呢？”

孟子说：“周文王的园子，方圆七十里，割草的打柴的人可以到那里去，打野鸡、兔子的人也可以到那里去，文王与老百姓一同享有园子的利益。老百姓认为小了，难道不是应该的吗？我刚到齐国边界的时候，先打听一下齐国有哪些重大的禁令，然后才敢进入国境。我听说齐国首都的郊外，有一个方圆四十里的园子，射杀园子里的麋鹿的，就等于犯了杀人罪，这是在国土上设下了个四十里见方的大陷阱来坑害老百姓。老百姓嫌它大了，难道不是应该的吗？”

【原文】

齐宣王问曰：“交邻国有道乎？”

孟子对曰：“有。惟仁者为能以大事小，是故汤事葛①，文王事昆夷②。惟智者为能以小事大，故大王事獯鬻③，勾践事吴④。以大事小者，乐天者也；以小事大者，畏天者也。乐天者保天下，畏天者保其国⑤。《诗》云：‘畏天之威，于时保之⑥。’”

王曰：“大哉言矣！寡人有疾，寡人好勇。”

对曰：“王请无好小勇。夫抚剑疾视曰⑦：‘彼恶敢当我哉！’此匹夫之勇⑧，敌一人者也。王请大之！

“《诗》云：‘王赫斯怒⑨，爰整其旅⑩，以遏徂莒⑪，以笃周祜⑫，以对于天下⑬。’此文王之勇也。文王一怒而安天下之民。

“《书》曰：‘天降下民，作之君，作之师，惟曰其助上帝宠之⑭。四方有罪无罪惟我在⑮，天下曷敢有越厥志⑯？’一人衡行于天下⑰，武王耻之。此武王之勇也。而武王亦一怒而安天下之民。今王亦一怒而安天下之民，民惟恐王之不好勇也。”

【注解】

匹夫之勇。

①汤：商汤王。葛：国名。②文王事昆夷：昆夷，西戎国名。文王事昆夷的事迹已无法详考。③大王：亦作“太王”，即古公亶父，周王朝的奠基人。獯鬻：即荤粥，我国古代北方的少数民族。④勾践事吴：《史记·越王句践世家》及《国语·吴语》记载，吴王夫差在夫椒打败越军，侵入越国，越王勾践带着余下的五千残兵败将退守会稽，吴王派兵包围会稽，越王勾践派大夫文种求和，自请对吴国称臣。⑤“乐天”两句：上句“保”字有“享有”“安定”的意思，下句“保”字有“保护”“保全”的意思。⑥“畏天”两句：这两句诗引自《诗经·周颂·我将》。于时：于是。⑦抚剑：用手按剑。疾视：怒目而视。⑧匹夫：一人。⑨王赫斯怒：指文王赫然发怒的样子。⑩爰：于是。旅：师旅，军队。⑪遏：阻止。徂：往伐。莒：国名。⑫笃：厚，增加。祜：福。“周祜”，即周家的福气。⑬对：答，“以对于天下”，是说以回答天下仰望的心。这里所引诗句出自《诗经·大雅·皇矣》。⑭《书》：指《尚书》（即《书经》）。这里的引文是出自《尚书》逸篇。惟曰其助上帝宠之：意思是说君和师的职责只在于帮助上帝爱护人民。⑮我：周武王姬发自称。⑯厥：其，指上天。⑰衡：同“横”。古书中“衡”常与“横”通用。

【译文】

齐宣王问（孟子）道：“跟邻国打交道有什么原则和方法吗？”

孟子回答说：“有。只有以仁爱为怀的君主才能做到以大国的身份去侍奉小国，所以商汤王侍奉过葛伯，周文王侍奉过昆夷。只有明智的君主才能做到以小国的身份侍奉大国，所以周的大王古公亶父侍奉过强悍的獯鬻族，越王勾践侍奉过打败了自己的吴王夫差。以大国的身份侍奉小国的，是顺天行道、无往而不怡然自得的人；以小国身份侍奉大国的，是畏惧天的威严（无时不谨慎戒惧）的人。顺天行道、无往而不怡然自得的人能够保有天下，畏惧天的威严的人能够保住他们的国家。《诗经》上说：‘敬畏上天的威严（因此谨慎小心），于是保有天下。’”

齐宣王说：“您的话说得太好了啊！（可惜）我有个毛病，我喜爱勇敢（怕是难做到您所说的）。”

孟子回答道：“我恳请大王不要喜爱小勇。有这么一种人，手按佩剑、怒目而视说：‘他怎敢抵挡我呢！’这只是匹夫之勇。我恳请大王把它扩大一些吧！

“《诗经》上说：‘文王对密须国人侵犯他国的暴行勃然大怒，于是整顿军队，以阻击侵犯莒国的敌寇，以增厚我周家的福泽，并以此报答天下仰慕我周天子的厚意。’这就是文王的勇。文王一旦发怒，便能使天下的人民得到安定。

“《尚书》里面说：‘上天降生下人民，替他们立个君主，也替他们安排好老师，派给君主和老师们的唯一责任是帮助上帝爱护下民。所以，四方的人有罪或是无罪，由我（姬发）来进行裁决。（有我在这里）天下谁敢超越上天的意志起来作乱呢？’只要有一个人敢在天下横行无忌，武王便认为是自己的耻辱。这就是武王的勇。武王也是只要一发怒，便能使天下的人民得到安定。现在大王要是也能做到一旦发怒，便使天下的人民得到安定，那人民还只怕大王不喜爱勇敢呢。”

【原文】

齐宣王见孟子于雪宫[①]。王曰：“贤者亦有此乐乎？”

孟子对曰：“有。人不得，则非其上矣[②]。不得而非其上者，非也；为民上而不与民同乐者，亦非也。乐民之乐者，民亦乐其乐；忧民之忧者，民亦忧其忧。乐以天下[③]，忧以天下，然而不王者，未之有也。

齐宣王见孟子于雪宫。

“昔者齐景公问于晏子曰[④]：‘吾欲观于转附、朝儛，遵海而南，放于琅邪[⑤]；吾何修而可以比于先王观也？’

“晏子对曰：‘善哉问也！天子适诸侯曰巡狩——巡狩者，巡所守也[⑥]。诸侯朝于天子曰述职——述职者，述所职也。无非事者：春省耕而补不足，秋省敛而助不给[⑦]。夏谚曰：吾王不游，吾何以休？吾王不豫，吾何以助？一游一豫[⑧]，为诸侯度。今也不然，师行而粮食，饥者弗食，劳者弗息。睊睊胥谗，民乃作慝[⑨]。方命虐民，饮食若流[⑩]。流连荒亡，为诸侯忧。从流下而忘反谓之流，从流上而忘反谓之连，从兽无厌谓之荒，乐酒无厌谓之亡[⑪]。先王无流连之乐，荒亡之行。惟君所行也。’

“景公说，大戒于国，出舍于郊[⑫]。于是始兴发，补不足。召大师曰[⑬]：‘为我作君臣相说之乐！[⑭]’盖《徵招》《角招》是也[⑮]。其诗曰：‘畜君何尤[⑯]？’——畜君者，好君也。”

【注解】

①雪宫：齐国离宫名。离宫，本是古代帝王筑来供出巡时休息的行宫，有点类似后来的别墅。见：是说齐宣王在雪宫接见孟子。②非：非议，埋怨。上：指君主。③以：介词，与；下句“忧以天下”的“以”字同。④齐景公：春秋时齐国国君，姓姜，名杵臼。晏子：名婴，齐景公时贤相。现存的《晏子春秋》虽是出于伪托，但所记晏婴的言行，也有助于我们窥见他的为人和学说的一斑。⑤“吾欲观”三句：转附、朝儛：都是山名。转附可能是现在的芝罘山（即芝罘岛），朝儛可能是现在山东省荣成县东的召石山。遵：循，沿。放：到。琅邪：齐国东南边境上的邑名。⑥“天子”两句：狩：冬猎为狩，这里同“守”。巡所守，是说视察诸侯所守的土地。⑦“春省”两句：省：视察。补不足：指补助农具、种子不足的农户。敛：收割。助不给：指帮助劳力、口粮不足的农户。⑧豫：游闲。⑨“睊睊”两句：睊睊：侧目而视的样子。胥：都。谗：谤毁。慝：邪恶，指反对上面统治者的行为。谗和慝，都是贬义词，统治阶级把劳动人民受不了剥削压迫而激起的怨恨和反抗的行为看作是“谗”“慝”，翻译时为了保持原作语调，仍按文意语译。⑩“方命”两句：方命：方是放的假借字，有放弃的意思，命指先王的教导。若流：是说像流水一般的无穷尽。⑪“从兽”两句：从兽：指田猎。荒：废。乐酒：以饮酒为乐。亡：失，是说废时失事。⑫“景公”三句：说：同悦。戒：备，指在首都充分做好赈济贫苦人民的各种准备。舍：居。⑬大师：乐官。⑭君臣：指己（景公）与晏子。说：同“悦”。⑮《徵招》《角招》：太师所作的乐曲名。徵、角为古代五音中的两个。五音是中国五声音阶上的五个级，相当于现在简谱上的1、2、3、5、6。唐代以来叫合、四、乙、尺、工。更古的时候叫宫、商、角、徵、羽。招，与“韶”同，舜的乐曲名。其诗，指《徵招》《角招》的歌词。⑯畜：制止。尤：过错。

【译文】

齐宣在自己的离宫雪宫里接见孟子。宣王说：“贤德的人也有这种享乐吗？”

孟子回答道：“有。人们得不到这种享乐，就会埋怨他们的君主。当然，得不到这种享乐便埋怨他们的君主，是不对的；作为人民的君主却不与人民一同享受这种快乐，也是不对的。以人民的快乐为自己的快乐的人，人民也会以他的快乐为他们的快乐；以人民的忧愁为自己的忧愁的人，人民也会以他的忧愁为他们的忧愁。乐与天下人民同乐，忧与天下人民同忧，这样还不能使天下归心的事，是绝不会有的。

“从前齐景公向晏婴问道：‘我打算到转附和朝儛两座名山去游览一番，然后沿着海岸向南走，直达琅邪邑，我应该怎样做才能比得上古代圣王的游观呢？’

“晏婴答道：‘问得好！天子到诸侯的国家去叫巡狩——巡狩，就是巡视诸侯所守的疆土。诸侯到天子的朝廷去朝见叫述职——述职，就是汇报诸侯自己所担负的职守的情况。（无论是天子出外巡狩，还是诸侯入朝述职，）没有不是结合着工作进行的：春天视察耕种，并借此补助农具、种子不足的农户；秋天视察收割，并借此补助劳力、口粮不足的农户。夏朝时的俗谚说：‘我们大王不出游，我怎能获得安慰和整休？我们大王不闲逛，我从何处获补助？我们大王出游或闲逛，全都可为诸侯学习的法度。’现在情况就不同了，天子一出来巡游，一大伙人要为他奔忙，一大批粮食要被他消耗，以至闹到饥饿的人们吃不上饭、劳苦的人们得不到休息。群众侧目而视，怨声载道，都要起来作恶了。这样放弃先王的教导，虐害老百姓，豪饮暴食，像流水般的没个穷尽。这种流连荒亡的行为，不能不使诸侯们为之深深担忧。（什么叫流连荒亡呢？）从上流放舟而下游乐忘返叫作流，从下流挽舟而上游乐忘返叫作连，打猎没有个厌倦叫作荒，酗酒没有个节制叫作亡。古代的圣王不搞这种流连忘返的游乐、荒亡无节制的行为。（何去何从？）就由您大王自己选择了。

"景公听了很高兴，在国都做好充分的准备，然后自己到郊外去住下，于是开始行惠政，打开仓库拿出粮食来赈济缺衣少食的贫苦人民。并把乐官召来说：'替我作一首君臣同乐歌吧！'大概就是《徵招》《角招》两首歌。那歌中说，'制止君主的物欲又有什么过错呢？'——制止君主的物欲，正是爱护君主呢。"

【原文】

齐宣王问曰："人皆谓我毁明堂[①]，毁诸，已乎？"

孟子对曰："夫明堂者，王者之堂也。王欲行王政，则勿毁之矣。"

王曰："王政可得闻与？"

齐宣王问曰：人皆谓我毁明堂，毁诸，已乎？

对曰："昔者文王之治其岐也[②]，耕者九一[③]，仕者世禄[④]，关市讥而不征[⑤]，泽梁无禁[⑥]，罪人不孥[⑦]。老而无妻曰鳏[⑧]，老而无夫曰寡，老而无子曰独，幼而无父曰孤。此四者，天下之穷民而无告者[⑨]。文王发政施仁[⑩]，必先斯四者。《诗》云：'哿矣富人，哀此茕独[⑪]！'"

王曰："善哉言乎！"

曰："王如善之，则何为不行？"

王曰："寡人有疾，寡人好货[⑫]。"

对曰："昔者公刘好货[⑬]，《诗》云：'乃积乃仓[⑭]，乃裹糇粮[⑮]；于橐于囊[⑯]。思戢用光[⑰]。弓矢斯张，干戈戚扬[⑱]，爰方启行[⑲]。'故居者有积仓，行者有裹囊也[⑳]，然后可以爰方启行。王如好货，与百姓同之，于王何有！"

王曰："寡人有疾，寡人好色。"

对曰："昔者大王好色[㉑]，爱厥妃。《诗》云：'古公亶父，来朝走马[㉒]，率西水浒[㉓]，至于岐下。爰及姜女，聿来胥宇[㉔]。'当是时也，内无怨女，外无旷夫。王如好色，与百姓同之，于王何有！"

【注解】

①明堂：在鲁国境内泰山下，原是周天子东巡狩时接受诸侯朝见的处所，这时已被齐国侵占。②岐：周的旧国，在今陕西岐山县一带。③耕者九一：孟子这话指井田制而言。④仕者：指当时任大夫以上的官职的人而言。⑤关：道路上的关卡。讥：察问。征：抽税。⑥梁：拦水以捕鱼的水堰叫鱼梁。⑦孥：妻子和儿女。⑧鳏：无妻而独居的老年男子。⑨无告：无处可以告借。⑩发政：发布政令。⑪“哿矣”两句：哿：欢乐。茕：单独。⑫货：财货。⑬公刘：后稷的曾孙，是周代创业的始祖。⑭积：指露天积蓄粮食。仓：把粮积蓄在仓中。⑮糇粮：干粮。⑯橐、囊：橐和囊都是口袋名。⑰戢：安抚。用：以。光：大。⑱干戈戚扬：都是武器名。⑲爰：于是。启行：出发。⑳裹囊：把粮装在口袋中。㉑大：同“太”。㉒来朝走马：避狄人之难。㉓率：循，沿。水：指漆水。浒：水边。㉔聿：语助词。胥：视察。

【译文】

齐宣王问（孟子）道：“人们都劝我拆掉明堂，是拆掉呢，还是不拆？”

孟子答道：“明堂是有道德能使天下归服的王者的殿堂。大王要想实行王政，就不要拆掉。”

齐宣王说：“（如何实行王政）您可以讲给我听听吗？”

孟子回答说：“当年文王做西伯治理岐周的时候，对耕田的人只抽九分之一的农业税，大夫以上的朝官俸禄可以子孙世代承袭，关卡和市场只稽查，并不征税。池沼鱼梁不禁止捕鱼，对犯罪的人施加刑罚只限于他本人，不连及妻子和儿女。失去妻室的老年男子叫鳏夫，死了丈夫的老年妇女叫寡妇，年迈膝下没儿没女的人叫孤老，年幼没有父亲的孩子叫孤儿。这四种人，是世间最穷苦无靠的人。文王发布政令施行仁政时，一定把这四种人作为优先抚恤的对象。《诗经》里说：‘过得称心如意的要数富人，最可哀怜的还是这些孤独者！’”

齐宣王说：“说得真好啊！”

孟子说：“大王如果认为王政好，那么，为什么不实行呢？”

齐宣王说：“我有个毛病，我贪爱财货。”

孟子回答：“（这不要紧，）从前周朝王业的创始人公刘也贪爱财货，《诗经》里说：‘收拾好露囤和内仓，包裹好（途中食用的）干粮，装进小袋和大囊。安抚人民以使国运光昌。张弓带箭齐武装，盾戈斧钺拿手上，开始迈步奔前方。’所以，必须做到不走的人仓里有积谷，走的人囊橐里面裹入了干粮，然后才可以出发。要是您大王贪爱财货，与百姓一同享用，对于实行王政又有什么不可以呢。”

齐宣王又说：“我还有个毛病，我贪好女色。”

孟子回答说：“（这也不要紧，）从前周朝王业的奠基人之一的太王（古公亶父）也贪好女色，宠爱他的妃子。《诗经》里说：‘古公亶父迁居忙，一大清早驱骏马，沿着西方水边走，一直来到岐山下，同来还有姜氏女，勘查地址好建房。’在这个时候，真正做到内无找不到丈夫的怨女，外无娶不到妻子的光棍。大王要是贪好女色，也能注意广泛满足老百姓在这方面的需要，对于实行王政又有什么不可以呢？”

【原文】

孟子谓齐宣王曰：“王之臣，有托其妻子于其友而之楚游者①，比其反也②，则冻馁其妻子③，则如之何？”

王曰：“弃之。”

曰：“士师不能治士④，则如之何？”

王曰：“已之⑤。”

孟子问齐宣王：四境之内不治，则如之何？

曰：“四境之内不治，则如之何？”

王顾左右而言他。

【注解】

①之：往。②比：及，到。反：同“返”。③馁：饥饿。④士师：古代的司法官。士，司法官的下属，即乡士、遂士。⑤已：罢免。

【译文】

孟子对齐宣王说：“您的臣子中，有个把妻室儿女托付给他的朋友照看而自己到楚国去游学的人，等到他回来时，他的妻子儿女正在受冻挨饿，那么，应该怎么对待（他那个朋友）呢？”

齐宣王说：“和他绝交。”

孟子（进一步）问道：“若是司法官不能管理他的下级，那应该怎样办呢？”

齐宣王说：“罢免他。”

孟子（再进一步）问道：“一个国家假如没有治理好，那又该怎么办呢？”

齐宣王左右张望，把话题扯到别处去了。

【原文】

孟子见齐宣王曰：“所谓故国者，非谓有乔木之谓也①，有世臣之谓也②。王无亲臣矣，昔者所进，今日不知其亡也③。”

王曰：“吾何以识其不才而舍之？”

曰：“国君进贤，如不得已，将使卑逾尊，疏逾戚④，可不慎与？左右皆曰贤，未可也；诸大夫皆曰贤，未可也；国人皆曰贤，然后察之；见贤焉，然后用之。左右皆曰不可，勿听；诸大夫皆曰不可，勿听；国人皆曰不可，然后察之；见不可焉，然后去之。左右皆曰可杀，勿听；诸大夫皆曰可杀，勿听；国人皆曰可杀，然后察之；见可杀焉，然后杀之。故曰国人杀之也。如此，然后可以为民父母。”

【注解】

①“所谓”两句：“所谓”“非谓”和“之谓”：前两个“谓”字是动词，有“说”的意思；后一“谓”字是名词，可译为“是（不是）说……的意思”。故国：历史悠久的国家。乔木：高大的树木。② 世臣：指累世建立了功勋的臣子。③ 亡：失去职位。④ 逾：越过。戚：亲近。在孟子看来，根据封建等级制度，起用人才，力求从尊者、戚（亲）者里选拔，所谓新不间旧、疏不间亲。因此他认为如果要使卑逾尊、疏逾戚，那是“不得已”的事。

【译文】

孟子谒见齐宣王时说：“我们平常所说的历史悠久的国家，不是说它有年代久远的高大树木的意思，而是说有累世功勋卓著、与国家同休戚共命运的贤臣的意思。您大王现在没有亲信的臣子了，过去您所进用的人，到今天不知不觉地都失去了职位。”

齐宣王说：“（可是）我凭什么能识别他无用而舍弃他呢？”

孟子说：“国君进用贤才，如果万不得已要选拔新秀，那就将有可能使地位低下的人超过地位高的人，关系疏的人超过关系密的人，这样的事能不慎重对待吗？（因此，国君用人时）左右的人都说这个人贤能，不足凭信；朝里的官员们都说他贤能，还是不足凭信；全国的人都说他贤能，然后对他进行调查了解，发现他确实贤能，再行起用他。左右的人都说这个人不行，先别听；朝里的官员们都说他不行，也别听；全国的人都说他不行，然后对他进行调查了解，发现他确实不行，再行抛开他。左右的人都说这个人有可杀之罪，先别听；朝里的官员们都说他有可杀之罪，也别听；全国的人都说他有可杀之罪，然后对他进行调查了解，发现他确实有可杀之罪，然后杀掉他。所以说他是全国人杀掉的。能够做到这样，才可能真正做人民的父母。”

【原文】

齐宣王问曰：“汤放桀①，武王伐纣②，有诸？”

孟子对曰：“于传有之。”

曰：“臣弑其君可乎？”

曰：“贼仁者谓之‘贼’，贼义者谓之‘残’③。残贼之人，谓之一夫④。闻诛一夫纣矣，未闻弑君也。”

【注解】

① 汤放桀：汤，殷商的开国之君。桀，夏朝末世暴君。放，流放。《书经》载：“成汤放桀于南巢。”② 武王伐纣：商末纣王无道，周武王出兵伐纣，纣王兵败自焚而死。③“贼仁”两句：贼，是损害的意思；贼仁是指绝灭人性、暴虐无道的行为。贼义指损害正义、颠倒是

非的行为。④一夫：失掉人民同情的人。

齐宣王问曰：汤放桀，武王伐纣，有诸？

【译文】

齐宣王问（孟子）道："商汤王流放夏桀王，周武王攻打商纣王，有这些事吗？"

孟子回答说："在史籍上有这样的记载。"

齐宣王说："为臣的人杀掉他的君主行吗？"

孟子答道："损害仁爱、暴虐无道的人叫作'贼'，损害正义、颠倒是非的人叫作'残'。残贼的人，叫作'独夫'。我只听说（周武王）杀了个'独夫'纣王，没有听说杀过君主。"

【原文】

孟子谓齐宣王曰："为巨室[①]，则必使工师求大木[②]。工师得大木，则王喜，以为能胜其任也[③]。匠人斫而小之[④]，则王怒，以为不胜其任矣。夫人幼而学之，壮而欲行之。王曰，'姑舍女所学而从我[⑤]'，则何如？今有璞玉于此[⑥]，虽万镒[⑦]，必使玉人雕琢之[⑧]。至于治国家，则曰，'姑舍女所学而从我'！则何以异于教玉人雕琢玉哉？"

【注解】

①巨室：大宫，古代室与宫通用。②工师：管理工匠的官吏。③胜：能力足以担任叫胜任。④斫：砍，削。⑤姑：暂且。⑥璞：含玉的石头，也指未经琢磨的玉。⑦镒：一作溢，古代重量单位，合二十两（一说二十四两）。万镒，极言其贵重。⑧雕琢：雕刻玉石，使它成为器物。

【译文】

孟子谒见齐宣王时说："您要建造大宫室，就一定要打发工匠长去寻求大木料。工匠长找到了大木料，您大王就高兴，认为他称职。一旦工匠长（由于专业不精）把木料斫小了，您大王便要发怒，认为他不称职。一个人从小学习先王治天下的方法，希望长大成人后能够拿去实行，假如您大王说，'暂且抛开你所学的东西，听从我的话去做'，那又怎么样呢？现在这里有块没有经过雕琢的璞玉，虽然价值很昂贵，也一定要请玉匠雕琢加工。至于治理国家，却说，'暂且丢下你所学的那一套照我说的办吧'！那跟要玉工按照您的吩咐去雕刻玉石又有什么区别呢？"

公孙丑章句上

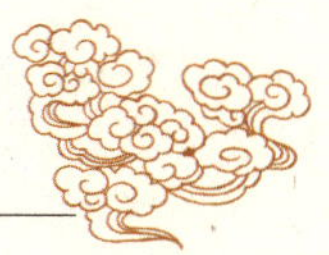

本篇主要论述了对个人意志的锻炼以及仁政的人性根基。孟子在与弟子公孙丑的问答中，对如何做到“不动心”进行了详尽的阐述。“不动心”是指对个人意志的锻炼，以期做到对礼义道德在选择上的高度自觉性。要做到“不动心”，一要“知言”，一要善养浩然之气。“知言”，在认识上是要对各种错误言论进行分析批判，辨明其所犯的是何种错误，以及错误是如何导致的；在道德修养上，“知言”又必须和“养气”相结合，以“心”来判断“言”成为“不动心”的必要条件之一。浩然之气，孟子认为是难以言传的，它属于精神范畴，但偏重伦理道德方面，即指由道德情操所表现出来的精神力量。气，是先秦各学派常用的一个哲学概念，如黄老学派就认为气是万物的本原。孟子在气上附加了道德属性，即浩然之气必须配以道与义，认为人通过理性思维认识和掌握了道与义，再继续加强修养，浩然之气就会充满于天地之间；但如果离开或违反了道与义，思想意识中产生内疚，这时气也就馁了。培养浩然之气，是道义与气相结合的一个渐进积累的过程，既不能放任自流，也不能操之过急，这实际上是一种艰苦的意志锻炼。孟子在论述仁政的人性根基时认为，人生下来就有恻隐之心、羞恶之心、辞让之心和是非之心，这是四种“善端”，仁义礼智就是从这四种“善端”中发展起来的，因而人的本性就是善的。“不忍人之心”是仁的善端，正因为人具有这种“不忍人之心”，所以先王可以行“不忍人之政”，即仁政。仁政来源于先王“不忍人”的善心善性，这就为仁政论提供了哲学根据。

【原文】

公孙丑问曰①：“夫子当路于齐②，管仲、晏子之功③，可复许乎④？”

孟子曰：“子诚齐人也，知管仲、晏子而已矣。或问乎曾西曰⑤：‘吾子与子路孰贤⑥？’曾西蹵然曰⑦：‘吾先子之所畏也。’曰：‘然则吾子与管仲孰贤？’曾西艴然不悦⑧，曰：‘尔何曾比予

公孙丑问曰：夫子当路于齐，管仲、晏子之功，可复许乎？

于管仲！管仲得君[⑨]，如彼其专也；行乎国政，如彼其久也；功烈[⑩]，如彼其卑也。尔何曾比予于是！'”曰：“管仲，曾西之所不为也，而子为我愿之乎？”

曰：“管仲以其君霸，晏子以其君显。管仲、晏子，犹不足为与？”

曰：“以齐王，由反手也。”

曰：“若是，则弟子之惑滋甚。且以文王之德，百年而后崩[⑪]，犹未洽于天下；武王、周公继之，然后大行。今言王若易然，则文王不足法与？”

曰：“文王何可当也[⑫]！由汤至于武丁，贤圣之君六七作[⑬]，天下归殷久矣，久则难变也。武丁朝诸侯，有天下，犹运之掌也。纣之去武丁，未久也[⑭]，其故家遗俗，流风善政，犹有存者；又有微子、微仲、王子比干、箕子、胶鬲[⑮]——皆贤人也，相与辅相之，故久而后失之也。尺地莫非其有也，一民莫非其臣也；然而文王犹方百里起，是以难也。

“齐人有言曰：‘虽有智慧，不如乘势；虽有镃基[⑯]，不如待时。’今时则易然也：夏后、殷、周之盛[⑰]，地未有过千里者也，而齐有其地矣，鸡鸣狗吠相闻，而达乎四境，而齐有其民矣；地不改辟矣，民不改聚矣，行仁政而王，莫之能御也。且王者之不作，未有疏于此时者也[⑱]，民之憔悴于虐政，未有甚于此时者也。饥者易为食，渴者易为饮。孔子曰：‘德之流行，速于置邮而传命[⑲]。’当今之时，万乘之国行仁政，民之悦之，犹解倒悬也。故事半古之人，功必倍之，惟此时为然。”

【注解】

孟子谓当时天下：民之憔悴于虐政，未有甚于此时者也。

①公孙丑：姓公孙，名丑，孟轲弟子。②当路：当权。③管仲：名夷吾，曾辅佐齐桓公建立霸业。晏子：指晏婴，字平仲，是齐景公的宰相。④许：犹“兴”。⑤曾西：曾参的孙子。⑥子路：孔子弟子仲由的字。⑦蹵然：不安的样子。⑧艴然：恼怒的样子。⑨得君：得到君主的信任。⑩功烈：功绩。管仲不辅佐齐桓公行王道而行霸道，所以曾西说他“功烈，如彼其卑也”。⑪百年而后崩：古代传说文王去世的时候是九十七岁，这里说百年是举它的整数。崩，古代天子死叫崩。⑫当：比并，媲美。⑬由汤至于武丁，贤圣之君六七作：汤、武丁，都是商代的贤君，由汤至武丁，中间比较突出的贤君，有太甲、太戊、祖乙、盘庚等，跟汤和武丁合起来算，一共是六个君主，孟子这里说“六七作”，是不定之辞。作，兴起。⑭纣之去武丁，未久也：从武丁到纣王共九代，所以说“未久”。⑮微子、微仲、

王子比干、箕子、胶鬲：微子，名启，是纣王的庶兄。微仲，微子的弟弟。王子比干，纣王的叔父，他因为谏纣王被剖心而死。箕子，也是纣王的叔父，他看见纣王无道，比干被杀，于是装疯做了奴隶，为纣王所囚禁。胶鬲，殷代的贤人，遇上纣王这样的乱世，便隐居到民间去贩卖鱼盐。⑯镃基：一作镃錤，大锄。⑰夏后：禹治水有功，舜让位给他，国号夏，也称为夏后氏。⑱王者之不作，未有疏于此时者也：作，兴。疏，久。⑲置邮：古代用马递送公文叫置，步行递送公文叫邮。

【译文】

公孙丑问孟子说："先生您要是在齐国掌了权，可望重建管仲、晏婴那样的功业吗？"

孟子答道："你到底是个齐国人，仅仅知道管仲、晏婴罢了。曾经有个人问曾西：'您跟子路相比，哪个更强些呢？'曾西肃然起敬地回答说：'（子路是）我先祖父所敬畏的人啊。'那个人又问道：'那么，您跟管仲相比，哪个更强些呢？'曾西怒形于色，说：'你怎么拿我跟管仲相比呢？管仲得到他的君主的信任，是那样的专一；行使国家的政权，时间又是那样的长久；成就的功业，却是那样的微不足道。你怎么拿他来和我相比呢！'"孟子（稍微停顿了一下）说："管仲那样的人，连曾西都不屑和他相比，你说我愿意学他的样吗？"

公孙丑说："管仲辅佐齐桓公建立了霸主之业，晏婴辅佐齐景公使他名扬天下。难道管仲、晏婴这样的人还不值得效法吗？"

孟子说："以齐国这样有条件的大国使天下归服，易如反掌啊。"

公孙丑说："像您这样说，那我就更加不明白了。况且拿文王这样德高望重的人，又活了近百岁才去世，他推行的德政还没有遍于天下；武王周公继承了他的事业继续努力，然后才使王道大行。现在您把推行王道而使天下归服说得那么容易，难道文王还不够做榜样吗？"

孟子说："我们怎么可以跟文王相比呢？（在商代）从汤王到武丁，这中间有六七个圣贤的君主兴起，天下的人归服殷商已经很久了，时间久了，要变动就难了。武丁使诸侯来朝，拥有天下，就像把一样东西放在手心里转动一样容易。纣王的年代离武丁没多久，那些勋旧世家流传下来的良好习俗，还有各种好的遗风善政，当时还存在着，又有微子、微仲、王子比干、箕子和胶鬲——他们都是贤德的人——共同来辅佐他（商纣王），所以过了很久才失掉天下。那时没有一尺土地不是殷朝的土地，没有一个老百姓不是殷朝的臣民，可文王那时刚从百里见方的地方起事，所以这时要夺取天下就比较难了。

"齐国人有句俗话说：'纵然有才智，不如趁形势；纵然有大锄，不如待农时。'当今之世就是容易行王政统一天下的好时机：夏、商、周三代最盛的时期，国土从没有超过千里的，而齐国却有了那么广阔的土地，鸡鸣犬吠的声音，从首都一直到四方国境线，互相可以听到，而齐国也有了那么多的人民了；（在齐国目前这样的条件下，）土地不必再扩张了，人民也不必再增多了，如果推行仁政而使天下归服，那是没有谁能抵挡得住的。况且使天下归服的贤圣之君不出现，没有比现在更久的了；老百姓被暴政所折磨，没有比现在更厉害的了。一个饥饿的人对食物是不加挑剔的，一个口渴的人对饮料也不会苛择。孔夫子说：‘德政的推行，比驿站邮亭传递政令还要迅速。’现在这个时候，如果一个万乘大国出来实行仁政，那老百姓心里的高兴，就会跟一个倒挂着的人被解救下来差不多。所以只要做古人一半的事，就可以获得比古人多一倍的成功，这也只有现在这个时候才可以。”

【原文】

公孙丑问曰：“夫子加齐之卿相①，得行道焉，虽由此霸王不异矣。如此则动心否乎？”

孟子曰：“否。我四十不动心。”

曰：“若是，则夫子过孟贲远矣②。”

曰：“是不难。告子先我不动心③。”

孟子曰：否。我四十不动心。

曰：“不动心有道乎？”

曰：“有。北宫黝之养勇也④：不肤桡⑤，不目逃⑥，思以一豪挫于人，若挞之于市朝⑦；不受于褐宽博⑧，亦不受于万乘之君；视刺万乘之君，若刺褐夫；无严诸侯⑨，恶声至，必反之。孟施舍之所养勇也⑩，曰：‘视不胜犹胜也。量敌而后进，虑胜而后会，是畏三军者也。舍岂能为必胜哉？能无惧而已矣。’孟施舍似曾子⑪，北宫黝似子夏⑫。夫二子之勇，未知其孰贤，然而孟施舍守约也。昔者曾子谓子襄曰⑬：‘子好勇乎？吾尝闻大勇于夫子矣：自反而不缩⑭，虽褐宽博，吾不惴焉；自反而缩，虽千万人，吾往矣。’孟施舍之守气，又不如曾子之守约也。”

曰：“敢问夫子之不动心与告子之不动心，可得闻与？”

“告子曰：‘不得于言，勿求于心；不得于心，勿求于气。’不得于心，勿求于气，可；不得于言，勿求于心，不可。夫志，气之帅也；气，体之充也。夫志至焉，气次焉；故曰：‘持其志，无暴其气⑮。’”

“既曰‘志至焉，气次焉’；又曰‘持其志，无暴其气’者，何也？”

曰：“志壹则动气，气壹则动志也。今夫蹶者趋者⑯，是气也，而反动其心。”

【注解】

①加：和“居”字的意思差不多。②孟贲：卫国人，古代著名勇士。③告子：名不害。根据《墨子·公孟篇》的记载，他可能曾到墨子的门下受教。④北宫黝：北宫是姓，黝是名，齐国人。⑤不肤桡：桡，这里是退却的意思。不肤桡，是说不因肌肤被刺而退却。⑥不目逃：不因眼睛被刺而转睛逃避。⑦市朝：市，进行集市贸易的地方。朝，朝廷。因为上古绝无在朝廷上鞭笞打人的事，所以“市朝”二字是偏义复词，只有“市”义，而无“朝”义。⑧不受：指不接受挫辱。褐：毛布。宽博：这里指穿粗布制的宽大衣服的人（即卑贱之人）。⑨无严诸侯：严，畏。这句是说心中没有可敬畏的诸侯。⑩孟施舍：这个人的生平事迹已经无法考证。⑪曾子：是孔子的弟子曾参。⑫子夏：孔子弟子，姓卜，名商。⑬子襄：曾子的弟子。⑭缩：直。⑮持其志，无暴其气：持，保持。暴，乱。⑯蹶者：失足摔倒的人。趋者：奔跑的人。

【译文】

公孙丑问道：“老师要是官居齐国卿相的高位，能有机会实现自己的主张，哪怕从此成就霸者王者的大业，也不足为怪了。在这种情况下，那么，您会不会（感到恐惧怀疑）而动心呢？”

孟子说：“不。我四十岁时就已做到不动心了。”

公孙丑说：“照这样说来，那老师远远地超过孟贲了。”

孟子说：“做到这个并不难，告子的不动心便比我还要早。”

公孙丑又问：“做到不动心有诀窍吗？”

孟子说：“有。北宫黝培养勇气的方法是：人家刺他的皮肤他一动也不动，刺他的眼睛他一眨也不眨，他认为哪怕只是一点点为人挫败，就像大街上鞭打了他一顿一样的奇耻大辱。他不愿受普通平民的挫辱，也不愿受大国君主的挫辱。在他看来，刺杀大国的君主，就像刺杀普通平民一样；在他心目中，没有什么国君侯王让他敬畏，谁骂了他一句，他就一定要回击。另一个叫孟施舍的培养勇气的方法又有所不同，他说：‘我对待不能战胜的敌人和对待能够战胜的敌人没有两样。如果先估量敌人的力量这才前进，先考虑胜败这才交锋，这种人若碰到数量众多的军队一定会害怕。我孟施舍难道能够稳操胜算吗？我只是能够无所畏惧罢了。’孟施舍的勇敢有点像曾子，北宫黝有点像子夏。两个人到底谁比谁强，我也说不准。可是，我认为孟施舍能够抓住培养勇气的要领。从前，曾子对他的学生子襄

北宫黝之养勇也，不肤桡，不目逃。

说：‘你爱好勇敢吗？我曾经从老师孔子那里听到过关于什么是大勇的论述：自己反躬自问，正义不在我，哪怕对方是个普通平民，我也不能让人家恐惧我；自己反躬自问，正义在我这一边，哪怕面对千军万马，我也将勇往直前。’孟施舍虽说有点像曾子，但他所守的是无所畏惧的勇气，不如曾子的原则简要可行。”

公孙丑说：“我大胆问问您：老师的不动心和告子的不动心，可以讲给我听听吗？”

孟子说：“告子说：‘对于对方说的话有弄不清的地方，不必在自己心里琢磨他的话有没有道理；对于一件事的道理心里未能明了，不必因此而触动意气。’对于一件事的道理心里未能明了，不因此触动意气，是对的。对于对方的话有弄不清的地方，不在自己心里琢磨他的话有没有道理，那就不对了。思想意志是意气感情的将帅，意气感情是充满人的身体的力量。思想意志到了哪里，意气感情也就在哪里表现出来；所以我说：‘一个人应该谨慎掌握自己的思想意志，不要随便意气用事。’”

公孙丑又问道：“您既然说‘思想意志到了哪里，意气感情也就在哪里表现出来’，又说‘一个人应该谨慎掌握自己的思想意志，不要随便意气用事’，这是什么道理呢？”

孟子回答说：“这是因为一个人的思想意志专注于某一个方面，他的意气感情也会受到影响从那个方面表现出来，相反，一个人的意气感情专注于某一个方面，他的思想意志也会受到影响被牵引到那个方面来。现在我们看那些摔倒和奔跑的人，这只是体气在专注于他们的行动，然而也不能不影响到思想，造成心的浮动。”

【原文】

（公孙丑曰：）“敢问夫子恶乎长？”

曰：“我知言，我善养吾浩然之气。”

“敢问何谓浩然之气？”

曰：“难言也。其为气也，至大至刚，以直养而无害，则塞于天地之间。其为气也，配义与道；无是，馁也。是集义所生者，非义袭而取之也。行有不慊于心[①]，则馁矣。我故曰告子未尝知义。以其外之也。必有事焉而勿正心，勿忘，勿助长也。无若宋人然：宋人有闵其苗之不长而揠之者[②]，芒芒然归，谓其人曰：‘今日病矣！予助苗长矣！’其子趋而往视之，苗则槁矣。天下之不助苗长者寡矣。以为无益而舍之者，不耘苗者也；助之长者，揠苗者也——非徒无益，而又害之。”

“何谓知言？”

曰：“诐辞知其所蔽[③]，淫辞知其所陷，邪辞知其所离，遁辞知其所穷。生于其心，害于其政；发于其政，害于其事。圣人复起，必从吾言矣。”

【注解】

①慊：足。②闵：忧虑。揠：拔高。③诐：偏颇，不正。蔽：遮隔、壅蔽。

【译文】

公孙丑问道："我大胆地请问您长于什么？"

孟子说："我善于分析理解别人的言辞，我善于培养我的浩然之气。"

公孙丑又问道："我再斗胆问一句，什么叫作浩然之气？"

孟子说："这就难以说明白了。它作为一种气，是最伟大、最刚劲的，如果用正义去培养而不伤害它的话，它就会充满天地之间，无所不在。它作为一种气，必须与'义'和'道'配合，否则，就要显得软弱乏力。这是由正义的经常积累所产生的，不是凭偶然的正义行为所取得的。只要你行为中有一件事自己心里感到欠缺时，那种气会变得软弱乏力。我之所以说告子从来不懂得什么是义，是因为他把'义'看作心外之物（我们必须把'义'看成心内之物）。一定要培养你的浩然之气，但不要有特定的目的，每时每刻都不要忘记养气的事，但也不要不按它成长的规律去帮助它成长。千万别像宋国人那样：宋国有个担心他的禾苗长不快而把苗拔高的人，拖着疲惫不堪的身子回到家中，对家里的人说：'今天可是累坏了！我帮助禾苗长高了呢！'他的儿子赶快跑去一看，禾苗都干枯了。其实世上不帮助禾苗生长的人是很少。认为培养工作没有好处而抛弃它，那就等于是不耘苗去草的懒汉；那些违背规律地去帮助它生长的人，就是拔苗助长的人——不但没有好处，而且还害了它。"

宋人有闵其苗之不长而揠之者。

公孙丑又接着问道："什么叫作知言呢？"

孟子说："听了偏颇不正的话，我便知道说话的人所蕴蔽的地方；听了放荡的话，我便知道说话的人所陷溺的地方；听了邪僻的话，我便知道说话的人偏离正道的地方；听了躲躲闪闪的话，我便知道说话的人理屈词穷的地方。这四种言辞由心里（思想上）产生出来，必然会在政治上产生危害；如果从政治方面体现了出来，便要妨害国家的各项具体工作。当今或后世即使有圣人再度出现，也必然会赞成我所说的这些话的。"

【原文】

公孙丑曰："宰我、子贡善为说辞[①]；冉牛、闵子、颜渊善言德行[②]；孔子兼之，曰：'我于辞命，则不能也。'然则夫子既圣矣乎？"

曰："恶[③]！是何言也？昔者子贡问于孔子曰：'夫子圣矣乎？'孔子曰：

孟子谈到从前子贡向孔子提问的事情。

'圣则吾不能，我学不厌而教不倦也。'子贡曰：'学不厌，智也；教不倦，仁也。仁且智，夫子既圣矣。'夫圣，孔子不居，是何言也？"

"昔者窃闻之：子夏、子游、子张皆有圣人之一体[④]，冉牛、闵子、颜渊则具体而微[⑤]，敢问所安。"

曰："姑舍是[⑥]。"

曰："伯夷、伊尹何如[⑦]？"

曰："不同道。非其君不事，非其民不使；治则进，乱则退，伯夷也。何事非君，何使非民；治亦进，乱亦进，伊尹也。可以仕则仕，可以止则止，可以久则久，可以速则速，孔子也。皆古圣人也，吾未能有行焉。乃所愿，则学孔子也。"

"伯夷、伊尹于孔子，若是班乎[⑧]？"

曰："否。自有生民以来，未有孔子也。"

曰"然则有同与？"

曰："有。得百里之地而君之，皆能以朝诸侯、有天下；行一不义、杀一不辜而得天下，皆不为也。是则同。"

曰："敢问其所以异。"

曰："宰我、子贡、有若[⑨]，智足以知圣人，汙不至阿其所好[⑩]。宰我曰：'以予观于夫子，贤于尧舜远矣。'子贡曰：'见其礼而知其政，闻其乐而知其德，由百世之后，等百世之王，莫之能违也。自生民以来，未有夫子也。'有若曰：'岂惟民哉？麒麟之于走兽，凤凰之于飞鸟，太山之于丘垤[⑪]，河海之于行潦[⑫]，类也。圣人之于民，亦类也。出于其类，拔乎其萃[⑬]。自生民以来，未有盛于孔子也。'"

【注解】

①宰我、子贡善为说辞：宰我，孔子弟子宰予。子贡，孔子弟子端木赐。说辞，言语。宰我、子贡是孔子言辞方面的高足，《论语》中有"言语：宰我、子贡"这样的记述。②冉牛、闵子、颜渊善言德行：冉牛，孔子弟子冉耕，字伯牛；闵子，孔子弟子闵损，字子骞；颜渊，孔

子弟子颜回，字子渊，三个人都是孔子门下德行较高者。③恶：叹词，表示惊讶不安的神情。④子夏、子游、子张皆有圣人之一体：子游，孔子弟子言偃。子张，孔子弟子颛孙师。有圣人之一体，是用比喻的说法，说上述三个弟子都只得了圣人四肢中的一个肢体。⑤具体而微：是说具备了圣人的全体（即四肢都具备了），但是还不广大。⑥姑舍是：姑，暂且；舍，放下，抛开。孟子是个很自负的人，曾经说过“当今之世，舍我其谁”的豪言壮语，所以对孔门这许多弟子，他都不放在眼里，但是又不便明说，只好用“姑舍是”一语搪塞过去。⑦伯夷、伊尹：伯夷，商朝末年孤竹君的大儿子，跟他弟弟叔齐因互让王位而出逃。周武王伐纣时，二人曾扣住马头劝谏，武王不听，于是一同隐居在首阳山，立志不吃周朝的粮食而活活地饿死了。伊尹，有莘的处士，辅佐商汤王出兵攻打夏桀。⑧班：齐，等。⑨有若：孔子弟子，鲁国人，比孔子小十三岁。⑩汙：本作“洿”，孟子可能用为“洿”字的假借字。⑪垤：蚂蚁用土做的窝。⑫行潦：路上的积水。⑬萃：聚集。这里指聚在一起的人或事物。

【译文】

公孙丑又问道：“宰我、子贡长于言辞，冉牛、闵子和颜渊以德行见称；孔子则兼有他们的长处，但他还是说：‘我对于说话，就并不擅长。’老师您（既善于分析别人的言辞，又善养浩然之气，）已经是圣人了吗？”

孟子（不禁惊诧地）说：“哎！你这是什么话呢？从前子贡向孔子问道：‘老师您已经成了圣人吗？’孔子说：‘圣人，我还不能做到，我能做到的，不过是学习不感厌倦、教诲别人不知疲劳罢了。’子贡说：‘学习不厌倦，这是智的表现；教诲别人不知疲劳，这是仁的表现。具备了仁和智这两种高尚的品德，老师您已经称得上是圣人了啊。’圣人，孔子都不敢当，你这是什么话呢？”

公孙丑又问道：“从前我听说过，子夏、子游和子张，都学得了孔圣人一方面的特长，冉牛、闵子和颜渊大体上具备孔子的才德，但比不上他那样博大精深。请问老师，您在上面这些人中间与哪一个更接近呢？”

孟子说：“暂且抛开这些不谈吧。”

公孙丑又问：“伯夷和伊尹怎么样呢？”

孟子说：“他们处世之道并不相同。不是自己认可的君主不侍奉，不是自己认可的人民不役使，天下太平就进到朝廷去做官，天下不太平便退而隐居在野，这是伯夷处世的态度。什么君主都可以侍奉，什么人民都可以役使，天下太平也做官，天下不太平也做官，这就是伊尹的处世态度。应该做官就做官，应该辞官就辞官，应该久干下去就久干下去，应该赶快离开就赶快离开，这就是孔子的处世态度。他们都是古代的圣人。我没能做到他们那样。至于我所希望的，便是要学习孔子。”

公孙丑又问：“伯夷、伊尹对于孔子来说，是同等的吗？”

孟子答道：“不。自有人类以来没有能比得上孔子的。”

公孙丑问：“那么他们有相同的地方吗？”

孟子说：“有。如果他们得到方圆百里的土地而以他们为君王，他们都能使诸侯来朝，统一天下。要他们做一件不合道理的事，杀一个无辜的人，因而得到天下，他们都不会做的。这就是他们相同的地方。”

公孙丑问道："请问他们不同的地方在哪里呢？"

孟子说："宰我、子贡和有若，他们的智慧足以了解孔子，即使夸张一点，也不至虚加赞扬他们喜爱的人。宰我说：'依我宰予对老师的看法，他比尧舜高明得多。'子贡说：'见到一个国家的礼制，就可以了解这个国家的政治；听了人家的音乐，便可以了解这个人的道德。哪怕百世以后，用同等标准（办法）依次去评价百世以来的君王，没有一个能背离孔子之道的。自有人类以来，没有出过一个像孔子这样（伟大）的人。'有若说：'难道只有人民有高下之分吗？麒麟对于走兽，凤凰对于飞鸟，泰山对于小土堆，河和海对于路上的积水，是同类；圣人对于人民，也是同类。孔子大大地超过了他的同类，在他的那一群中冒着尖儿。自有人类社会以来，没有比孔子更伟大的。'"

【原文】

孟子曰："以力假仁者霸，霸必有大国；以德行仁者王，王不待大，汤以七十里，文王以百里①。以力服人者，非心服也，力不赡也②；以德服人者，中心悦而诚服也，如七十子之服孔子也③。《诗》云：'自西自东，自南自北，无思不服。'此之谓也。"

以力假仁者霸。

【注解】

①汤以七十里，文王以百里：二句"里"字后都省去了"而王"二字，因为上文有"王不待大"一句，所以省。②赡：足。③七十子：指孔子门下如颜渊、子贡等七十多个身通六艺的优秀弟子。

【译文】

孟子说："凭着自己的实力，假托仁义之名号召征伐的，可以称霸于诸侯，称霸的人一定要凭借国力的强大。依靠道德来推行仁政的人可以实行王道而使天下归服，实行王道而使天下归服不一定要国家大、力量强，商汤王凭借纵横七十里见方的土地，周文王凭借百里见方的土地（实行了王道，使天下归服）；倚仗势力使别人服从的，别人并不是从心里服从他，而是由于力量不足的原因；凭借德行使别人归服自己的，别人是心悦诚服的，像孔子门下七十二贤拜服孔子一样。《诗经》里说：'从西到东，从南到北，无不心悦诚服。'说的正是这个意思。"

【原文】

孟子曰："仁则荣，不仁则辱；今恶辱而居不仁，是犹恶湿而居下也。如恶之，莫如贵德而尊士，贤者在位，能者在职。国家闲暇，及是时。明其政刑，虽大国，必畏之矣。《诗》云：'迨天之未阴雨，彻彼桑土[①]，绸缪牖户[②]。今此下民[③]，或敢侮予？'孔子曰：'为此诗者，其知道乎！能治其国家，谁敢侮之？'今国家闲暇，及是时，般乐怠敖[④]，是自求祸也。祸福无不自己求之者。《诗》云：'永言配命，自求多福[⑤]。'太甲曰[⑥]：'天作孽，犹可违；自作孽，不可活[⑦]。'此之谓也。"

【注解】

①《诗》云：以下五句引自《诗经·豳风·鸱鸮》篇。迨：及，趁。彻：取。桑土：桑根的皮。②绸缪：即缠绵的转声，是说用桑根的皮缠结成窝。③下民：指下人，小鸟住在树上，所以称住在地面上的人为下人。④般乐：般、乐是同义复音词。怠：怠惰。敖：同"遨"，出游。⑤《诗》云：此两句引自《大雅·文王》篇。永言配命：意思是说人应该常常不忘与天命配合。⑥太甲：殷王的名字。⑦自作孽，不可活：《礼记·缁衣》引太甲的这两句话，文字略有出入，"活"字作"逭"。逭，逃，避。这里的"活"字是"逭"的假借字。

【译文】

孟子说："国君只要施行仁政，就能（国泰民安）身享荣乐；不施行仁政，就将（国破民残，）身遭屈辱。现在既然讨厌屈辱，可是仍然安于不仁的现状（即不愿施行仁政），这就好像讨厌潮湿却甘心居住在低洼的地方一样。如果讨厌它，就重视德行（而加强自我道德修养），尊敬贤能的人（而起用他们），使道德高尚的贤人在位，才华出众的能人任职。国家安定了，（没有内忧外患的干扰，）趁着这个大好的时机，使政教修明，法纪森严，哪怕是大国，也一定要感到害怕而来归附了。《诗经》里说过：'趁着天还没下雨，剥取桑根的皮儿，把那门窗修理好。那住在下面的人们，又有谁敢来欺侮我呢？'孔子说：'作这首诗的人，真可算懂得治国的道理哩！一个国君能治理好他的国家，谁敢欺侮他呢？'现在国家安定，如果国君趁着这个时候，纵情游乐、懒问政事，这简直是自取祸害。一个人的祸福没有不是自己找的。《诗经》中曾有过这样的句子：'人们应该常常不忘和天命配合，为自己多找求点儿幸福。'商王太甲说：'天降祸害，还可以逃避；自己造成的祸害，简直逃也没法逃。'正是这个意思。"

【原文】

孟子曰："尊贤使能，俊杰在位，则天下之士，皆悦而愿立于其朝矣；市，廛而不征[①]，法而不廛[②]，则天下之商，皆悦而愿藏于其市矣；关，讥而不征，则天下之旅，皆悦而愿出于其路矣。耕者，助而不税[③]，则天下之农，皆悦而愿耕于其野矣；廛，无夫里之布[④]，则天下之民，皆悦而愿为之氓矣[⑤]。信能行此五者，则邻国之民，仰之若父母矣。率其子弟，攻其父母，自有生民以来，未有能济者也。如此，则无敌于天下。无敌于天下者，天吏也。然而不王者，未之有也。"

【注解】

①廛：这里是名词动用，储藏货物的意思。征：征收租税。②法：贸易法，这里也是名词动用，有按法定价格收购的意思。③助：帮助耕种公田。税：名词动用，征收租税。④廛：老百姓。夫：一夫。里：里居。布：即钱。夫里之布，是说宅旁不种桑麻，让土地荒废，或是利用它来起造台榭楼观的，就罚令出里布，像后世凡是土地都有地税一般；百姓中凡是没有职业的，便使他们出夫布，即一个劳动力服役的工钱，像后世不能服公役的人缴纳的免役钱一样。⑤氓：可解为民，但与民略有区别，一般多指从别处迁来的百姓，所以这个字从亡从民。

【译文】

孟子说："尊重贤士，任用能者，让才德出众的人各在其位，那么天下的士子们，都会感到衷心喜悦而愿意到那个朝廷里来做官了；在市场上，提供储藏货物的货栈而不征收货物税，遇上货物滞销，便由国家按法定价格征购，不让它们长期积压在货栈中，那么天下的商人，都会感到衷心喜悦而愿意把货物藏在那个市场上了；关卡上，仅仅稽查语言装束不同一般的人，并不征税，那么天下的旅客，都会感到衷心喜悦而愿意取道于那个国家了；耕田的人，只需帮着耕种井田制中的公田而不必另交租税，那么天下的农民，都会感到衷心喜悦而愿意到那里去种地了；里弄的居民们，不管在什么情况下（即使无正当职业或不在屋旁种桑麻），都给豁免附加的雇役钱和地税，那么天下各国的百姓们，都会感到衷心喜悦而愿意到那里去做寄居的百姓了。要是真的能做到上面五点，那么邻国的老百姓，便会对那里的国君像对父母般的仰望爱慕了。（别国的国君假如妄图进犯这样的国家，就好像是）率领儿女们去攻打他们自己的父母，从有人类以来，是没有能够获得成功的。这样，在天下就找不到敌手了。天下无敌的人，就是上天派遣到下界来的使者。要是做到了这样却还不能统一天下的，那是没有的事。"

【原文】

孟子曰："人皆有不忍人之心。先王有不忍人之心，斯有不忍人之政矣。以不忍人之心，行不忍人之政，治天下可运之掌上。所以谓人皆有不忍人之心者，今人乍见孺子将入于井，皆有怵惕恻隐之心[①]——非所以内交于孺子之父母也[②]，非所以要誉于乡党朋友也[③]，非恶其声而然也。由是观之，无恻隐之心，非人也；无羞恶之心，非人也；无辞让之心，非人也；无是非之心，非人也。恻隐之心，仁之端也[④]；羞恶之心，义之端也；辞让之心，礼之端也；是非之心，智之端也。人之有是四端也，犹其有四体也[⑤]。有是四端而自谓不能者，自贼者也[⑥]；谓其君不能者，贼其君者也。凡有四端于我者，知皆扩而充之矣，若火之始然[⑦]，泉之始达。苟能充之，足以保四海；苟不充之，不足以事父母。”

【注解】

①怵惕：吃惊害怕。恻隐：伤痛不忍。②内交：即结交。内，同“纳”。③要誉：求得好名声。要，求，谋取。④端：开始。⑤四体：四肢。人的四肢，是必不可少的。⑥贼：残害。⑦然：同“燃”。

【译文】

孟子说：“人都有一颗见人遭遇不幸而有所不忍的心。古代帝王由于有这种怜悯别人的心，这样才有了怜悯下面百姓的仁政。拿这种怜悯别人的好心，去施行怜悯百姓的仁政，治理天下就可以像运转小物件于手掌上那么容易了。我所以说每个人都有见人遭遇不幸而有所不忍的心的缘故，譬如人们突然看见无知的小孩将要爬跌到井里去，都会立即产生一种惊骇、伤痛不忍的心情——这不是为了想跟这孩子的爹娘攀交情，不是为了要在邻里朋友中博得个好名声，也不是由于厌恶孩子的啼哭声才这样做的。从这里看来，没有同情之心，算不了人；没有羞耻的心，算不了人；没有推让之心，算不了人；没有是非之心，算不了人。同情之心，是仁的开端；羞耻之心，是义的开端；推让之心，是礼的开端；是非之心，是智的开端。一个人有这四个开端，就如同他的身体有四肢一样（是他本身所固有的）。有这四个开端却自认无所作为的人，是自己害自己的人；说他的君主无所作为的人，是戕害他的君主的人。凡是在自身具有这四个开端的人，如果懂得把它们扩充起来，那就会像火刚开始点着，泉水刚开始流出（前景是无可限量的）。（一个从事政治的人）假使能够扩充这四个开端，就可以护育天下的人民；假使不扩充的话，那就连自身的爹娘也无法奉养了。”

【原文】

孟子曰：“矢人岂不仁于函人哉[①]？矢人唯恐不伤人，函人唯恐伤人。巫匠亦然[②]。故术不可不慎也[③]。孔子曰：‘里仁为美，择不处仁，焉得智？’夫仁，天之尊爵也[④]，人之安宅也。莫之御而不仁，是不智也。不仁不智，无礼无义，人役也[⑤]。人役而耻为役，犹弓人而耻为弓，矢人而耻为矢也。如耻之，莫如为仁。仁者如射：射者正己而后发，发而不中，不怨胜己者，反求诸己而已矣。”

【注解】

①函人：制造铠甲的人。②巫：古代巫、医不分，古人治病亦用巫。匠：指制作棺椁的木匠。③术不可不慎也：术，指职业。造箭的人的本性并不比造甲的人仁（因为“人皆有不忍人之心”），造箭的人之所以有唯恐不伤人的思想，是由他的职业决定的。所以人们选择职业不

可不慎重。④ 尊爵：最崇高的爵位。⑤ 人役：被别人所役使的人。

【译文】

孟子说："造箭的人难道比制甲的人的本性更不仁爱吗？造箭的人唯恐自己造的箭不能射伤人，而制甲的人却又唯恐自己制的甲不坚固让人受了伤。为人治病的巫人和专为人制棺材的匠人也是这样。所以，一个人选择职业不可不持审慎的态度。孔子说过：'居住的地方，要有仁德才好。选择住处，没有仁德，这哪里能说是聪明呢？'仁，可以说是天赐的最崇高的爵位，是人们最安全的住宅。没有人阻拦，却不去行仁，这便是人不聪明的地方。一个人不仁、不智、无礼、无义，那就只配当供人使唤的仆役。当了仆役却又以供人役使为可耻、那就像造弓的人以造弓为可耻、造箭的人以造箭为可耻一样。要是觉得可耻，就不如去行仁。行仁的人就好比赛箭的人一样：射箭的人都是端正自己射箭的姿势后把箭射出去，如果没有射中，不去埋怨胜过自己的同行，只是从自己本身去找原因罢了。"

【原文】

孟子曰："子路，人告之以有过则喜；禹闻善言则拜①。大舜有大焉②，善与人同③，舍己从人，乐取于人以为善。自耕稼、陶、渔以至为帝④，无非取于人者。取诸人以为善，是与人为善者也⑤。故君子莫大乎与人为善。"

【注解】

① 禹闻善言则拜：禹是历史上第一个以治洪水著称的伟大人物，相传他接受舜的让位建立夏朝。《尚书·皋陶谟》："禹拜昌言。"《史记·夏本纪》中"昌言"改作"美言"，亦即孟子的"善言"。② 有：同"又"。③ 善与人同：即与人同善。④ 耕稼、陶、渔：《史记·五帝本纪》记载，舜为帝前曾经从事过种地、烧制陶器和捕鱼等各种劳动。⑤ 与人为善："与"字有两解：一是偕同（即和别人一道），一是赞许、帮助。两解都通。

禹闻善言则拜。

【译文】

孟子说道："子路这个人，一听到人家告诉他有过错，他便高兴；夏禹王听了有益的话，便向人拜谢。大舜比他们两个更伟大，他愿意跟别人一同行善，抛弃自己不对的，听从人家对的，乐意吸取别人的优点来行善。从他种庄稼、烧制陶（瓦）器、打鱼到被推举为天子，没有一处优点不是从别人那里虚心学习来的。吸取别人的优点来行善，这也是帮助、鼓励别人行善的好作风。所以君子的德行没有比跟别人一同行善更伟大的了。”

【原文】

孟子曰：“伯夷，非其君不事，非其友不友；不立于恶人之朝[①]，不与恶人言；立于恶人之朝，与恶人言，如以朝衣朝冠坐于涂炭[②]。推恶恶之心[③]，思与乡人立，其冠不正，望望然去之[④]，若将浼焉[⑤]。是故诸侯虽有善其辞命而至者[⑥]，不受也。不受也者，是亦不屑就已。

“柳下惠不羞汙君[⑦]，不卑小官；进不隐贤，必以其道；遗佚而不怨[⑧]，厄穷而不悯[⑨]。故曰：‘尔为尔，我为我，虽袒裼裸裎于我侧[⑩]，尔焉能浼我哉？’故由由然与之偕而不自失焉[⑪]，援而止之而止。援而止之而止者，是亦不屑去已。”

孟子曰：“伯夷隘，柳下惠不恭。隘与不恭，君子不由也。”

【注解】

① 不立于恶人之朝：意思是不在恶人的朝廷里做官。② 涂炭：涂，烂泥；炭，炭灰。涂炭比喻污秽不堪的地方。③ 恶恶：前一恶字是厌恶的意思；后一恶字是恶人的意思。④ 望望然：去而不顾之貌。⑤ 浼：污秽。⑥ 辞命：使者奉命出使他国，有关外交所陈述的辞令。⑦ 柳下惠：名展禽，鲁国大夫。因为他的采邑在柳下，死后的谥号是惠，所以人们称他为柳下惠。⑧ 遗佚：被遗弃，指不被君主重用。⑨ 阨穷：困厄穷迫。悯：忧伤。⑩ 袒裼：脱去衣服，露出上身。裸裎：裸体。⑪ 由由：自得的样子。不自失：不失去自己正常的态度。

【译文】

孟子说：“伯夷这个人嘛，不是他认可的君主就不肯侍奉；不是他认可的朋友就不肯结交；不在恶人的朝廷里做官，不跟恶人讲话；（在他看来，）在恶人的朝廷里做官，跟恶人讲话，就像穿着礼服、戴着礼帽坐在烂泥和炭灰上。把这种憎恶坏人的心思推广开去，（想到）他要是跟一个乡下人站在一起，乡下人的帽子又歪歪斜斜地戴在头上，他便要撇下乡下人不理睬而径自走开，好像自己要被这个乡下人玷污了似的。所以当时各国的国君尽管用好言好语来聘请他去做官，他也是不接受的。他之所以不接受，这也是由于他认为那些国君不值得接近罢了。

“柳下惠却完全两样，他不以侍奉不好的君主为羞耻，也不以做小官为卑下，入朝做官不隐瞒自己的才干，但一定要按照他的原则；不被君主重用也毫无怨言，处境困厄穷迫也不感到忧伤。所以他说：‘你是你，我是我，哪怕你在我旁边赤身露体（无礼到了极点），你又怎么能玷污我呢？’因此他怡然自得地与他们这些人在一起，却并不会有失常态，别人挽留他叫他留下，他便留下。挽留他叫他留下，他便留下，这也是由于他认为没必要离开罢了。”

孟子说：“伯夷的器量过于狭隘，柳下惠的态度又太不恭敬。狭隘和不恭敬，君子是不会这样做的。”

公孙丑章句下

本篇从第二章起，详细记载了孟子在齐国的事迹，具体展现了孟子的处世原则，其中值得注意的是以下几个方面：首先，孟子提出了“天下有达尊三：爵一，齿一，德一”的观点，以年纪和道德来与诸侯的尊位分庭抗礼，否定了君权至高无上的地位。孟子在与诸侯打交道时，是以诸侯之师的身份自居的，他不应齐王之召，是因为齐王的行为不符合待师之礼。他认为有作为的君主应该像学生对待老师那样对待德高望重的臣属，应该把他们视为“不召之臣”而亲自前去拜访。这种对独立人格的强调、对自我意识的张扬是有别于孔子“君命召，不俟驾而行”的态度的，在当时也是难能可贵的。另外，孟子提出只有“天吏”才可以伐人之国。“天吏”指的是行仁政得民心的国君，实际上是认为当时任何一国的国君都没有率领义师讨伐不义之国的资格，这与其反战及主张以仁政的感化作用来统一天下的思想是互为表里的。篇中还强调了恪守伦理道德的绝对正确性，当被问及“周公使管叔监殷，管叔以殷畔”这个问题时，孟子认为，周公作为弟弟，对哥哥不应有任何怀疑，如果兄弟之间也互相不信任，那本身就是违背道德原则的，所以周公任用管叔是没有错误的。这种观点体现出礼义道德在孟子思想中的核心地位，也反映出孟子对宗法血缘关系的极力维护。

【原文】

孟子曰：“天时不如地利，地利不如人和①。三里之城，七里之郭②，环而攻之而不胜。夫环而攻之，必有得天时者矣；然而不胜者，是天时不如地利也。城非不高也，池非不深也，兵革非不坚利也，米粟非不多也；委而去之③，是地利不如人和也。故曰：域民不以封疆之界④，固国不以山谿之险⑤，威天下不以兵革之利。得道者多助，失道者寡助。寡助之至，亲戚畔之⑥；多助之至，

天时不如地利。

天下顺之。以天下之所顺，攻亲戚之所畔，故君子有不战，战必胜矣[⑦]。”

【注解】

①天时：李炳英《孟子文选》注解说：“古代作战，以‘天干’（甲、乙、丙、丁、戊、己、庚、辛、壬、癸）、‘地支’（子、丑、寅、卯、辰、巳、午、未、申、酉、戌、亥）所标志的时日（例如：甲子日、乙卯日等）和攻守地点的方位（东、南、西、北、中央）的适当配合为条件（某日攻某方、守某方为有利），来掌握胜败、吉凶的成数，这叫作天数。”天数即是天时。②三里之城，七里之郭：古代都邑四周用作防御的高墙一般分两重，里面的叫城，外面的叫郭，也就是内城和外城。③委：弃。④域民：限制人民，使他们居住在一定的区域内，为自己所统治。⑤固国：使国防坚固，牢不可破。⑥畔：同“叛”。⑦君子有不战，战必胜矣：句中的“有”字相当于口语的“要么”。

【译文】

孟子说：“得天时不如得地利，得地利不如得人和。内城三里、外城七里的城邑，包围攻打却无法取胜。包围而攻打，一定有合乎天时的战机。可是却无法取胜，这说明得天时不如占地利呀。城墙并不是筑得不高，护城河并不是挖得不深，兵器和盔甲并不是不锐利、不坚固，粮食也并不是不多呀；可是，（当敌人一来进犯，）守兵们竟弃城而逃，这说明得地利不及得人和呀。所以说，限制人民不必靠国家的疆界，巩固国防不必凭山河的险要，威服天下不必恃武力的强大。行仁政的人帮助他的便多，不行仁政的人帮助他的便少。少助到了极点时，连亲戚都会背叛他；多助到了极点时，全天下都愿意顺从他。拿全天下顺从的力量去攻打连亲戚都背叛的人，那么，仁德之君要么不用战争，若用战争，是必然胜利的了。”

【原文】

孟子将朝王，王使人来曰：“寡人如就见者也[①]，有寒疾，不可以风；朝将视朝[②]，不识可使寡人得见乎？”

对曰：“不幸而有疾，不能造朝。”

明日，出吊于东郭氏[③]。公孙丑曰：“昔者辞以病[④]，今日吊，或者不可乎？”

曰：“昔者疾，今日愈，如之何不吊？”

王使人问疾，医来。孟仲子对曰[⑤]：“昔者有王命，有采薪之忧[⑥]，不能造朝；今病小愈，趋造于朝，我不识能至否乎？”使数人要于路[⑦]，曰：“请必无归而造于朝！”

不得已而之景丑氏宿焉[⑧]。景子曰：“内则父子，外则君臣，人之大伦也[⑨]；父子主恩，君臣主敬。丑见王之敬子也，未见所以敬王也。”

曰：“恶，是何言也！齐人无以仁义与王言者，岂以仁义为不美也？其心曰，‘是何足与言仁义也’云尔[⑩]，则不敬莫大乎是。我非尧舜之道不敢以陈于王前，故齐人莫如我敬王也。”

孟子与景丑谈仁义。

景子曰：“否，非此之谓也。《礼》曰：‘父召无诺[11]；君命召，不俟驾[12]。’固将朝也，闻王命而遂不果[13]，宜与夫礼若不相似然[14]。”

曰：“岂谓是与？曾子曰：‘晋、楚之富，不可及也。彼以其富，我以吾仁；彼以其爵，我以吾义，吾何慊乎哉[15]！’夫岂不义而曾子言之？是或一道也。天下有达尊三[16]：爵一，齿一，德一。朝廷莫如爵，乡党莫如齿，辅世长民莫如德。恶得有其一以慢其二哉！

“故将大有为之君，必有所不召之臣，欲有谋焉则就之。其尊德乐道，不如是不足与有为也。故汤之于伊尹，学焉而后臣之，故不劳而王；桓公之于管仲，学焉而后臣之，故不劳而霸。今天下地丑德齐[17]，莫能相尚[18]。无他，好臣其所教，而不好臣其所受教。汤之于伊尹，桓公之于管仲，则不敢召。管仲且犹不可召，而况不为管仲者乎！”

【注解】

①如：将。②朝将视朝：第一个朝字是早晨的意思。第二个朝字是视朝、上朝视事（办事）的意思。③东郭氏：齐国的大夫之家。④昔者：昨日。⑤孟仲子：是孟子的堂兄弟。⑥采薪之忧：是说有病不能上山打柴；这是当时士大夫交往中用来代疾病的习惯语。⑦要：拦阻。⑧景丑氏：齐大夫景丑家。⑨伦：伦常，中国传统礼教规定的人与人之间正常关系，特指尊卑长幼之间的关系。⑩云尔：表示必然无疑的语助词。⑪召：呼唤。诺：慢条斯理的应答声。⑫君命召，不俟驾：是说国君呼唤，不等待车辆驾好马，立即先步行。⑬不果：中止，没有真的实行。⑭宜：相当于“殆”，几乎、差不多的意思。⑮慊：憾，恨。⑯达尊：普天下所尊敬的事。⑰地丑德齐：丑，类似。整句是说现在天下的人君，土地的大小相类似，德教的好坏差不多。⑱莫能相尚：互相不能超过。

【译文】

孟子正打算去朝见齐王，齐王打发人来传话说：“我本是应当来看望您的，但是感冒了，不能吹风。今早我将临朝视事，不知道可不可以让我见到您？”

孟子回答说：“我也不幸得了点病，不能上朝来。”

第二天，（孟子）到齐国的大夫东郭氏家里去吊唁。公孙丑说：“昨天托病不上朝，今天却又出门去吊唁，（这样做）不大合适吧？”

孟子答道："昨天有病，今天病好了，怎么不去吊唁呢？"

齐王派人来探看孟子的病，医生也同来了。孟仲子（应付）说："昨天王命召见，恰好（先生）病了，不能上朝。今天病稍好了点，已上朝去了，我不知道他能不能到达朝中？"（孟仲子接着）打发几个人到路上拦住孟子，说："请您一定别回家，上朝去走一趟吧！"

（孟子）没有办法，只有躲到景丑的家借住一晚。景丑（知道这种情况后）说："在家庭内就得讲父子之亲，在家庭外就得讲君臣之义，这是人与人之间重大的伦常关系。父子之间以恩爱为主，君臣之间以尊敬为主，我只看到齐王对你的尊敬，却没有看到你对齐王是怎样尊敬的。"

孟子说："哎！这是什么话！齐国人没有一个拿仁义之道跟齐王谈的，难道真的是认为仁义不好吗？他们心里是这样想的：'这个王哪配跟他谈论什么仁义之道呢？'我看，再没有什么行为比这更不尊敬齐王了。我不是尧舜之道不敢拿到齐王前面陈述，所以齐国人对齐王的尊敬是谁也比不上我的。"

景丑说："不，我说的不是这个。《仪礼》上说：'父亲召唤儿子时，（儿子应立即起身回应，）绝不可以慢条斯理地应答。君主召唤，应该立即动身，不等待车辆驾好马。你本来准备上朝，听到齐王召唤反而不去了，恐怕跟《仪礼》上说的不大相合吧。"

孟子说："难道你说的是这个吗？曾子说过：'晋国和楚国的豪富，是无法与之相比的。不过，他们凭借的是他们的财富，我凭借的是我的仁；他们仗的是他们的爵位，我凭借的是我的义，（和他们比起来，）我心里又有什么遗憾呢！'这个话没有道理曾子会说吗？大概是有点道理的。天下有三个为人们普遍尊敬的东西：一个是爵位，一个是年龄，一个是德行。在朝廷没有比得上爵位的，在乡里没有比得上年龄的，在辅佐君主统治百姓方面就没有比得上德行的。怎能仗着自己占着一面（爵位）却去怠慢占着两面（年龄与德行）的人呢！

"所以将要大有作为的君主，一定有他不敢召唤的臣子，有什么事情要谋划，就亲自去他家里请教。他（国君）重视德行、乐于行仁政，如果不是这样，便不足和他有所作为。因此商汤王对于伊尹，先向伊尹学习，然后用他为臣，因此，不费大力气就使天下归服；桓公对于管仲，也是先向他学习，然后用他为臣，因此，不费大力气而建立霸主的事业。现在（天下的大国）土地大小差不多，君主们的道德品行也不相上下，谁也没能超过谁，这没有别的原因，就是他们喜欢以听从他们教导的人为臣，而不喜欢以有能力教导他们的人为臣。商汤王对伊尹、齐桓公对管仲，就不敢召唤。管仲这样的人还不可以召唤，何况不愿做管仲的人呢！"

【原文】

陈臻问曰[①]："前日于齐，王馈兼金一百而不受[②]；于宋，馈七十镒而受；于薛[③]，馈五十镒而受。前日之不受是，则今日之受非也；今日之受是，则前日之不受非也。夫子必居一于此矣。"

孟子曰："皆是也。当在宋也，予将有远行，行者必以赆[④]；辞曰馈赆，予何为不受？当在薛也，予有戒心[5]；辞曰闻戒，故为兵馈之，予何为不受？若于齐，则未有处也[6]，无处而馈之，是货之也[7]。焉有君子而可以货取乎？”

【注解】

①陈臻：孟子弟子。②王馈兼金一百：馈，赠送。兼金，好金，它的价格比一般金价高出一倍，所以叫兼金。一百：百镒。古时以一镒为一金。镒，二十两，一作溢，或说一镒为二十四两。古代所说的金，多是指黄铜，并不是现在的黄金。③薛：是齐国靖郭君田婴的封邑，不是春秋的薛国，故城在今山东滕州市西南。④赆：临别时赠送的财物。⑤戒心：戒备不测的心。据说当时有人想暗害孟子，孟子为防不测，所以有所戒备。⑥处：用途。⑦货：名词动用，跟下文“货取”的意思差不多，是说用财物收买。

【译文】

陈臻问孟子道：“前些日子在齐国，齐王赠送给您质好价高的黄金一百镒您却不接受。近来在宋国，（宋君）赠送七十镒黄金您接受了；在薛地，（薛君）赠送五十镒黄金您也接受了。如果前些日子的不接受是对的，那么，今天的接受就不对了。如果今天的接受是对的，那么，前些日子的不接受就不对了。您先生在这两个截然相反的做法中，一定有一个是做错了的。”

孟子说：“都是对的。当在宋国的时候，我将要远出旅行，（按照惯例）对出门旅行的人一定要送点程仪，宋君当时说是送程仪，我为什么不接受呢？当在薛地时，（听说有人想暗害我，）我得有所戒备，薛君当时听说我要有所戒备，因此送点钱给我购置武器，我又为什么不接受呢？至于在齐国，没有说明是什么用途，不说明用途却要（无缘无故地）送钱给我，这无异是想收买我。哪有贤德君子可以用钱财收买的呢？”

【原文】

孟子之平陆[1]，谓其大夫曰[2]：“子之持戟之士[3]，一日而三失伍[4]，则去之否乎？”

曰：“不待三。”

“然则子之失伍也亦多矣。凶年饥岁，子之民，老羸转于沟壑，壮者散而之四方者，几千人矣。”

曰：“此非距心[5]之所得为也。”

曰：“今有受人之牛羊而为之牧之者，则必为之求牧与刍矣[6]。求牧与刍而不得，则反诸其人乎？抑亦立而视其死与？”

曰：“此则距心之罪也。”

他日见于王曰：“王之为都者[7]，臣知五人焉。知其罪者惟孔距心。”为王诵之⑧。

王曰："此则寡人之罪也。"

【注解】

①平陆：齐边境县邑名，在今山东省汶上县北。②大夫：平陆县的最高行政长官（县令）。③持戟之士：即战士，古代常称战士为"持戟"。④失伍：士兵擅自离开队伍。⑤距心：平陆邑宰之名。文末提到其姓名是孔距心。⑥牧：牧地。刍：草料。⑦为都者：治理都邑的官吏。⑧诵：复述。

【译文】

孟子到平陆，对那里的邑宰说："你邑里守卫边疆的战士，如果一天之内三次擅离职守，那么，是不是要将他开除呢？"

邑宰说："不必等待三次（才开除）。"

孟子说："那么你自己失职的地方也很多了。在饥荒年岁，你治下的百姓，老弱病残被丢弃在山沟中的，年轻力壮逃亡于四方的，已近千人了。"

邑令说："这不是我的力量所能办到的。"

孟子说："譬如现在有一个人，接受别人的牛羊而替人放牧，那就一定要替人家找到牧地和草料。万一找不到牧地和草料，是把牛羊送还给人家呢，还是站在那里眼看着牛羊饿死呢？"

邑令说："这就是我的罪过了。"

后来，孟子朝见齐王说："大王的邑令，我结识了五个，其中能认识自己失职的罪过的，只有孔距心一人。"于是把自己跟孔距心的谈话对齐王复述了一遍。

齐王听后说："这也是我的罪过呢。"

【原文】

孟子谓蚳鼃曰①："子之辞灵丘而请士师②，似也③，为其可以言也。今既数月矣，未可以言与？"

蚳鼃谏于王而不用，致为臣而去④。

齐人曰："所以为蚳鼃则善矣；所以自为，则吾不知也。"

公都子以告⑤。

曰："吾闻之也：有官

蚳鼃谏于王而不用，致为臣而去。

守者，不得其职则去；有言责者，不得其言则去。我无官守，我无言责也，则吾进退，岂不绰绰然有余裕哉[⑥]？"

【注解】

①蚳鼃：齐大夫。蚳，一作坻。鼃（也写作鼁），是蛙字的古文。②灵丘：齐国的边邑，到底具体在现在什么地方，说法不一。士师：治狱官。③似也：是说所做的事近似有理。④致为臣：又叫致仕，即辞职引退的意思。⑤公都子：孟子弟子。⑥绰绰：宽绰的样子。裕：宽。

【译文】

孟子对蚳鼃说："你辞掉灵丘邑令不当，却请求去做治狱官，这件事做得似乎有点道理，因为（做了治狱官）可以向主上进言了。现在（你当治狱官）已经几个月了，难道还不可以进言吗？"

蚳鼃向齐王进了言却没有被采纳，便辞职离去了。

齐国有人（议论这件事）道："（孟子）替蚳鼃打算得还是好的；可为自己打算得怎样，我就不知道了。"

公都子把这些话告诉了孟子。

孟子说："我听说过，有官职的人，不能履行他的职责就得辞职不干；有进言责任的人，他进了言上边不采纳，也辞职不干。我既没有官职，也没有进言的责任，那我的进退，难道不是宽宽绰绰，有更多的自由吗？"

【原文】

孟子为卿于齐，出吊于滕[①]，王使盖大夫王驩为辅行[②]。王驩朝暮见，反齐滕之路，未尝与之言行事也。

公孙丑曰："齐卿之位，不为小矣；齐滕之路，不为近矣，反之而未尝与言行事，何也？"

曰："夫既或治之，予何言哉？"

【注解】

①孟子为卿于齐，出吊于滕：孟子曾经做过齐卿。滕文公去世，齐王因为文公是个贤君，加上孟子又跟他有较深的交情，所以特破例派孟子这样的贵卿与王驩一道去吊唁。②王使盖大夫王驩为辅行：盖，齐国县邑名。故城在今山东省沂水县西北。这里的"盖"指县邑，由王氏与陈氏共管。当时以一半土地作为齐王朝的下邑，由王驩管治；以另一半土地作为卿族的私邑，由陈氏世世代代享有。王驩，齐王的宠臣，当时为盖邑大夫。辅行，即副使。

【译文】

孟子在齐国为卿，奉命出使到滕国去作吊，齐王还派了盖邑的邑令王驩做副使。王驩早晚同孟子在一块儿，往返于齐滕的道路上，孟子却从未和他商量过怎样行事。

公孙丑不禁发问道："齐卿的位置，不算小了；从齐到滕的路，也不算近了，来回一整趟您却从不曾和王驩商量怎样行事，这是什么缘故呢？"

孟子说："既然有人去办理那些事了，我还说什么呢？"

【原文】

孟子自齐葬于鲁[①]，反于齐，止于嬴[②]。充虞请曰[③]："前日不知虞之不肖[④]，使虞敦匠事[⑤]。严[⑥]，虞不敢请。今愿窃有请也：木若以美然[⑦]。"

孟子自齐葬于鲁。

曰："古者棺椁无度[⑧]，中古棺七寸[⑨]，椁称之。自天子达于庶人，非直为观美也，然后尽于人心。不得[⑩]，不可以为悦；无财，不可以为悦。得之为有财[⑪]，古之人皆用之，吾何为独不然？且比化者无使土亲肤[⑫]，于人心独无恔乎[⑬]？吾闻之也：君子不以天下俭其亲。"

【注解】

①孟子自齐葬于鲁：孟子在齐国做官，母亲死了，归葬于鲁。②嬴：齐国南面的一个都邑，故城在今山东莱芜市西北。③充虞：孟子弟子。④前日不知虞之不肖：前日，指孟子母殁后守三年之丧前。不肖，不贤，不中用，这是充虞自谦之词。⑤敦：督办。匠：指木工。⑥严：事急。⑦木若以美然：木，棺木。以，通"已"；以美，太美。⑧古者：指殷以前。度：厚薄的尺寸。⑨中古：指周公制礼以来。⑩不得：是说法制规定不得当。⑪得之为有财：是说法制规定得当而且又有钱备办得起；也有人认为"为"当作"而"。⑫且比化者无使土亲肤：比，为。化者，死者。整句是说不使泥土沾上死者的尸体。⑬恔：快意。

【译文】

孟子从齐国将母亲归葬到鲁国后，返回齐国，在嬴邑停留了下来。充虞请问道："早先您不知道我的能力差，承蒙派遣我去监督备办棺木。当时大家都忙碌，（我虽有疑问，）不敢请教。现在我想请教一下：（我觉得）棺木似乎过于华美了。"

孟子说："上古时候对于内棺和外棺尺寸，没有一定的规定，中古时候规定内棺厚七寸，外棺的厚度以与它相称为准。从天子一直到老百姓，（对棺椁讲究，）不仅为了美观，（大家认为只有这样做了，）才算尽了孝心。因礼法所限不得用好棺木，当然不能令人称心；限于财力不能购用好棺木，也还是不能令人称心。礼法允许而财力又能办到，古代人都会用好棺木，我为何独独不能这样做呢？而且为了让死者的遗体不挨着泥土，（这样做）人子的心不是可以感到慰藉好过一些吗？我听说，一个懂得孝道的君子，决不因为要为天下人节约物资而在埋葬父母的大事上省钱。”

【原文】

沈同以其私问曰[①]：”燕可伐与？”

孟子曰：“可。子哙不得与人燕，子之不得受燕于子哙。有仕于此而子悦之[②]，不告于王而私与之吾子之禄爵；夫士也，亦无王命而私受之于子，则可乎？何以异于是？”

齐人伐燕。

或问曰：“劝齐伐燕，有诸？”

曰：“未也。沈同问‘燕可伐与’，吾应之曰，‘可’，彼然而伐之也。彼如曰：‘孰可以伐之？’则将应之曰，‘为天吏，则可以伐之。’今有杀人者，或问之曰，‘人可杀与？’则将应之曰，‘可’。彼如曰，‘孰可以杀之？’则将应之曰，‘为士师，则可以杀之。’今以燕伐燕[③]，何为劝之哉？”

【注解】

①沈同：齐大臣，他的事迹已无可考。②有仕于此：“仕”字应当作“士”，可能是传写的错误。③以燕伐燕：意思是说，齐国无道，与燕国差不多，它去伐燕，就像以燕伐燕一样。

【译文】

沈同以他个人的身份问孟子道：“燕国可以讨伐吗？”

孟子说：“可以。（没有天子的命令，）子哙无权擅自把燕国让给人家，子之也不得擅自从子哙那里接受燕国。假如这里有个谋求官职的人，你对他很喜欢，也不向齐王报告，便把自己的俸禄和官爵都私自让给他；而那个人呢，也没有得到齐王的命令便从你那里私自接受你的律禄和官爵，你说这样做行吗？子哙和子之私相授受燕国的事跟这个又有什么不同呢？”

齐国人出兵讨伐燕国。

有人问孟子道：“听说您曾劝齐国讨伐燕国，有这回事吗？”

孟子说：“没有这回事。沈同问过，‘燕国可以讨伐吗？’我回答他说‘可以’，他便真的认为是这样而使齐国出兵去讨伐了燕国。他如果进一步问，‘谁可以去讨伐燕国？’那我就会回答他道，‘只有上得天意的天吏才可以去讨伐它。’假如现在有个杀人的人，有人问道，‘这个杀人犯可以杀掉吗？’那么被问的人就会回答他说，‘可以。’他如果说，‘谁可以杀他呢？’那就将回答道，‘做治狱官的，就可以杀他。’现在以一个跟无道燕国不相上下的国家去讨伐燕国，我为什么要劝他们这样做呢？”

【原文】

燕人畔[①]。王曰：“吾甚惭于孟子[②]。”

孟子谈起古代周公之事。

陈贾曰[3]："王无患焉。王自以为与周公孰仁且智？"

王曰："恶！是何言也！"

曰："周公使管叔监殷，管叔以殷畔[4]。知而使之，是不仁也；不知而使之，是不智也。仁智，周公未之尽也，而况于王乎？贾请见而解之。"

见孟子，问曰："周公何人也？"

曰："古圣人也。"

曰："使管叔监殷，管叔以殷畔也，有诸？"

曰："然。"

曰："周公知其将畔而使之与？"

曰："不知也。"

"然则圣人且有过与？"

曰："周公，弟也；管叔，兄也。周公之过，不亦宜乎？且古之君子，过则改之；今之君子，过则顺之。古之君子，其过也，如日月之食[5]，民皆见之；及其更也，民皆仰之。今之君子，岂徒顺之，又从为之辞。"

【注解】

①燕人畔：《史记·燕世家》载齐王伐燕，燕国的士兵不抵抗，连城门也不关，燕君哙丧了命，齐国大胜，子之逃亡。第二年，燕国人共同拥立太子平，这便是燕昭王。这段记载正说明燕人不归附齐，所以说"燕人畔"。畔，同"叛"。②吾甚惭于孟子：惭，惭愧。齐王之所以"惭于孟子"，一是孟子本没有劝齐伐燕；二是齐伐燕后，诸侯要合谋救燕，孟子曾劝齐王"速出令，反其旄倪，止其重器，谋于燕众，置君而后去之"。齐王未采纳，因而导致"燕人畔"的结果。③陈贾：齐大夫。④周公使管叔监殷，管叔以殷畔：管叔，名鲜，是武王的弟弟，周公的哥哥。武王战胜商军诛杀纣王后，封纣子武庚为诸侯，派自己的三个弟弟管叔、蔡叔、霍叔监督武庚的国家。武王死后，成王年纪小，周公代行政权，管叔和武庚反叛周朝，周公出兵讨伐并且诛杀了他们。⑤食：同"蚀"。

【译文】

燕国人不归附齐国。齐王说："我对孟子感到很惭愧。"

陈贾说："大王别为这个难过。您觉得您跟周公相比，哪一个更仁爱而又聪明些呢？"

齐王（大为不满）道："哎！你这是什么话！"

陈贾说："周公派遣管叔去监督殷国，管叔却带领殷国一起反叛周朝。如果周公知道管叔会叛变却要派遣他，这就对自己兄弟太不仁爱了；如果不知道而派遣他，这便是他不聪明的地方。仁和智，周公尚且没能完全做到，何况您大王呢？请让我陈贾去见孟子请他作些解释。"

陈贾见到孟子问道："周公是个怎样的人呢？"

孟子说："是古代的圣人。"

陈贾说："周公派遣管叔监督殷国，管叔率领殷国一道反叛周朝，有这件事吗？"

孟子说："不错。"

陈贾说："周公是事先知道他将会反叛却仍派遣他的吗？"

孟子说："不知道。"

陈贾紧接上去又问道："那么，圣人尚且会有过错吗？"

孟子答道："周公是弟弟，管叔是哥哥，周公的过错，不也是合乎情理的事吗？况且古代品德高尚的君子，有过就改；现在身居高位的君子，明知错了，却将错就错。古代的君子，他们所犯过错，像天上发生的日食月食一样，老百姓都可以看到；当他们改正错误时，老百姓也都能抬头看见。现在的君子，不但将错就错，而且还要千方百计找借口、编谎辞来为自己的错误作辩护。"

【原文】

孟子致为臣而归[①]。王就见孟子曰："前日愿见而不可得[②]，得侍同朝[③]，甚喜。今又弃寡人而归，不识可以继此而得见乎？"

对曰："不敢请耳，固所愿也。"

他日，王谓时子曰[④]："我欲中国而授孟子室[⑤]，养弟子以万钟[⑥]，使诸大夫国人皆有所矜式，子盍为我言之[⑦]！"

孟子致为臣而归，王就见孟子。

时子因陈子而以告孟子[⑧]，陈子以时子之言告孟子。

孟子曰："然[⑨]；夫时子恶知其不可也？如使予欲富，辞十万而受万[⑩]，是为欲富乎？季孙曰：'异哉子叔疑[⑪]！使己为政，不用，则亦已矣，又使其子弟为卿。人亦孰不欲富贵，而独于富贵之中，有私龙断焉[⑫]。'古之为市也，以其所有易其所无者，有司者治之耳。有贱丈夫焉[⑬]，必求龙断而登之，以左右望，而罔市利[⑭]。人皆以为贱，故从而征之。征商自此贱丈夫始矣。"

【注解】

①致为臣而归："致为臣"解释已见前，这里是指孟子辞去齐卿准备归家，但是这时他还在齐国，所以齐王能够去看望他。②前日：指孟子还没有来齐国任职时。③得侍同朝：是说与孟子得为君臣，同朝共处。这是齐王的谦辞。④时子：齐臣。⑤中国：国的中央，这里的国指国都临淄。授孟子室：建筑住宅给孟子。⑥养弟子以万钟：钟，六石四斗（古代量器小，一斗约相当于近代二升），万钟即六万四千石。李炳英《孟子文选》说："这万钟的粮谷本是赠给孟子的，但不直言给孟子而言给予孟子作为养弟子的费用，这是在封建时代赠予人对受赠予的人修饰礼貌的措辞。"⑦矜式：敬守法则，也即效法的意思。盍：何不。⑧陈子：指孟子弟子陈臻。⑨然：随口答应的话，相当于现在的"哦"。⑩辞十万：这大概是孟子统计自己在齐国做官时辞去的总数，不是一年当中有这么多。⑪季孙、子叔疑：不知什么时候人。⑫龙断：龙，同"垄"，一作陇；垄断，指平地耸立突出而又四面隔绝的土丘。垄断又可作动词，如"垄断市利"，即网罗市利的意思；这里的垄断便是动词。⑬丈夫：已成年男子的通称。贱丈夫，贪得无厌、受人鄙视的男子。⑭罔市利：罔，同"网"，罔市利是说看见市场上有利可图，便撒开网去牟取，使它尽归己有。这是比喻的说法。

【译文】

孟子辞职打算回家。齐王登门见到孟子说："以前（您还没来齐时）我巴望见到您都不可能，后来有幸能和您同朝共事，我感到十分高兴。现在您丢下我要回乡去了，不知从今以后，我们还有机会再见到面吗？"

孟子答道："我只是不敢（非分地）提出这样的要求罢了，（其实，）这本是我的愿望呢。"

在另一天，齐王对时子说："我想在首都的中心地区建一座房子给孟子住，送给他万钟粮粟作为弟子们的生活费用，使朝廷内外的官民都有所取法，你何不替我向孟子说说我这种打算！"

时子托陈子转告孟子，陈子将时子的话告诉了孟子。

孟子说："哦；那位时子又怎么知道这种事情（万万）不可以做呢？假如我想发财，辞去十万钟的禄米不要却去接受万钟的赐粮，这是为了想发财吗？季孙说过：'子叔疑这个人真奇怪！自己被任命做官，没有取得信任，也就算了吧，却又要（活动）让他的子弟去做卿。人们又有谁不想获取厚禄高官，而只有他却独独想在升官发财之中垄断一切。'（什么叫垄断呢？）古代的集市贸易，人们都是拿他们自己所有的东西，去跟人家交换自己所没有的东西，（这些事情）不过由有关部门去管理罢了。后来有一个被人瞧不起的贪得无厌的汉子，一定要找一个唯一突出的高丘爬上去，以便四面张望，把集市上贸易的赢利一齐捞过来，人们都鄙视他这种行为，因此便向他征税。向商人征税的制度便是从这个卑鄙的汉子开始的。"

【原文】

孟子去齐[①]，宿于昼[②]。有欲为王留行者，坐而言[③]。不应，隐几而卧[④]。客不悦曰："弟子齐宿而后敢言[⑤]，夫子卧而不听，请勿复敢见矣。"

曰："坐！我明语子。昔者鲁缪公无人乎子思之侧，则不能安子思[⑥]；泄柳、申详无人乎缪公之侧，则不能安其身[⑦]。子为长者虑[⑧]，而不及子思。子绝长者乎？长者绝子乎？"

【注解】

孟子向客人阐明自己所以不理睬他的原因。

①孟子去齐：孟子之所以离开齐国，主要是由于跟齐君意见不相投，自己的政治主张得不到实行。②昼：齐国西南近邑。③坐而言：这里的"坐"字与下面"坐！我明语子"中的"坐"字不同。古人席地而坐，有两种坐法：一种是跪坐，又叫危坐，即两膝着地，腰和股伸直；一种是安坐，即两膝着地，屁股贴着脚跟比较舒适的一种坐法。这里"坐而言"的坐是跪坐，下面"坐，我明语子"的坐是安坐。④隐：凭靠。几：小桌子，古代供老年人坐时倚靠。⑤齐宿：齐同"斋"，齐宿是说先一日斋戒以表示严肃恭敬。⑥昔者鲁缪公无人乎子思之侧，则不能安子思：缪，同"穆"。鲁穆公名显，在位三十三年。子思，孔子的孙，名伋。穆公尊敬子思，以礼相待，经常派人伺候在他的左右，表达自己的诚意。⑦"泄柳、申详"二句：泄柳，鲁穆公时贤人。申详，孔子弟子子张的儿子，子游的女婿。⑧长者：孟子自称，因为他年长，所以自称长者。

【译文】

孟子离开齐国，在昼邑住宿。有个来替齐王挽留孟子的人，跪坐着跟孟子说话。孟子没有回答他，靠在小桌子上打盹。

客人不高兴地说："学生先一天斋戒致敬然后才敢前来进言，先生却睡大觉，连听也不听，这我就不再敢求见您了。"

孟子说："坐下来！我明白地告诉你。从前鲁穆公要不是经常派人留在子思旁边（表达自己对子思的诚意），就不能把子思留下来；泄柳和申详要是没有人经常在鲁穆公旁边（维持调护），他们也就不能安下身来。你替长辈打算，赶不上子思时的贤者为子思着想的，（却来劝我留下，）到底是你跟长辈决绝呢，还是长辈跟你决绝呢？"

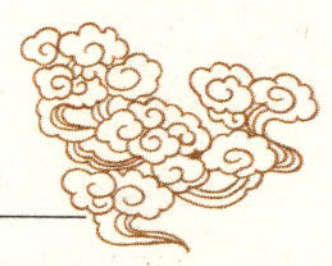

离娄章句上

在本篇中，孟子从不同的角度阐述了效法尧舜、争取民心的政治主张，以此为出发点，他对当时各国的大将臣子给予了激烈的抨击，认为他们杀戮人民、破坏仁义，罪恶深重，提出“善战者服上刑，连诸侯者次之，辟草莱、任土地者次之”，表现了对不义战争的坚决反对。本篇中，孟子多次谈到孝悌的原则，把仁义礼智都归结到了“事亲”“从兄”的宗法血缘关系中，阐发了孝悌是仁义之本的思想，认为顺从父母，不仅要在物质上满足父母的需要，还要在精神上满足父母的需要，并且把这种“大孝”强调到高于一切的程度。由此可见，孟子是把维护宗法血缘关系作为其伦理道德观的核心的，这对中国传统社会中人的思想和行为产生了不容忽视的负面影响。

【原文】

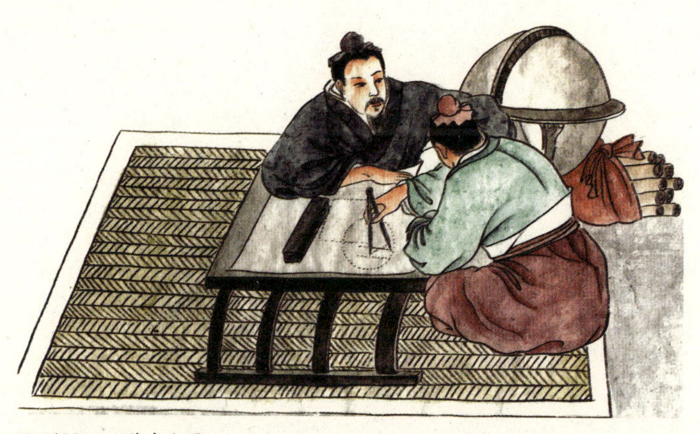

不以规矩，不能成方圆。

孟子曰：“离娄之明[①]，公输子之巧[②]，不以规矩，不能成方员[③]；师旷之聪，不以六律，不能正五音[④]；尧舜之道，不以仁政，不能平治天下。今有仁心仁闻[⑤]，而民不被其泽，不可法于后世者，不行先王之道也。故曰，徒善不足以为政，徒法不能以自行。《诗》云：‘不愆不忘，率由旧章[⑥]。’遵先王之法而过者，未之有也。圣人既竭目力焉，继之以规矩准绳，以为方员平直，不可胜用也；既竭耳力焉，继之以六律正五音，不可胜用也；既竭心思焉，继之以不忍人之政，而仁覆天下矣。故曰，为高必因丘陵，为下必因川泽；为政不因先王之道，可谓智乎？

“是以惟仁者宜在高位；不仁而在高位，是播其恶于众也。上无道揆也[⑦]，下无法守也，朝不信道，工不信度[⑧]，君子犯义，小人犯刑，国之所存者幸也。故曰：城郭不完，兵甲不多，非国之灾也；田野不辟，货财不聚，非国之害也；上无礼，下无学，贼民兴⑨，丧无日矣。

"《诗》曰：'天之方蹶，无然泄泄⑩！'——泄泄，犹沓沓也⑪。事君无义，进退无礼，言则非先王之道者⑫，犹沓沓也。故曰，责难于君谓之恭，陈善闭邪谓之敬，吾君不能谓之贼。"

【注解】

孟子说：只有仁人才适合处在高位上。

①离娄：一名离朱，相传为黄帝时人，能在百步外看见"秋毫之末"。②公输子：即鲁班（一作般），鲁国的巧人，大概生于春秋末期，和孔子、墨子同时。③不以规矩，不能成方员：规，用来画圆像今天的圆规一类的仪器。矩，用来画方形像今天的曲尺一类的仪器。员，同"圆"。④师旷之聪，不以六律，不能正五音：师旷，晋平公时著名的乐师。聪，辨音能力强。律，指基本音律，分阴阳二部，阳为律，分太簇、姑洗、蕤宾、夷则、无射、黄钟，即所谓六律；阴为吕，分大吕、应钟、南吕、函钟、小吕、夹钟；合称律吕或十二律。音指音阶；我国古代音阶分为宫、商、角、徵、羽五种。相传黄帝时乐师伶伦截竹为筒，根据筒的长短来区别声音的清浊高下，也即是说用十二种长短不同的竹管，吹出十二种不同的声音作为基本音律，来审定以"宫、商、角、徵、羽"为标准的五种音调，即文中所说的以六律正五音。⑤闻：名声。⑥不愆不忘，率由旧章：这两句诗出自《诗经·大雅·假乐》，这首诗是歌颂周成王能遵循旧章治国的。愆，过。率，循。⑦揆：揆度，有估量揣测的意思。⑧度：计量长短的工具。⑨贼民兴：指战国时候，战乱不止，赋役繁重，民不聊生，人们铤而走险，"犯上作乱"。⑩天之方蹶，无然泄泄：这二句诗见《诗经·大雅·板》，这首诗是讽劝同僚、讥刺暴君的。蹶，动，指动乱不安。泄泄，多言的意思。⑪沓沓：多而重复。"泄泄""沓沓"意近，都是多言饶舌、随声附和的意思。⑫非：诋毁。

【译文】

孟子说："即使有离娄那样的眼力、公输般那样的巧艺，如果不凭圆规和曲尺，就不能画出准确的方形和圆形；即使有师旷那样强的辨音能力，如果不用六律，就不能校正好五音；即使有尧舜那样高明的政治能力，要是不实行仁政，就不能把天下治好。如今（一些诸侯）虽然有仁爱之心和仁爱的声望，百姓却没有蒙受恩泽，也不足为后世效法的原因，就在于他们没有实行先王之道。所以说，单有善念不足以搞好政治，单有良法不能自动执行（只有二者密切配合，才能做到法行政举）。《诗经》上说：'不犯偏差，也不要遗漏，一切循照旧的规章。'遵循先王的法度行事而产生过

失，这是从来没有过的事。古代圣人既竭尽自己的目力进行测视，又用圆规、曲尺、水平仪和绳墨来造方的、圆的、平的、直的各种东西，这些东西就用之不尽了；（古代圣人）既竭尽自己的听力来辨音，又用六律来校正五音，这种五音也就用之无穷了。（古代圣王）既竭尽心思考虑政事，又实行从不忍人出发的仁政，这样他的仁爱就遍布天下了。所以说，堆高山就必须凭借原有的丘陵高地，挖深池就必须利用原有的河流沼泽。办理政治不凭借先王之道，能说得上是明智吗？

"所以只有仁人才适合处在高位上；如果不仁爱的人处在高位上，这就等于把他的邪恶散播到群众中去。在上的国君不依照正确的道义来揣测天意民心，在下的臣民没有正确的法度可供遵守。朝廷上不相信道义，工匠们否认尺度，当官的违反义理，老百姓触犯刑法，这时国家还能存在，那真是侥幸的事。所以说，城墙不坚牢，武器装备不足，不是国家的灾难；农田没有开发，财富没有收聚，不是国家的祸害；（只有）在上位的人不讲礼义，居于臣下的人又不愿学习，老百姓起来造反了，那亡国的日子便不远了。

"《诗经》上说：'老天正要降下祸乱，群臣不要吵闹附和'。'泄泄'和'沓沓'差不多，（都是吵闹附和的意思。）侍奉君王不讲究道义，进退不讲究礼法，开口便诋毁先王之道，这种人跟多言无义的'沓沓'者是一样的。所以说，责求君王行难事（先王的仁政），就叫作'恭'；向君王陈说正确意见，阻塞他的邪念，就叫作'敬'；认为'我的君主不能行仁政'，就叫作'贼'（有贼害的意思）。"

【原文】

孟子曰："规矩，方员之至也①；圣人，人伦之至也②。欲为君，尽君道；欲为臣，尽臣道。二者皆法尧舜而已矣。不以舜之所以事尧事君，不敬其君者也；不以尧之所以治民治民，贼其民者也。

"孔子曰：'道二，仁与不仁而已矣。'暴其民，甚则身弑国亡，不甚则身危国削；名之曰幽厉③，虽孝子慈孙，百世不能改也。《诗》云：'殷鉴不远，在夏后之世④。'此之谓也。"

【注解】

①至：极限，极点。②人伦：这里的人伦，解作"人事"，即为人之道。③幽：指西周周幽王宫涅，是宣王的儿子，西周最后一个君主。由于他宠爱褒姒，政治昏暗，被犬戎所杀。厉：指西周的周厉王胡，他恣行暴虐，残杀批评他的人，被国人流逐于彘而死。幽和厉都是不好的谥称。厉王本在幽王前，而习惯称"幽厉"，大概是由于幽王的过恶大于厉王的缘故。④殷鉴不远，在夏后之世：这二句是《大雅·荡》篇的结句。鉴，古代照人的铜镜。二句虽是说殷应该以夏为鉴（指汤诛夏桀），实际是要周以殷亡为借鉴。

【译文】

孟子说："圆规和曲尺，是最方最圆无以复加的极则，（同样，）古代圣人也是做

规矩，方员之至也。

人到达尽善尽美地步的极则。想做（一个好的）君主，便要尽君主之道；想做（一个好的）臣子，便要尽臣子之道。二者都不过是要效法尧舜罢了。不用舜侍奉尧的忠诚态度侍奉自己的君主，便是不尊敬君主；不用尧治理百姓的挚爱心情治理自己的百姓，便是残害百姓。

“孔子说过：‘治理国家的方法不外两种，也即是行仁政与不行仁政罢了。’（一个君主）残暴地虐待他的老百姓，（其后果是，）重则本身被杀，国家灭亡；轻则本身危险，国势削弱；死后背上‘幽’‘厉’的恶名，后代尽管出了争气的子孙，哪怕经过了百多代，也是更改不了这种坏名声的。《诗经》里有这么两句话：‘殷商的鉴戒并不遥远，就在夏的朝代。’说的正是这个意思。”

【原文】

孟子曰：“三代之得天下也以仁，其失天下也以不仁。国之所以废兴存亡者亦然。天子不仁，不保四海；诸侯不仁，不保社稷；卿大夫不仁，不保宗庙；士庶人不仁，不保四体。今恶死亡而乐不仁，是犹恶醉而强酒。”

【译文】

孟子说：“夏、商、周三代得到天下是由于仁爱，他们失去天下是由于不仁。国家的兴盛、衰败、生存、灭亡的原因也是这样。天子不仁，就不能保住天下；诸侯不仁，就不能保住国家；公卿大夫不仁，就不能保住宗庙；士子和老百姓不仁，就不能保全自身。现在有些人讨厌死亡，但却乐意干坏事，这就跟憎恶喝醉酒却又偏要勉强去喝酒的人一样。”

【原文】

孟子曰：“爱人不亲，反其仁；治人不治，反其智；礼人不答，反其敬。行有不得者皆反求诸己，其身正而天下归之。《诗》云：‘永言配命，自求多福。’”

【译文】

孟子说：“爱别人，别人却不来亲近，就应反躬自问自己仁爱的程度；治理别人，别人却不服治理，就应反躬自问自己智慧的程度；对别人彬彬有礼，别人却不理不睬，就应反躬自问自己恭敬的程度。凡是行为没有得到预期效果的都要反过来从自己

身上找原因，自身端正了，天下的人自然会归向自己。《诗经》里就说过这样的话：‘永远修德配天命，多福还得自己求。’”

【原文】

孟子曰：“人有恒言，皆曰‘天下国家’。天下之本在国，国之本在家，家之本在身。”

【译文】

孟子说：“人们有句口头常说的话，都说是‘天下国家’。可见天下的根本在国，国的根本在家，家的根本则在于各人本身。”

【原文】

孟子曰：“为政不难，不得罪于巨室[①]。巨室之所慕，一国慕之；一国之所慕，天下慕之；故沛然德教溢乎四海。”

【注解】

①巨室：指为国人所钦敬、仿效的贤卿大夫的家族，如春秋时晋国的六卿、鲁国的三桓等。

【译文】

孟子说：“办理政治并不难，（关键在于自己修身立德，）不得罪那些很有影响的贤卿大夫的家族。因为那些贤卿大夫的家族所向慕的，一国的人便也都会争着向慕；一国的人所向慕的，普天下的人便同样会争着向慕，所以你的德教便会声势浩大，不可抑制充溢于天下了。”

【原文】

孟子曰：“天下有道，小德役大德，小贤役大贤；天下无道，小役大，弱役强。斯二者，天也。顺天者存，逆天者亡。

“齐景公曰：‘既不能令，又不受命，是绝物也。’涕出而女于吴[①]。

“今也小国师大国而耻受命焉，是犹弟子而耻受命于先师也。如耻之，莫若师文王。师文王，大国五年，小国七年，必为政于天下矣。《诗》云：‘商之孙子，其丽不亿。上帝既命，侯于周服。’‘侯服于周，天命靡常。殷士肤敏，祼将于京[②]。’孔子曰：‘仁不可为众也。夫国君好仁，天下无敌。’今也欲无敌于天下而不以仁，是犹执热而不以濯也。《诗》云：‘谁能执热，逝不以濯[③]？’”

【注解】

①女：作动词用，嫁。《吴越春秋·阖闾内传》载吴王阖闾要攻打齐国，齐景公只得将女儿作为人质出嫁吴国。②“商之孙子”八句：这几句诗出自《诗经·大雅·文王》。其丽不亿：

丽，数。不，不止。亿，古人以十万为亿，跟今人以万万为亿不同。侯于周服：侯，语助词。周服，向周朝臣服。殷士肤敏：殷士，殷朝的臣子。肤敏，壮美而又敏捷。祼将于京：祼，祭礼的一种仪式。于，往。京，指周的首都镐京（今属陕西西安市）。③谁能执热，逝不以濯：这二句诗出自《诗经·大雅·桑柔》，这首诗是周大夫芮伯责厉王暴政。逝，语助词。濯，浇洗。

【译文】

孟子说："天下太平、政治清明的时候，道德平庸的人受道德高尚的人役使，才智一般的人受才智高超的人役使；天下不太平、政治黑暗的时候，力量小的被力量大的奴役，势力弱的被势力强的奴役。这两种情况，是天意。顺从天意的就能生存，违背天意的就要灭亡。

"齐景公说过：'既没有能力命令别人，又不愿接受别人的命令，这是自绝于人。'他只能流着眼泪把女儿嫁往吴国。

"现在一些小国效法大国，却又羞于接受大国的命令，这就好比学生把接受老师的命令看作是耻辱一样。如果真的感到可耻，那不如效法文王。效法文王，大国不出五年，小国不出七年，就一定可以统治整个天下了。《诗经》里说过：'商朝的子孙，人数不下十万，上帝既已授命文王，他们也只能向周朝归顺。''他们归顺于周朝，可见天命没有定论。殷朝的臣子壮美而又聪敏，他们将要去灌酒助祭于周京。'孔子说过：'仁的力量强弱不在于人数的多少。假如国君爱好仁德，就能天下无敌。'现在有的人希望自己天下无敌却又不施仁政，这就好比想手拿烫物而又不愿用冷水浇手一样。《诗经》中说得好：'谁能手执烫物，却不用水来浇濯？'"

【原文】

孟子曰："不仁者可与言哉？安其危而利其菑[①]，乐其所以亡者；不仁而可与言，则何亡国败家之有？

"有孺子歌曰：'沧浪之水清兮[②]，可以濯我缨；沧浪之水浊兮，可以濯我足。'孔子曰：'小子听之！清斯濯缨，浊斯濯足矣，自取之也。'夫人必自侮，然后人侮之；家必自毁，而后人毁之；国必自伐，而后人伐之。《太甲》曰：'天作孽，犹可违；自作孽，不可活。'此之谓也。"

【注解】

①菑：通"灾"。②沧浪：青苍的水色。《楚辞·渔父》中的渔父也曾划着桨唱这首沧浪曲，孔子所闻远在《楚辞》前，可见它是一首流传久远的民歌。

【译文】

孟子说："对于那些不施仁爱的人，怎可用言词来说服他们呢？处境危险，他们却视为安全；灾祸临头，他们却视为大吉大利；分明是自取灭亡的行为，他们却当作无上的快乐。如果不仁的人而可用言词说服的话，那世上还会有什么亡国败家的惨剧发生呢？

“从前有个儿童唱一首这样的歌：‘碧绿的河水清啊，可以洗我帽上缨；碧绿的河水浊啊，可以洗我的脚。’孔子在一旁听了说：‘后生们听呀！水清就洗帽缨，水浊就洗脚。这都是由水本身决定的。’（由此可见，）人们一定是自己先有自取侮辱的言行，然后别人才侮辱他；一个家庭一定是先有自取毁坏的因素，然后别人才会来毁坏它；一个国家一定是先有自取讨伐的前提，然后别人才来讨伐它。《尚书·太甲》里说的‘天造的孽，人们还可以逃避；至于自己造下的孽，那就逃也逃不了’，便正是这个意思。”

【原文】

孟子曰：“桀纣之失天下也，失其民也；失其民者，失其心也。得天下有道：得其民，斯得天下矣。得其民有道：得其心，斯得民矣。得其心有道：所欲与之聚之①，所恶勿施，尔也②。民之归仁也，犹水之就下、兽之走圹也③。故为渊驱鱼者，獭也④；为丛驱爵者，鹯也⑤，为汤武驱民者，桀与纣也。今天下之君有好仁者，则诸侯皆为之驱矣。虽欲无王，不可得已。今之欲王者，犹七年之病求三年之艾也⑥。苟为不畜，终身不得。苟不志于仁，终身忧辱，以陷于死亡。《诗》云：‘其何能淑，载胥及溺⑦。’此之谓也。”

得天下有道：得其民，斯得天下矣。

【注解】

①与：犹“为”，替。②尔：如此，这样；也同“耳”，解作“罢了”。这里兼有这两重意思。③圹：同“旷”，旷野。④獭：一种动物，栖居水中，吃鱼，有水獭、旱獭、海獭之分，通常多指水獭。⑤为丛驱爵者，鹯也：丛，茂密的树林。爵，同“雀”。鹯，古书中外形似鹞子的一类猛禽。⑥七年之病求三年之艾：艾，是一种可以用来治病的中草药。中医用燃烧的艾绒熏烤病人某一穴位来治某种病，叫作灸。这句话中的“七”和“三”不一定是实数，只是说年深日久的意思。⑦其何能淑，载胥及溺：这二句诗出自《大雅·桑柔》。淑，善。载，语助词。胥，皆，都。

【译文】

孟子说：“桀、纣之所以会丧失天下，是由于失去了百姓的拥护；失去了老百姓拥护的，是由于失去了民心。得到天下有一办法：得到百姓的拥护，就能得到天下。得到百姓拥护有办法：得到民心，便能得到百姓的拥护。得到民心有办法：他们所需要的替他们收聚起来，他们所憎恶的不强加给他们。如此而已。百姓归向仁政，就像水往低处流，兽朝旷野跑。所以替深水赶来游鱼的是水獭，替森林赶来飞鸟的是鹞鹰，替汤王和武王赶来百姓的是夏桀和商纣。如果现在天下的国君中有爱好仁德的，那么诸侯们就都会替他把百姓赶来。（这样的国君）哪怕他不想称王于天下，也是办不到的了。现在妄想称王于天下的人，好比是患了七年的病而需要找到数年的陈艾来医治一样，如果平时不积蓄，那就终身也得不到。（一个国君）如果对施仁政没有兴趣，那他就要终身忧愁受辱，直到他死亡。《诗经》里说：'（这样胡作非为）怎能把事情办好，最后终究一块儿沉下深渊。'说的就是这种人。"

【原文】

孟子曰："自暴者[①]，不可与有言也；自弃者，不可与有为也。言非礼义[②]，谓之自暴也；吾身不能居仁由义，谓之自弃也。仁，人之安宅也；义，人之正路也。旷安宅而弗居，舍正路而不由，哀哉！"

自暴者，不可与有言也。

【注解】

①暴：犹"害"。②非：毁坏。

【译文】

孟子说："一个自己残害自己的人，不可能跟他谈有价值的话；一个自己抛弃自己的人，不可能跟他有所作为。一个人说话诋毁礼义，叫作'自暴'；自认为不能怀仁行义，叫作'自弃'。仁是人们最舒坦的住所；义是人们最正确的道路。一个人放着最舒坦的住所不住，丢下最正确的道路不走，真是可悲呀！"

【原文】

孟子曰："道在迩而求诸远，事在易而求诸难。人人亲其亲、长其长，而天下平。"

【译文】

孟子说："平治天下的道理就在眼前，却要到远处去寻找；平治天下的事本是轻而易举的，却要到难处去寻找。如果人人都爱自己的父母、尊敬自己的长辈，天下自然就能够平治了。”

【原文】

孟子曰：“居下位而不获于上①，民不可得而治也。获于上有道，不信于友，弗获于上矣。信于友有道，事亲弗悦，弗信于友矣。悦亲有道，反身不诚，不悦于亲矣。诚身有道，不明乎善，不诚其身矣。是故诚者，天之道也；思诚者，人之道也。至诚而不动者，未之有也；不诚，未有能动者也。”

【注解】

①获于上：从“居下位”至“不诚其身矣”，见《礼记·中庸》篇。获于上，是说得到上司的信任。

【译文】

孟子说：“身处在下面的职位却不能得到上司的信任，便不可能治理好百姓。获得上司的信任有方法，一个人不被朋友所信任，便得不到上司的信任。得到朋友信任有方法，一个人侍奉父母却不能得到父母欢心，便不会被朋友信任了。让父母的开心有方法，一个人缺乏诚意，便不会让父母开心。要使本身具备诚心有方法，一个人不懂得什么是善，本身也就不会具备诚心了。所以诚心善性是天所赋予人的优良本质；考虑保持和发扬这种诚心善性是人为的努力。一个人做到了至诚无伪而人们却不被感动，是绝对没有的事；缺乏诚心的人是不能感动别人的。”

【原文】

孟子曰：“伯夷辟纣，居北海之滨①，闻文王作，兴曰②：‘盍归乎来③！吾闻西伯善养老者④。’太公辟纣，居东海之滨⑤，闻文王作，兴曰：‘盍归乎来！吾闻西伯善养老者。’二老者，天下之大老也，而归之，是天下之父归之也。天下之父归之，其子焉往？诸侯有行文王之政者，七年之内，必为政于天下矣。”

【注解】

①北海之滨：指黄河从右碣石入海的地方，在今河北昌黎县西北，离伯夷所在的孤竹国（孤竹古城在今河北省卢龙县南十二里）不远，是当年伯夷避纣的地方。②兴：有“起”“兴奋”的意思。③来：语助词。④西伯：即后来的周文王，伐纣的时候，为西方诸侯之长（西伯）；周朝建立后，被追谥为“文王”。孟子称他为“文王”，是后世人的身份，伯夷、太公称他为“西伯”，是同时代人的身份。⑤东海之滨：一般指海曲一带，海曲县治所在今山东日照市西。

【译文】

孟子说：“伯夷逃避暴君纣王的统治，隐居在北海边上，听说文王兴盛起来了，精神振奋地说：'我何不归到那里去呢！我听说西伯是善于奉养老人的人。'太公姜尚逃避暴君纣王的统治，隐居在东海边上，听说文王兴盛起来了，精神振奋地说：'我何不归到那里去呢！我听说西伯是善于奉养老人的人。'伯夷和太公二位老人，是天下德高望重的著名老人，而他们都归到西伯（即文王）那里去，这就等于是天下的父老归向西伯（即文王）了。天下的父老都归向他，他们的儿子一辈（不归向他）又归向谁呢？当今的诸侯们中如有效法文王愿意实行仁政的，不出七年，就一定能统一天下了。"

【原文】

孟子曰："求也为季氏宰①，无能改于其德，而赋粟倍他日②。孔子曰：'求非我徒也，小子鸣鼓而攻之可也③！'由此观之，君不行仁政而富之，皆弃于孔子者也；况于为之强战！争地以战，杀人盈野；争城以战，杀人盈城。此所谓率土地而食人肉，罪不容于死。故善战者服上刑④，连诸侯者次之⑤，辟草莱、任土地者次之⑥。"

【注解】

①求：指孔子的弟子冉求，春秋时鲁国人，字子有，名列孔子门下政事科。季氏：鲁国贵族之一，世代为卿，这里是指季康子。②赋：取，征收。③子：古时老师对学生的称呼。鸣鼓：大张旗鼓。攻：谴责的意思。④上刑：重刑。⑤连诸侯：联合诸侯。⑥辟草莱、任土地者次之：辟，开辟；草莱，未开垦的荒地。任土地，把土地分授给百姓，叫他们负责耕种。孟子是儒家，极力宣扬所谓仁政，对上述富国强兵之术，不从当时政治、经济的实际情况出发，一概加以反对，因此他所到之处，被视为迂阔而不见重用。

【译文】

孟子说："冉求做了鲁国公卿季康子的家臣，没有能力改变他的所作所为，却帮着他向老百姓征收比往日增加一倍的粮谷。孔子说：'冉求，不是我的学生，弟子们可以大张旗鼓地去责数他的过错！'从这件事看来，凡是去帮助不行仁政的君主搜刮财富的人，都是被孔子所唾弃的；何况对于那些为霸主们作战的人呢！为了争夺土地而进行战争，往往杀人满野；为了争夺城池而进行战争，往往杀人满城，这就是我们所说的为了土地而吞噬人肉，这种人罪大恶极，处以死刑还不足以偿还他们的罪恶。所以那些能征惯战的人应该受到最重的刑罚，那些搞'合纵连横'唆使诸侯们拉帮结伙互相攻战的人该受次一等的刑罚，那些迫使老百姓开荒山、尽地力以增加霸主们赋税收入的人也该受到更次一等的刑罚。"

【原文】

孟子曰："存乎人者，莫良于眸子①。眸子不能掩其恶。胸中正，则眸子瞭焉；胸中不正，则眸子眊焉②。听其言也，观其眸子，人焉廋哉③？"

【注解】

①"存乎"两句：存，在，察。眸子，泛指眼睛。②眊：眼睛昏花。③廋：隐藏、藏匿。

【译文】

孟子说："观察一个人，莫过于观察他的眼睛。眼睛不能掩盖人内心的丑恶。心中正直，眼睛就显得清明；心中不正直，眼睛就显得浑浊。听一个人的谈话，观察他的眼神，这个人内心的邪善又怎么能够隐藏得住呢？"

恭者不侮人，俭者不夺人。

【原文】

孟子曰："恭者不侮人，俭者不夺人。侮夺人之君，惟恐不顺焉，恶得为恭俭？恭俭岂可以声音笑貌为哉？"

【译文】

孟子说："恭敬的人不会欺侮别人，俭朴的人不会掠夺别人。那些欺侮、掠夺别人的君王，生怕别人不顺从他，又怎么能做到恭俭呢？恭敬和俭朴难道是可以凭悦耳的声音和讨好的笑脸做得出来的吗？"

【原文】

孟子曰："仁之实，事亲是也；义之实，从兄是也；智之实，知斯二者弗去是也；礼之实，节文斯二者是也；乐之实，乐斯二者，乐则生矣①；生则恶可已也，恶可已，则不知足之蹈之手之舞之。"

【注解】

①乐之实，乐斯二者，乐则生矣：三个"乐"字，第一个是音乐的意思；第二、三个是喜爱、快乐的意思。

【译文】

孟子说："仁的实质，便是侍奉父母；义的实质，便是顺从兄长；智的实质，便是透彻地了解这两者的道理而执着地守着它片刻不离；礼的实质，便是调节这两者（既使它们不文过其实，又不失应有的礼仪）；乐的实质，便是喜爱这二者，快乐也就自然而然地产生了；快乐一产生就无法再遏止了，快乐无法遏止，就情不自禁地手舞足蹈起来了。"

离娄章句下

本篇杂记孟子平时的言论，孟子主张君臣之间应有相应的对等关系，不能单方面要求臣下无条件地服从君主："君之视臣如手足，则臣视君如腹心；君之视臣如犬马，则臣视君如国人；君之视臣如土芥，则臣视君如寇仇。"另外，孟子对君子人格的培养的言论也是具有进步意义的。他认为君子不应该为得失而忧虑，而应该以尧舜为榜样，努力做到最善，认为凡人和圣人在人格上是平等的，这种认识在当时的时代背景下是难能可贵的。

【原文】

孟子曰："舜生于诸冯，迁于负夏，卒于鸣条[①]，东夷之人也。文王生于岐周，卒于毕郢，西夷之人也。地之相去也，千有余里；世之相后也，千有余岁。得志行乎中国，若合符节。先圣后圣，其揆一也。"

【注解】

①诸冯、负夏、鸣条：舜是传说中的古代圣人，他生、卒、活动的地名已经很难考证。诸冯、负夏、鸣条都是地名，大概在东方少数民族地区。

【译文】

孟子说："舜出生在诸冯，迁居到负夏，死在鸣条，是东方边远地区人。文王出生在岐周，死在毕郢，是西方边远地区人。这两个地区相距一千多里，时代相隔一千多年。当他们得志后在中原地区实现他们的抱负，简直没有两样，前代的圣人和后代的圣人，他们的准则都是一样的。"

【原文】

子产听郑国之政[①]，以其乘舆济人于溱洧[②]。孟子曰："惠而不知为政。岁十一月，徒杠成；十二月，舆梁成，民未病涉也。君子平其政，行辟人可也，焉得人人而济之？故为政者，每人而悦之，日亦不足矣。"

【注解】

①子产：春秋时郑卿公孙侨的字。子产自郑简公时当权，先后在定公、献公、声公朝为相四十多年，政声卓著，颇得孔子称许。②溱洧：郑国二水名。

【译文】

子产在郑国当政，用自己乘坐的车子在溱水和洧水帮助把行人渡过去。孟子说："子产惠爱百姓却不晓得如何办好政事。如果十一月里，过人的小桥修成了，十二月里，过车辆的大桥修成了，老百姓就不会再为渡河发愁了。在上面做官的办好了政事，即使是出去时令行人开道回避自己也是可以的，怎能去一个一个地帮人渡河呢？所以当政的人，要讨得每个人的欢心，那时间也就太不够用了。"

【原文】

孟子告齐宣王曰："君之视臣如手足，则臣视君如腹心；君之视臣如犬马，则臣视君如国人；君之视臣如土芥，则臣视君如寇仇。"

王曰："礼，为旧君有服①，何如斯可为服矣？"

曰："谏行言听，膏泽下于民；有故而去，则君使人导之出疆，又先于其所往②；去三年不反，然后收其田里。此之谓三有礼焉。如此，则为之服矣。今也为臣，谏则不行，言则不听；膏泽不下于民；有故而去，则君搏执之，又极之于其所往；去之日，遂收其田里。此之谓寇仇。寇仇，何服之有？"

【注解】

①礼，为旧君有服：礼，指《仪礼》。旧君，过去曾侍奉过的君主。服，指穿丧服。齐宣王觉得孟子的话说得过重了，所以故意提出这个问题来问他。②先：先派人去。

【译文】

孟子告诉齐宣王说："君王看待臣下犹如自己的手足，臣下看待君王就会犹如自己的腹心；君王看待臣下犹如狗马，臣下看待君王就会犹如一般百姓；君王看待臣下犹如泥块草芥，臣下看待君王就会犹如仇敌。"

宣王（听了这番话，觉得有些过分，就故意）问道："礼制规定：离了职的臣下要为旧日的君主服孝，在怎样的情况下他们才会为旧日的君主服孝呢？"

孟子说："如果臣下的规劝他照办了，好的意见他听取了，恩惠遍及了百姓；臣下有故必须离开国家时，君主就派人引导他出境，并且事先派人到他所去之地布置妥当；离开三年还没回国，才收回他的封地跟房屋。这叫作三有礼。君王能做到这样，臣下（在他死了后）就会为他服孝。如今做臣下的，规劝的话不被接受，正确的意见不被采纳，所以恩惠也不曾遍及百姓；臣下因故离国时，君王就派人捉拿他，又在他所去之地故意制造种种困难；刚一离开，便没收他的封地跟房屋。这就叫作仇敌。对于仇敌，还为他服孝干吗呢？"

【原文】

孟子曰："无罪而杀士，则大夫可以去；无罪而戮民，则士可以徙。"

【译文】

孟子说："（君主）杀害无辜的士人，做大夫的就可以离开这个国家；屠杀无辜的老百姓，做士人的就可以迁往别处。"

【原文】

孟子曰："君仁莫不仁，君义莫不义。"

【译文】

孟子说："君主心存仁爱，下面的臣民便没有不心存仁爱的；君主行事合宜，下面的臣民便没有行事不合宜的。"

【原文】

孟子曰："非礼之礼，非义之义，大人弗为。"

【译文】

孟子说："似是而非的礼，似是而非的义，有大德的君子是不干的。"

【原文】

孟子曰："中也养不中，才也养不才[①]，故人乐有贤父兄也。如中也弃不中，才也弃不才，则贤不肖之相去，其间不能以寸[②]。"

【注解】

①中也养不中，才也养不才：行事没有过分或不及叫中；力能有所作为叫才。养是指培养熏陶，等待受教育的人潜移默化。②其间不能以寸：杨伯峻《孟子译注》以为这句话的后面省略了动词"量"字。

【译文】

孟子说："道德修养高尚的贤者应该熏陶培育道德修养不高的人，有才智的能人应该熏陶培育才智低下的人，所以人们愿意（或乐于）家里有贤能的父兄。要是道德修养高尚的贤者抛弃道德修养不高的人，有才智的能人抛弃才智低下的人，那么，贤和不贤两种人之间的距离，简直不能用尺寸去量了。"

【原文】

孟子曰："人有不为也，而后可以有为。"

【译文】

孟子说："人只有对某些事舍弃不干，然后才可以有所作为。"

告子章句上

本篇主要探讨人性问题，孟子的人性理论是在与告子的辩论中得到系统性的阐发的。告子主张性无善无不善，“生之谓性”，认为人性没有什么善恶之分，食色的本能就是人性，善和恶则是后来由外界的影响加之于人的，与人性无关，亦即善恶是由后天决定的。孟子则认为人的善性是先天就具备的，恶的行为并非来自本性，而是因外部条件而引起的偶然结果，与人的善性没有必然联系。在对告子“生之谓性”观点的反驳中，孟子指出告子从生理本能来论证人性，从而使人与动物失去了区别，使人性等同于兽性，切中了告子人性论的要害。孟子承认人性是与生俱来的，但并不是与生俱来的都是人性，他把人与动物相同的那一部分生理本能排除在人性之外，认为食色只是生理本能而不是人性，如何正确地对待生理本能，才是人性范围内的事，也就是说，调节生理本能的正确标准，即理和义，才是人性，是人类生下来就具有的属性，即人的善性。孟子是我国历史上第一个系统论述人性问题的人，其观点虽然是不科学的，但仍然具有认识上的参考价值。

【原文】

告子曰：“性犹杞柳也[①]，义犹桮棬也[②]；以人性为仁义，犹以杞柳为桮棬。”

孟子曰：“子能顺杞柳之性而以为桮棬乎？将戕贼杞柳而后以为桮棬也。如将戕贼杞柳而以为桮棬，则亦将戕贼人以为仁义与？率天下之人而祸仁义者，必子之言夫！”

孟子与告子谈论人性中是否天然带有仁义的问题。

【注解】

①杞柳：即榉柳。②桮棬：是杯盘一类的用器。桮，同“杯”。

【译文】

告子说："人性好比榉柳，仁义好比杯盘；使人性具备仁义，犹如把榉柳树做成杯盘（要靠人为的力量）。"

孟子说："你能顺着榉柳的本性把它做成杯盘吗？还是得毁伤榉柳的本性，然后才能做成杯盘吧。假如是毁伤榉柳的本性才能做成杯盘，那么（你）也要毁伤人的本性以使它具备仁义吗？率领天下人一同来祸害仁义的，一定就你这种论调啊！"

【原文】

告子曰："性犹湍水也，决诸东方则东流，决诸西方则西流。人性之无分于善不善也，犹水之无分于东西也。"

孟子曰："水信无分于东西。无分于上下乎？人性之善也，犹水之就下也。人无有不善，水无有不下。今夫水，搏而跃之，可使过颡；激而行之，可使在山。是岂水之性哉？其势则然也。人之可使为不善，其性亦犹是也。"

【译文】

告子说："人性就像急流的水一般，在东方冲开了缺口便向东方流去，在西方冲开了缺口便向西方流去。人性不分善和不善，就好像水流本不分东西流向一样。"

孟子说："水的确本不分东西流向，但是水也不分上下一定的流向吗？人性的向善，便和水的爱向低处流相仿。人（的本性）是没有不善良的，水（的本性）是没有不向下流的。那水，你一拍打它使它跳跃起来，也可以使它高出你的额头，你堵塞水道使它倒行，就可以使它飞流上山。这难道是水的本性吗？这是形势逼着它如此。人可以使之干坏事，他的本性的变更也和（用外力）改变水的本性一样。"

【原文】

告子曰："生之谓性[①]。"

孟子曰："生之谓性也，犹白之谓白与？"

曰："然。"

"白羽之白也，犹白雪之白，白雪之白犹白玉之白与？"

曰："然。"

"然则犬之性犹牛之性，牛之性犹人之性与？"

孟子与告子对人的天性进行辩论。

【注解】

① 生之谓性：告子的意思，大概是说人生之初，自然即赋给他以性，性都相同，无善恶

之别。孟子即抓住告子“生之谓性”这句话，用“犬牛也是生而禀性，难道与人性没有区别吗”的反诘以驳之，借以证明自己人性善的主张完全正确。

【译文】

告子说：“天生的禀赋就叫性。”

孟子说：“天生的禀赋就叫性，就像白色的东西就叫白吗？”

告子说：“是。”

“白羽毛的白，和白雪的白一样，白雪的白和白玉的白一样吗？”

告子说：”是。”

“那么狗的生性和牛的生性一样，牛的生性和人的生性一样吗？”

【原文】

告子曰：“食色，性也[①]。仁，内也，非外也；义，外也，非内也[②]。”

孟子曰：“何以谓仁内义外也？”

曰：“彼长而我长之，非有长于我也；犹彼白而我白之，从其白于外也，故谓之外也。”

曰：“异于白马之白也，无以异于白人之白也[③]；不识长马之长也，无以异于长人之长与？且谓长者义乎？长之者义乎？”

曰：“吾弟则爱之，秦人之弟则不爱也，是以我为悦者也，故谓之内。长楚人之长，亦长吾之长，是以长为悦者也，故谓之外也。”

告子说：食色，性也。

曰：“耆秦人之炙[④]，无以异于耆吾炙，夫物则亦有然者也，然则耆炙亦有外与？”

【注解】

①食色，性也：告子这句话是说食色出自本身之所需，不是外加于自身，是内而不是外。《礼记·礼运》篇也说：“饮食男女，人之大欲存焉。”语意与告子同。②“仁，内也”六句：在告子看来，仁由内出，为性中所本有，义外非内，则为性中所本无。早于孟子的墨翟在《墨子·经说下》中对仁内义外之说就曾做过有力的批驳。可见关于仁内义外之争，由来已久。③异于白马之白也，无以异于白人之白也：上句“异于”二字可能是多出的。④耆：同“嗜”。

【译文】

告子说："饮食和男女两件事，是人的本性。仁，是内在的，不是外在的；义，是外在的，不是内在的。"

孟子说："为什么说仁是内在的而义是外在的呢？"

告子答道："因为他年长所以我将他看作长者加以尊敬，年长在他不在于我，就好像它是白色的东西因而我认为它白，这是由于外在物的白色所决定的，（并不是我脑子里先存有白色的观念，）所以说它是外在的东西。"

孟子问道："白马的白和白人的白固然没有多少不同，但不知对老马的尊敬跟对年长的人的尊敬是不是也没有多少区别呢？而且你所说的义，是指长者呢，还是指尊敬长者的心呢？（如果义不在于他的年长，而在于我尊敬长者之心，那么，义就还是在内不是在外哩。）"

告子（继续辩解）说："对于我自己的弟弟就爱，对于秦国人的弟弟就不爱，这就可见爱不爱在于我自己，所以我（把仁）叫作内在的东西。尊敬楚人的长者，也尊敬我的长者，这可见爱不爱决定于他人的年长，所以我（把义）叫作外在的东西。"

孟子（继续反驳）说："爱吃秦国人的烧肉和爱吃我们自己的烧肉是没有多少区别的，看来各种事物也都有相类似的情况，那么喜爱吃烧肉的心思难道也是存在于身外吗？（这样，'食色'还能称之为'性'吗？）"

【原文】

孟季子问公都子曰[①]："何以谓义内也？"

曰："行吾敬，故谓之内也。"

"乡人长于伯兄一岁，则谁敬？"

曰："敬兄。"

"酌则谁先？"

曰："先酌乡人。"

"所敬在此，所长在彼，果在外，非由内也。"

公都子不能答，以告孟子。

孟子曰："敬叔父乎？敬弟乎？彼将曰敬叔父。曰，'弟为尸[②]，则谁敬？'彼将曰敬弟。子曰，'恶在其敬叔父也？'彼将曰在位故也。子亦曰在位故也。庸敬在兄，斯须之敬在乡人。"

季子闻之，曰："敬叔父则敬，敬弟则敬，果在外，非由内也。"

公都子曰："冬日则饮汤，夏日则饮水，然则饮食亦在外也？"

【注解】

①孟季子：人名，其情况不详。②尸：古代代表死者受祭的人叫尸，多由亲属中辈数晚年纪小的人担任。后世才用画像或牌位来代替。

【译文】

孟季子问公都子道："为什么说义是内在的呢？"

答道："（对人）表达内心的崇敬，所以说义是内在的。"

"如果有个乡里的人比你大哥大一岁，那么你尊敬谁呢？"

答道："尊敬大哥。"

"要是同席斟酒那你先给谁斟呢？"

答道："先给乡里的人斟。"

"（这样看来，）你内心所尊敬的在这里（指大哥），外面所表示礼敬的却在那里（指乡里人），那义毕竟是外在的，并不是从内心产生的嘛。"

孟子谈论弟弟和叔父处于不同位置时谁更受人尊敬的问题。

公都子不能回答这问题，便将它告诉了孟子。

孟子说："（你可以反问他，）应该尊敬叔父呢，还是尊敬弟弟呢？他将回答说尊敬叔父。（你可以进一步）问道，'假如弟弟（在祭祖先时）充任受祭的代理人——尸，那么该尊敬谁呢？'他将回答说尊敬弟弟。你就可以再问，'（那你刚才说）该尊敬叔父的道理又在哪里呢？'他将回答因为弟弟处在尸位的缘故。那你也同样可以说因为乡里人处在客位的缘故，对哥哥是经常的尊敬，对乡里人是一时的尊敬。"

季子听了这些话后，说："尊敬叔父是（在这样的情况下）去尊敬，尊敬弟弟却（又是在那样的情况下）才给予他尊敬，看起来是外在的，并不是发自内心。"

公都子听了反问道："（人们）冬天喝热茶，夏天喝凉水，（照你的说法，）那么饮食也不是出于内在的需要而是由于外在的天气所决定的吗？"

【原文】

公都子曰："告子曰：'性无善无不善也。'或曰：'性可以为善，可以为不善，是故文武兴，则民好善；幽厉兴，则民好暴。'或曰：'有性善，有性不善，是故以尧为君而有象；以瞽瞍为父而有舜；以纣为兄之子，且以为君，而有微子启、王子比干①。'今曰性善，然则彼皆非欤？"

孟子曰："乃若其情②，则可以为善矣，乃所谓善也。若夫为不善，非才之罪也③。恻隐之心，人皆有之；羞恶之心，人皆有之；恭敬之心，人皆有之；是非之心，人皆有之。恻隐之心，仁也；羞恶之心，义也；恭敬之心，礼也；是非之心，智也。仁义礼智，非由外铄我也④，我固有之也，弗思耳矣。故曰，'求则得之，舍则失之。'或相倍蓰而无算者，不能尽其才者也。《诗》曰：'天生蒸民，有物有则。民之秉彝，好是懿德⑤。'孔子曰：'为此诗者，其知道乎！故有物必有则；民之秉彝也，故好是懿德。'”

【注解】

①微子启、王子比干：根据《史记》的记载，微子是纣王的庶兄，和纣王都是帝乙的儿子。比干是纣王的亲戚，司马迁也不知道他是谁的儿子。从这里公都子所引的话看来，微子、比干都是帝乙的弟弟，是纣王的叔父。这是《孟子》所载跟《史记》不同的地方。②乃若：发语词，用在这里表示转折的语气。③非才之罪也：才，犹材质；才、情都是指质性而言。④铄：美，动词，使动用法。⑤“《诗》曰”诸句：引自《诗经·大雅·蒸民》第一章。蒸，《诗经》作烝，众。物，事。则，法则。秉，执。彝，《孟子》原书和东汉王符的《潜夫论》都引作夷，常。懿，美。

【译文】

公都子说：“告子说：‘人性本没有善和不善。’有的人又说：‘人性可以变得善，也可以变得不善，所以周文王和武王（这样的圣王）产生了，人民就向善成风；周幽王和厉王（这样的暴君）出现了，人民便多趋向暴戾。’还有一种这样的说法：‘人性有的善，有的不善，所以哪怕有尧这样的圣人为君，却难免出现象这样的坏蛋；虽说有瞽瞍这样缺德的人为父，却还是生了大舜这样的好儿子，以纣这样暴虐的人做侄儿，而且做了君主，却同时存在着微子启、王子比干这样以仁德著称的叔父。’现在您说人性本来都善良，那么他们说的都不对吗？”

孟子谈四端。

孟子说：“要说人本来的性情，都可以使之趋向善良，这便是我所说的人性本善。至于有的人不干好事，不能责怪他的性情不好。怜悯他人灾难的心，人人都有；做了不光彩的事感到羞耻的心，人人都有；对人有礼貌的心，人人都有；判断事物是和非的心，人人都有。怜悯他人灾难的心便是仁；对不光彩的事感到羞耻的心便是义；对人有礼貌的心便是礼；判断事物是非的心便是智。仁义礼智的美德，不是由外在虚饰而成的，是自身原来就具有的，不过没有自觉地意识到它们罢了。所以说，‘只要去探索它们，便不难获得，一旦放弃它们，便不免要失掉’。有的人（比别人）相差一倍、五倍甚至无数倍，他们便是那种不能充分发挥善的本性的人。《诗经》中说过，‘老天生育众百姓，有事物便有法则。百姓秉执这常道，爱的就是这美德。’孔子说，‘作这篇诗的人，大概是懂得道理的啊！所以世间有事物必然便有法则；百姓能秉执这天生常道，所以能崇尚这美德。’（这可作为人性本来就善良的佐证。）”

告子章句下

本篇阐述的主要内容还是仁政。孟子从行仁政、法尧舜的立场出发，认为“今之所谓良臣，古之所谓民贼也”，坚决反对杀人以求地。这些人的行为与孟子所主张的“爱民”“保民”的政治理念背道而驰，所以孟子给予了猛烈的抨击，从反面表达了其政治理想。孟子主张对人民征收合理的赋税，即十分取一的税率，反对对人民横征暴敛。他认为，随着社会分工的扩大，国家机构趋于复杂，为了供养大批的官员和知识分子，向人民征收一定的赋税是必要的，超过了合理的限度，无论是太多还是太少，都是不适宜的。这种观点明智而不偏激，极富社会洞察力，是符合历史实际的。“舜发于畎亩之中”一章，论述了逆境对君子理想人格的锻炼培养，提出了“生于忧患，死于安乐”“无敌国外患者，国恒亡”的包含着朴素辩证法的观点，体现了他的在矛盾冲突中实现自身价值的深刻思想。

【原文】

任人有问屋庐子曰[①]：“礼与食孰重？”

曰：“礼重。”

“色与礼孰重？”

曰：“礼重。”

曰：“以礼食，则饥而死；不以礼食，则得食，必以礼乎？亲迎[②]，则不得妻；不亲迎，则得妻，必亲迎乎？”

屋庐子不能对，明日之邹，以告孟子。

孟子曰：“于答是也何有？不揣其本，而齐其末，方寸之木可使高于岑楼[③]。金重于羽者，岂谓一钩金与一舆羽之谓哉[④]？取食之重者与礼之轻者而比之，奚翅食重[⑤]？取色之重者与礼之轻者而比之，奚翅色重？往应之曰：‘纱兄之臂而夺之食[⑥]，则得食；不纱，则不得食，则将纱之乎？逾东家墙而搂其处子[⑦]，则得妻；不搂，则不得妻，则将搂之乎？’”

【注解】

①任：国名，在今山东济宁境内。屋庐子：孟子弟子。②亲迎：新郎亲自去新娘家迎娶。③岑楼：高楼。岑，山小而高。④一钩金：钩指带钩，一钩金是说做成一带钩所需的金，言

金的数量极少。⑤奚：通“啻”，“但，仅仅”之意。⑥紾：扭、拧。⑦处子：处女。

【译文】

任国有人问屋庐子道：“礼和食哪样更重要？”

答道：“礼重要。”

这个人（紧接着）问道：“色和礼哪样重要？”

答道：“礼重要。”

问道：“要是按照礼节去找食物，就得饿死；不按照礼节去找食物，就能得到食物，是不是一定要按照礼节行事呢？要是行亲迎礼，便得不到妻子；不行亲迎礼，就能得到妻子，是不是一定得行亲迎礼呢？”

孟子对屋庐子问。

屋庐子不能回答，第二天便跑到了邹国，把这些问题告诉了孟子。

孟子说：“对于回答这些问题又有什么难处呢？如果不去度量基地的高低是否一致，却只顾去比它们上面的高低，那么即使仅是一寸厚的木块，（把它搁在高地方，）你也可以使它比尖顶的高楼还要高。我们说金子比羽毛更重，难道是说一个小小金带钩的重量比一大车子羽毛还要重吗？拿关系重大的吃的问题与无足轻重的礼的细枝末节去相比，岂是吃的问题重要吗？拿有关男女结合的重要问题与无足轻重的礼的细枝末节去相比，岂是男女问题重要吗？你去回答他说：‘扭伤哥哥的胳膊夺去他的食物，就可以得到吃的；不扭伤，就得不到吃的，那你会去扭伤他的胳膊吗？跳过东家的墙去搂抱他家的姑娘，就可以得到老婆；不搂抱，就得不到老婆，那你会去搂抱她吗？’”

【原文】

曹交问曰[①]：“人皆可以为尧舜，有诸？”

孟子曰：“然。”

“交闻文王十尺，汤九尺，今交九尺四寸以长，食粟而已，如何则可？”

曰：“奚有于是？亦为之而已矣。有人于此，力不能胜一匹雏，则为无力人矣；今曰举百钧，则为有力人矣。然则举乌获之任[②]，是亦为乌获而已矣。夫人岂以不胜为患哉？弗为耳。徐行后长者谓之弟，疾行先长者谓之不弟。夫徐行者，岂人所不能哉？所不为也。尧舜之道，孝弟而已矣。子服尧之服，诵尧之言，行尧之行，是尧而已矣。子服桀之服，诵桀之言，行桀之行，是桀而已矣。”

曰："交得见于邹君，可以假馆，愿留而受业于门。"

曰："夫道若大路然，岂难知哉？人病不求耳。子归而求之，有余师！"

【注解】

①曹交：春秋曹君的后裔。②乌获：古时有名的大力士。

【译文】

曹交问道："人人都可以成为尧舜，有这个说法吗？"

孟子说："是的。"

（曹交又问：）"我听说文王身长十尺，汤身长九尺，如今我身长九尺四寸多，（可是每天）只知道吃饭罢了，要怎样才能够（成为尧舜）呢？"

孟子说："这有什么呢？也无非是要去做而已。假如这里有个人，自认为力气不如一只小鸡，那他就是没有力气的人了；现在他说他的力气能举起三千斤重的东西，那他就是有力气的人了。那么，要是能举起乌获所举过重量的，这也就成为乌获了。人所害怕的难道是在于不能胜任吗？在于不去做罢了。慢慢地跟在长者的后边走，叫作悌；快快抢在长者的前面走，叫作不悌。慢点儿走，难道是人不能做到的吗？只是不去做罢了。尧舜之道，也只是孝悌而已。你穿尧穿的衣服，说尧说的话，做尧做的事，就成为尧了。你穿桀穿的衣服，说桀说的话，做桀做的事，就成为桀了。"

曹交说："我能见到邹君，可以借个馆舍，我愿意留下来在您的门下受教。"

孟子说："尧舜之道就像大路一样，难道很难懂吗？就怕人自己不去探求罢了。你回去自己好好探求，老师有的是。"

【原文】

公孙丑问曰："高子曰①：'《小弁》②，小人之诗也。'"

孟子曰："何以言之？"

曰："怨。"

曰："固哉，高叟之为诗也！有人于此，越人关弓而射之③，则己谈笑而道之；无他，疏之也。其兄关弓而射之，则己垂涕泣而道之；无他，戚之也④。《小弁》之怨，亲亲也。亲亲，仁也。固矣夫，高叟之为诗也！"

曰："《凯风》何以不怨⑤？"

曰："《凯风》，亲之过小者也；《小弁》，亲之过大者也。亲之过大而不怨，是愈疏也；亲之过小而怨，是不可矶也⑥。愈疏，不孝也；不可矶，亦不孝也。孔子曰：'舜其至孝矣，五十而慕。'"

【注解】

①高子：与孟子同时代的一位学者。高子在《孟子》一书中，曾经几次提到。《公孙丑》

篇和《尽心》篇提到的高子，《注》文说是齐国人，到过孟子门下学习。本章中的高子，孟子称他为高叟，年纪比孟子大。②《小弁》:《诗经·小雅》篇名。关于诗中的事，一说是周幽王太子宜臼，因遭褒姒谗害，被放逐而作。一说是周宣王大臣尹吉甫的儿子伯奇，由于后母的挑拨离间，被父亲赶出家门而作。两说都未见于先秦典籍，孟子在这里也没有指出诗中所写的具体人和事，所以很难叫人相信。但从诗的内容看，作者是在家庭矛盾中被父亲赶出，流落在外，悲愤填膺，因而写出这首情文并茂的好诗却是可以肯定的。③关：同“弯”。④戚之也：戚，亲；因为对哥哥亲，所以要“号泣而道之”。⑤《凯风》：见《诗经·邶风》。《毛诗》认为它是一首赞美孝子能讽劝母亲改正淫邪行为的诗，这多少是由于受了《孟子》“《凯风》，亲之过小”这句话的影响。其实就诗的本身而言，看不到“改正淫邪”的任何迹象，看到的倒是母亲的劬劳和七个儿子不能分忧的自责。⑥矶：同“激”，引申为激怒、触犯。

他人开弓射自己，不会觉得有什么；哥哥开弓射自己，就会觉得十分伤痛。

【译文】

公孙丑道:“高子说:‘《小弁》，是小人写的诗。’”

孟子说:“为什么这样说呢？”

答道:“因为它充满怨愤的情绪。”

孟子说:“高老夫子的讲解诗未免太固执了吧！假定有个人在这里，越国人开弓要射他，他自己就边谈边笑地劝说越国人不可这样做；这并不是有别的原因，只是由于越国人和他关系疏远的缘故。要是他的哥哥开弓要射他，他自己就啼哭着劝说他哥哥不可这样做，这并不是有别的原因，只是由于哥哥是他的亲人的缘故。《小弁》的怨愤，是出于对自己亲人的爱护。爱护亲人，是仁的表现。高老夫子这样讲解诗实在太固执了啊！”

公孙丑又问道:“《凯风》为什么没有流露怨恨的感情呢？”

孟子道:“《凯风》这首诗，父母过错较小;《小弁》诗，父母过错就较大。父母亲的过错大却毫无怨言，这就愈显得与父母疏远；父母亲的过错小却一味抱怨，这就说明做儿子的一点小小刺激也受不了。过分疏远自己的父母，固然是不孝，受不了一点小刺激，也是不孝。孔子说:‘舜要算最孝顺的儿子吧，到了五十岁这样的年龄还是依恋着父母。’”

【原文】

宋牼将之楚[①]，孟子遇于石丘[②]，曰:“先生将何之？”

曰："吾闻秦楚构兵[③]，我将见楚王说而罢之。楚王不悦，我将见秦王说而罢之。二王我将有所遇焉。"

曰："轲也请无问其详，愿闻其指。说之将何如？"

曰："我将言其不利也。"

曰："先生之志则大矣[④]，先生之号则不可[⑤]。先生以利说秦楚之王，秦楚之王悦于利，以罢三军之师，是三军之士乐罢而悦于利也。为人臣者怀利以事其君，为人子者怀利以事其父，为人弟者怀利以事其兄，是君臣、父子、兄弟终去仁义[⑥]，怀利以相接，然而不亡者，未之有也。先生以仁义说秦楚之王，秦楚之王悦于仁义，而罢三军之师，是三军之士乐罢而悦于仁义也。为人臣者怀仁义以事其君，为人子者怀仁义以事其父，为人弟者怀仁义以事其兄，是君臣、父子、兄弟去利，怀仁义以相接也，然而不王者，未之有也。何必曰利？"

【注解】

①宋牼：一作宋钘，战国时与孟子、尹文子、慎到等同时的有名学者。②石丘：地名，有人以为属宋国。③构兵：交战。④大：有"善"和"好"的意思。⑤号：召唤。⑥终：尽。

【译文】

宋牼将要去楚国，孟子在石丘碰见他，问道："先生要到哪里去呢？"

宋牼答道："我听说秦国和楚国正在交战，我准备去谒见楚王劝说他罢兵。楚王要是不高兴（这样做），我就打算去谒见秦王劝说他罢兵。在两个国王中间我总会找到和我意见投合的。"

孟子说："我孟轲不打算打听详细情况，但却愿意听听您的意向。您将怎样劝说他们呢？"

宋牼答道："我准备去讲讲交兵的不利。"

孟子道："您先生的用心是很好的，但是您先生的提法便不合适。先生拿利去劝说秦楚两国的君主，秦楚两国的君主由于对利感兴趣而罢兵，这就使二军的官兵乐于罢兵却对利产生了浓厚的兴趣。做人臣子的怀着得利的观点去侍奉他们的君主，做人儿子的怀着得利的观点去侍奉他们的父亲，做人弟弟的怀着得利的观点去侍奉他们的哥哥，这就使得君臣、父子、兄弟之间完全抛掉仁义、怀着得利的观点来相互接待，像这样国家却不会灭亡的，简直是没有的事。先生要是拿仁义去劝说秦楚两国的君主，秦楚两国的君主由于对仁义感兴趣而罢兵，这就使三军的官兵乐于罢兵而对仁义产生了浓厚的兴趣。做人臣子的怀着仁义的观点去侍奉他们的君主，做人儿子的怀着仁义的观点去侍奉他们的父亲，做人弟弟的怀着仁义的观点去侍奉他们的哥哥，这就使得君臣、父子、兄弟之间完全抛去利的观点，怀着仁义的观点来相互对待，像这样却不能统一天下的，也简直是没有的事。为什么非说利不可呢？"

【原文】

孟子居邹，季任为任处守[①]，以币交，受之而不报。处于平陆，储子为相[②]，以币交，受之而不报。他日，由邹之任，见季子；由平陆之齐，不见储子。屋庐子喜曰："连得间矣。"问曰："夫子之任，见季子；之齐，不见储子，为其为相与？"

孟子见季子。

曰："非也。《书》曰：'享多仪[③]，仪不及物曰不享，惟不役志于享。'为其不成享也。"

屋庐子悦。或问之，屋庐子曰："季子不得之邹，储子得之平陆。"

【注解】

①季任：任国君主最小的弟弟。当时任君到邻国去朝会，季任为留守，代行政事。任国国都在今山东济宁市。②"处于平陆"两句：平陆，齐国的下邑，故城在今山东汶上县北。储子，齐国宰相。③"《书》曰"句：《书》指《尚书·洛诰》篇。享多仪：享，指享见之礼；多，有"贵""美"的意思；仪，仪法。

【译文】

孟子住在邹国时，季任为任国留守，（代理国君暂行国政，）送了礼物来和孟子结交，孟子受了礼物却并没有回报。后来孟子住在平陆时，储子做齐国的国相，也送了礼物来和孟子结交，孟子同样是受了礼物没有回报。过了些日子，孟子从邹国到任国时，去拜访了季子；但是，当他由平陆去齐国首都时，却没有去拜访储子。屋庐子（知道这种情况后）高兴地说："我找到老师一个漏洞（来发问了）。"问道："老师您到任国，拜访了季子；到齐国首都，却不拜访储子，是因为他仅是个国相吗？"

孟子说："不是的。《尚书》中说过：'享献之礼以有仪节为可贵，要是仪节与礼物不相称那就等于没有享献，这只是因为享献的人没有把心意用在享献上。'（我之所以不去拜访储子，）是为了他的享献不成其为享献的缘故。"

屋庐子（听了）很高兴。有人问他（是怎么一回事），屋庐子回答道："季子（因为有重任在身）不能到邹国去，而储子（作为国相）却是可以亲自去平陆的。"

【原文】

淳于髡曰："先名实者，为人也；后名实者，自为也[①]。夫子在三卿之中，名实未加于上下而去之[②]，仁者固如此乎？"

孟子曰："居下位，不以贤事不肖者，伯夷也；五就汤五就桀者，伊尹也；不恶汙君，不辞小官者，柳下惠也。三子者不同道，其趋一也。一者何也？曰，仁也。君子亦仁而已矣，何必同？"

曰："鲁缪公之时，公仪子为政，子柳、子思为臣，鲁之削也滋甚[③]；若是乎贤者之无益于国也！"

曰："虞不用百里奚而亡，秦穆公用之而霸。不用贤则亡，削何可得与欤？"

曰："昔者王豹处于淇，而河西善讴[④]；绵驹处于高唐，而齐右善歌[⑤]；华周杞梁之妻善哭其夫而变国俗[⑥]。有诸内，必形诸外。为其事而无其功者，髡未尝睹之也。是故无贤者也；有则髡必识之。"

曰："孔子为鲁司寇，不用，从而祭，燔肉不至，不税冕而行[⑦]。不知者以为为肉也。其知者以为为无礼也。乃孔子则欲以微罪行，不欲为苟去。君子之所为，众人固不识也。"

【注解】

①先名实者，为人也；后名实者，自为也：先，作动词用，重视；名，声誉；实，事功。后，也是作动词用，不重视。自为，有独善其身的意思。②"夫子在"两句：三卿，指上卿、亚卿、下卿。上下，上指君，下指民。③"鲁缪公之时"诸句：公仪子，指公仪休，鲁国的博士，曾任鲁国宰相，在政治上颇有声望，司马迁将他列入《史记·循吏列传》。子柳，即泄柳，曾做过鲁缪公的卿。"鲁之削也滋甚"，如鲁缪公时，齐鲁之间多次交战，鲁除平陆一役获胜外，其余几乎都是兵败地削，便是很好的证明。这几句话是淳于髡讥刺孟子纵然不离开齐国，也未必能有所作为。④王豹处于淇，而河西善讴：王豹，卫国善于唱歌的人；也有人认为是齐国人。淇，卫国水名。河西，卫在黄河西面，所以叫河西。⑤绵驹处于高唐，而齐右善歌：绵驹，善唱歌的人；高唐，齐国西部县邑，故城在今山东禹城西南，绵驹便住在那里。因为高唐在齐国西面，西在右，所以叫齐右。⑥华周杞梁之妻善哭其夫而变国俗：华周，即华旋；杞梁，即杞植，二人都是齐国的大夫。春秋鲁襄公二十三年，齐国袭击莒国，二人一同参加了。传说他们战死后，他们的妻子悲痛万分，对着城墙大哭，城墙也被她们哭塌了。国人群起仿效，善哭成风。⑦燔肉不至，不税冕而行：燔，烤。燔肉，同膰肉，又名胙，是宗庙的祭肉，生的叫脤，熟的叫膰。古代天子和诸侯举行祭祀后，余下的腊肉，按规定除赐给同姓国外，也拿来赐给有关大夫等官。不税冕而行：税，解，脱；冕，大夫以上戴的礼帽。不税冕而行，用夸张手法形容走得匆忙，事实并不一定真是这样。

【译文】

淳于髡说："以名誉功业为重的人，是志在救民；不重视名誉功业的人，是为了独

柳下惠不嫌弃缺德的君主，也不拒绝当小官。

善其身。您先生身居齐国三卿的高位，名誉和功业无论从上辅君王还是下济万民来说都还无所建树却就要离开齐国，一个志士仁人原来是这样的吗？”

孟子说：“身居低下的地位，不愿意拿自己贤者的身份去侍奉不仁的君主的，是伯夷；五次投到汤的门下，又五次投到桀的门下的，是伊尹；不嫌弃缺德的君主，也不拒绝当小官的，是柳下惠。三个人处世接物的态度不同，但他们总的趋向却是一致的。这个一致的趋向是什么呢？我说，就是一个‘仁’字。所以君子只要趋向于仁就可以了，又为什么一定要彼此相同呢？”

淳于髡说：“从前鲁缪公的时候，公仪子替他掌握政权，子柳和子思都在他的朝廷上做臣子，可是鲁国的地削弱更见厉害，贤者的无益于国家竟是像这样呢！”

孟子说：“从前虞国因为不用百里奚便亡了国，秦穆公由于用了他便成就了霸业。可见不用贤者就要导致国家的灭亡，（要想单是）削减点国土又怎么办得到呢？”

淳于髡说：“从前王豹居住在淇水旁边，于是河西地方的人们便都擅长于唱歌；绵驹居住在高唐地方，于是齐国西部地方的人们也都擅长于唱歌。华周、杞梁的妻子以痛哭她们战死的丈夫著名，因而改变了齐国的习俗。里面有什么，外面也一定会表现出什么。做了那件事却见不到它的功绩的，我从不曾看到过那样的事情。所以今天实在是没有贤人；如果有的话，那我就一定会知道他的。”

孟子说：“从前孔子做鲁国司寇的官，不被鲁君所信任，跟随鲁君去祭祀，祭过了的燔肉也没有按规定送来，于是孔子立即离开了鲁国。不了解孔子的人以为孔子是为了几块祭肉而走的，了解孔子的人就知道他是由于鲁国君相的无礼才出走。至于孔子却是（为了不至显露君相的过错）因而想使自己带上一点小小罪名而离开鲁国，并不愿意随随便便地出走。一个仁德君子的所作所为，是一般的普通人不易识别理解的。”

【原文】

鲁欲使慎子为将军[①]。孟子曰："不教民而用之，谓之殃民。殃民者，不容于尧舜之世。一战胜齐，遂有南阳[②]，然且不可[③]……。"

慎子勃然不悦曰："此则滑厘所不识也。"

曰："吾明告子。天子之地方千里；不千里，不足以待诸侯。诸侯之地方百里；不百里，不足以守宗庙之典籍[④]。周公之封于鲁，为方百里也；地非不足，而俭于百里[⑤]。太公之封于齐也，亦为方百里也；地非不足也，而俭于百里。今鲁方百里者五[⑥]，子以为有王者作，则鲁在所损乎，在所益乎？徒取诸彼以与此，然且仁者不为，况于杀人以求之乎？君子之事君也，务引其君以当道，志于仁而已。"

【注解】

①慎子：鲁国的臣子，善用兵，从与孟子的问答中知道他名叫滑厘。②南阳：即汶阳，在今山东泰安西南一带。因为它地处泰山的西南面，汶水的北面，而山南、水北古人习惯都称为阳，所以它既名南阳，又名汶阳。③然且不可：杨伯峻《孟子译注》说："此句未完。因慎子勃然不悦，抢着说去。所以知之者，凡用'尚且''犹且''然且'诸副词之句，多是主从复合句，从句用'且'，主句用反问句，如下文'然且仁者不为，况于杀人以求之乎'即是。此处下文无主句，且有'慎子勃然不悦'诸叙述语，所以知之。"④宗庙之典籍：典籍即礼籍，是讲名位尊卑的书，也就是记述法度的书。它是祖先从天子那里接受，并传下来把它藏在宗庙里的。所以宗庙的典籍即祖先的典籍。⑤俭：约，少。⑥今鲁方百里者五：鲁国自从周公的儿子伯禽封于曲阜后，他的子孙从隐公到哀公，先后攻打宋、项、郲、莒等国，多次侵占他们的土地，所以鲁国在春秋时，实际兼有九国的土地。

【译文】

鲁国想让慎子做将军。孟子说："不先教练百姓就让他们去打仗，这叫作坑害百姓。坑害百姓的人，在尧舜的时代是容不得的。即使一次战斗便打赢了齐国，顺利地收复了南阳，这样尚且不行……"

慎子（还没有把话听完，）便勃然变色很不高兴地说："这个却是我慎滑厘所弄不懂的。"

孟子说："我明白告诉你好了。天子的辖地千里见方，不到千里，便不够用以接待来朝见的诸侯。诸侯的辖地百里见方，不到百里，便不够用以奉守受之于天子、历代相传下来珍藏在祖祠里的文物典章。周公被封在鲁国，有约百里见方的土地，土地并不是不够，但事实上（周公的封地）却是少于百里的。太公被封在齐国，也有约百里见方的土地，土地并不是不够，但事实上也是少于百里的。现时鲁国就有五个百里见方的土地，你认为假如有圣贤之君兴起时，那么鲁国的土地将摆在被削减还是被增加的行列中呢？不费一兵一卒之力从那个国家取来土地给予这个国家，这样仁爱的人尚且不干，更何况用杀人的手段去取得土地呢？君子侍奉君主（没有别的诀窍，）务必引导他的君主做到事事在理，心向着仁罢了。"

尽心章句上

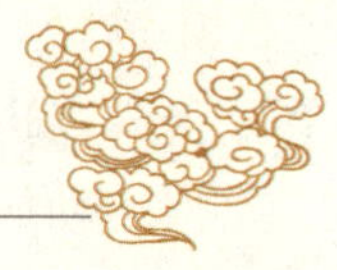

本篇杂记孟子言论，是孟子各方面思想的综合。对于命运的诠释，是本篇一个重要的观点。在前三章中，孟子认为，命运虽然是人力不可改变的必然，但是如果人的行为是遵循命运的必然趋势的，尽到了自己本身应尽的努力，不管结果是否尽如人愿，都是得命运之正，是符合“正命”的。反之，如果人的行为违反事物的必然趋势，一意孤行，所造成的结果就是“非正命”。对命运的这种区分，是要说明人在命运面前，即在必然性面前，并不是完全消极的。这种观点与宿命论的观点是完全不同的。本篇中孟子对君子理想人格的论述也很重要。孟子提出士人应该“尚志”，亦即遵行仁义，把“居仁由义”视为培养理想人格的基石，而“穷则独善其身，达则兼善天下”则是理想人格所应达到的最高境界，为世人确立了一个道德修养的准则。对宗法血缘关系的维护也是本篇内容的一个方面，孟子对陈仲子的指责以及对舜携犯罪的父亲逃往海滨的假设，都是为了维护宗法血缘关系，他将宗法血缘关系视为伦理道德的基石，是无论如何不能被破坏的，这是孟子思想中的糟粕。

【原文】

孟子曰：“尽其心者，知其性也。知其性，则知天矣。存其心，养其性，所以事天也。夭寿不贰，修身以俟之，所以立命也。”

孟子讲述尽心的本质在于竭尽人的天然善心。

【译文】

孟子说：“能够竭尽他的善心的，便是真正了解了人的本善的天性。懂得了人的本善的天性，就是懂得了天命。（一个人）保存他的善心，培养他本善的天性，目的就在于正确对待天命。无论短命或是长寿，都毫不怀疑动摇，只是修身养性以等待天命，这便是安身立命的方法。”

【原文】

孟子曰：“莫非命也[①]，顺受其正！是故知命者不立乎岩墙之下[②]。尽其道而死者，正命也；桎梏死者，非正命也。”

【注解】

①莫非命：这句是说一个人不可非命而死。莫，即不要。②岩墙：将要倒塌的墙。

【译文】

孟子说：“不要去非命而死，而要去顺理而行，接受正常的天命吧！所以懂得天命的人不会站到就要倒塌的墙壁下面。一切完全按照正道行事而死的人，他所接受的是正常的天命，那些因为犯罪坐牢而死的人，他们所接受的就不是正常的天命。”

【原文】

孟子曰：“求则得之，舍则失之，是求有益于得也，求在我者也。求之有道，得之有命，是求无益于得也，求在外者也。”

【译文】

孟子说：“（有的东西）追求它就能得到，放弃它就会失掉，这种追求对获得（这个东西）有益处的，因为所追求的东西就存在于我本身之内，（能否获得它，就看我自己而已。）（有的东西）追求它要有一定的原则，得到它与否得看命运的安排，这种追求对获得（这个东西）是毫无益处的，因为所追求的东西存在于我的身外（能不能得到它就由不得自己了）。”

【原文】

孟子曰：“万物皆备于我矣。反身而诚，乐莫大焉。强恕而行，求仁莫近焉。”

【译文】

孟子说：“世间的一切，我都具备了。如果我反躬自问，发现自己是诚实的，就没有什么比这更使我快乐的了。凡事努力推行推己及人的恕道，达到仁德的道路就没有比这更近的了。”

【原文】

孟子曰：“行之而不著焉，习矣而不察焉，终身由之而不知其道者，众也。”

【译文】

孟子说：“（人人都有仁义之心，）如果仅仅这样做下去，却不明白为什么要这样做，天天习以为常，却不问个所以然，终身打这条道路走，却不思考一下这是条什么道路，这种人便是一般的人。”

【原文】

孟子曰："人不可以无耻；无耻之耻，无耻矣。"

【译文】

孟子说："一个人不可以没有羞耻；一个人如果能够以自己没有羞耻为可耻，（因而改过自新，）他便可以终身不再蒙受羞耻了。"

【原文】

孟子曰："耻之于人大矣；为机变之巧者，无所用耻焉。不耻不若人，何若人有？"

【译文】

孟子说："羞耻对于人来说关系非常大；那些耍阴谋诡计的人，是没有什么地方用得着羞耻的。一个人要是不把不如别人看作是羞耻，那他还有什么地方能比得上别人呢？"

【原文】

孟子曰："古之贤王好善而忘势；古之贤士何独不然？乐其道而忘人之势，故王公不致敬尽礼，则不得亟见之。见且由不得亟①，而况得而臣之乎？"

【注解】

①由：同"犹"

【译文】

孟子说："古代的贤君喜爱有德行的贤士，忘记自己的权势地位；古代的贤士又何尝不是这样？他们热爱他们信奉的义理，忘记别人的权势地位，所以王公们要是对他们不能做到诚心诚意、礼仪周到，就不能多次见到他们。相见的次数尚且不能多，更何况要把他们作为自己的臣下呢？"

【原文】

孟子谓宋句践曰①："子好游乎②？吾语子游。人知之，亦嚣嚣③；人不知，亦嚣嚣。"

曰："何如斯可以嚣嚣矣？"

曰："尊德乐义，则可以嚣嚣矣。故士穷不失义，达不离道。穷不失义，故士得己焉④；达不离道，故民不失望焉。古之人，得志，泽加于民；不得志，修身见于世。穷则独善其身，达则兼善天下。"

【注解】

①宋句践：姓宋，名句践，是一位喜欢拿道德游说诸侯，希望能实现他的政治主张的学

者。② 游：游说。③ 嚣嚣：无求无欲，悠闲自得的样子。④ 得已：即自得的意思。

【译文】

孟子对宋句践说："你喜欢到各国去游说吗？我告诉你关于游说应取的态度。人家理解我，也悠闲自得；人家不理解我，也悠闲自得。"

宋句践问道："要怎样才能做到悠闲自得呢？"

孟子答道："一个人能尊重自己的德操，以行为合于义为乐，就可以悠闲自得了。所以士人在穷困时不丢掉义，在得志时不偏离道。士人能够在穷困时不丢掉义，所以能自得其乐；能够在得志时不偏离道，所以使百姓不至感到失望。古代的君子，得了志，恩泽普遍施加到百姓；万一不得志，也能自修品德，有所表现于世。穷困时提高自身的品德修养，得志时便使天下百姓普遍地各得其所。"

【原文】

孟子曰："待文王而后兴者，凡民也。若夫豪杰之士，虽无文王犹兴。"

【译文】

孟子说："要等待像文王这样的圣君出现，然后才知道兴起向善的，是普通的人。至于杰出的人物，尽管没有文王这样的圣君出现，也还是能够自觉地兴起向善的。"

【原文】

孟子曰："附之以韩魏之家①，如其自视欿然②，则过人远矣。"

【注解】

① 附：增加。韩魏之家：是指春秋时晋国六卿中最富有的家族，不是指战国时韩、魏两国。② 欿然：不自满的意思。

【译文】

孟子说："（除了他自己的家业外，）再加上（晋国）韩魏两大家族的财富，如果他自己看来，觉得（仁义之道还不足，）并不值得自满，这样的人就远远超出了一般人。"

【原文】

孟子曰："以佚道使民，虽劳不怨。以生道杀民①，虽死不怨杀者。"

【注解】

① 生道：指广大人民生存的原则。民：是指危及广大人民生存的人。

【译文】

孟子说："从谋求百姓能过上温饱的安逸生活的原则出发而役使百姓，他们尽管劳累一些，也不会埋怨。从维护广大百姓生存的原则出发而不得已杀人，被杀者服罪而死，也不至怨恨杀他的人。”

【原文】

孟子曰：“霸者之民，驩虞如也[①]，王者之民，皞皞如也[②]。杀之而不怨，利之而不庸[③]，民日迁善而不知为之者。夫君子所过者化[④]，所存者神，上下与天地同流，岂曰小补之哉？”

【注解】

① 驩虞：即欢娱；驩虞是“欢娱”二字的假借字。② 皞皞：通“浩浩”，广大自得的样子。③ 庸：功，这里有归功的意思。④ 君子所过者化：这句中“君子”的意义和一般把有德或是有位的人称为君子的意义不同。这句中的“君子”指“圣人”，不但指王者的圣人，可能也指非王者的圣人，如孔子等，所以这里不用“王者”字样而改用“君子”两字。

【译文】

孟子说：“霸者的百姓（由于明显地看到君主的惠泽，因而）感恩戴德、欢天喜地；王者的百姓（身受君主的德泽而不自觉，因而）心旷神舒、怡然自得。（在王道的熏陶下，）百姓被杀了，却并不怨恨，百姓蒙爱恩泽，却并不归功于谁，百姓一天一天趋向于善却不知道是谁造成的。圣人所到的地方，人们从风而化，他所在的国家，默化潜移，神妙莫测，简直是上与天、下与地一同运转不息，难道说仅仅只是小小的补益吗？”

【原文】

王子垫问曰：“士何事？”

孟子曰：“尚志。”

曰：“何谓尚志？”

曰：“仁义而已矣。杀一无罪非仁也，非其有而取之非义也。居恶在？仁是也；路恶在？义是也。居仁由义，大人之事备矣。”

【译文】

王子垫问道：“士干的什么事？”

孟子说：“士应当使自己保持高尚的志向。”

又问：“怎样才能算是志向高尚呢？”

答道：“不过是坚持仁和义罢了。凡是杀害一个没有罪的人，便是不仁；凡是财物不是他自己应该得的却取用了，便是不义。士应该居住在什么地方呢？仁便是的；士应该行走的路在哪里呢？义便是的。住的是仁，经由的是义，即使是在官的大人分内的事情也都全部具备了。”

【原文】

孟子曰：“仲子，不义与之齐国而弗受[①]，人皆信之，是舍箪食豆羹之义也。人莫大焉亡亲戚君臣上下[②]。以其小者信其大者，奚可哉？”

【注解】

①仲子，不义与之齐国而弗受：仲子，即陈仲子。“不义与之齐国而弗受”，只是一种假设，并不是真有其事。②大焉：跟“大于”差不多。亡：同“无”。

【译文】

孟子说：“陈仲子这个人，要是毫无道理地把个齐国给他，他是不会接受的，人们都相信这件事，其实，这种义是等于放弃一筐饭一碗汤的义。人的罪过再没有什么比不要母兄君臣尊卑更大的了，（而仲子便正是犯有这种罪过。）又怎么可以因为他有这一点点廉洁的表现便相信他的大节操呢？”

【原文】

桃应问曰[①]：“舜为天子，皋陶为士，瞽瞍杀人，则如之何？”

孟子曰：“执之而已矣。”

“然则舜不禁与？”

曰：“夫舜恶得而禁之？夫有所受之也。”

“然则舜如之何？”

曰：“舜视弃天下犹弃敝蹝也[②]。窃负而逃，遵海滨而处[③]，终身䜣然[④]，乐而忘天下。”

【注解】

①桃应：孟子弟子。②蹝：一作屣，鞋子。③海滨：滨，水边。古时海滨是政令达不到的地方，所以孟子设想舜会把他犯法的父亲藏在这里。④䜣：同“欣”，古字。

【译文】

桃应问道：“舜做天子，皋陶当法官，假定瞽瞍杀了人，那该怎么办？”

孟子说：“那就只有把他抓起来了。”

“那么舜不会出来阻止吗？”

答道：“舜怎么能出来阻止呢？（皋陶所执行的法）是有所传受的。（又怎敢徇私枉法呢？）”

“那么舜怎么办呢？”

答道：“舜把抛弃天下看作是抛掉一双破鞋一样。他会偷偷地背着犯法的父亲逃走，在海边住下来，一辈子高高兴兴地享受天伦之乐，把曾经做过天子享有天下的事情忘得一干二净。”

尽心章句下

本篇也是杂记孟子言论，综合体现了孟子思想的各个方面。其中对中道、狂、狷以及乡原的阐述是很重要的观点，反映了孟子的价值观和价值取向，是对孔子思想的直接继承。"中道"即中庸，是孔孟观念中最理想的价值取向，"狂"和"狷"是较中道为低的一个层次，但前者有进取心，后者洁身自好，都有可取之处，都可以通过教育而达到中道。他们所坚决反对的，是那些貌似中庸，实际上没有操守，与社会同流合污的"乡原"，认为这种好好先生从根本上违背了中庸之道，是道德原则的破坏者。这种人与孔孟的价值取向是完全对立的。在本篇中，孟子提出了"民为贵，社稷次之，君为轻"的观点，将先秦儒家的民本思想推到了极致。孟子以接受孔子传统自居，却不明说，只是做出了暗示。韩愈在《原道》中明确地说："尧以是传之舜，舜以是传之禹，禹以是传之汤，汤以是传之文、武、周公，文、武、周公传之孔子，孔子传之孟轲。"完全表达出了孟子的心意。

【原文】

孟子曰："不仁哉梁惠王也！仁者以其所爱及其所不爱，不仁者以其所不爱及其所爱。"

公孙丑曰："何谓也？"

"梁惠王以土地之故，糜烂其民而战之。大败，将复之，恐不能胜，故驱其所爱子弟以殉之，是之谓以其所不爱及其所爱也。"

【译文】

孟子说："梁惠王太不仁了啊！一个仁爱的人会拿他施加于所爱的人的恩泽推广开去，泽被到他所不爱的人的身上，（相反，）一个薄情寡恩的人却会拿他施加于他所不爱的人的荼毒连累及他所心爱的人。"

公孙丑听了，问道："这话怎么讲呢？"

孟子答道："梁惠王为了扩张土地，把他所不爱的百姓投入战争的血海，使他们弃尸原野、肝脑涂地。吃了大败仗后，又将卷土重来，却担心百姓不肯替他卖命，所以不惜驱使他所心爱的子弟上战场去送死，这便叫作拿他施加于他所不爱的人的荼毒连累他所心爱的人。"

【原文】

孟子曰："春秋无义战[①]。彼善于此，则有之矣。征者，上伐下也，敌国不相征也。"

【注解】

① 春秋无义战：春秋之时礼崩乐坏，诸侯之间因为各自利益而相互攻伐，故云。

【译文】

孟子说："春秋那个时代几乎没有合乎义的战争，（相对而言，）那个国家比这个国家好点（的情况），还是有的。（为什么说春秋没有合乎义的战争呢？因为）'征讨'这个词，是指上面的天子讨伐下面违反王命的诸侯，地位相等的国家是不得互相征伐的。"

【原文】

孟子曰："尽信《书》，则不如无《书》。吾于《武成》，取二三策而已矣[①]。仁人无敌于天下，以至仁伐至不仁，而何其血之流杵也[②]？"

尽信《书》，则不如无《书》。

【注解】

① 策：古人用于书写记录的用竹简编联成的竹册。② 杵：舂米的木棒。

【译文】

孟子说："完全相信《尚书》，还不如没有《尚书》。我对于《尚书》中《武成》这篇文章，只不过采用其中两三段文字罢了。一个仁德的人在天下是没有敌人的，以周武王这样仁爱的贤君，去讨伐商纣那样最不仁爱的暴君，（百姓是极其欢迎的），所以又怎么会发生血流成河，连舂米的木棒都给血河漂走的事呢？"

【原文】

孟子曰："有人曰：'我善为陈[①]，我善为战。'大罪也。国君好仁，天下无敌焉。南面而征北狄怨[②]，东面而征西夷怨，曰：‘奚为后我？’武王之伐殷也，革车三百两，虎贲三千人[③]。王曰：‘无畏！宁尔也，非敌百姓也。’若崩厥角稽首[④]。征之为言正也，各欲正己也，焉用战？”

【注解】

①陈：即“阵”本字。②北狄：焦循《孟子正义》本作“北夷”，朱熹《孟子集注》本作“北狄”。③革车三百两，虎贲三千人：革车，兵车；两，同“辆”。虎贲，古时用来喻指勇士、武士，是说猛怒如老虎的奔赴；三千人，《书序》作三百人。④崩，指山崩塌，这里用来形容百姓叩头的众声轰然。厥：顿。角：额角。厥角，即以额角触地，也即“顿首”“叩头”的意思。

【译文】

孟子说：“有人说：‘我善于陈兵列将摆成作战阵势，我善于打仗取胜。’这实际是该服上刑的大罪过。只要国君好行仁德，天下便没有敌手。（过去商汤大起义师，）他讨伐南方，北方的狄族便埋怨。他讨伐东方，西方的夷族同样也埋怨，他们说：‘为什么把我们搁在后面呢？’周武王去讨伐殷纣时，派出兵车三百辆，勇士三千人。武王告谕殷商的百姓道：‘别害怕！我们是来帮助你们得到安定生活的，不是来跟你们百姓作对的。’百姓们听了一齐伏在地上把额角碰着地面叩起头来，顿时像山岳崩塌似的一片响。‘征’这个字含有正的意思，（被暴君压榨虐害的各国百姓）都想匡正自己的国家，哪里又用得着战争呢？”

【原文】

孟子曰：“梓匠轮舆能与人规矩，不能使人巧。”

【译文】

孟子说：“木匠车工能够把规矩法度传授给别人，但却不能保证别人一定获得高超熟练的技巧（那是得靠学者自己从不断的练习中去心领神会的）。”

【原文】

孟子曰：“舜之饭糗茹草也[①]，若将终身焉；及其为天子也，被袗衣[②]，鼓琴，二女果[③]，若固有之。”

【注解】

①糗：即干粮。茹：吃。②袗衣：华美的衣服。③果：一作“婐”，侍候。

【译文】

孟子说：“舜当年吃干粮啃野菜的时候，好像准备一辈子这样过下去；等到他做了天子，身着华丽的衣服，弹着琴，尧的两个女儿侍候他，又好像本来他就具有这些生活条件似的（一点异样的感觉也没有）。”

【原文】

孟子曰：“吾今而后知杀人亲之重也：杀人之父，人亦杀其父；杀人之兄，人亦杀其兄。然则非自杀之也，一间耳[①]。”

【注解】

①一间：间，隔。一间有中间隔一人的意思。

【译文】

孟子说：“我从今以后才知道杀害别人的亲属关系的重大：一个人杀了别人的父亲，别人也会杀死他的父亲；杀了别人的哥哥，别人也会杀死他的哥哥。这样难道不就等于自己杀死自己的父兄吗？只不过中间隔了一个人罢了。”

【原文】

孟子曰：“古之为关也，将以御暴；今之为关也，将以为暴。”

【译文】

孟子说：“古时候设立关卡，是准备用来（稽查奸人出入，）防止发生暴乱的；现在设立关卡，却是准备用来（征收赋税，）推行暴政。”

【原文】

孟子曰：“身不行道，不行于妻子；使人不以道，不能行于妻子。”

【译文】

孟子说：“一个从政的人如果自己行事都不遵照正道，那么正道就连在他妻子身上也行不通，（更谈不上要求别人了；）如果他不按道理去支使人，那么就连他妻子也支使不动（更谈不上支使别人了）。”

【原文】

孟子曰：“周于利者凶年不能杀[①]，周于德者邪世不能乱。”

【注解】

①周于利者凶年不能杀：这句只是陪衬，下句才是中心。周，足。杀，窘乏。

【译文】

孟子说：“平时积蓄财物富足的人，哪怕是灾荒年岁也不能使他窘乏；平时积德厚的人，哪怕是乱世也不能使他迷失方向。”

【原文】

孟子曰："好名之人，能让千乘之国，苟非其人，箪食豆羹见于色。"

【译文】

孟子说："那些珍惜不朽之名的人，能够把可出兵车千乘的国家让给贤人，但是，假如不是那种适宜受让的对象，哪怕是让给一筐饭、一碗汤，他心里的不高兴也会在脸上表现出来的。"

【原文】

孟子曰："不信仁贤则国空虚；无礼义，则上下乱；无政事，则财用不足。"

【译文】

孟子说："不信任有仁德有才干的人，国家便会显得空虚无人；国家没有礼义来定尊卑地位，上下的关系便一片混乱；没有好的政治（来保障生产的正常进行、赋税的合理征收，）国家的财政收支便会不足。"

【原文】

孟子曰："民为贵，社稷次之，君为轻。是故得乎丘民而为天子[①]，得乎天子为诸侯，得乎诸侯为大夫。诸侯危社稷，则变置。牺牲既成，粢盛既絜[②]，祭祀以时，然而旱干水溢，则变置社稷。"

得乎丘民而为天子，得乎天子为诸侯，得乎诸侯为大夫。

【注解】

①丘民：丘，众。丘民即民众。此处指民心。②絜：同"洁"，干净。

【译文】

孟子说："百姓，是最重要的，社稷其次，君主又更轻一点。所以赢得民心便可以做天子，赢得天子的心便可以做诸侯，赢得诸侯的心便可以做大夫。如果诸侯对国家有害，就改立别的人。如果牲口已经足够肥大，祭品也已经足够干净，祭祀又按时进行了，可是旱灾和水灾还是肆虐，那就得另外改立土谷之神了。"

诗经

诗经

《诗经》是我国古代第一部诗歌总集，作品产生的时代，上起西周初年（约公元前11世纪），下迄春秋中叶（约公元前7世纪）。是中国优秀传统文化中的核心经典之一。

《诗经》在我国文学史、经学史，以至在人类的文化史中，都占有重要的地位。如果想了解中国文化，《诗经》是不可不读的一部要籍，要做一个有文化的中国人，《诗经》更是必读的经典。

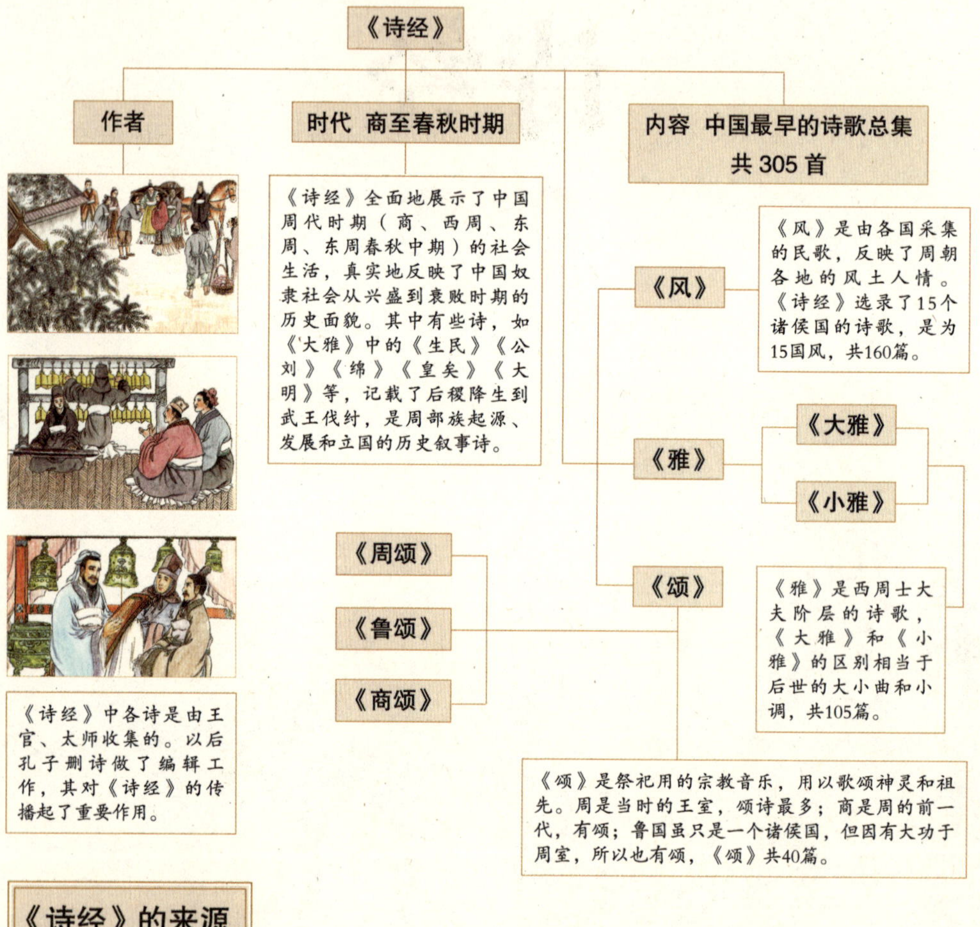

《诗经》的来源

《诗经》原先称作《诗》或《诗三百》，到了汉代都把它当儒家的经典来读，才叫作《诗经》的。《诗经》来源于民间歌谣，上古的时候，没有文字，只有唱的歌谣，“一个人高兴的时候或悲哀的时候，常愿意将自己的心情诉说出来，给别人或自己听。日常的言语不够劲儿，便用歌唱；一唱三叹的叫别人回肠荡气”（朱自清语）。这就是《诗》中《国风》的来源了。《诗经》中的《雅》《颂》是宴会、祭祀的乐章，出自贵族之手。

《诗经》在成书之前，早就在口头流传了。《诗经》的作者是谁呢？因为没有相关的文献记载，至今尚不得知。按照历代的说法，大概是西周前后的时候，官方有专门搜集诗歌

的人到民间“采诗”，然后记录下来；或是有宫廷乐师编写，再配上朝廷音乐，伴上舞蹈表演。

最初的诗是在有了文字以后，有人将那些歌谣记录下来写成的。这些记录诗歌的人是乐工，他们记录诗歌不是出于研究的缘故，而是出于他们的职责，因为他们就是奏乐唱歌的；这就得把歌词记下来，制成了唱本儿。到了春秋时，出现了太师这种官职，他们是乐工的头儿，负责为各国宴会使臣时奏乐唱歌。太师们整理本国和别国乐歌，搜集乐词和乐谱，把歌曲按照贵族的口味包装出来。太师搜得的歌谣有乐歌和徒歌之分，徒歌是需要合乐才能唱的，往往在合乐的时候要叠字或叠章，以增加歌曲的音乐美，所以歌词的原貌便有些改变了。除此之外，太师们对贵族祭祖、宴客、出兵、打猎时作的诗也有保存。这类诗的内容不外乎典礼、讽谏、颂美等。后来，周天子和各国诸侯又要求臣民向他们献诗，以供乐工演唱。太师们把所有搜集到的诗歌编辑起来，据说有 3000 多首。

到了春秋末年，“道德丧而礼乐崩”，传说孔子有感于这些诗歌的教化意义，决定把它们编订成册，将 3000 多首诗删到 300 篇，取名《诗三百》，遂成《诗经》。从此，《诗经》成了“六书”之一，到了宋代还被选入了《四书五经》，成为读书人上进登科的必读之物。

《诗》言志

俗话说“诗言志”，其实“诗”这个字就是“言”和“志”的合体。古代所谓“言志”总是牵扯着政治或教化。春秋时很流行赋诗，各国使臣往往在外交宴会上要点一篇诗或几篇诗叫乐工唱，这跟今人在 KTV 点歌演唱一样，只不过前者点诗一定有政治的意味，以表达对某国或某人的愿望、感谢、责难等。而且点诗时往往不管上下文的意义，只拉出一章中的一两句，这种断章取义只是为了暗示政治。如《左传》上说，晋使赵孟出访郑国，郑伯就在垂陇设宴款待他。席间子太叔为赵孟赋诗：“邂逅相遇，适我愿兮。”子太叔取的是《野有蔓草》的末两句，借以表达对赵孟欢迎之至。其实这首诗原是男女私情之作，他这样做只是为了“言志”，所以不必在乎原诗的主旨了。

到了孔子时代，赋诗已经不常见了，孔子见它有教化意义，与儒家“温柔敦厚”的作风相似，就删诗成三百，称为“诗三百”，还教给学生学习，用诗来讨论修身的道理，

以诗言志如同今天的点歌，可“断章取义”。

例：以歌颂邂逅的爱情之歌来表达对远道而来的国宾的欢迎之情。

成为“六经”之一。“如切如磋，如琢如磨”，他用玉比作人，教导学生做学问需下功夫才行；“巧笑倩兮，美目盼兮，素以为绚兮”，本来说的天生丽质的美人，他却比作画画，说做事情是要一步步进行的。后来《庄子》和《荀子》里都说到“诗言志”，这个“志”就是指的教化，到了以后，《诗三百》就称作《诗经》了。“诗”为何要“言志”，诗歌所要言的“志”到底是什么？闻一多认为，志有三义，即记忆、记录和怀抱；朱自清认为，到了“诗言志”和“诗以言志”这两句话，志已经指“怀抱”了。但春秋时列国的赋诗只是用诗，并非解诗；那时诗的主要作用还在乐歌，因乐歌而加以借用，不过是一种方便罢了。至于诗篇本来的意义，那时原很明白，用不着讨论。到了孔子时代，诗已经不常歌唱了，诗篇本来的意义经过多年的借用，也渐渐含糊了。他就按着借用的办法，根据他教授学生的需要，断章取义地来解释这些诗篇。后来解释《诗经》的儒生都跟着他的脚步走。最有权威的毛氏《诗传》和郑玄《诗笺》差不多全是断章取义，甚至断句断义——断句取义是在一句、两句里拿出的一个两个字来发挥，比起断章取义，真是变本加厉了。

《诗经》的六艺

《诗经》有305篇，内容有风、雅、颂，写法有赋、比、兴，这被称为“诗经六艺”。风指《国风》，写各诸侯国民间事、物，雅分《大雅》《小雅》，是朝廷正声雅乐，颂是宗庙祭祀的舞曲歌辞。《诗经》凭什么成为儒家经典？简单地说就是那三个字：思无邪。孔子读《关雎》时说：“乐而不淫，哀而不伤。”意思是虽然它写爱情，但能保持适度，能在“礼”的约束范围内，后人更是把它意思延伸为“温柔敦厚”。除此之外，它还有很多写战事、写农民疾苦和贵族贪婪的诗，如《秦风·无衣》说的是边塞将士艰苦生活，《硕鼠》篇借大老鼠的贪吃讥讽贵族的贪婪，这类针砭时弊的歌谣与儒家的“仁爱”不谋而合。

《诗经》还是文学史上的经典。它是中国第一部诗歌总集。《诗经》在写法上堪称后人

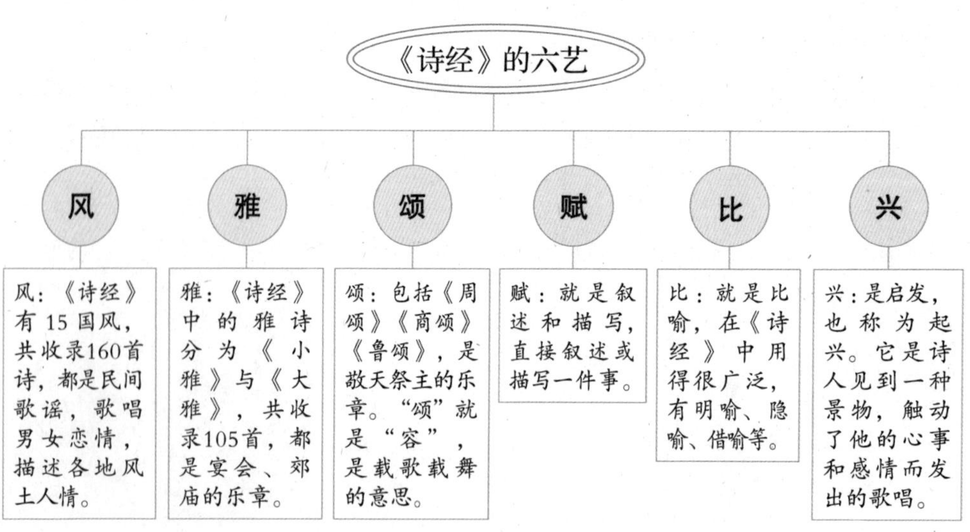

写诗的圭臬。前面说了，它有三种写法：赋、比、兴。赋就是直接陈述，比是打比方，兴是“先言他物以引起所咏之词”。《诗经》句式整齐，基本上都是四言诗，读起来抑扬顿挫、错落有致，很有音乐感。有的诗歌重复使用相同的韵、字、句甚至篇章，叫作“重章、叠字、叠句、叠韵”，也作为诗歌的文字技巧为后世效仿。

《诗经》的价值

1.《诗经》可以表达理想、志向，涵养性情，净化心灵（诗三百,一言以蔽之，曰“思无邪”。）可以使人的感情真实、善良、美好，人格厚道，就是温柔敦厚。其实，人们常说的个人素质修养，不应该光是指处世技巧，更应该是指人自身心灵——情感的升华，这才是人自身的完善。

2.《诗经》教人们通晓人情世态，这是人们做事、从政的基础。

3. 读《诗经》可以使人们文才博雅、辞令美善，很好地应对人生中发生的各种事情。

4.《诗经》是中国文学之祖，学习中国文化的必读之书。是研究古代文字、历史、地理、政治、社会、经济、风土人情、爱情婚姻、宗教道德、名物名胜的重要资料。

古人所言《诗经》的作用

1. “《诗》言志。”(《书・舜典》)

2. “《诗》，可以兴，可以观，可以群，可以怨。迩之事父，远之事君，多识于鸟兽草木之名。”(《论语・阳货》)。

3. “温柔敦厚，《诗》教也。”(《礼记・经解》)

4. “诵《诗》三百，授之以政，不达。使于四方，不能专对。虽多，亦奚以为？”(《论语・子路》)。

三家《诗》及《毛诗》

大家都知道秦始皇焚书坑儒，包括《诗经》在内的先秦旧典，以及诸侯史记档案，大多都被化为灰烬了。汉代以后，恢复文教，《诗经》开始又流行于社会。民间涌现了鲁人浮丘伯、申培和辕固、韩婴、毛亨、毛苌等《诗经》学大家。他们研治《诗经》形成了汉代四家《诗》。

《鲁诗》	《齐诗》	《韩诗》	《毛诗》
鲁申培为《诗训故》，号曰《鲁诗》（亡于晋）。	齐辕固作《诗传》，号曰《齐诗》（亡于魏）。	燕人韩婴作《内外传》数万言，号曰《韩诗》。（亡于北宋，仅存《韩诗外传》）。	由孔子弟子子夏，六传至鲁人毛亨（时人称为大毛公），作《诗训诂传》，传授赵人毛苌（时人称为小毛公），号曰《毛诗》。后汉郑玄为《毛诗》作笺号曰，从此“毛诗郑笺”传遍天下。

国风·周南

《周南》是周国境内的民歌。周代初期周公旦统治东方，范围很大，境内民歌有不少是南方民歌流传过来的。

关雎

【原文】

关关雎鸠[①]，在河之洲[②]。窈窕淑女[③]，君子好逑[④]。
参差荇菜[⑤]，左右流之[⑥]。窈窕淑女，寤寐求之[⑦]。
求之不得，寤寐思服[⑧]。悠哉悠哉[⑨]，辗转反侧[⑩]。
参差荇菜，左右采之。窈窕淑女，琴瑟友之[⑪]。
参差荇菜，左右芼之[⑫]。窈窕淑女，钟鼓乐之[⑬]。

【主旨讲解】

这是一支相思曲。一位贵族小伙恋上了一河滨采荇的姑娘，思而难忘，辗转无眠，梦想着娶她回家，过上琴瑟友之的美好生活。诗篇情思无邪，句式回环，音调富于节奏感，往复不已，感人至深！

窈窕淑女，君子好逑。

【注解】

①关关：水鸟相互和答的鸣声。雎鸠：水鸟名，即鱼鹰。相传这种鸟情意专一。②河：黄河。③窈窕：幽静美丽的样子。淑：好，善。④逑：配偶。⑤参差：长短不齐的样子。荇菜：一种水生植物，可以采来做蔬菜吃。⑥流：顺水之流而摘取。⑦寤：睡醒。寐：睡着。⑧思服：思念。⑨悠哉：思虑深长的样子。哉：语气词，相当于“啊”“呀”。⑩辗转反侧：在床上翻来覆去睡不安稳。⑪友：动词，亲近。⑫芼：择取。⑬乐：使动用法，使……乐、使……高兴。

【译文】

“关关……关关”彼此鸣叫相应和的一对雎鸠，栖宿在黄河中一方小洲上。娴静美丽的好姑娘，正是与君子相配的好对象。

长短不齐的荇菜，顺着水势时左时右地去采摘它。娴静美丽的好姑娘，睁开眼或在睡梦里，心思都追求着她。

追求她却不能得到她，睁眼时或在睡梦里不能停止对她的思念。那么深长的深长的思念啊，翻来覆去不能成眠。

长短不齐的荇菜，顺着水势时左时右地将它采摘。娴静美丽的好姑娘，必能琴瑟和鸣相亲相爱。

长短不齐的荇菜，左右选择才去摘取。娴静美丽的好姑娘，敲锣打鼓地将你迎娶。

葛覃

【原文】

葛之覃兮[①]，施于中谷[②]，维叶萋萋[③]。黄鸟于飞[④]，集于灌木，其鸣喈喈[⑤]。

葛之覃兮，施于中谷，维叶莫莫[⑥]。是刈是濩[⑦]，为絺为绤[⑧]，服之无斁[⑨]。

言告师氏[⑩]，言告言归。薄污我私[⑪]，薄浣我衣[⑫]。害浣害否[⑬]，归宁父母[⑭]。

【主旨讲解】

这是一篇思归诗。一位女子，一年四时，辛勤劳动，割葛煮葛，纺纱做衣，心里思念父母，盼望归家探亲，快要回娘家了，心情好高兴啊！诗篇风格含蓄，辞浅情深。

葛之覃兮，施于中谷。

【注解】

①葛：多年生植物，茎皮可织布，也称葛麻。覃：蔓延生长。②施：蔓延，伸展。中谷：即“谷中”。③维：发语词，无实义。萋萋：草木茂盛的样子。④于：语助词。⑤喈喈：象声词，形容鸟的叫声。⑥莫莫：茂密的样子。⑦是：助词，表示并列的两个动作。刈：用刀割。濩：在水中煮。⑧为：做。絺：细葛布。绤：粗葛布。⑨斁：厌恶，讨厌。⑩言：发语词。师氏：女管家。⑪薄：发语词。

污：去污，清洗。私：内衣，穿在里面的衣服。⑫浣：洗。衣：礼服，外衣。⑬害：通“曷”，哪些，什么。否：不要。⑭归宁：古代已婚女子回娘家省亲叫归宁。

【译文】

葛藤长又长，枝条伸展到山谷，叶儿繁茂。黄鸟翻飞，落在灌木丛，欢快地鸣叫，叽叽啾啾。

葛藤长又长，枝条伸展到山谷，叶儿繁茂。忙割忙煮，葛布有细也有粗，人人穿上都舒服。

告诉女师，我想告假回家。搓洗我的衣衫，清洗我的礼服。哪些要洗哪些不要洗，我急着回家看我的父母。

卷耳

【原文】

采采卷耳①，不盈顷筐②。嗟我怀人③，寘彼周行④。
陟彼崔嵬⑤，我马虺隤⑥。我姑酌彼金罍⑦，维以不永怀⑧。
陟彼高冈⑨，我马玄黄⑩。我姑酌彼兕觥⑪，维以不永伤⑫。
陟彼砠矣⑬，我马瘏矣⑭。我仆痡矣⑮，云何吁矣⑯。

【主旨讲解】

这是一支怀人之歌。一名原野上采摘卷耳的少妇，因夫思远，心不在焉，浮想联翩，以致不能专心劳作。诗篇写女子怀念之情层层深入，颇为感人。

采采卷耳，不盈顷筐。

【注解】

①采采：茂盛的样子。卷耳：植物名，即苍耳，嫩苗可以吃。②盈：满。顷筐：一种筐子，前低后高像箕形。③嗟：叹词。怀人：想念的人。④周行：大路。⑤陟：上升，登上。崔嵬：本指土山上盖有石块，后来引申为高峻不平的山。⑥虺隤：足病跛蹶难走的样子。⑦姑：姑且。酌：斟酒，舀取。金罍：一种黄金装饰的青铜酒器。⑧维：发语词。以：用，借以。永怀：长久地思念。⑨高冈：高高的山脊。⑩玄黄：泛指因疲劳过度而生的病。⑪兕觥：觥是大型的酒器，兕是头上只长一只角的野牛，用兕牛的角做的觥叫兕觥。⑫伤：忧伤，忧思。⑬砠：盖着泥土的石山。⑭瘏：马病不能走路前进。⑮痡：人病不能行。⑯吁：忧伤，忧愁。

【译文】

采呀采那卷耳菜，采不满小小一浅筐。心中想念我的丈夫，我将小筐搁置在大道旁。

他该在登向高高的土石山了，我马也跑得腿软疲累。我姑且把金杯斟满酒，借此暂脱心里的长相思。

他该在登向高高的山脊梁了，我马也病得眼玄黄。我姑且把犀角大杯斟满酒，借此不让心中长久悲伤。

他该在登向乱石冈了，我马疲病倒在一旁。仆人也累得病怏怏了，这是什么样的哀愁忧伤！

樛木

【原文】

南有樛木[①]，葛藟累之[②]。乐只君子[③]，福履绥之[④]。

南有樛木，葛藟荒之[⑤]。乐只君子，福履将之[⑥]。

南有樛木，葛藟萦之[⑦]。乐只君子，福履成之[⑧]。

【主旨讲解】

这是一篇祝贺新郎的诗，诗中把新郎比作樛木，把新娘比作野葡萄，用野葡萄攀缘、掩盖和缠绕樛木的现象，比喻夫唱妇随。

乐只君子，福履成之。

【注解】

①樛：弯曲而高的树。②葛藟：葛和藟两种蔓生植物；或以为葛藟即藟，野葡萄之类。累：攀缘，缠绕。③只：语助词。④福履：福禄也。绥：安也。⑤荒：掩盖。⑥将：扶助也；或译为“大”。⑦萦：缠绕。⑧成：到来。

【译文】

南边有弯而曲的树枝，野葡萄攀缘着它。新郎真快乐，但愿福泽降临他身上。

南边有弯而曲的树枝，野葡萄掩盖着它。新郎真快乐，但愿福泽笼罩他身上。

南边有弯而曲的树枝，野葡萄缠绕着它。新郎真快乐，但愿福泽都来他身上。

桃夭

【原文】

桃之夭夭[①]，灼灼其华[②]。之子于归[③]，宜其室家[④]。
桃之夭夭，有蕡其实[⑤]。之子于归，宜其家室。
桃之夭夭，其叶蓁蓁[⑥]。之子于归，宜其家人。

【主旨讲解】

这是一篇贺婚辞。诗人以桃花譬喻，赞美新娘年轻纯洁、明艳如画，祝祷新娘婚姻美满、家族兴旺。诗篇感情洋溢，色彩明亮，音调和谐。

【注解】

①夭夭：娇嫩而茂盛的样子。②灼灼：花朵开得火红鲜艳的样子。华：同“花”。③之：指示代词，这、这个。子：女子，姑娘。于：往。归：女子出嫁，后世就用“于归”指出嫁。④宜：和顺。使动用法，使……和顺。室家：家庭。以下“家室”“家人”同义。⑤有：助词，放在形容词的前面。有蕡：同“蕡蕡”，指桃子又圆又大将成熟、红白相间的样子。⑥蓁蓁：叶子茂密的样子。

【译文】

桃树多么繁茂，盛开着鲜花朵朵。这个姑娘出嫁了，她的家庭定会和顺美满。
桃树多么繁茂，垂挂着果实累累。这个姑娘出嫁了，她的家室定会和顺美满。
桃树多么繁茂，桃叶儿郁郁葱葱。这个姑娘出嫁了，她的家人定会和顺美满。

螽斯

【原文】

螽斯羽[①]，诜诜兮[②]。宜尔子孙，振振兮[③]。
螽斯羽，薨薨兮[④]。宜尔子孙，绳绳兮[⑤]。
螽斯羽，揖揖兮[⑥]。宜尔子孙，蛰蛰兮[⑦]。

【主旨讲解】

《螽斯》是一篇祭祀的礼辞。诗中的“宜”字最初意义是指祭祀的活动，“宜”还表现为对繁殖崇拜，在周南诗中也充分反映了这种意义。祭祀圣物，祈祷氏族子孙兴旺、人口繁盛，这正是古代人们最强烈的宗教情感。

【注解】

①螽斯：或名斯螽，一种昆虫。一说“斯”为语词。②诜诜：同“莘莘”，众多貌。③振振：盛貌。④薨薨：众也。或曰形容螽斯的齐鸣。⑤绳绳：不绝貌。⑥揖揖：会聚也。揖为“集”之假借。⑦蛰蛰：和集也。

【译文】

螽斯张开翅膀，群集而飞多如牛毛，你的子孙数不胜数，不计其数。
螽斯张开翅膀，群集而鸣沸沸扬扬，你的子孙数不胜数，繁盛不绝。
螽斯张开翅膀，群集而聚纷繁满堂，你的子孙数不胜数，欢畅和睦。

兔罝

【原文】

肃肃兔罝[①]，椓之丁丁[②]。赳赳武夫，公侯干城[③]。
肃肃兔罝，施于中逵。赳赳武夫，公侯好仇。
肃肃兔罝，施于中林。赳赳武夫，公侯腹心。

【主旨讲解】

在先秦时代，将士训练行军布阵等的军事项目中就有狩猎，此诗把狩猎者与甲士联系起来并不突兀。“兔”在这里应理解为“虎”，“周南”江汉之间，本就有称虎为“於菟”的习惯，所以此处狩猎捕获的对象应是老虎。此诗用捕老虎的网比喻武士的英武，称赞他们是保家卫国的勇士。

赳赳武夫，公侯好仇。

【注解】

①肃肃：整齐严密的样子。罝：捕兽的网。②椓：敲击。丁丁：敲打声。布网捕兽，必先在地上打桩。③公侯：周封列国爵位（公、侯、伯、子、男）之尊者，泛指统治者。干：通“捍”。干城，御敌捍卫之城。

【译文】

紧紧密密的捕虎网，敲打木桩丁丁响。雄壮威武的勇士，是公侯卫国的好干将。
紧紧密密的捕虎网，把它设在岔路上。雄壮威武的勇士，是公侯出行的好伴侣。
紧紧密密的捕虎网，将它设在郊野里。雄壮威武的勇士，是公侯身边的好心腹。

芣苢

【原文】

采采芣苢①，薄言采之②。采采芣苢，薄言有之③。
采采芣苢，薄言掇之④。采采芣苢，薄言捋之⑤。
采采芣苢，薄言袺之⑥。采采芣苢，薄言襭之⑦。

【主旨讲解】

这是一支劳动之歌。通过对劳人“采、有、掇、捋、袺、襭”六个动作的细致描摹，生动再现了古代姑娘集体采摘车前子的欢洽场面。诗篇节奏轻快，情调健康活泼，意境悠远。

采采芣苢，薄言采之。

【注解】

①采采：茂盛的样子。芣苢：植物名，即车前子草，旧注这种草可治难产或不孕症。车前草子多，正是原始先民对多子多育的祈求。②薄言：助词，无实义。③有：采取，指已采起来，比前一句“采”字又进一层。④掇：拣择，拾取。⑤捋：用手把车前子从草茎上抹取下来。⑥袺：用衣襟兜住。⑦襭：把衣襟角插在或系在衣带上兜东西。

【译文】

车前草啊采又采，快点把它采些来。车前草啊采又采，快点把它采得来。
车前草啊采又采，快点把它拾起来。车前草啊采又采，快点把它捋下来。
车前草啊采又采，快点把它装起来。车前草啊采又采，快点把它兜起来。

汉广

【原文】

南有乔木[①]，不可休思[②]。汉有游女[③]，不可求思。汉之广矣[④]，不可泳思[⑤]。江之永矣[⑥]，不可方思[⑦]。翘翘错薪[⑧]，言刈其楚[⑨]。之子于归[⑩]，言秣其马[⑪]。汉之广矣，不可泳思。江之永矣，不可方思。翘翘错薪，言刈其蒌[⑫]。之子于归，言秣其驹[⑬]。汉之广矣，不可泳思。江之永矣，不可方思。

【主旨讲解】

这是一支单相思者之歌。一个憨厚的樵夫，独坐江边，慨叹心爱的人儿不可追求，却依旧幻想着替她养马喂驹，一往情深，惆怅难抑。诗篇以“乔木”“游女”比兴，含蓄蕴藉，气象苍茫。

江之永矣，不可方思。

【注解】

①乔：高。②休：休息。思：语末助词。乔木高耸，很少树荫，因而不适宜在乔木下休息。③游女：出游的女子。女子出游，是汉魏以前长江、汉水一带的风俗。④广：宽阔。⑤泳：游泳渡过，泅渡。⑥江：长江。永：长，指江水流得很远。⑦方：古称竹筏或木筏为“方”。用作动词，乘筏渡江。⑧翘翘：众多树枝挺出的样子。错：错杂，杂乱。薪：柴。古时男女嫁娶时烧火炬照明。因此，这里用“错薪”起兴。⑨言：关联词，有“乃”“则”的作用。刈：割，砍。楚：荆，一种丛生的树木。⑩之子：那个女子。于归：出嫁。⑪秣：喂马。⑫蒌：蒌蒿，植物名，生在水泽中，可作饲料。⑬驹：小马。

【译文】

南边有棵高大的树，却不能在树下休息。汉水边上有位游赏的姑娘，想要追求却没希望。汉水宽广无边，不能游到对岸。长江浩浩荡荡，无法乘筏渡江。杂乱丛生的草木，只砍取其中的荆条。那位姑娘要出嫁，先喂饱她骑的马。汉水宽广无边，不能游到对岸。长江浩浩荡荡，无法乘筏渡江。杂乱丛生的草木，只割取其中的蒌蒿。那位姑娘要出嫁，先喂饱她骑的小马。汉水宽广无边，不能游到对岸。长江浩浩荡荡，无法乘筏渡江。

汝坟

【原文】

遵彼汝坟①，伐其条枚②。未见君子③，惄如调饥④。

遵彼汝坟，伐其条肄⑤。既见君子，不我遐弃⑥。

鲂鱼赪尾⑦，王室如毁⑧。虽则如毁，父母孔迩⑨。

【主旨讲解】

这是一篇表达思妇之情的诗，女子一边砍柴，一边思念远征未归的丈夫，并等到了丈夫的回归，尔后又挽留丈夫的故事。

遵彼汝坟，伐其条枚。未见君子，惄如调饥。

【注解】

①遵：循，沿。汝：汝河，源出河南省。坟：通“汶”，水涯，大堤。②条：山楸树。一说树干（枝曰条，干曰枚）。③君子：此指在外服役或为官的丈夫。④惄：饥，一说忧愁。调：又作“輖”，“朝”（鲁诗此处作“朝”字），早晨。调饥：早上挨饿，以喻男女欢情未得满足。⑤肄：树砍后再生的小枝。⑥遐：远。⑦鲂鱼：鳊鱼。赪：浅红色。⑧毁：火，齐人谓火为毁。如火焚一样的颜色。⑨孔：甚。迩：近，此指迫近饥寒之境。

【译文】

沿着汝水堤岸走，采伐树枝和树干，好久未见到在外服役的丈夫，忧愁的模样就像欢情未足。

沿着汝水堤岸走，采伐复生的小枝，已经见到了服役而归的丈夫，丈夫并没有疏远、抛弃我。

鳊鱼尾巴浅红色，王室暴政急如火，虽然王室暴政下差役烈如火，父母仍然要侍奉、要养活。

麟之趾

【原文】

麟之趾①，振振公子②，于嗟麟兮③！
麟之定④，振振公姓⑤，于嗟麟兮！
麟之角，振振公族⑥，于嗟麟兮！

【主旨讲解】

这是一首赞美贵族公子的诗，把麟的脚趾、额头、角分别比作公子、公姓、公族，颂赞贵族的仁厚、子孙繁兴。

【注解】

①麟：麒麟，传说中的一种动物。它有蹄不踏，有额不抵，有角不触，被古人看作至高至美的野兽，因而把它比作公子、公姓、公族的所谓仁厚、诚实。趾：足，指麒麟的蹄。②振振：诚实仁厚、振奋有神的样子。公子：与公姓、公族皆指贵族子孙。③于：通“吁”，叹词。于嗟：叹声。④定：通“额”，指额头。⑤公姓：诸侯之子为公子，公子之孙为公姓。或曰公姓犹言公子，变文以协韵。⑥公族：诸侯曾孙以下称为公族。

【译文】

麒麟的蹄子啊，就如同诚实仁厚的公子，那值得赞美的麒麟呵！

麒麟的额头啊，就如同诚实仁厚的公姓，那值得赞美的麒麟呵！

麒麟的尖角啊，就如同诚实仁厚的公族，那值得赞美的麒麟呵！

麟之趾，振振公子。

国风·邶风

邶，周朝诸侯国之一，在今河南省淇县以北至河北南部一带。周武王灭商之后，封商纣王之子武庚于此。后武庚叛乱被杀国灭。《邶风》为邶地民歌，多数是东周时期的作品。

柏舟

【原文】

泛彼柏舟[①]，亦泛其流[②]。耿耿不寐[③]，如有隐忧[④]。微我无酒[⑤]，以敖以游[⑥]。我心匪鉴[⑦]，不可以茹[⑧]。亦有兄弟[⑨]，不可以据[⑩]。薄言往诉[⑪]，逢彼之怒[⑫]。我心匪石，不可转也[⑬]。我心匪席，不可卷也。威仪棣棣[⑭]，不可选也[⑮]。忧心悄悄[⑯]，愠于群小[⑰]。觏闵既多[⑱]，受侮不少。静言思之[⑲]，寤辟有摽[⑳]。日居月诸[㉑]，胡迭而微[㉒]？心之忧矣，如匪浣衣[㉓]。静言思之，不能奋飞。

【主旨讲解】

这是一篇寄寓诗。通过描写一位遭遇家庭苦恼的男子，忧愁苦闷无处诉说，其处境窘困，兄弟冷遇，小人围攻，从而寄托政治上的失意，表明诗人洁身自好、坚贞不屈的理想。诗篇情辞并茂，譬喻贴切，思想深刻。

【注解】

①泛：荡，飘泛。柏舟：柏木造的小船。柏木质地坚实，比喻志坚不移。②亦泛：同“泛泛”，随着流水漂流，含有无所依归的意思。③耿耿：形容心情烦忧、焦灼不安。寐：睡。④如：乃，是。⑤微：非，不是。⑥以：用来，借此。敖：同“遨”，遨游，漫游。⑦匪：不是。鉴：古镜。⑧茹：容纳，包含。⑨亦：即使。⑩据：依靠。⑪薄言：语助词，无实义。诉：告诉，诉说。⑫逢：遭遇，遇上。彼：他们。指兄弟。⑬转：转动。⑭威仪：威严、庄重的仪表举止。棣棣：雍容典雅、堂堂正正的样子。⑮选：挑剔，选择。⑯悄悄：忧愁的样子。⑰愠：怨恨，怨怒。群小：众小人。⑱觏：同“遘”，遭遇，碰到。闵：灾难。指中伤陷害的事。⑲言：同“然”，形容词词尾，“……的样子”。⑳寤：醒。睡不着觉。辟：通“擗”，两手拍胸脯。有：助词。摽：通“嘌”。“有摽”，

即“嘌嘌”，拍打胸脯的声音。㉑居、诸：助词。㉒胡：为什么。迭：更替。微：昏暗无光。㉓浣：洗。

【译文】

飘飘荡荡柏木舟，随着河水到处漂流。忧心焦灼难入睡，心有深深的忧愁。不是无酒来浇愁，四处遨游和漫游。我的心不是镜子，不能任谁都来照。虽然我也有兄弟，却不能依靠。前去找他们倾诉苦衷，却遭遇他们对我怒气冲冲。我的心不是石头，不可以随意转移。我的心不是席子，不可以随意卷起。仪表庄重而典雅，哪能退让任人欺。忧心忡忡，被一群小人怨恨。遭遇的中伤陷害很多，遇到的侮辱也不少。仔细想起这些，梦醒后不禁捶胸痛苦。太阳啊月亮，为什么轮流亏蚀无光？我心中的忧愁，就像没洗的衣裳。仔细想起这些，恨不能高飞展翅翔。

耿耿不寐，如有隐忧。

绿衣

【原文】

绿兮衣兮，绿衣黄里①。心之忧矣，曷维其已②！
绿兮衣兮，绿衣黄裳③。心之忧矣，曷维其亡④！
绿兮丝兮，女所治兮⑤。我思古人⑥，俾无訧兮⑦！
絺兮绤兮⑧，凄其以风⑨。我思古人，实获我心⑩！

【主旨讲解】

这是一篇沉痛的悼亡诗。在挚爱的妻子不幸亡故后，诗人睹物思人，反复翻看伴侣遗下的绿衣黄裳，不觉心如刀割，悲恸黯然。诗篇措辞凄凉，音韵低沉，“绿衣”意象多次出现，尤增“物在人亡”的无限惆怅。

【注解】

①里：内衣。②曷：何时，怎么。维：语气词。已：停止。③裳：下衣。④亡：同“忘”。

⑤女：同“汝”，你。治：制，纺织。⑥古：通“故”，离世，故去。⑦俾：使，让。訧：过失，失误。⑧絺：细葛布。绤：粗葛布。⑨凄：寒冷。其：形容词词尾，“……的样子”。以：因为。⑩实：实在，确实。获：得。

【译文】

绿色的衣服啊，绿上衣黄衬里。心中的忧伤，何时才能终止！

绿色的衣服啊，绿上衣黄裙裳。心中的忧伤，何时才能消亡！

绿色的丝啊，是你亲手纺出。我思念故人，使我避免了多少过错！

粗粗细细葛布衣，穿上身凉风习习。我思念故人，实在合我的心意！

燕燕

【原文】

燕燕于飞[①]，差池其羽[②]。之子于归[③]，远送于野[④]。瞻望弗及[⑤]，泣涕如雨！燕燕于飞，颉之颃之[⑥]。之子于归，远于将之[⑦]。瞻望弗及，伫立以泣[⑧]。燕燕于飞，下上其音。之子于归，远送于南。瞻望弗及，实劳我心[⑨]。仲氏任只[⑩]，其心塞渊[⑪]。终温且惠[⑫]，淑慎其身[⑬]。先君之思[⑭]，以勖寡人[⑮]。

【主旨讲解】

这是一支描写君主送妹出嫁的骊歌。阳春三月，水暖草长，新燕翻飞，贤德的妹妹却在此时远嫁他乡，两国相隔，看着妹子渐行渐小的背影，想到从此相见无期，这位君主泪如雨下，不胜哀伤之至。诗篇画感强烈，形象逼真，节奏明朗。

【注解】

①于：语助词，无实义。②差池：长短不齐的样子。③之：指示代词，这，这个。子：姑娘。于归：出嫁。④于：往。野：郊外。⑤瞻望：向远处看。⑥颉：往下飞。颃：往上飞。⑦将：送。⑧伫：站着等候。⑨劳：愁苦，忧伤。⑩仲：排行第二。任：可以信任。只：语气词。⑪塞：充实，诚实。渊：深远，宽广。⑫终：既。⑬慎：谨慎，稳重。⑭先君之思：即“思先君”。先君：指故去的国君。⑮勖：勉励、激励。寡人：古代国君自称。

【译文】

燕子双飞，参差不齐展翅膀。这位女子要出嫁，远远地送她到郊外。渐渐望她望不见，泪珠滚滚如雨下。燕子双飞，忽上忽下追随忙。这位女子要出嫁，送她不嫌路途长。渐渐望她望不见，久久站立泪涟涟。燕子双飞，忽高忽低相鸣唱。这位女子要出嫁，远远地送她城南外。渐渐望她望不见，苦苦思念欲断肠。二妹令人可信任，她心地真诚虑事深。既温和又贤惠，为人善良又谨慎。常说："怀念已故的国君。"临别对我多劝勉。

日月

【原文】

日居月诸①，照临下土。乃如之人兮②，逝不古处③。胡能有定④？宁不我顾⑤？

日居月诸，下土是冒⑥。乃如之人兮，逝不相好⑦。胡能有定？宁不我报⑧。

日居月诸，出自东方。乃如之人兮，德音无良⑨。胡能有定？俾也可忘⑩。

日居月诸，东方自出。父兮母兮，畜我不卒⑪。胡能有定？报我不述⑫。

【主旨讲解】

这是一首怨妇申诉怨愤之作，文中弃妇以日月的名义，控诉丈夫的始乱终弃、朝三暮四。也有学者认为此诗是卫庄姜被庄公抛弃后所作。

【注解】

①居、诸：语气词，犹"乎"，犹"啊"。一说："居"当读为"其"，与"诸"均为语助词。②乃：竟，竟然。之人：是人也。这个人，这种人的意思。③逝：句首语助词，无实意。一说：何。古处：以古道相处。一说：以故旧相处。又一说：故处。④胡能：何能，为何能，怎能。胡：何。定：止。⑤宁：何，为何。一说：从来。不我顾：不顾我。在《诗经》中这种句法很多。⑥冒：覆盖的意思。⑦相：表示一方对另一方有所动作。逝不相好，表示渐失爱也。⑧报：答，报答。⑨德音：善言，好话。无良：没有善德，亦指品德低劣的人。一说：德音无良：有好话却无好心。⑩俾：使。⑪畜：畜养，扶持，供养。卒：终也。⑫述：循，遵循。指遵循常情。

【译文】

天边的太阳和月亮，光辉普照在大地上，竟然有像这样的人，不以夫妻之礼相处。心里怎么能安定？为何不来看望我？

天边的太阳和月亮，大地全被照耀着，竟然有像这样的人，渐渐对我冷淡了。心里怎么能安定？为何不给我捎来音信？

天边的太阳和月亮，光辉出自那东方。竟然有像这样的人，甜言蜜语心不良。心里怎么能安定？让我把他忘了吧。

天边的太阳和月亮，东边升起照大地。爹啊娘啊，他爱我不长。心里怎么能安定？对我不按常理常情。

终风

【原文】

终风且暴①，顾我则笑。谑浪笑敖②，中心是悼③。

终风且霾④，惠然肯来⑤。莫往莫来⑥，悠悠我思。

终风且曀⑦，不日有曀⑧。寤言不寐⑨，愿言则嚏⑩。

曀曀其阴⑪，虺虺其雷⑫。寤言不寐，愿言则怀⑬。

【主旨讲解】

相传卫庄姜失宠于庄公后，伤心怨恨而作此诗。庄姜，齐国公主也。诗中以风来起兴，用风的各种状态来比喻卫庄公性情的暴戾、无常、来去不定。也有说此诗出自民间歌谣，是一位妇女被丈夫抛弃的哀叹。

莫往莫来，悠悠我思。

【注解】

①终：一说终日，一说既。暴：疾风。②谑浪笑敖：戏谑。谑，调戏。浪，放荡。敖，放纵。③中心：心中。悼：伤心害怕。④霾：阴霾。指大风刮得尘土飞扬。⑤惠：顺。⑥莫往莫来：不往来。⑦曀：阴云密布有风。⑧不日：不见太阳。有：同“又”。⑨寤言：醒着说话。寐：睡着。⑩嚏：打喷嚏。民间有“打喷嚏，有人想”的谚语。⑪曀曀：天阴暗的样子。⑫虺：形容雷声。⑬怀：思念。

【译文】

终日狂疾的风呼啸着，他一见到我就笑嘻嘻。调戏放荡地逗我，这使我心中感到害怕。

终日狂疾的风吹卷尘土，他顺心的时候就来我房。现如今没有来往，勾起了我绵绵的相思之情。

终日的狂风伴随着乌云而起，太阳消失乌云便来。醒着说话睡不着觉，愿他此刻会因为我想他而打喷嚏。

天色阴沉昏暗无光，隆隆的雷声响起。醒着说话睡不着觉，愿他此刻也能像我想他这样想着我。

击鼓

【原文】

击鼓其镗①，踊跃用兵②。土国城漕③，我独南行。
从孙子仲④，平陈与宋⑤。不我以归⑥，忧心有忡⑦。
爰居爰处⑧？爰丧其马⑨？于以求之⑩？于林之下。
死生契阔⑪，与子成说⑫。执子之手，与子偕老。
于嗟阔兮⑬，不我活兮⑭！于嗟洵兮⑮，不我信兮⑯！

【主旨讲解】

这是一篇战争的控诉诗。一位年轻士兵，随将远征，长年还乡无望，遥忆起当初夫妻之别，立下的重誓或成空梦，悲伤之情无以复加。诗篇叙事紧凑，抒情哀烈，末尾的直接哭诉，令人沉痛不堪卒读。

【注解】

①其：助词。镗：象声词。击鼓声。古代有皮做的鼓，敲鼓的声为冬冬；有青铜制的鼓，敲的声音为镗镗。②踊跃：操练武术时，踊跃、进退的样子。兵：刀、枪一类的武器。③土：用作动词，以土修造城。国：首都。城：用作动词，筑城。漕：卫国的地名，在今河南省境内。④孙子仲：卫国军队的将帅。⑤平：平定，讨伐。陈、宋：国名，在今河南省境内。⑥不我以归：即“不以我归”。以：即“与”，允许，让。⑦有：助词。有忡：即“忡忡”，心神忧虑不安的样子。⑧爰：疑问代词，于何、在何处。⑨丧：丢失，散失。⑩于以：同“于何”，在哪里。⑪契：合。阔：离。死生契阔：死生离合，生离死别。⑫子：此处指作者的妻子。成说：订约，指临别时的誓言。⑬于嗟：感叹词。阔：远别遥隔。⑭不我活：即“不活我”。活：使动用法，使……活下去。⑮洵：通“敻”，久远。⑯不我信：即“不信我”。信：信用，守约。

【译文】

战鼓擂得噹噹响，战士们踊跃练刀枪。修建国都建漕城，只有我从军往南方。

跟随统帅孙子仲，平定两国陈与宋。不让我回归家园，想家让我忧心忡忡。

在哪里居住？在哪里驻扎？在哪里丢失了马？在哪里寻到它？在那树林之下。生死永远不分离，已与你立下誓盟。我会紧紧握着你的手，和你到老在一起。啊！如今天各一方，叫我怎么活！啊！别离时日已久，叫我如何实现诺言！

凯风

【原文】

凯风自南，吹彼棘心①。棘心夭夭②，母氏劬劳③！
凯风自南，吹彼棘薪④。母氏圣善⑤，我无令人⑥。
爰有寒泉⑦，在浚之下⑧。有子七人，母氏劳苦。
睍睆黄鸟⑨，载好其音⑩。有子七人，莫慰母心。

【主旨讲解】

这是一篇孝子悼念亡母的祭诗。追忆了生母抚养儿女的含辛劬劳，期望殷切；自责大器无成，深恩断报。诗篇四章，各章前半兴象，后半叙情，结构工稳，用词朴素。

棘心夭夭，母氏劬劳！

【注解】

①棘：酸枣树。心：树木的嫩芽。②夭夭：繁盛的样子。③劬：辛苦，劳苦。④薪：已长成可作柴烧的酸枣树。⑤圣：明达，贤明。⑥令：美，好，善。⑦爰：何处，哪里。⑧浚：春秋时卫国的城邑名，在今河南省浚县。⑨睍睆：美丽，好看。⑩载：则。载好其音：即“其音则好”。

【译文】

和风自南边吹来，吹动那酸枣树的嫩芽。酸枣树苗生机勃勃，母亲日夜操劳。
和风自南边吹来，吹动那酸枣树的枝干。母亲通达慈善，我们却不成材。
哪里有寒泉？在那浚邑城下。有儿女七人，母亲劳累辛苦。
美丽的黄鸟，它的歌声美妙。有儿女七人，难以安慰母亲的心。

雄雉

【原文】

雄雉于飞，泄泄其羽[①]。我之怀矣，自诒伊阻[②]。

雄雉于飞，上下其音。展矣君子[③]，实劳我心[④]。

瞻彼日月[⑤]，悠悠我思[⑥]。道之云远[⑦]，曷云能来[⑧]？

百尔君子[⑨]，不知德行。不忮不求[⑩]，何用不臧[⑪]？

【主旨讲解】

此诗是写女子思念其远役的丈夫，盼望他早日归来的心情。还有一种说法是，这首诗是朋友之间互相思念的诗，故而作此诗共勉。

【注解】

①泄泄：野雉鼓翼舒展的样子。朱熹《诗集传》："泄泄，飞之缓也。"②诒：通"遗"，遗留。自诒：自取、自找的意思。伊：同"系"，此，这。阻：阻隔。③展：诚，确实。④劳：忧。⑤瞻：看。⑥悠悠：绵绵不断。⑦云：语助词。⑧曷：何，何时。⑨百尔君子：汝众君子。百，凡是，所有。⑩忮：忌恨，害也。⑪臧：善，好的意思。何用不臧：即没有什么不好的意思。

【译文】

雄雉振翅而飞，它的羽毛舒展漂亮。我心中怀念我的丈夫，这是自找的忧患心伤。

雄雉振翅而飞，鸣叫的声音忽高忽低。夫君你诚实仁厚，如此相思之苦实在是难熬。

远望那太阳和月亮，我心中悠悠思念难以消除。道路长且远，你什么时候才能回到家来？

天下间君子数不胜数，不知道他们的德行如何。你不嫉妒也不贪婪，这没有什么不好。

匏有苦叶

【原文】

匏有苦叶[①]，济有深涉[②]。深则厉[③]，浅则揭[④]。有弥济盈[⑤]，有鷕雉鸣[⑥]。济盈不濡轨[⑦]，雉鸣求其牡[⑧]。雝雝鸣雁[⑨]，旭日始旦[⑩]。士如归妻[⑪]，追冰未泮[12]。招招舟子[13]，人涉卬否[14]。人涉卬否，卬须我友[15]。

【主旨讲解】

诗写济水渡口，一位年轻女子在岸边喜悦、焦急地等待自己的心上人的情形。

【注解】

①匏：葫芦之类，古代人在渡河时常把葫芦拴在腰间。苦：一说苦味，一说枯。意指葫芦八月叶枯成熟，可以挖空作渡水工具。②济：水名。涉：这里指过河的渡口。渡口常指河边最浅的地方，但此时八月水已经让最浅的地方变得很深了。③厉：带。一说不解衣涉水，一说拴葫芦在腰泅渡。④揭：提起下衣渡水。⑤弥：水满的样子。盈：满。⑥鷕：雌雉的叫声。⑦轨：车轴的两端。⑧牡："飞曰雌雄，走曰牝牡"，这里指雄雉。⑨雍雍：拟声词，指大雁和鸣的声音。⑩旦：天大明。⑪归妻：娶妻。⑫迨：及，等到。泮：散也。冰未泮，指河未开。⑬招招：召唤之貌，一说摇橹屈伸之貌。舟子：摆渡的船夫。⑭人涉：他人要渡河。卬：我。否：不。卬否：即我不渡河之意。⑮须：等待。友：指文中人等待的心上人。

【译文】

葫芦叶子已经干枯，济水深深也能渡。水深就腰系葫芦而过，水浅就提起下衣过河。大水茫茫济水涨，岸边雌雉叫得欢畅。济河水满不过半车轮，野鸡鸣叫在求偶。大雁在天空雍雍地叫，东方旭日开始放光芒。男子如果要娶妻，要趁冰雪还未消融时。船夫招呼我上船，别人在渡河我在岸上。别人在渡河我在岸上，因为我要等我的情郎。

式微

【原文】

式微式微[1]，胡不归[2]？微君之故[3]，胡为乎中露[4]？
式微式微，胡不归？微君之躬[5]，胡为乎泥中？

【主旨讲解】

这篇诗表达了自由的丧失。一群古代劳工，长期服役于主子，披星戴月，风餐露宿，有家难归，于是辛酸之下，集体唱出了这支控诉之歌。诗篇词简义丰，节奏短促，使用反诘手法，强化了抒情力度。

【注解】

①式：发语词。微：天黑。②胡：为什么。③微：非，若非，要不是。君：这里指统治者。故：缘故。④中露：露水中。⑤躬：身，自身。

【译文】

天色愈来愈黑，为什么还不回家？若不是主子的事，怎么会身沾露水？

天色愈来愈黑，为什么还不回家？若不是为了主子的贵体，怎么会在泥水中受苦？

静女

【原文】

静女其姝①，俟我于城隅②。爱而不见③，搔首踟蹰④。

静女其娈⑤，贻我彤管⑥。彤管有炜⑦，说怿女美⑧。

自牧归荑⑨，洵美且异⑩。匪女之为美，美人之贻。

【主旨讲解】

这是一篇约会诗。一位男士与女友相约见面，老早等在城角，发现树丛挡住了视线，于是搔头踯躅起来。这时女友来了，还带了彤管和荑草作礼物，把他打动了。诗篇言辞质朴，格调静雅，人物心理刻画巧妙。

静女其娈，贻我彤管。

【注解】

①静女：同“淑女”，文静娴雅的女子。姝：美丽，美好。②俟：等候，等待。隅：角落。③爱：通“薆”，躲藏，隐藏。④搔首：用手挠头。踟蹰：来回走动，走来走去。⑤娈：美丽，漂亮。⑥贻：赠送：彤：红色。彤管：象征一片赤心和火样的热情。⑦有：助词。炜：红色鲜明，有光泽的样子。⑧说：同“悦”。怿：喜。说怿：喜爱。女：同“汝”，你。⑨牧：牧场，郊外。归：通“馈”。赠送。荑：草名，白茅。古代常以白茅来象征婚媾。以白茅相赠，是一种求爱的表示。⑩洵：确实，真的。异：奇异。

【译文】

文静的姑娘多么美丽，约我等候在城门角。故意藏起来不让我看见，急得我挠头又徘徊。

文静的姑娘多么漂亮，送给我一个红管。红管亮闪闪，我真喜欢它的美丽。

从郊外回来送给我白茅，白茅实在美得出奇。并不是茅草有多好看，只因为是美人送的。

国风·鄘风

鄘地究竟在何处？有不同说法。旧说是在商纣都城朝歌之南，王国维认为是在邶国之南，即今河北南部及河南北部地区。

柏舟

【原文】

泛彼柏舟[①]，在彼中河[②]。髡彼两髦[③]，实维我仪[④]。
之死矢靡它[⑤]。母也天只[⑥]！不谅人只！
泛彼柏舟，在彼河侧。髡彼两髦，实维我特[⑦]。
之死矢靡慝[⑧]。母也天只！不谅人只！

【主旨讲解】

少女公开违抗父母之命，要求婚姻自由。情感强烈，语气坚定。其中“之死矢靡它”一语已经成为我们今天表达强烈爱情意愿的常用词。

髧彼两髦，实维我仪。

【注解】

①泛：漂浮貌。②中河：即河中。③髧：头发下垂貌。两髦：古代男子未成年，前额作齐眉发；两侧头发扎为两绺左右垂下，谓之两髦。④实：是。维：为。仪：配偶。⑤之：到。矢：发誓。靡：无。⑥也、只：语助词。⑦特：配偶。⑧慝：同“忒”，改变。

【译文】

柏木舟漂流着，在河的中央。垂着额发的少年，是我的好对象。

到死不再有他想。我的母亲我的天，却不体谅我心肠！

柏木舟漂流着，在河的两旁。垂着额发的少年，是我的好情郎。

到死不变这愿望。我的母亲我的天，却不体谅我心肠！

墙有茨

【原文】

墙有茨[①]，不可埽也。中冓之言[②]，不可道也。所可道也[③]，言之丑也。

墙有茨，不可襄也[④]。中冓之言，不可详也[⑤]。所可详也，言之长也。

墙有茨，不可束也[⑥]。中冓之言，不可读也[⑦]。所可读也，言之辱也。

【主旨讲解】

卫宣公强行娶了自己儿子的未婚妻齐女宣姜，宣公死后，他的儿子公子顽又和宣姜私通生下子嗣。这首诗即是揭露、讽刺卫国的这些丑闻的。

【注解】

①茨：蒺藜。②中冓：宫闱之内。③所：尚。④襄：除去。⑤详：细说，或作宣扬解亦通。⑥束：打扫干净。⑦读：宣扬。

【译文】

墙上生着蒺藜，不可以除掉。宫中的秘密话，不可以乱聊。如果要乱聊，惹人一身臊。

墙上长着蒺藜，不可以除光。宫中的秘密话，不可以张扬。如果要张扬，说来话太长。

墙上长着蒺藜，不可以除净。宫中的秘密话，不可说与人听。如果要说与人听，真是让人难为情。

君子偕老

【原文】

君子偕老，副笄六珈[①]。委委佗佗，如山如河，象服是宜[②]。子之不淑，云如之何[③]！

玼兮玼兮，其之翟也[④]。鬒发如云，不屑髢也[⑤]；玉之瑱也，象之揥也，扬且之晳也[⑥]。胡然而天也[⑦]？胡然而帝也？

瑳兮瑳兮，其之展也[⑧]。蒙彼绉絺，是绁袢也[⑨]。子之清扬[⑩]，扬且之颜也。展如之人兮，邦之媛也[⑪]？

【主旨讲解】

这首诗通过极力描写宣姜的服饰、尊严、美丽的手法来讽刺她的所作所为与其地位的不相称。成语“胡天胡地”即是出于此诗。

委委佗佗，如山如河。

【注解】

①“君子”两句：君子：指卫宣公。偕老：代指宣姜。副：王后的首饰。笄：簪子。珈：又称步摇，在笄之下，缀以玉，共六个，故名“六珈”。②“委委”两句：委委佗佗：行走庄重自得貌。如山如河：像山一般凝重，像河一般渊深。象服：画袍，皇后之服。③“子之”两句：子：指宣姜。不淑：不善。云：语助词。如之何：即“奈之何”，有什么办法呢！④“玼兮”两句：玼：玉色鲜明貌，此处用来形容翟衣鲜艳的样子。翟：翟衣，即画着翟雉花纹的祭服。⑤“鬒发”两句：鬒：发黑而密。不屑：不用。髢：假发髻。⑥“玉之”两句：瑱：古人冠冕上垂于两侧用来塞耳朵的玉。揥：象牙簪。扬：脸美貌。且：语助词。晳：白。⑦胡：何。然：这样。⑧“瑳兮”两句：瑳：通“玼”。展：展衣，白纱所制单衣。⑨“蒙彼”两句：蒙：覆盖。绉絺：细夏布。绁袢：内衣。⑩清扬：眉目清秀貌。⑪“展如”两句：展：可是，一作确实解亦通。媛：美女。邦之媛，犹后世所说的国色。

【译文】

君子终身相伴者，步摇玉簪多婆娑。举止行动多自得，凝重如山深如河。穿着画袍也适合。可是行为太丑陋，对她又能说什么！

鲜艳礼服画翟雉。乌黑头发如云绮，根本不用假发髻。塞耳美玉垂两耳，象牙簪子插鬓里，一张脸庞白又美。莫非天神和帝子？

艳丽轻薄细纱衣。蒙着细夏布如轻丝。女子面美好眼眉。穿着单衣这女子，能是倾国的美人？

桑中

【原文】

爰采唐矣[①]？沬之乡矣[②]。云谁之思[③]？美孟姜矣[④]。期我乎桑中[⑤]，要我乎上宫[⑥]，送我乎淇之上矣[⑦]。

爰采麦矣？沬之北矣。云谁之思？美孟弋矣[⑧]。期我乎桑中，要我乎上宫，送我乎淇之上矣。

爰采葑矣[⑨]？沬之东矣。云谁之思？美孟庸矣[⑩]。期我乎桑中，要我乎上宫，送我乎淇之上矣。

【主旨讲解】

这是一幅幽会图卷。通过男方的思念和甜蜜回忆，展现了一对恋人在“桑中”“上宫”两地幽聚，后在“淇水”送别的广阔情景。诗篇爱情不拘礼节，真诚流露，充满了自然气息。

【注解】

①爰：何处，哪里。唐：植物名，即菟丝，一种蔓生植物。②沬：卫国城邑名。③云：助词。谁之思：即“思谁”，“之”为代词。④孟：排行第一。姜：姓。⑤期：约会。⑥要：同“邀”，邀请。上宫：楼。⑦淇：卫国水名。⑧弋：即“姒”，也是姓氏。⑨葑：野菜名，即芜菁，芥菜。⑩庸：姓氏。

【译文】

到哪里采摘女萝？在那沬邑的郊野。心中把谁思念？是那美丽的孟姜。约我在桑林中相会，邀我相会在上宫，又送我到淇水边。

到哪里采摘麦子？在那沬邑的北边。心中把谁思念？是那美丽的孟弋。约我在桑林中相会，邀我相会在上宫，又送我到淇水边。

到哪里采摘芜菁？在那沬邑的东边。心中把谁思念？是那美丽的孟庸。约我在桑林中相会，邀我相会在上宫，又送我到淇水边。

云谁之思？美孟姜矣。

鹑之奔奔

【原文】

鹑之奔奔，鹊之彊彊[①]。人之无良[②]，我以为兄[③]？
鹊之彊彊，鹑之奔奔。人之无良，我以为君[④]？

【主旨讲解】

鹌鹑和喜鹊都有固定的配偶，卫宣公却做出乱伦荒淫的无耻事情，这使诗人很愤恨，说他不配做自己的君长。

人之无良，我以为君？

【注解】

①“鹑之”两句：鹑：鹌鹑。奔奔、彊彊：相随而飞貌。②无良：无善行。③我：同“何”。兄：泛指长辈。④君：指卫宣公。

【译文】

鹌鹑双双追随，喜鹊出入双飞。这人行为不端，何以作为长辈？
喜鹊双飞双宿，鹌鹑出入同伍。这人行为不端，何以作为君主？

定之方中

【原文】

定之方中，作于楚宫[①]。揆之以日[②]，作于楚室。树之榛栗，椅桐梓漆，爰伐琴瑟[③]。升彼虚矣[④]，以望楚矣。望楚与堂，景山与京[⑤]，降观于桑。卜云其吉，终然允臧[⑥]。灵雨既零，命彼倌人[⑦]。星言夙驾，说于桑田[⑧]。匪直也人，秉心塞渊，騋牝三千[⑨]。

【主旨讲解】

公元前660年，卫戴公为了躲避狄人侵略，率领卫国人渡河东迁，在漕邑定居。之后，卫文公又从漕邑迁到楚丘重建卫国，使人民生活安定下来。本诗即是歌颂卫文公重建卫国的事迹。

【注解】

①“定之”两句：定：营室星。方中：处于正中的位置。古人认为每年十月十五后到十一月初，定星黄昏时出现在正南天空时，适合兴建宫室。于：同为。楚：楚丘。卫文公在楚丘之上营建宫室。②揆：测量。日：日影。③“树之”两句：树：种植。榛、栗、椅、桐、梓、漆：皆木名。椅，梧桐的一种。梓，楸一类的树。漆，漆树。爰：于是。④虚：一作墟，指漕墟。⑤“望楚”两句：堂：楚丘旁邑。景：同“憬”，远行。京：高丘。⑥臧：好，善。⑦“灵雨”两句：灵雨：好雨。零：落雨。倌：驾车的小官。⑧“星言”两句：星言：犹晴焉。夙驾：早上驾车出门。说：通“税”，休息。⑨“匪直”三句：匪直：不仅仅。秉心：用心、操心。塞渊：踏实深远。騋：七尺以上的马。牝：母马。三千：表示众多。

【译文】

定星正当空，动土筑楚宫。度日测方向，造室兴土工。栽种榛和栗，梓漆与椅桐，成材伐作琴瑟用。登临漕邑废墟，向着楚丘眺望。看好楚丘堂邑，踏遍山陵高冈，走下田地看农桑。占卜征兆是吉祥，结果良好妥当。好雨落后已停，叫上驾车倌人。天晴早把车赶，歇在桑田里面。他人为国为民，用心踏实深沉。良马三千如云。

相鼠

【原文】

相鼠有皮①，人而无仪②。人而无仪，不死何为③？
相鼠有齿，人而无止④。人而无止，不死何俟⑤？
相鼠有体⑥，人而无礼！人而无礼，胡不遄死⑦？

【主旨讲解】

这是一篇声讨文。对着那些不知礼耻、龌龊至极而依然道貌岸然的当局者，诗人义愤填膺，破口而骂，甚至诅咒他们就地死亡。诗篇以“鼠”起兴，重章迭唱，而语义递进，批判渐深，结构完整。

【注解】

①相：看，瞧。②仪：威仪，礼仪。③何为：为何。④止：容止。言行适当，有所节制。或借作“耻”。⑤俟：等待。⑥体：肢体，身体。⑦遄：速，快，立即。

【译文】

看那老鼠都有皮，人却不懂礼仪。人既没有礼仪，活着还有什么意义？
看那老鼠都有牙齿，人却不知廉耻。人既没有廉耻，不死还待何时？
看那老鼠都有肢体，人却不懂守礼。人既不懂守礼，为什么还不赶快死？

干旄

【原文】

孑孑干旄，在浚之郊①。素丝纰之，良马四之②。彼姝者子，何以畀之③？
孑孑干旟，在浚之都④。素丝组之⑤，良马五之。彼姝者子，何以予之？
孑孑干旌⑥，在浚之城。素丝祝之⑦，良马六之。彼姝者子，何以告之⑧？

【主旨讲解】

此诗描绘了卫国官员带着良马礼品，竖着旗子，到浚邑为卫文公招致贤才的情景。

【注解】

①“孑孑”两句：孑孑：形容干旄挂在杆上独立显眼的样子。干旄：用牦牛尾作装饰的旗子。招纳贤才时要扛着它。浚：卫国的邑名。②“素丝”两句：纰：以白色缝旗子，所谓装饰。良马四之：古人以马作为礼物送人，这里是说用好马来赠送贤才。下面“良马五之”“良马六之”与此同义。③“彼姝”两句：姝：顺从貌，这里指贤才。畀：给。④“孑孑”两句：干旟：画着鸟隼的旗子，也用来招致贤才。都：近城。⑤组：编织。⑥干旌：竿顶插着五彩野鸡毛作装饰的旗子。⑦祝：“属”的假借字，连缀缝合。⑧告：建议。

【译文】

旗帜上挂牦尾，驾车浚郊如飞。旗边镶着白线，四匹好马后随。那位忠顺贤士，要拿什么来给？

旗帜上画鸟隼，驾车来到近城。旗上织着白线，五匹好马后跟。那位忠顺贤士，要拿什么来赠？

旗帜上垂鸟羽，驾车进入大城。旗上缝着白线，六匹好马后行。那位忠顺贤士，要拿什么来请？

载驰

【原文】

载驰载驱①，归唁卫侯②。驱马悠悠③，言至于漕④。大夫跋涉⑤，我心则忧。既不我嘉⑥，不能旋反⑦。视尔不臧⑧，我思不远⑨。既不我嘉，不能旋济[10]。视尔不臧，我思不闷[11]。陟彼阿丘[12]，言采其蝱[13]。女子善怀[14]，亦各有行[15]。许人尤之[16]，众稚且狂[17]。我行其野，芃芃其麦[18]。控于大邦[19]，谁因谁极[20]！

大夫君子，无我有尤[21]！百尔所思，不如我所之[22]！

【主旨讲解】

这是一支爱卫国之歌。作者许穆夫人，是春秋早期卫国之女，远嫁许国穆公。因故国为外族侵灭，多灾多难，她乘车归国图救，却被许国官员以不合礼教为由跟来拦截，这篇忧愤的诗歌就是在这种情况下写出来的。

【注解】

①载：乃。发语词，无实义。②唁：向死者家属慰问或吊人失国。本诗作者许穆夫人本是卫国之女，嫁给许穆公。狄国攻陷卫都，卫懿公被杀。卫人在漕邑拥立戴公。不久，戴公死，文公继立。戴公、文公和许穆夫人是同胞兄妹。卫侯：卫国国君。③悠悠：道路遥远的样子。④漕：卫国地名。⑤大夫：指来到卫国劝说许穆夫人回去的许国大夫。跋涉：登山涉水。⑥不我嘉：即“不嘉我”。嘉：赞同。⑦旋：还归。反：同“返”。⑧视：比。尔：你们。臧：善。⑨远：深远。⑩济：渡河。⑪闷：闭塞，停止。不闷，不错，行得通。⑫陟：登上。阿丘：偏高的山丘。⑬采：采摘。蝱：贝母，草药名，有治疗郁闷的功效。⑭善：多。怀：思念。善怀，多愁善感。⑮行：道理。⑯许人：许国的大夫们。尤：指责，非难。⑰稚：幼稚。狂：狂妄。⑱芃芃：茂盛的样子。⑲控：控告，赴告。大邦：大国。⑳因：依赖，依靠。极：求救。㉑无我有尤：即“无有尤我”。无：不要。有：又。㉒之：往，到。

【译文】

驾起马车快奔走，回去吊唁失国的卫侯。驱马走上漫漫长路，望到卫国漕城头。大夫跋山涉水追来，我心中充满忧愁。既然不赞同我返卫，我也不能马上回去。比起你们没有良策，我的想法很快就可实现。既然不赞同我返卫，我绝不渡河再回头。比起你们没有良策，我的想法却行得通。登上那高高的山冈，采摘那解忧的贝母。女子多愁善感，自有道理和主张。许国大夫反对我，众人是如此幼稚愚狂。我独行在郊野之中，一片麦子蓬勃如浪。想向大国奔走求告，可是向谁求援？向谁投靠？

载驰载驱，归唁卫侯。

你们这些大夫“君子”，不要再斥责我。纵使你们想出百般妙计，也不如我亲自跑一趟！

国风·卫风

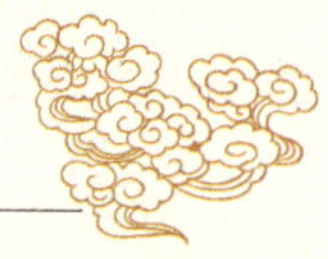

卫地在今河北南部与河南北部一带。《卫风》是卫地民歌。

淇奥

【原文】

瞻彼淇奥[①]，绿竹猗猗[②]。有匪君子[③]，如切如磋，如琢如磨[④]。瑟兮僩兮[⑤]，赫兮咺兮[⑥]。有匪君子，终不可谖兮[⑦]！

瞻彼淇奥，绿竹青青[⑧]。有匪君子，充耳琇莹[⑨]，会弁如星[⑩]。瑟兮僩兮，赫兮咺兮。有匪君子，终不可谖兮。

瞻彼淇奥，绿竹如箦[⑪]。有匪君子，如金如锡，如圭如璧[⑫]。宽兮绰兮[⑬]，猗重较兮[⑭]。善戏谑兮，不为虐兮[⑮]。

【主旨讲解】

这是一曲君子颂。诗人不遗余力，赞美这位居住在水边竹林的君子相貌端庄英俊，佩饰高雅，气宇轩昂，并且宅心仁厚、品行高尚。诗篇音韵铿锵，摹状细腻，形象塑造令人肃然起敬。

有匪君子，如切如磋，如琢如磨。

【注解】

①瞻：向前看，眺望。淇：淇水。卫国水名。奥：通“隩”，河岸弯曲的地方。②猗猗：长而美的样子。③有：助词。匪：通“斐”，有文采。④如切如磋，如琢如磨：雕刻骨器叫切，雕刻象牙叫磋，雕刻翠玉叫琢，雕刻美玉叫磨。以上四字用以形容人文采美好，治学修身、精益求精。⑤瑟：庄重的样子。僩：威武的样子。⑥赫：光明磊落。咺：显著，盛大的样子。⑦谖：忘记。⑧青青：同“菁菁”，草木茂盛的样子。⑨充耳：古代冠冕上悬垂于耳际的饰

物。琇：像玉的美石。⑩会：皮帽缝合的地方。弁：古代成年男子戴的一种帽子。⑪箦：竹席。⑫圭：用作凭信的玉，形状上圆下方。璧：平而圆，中心有孔的玉。⑬宽：宽宏，宽厚。绰：温和、柔和。⑭猗：同"倚"，依靠。较：古代车厢上的曲钩，可做扶手。⑮虐：以言语伤人。

【译文】

眺望那淇水弯曲处，翠绿的竹子修长。文质彬彬的君子，有如象牙经过切磋，有如美玉经过琢磨。他仪表庄重，威风凛凛。他光明磊落，威仪显著，叫人永远难忘怀。

眺望那淇水弯曲处，翠绿的竹子葱葱。文质彬彬的君子，充耳垂美玉晶莹，帽上玉亮如明星。他仪表庄重，威风凛凛。他光明磊落，威仪显著，叫人永远难忘怀。

眺望那淇水弯曲处，翠绿的竹子密如席。文质彬彬的君子，有如赤金白锡，有如方圭圆璧。他胸怀宽广性情温和，你看他登车凭依。他幽默风趣，善于说笑，但待人平易不刻薄。

考槃

【原文】

考槃在涧①，硕人之宽②。独寐寤言③，永矢弗谖④！
考槃在阿⑤，硕人之薖⑥。独寐寤歌，永矢弗过⑦！
考槃在陆⑧，硕人之轴⑨。独寐寤宿，永矢弗告！

【主旨讲解】

这是一支隐士之歌。世风日下、人心恶浊之际，他隐居于山间水湄中，独善其身，自得其乐。诗篇节奏舒放，意境幽雅，人物造型真切饱满。

考槃在涧，硕人之宽。

【注解】

①考：敲，敲击。槃：即盘，盘子，指一种木制的盘子，古人唱歌时敲盘伴奏。涧：山谷中的水流。②硕：高大。硕人：指那男子。③寐：睡。寤：醒。④矢：通"誓"，发誓。谖：忘

记。⑤阿：山坳。⑥苙：宽大，豁达。⑦过：过从，交往。⑧陆：山间平地。⑨轴：徘徊，来回走。

【译文】

架起木屋溪谷旁，贤人觉得很广阔。一个人醒后自言自语，这种乐趣誓不忘记！
架起木屋在山坡，贤人当它安乐窝。一个人醒后独自咏歌，誓不与世俗之人交往！
架起木屋在高原，贤人盘旋真悠闲。独醒独睡独自躺，此中乐趣不能言！

硕人

【原文】

硕人其颀①，衣锦褧衣②。齐侯之子③，卫侯之妻④，东宫之妹⑤，邢侯之姨⑥，谭公维私⑦。

手如柔荑⑧，肤如凝脂⑨。领如蝤蛴⑩，齿如瓠犀⑪。螓首蛾眉⑫，巧笑倩兮⑬，美目盼兮⑭。

硕人敖敖⑮，说于农郊⑯。四牡有骄⑰，朱幩镳镳⑱，翟茀以朝⑲。大夫夙退⑳，无使君劳㉑。

河水洋洋㉒，北流活活㉓。施罛涉涉㉔，鳣鲔发发㉕，葭菼揭揭㉖。庶姜孽孽㉗，庶士有朅㉘。

【主旨讲解】

这是一帧美人图。齐国公主庄姜出嫁了，诗人细致记录了当时随从浩大、仪仗壮美的盛况，而新娘本人更是出身高贵、天生丽质，诗中运用了美好生动的比喻，令人叹为观止。诗篇格调张扬，铺叙得力，词汇丰富。

【注解】

①颀：修长的样子。古代不论男女，皆以高大修长为美。②褧衣：麻布做的外衣。女子出嫁途中穿，用来遮蔽尘土。③齐侯：指齐庄公。子：女儿。④卫侯：卫庄公。⑤东宫：古代国君的太子住在东宫，所以东宫成了太子的代称。此指齐国太子得臣。⑥邢：国名。姨：妻的姊妹。⑦谭：国名。维：是。私：姐妹的丈夫。⑧荑：白茅的嫩芽。⑨凝脂：凝结的脂肪。⑩领：脖子。蝤蛴：天牛的幼虫，体长，圆而白嫩。⑪瓠犀：葫芦的子，洁白整齐。⑫螓：虫名，似蝉而小，额头宽广方正。⑬倩：口颊间美好的样子。⑭盼：眼神黑白分明，流动有神的样子。⑮敖敖：身体苗条的样子。⑯说：停车休息。农郊：城郊。庄姜来嫁时先在都城近郊歇息。⑰牡：驾车的雄马。骄：高大、雄壮的样子。⑱朱幩：系在马口衔铁的红绸。镳镳：鲜明的样子。⑲翟茀：用山鸡彩色羽毛装饰的车子。朝：朝见。⑳夙：早。㉑劳：

辛苦。㉒洋洋：水势浩大的样子。㉓活活：流水声。㉔施：设置。罛：渔网。施罛：撒渔网。濊濊：渔网入水的声音。㉕鳣：黄鱼。鲔：鳝鱼。发发：鱼尾摆动、击水的声音。㉖葭：芦苇。菼：荻苇。揭揭：细长的样子。㉗庶：众。庶姜：指随嫁的众女。孽孽：服饰华丽的样子。㉘庶士：指随从的众人。朅：英武健壮的样子。

【译文】

高个儿美人身材修长，麻纱罩衫披在锦衣上。她是齐侯的女儿，卫侯的娇妻。齐国太子的胞妹，邢侯的小姨，谭国国君是她的姐夫。

手指纤纤如嫩荑，皮肤白润如凝脂。脖子雪白柔长如蝤蛴，牙齿洁白整齐有如葫芦子。螓一样方正的前额还有弯弯蛾眉，一笑酒窝显妩媚，秋水般的眼波顾盼有情。

高个儿美人身材苗条，停下车马歇息在城郊。驾车的四马高大矫健，马嚼子的红绸随风飘飘，乘坐饰满雉羽的华车去上朝。大臣们早早告退，以免国君太辛劳。

河水浩浩荡荡，滔滔奔流向北方。撒下渔网呼呼作响，黄鱼鳝鱼蹦跳乱闯，芦苇荻花细细长长。陪嫁的姑娘颀长美丽，护送的武士威武雄壮。

氓

【原文】

氓之蚩蚩[①]，抱布贸丝[②]。匪来贸丝[③]，来即我谋。送子涉淇，至于顿丘[④]。匪我愆期[⑤]，子无良媒。将子无怒[⑥]，秋以为期[⑦]。

乘彼垝垣[⑧]，以望复关[⑨]。不见复关，泣涕涟涟。既见复关，载笑载言[⑩]。尔卜尔筮[⑪]，体无咎言。以尔车来，以我贿迁。

桑之未落，其叶沃若[⑫]。于嗟鸠兮，无食桑葚。于嗟女兮，无与士耽！士之耽兮，犹可说也[⑬]。女之耽兮，不可说也！

既见复关，载笑载言。

桑之落矣，其黄而陨[⑭]。自我徂尔[⑮]，三岁食贫。淇水汤汤[⑯]，渐车帷裳[⑰]。女也不爽，士贰其行[⑱]。士也罔极[⑲]，二三其德！

三岁为妇，靡室劳矣。夙兴夜寐，靡有朝矣。言既遂矣，至于暴矣。兄弟不知，咥其笑矣[20]。静言思之[21]，躬自悼矣[22]。

及尔偕老[23]，老使我怨。淇则有岸，隰则有泮[24]。总角之宴[25]，言笑晏晏[26]。信誓旦旦，不思其反。反是不思，亦已焉哉！

【主旨讲解】

这篇小型史诗是弃妇的自诉。讲述了主人公从集市订婚，复关迎娶，到操劳家室，丈夫弃虐，而至反躬自思的婚姻悲剧。诗篇叙议兼夹，记事完整，抒情悲喜顿挫，笔致波澜横生。

【注解】

①氓：民，人，诗中男子的代称。蚩蚩：憨厚的样子，或同“嗤嗤”，笑嘻嘻的样子。②布：古货币名。贸：买，交易。拿钱来买丝。一说“布”作“布匹”。以布匹换取丝，是以物换物。③匪：同“非”，不是。④顿丘：卫国地名。今河南清丰县西南。⑤愆：拖延，耽误。愆期：约期而失信。⑥将：愿，请。⑦秋以为期：即“以秋为期”。⑧乘：登上。垝：毁坏，倒塌。垣：墙。⑨复关：地名，氓所居住的地方。⑩载：语助词。载笑载言：又说又笑。⑪尔：你。卜：用火灼龟甲，根据裂纹来判定吉凶。筮：用蓍草依法排比成卦卜筮，以判吉凶。⑫其：代词，桑。沃若：润泽、茂盛的样子。⑬说：通“脱”，解脱，摆脱。⑭陨：坠落。⑮徂：往，到。徂尔：嫁给你。⑯汤汤：水势很大的样子。⑰渐：浸湿。帷裳：车上的帷帐。写女子被弃后，渡淇水回去的情形。⑱贰：有二心，不专一。⑲罔：无。极：准则。罔极：没有准则，行为不端。⑳咥：嬉笑的样子。带有讥讽的意味。㉑静言：冷静地。㉒躬：自身。悼：悲伤。㉓及：和，与。尔：你。㉔隰：低湿的地方。泮：岸边。㉕总角：古人未成年时将头发束成丫状角髻。宴：欢乐。㉖晏晏：相处和悦融洽的样子。

【译文】

农家小伙笑嘻嘻，抱着布来换我的蚕丝。不是有心换丝，借机找我商量婚事。送他过淇水，送到顿丘才告辞。不是我拖延婚期，是你没有找个好媒人。请你不要生我气，约定秋天作为婚期。

登上那破败的墙垣，眺望我思念的复关。不见我的复关，伤心泪儿涟涟。见到我的复关，又笑又说心欢畅。你去占卦问卜，卦象没有不吉的话。驾着你的车来，搬迁我的嫁妆。

桑树叶儿未落，桑叶又嫩又润。唉，斑鸠，别贪吃那桑葚。唉，女人，不可与男人迷恋。男人迷恋，还可以解脱。女人迷恋，就无法自拔。

桑树叶儿落下，枯黄憔悴任飘零。自从我嫁到你家，三年来吃苦受穷。淇河水奔流荡荡，浸湿了车上的帷帐。我做妻子并没有过错，男人你却反复无常。男人变化无常性，三心二意坏德行。

做你妻子三年，家务辛劳没有不干。早起晚睡，天天如此，干也干不完。家业有成已安定，就变得粗暴无礼。兄弟们不知真相，嘻嘻讥笑再加嘲讪。静静细想，独自伤心悲叹。

曾经发誓，与你白头到老，这样的偕老使我怨恨。淇水虽宽有堤岸，沼泽虽阔有边涯。回想少年未嫁时，你说我笑温雅无间。誓言说得响亮，却不料如今翻脸变冤家。违背的誓言不愿再想，从今与你一刀两断！

竹竿

【原文】

籊籊竹竿，以钓于淇[①]。岂不尔思？远莫致之[②]。
泉源在左，淇水在右[③]。女子有行[④]，远兄弟父母。
淇水在右，泉源在左。巧笑之瑳，佩玉之傩[⑤]。
淇水滺滺，桧楫松舟[⑥]。驾言出游，以写我忧。

【主旨讲解】

卫国的一位女子远嫁到别的国家，想要回家可又回不去。她想起淇水边上细长的竹竿、自己的少女时代，可是现在这些离自己却是那样遥远。

女子有行，远兄弟父母。

【注解】

①“籊籊”两句：籊：细长貌。淇：淇水。②“岂不”两句：尔思：思念你。致：到达。③“泉源”两句：泉：水名，在朝歌北，称左。古人以水的方位，北为左，南为右。淇水屈流于朝歌南，称右。④有行：出嫁。⑤“巧笑”两句：瑳：玉色洁白，比喻笑时露出洁白的牙齿。傩：女子走路时有节奏的样子。⑥“淇水”两句：滺滺：音悠，河水荡漾之状。桧楫：桧木做的桨。松舟：松木做的船。

【译文】

竹竿长又细，持钓淇水旁。怎不思念你，路远难还乡。
泉水在左方，淇水在右方。女大要出嫁，远别爹和娘。
淇水在右方，泉水在左方。明眸皓齿人，佩玉响叮当。
淇水欢快流，驾舟荡双桨。顺水去远游，排遣我忧伤。

芄兰

【原文】

芄兰之支，童子佩觿[①]。虽则佩觿，能不我知[②]。容兮遂兮，垂带悸兮[③]。

芄兰之叶，童子佩韘[④]。虽则佩韘，能不我甲[⑤]。容兮遂兮，垂带悸兮。

【主旨讲解】

贵族的童子虽然佩觿、佩韘，摆出一副贵族的架势，但却幼稚无能。诗人对他的行为不以为然。

【注解】

①“芄兰”两句：芄兰：亦名女青，荚实倒垂如锥形。支：通“枝”。觿：角骨所制小锥子，形状像牛角，为成人佩饰。少年婚后也佩，象征成人。②能：乃、而。③“容兮”两句：容、遂：舒缓悠闲之貌。悸：走路时带子摇摆有节奏的样子。④韘：俗称扳指，古代射箭时套在右手大拇指上用来钩弦的工具。佩韘表示男子已经成年了。⑤甲：同“狎”，亲近。

【译文】

芄兰的荚实结在枝上，童子的角锥挂在身上。虽然角锥挂在身上，却不能了解我是谁？看他大摇大摆带着玉佩，东摇西晃地大带子下垂。

芄兰的荚实连着叶子，童子的扳指戴在手上。虽然扳指戴在手上，却不能够亲近我呢？看他大摇大摆带着玉佩，东摇西晃地大带子下垂。

河广

【原文】

谁谓河广[①]？一苇杭之[②]。谁谓宋远[③]？跂予望之[④]。

谁谓河广？曾不容刀[⑤]。谁谓宋远？曾不崇朝[⑥]。

【主旨讲解】

这是一曲归宋无望的悲歌。站在滔滔的黄河滨上，主人公往返踟蹰，思念着对岸的故国而不能起浆渡水，内心一阵抽痛，以至不得不故作“谁谓河广，一苇杭之”的旷迈之语聊以自慰。诗篇想象卓绝，问答互见，布局疏朗。

【注解】

①河：黄河。②杭：即航，渡。一苇杭之：形容两地极近，此处为夸张手法。③宋：宋国。④跂：翘起脚跟。予：而。⑤曾：乃，竟。刀：通“舠”，小船。⑥崇朝：指从天亮到吃早饭之间的一段时间，喻时间短暂。

谁谓河广？曾不容刀。

【译文】

谁说河面太宽广？一片苇叶就能渡岸。谁说宋国太遥远？踮起脚尖我就能望见。

谁说河面太宽广？却容不下一条小船。谁说宋国太遥远？不需一个早上就能到对岸。

伯兮

【原文】

伯兮朅兮①，邦之桀兮②。伯也执殳③，为王前驱④。
自伯之东⑤，首如飞蓬⑥。岂无膏沐⑦？谁适为容⑧？
其雨其雨⑨，杲杲出日⑩。愿言思伯⑪，甘心首疾⑫。
焉得谖草⑬，言树之背⑭？愿言思伯，使我心痗⑮！

【主旨讲解】

这是一篇思夫诗。自从男人出征以来，女主人公妆饰尽废，头发蓬乱，心病恹恹，好像被抽空了一部分生活似的。诗篇首节写她以老公英姿威猛为傲，而后用整三节的篇幅吐诉离苦，抒情跌宕，对比有力。

【注解】

①伯：女子称其夫。朅：威武健壮的样子。兮：语气词，相当于“啊”“呀”。②邦：国家。桀：同“杰”，杰出人物。③执：拿着。殳：兵器，杖类，长一丈二尺。④前驱：先锋。⑤自：自从。之：往，到。⑥飞蓬：乱飞的蓬草。比喻女子披头散发的样子。⑦膏：润发的油。沐：洗头。⑧适：喜欢。容：梳妆打扮。⑨其：表示祈求的语气词。雨：下雨。⑩杲

杲：阳光火红光亮的样子。⑪ 愿言：念念不忘的样子。⑫ 首疾：头痛。⑬ 焉：哪里。谖草：草名，萱草，又名忘忧草。⑭ 言：关联词，而。树：种植。背：堂屋的北面。⑮ 痗：生病。

【译文】

夫君多么英武，是邦国的英杰。夫君手执长殳，是国君的先锋。

自从夫君东征，我已无心梳妆，头发乱如飞蓬。难道没有润发油？可是，叫我为谁装扮仪容？

下雨吧，下雨吧，太阳却火红光亮。念夫君，念夫君，情愿忍受相思的苦痛。

哪里能找到忘忧草？把它种在堂屋的北边。念夫君，念夫君，使我心病发作！

愿言思伯，甘心首疾。

有狐

【原文】

有狐绥绥，在彼淇梁①。心之忧矣，之子无裳②。

有狐绥绥，在彼淇厉③。心之忧矣，之子无带④。

有狐绥绥，在彼淇侧。心之忧矣，之子无服。

【主旨讲解】

女子的丈夫流落在外，她担心他无衣无裳，唱起歌曲表达忧伤，情感深至。

【注解】

① 绥绥：行走缓慢的样子。梁：桥。② 裳：下衣，如同今天的裙子。③ 厉：借作"濑"，水边的沙地。④ 带：衣带。

【译文】

狐狸慢慢地走，走在淇水的桥头。我心中伤悲啊，他连裤子也没有。

狐狸慢慢地走，走在淇水的滩头。我心中伤悲啊，他连衣带也没有。

狐狸慢慢地走，走在淇水的岸头。我心中伤悲啊，他连衣服也没有。

木瓜

【原文】

投我以木瓜[①]，报之以琼琚[②]。匪报也[③]，永以为好也。
投我以木桃，报之以琼瑶[④]。匪报也，永以为好也。
投我以木李，报之以琼玖[⑤]。匪报也，永以为好也。

【主旨讲解】

这是两位互赠者表达永好之情的诗篇。一方以瓜桃李相馈，对方却薄来厚往，回赠琼瑶美玉，以此表明不是简单的答谢回报，而是愿永结情义，携手共老。诗篇氛围淡雅，音节从容，意象清新。

投我以木桃，报之以琼瑶。

【注解】

①投：抛，投赠。木瓜：一种落叶灌木。古代风俗，以瓜果之类为男女定情信物。②报：报答，回赠。琼：美玉美石的通称。琚：佩玉。③匪：通“非”。④瑶：美玉。⑤玖：黑色的玉。琼玖：泛指美玉。

【译文】

你送我一个木瓜，我回送你一枚佩玉。这不只是回赠，而是为了永远相好。
你送我一个桃子，我回送你一块美石。这不只是回赠，而是为了永远相好。
你送我一个李子，我回送你黑色美玉。这不只是回赠，而是为了永远相好。

国风·王风

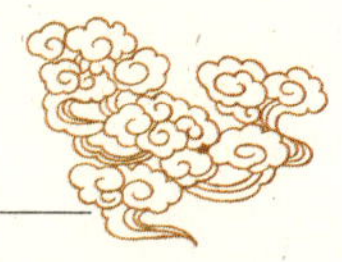

东周都城一带的民歌称为《王风》。王，是王都的意思。

黍离

【原文】

彼黍离离[①]，彼稷之苗[②]。行迈靡靡[③]，中心摇摇。知我者谓我心忧，不知我者谓我何求。悠悠苍天，此何人哉？

彼黍离离，彼稷之穗。行迈靡靡，中心如醉。知我者谓我心忧，不知我者谓我何求。悠悠苍天，此何人哉！

彼黍离离，彼稷之实。行迈靡靡，中心如噎。知我者谓我心忧，不知我者谓我何求。悠悠苍天，此何人哉！

【主旨讲解】

这是一曲悼念故国的挽歌。一位士人旧地重返，人物皆非，昔日的宫殿宗庙早已繁华落尽，遗迹难觅，唯有葱绿的黍梁摇动风中，一片荒凉，此情此景使他悲从中来，无边怅惘。诗篇节奏灵动，意境空旷，抒情迷离，读之令人难以释怀。

【注解】

①彼：指示代词，那，那个。黍：黍子，一种农作物，籽实去皮后叫黄米。离离：排列成行，整齐繁密的样子。②稷：谷子，一种农作物，籽去皮后叫小米。③行迈：行走不止。一说，迈为远行。靡靡：步行缓慢的样子。

【译文】

那黍子生长满田畴，那谷子抽苗绿油油。我举步迟迟，因为心中彷徨愁闷。理解我的人说我心中忧愁，不理解我的人说我有什么贪求。悠悠苍天啊，是谁害得我要离家走？

那黍子生长满田畴，那谷子抽穗垂下头。我举步迟迟，心中忧闷如醉。理解我的人说我心中忧愁，不理解我的人说我有什么贪求。悠悠苍天啊，是谁害得我要离家走？

那黍子生长满田畴，那谷子结实不胜收。我举步迟迟，心中哽塞郁闷。理解我的人说我心中忧愁，不理解我的人说我有什么贪求。悠悠苍天啊，是谁害得我要离家走？

君子于役

【原文】

君子于役[①]，不知其期[②]。曷至哉[③]？鸡栖于埘[④]，日之夕矣[⑤]，羊牛下来。君子于役，如之何勿思[⑥]！

君子于役，不日不月[⑦]。曷其有佸[⑧]？鸡栖于桀[⑨]，日之夕矣，羊牛下括[⑩]。君子于役，苟无饥渴[⑪]？

【主旨讲解】

这是一篇幽静的怀人诗。圆日西坠，地平天阔，村边山冈和门前篱笆下，牛羊下山了，家鸡结群回栏，房顶炊烟直上。正在劳作的女主人公触景生情，想起久征在外的男人来了，心中充满了忧虑和哀楚。诗篇言辞朴质，色调柔和，画感逼真。

曷其有佸？鸡栖于桀，日之夕矣，羊牛下括。

【注解】

①君子：古代妻子对丈夫的敬称。于：去，往。役：古代徭役。②期：服役的期限。③曷：何，何时。④埘：在墙上挖洞或砌泥筑成的鸡窝。⑤夕：指傍晚时分。“鸡栖于埘”“羊牛下来”尚有定时，而服役的人却没有归期。⑥如之何：怎么。⑦不日不月：没有定期。⑧有：又，重新。佸：相会，团聚。⑨桀：亦作“榤”，指木桩，或以木桩支架起来的鸡棚。⑩括：来，到。⑪苟：句首语气词，表希望，或许、也许。

【译文】

丈夫去服役，不知道他的归期。他什么时候才能回来？鸡儿回窝，太阳也要落西山，羊牛都下了山坡。丈夫去服役，叫我怎能不苦苦思念？

丈夫去服役，没日没月，何时才能相聚？鸡儿回窝，太阳也要落西山，羊牛都下了山坡。丈夫去服役，是否受到饥渴折磨？

君子阳阳

【原文】

君子阳阳[1]，左执簧[2]，右招我由房[3]。其乐只且[4]！

君子陶陶[5]，左执翿[6]，右招我由敖[7]。其乐只且！

【主旨讲解】

这首诗描写了舞师和乐师一起歌舞的场景。

【注解】

① 君子：指舞师。阳阳："扬扬"的假借字。洋洋得意貌。② 簧：笙类乐器。③ 我：诗的作者。由房：一种房中乐。④ 只且：语助词。⑤ 陶陶：和乐舒畅貌。⑥ 翿：用五彩野鸡羽毛做成的歌舞道具。⑦ 由敖：舞曲名。

【译文】

舞师喜洋洋，左手握竹簧，右手招我奏《由房》。心里乐未央！

舞师乐陶陶，左手摇羽毛，右手招我奏《由敖》。快乐真不少！

扬之水

【原文】

扬之水，不流束薪[1]。彼其之子，不与我戍申[2]。怀哉怀哉，曷月予还归哉[3]！

扬之水，不流束楚。彼其之子，不与我戍甫[4]。怀哉怀哉，曷月予还归哉！

扬之水，不流束蒲[5]。彼其之子，不与我戍许[6]。怀哉怀哉，曷月予还归哉！

【主旨讲解】

南方的楚国势力越来越强大，有吞并周围小国的野心。平王派人在申、吕、许三个周边小国驻守，护卫王畿。可是派去的士兵却总是得不到调换。这首诗便是写戍卒这种怨恨思归的心情的。

【注解】

①“扬之水”两句：扬：水流缓慢无力貌。束薪：一捆柴。古代以“束薪”表示新婚。②“彼其”两句：彼其之子：“彼”和“之”都是第三人称代词。其，语助词。之子，所怀念的人。戍申：在申地防守。③曷：何。④甫：吕国，在今河南省南阳市西。⑤蒲：蒲柳。⑥许：国名，在今河南省许昌市。

怀哉怀哉，曷月予还归哉！

【译文】

河水缓慢流淌，漂不起一捆薪柴。家乡的妻子呀，不来同我守申地。思念你呀思念你，何时才能回家去。

河水缓慢流淌，漂不起一捆荆条。家乡的妻子呀，不来同我守甫地。思念你呀思念你，何时才能回家去。

河水缓慢流淌，漂不起一捆菖蒲。家乡的妻子呀，不来同我守许地。思念你呀思念你，何时才能回家去。

中谷有蓷

【原文】

中谷有蓷，暵其乾矣[①]。有女仳离，嘅其叹矣[②]。嘅其叹矣，遇人之艰难矣！

中谷有蓷，暵其脩矣[③]。有女仳离，条其啸矣[④]。条其啸矣，遇人之不淑矣[⑤]！

中谷有蓷，暵其湿矣[⑥]。有女仳离，啜其泣矣。啜其泣矣，何嗟及矣！

【主旨讲解】

此诗讲述一位女子在荒年中被丈夫抛弃了，她走投无路，只得呼号、哭泣。

【注解】

①“中谷”两句：中谷：即谷中。蓷：益母草。暵：干燥貌。②“有女”两句：仳离：分离，这里指被离弃。嘅其：慨叹貌。③脩：干枯。④条其：长啸。这里指长叹。⑤不淑：不善。⑥湿：晒干。

【译文】

谷中益母草，根叶都枯槁。女子被抛弃，叹息又哀号。叹息又哀号，嫁个好人真艰难！

谷中益母草，根叶都干燥。女子被抛弃，叹息又悲叫。叹息又悲叫，嫁了个负心的人！

谷中益母草，根叶似火烤。女子被抛弃，抽泣双泪掉。抽泣双泪掉，哪还能追悔得及！

兔爰

【原文】

有兔爰爰①，雉离于罗②。我生之初，尚无为③。我生之后，逢此百罹④。尚寐无吪⑤！

有兔爰爰，雉离于罦⑥。我生之初，尚无造⑦。我生之后，逢此百忧。尚寐无觉⑧！

有兔爰爰，雉离于罿⑨。我生之初，尚无庸⑩。我生之后，逢此百凶。尚寐无聪⑪！

【主旨讲解】

这是一篇愤世诗。诗人生活的时代，值遇世风浇漓，苦集道减，盘剥日重，以出生之后与出生之初作比，加剧了对现状的仇恨。诗篇篇章末尾，诗人发出了不如长睡不起的悲壮气话，隐含着泣血的抗争。

【注解】

①爰爰：缓缓，从容自得的样子。②雉：野鸡。离：同“罹”，遭到。罗：罗网。③为：作为。一说劳役，兵役。④百：约数，言其多。罹：忧愁，苦难。⑤吪：动。⑥罦：一种装有开关能自动开合捕鸟的网，又叫覆车网。⑦造：劳役之事。⑧觉：醒来，睡醒。⑨罿：义同“罦”。⑩庸：即用，指劳役。⑪聪：听见，听到。

【译文】

兔子逍遥自在，野鸡却撞进罗网。我初生那时还没有劳役，我出生之后碰上无数的苦难。还是好好睡，不要动的好。

兔子逍遥自在，野鸡却撞进兽网。我初生那时还没有劳役，我出生之后碰上无数的忧愁。还是好好睡，不要醒的好。

兔子逍遥自在，野鸡却撞进鸟网。我初生那时还没有劳役，我出生之后碰上无数的凶祸。还是好好睡，不要听的好。

葛藟

【原文】

绵绵葛藟[①]，在河之浒[②]。终远兄弟[③]，谓他人父[④]。谓他人父，亦莫我顾[⑤]。

绵绵葛藟，在河之涘[⑥]。终远兄弟，谓他人母。谓他人母，亦莫我有[⑦]。

绵绵葛藟，在河之漘[⑧]。终远兄弟，谓他人昆[⑨]。谓他人昆，亦莫我闻。

【主旨讲解】

这是一支难民之歌。作者身处乱世之际，亲族离散，漂泊在黄河岸边，为生存故，强忍屈辱，尊呼那些贵人为父母、叔哥，没有获得帮忙，反因地位卑下横遭蔑视，白眼相赠。诗篇情辞酸楚，语势急促。

【注解】

①绵绵：蔓延不绝的样子。葛藟：两者都是蔓生植物。②浒：水边。③终：既，在……之后。远：弃，离。④谓：称，呼。⑤亦：也。莫我顾：即"莫顾我"。顾：关心，照顾。⑥涘：水边。⑦有：通"友"，相亲，亲爱。⑧漘：水边。⑨昆：兄，哥哥。

【译文】

长长的葛藟，蔓延在河岸边。远离兄弟亲人，叫别人为父。叫别人为父，别人也不将我照顾。

长长的葛藟，蔓延在河岸上。远离兄弟亲人，叫别人为母。叫别人为母，别人也不对我亲近。

长长的葛藟，蔓延在河岸旁。远离兄弟亲人，叫别人哥哥。叫别人哥哥，别人也不将我抚恤。

采葛

【原文】

彼采葛兮[①]，一日不见，如三月兮！

彼采萧兮[②]，一日不见，如三秋兮！

彼采艾兮[③]，一日不见，如三岁兮！

【主旨讲解】

这是一支相思小调。一日不见恋人，主人公饱受煎熬，神志恍然，好似度过了三月、三季、三年一般冗长，可见相知之真、相爱之深。诗篇旋律婉转，低语喃喃，抒情点到为止，质朴无华，而笔意纵横，收放自如。

【注解】

①葛：植物名。其纤维可以织布，根茎可以吃。②萧：植物名。一种蒿子，有香气，古人用它来祭礼。③艾：植物名，烧艾叶可以治病。

【译文】

那采葛的姑娘，一天不见，像隔了三月不相见！
那采萧的姑娘，一天不见，像隔了三季不相见！
那采艾的姑娘，一天不见，像隔了三年不相见！

丘中有麻

【原文】

丘中有麻①，彼留子嗟②。彼留子嗟，将其来施③。
丘中有麦，彼留子国。彼留子国，将其来食。
丘中有李，彼留之子。彼留之子，贻我佩玖④。

【主旨讲解】

此诗描写女子和情人定情的过程。女子请小伙去家里帮忙，又请他父亲去家里吃饭，最后小伙送给女子一块玉佩作为定情信物。

【注解】

①丘：土山。②留：通“刘”。子嗟：同后面的子国都是男子的名字，《毛传》认为子国是子嗟的父亲。③将：请。施：帮助。④贻：赠送。玖：似玉的浅黑色石头。

【译文】

山坡上种麻，刘家的子嗟啊。刘家的子嗟啊，请他来我家帮忙。
山坡上种麦，刘家的子国啊。刘家的子国啊，请他来我家吃饭。
山坡上种李，刘家的小伙啊。刘家的小伙啊，送给我一块玉佩。

国风·郑风

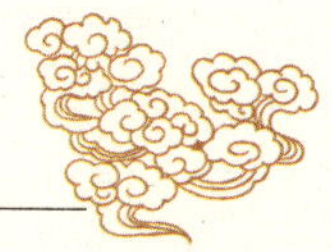

周宣王始封其弟友于郑地，即今陕西西安附近。后郑桓公死，武公即位，迁至新郑，即今河南新郑。《郑风》是郑地民歌，内容多与男女恋情有关。

缁衣

【原文】

缁衣之宜兮[①]，敝[②]，予又改为兮。适子之馆兮[③]，还，予授子之粲兮[④]。
缁衣之好兮，敝，予又改造兮。适子之馆兮，还，予授子之粲兮。
缁衣之席兮[⑤]，敝，予又改作兮。适子之馆兮，还，予授子之粲兮。

【主旨讲解】

男子在官舍办公，衣服破了留在家里，女子为他缝补、新做。

【注解】

①缁衣：黑色的衣服。是古代卿大夫到官署所穿的衣服。《传疏》："朝服以缁布为衣，故谓之缁衣。"②敝：破败。③适：去。馆：官舍。④粲：闻一多《风诗类钞》："粲，新也，谓新衣。"⑤席：宽大。

【译文】

黑色官服合身啊，破了我再来缝。你去官舍办公啊，回来给你新的。

黑色官服美好啊，破了我再来造。你去官舍办公啊，回来送你新的。

黑色官服宽大啊，破了我再来做。你去官舍办公啊，回来送你新的。

缁衣之宜兮，敝，予又改为兮。

将仲子

【原文】

将仲子兮[①]！无逾我里[②]，无折我树杞。岂敢爱之？畏我父母。仲可怀也，父母之言，亦可畏也！

将仲子兮！无逾我墙，无折我树桑！岂敢爱之？畏我诸兄。仲可怀也，诸兄之言，亦可畏也！

将仲子兮！无逾我园，无折我树檀！岂敢爱之？畏人之多言。仲可怀也，人之多言，亦可畏也！

【主旨讲解】

男友为得会面，鲁莽地翻墙穿园，这可把姑娘吓坏了，苦口婆心，一面保证自己牵挂对方，一面以礼法森严、舆论可畏为由，劝他打道回府。诗篇形象丰满，节奏急促。

【注解】

①将：请求。仲子：男子的名字。②逾：越过，翻过。

【译文】

求求你，仲子哥！不要翻进我院墙，不要折断我家的杞树枝。哪里是吝惜杞树枝？是怕我父母发脾气。仲子哥我怎不把你记挂？可父母的责骂，也是令人害怕。

求求你，仲子哥！不要翻进我围墙，不要折断我家的桑树枝。哪里是吝惜桑树枝？是怕我兄长发脾气。仲子哥我怎不把你记挂？可兄长的责骂，也是令人害怕。

求求你，仲子哥！不要翻进我园墙，不要折断我家的檀树枝。哪里是吝惜檀树枝？是怕人们风言风语。仲子哥我怎不把你记挂？可人们的闲话，也是令人害怕。

叔于田

【原文】

叔于田[①]，巷无居人。岂无居人？不如叔也。洵美且仁[②]。叔于狩[③]，巷无饮酒。岂无饮酒？不如叔也。洵美且好。叔适野，巷无服马[④]。岂无服马？不如叔也。洵美且武[⑤]。

【主旨讲解】

女子赞美男子优秀，说他出去打猎后，巷子里就好像没有人了一样。这种极度夸张的表达表现出女子对男子强烈的爱慕之情。

【注解】

①叔：古人对家中排行第三的男子的称谓。于：往。田：打猎。②洵：的确。仁：仁爱谦让。③狩：冬天打猎。④服马：骑马。⑤武：英武。

叔于狩，巷无饮酒。

【译文】

三哥去打猎，巷里就无人。哪能真无人？没人及三哥，俊美又谦仁。三哥去冬狩，巷里就无人喝酒。哪能真无人喝酒？没人及三哥，俊美又聪秀。三哥去郊外，巷里就无人骑马。哪能真无人骑马？没人及三哥，俊美又英武。

大叔于田

【原文】

叔于田，乘乘马①。执辔如组②，两骖如舞③。叔在薮④，火烈具举⑤。袒裼暴虎⑥，献于公所⑦。将叔无狃⑧，戒其伤女⑨。

叔于田，乘乘黄⑩。两服上襄⑪，两骖雁行⑫。叔在薮，火烈具扬。叔善射忌⑬，又良御忌。抑磬控忌⑭，抑纵送忌⑮。

叔于田，乘乘鸨⑯。两服齐首⑰，两骖如手⑱。叔在薮，火烈具阜⑲。叔马慢忌，叔发罕忌⑳。抑释掤忌㉑，抑鬯弓忌㉒。

【主旨讲解】

这是一支猎手的颂歌。诗人描述了主人公驾着四马大车，闯进深草树丛，搏斗暴虎，凯旋的事件，赞美了青年猎手仁爱而又勇武。诗篇动作刻画精细，场面动魄惊心。

【注解】

①乘乘：前一个“乘”，动词，坐，驾。后一个“乘”：名词，古时指四匹马驾的车。②辔：

马缰绳。如组：像织布时经渭分明，有条不紊，很有节奏，形容驭马技艺高强。③ 骖：古代指车辕外侧两旁的马。如舞：骖马跑起来步调一致，像舞蹈一样。④ 薮：草木茂盛的沼泽，禽兽聚藏之所。⑤ 烈：通“列”，行列。具：通“俱”，都。⑥ 袒裼：脱去上衣。暴：徒手搏击。⑦ 公所：官府。⑧ 将：请，求。狃：习惯做某事，习以为常而不予重视。⑨ 戒：戒备，警惕。⑩ 黄：指四马皆为黄色。⑪ 服：古车独辕居中，夹辕的内侧的两匹马叫服。上：前面。襄：驾车。⑫ 雁行：形容整齐像大雁成行。⑬ 忌：语气词，表赞美语气。⑭ 抑：语助词。磬：纵马驰骋。⑮ 纵：射箭出去。送：追逐禽兽。⑯ 鸨：毛色黑白相杂的马。⑰ 齐首：齐头并进。⑱ 如手：如左右手。⑲ 阜：盛，旺。⑳ 发：射箭。罕：少。㉑ 释：揭开。掤：箭筒的盖子。㉒ 鬯：通“韔”，弓袋，此处作动词，指装进袋中。

【译文】

叔去打猎，驾驭驷车的马。手执缰绳像丝组，两匹骖马步调一致如同跳舞。叔驾车在沼泽，一行行火把同时举起。赤膊上阵，徒手搏虎，把它打来献给官府。请叔不要大意，提防老虎伤着你。

叔于田，乘乘马。

叔去打猎，驾驭驷车黄马。两匹辕马昂首在前，两匹骖马宛如雁行在后。叔驾车在沼泽，一行行火把同时点燃。叔擅长射箭，又擅长驾车。忽而勒马急停车，忽而纵马任驰骋。

叔去打猎，驾驭驷车花马。两匹辕马齐头并进，两匹骖马如两手。叔在沼泽围猎，火把熊熊烧得旺。叔的马走得慢悠悠，叔的箭少了。揭开箭筒的盖子，把弓儿放进弓袋。

清人

【原文】

清人在彭[①]，驷介旁旁[②]。二矛重英[③]，河上乎翱翔[④]。清人在消[⑤]，驷介镳镳[⑥]。二矛重乔[⑦]，河上乎逍遥。清人在轴[⑧]，驷介陶陶[⑨]。左旋右抽[⑩]，中军作好[⑪]。

【主旨讲解】

《春秋》中记载狄人侵略郑国，郑国的主帅高克吃了败仗，逃到陈国躲了起来。

诗歌通过极力描写战马的强壮和武器的华美，来讽刺主帅高克只是个假把式，不过做的样子好看罢了。

【注解】

①清人：指郑国大臣高克带领的清邑的兵士。彭：郑国地名，在黄河边上。②驷介：一车驾四匹披甲的马。旁旁：马强壮貌。③重英：两重璎饰。④翱翔：指驾着战车遨游。⑤消：郑国地名，在黄河边上。⑥镳镳：英勇威武貌。⑦重乔：乔，借作“鷮”，长尾野鸡。此指以鷮羽为矛缨。⑧轴：郑国地名，在黄河边上。⑨陶陶：马驱驰貌。⑩左旋右抽：身体向左转用右手拔刀，表现练习刺击的状态。⑪中军：古代军队分上军、中军、下军，中军之将为主帅，指高克。作好：做好表面工作。

【译文】

清邑军队守彭地，披甲驷马真强壮。璎珞重重挂两矛，河边遨游多欢畅。清邑军队守消地，披甲驷马真威武。雉羽重重挂两矛，河边闲逛多逍遥。清邑军队守轴地，披甲驷马真迅猛。兵士左转右抽刀，主将练武姿态好。

羔裘

【原文】

羔裘如濡①，洵直且侯②。彼其之子，舍命不渝③。
羔裘豹饰④，孔武有力⑤。彼其之子，邦之司直⑥。
羔裘晏兮⑦，三英粲兮⑧。彼其之子，邦之彦兮⑨。

【主旨讲解】

这首诗赞美郑国一位作为司直的官员正直有节操。

【注解】

①羔裘：羔羊皮做的袄。濡：柔软有光泽。②直：正直。侯：美。③不渝：不变。④豹饰：用豹皮作羔裘袖口的装饰。⑤孔：很。⑥司直：掌管劝诫君主过失的官吏。⑦晏：鲜艳。⑧三英：豹皮镶在袖口上，有三条装饰。⑨彦：杰出有才德的人。

【译文】

羔裘皮袄柔滑，人真正直美好。他那个人，舍命不变节操。
羔裘袄饰豹皮，人则威武有力。他那个人，是朝廷的司直。
羔裘皮袄光鲜，三条豹皮显眼。他那个人，是朝廷的俊贤。

遵大路

【原文】

遵大路兮①，掺执子之祛兮②！无我恶兮③，不寁故也④！

遵大路兮，掺执子之手兮！无我丑兮，不寁好也⑤！

【主旨讲解】

女子被男子离弃，她拉着对方袖口和手，一再哀求男子不要抛弃她。

无我恶兮，不寁故也！

【注解】

①遵：循着，沿着。②掺：拉住。祛：袖口。③恶：厌恶。无我恶，即“无恶我”。④寁：速离。故：故人。⑤好：相好，爱人。

【译文】

沿着大路走呵，拉着你袖口呵。不要讨厌我呵，不要离弃故旧呵！

沿着大路走呵，拉着你的手呵。不要嫌我丑呵，不要离弃故友呵！

女曰鸡鸣

【原文】

女曰：“鸡鸣。”士曰：“昧旦①。”“子兴视夜②，明星有烂③。”“将翱将翔，弋凫与雁④。”

“弋言加之⑤，与子宜之⑥。宜言饮酒，与子偕老。琴瑟在御⑦，莫不静好⑧。”

“知子之来之，杂佩以赠之。知子之顺之，杂佩以问之。知子之好之，杂佩以报之。”

【主旨讲解】

这是一幕短对话。一个鸡鸣的清晨，老婆催促老公早起猎禽，补贴生活，赖床的丈夫搪塞了一番后，也就束衣整装了，并道出了要赠送佩玉以示恩爱的好意。诗篇生活气息浓郁，场面富于特写感。

【注解】

①昧旦：黎明，拂晓。天将亮而未亮的时候。②兴：起来，起床。③明星：指启明星。有：助词。烂：灿烂，明亮。④弋：射，所射的箭尾系有生丝绳。凫：野鸭。⑤言：连词，连接两个动词。加：射中。⑥与：给。宜：烹调，做成菜肴。⑦御：用，弹奏。⑧莫：没有人。

【译文】

女的说："鸡都叫了（该起床了）。"男的说："天还没大亮呢（再睡一会儿吧）。""你快起来看夜色，启明星闪闪发光。""我要出去转一趟，去射野鸭和大雁。"

"一射就射中了猎物，给你做成美餐。就菜下酒相对饮，和你白头到老。你弹琴来我鼓瑟，没有谁不文静美好。"

"你的体贴我知道，用佩玉来赠送你。你的温顺我知道，用佩玉来感谢你。你的爱恋我知道，用佩玉来回赠你。"

有女同车

【原文】

有女同车，颜如舜华①。将翱将翔，佩玉琼琚②。彼美孟姜③，洵美且都④！

有女同行⑤，颜如舜英。将翱将翔，佩玉将将⑥。彼美孟姜，德音不忘⑦！

【主旨讲解】

男子看上姜家的大小姐，赞美她不仅容貌美丽，并且品德使他难忘记。

【注解】

①舜：芙蓉花，又名木槿。华：同"花"。②琼琚：美玉。③孟姜：齐国姜姓长女。后世孟姜也作为美女的通称。④都：娴雅大方。⑤行：道路。⑥将将：同"锵锵"，佩玉相击声。⑦德音：美好的品德声誉。不忘：不尽。

【译文】

有个女子与我同乘一辆车，面容就像木槿花一样。我们在外面遨游，她身佩美玉很漂亮。姜家美丽的大小姐，真是美丽娴雅又大方。

有个女子与我同路走，面容就像木槿花一般。我们在外面游玩，她身佩美玉锵锵响。姜家美丽的大小姐，美好的品德无穷尽。

山有扶苏

【原文】

山有扶苏①，隰有荷华②。不见子都③，乃见狂且④。

山有桥松⑤，隰有游龙⑥。不见子充，乃见狡童。

不见子充，乃见狡童。

【主旨讲解】

女子骂男子笨，骂男子狡猾，不如子都、子充这样的美男子优秀，其实正是情人间的戏耍，更见感情的亲昵了。

【注解】

①扶苏：大树枝叶纷披貌。②隰：低洼的湿地。荷华：荷花。③子都：古代著名的美男子，后作美男子的代称。④狂且：疯癫愚蠢之人。且，或说为虚词。闻一多注为“者”。皆通。⑤桥：通“乔”，高。⑥游龙：枝叶舒展的水荭。龙：“茏”的假借字，即水荭，一年生草本，夏秋开白花或淡红色花。

【译文】

山上树大枝叶纷披，塘里荷花娇媚如绮。不见子都这样美男子，却遇见你这个小笨瓜。

山上松树高大挺拔，池里水荭舒展如带。不见子充这样美男子，却遇见你这个小冤家。

东门之墠

【原文】

东门之墠①，茹藘在阪②。其室则迩③，其人甚远！

东门之栗④，有践家室⑤。岂不尔思⑥？子不我即⑦！

【主旨讲解】

这是一支民间情歌。姑娘与她深恋的男人隔门而望，两家相距切近，但对方却冷落她，精神的距离遥不可及。诗篇以现实的空间距离与心理的距离作比，在反差中强化了主人公的失望情绪。

【注解】

①墠：经过整修的平坦的场地。②茹藘：茜草，根可作红色染料。阪：坡，山坡。③迩：近。④栗：栗树。⑤有：助词。践：排列整齐的样子。⑥不尔思：即“不思尔”。⑦不我即：即“不即我”。即：就，亲近。

【译文】

东门郊外广场大，山坡长满红茜草。那屋子近在眼前，那人却离得很远很远！
东门外栗树森森，那里住着好人家。怎能不思念你？只怪你不来我这里！

风雨

【原文】

风雨凄凄[①]，鸡鸣喈喈[②]。既见君子[③]，云胡不夷[④]？
风雨潇潇[⑤]，鸡鸣胶胶[⑥]。既见君子，云胡不瘳[⑦]！
风雨如晦[⑧]，鸡鸣不已[⑨]。既见君子，云胡不喜！

【主旨讲解】

这是一支重逢之歌。一个风雨凄迷的早晨，栅栏下的鸡群在咯咯叫着乱窜，忧伤的女主人打开门，这时久征远地的男人突然回来了，令她惊喜不已。诗篇节奏轻快，摹景抒情高度融合，场面有声有色。

【注解】

①凄凄：寒凉，阴冷。②喈喈：鸡叫的声音。③既：终于。④云胡：为何，为什么。夷：平静。⑤潇潇：风雨急骤的样子。⑥胶胶：鸡叫的声音。⑦瘳：病愈。⑧晦：昏暗。⑨已：停止。

【译文】

风雨交加阴又冷，鸡鸣喈喈报五更。丈夫已经回家来，心情为何不平静？
疾风骤雨冷潇潇，鸡叫咯咯报天明。丈夫已经回家来，心病为何不痊愈？
凄风冷雨天地昏，雄鸡报晓不停歇。丈夫已经回家来，心中为何不高兴？

子衿

【原文】

青青子衿①，悠悠我心②。纵我不往，子宁不嗣音③？

青青子佩④，悠悠我思。纵我不往，子宁不来？

挑兮达兮⑤，在城阙兮⑥。一日不见，如三月兮！

【主旨讲解】

这篇诗主题是等候恋人。丛林围绕的城楼上，四面空荡，一位姑娘踯躅其中，心烦意乱，幽怨男友不来相会，令她饱受相思煎熬，继而引发了一系列的猜想、疑问和怨怼。诗篇结构简约，语言通俗，心理刻画真切入神。

【注解】

①衿：衣领。②悠悠：思念不已的样子。③宁：岂，难道。嗣：继续。音：音信。嗣音：即保持联系。④佩：指身上佩玉石的绶带。⑤挑：跳跃。达：放恣。《毛传》："挑达，往来相见貌。"⑥阙：城门两边的高台。

【译文】

青青的是你衣领的颜色，悠悠思念的是我的心。即使我不去看你，你为何不捎个音信？

青青的是你佩带的颜色，悠悠的是我的思念。即使我不去看你，你为何不来？

走来走去，心神不宁，在城门边的高台里。只有一天没见面，好像隔了三个月！

扬之水

【原文】

扬之水①，不流束楚②。终鲜兄弟③，维予与女④。无信人之言，人实迋女⑤。

扬之水，不流束薪。终鲜兄弟，维予二人。无信人之言，人实不信。

【主旨讲解】

这是一篇劝告词。一对家无兄弟、生活上互相依靠的苦命夫妻，被风言风语中伤了。丈夫轻信，回来抱怨，妻子就对丈夫进行了婉言相劝。诗篇句式错落，抒情恳絜，口语感强。

【注解】

①扬：悠扬，水流缓慢的样子。②流：浮不起，漂不起。束：捆。楚：一种灌木，即荆条。③终：既，已。鲜：少。④维：只有。⑤迋：通“诳”，欺骗。

【译文】

缓缓流淌的河水，漂不起一捆荆条。兄弟稀少，只有你我结同心。不要轻信别人话，别人确实是在骗你。

缓缓流淌的河水，浮不起一捆柴草。兄弟稀少，只有你我结同心。不要轻信别人话，别人确实是不可信。

出其东门

【原文】

出其东门，有女如云①。虽则如云，匪我思存②。缟衣綦巾③，聊乐我员④。

出其闉阇⑤，有女如荼⑥。虽则如荼，匪我思且⑦。缟衣茹藘⑧，聊可与娱。

出其东门，有女如云。

【主旨讲解】

这是一支情有独钟的爱情之歌。步出城东门，两边美女云集，然而这些衣着耀眼、灿烂如锦的小姐们，并没有令诗人心迷意乱，产生放弃探望城外村庄那位久藏在心的白衣青巾的姑娘的念头。他只爱她一人。诗篇对比明朗，结构规整。

【注解】

①如云：形容众多。②思存：思念，念念不忘。③缟衣：白衣。綦巾：浅绿色的佩巾。④聊：且。乐：使动用法，使……乐。员：同“云”，语气词。⑤闉阇：古代城门外层的半环

形城墙，用以掩护城门，又名曲城。⑥荼：茅草的白花，盛开时浓茂美丽。如荼：形容女子美丽。⑦且：语气词。⑧茹藘：植物名，即茜草，其根可作红色染料，这里借指红色头巾。

【译文】

出那东门，女子多如云。虽然多如云，不是我的意中人。素衣青佩巾，喜欢又相亲。

出那曲城门，女子美如花。虽然美如花，不是我的意中人。素衣红佩巾，与她同欢乐。

野有蔓草

【原文】

野有蔓草①，零露漙兮②。有美一人，清扬婉兮③。邂逅相遇④，适我愿兮⑤。

野有蔓草，零露瀼瀼⑥。有美一人，婉如清扬⑦。邂逅相遇，与子偕臧⑧。

【主旨讲解】

这是一支清新的爱情短歌。早春的郊外，丛草嫩软，露珠闪光，诗人驱车在路，与一眉目清秀的姑娘偶然相遇，彼此都陡然心动了。诗篇格调朗畅，意象质地纯净，抒情质朴简练。

【注解】

①蔓：蔓延。②零：落。露：露水。漙：露水多的样子。③清扬：形容眉清目秀。婉：美好柔媚的样子。④邂逅：不期而遇。⑤适：适合、符合。愿：心愿。⑥瀼瀼：露水大的样子。⑦如：而。⑧偕：一起。臧：善，美。一说通“藏”，指藏到幽僻的地方。

【译文】

蔓草青青，长在旷野里。晶莹剔透，露珠滴滴。美丽姑娘，眉清目秀，温柔多情。偶于路上巧相遇，情意相投合我愿。

蔓草青青，长在旷野里。晶莹剔透，露珠串串。美丽姑娘，眉清目秀，温柔多情。不期而会巧相遇，情投意合两心欢。

国风·齐风

齐国位于今山东省北部和中部地区。《齐风》中有爱情诗、叙事诗，也有讽刺诗。

鸡鸣

【原文】

“鸡既鸣矣，朝既盈矣[①]。”“匪鸡则鸣[②]，苍蝇之声。”
“东方明矣，朝既昌矣[③]。”“匪东方则明，月出之光。”
“虫飞薨薨[④]，甘与子同梦[⑤]。”“会且归矣[⑥]，无庶予子憎。”

【主旨讲解】

妻子催促丈夫早起去上朝。两人一应一答。妻子催他，他便以种种理由拖延。

【注解】

①朝：朝廷。一说早集。盈：满。②匪：同“非”。则：的。③昌：盛多貌。④薨薨：昆虫群飞声。⑤甘：乐意，喜欢。⑥会：朝会。且：将。

【译文】

“公鸡已经叫了，上朝的官已经到了。”“不是公鸡叫，是苍蝇的嗡嗡声。”
“东方已经亮了，上朝的官已经站满朝堂了。”“不是东方亮，是月光照着的。”
“虫子嗡嗡作响，多乐意和你同睡。”“朝官就要散了，别招人说闲话！”

还

【原文】

子之还兮[①]，遭我乎猛之间兮[②]。并驱从两肩兮[③]，揖我谓我儇兮[④]。
子之茂兮[⑤]，遭我乎猛之道兮。并驱从两牡兮[⑥]，揖我谓我好兮。
子之昌兮，遭我乎猛之阳兮[⑦]。并驱从两狼兮，揖我谓我臧兮[⑧]。

【主旨讲解】

这是一篇猎人笔记。深山密林中，作者与另一位狩猎同行意外撞面，均为对方的敏捷身手和娴熟猎艺折服，于是豁达地互表激赏、赞叹。诗篇句法掺杂，灵活多动，“兮”字反复使用，音调一唱三叹。

【注解】

①还：通“旋”，敏捷灵巧。②遭：碰，遇见。猛：山名。③从：追逐。肩：通“豜”，三岁的兽，大兽。④揖：拱手作揖。儇：灵巧，敏捷。⑤茂：优秀。⑥牡：雄兽。⑦阳：山的南面。山之南曰阳，山之北曰阴。⑧臧：善，能干。

【译文】

你敏捷灵巧，我们相遇在猛山间。我俩并肩追逐两只大兽，你给我作揖夸我灵巧。

你身手不凡，我们相遇在猛山道。我俩并肩追逐两只雄兽，你给我作揖夸我身手好。

你健壮勇武，我们相遇在猛山南。我俩并肩追逐两只大狼，你给我作揖夸我本领高。

南山

【原文】

南山崔崔①，雄狐绥绥②。鲁道有荡③，齐子由归④。既曰归止⑤，曷又怀止⑥？葛屦五两⑦，冠緌双止⑧。鲁道有荡，齐子庸止⑨。既曰庸止，曷又从止⑩？艺麻如之何⑪？衡从其亩⑫。取妻如之何⑬？必告父母。既曰告止，曷又鞠止⑭？析薪如之何⑮？匪斧不克⑯。取妻如之何？匪媒不得。既曰得止，曷又极止⑰？

【主旨讲解】

《左传》记载齐襄公和自己的同父异母妹妹文姜私通，又让大力士杀死了文姜的丈夫鲁桓公。这首诗就是讽刺齐襄公的这一淫乱丑行的。

【注解】

①南山：齐国山名，又名牛山。崔崔：山势高大貌。②绥绥：追求匹配相随貌。③有荡：即荡荡，平坦。④齐子：指文姜。由归：从这里去出嫁。⑤止：语助词。⑥怀：怀念。⑦屦：麻、葛等所制单底鞋，是古代普通人穿的鞋子。五两：五，通“伍”，并列；两，一双鞋。⑧緌：帽带下垂的部分，是古代贵族的服饰。⑨庸：用，指文姜嫁与鲁桓公。⑩从：跟

从。⑪艺：种植。⑫衡从：横纵之异体，东西为横，南北为纵。⑬取：通“娶”。⑭鞠：穷，放任无束。⑮析薪：砍柴。⑯匪：通“非”。克：能、成功。⑰极：到。

鲁道有荡，齐子由归。

【译文】

南山山势高大，雄狐缓慢而行。鲁国大道平坦，文姜由此出嫁。既已嫁给鲁侯，为何还想着她？麻鞋成对并放，帽带成对垂下。鲁国大道平坦，文姜由此嫁人。既然已经嫁人，为何还要跟着她？种麻应该如何？田垄纵横播撒。娶妻应该如何？必定先问父母。既已告诉了父母，为何还要放任她？劈柴应该如何？没有斧头不可。娶妻应该如何，没有媒人办不来。既然已经娶了妻，为何要她到娘家？

东方之日

【原文】

东方之日兮，彼姝者子①，在我室兮。
在我室兮，履我即兮②。
东方之月兮，彼姝者子，在我闼兮③。
在我闼兮，履我发兮④。

【主旨讲解】

女子追求男子，在早上和夜晚跑进男子的家里倾诉衷肠。

【注解】

①姝：美丽。②履：踩。即：“膝”的假借字。或说履通“蹑”。③闼：门内。④发：指脚。

【译文】

东方日出了，有个漂亮姑娘，来到我的房里呵。
来到我的房里呵，踩着我膝头说情话。
东方月出了，有个漂亮姑娘，来到我的门里呵。
来到我的门里呵，踩着我脚儿说情话。

东方未明

【原文】

东方未明，颠倒衣裳①。颠之倒之，自公召之②。

东方未晞③，颠倒裳衣。倒之颠之，自公令之④。

折柳樊圃⑤，狂夫瞿瞿⑥。不能辰夜⑦，不夙则莫⑧。

【主旨讲解】

这是一支小官吏妻子的怨歌。一个漆黑凌晨，东边曙光未现，公侯派人来下令了，做小官吏的丈夫从梦中惊起，又气又怕，手忙脚乱以致把衣服穿反了。诗篇通过“颠倒衣裳”等细节描摹，巧妙逼真再现了小官吏生活的繁忙与无奈。

【注解】

①衣：上衣。裳：下衣。②自：从。召：召唤。③晞：天亮。④令：命令。⑤樊：篱笆，此作动词，编篱笆。圃：菜园子。⑥狂夫：指监工。瞿瞿：瞪眼怒视的样子。⑦辰：通“晨”，早上。⑧莫：古“暮”字，晚。

【译文】

东方还未放亮，颠颠倒倒穿衣裳，手忙脚乱。颠颠倒倒很狼狈，因为公侯派人来叫。

东方还没放亮，颠颠倒倒穿衣裳，手忙脚乱。颠颠倒倒很狼狈，因为公侯派人来唤。

折下柳条编篱笆围菜园，监工在旁瞪眼看。不分昼夜，不是早起就是晚睡。

敝笱

【原文】

敝笱在梁①，其鱼鲂鳏②。齐子归止③，其从如云④。

敝笱在梁，其鱼鲂鱮⑤。齐子归止，其从如雨。

敝笱在梁，其鱼唯唯⑥。齐子归止，其从如水。

【主旨讲解】

鲁桓公死后，文姜仍旧时常回到娘家和齐襄公私会，不仅如此，她还让大批随从跟着她，摆出好大排场。这使齐国人很不满。本诗就是齐人写来讽刺鲁庄公不能约束自己的母亲的。

齐子归止，其从如云。

【注解】

①敝：破。笱：竹制的捕鱼器。梁：捕鱼水坝。河中筑堤，中留缺口，嵌入笱，使鱼能进不能出。②鲂：鳊鱼。鳏：鲲鱼。③齐子归止：文姜已嫁。齐子，指文姜。④其从如云：随从众多。⑤鲊：鲢鱼。⑥唯唯：形容鱼儿自由地游来游去。陆德明《经典释文》："唯唯，《韩诗》作遗遗，言不能制也。"

【译文】

破篓在鱼梁，鳊鲲游成行。文姜回娘家，随从多如云。
破篓在鱼梁，鳊鲢游成行。文姜回娘家，随从多如雨。
破篓在鱼梁，鱼儿恣出入。文姜回娘家，随从多如水。

甫田

【原文】

无田甫田[①]，维莠骄骄[②]。无思远人，劳心忉忉[③]。
无田甫田，维莠桀桀[④]。无思远人，劳心怛怛[⑤]。
婉兮娈兮[⑥]，总角丱兮[⑦]。未几见兮[⑧]，突而弁兮[⑨]。

【主旨讲解】

这是一首思念远方亲人的诗。一说为少女思念心上人，久未相见，及至见到，已成中年人。一说为流亡的农民怀念过去耕种田地时的情景，思念生活在那里的一个小孩。

【注解】

① 无田甫田：不要耕种大田。第一个“田”，治理。甫田：大田，大田在当时为领主所有。② 莠：杂草。骄骄：犹“乔乔”，高大貌。③ 忉忉：因思念而忧伤的样子。④ 桀桀：高大貌。⑤ 怛怛：忧伤不安。⑥ 婉、娈：《毛传》：“婉娈，少好貌。” ⑦ 总角：古代男孩将头发梳成两个羊角样的发髻，谓之总角。丱：形容总角翘起的样子。⑧ 未几：不久。⑨ 弁：冠，这里作动词用，意为戴冠。男子二十而冠，戴冠就意味着成年了。

【译文】

不要种大田，野草高过膝。不要想远人，使人心忧伤。
不要种大田，野草长如人。不要想远人，使人心忧苦。
年少多美好，梳着小羊角。几天不见面，突然已成年。

载驱

【原文】

载驱薄薄[①]，簟茀朱鞹[②]。鲁道有荡[③]，齐子发夕[④]。
四骊济济[⑤]，垂辔沵沵[⑥]。鲁道有荡，齐子岂弟[⑦]。
汶水汤汤[⑧]，行人彭彭[⑨]。鲁道有荡，齐子翱翔[⑩]。
汶水滔滔[⑪]，行人儦儦[⑫]。鲁道有荡，齐子游敖[⑬]。

【主旨讲解】

齐襄公的小女儿哀姜要嫁给鲁庄公，但她说鲁庄公一定要“远媵妾”，她才肯去鲁国。本诗就是写这件事的。哀姜在娘家从早拖到晚，出了家门又在外面游荡，迟迟不入鲁国。

【注解】

① 载：发语词，犹“乃”。驱：车马疾行。薄薄：象声词，车轮转动声。② 簟茀：竹席所制车帘。朱鞹：鞹是光滑的皮革。朱鞹是红漆兽皮的车盖，是周代诸侯所用，这种规格的车子称为“路车”。③ 有荡：平坦貌。④ 齐子：指哀姜，他是齐襄公最小的女儿，嫁给鲁庄公。发夕：发是早上的意思，发夕即从早到晚之意。⑤ 骊：黑马。济济：美好貌。⑥ 辔：马缰。沵沵：柔软貌。⑦ 岂弟：天刚亮。⑧ 汶水：流经齐鲁两国的水名，在今天山东省中部，又名大汶河。汤汤：水势盛大貌。⑨ 彭彭：行人众多貌。⑩ 翱翔：游逛，指不入鲁国。⑪ 滔滔：水流浩荡貌。⑫ 儦儦：行人往来貌。⑬ 游敖：即“遨游”，和“翱翔”同意。

鲁道有荡，齐子游敖。

【译文】

大车奔驰隆隆，竹门帘子红皮蓬。鲁国大道平坦，哀姜从早拖到晚。

四匹黑马美壮，缰绳柔软垂放。鲁国大道平坦，哀姜动身天已亮。

汶水腾腾奔流，行人纷纷观望。鲁国大道平坦，哀姜在外游逛。

汶水滔滔奔流，行人往来观瞧。鲁国大道平坦，哀姜在外游荡。

卢令

【原文】

卢令令①，其人美且仁②。卢重环③，其人美且鬈④。卢重镅⑤，其人美且偲⑥。

【主旨讲解】

这是一首赞美猎人的诗。

【注解】

①卢：黑猎狗。令令：狗颈下的铃响。②其人：指猎人。仁：和蔼友好。③重环：大环上套着小环。④鬈：勇壮。⑤重镅：一个大环套上两个小环。⑥偲：多才。

【译文】

猎狗脖铃响叮当，猎人和气又漂亮。猎狗脖上套双环，猎人漂亮又勇健。猎狗脖上套三环，猎人漂亮又能干。

国风·魏风

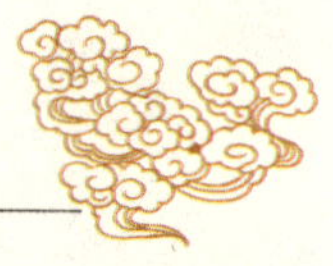

魏地在安邑附近，即今山西南部芮城东北一带，《魏风》多为讽刺诗。

葛屦

【原文】

纠纠葛屦[①]，可以履霜[②]？掺掺女手[③]，可以缝裳[④]。要之襋之[⑤]，好人服之[⑥]。

好人提提[⑦]，宛然左辟[⑧]，佩其象揥[⑨]。维是褊心[⑩]，是以为刺[⑪]。

【主旨讲解】

这是一篇讽刺诗。一位贫瘦女仆，拖着烂葛鞋，大冬夜为主人缝制新衣，辛苦伺候穿戴，而主人依旧一脸冷漠，只管炫富摆阔、傲慢作态地打扮着。诗人义愤填膺，就作了这篇诗揭露。

掺掺女手，可以缝裳。

【注解】

①纠纠：绳索纠结缠绕的样子。葛屦：葛布做的鞋。②履：踩，踏。葛屦本是夏天穿，这里说可以在霜上走，是指手工很精致，不透寒气。③掺掺：通“纤纤”，形容女子的手皮肤细腻。④裳：下裙，这里泛指衣服。⑤要：同“腰”，这里用作动词，缝制衣腰。襋：衣领。用作动词，缝衣领。⑥好人：美人。⑦提提：安逸、舒服的样子。⑧宛然：形容回转身体的样子。辟：通“避”，避开。⑨象揥：象牙做的发簪。⑩维：正因为。是：这，代指好人。褊心：心地狭窄。⑪是以：以是，因此。刺：讽刺。

【译文】

交缠纠结的葛布鞋，穿着怎能踏寒霜？纤纤灵巧女儿手，为人辛苦缝衣裳。缝好裤腰再上衣领，请那美人试新装。

美人儿神情安详，扭转身子向左闪，露出象牙发簪。这个女子真是心地狭隘，作诗讽刺她理应当。

汾沮洳

【原文】

彼汾沮洳[1]，言采其莫[2]。彼其之子[3]，美无度[4]。美无度，殊异乎公路[5]。

彼汾一方，言采其桑。彼其之子，美如英。美如英[6]，殊异乎公行[7]。

彼汾一曲，言采其萎[8]。彼其之子，美如玉。美如玉，殊异乎公族[9]。

【主旨讲解】

公路、公行、公族都是贵族子弟世袭的官员，他们不劳而获。诗人赞扬汾水边的采菜人，同时也讽刺了这些贵族的坐享其成。

彼其之子，美如玉。

【注解】

①汾：汾水，在今山西中部，西南流入黄河。沮洳：水边低湿的地方。②莫：野菜名。③彼、之：都是第三人称代词，反复说是为了加重语气。这里指采菜的人。④无度：无比。⑤公路：管魏君路车的官员。⑥英：花。⑦公行：管兵车的官员。⑧萎：泽泻草。⑨公族：管公族之事的官员。

【译文】

汾水岸边湿地，采摘莫菜而食。那个采菜人呵，漂亮真无比。漂亮真无比，她跟公路真不像。

汾水岸边坡上，采摘桑叶入筐。那个采桑人呵，漂亮如花一样。漂亮如花一样，她跟公行真不像。

汾水河边曲岸上，采摘泽泻入筐。那个采菜人呵，漂亮如玉一样。漂亮如玉一样，她跟公族真不像。

园有桃

【原文】

园有桃，其实之殽[①]。心之忧矣，我歌且谣[②]。不我知者[③]，谓我士也骄。彼人是哉？子曰何其[④]？心之忧矣，其谁知之？其谁知之，盖亦勿思[⑤]！

心之忧矣，聊以行国。

园有棘[⑥]，其实之食。心之忧矣，聊以行国[⑦]。不我知者，谓我士也罔极[⑧]。彼人是哉，子曰何其？心之忧矣，其谁知之？其谁知之，盖亦勿思！

【主旨讲解】

这是一篇感时自伤诗。一位桃园士人，行为和思想不被时人理解，反被误为骄狂善变，只好在树下长歌当哭，去国离家，以求自解。诗篇抒情呢喃低回，节奏舒散如行文，字里行间透露出浓重的孤独感。

【注解】

①其实之殽：即“殽其实”。殽：吃，食用。②歌：有乐曲地唱。谣：无曲调地唱。③不我知：即“不知我”。④何：如何。其：语气词，表揣测。⑤盖：通“盍”，何不。⑥棘：酸枣树。⑦行国：在国都中走走。⑧罔：无，没有。极：限度、准则。

【译文】

园里长有桃树，摘那果实来吃。心中满是忧愁，我唱起忧伤的歌谣。不了解我的人，说我这人太骄傲。执政者是正确的吗？你又为啥多唠叨？心中忧愁，谁能了解我的苦恼？谁能了解我的苦恼，何不不再去想！

园里长有棘树，摘那果实来吃。心中满是忧愁，姑且在国都走走。不了解我的人，说我做人有违常道。执政者是正确的吗？你又为啥多唠叨？心中忧愁，谁能了解我的苦恼？谁能了解我的苦恼，何不不再去想！

伐檀

【原文】

坎坎伐檀兮[①]，置之河之干兮[②]，河水清且涟猗[③]。不稼不穑[④]，胡取禾三百廛兮[⑤]？不狩不猎[⑥]，胡瞻尔庭有县貆兮[⑦]？彼君子兮[⑧]，不素餐兮[⑨]！

坎坎伐辐兮[⑩]，置之河之侧兮[⑪]，河水清且直猗[⑫]。不稼不穑，胡取禾三百亿兮[⑬]？不狩不猎，胡瞻尔庭有县特兮[⑭]？彼君子兮，不素食兮！

坎坎伐轮兮[⑮]，置之河之漘兮[⑯]，河水清且沦猗[⑰]。不稼不穑，胡取禾三百囷兮[⑱]？不狩不猎，胡瞻尔庭有县鹑兮[⑲]？彼君子兮，不素飧兮[⑳]！

【主旨讲解】

这是一支伐木工人的战歌。河水清涟，古木参天，主人公们饥寒交迫，伐木造车，目睹了贵族老爷的盘剥贪婪、不劳而获，从而发出了自由而辛辣的质问。诗篇句法参差，气势逼人，讽刺有力。

【注解】

坎坎伐檀兮，置之河之干兮，河水清且涟猗。

①坎坎：伐木声。檀：檀树。此树木质坚韧，可以造车。②置：放。之：代词，它。指檀木。后一个“之”是结构助词。干：岸。③且：而且。涟：风吹水面所起的波纹。猗：同“兮”，表示感叹语气。④稼：耕种。穑：收获。稼穑：指农业劳动。⑤胡：为什么。禾：百谷的通称。三百：形容很多，不是确数。廛：一百亩，古代一个成年男子耕种的田。⑥狩：冬天打猎。猎：夜间打猎。统称狩猎为打猎。⑦瞻：看，瞧。庭：院子。县：同“悬”，悬挂。貆：一种像狐狸的小兽，即獾猪。⑧彼：那，那些。⑨素：白白地。素餐：白吃饭。此为反语。⑩辐：车轮中辏集于中心的直木、辐条。⑪侧：旁边，一边。⑫直：平。⑬亿：周代以十万为亿，指禾把的数目。这里泛指多。⑭特：三岁的兽，大野兽。⑮轮：车轮。⑯漘：水边，岸。⑰沦：小而圆的波纹。⑱囷：圆形的谷仓。⑲鹑：鸟名，即鹌鹑。这里泛指飞禽。⑳飧：熟食。泛指吃饭。

【译文】

砍伐檀树叮当响，把它置于河岸上，河水清清起波纹。你们既不播种又不收割，为什么拿走三百家的庄稼？不出狩又不打猎，为什么院子里挂獾猪？那些“君子”呀，可不白吃饭哪！

砍伐车辐叮当响，把它置于河边上，河水清清不见波澜。你们既不播种又不收割，为什么拿走三百捆的庄稼？不出狩又不打猎，为什么院子里挂大兽？那些“君子”呀，可不白吃饭哪！

砍伐车轮叮当响，把它置于河水边，河水清清旋起波纹。你们既不播种又不收割，为什么拿走三百囤的庄稼？不出狩又不打猎，为什么院子里挂鹌鹑？那些“君子”呀，可不白吃饭哪！

陟岵

【原文】

陟彼岵兮[①]，瞻望父兮。父曰：嗟予子，行役夙夜无已。上慎旃哉[②]！犹来无止[③]！

陟彼屺兮[④]，瞻望母兮。母曰：嗟予季[⑤]，行役夙夜无寐。上慎旃哉！犹来无弃！

陟彼冈兮，瞻望兄兮。兄曰：嗟予弟，行役夙夜无偕[⑥]。上慎旃哉！犹来无死！

【主旨讲解】

男子一个人在外，想念家乡，便登上高处遥遥眺望，好像亲人都在召唤他早点回去。想念别人不直接写想念对方，却说对方想自己，这种写法很奇特，后人写诗多有模仿者。

【注解】

①陟：登上。岵：多草木的山。②上：通“尚”，希望。旃：之、焉的和声，语助词。③犹来：还是回来吧。④屺：没有草木的山。⑤季：小儿子。⑥偕：俱。

【译文】

登上青山头，远望老父亲。好像父亲对我说：“孩子呀，早晚不停奔走着。可要当心身体啊，还是回来吧，不要留在那地方。”

登上秃山头，远望老妈妈。好像妈妈对我说：“孩子呀，早晚奔忙睡不好。可要当心身体啊，还是回来吧，不要忘了你亲娘。”

登山高山头，远望我哥哥。好像哥哥对我说：“兄弟呀，早晚一人在外忙。可要当心身体啊，还是回来吧，不要死在他乡无人知。”

硕鼠

【原文】

硕鼠硕鼠①，无食我黍②！三岁贯女③，莫我肯顾④。逝将去女⑤，适彼乐土⑥。乐土乐土⑦，爰得我所⑧！

硕鼠硕鼠，无食我麦！三岁贯女，莫我肯德⑨。逝将去女，适彼乐国。乐国乐国，爰得我直⑩！

硕鼠硕鼠，无食我苗。三岁贯女，莫我肯劳⑪。逝将去女，适彼乐郊。乐郊乐郊，谁之永号⑫！

【主旨讲解】

这是一篇声讨文。社会不公，恶力横行，贵族大佬只知贪得无厌，剥削无边，老百姓活在水深火热中，由此愤而起来反抗，发出了势不两立的强音。诗篇抒情沉烈，节奏铿锵，通篇以“鼠”譬喻剥削者，贴切典型。

【注解】

①硕鼠：硕借作“鼫”，鼫鼠即田鼠，喜食谷物。②黍：黍子。③三岁：泛指多年。贯：侍奉，服侍。女：同“汝”，你。④莫我肯顾：即“莫肯顾我”。下面“莫我肯德”“莫我肯劳”均同。莫：不。顾：念及，顾及。⑤逝：通“誓”，发誓。将：将要。去：离去，走开。⑥适：到，往。⑦乐土：作者理想中享有自由平等的安乐地方。以下“乐国”“乐郊”同。⑧爰：乃，就，便。所：处所，指可以安居的地方。⑨德：感德，感激，恩惠。⑩直：通“值”，价值，代价。⑪劳：慰劳，体恤。⑫永号：长叹，长吁。

【译文】

大老鼠呀大老鼠，不要吃我的黄黍。多少年辛苦侍奉你，我的生活你不顾。如今我们誓将离开，去寻找那理想的乐土，乐土呀乐土，是我们的安居处！

大老鼠呀大老鼠，不要吃我的麦子。多少年辛苦侍奉你，你却从不对我施恩惠。如今我们誓将离开，去寻找那理想的乐国，乐国呀乐国，劳动价值归自己！

大老鼠呀大老鼠，不要吃我的禾苗。多少年辛苦侍奉你，你却从不慰劳我，如今我们誓将离开，去寻找那理想的乐郊，乐郊呀乐郊，谁还会长哭哀号！

国风·唐风

唐地位于今山西中部太原一带，始立于周成王时期，唐地有晋水，所以后来改国号为晋。《唐风》收录的就是这个区域的诗。

蟋蟀

【原文】

蟋蟀在堂①，岁聿其莫②。今我不乐，日月其除③。无已大康④，职思其居⑤。好乐无荒⑥，良士瞿瞿⑦。蟋蟀在堂，岁聿其逝⑧。今我不乐，日月其迈⑨。无已大康，职思其外⑩。好乐无荒，良士蹶蹶⑪。蟋蟀在堂，役车其休⑫。今我不乐，日月其慆⑬。无已大康，职思其忧。好乐无荒，良士休休⑭。

好乐无荒，良士休休。

【主旨讲解】

这是一篇劝勉诗。作者表示，及时行乐的意志不能全然放纵，贪图享受导致荒废，需要慎重对待，善于自律，力劝勤勉踏实，激昂向上。诗篇语意一波三折，句式齐整，抒情坦率。

【注解】

①堂：堂屋，正房。②聿：助词，无实义。莫：同“暮”，晚，将尽。③除：去、过去。④已：太，甚。大：同“太”，过分。康：安康，逸乐。⑤职：应当。其居：担任的职位，所处的地位。⑥好：喜好。荒：逸乐过度，无节制。⑦良：贤。瞿瞿：小心谨慎的样子。⑧逝：去，往。⑨迈：去，（时光）消逝。⑩外：职务以外的事。⑪蹶蹶：勤奋敏捷的样子。⑫休：

休息，歇下来。⑬慆：逝去，过去。⑭休休：快乐而有节制的样子。

【译文】

蟋蟀在堂屋鸣叫，一年又到尽头。今天不及时行乐，光阴一去再不还。过度安乐也不好，还要想想所担的职责。喜欢行乐但不荒淫无度，贤人应该常保持警醒。蟋蟀在堂屋鸣叫，一年又将过去。今天不及时行乐，光阴一去再不还。过度安乐也不好，还要想想职守以外的事。喜欢行乐但不荒淫无度，贤人勤奋又灵敏。蟋蟀在堂屋鸣叫，出差的车儿将回来。今天不及时行乐，光阴一去再不还。过度安乐也不好，还要想想忧心的事。喜欢行乐但不荒淫无度，贤人安详又舒心。

山有枢

【原文】

山有枢①，隰有榆②。子有衣裳，弗曳弗娄③。子有车马，弗驰弗驱④。宛其死矣⑤，他人是愉⑥。山有栲⑦，隰有杻⑧。子有廷内⑨，弗洒弗埽。子有钟鼓，弗鼓弗考⑩。宛其死矣，他人是保⑪！山有漆，隰有栗。子有酒食，何不日鼓瑟！且以喜乐⑫，且以永日⑬。宛其死矣，他人入室！

【主旨讲解】

这是一支劝乐歌。守财奴有车马不用，钟鼓不奏，豪宅冷清，诗人看在眼里，遂粗豪地作诗劝乐，点明肉身一死，便什么都没了。诗篇心直口快，节奏利落。

【注解】

①枢：树名，又名刺榆，一种有刺的榆树。②隰：低湿的地方。③曳：拉，拖。娄：通“搂”，撩，扯。曳、娄都是穿衣的动作，这里指穿。弗：不。④驰：让马快跑。驱：用鞭子打马。驰驱都是乘车的事。⑤宛：枯萎，死的样子。⑥他人是愉：即“愉他人”。是：代词，复指前置宾语。愉：使动用法，使……享乐，愉快。⑦栲：树名，即臭椿。⑧杻：梓一类的树。⑨廷：通“庭”，庭院。内：指房屋。⑩考：敲击。⑪保：占有。⑫且：姑且。⑬永日：延长岁月。

【译文】

刺榆长在山上，榆树生在低洼。你有衣裳，不穿不用。你有车马，不驱不驰。等你枯萎死去，别人享受喜洋洋。臭椿长在山上，杻树生在低洼。你有厅堂，不扫不洒。你有钟鼓，不敲不打。等你枯萎死去，别人占有坐享其成。漆树长在山上，栗树生在低洼。你有美酒佳肴，何不日日鼓瑟吹箫？姑且用它来寻乐，姑且用它度时光。等你枯萎死去，别人住进你的家。

扬之水

【原文】

扬之水[①]，白石凿凿[②]。素衣朱襮[③]，从子于沃[④]。既见君子[⑤]，云何不乐。

扬之水，白石皓皓[⑥]。素衣朱绣[⑦]，从子于鹄[⑧]。既见君子，云何其忧。

扬之水，白石粼粼[⑨]。我闻有命，不敢以告人。

既见君子，云何其忧。

【主旨讲解】

《史记》记载昭侯七年，晋大夫潘父和桓叔密谋发动政变。这首诗就是揭发这件事的。

【注解】

① 扬之水：缓慢流淌的水。② 凿凿：鲜明貌。③ 襮：绣有黼文的衣领。④ 子：指潘父。于：往。沃：曲沃，在今山西闻喜县东北。⑤ 既：已。君子：指桓叔。⑥ 皓皓：洁白状。⑦ 绣：红边领上绣着五彩花纹。⑧ 鹄：同“皋”，即曲沃。⑨ 粼粼：清澈貌。

【译文】

河水缓缓流，白石多鲜明。白袖红衣领，跟你去沃城。已经见桓叔，怎能不高兴。

河水缓缓流，白石多皎洁。白衫红绣领，跟你去鹄城。已经见桓叔，还有啥忧愁。

河水缓缓流，白石多晶莹。听说有命令，不敢告诉你。

椒聊

【原文】

椒聊之实[①]，蕃衍盈升[②]。彼其之子，硕大无朋[③]。椒聊且[④]，远条且[⑤]。

椒聊之实，蕃衍盈匊[⑥]。彼其之子，硕大且笃[⑦]。椒聊且，远条且。

【主旨讲解】

古人用花椒来比喻女子多子。这首诗即是赞美这位多子的妇女的。

【注解】

①椒：花椒。聊：同“莍”，草木结成一串串的果实。②蕃衍：繁盛众多。③硕：大。朋：比。④且：语气词。⑤远条：“条”古与“修”通用。远条，指香气传得远。⑥匊：两手合捧。⑦笃：忠厚诚实，这里形容妇人肥胖。《毛传》：“笃，厚也。”

【译文】

花椒挂满枝，结子盛满升。那个女人啊，高大没可比。花椒一串串，香远扑人鼻。花椒挂满枝，结子盛满捧。那个女人啊，高大又丰满。花椒一串串，香远扑人袖。

绸缪

【原文】

绸缪束薪①，三星在天②。今夕何夕？见此良人③。子兮子兮④，如此良人何⑤？绸缪束刍⑥，三星在隅⑦。今夕何夕？见此邂逅⑧。子兮子兮，如此邂逅何？绸缪束楚⑨，三星在户⑩。今夕何夕？见此粲者⑪。子兮子兮，如此粲者何？

【主旨讲解】

这是一支闹洞房之歌。新婚之夜，喜庆的人们簇拥着来到洞房，当着羞涩的新娘新郎的面，戏谑地唱出了这支赞美和祝福的歌。诗篇节奏欢快，语言活泼，意境迷蒙。

子兮子兮，如此良人何？

【注解】

①绸缪：缠绕。束：捆。薪：柴。②三星：这里指参宿三星。③良人：好人儿。④子兮：你呀。⑤如……何：把……怎么样。⑥刍：喂牲口的草。⑦隅：角落。⑧邂逅：不期而遇的人。⑨楚：荆条。⑩户：门。⑪粲：美丽，艳丽。

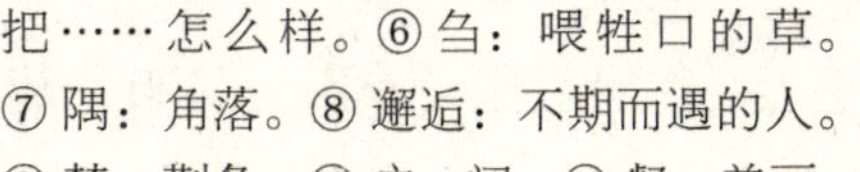

【译文】

把一捆柴火左缠右绑，参宿三星高高在天。今夜是个啥日子？见到这个好人儿。你呀你呀，要把这个好人儿怎么办？把一捆牧草左缠右绑，参宿三星东南天边闪。今夜是个啥日子？见到这个可心人。你呀你呀，要把这个可心人怎么办？把一捆荆条左缠右绑，参宿三星低低门口闪。今夜是个啥日子？见到这个美人儿。你呀你呀，要把这个美人怎么办？

无衣

【原文】

岂曰无衣七兮①？不如子之衣②，安且吉兮③！
岂曰无衣六兮④？不如子之衣，安且燠兮⑤！

【主旨讲解】

这是一首伤时感逝之作，说自己现在衣服也很多，但终究不如那位制衣者裁缝得美观又舒适。

【注解】

①七：虚数，言衣之多也。②子：指制衣人。③安：舒适。吉：美，善。④六：虚数，言衣之多也。⑤燠：暖和。

【译文】

难道我现在衣服不多吗？只是不如您的衣，制作舒适又美观！
难道我现在衣服少了吗？只是不如您的衣，制作舒适又温暖！

杕杜

【原文】

有杕之杜①，其叶湑湑②。独行踽踽③，岂无他人？不如我同父④！嗟行之人⑤，胡不比焉⑥？人无兄弟，胡不佽焉⑦？有杕之杜，其叶菁菁⑧。独行睘睘⑨，岂无他人？不如我同姓⑩！嗟行之人，胡不比焉？人无兄弟，胡不佽焉？

【主旨讲解】

这是一支流浪者之歌。兵燹灾荒的年头里，诗人孤苦一人，颠沛流离他乡途中。人情的冷漠、世道的艰难，令他发出了黯然的叹息。诗篇格调深沉，抒情哀怅，节奏低缓悠长。

【注解】

①有：助词。杕：独立的样子。杜：棠梨树，落叶灌木。②湑湑：茂盛的样子。③踽踽：孤独的样子。④同父：指同一父辈的兄弟。⑤行：道路上。⑥比：亲近，帮助。⑦佽：帮助。⑧菁菁：茂盛的样子。⑨睘睘：孤独无依的样子。⑩同姓：同族兄弟。

【译文】

孤独的棠梨树，它的叶子密密生。孤独行走冷清清，难道没有别人同路行？不如同胞骨肉亲。可叹路上陌生人，为何不献出一份友爱？一个人没有了兄弟，为何不来帮帮我？孤独的棠梨树，它的叶子很茂盛。孤独行走苦伶仃。难道没有别人同路行？不如同胞骨肉亲。可叹路上陌生人，为何不献出一份友爱？一个人没有了兄弟，为何不来帮帮我？

鸨羽

【原文】

肃肃鸨羽[①]，集于苞栩[②]。王事靡盬[③]，不能艺稷黍[④]，父母何怙[⑤]？悠悠苍天！曷其有所[⑥]？

肃肃鸨翼，集于苞棘[⑦]。王事靡盬，不能艺黍稷，父母何食？悠悠苍天！曷其有极[⑧]？

肃肃鸨行[⑨]，集于苞桑。王事靡盬，不能艺稻粱，父母何尝？悠悠苍天！曷其有常[⑩]？

【主旨讲解】

农民被征去服徭役，不能在家种庄稼。诗歌控诉王事遥遥无期，问何时才能回去和父母团聚呢。

【注解】

①肃肃：鸟振翅声。鸨：似雁而大，脚上没有后趾，无法在树上稳定栖息。②集：栖息。苞：草木丛生。栩：柞树。③盬：闲暇。④艺：种植。⑤怙：依靠。⑥曷：何。所：处所，指安居的处所。⑦棘：酸枣树。⑧极：尽头。⑨行：行列。⑩常：正常。

肃肃鸨羽，集于苞栩。

【译文】

大雁扑扑振翅，成群落上柞树。王室差事没完，不能去种黍粱，靠谁养活爹娘？老天呀，何时才能回家乡？

大雁簌簌振翅，成群落上枣树。王室差事没完，不能去种黍粱，父母吃饭哪有粮？老天呀，何时才是个尽头？

大雁沙沙振翅，成群落上桑树。王室差事没完，不能去种稻粱，哪来粮食养爹娘？老天呀，何时生活能正常？

葛生

【原文】

葛生蒙楚①，蔹蔓于野②。予美亡此③，谁与独处④！葛生蒙棘，蔹蔓于域⑤。予美亡此，谁与独息⑥！角枕粲兮⑦，锦衾烂兮⑧。予美亡此，谁与独旦⑨！夏之日，冬之夜。百岁之后⑩，归于其居⑪！冬之夜，夏之日。百岁之后，归于其室⑫！

【主旨讲解】

这是一篇悼亡诗。葛藤荒长，日月流转，早逝的爱人独自长眠在山头荆树下，对着新建的坟墓，主人公无边神哀，黯然垂首，发出了死后与爱人同穴的愿望。诗篇结构错落，抒情低沉，意境荒凉。

【注解】

①葛：多年生草本植物，茎皮可织布。蒙：笼罩，覆盖。楚：荆木。②蔹：多年生蔓草，也叫五爪龙。蔓：蔓延。③予美：称亡夫。同今人说“我的爱人”。④谁与：即“与谁”。处：居，住。⑤域：墓地，坟墓。⑥息：安息，寝息。⑦角枕：用兽角做装饰的枕头。粲：通“燦”，灿烂。⑧锦衾：用锦做的被子。烂：灿烂，鲜明的样子。角枕和锦衾都是敛埋死尸时用的东西。⑨旦：从黑夜到天明。⑩百岁之后：指“死后”。⑪其：你，你的。居：居所，这里指墓穴。⑫室：家，这里指墓穴。

【译文】

葛藤爬满荆树，蔹草蔓延在田野。我的爱人葬身此地，谁与你相伴？葛藤爬满棘树，蔹草蔓延在墓地。我的爱人葬身此地，谁与你相处？角枕灿烂华美，锦被鲜艳闪光。我的爱人葬身此地，谁与你相陪？夏日苦长，冬夜漫漫。百年以后，归你墓穴同葬！冬夜漫漫，夏日苦长，百年以后，归你墓穴同葬！

采苓

【原文】

采苓采苓[①]，首阳之颠[②]。人之为言[③]，苟亦无信[④]。舍旃舍旃[⑤]，苟亦无然[⑥]。人之为言，胡得焉[⑦]！

采苦采苦[⑧]，首阳之下。人之为言，苟亦无与[⑨]。舍旃舍旃，苟亦无然。人之为言，胡得焉！

采葑采葑[⑩]，首阳之东。人之为言，苟亦无从。舍旃舍旃，苟亦无然。人之为言，胡得焉！

【主旨讲解】

这首诗劝告别人不要听信谣言。

【注解】

①苓：一种药草，即大苦。毛传："苓，大苦也。"沈括《梦溪笔谈》："此乃黄药也。其味极苦，谓之大苦。"俞樾《群经评议》："诗人盖托物以见意，苓之言怜也，苦之言苦也。"②首阳：山名，在今山西永济市南，又名雷首山。③为言：即"伪言"，谎话。为，通

人之为言，苟亦无信。

“伪”。④苟亦无信：不要轻信。苟，确实。亦，语气词。无，同“勿”。⑤舍旃：舍弃它吧。舍，舍弃；旃，“之焉”的和声。⑥无然：不正确。⑦胡：何，什么。⑧苦：苦荼。⑨无与：意即不要赞同。⑩葑：芜菁。

【译文】

采黄药采黄药，在首阳山顶找。有人专爱造谣，千万别轻信他。别理他别理他，那些话不可靠。有人专爱造谣，啥也捞不着！

采苦菜采苦菜，在首阳山下找。有人专爱造谣，千万别掺和他。别理他别理他，那些话不可靠。有人专爱造谣，啥也捞不着！

采芜菁采芜菁，在首阳山东找。有人专爱造谣，千万别跟着他。别理他别理他，那些话不可靠。有人专爱造谣，啥也捞不着！

有杕之杜

【原文】

有杕之杜[①]，生于道左[②]。彼君子兮，噬肯适我[③]？中心好之[④]，曷饮食之[⑤]？

有杕之杜，生于道周[⑥]。彼君子兮，噬肯来游[⑦]？中心好之，曷饮食之？

【主旨讲解】

女子爱上一位男子，希望他来她身边，招待他吃酒饭。

【注解】

①杕：树木孤生貌。杜：杜梨，又名棠梨。②道左：道路左边，古人以东为左。③噬：发语词。适：到，往。④中心：心中。⑤曷：同“盍”，何不。饮食：喝酒吃饭。⑥周：“右”的假借。⑦来游：来看。

彼君子兮，中心好之。

【译文】

孤生的棠梨树，长在路东边。那个君子啊，可愿来访我？心里爱着他，何不请他吃酒饭？

孤生的棠梨树，长在路西边。那个君子啊，可愿来看我？心里爱着他，何不请他吃酒饭？

国风·秦风

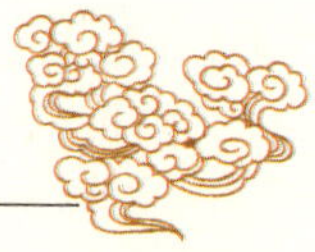

秦地原为今甘肃天水一带，周平王时扩大至西周王畿和豳地，即今天的陕西地区及甘肃东部一带。《秦风》多写尚武精神。

车邻

【原文】

有车邻邻[①]，有马白颠[②]。未见君子，寺人之令[③]。
阪有漆[④]，隰有栗[⑤]。既见君子，并坐鼓瑟[⑥]。“今者不乐，逝者其耋[⑦]！”
阪有桑，隰有杨。既见君子，并坐鼓簧[⑧]。“今者不乐，逝者其亡！”

【主旨讲解】

这是一篇友人间的劝乐诗。有朋自远方来，作者心生欢喜，准备好了笙瑟管乐、佳肴美酒，并在宴席上袒露胸襟，叹息人生短促，直告朋友及时把握，一醉方休。诗篇“今者不乐，逝者其亡”的谈吐率性放纵，表现出了友人之间情义的真挚。

【注解】

①邻邻：通“辚辚”，马车行走声。②颠：额头，头顶。③寺人之令：即“令寺人”。寺人：宫廷中供使唤的小臣。④阪：山坡。漆：漆树。⑤隰：低湿之地。⑥并：挨着，一起。鼓：弹。⑦逝者：将来的时候。耋：年老。⑧簧：古代笙类乐器。

【译文】

车声辚辚，骏马白额。为何不见君王面，只因寺人没传令。

山坡上长着漆树，洼地里长着栗树。一旦见到君王面，并坐鼓瑟乐陶陶。“现在不及时行乐，将来老了徒悲伤！”

山坡上长着桑树，洼地里长着杨树。一旦见到君王面，并坐鼓簧乐融融。“现在不及时行乐，将来老了空悔恨！”

小戎

【原文】

小戎俴收[①]，五楘梁辀[②]。游环胁驱[③]，阴靷鋈续[④]。文茵畅毂[⑤]，驾我骐馵[⑥]。言念君子[⑦]，温其如玉。在其板屋[⑧]，乱我心曲[⑨]。

四牡孔阜，六辔在手。骐骝是中[⑩]，䯄骊是骖[⑪]。龙盾之合[⑫]，鋈以觼軜[⑬]。言念君子，温其在邑[⑭]。方何为期？胡然我念之。

俴驷孔群[⑮]，厹矛鋈錞[⑯]。蒙伐有苑[⑰]，虎韔镂膺[⑱]。交韔二弓[⑲]，竹闭绲縢[⑳]。言念君子，载寝载兴。厌厌良人[㉑]，秩秩德音[㉒]。

【主旨讲解】

秦襄公十二年远征西戎，此诗便是写一位女子想念自己远在西戎的丈夫的。

【注解】

文茵畅毂，驾我骐馵。

①戎：兵车。俴：浅。收：车的后横木。兵车的后横木较低，所以车厢也浅。②楘：有花纹的皮条。梁辀：车辕。古时马车上的一根弯曲的辕，形式像房屋的栋梁，又像船，所以叫作梁辀，上面有五处用皮条箍牢。③游环：活动的皮环，古时车前四马连在一起就用游环结在马颈套上，用它贯穿两旁骖马的外辔。胁驱：装在马肋两边的皮扣，连在拉车的皮带上，也用来控制骖马。④阴靷鋈续：阴，车轼上的横板。靷，引车行进的皮带，将横板上的两根皮条前系在衡上，之后经过车底系在车轴上，拉着车子前进。鋈续：白铜环。⑤文茵：有花纹的虎皮制的车褥子。畅：长。毂：车轴在两轮两端伸出的部分。⑥骐：青黑色有花纹的马。馵：后左蹄有白花或四蹄皆白的马。⑦君子：此指在外从军的丈夫。⑧板屋：西戎民族使用木板盖房屋，这是代指西戎，其地在今甘肃一带。⑨心曲：心窝。⑩骝：红黑色马。中：指驾车四匹马中当中两匹马。⑪䯄：黑嘴黄马。骊：黑马。骖：驾车四匹马中两旁的两匹马。⑫龙盾：画着龙纹的盾牌。合：两只盾牌合在一起放在车上。⑬觼：有舌的环。軜：骖马靠里边的辔。⑭在邑：在西戎的县里。⑮俴驷：套着青铜薄甲的四匹马。孔群：很协调。⑯厹：矛头为三棱形的长矛。錞：矛柄下端的金属套。⑰伐：通“瞂”，盾。苑：花

纹。⑱虎韔：虎皮所制弓囊。膺：弓囊正面。⑲交韔二弓：交叉顺倒两只弓放在弓囊里。⑳竹闭：闭，通"柲"，矫正弓弩的工具。竹闭，即为竹子所制。绲：绳子。縢：捆扎。㉑厌厌：安静貌。良人：丈夫。㉒秩秩：有次序貌。德音：好名声。

【译文】

小兵车浅车厢，五根皮缠辕上。皮环和皮扣，皮带和铜环。虎皮垫子长车轴，驾着花马雄赳赳。想起我家好夫君，性情温和像美玉。从军去了西戎界，想他使我心烦乱。

四匹公马肥又大，六条缰绳在手拿。青马红马在中间，黄马黑马在两边。画龙盾牌合一堆，缰绳套着白铜环。想起我家好夫君，性情温和在边关。何日才能得回还，让我怎能不思念。

四马披甲步调匀，三棱矛杆包白铜。新漆盾牌画花纹，虎皮弓袋雕花新。两弓交叉袋中放，矫弓竹具绳扎紧。想起我家好夫君，睡睡醒醒难安寝。我家安静好夫君，行事有礼有美闻。

蒹葭

【原文】

蒹葭苍苍①，白露为霜。所谓伊人②，在水一方③。溯洄从之④，道阻且长⑤。溯游从之⑥，宛在水中央⑦。

蒹葭萋萋⑧，白露未晞⑨。所谓伊人，在水之湄⑩。溯洄从之，道阻且跻⑪。溯游从之，宛在水中坻⑫。

蒹葭采采⑬，白露未已⑭。所谓伊人，在水之涘⑮。溯洄从之，道阻且右⑯。溯游从之，宛在水中沚⑰。

所谓伊人，在水一方。

【主旨讲解】

这是一支秋日恋歌。露水苍茫的清晨，河中芦丛静悄悄的，地上结了一层霜花，诗人来到岸边，幻觉中恍惚见着了心爱的人儿立在彼岸端，追过去，就不见了，又看到人儿站在了水中的小洲上。诗篇物象清净，意境空幻，抒情优美婉约。

【注解】

①蒹：又称荻，细长的水草。葭：初生的芦苇。苍苍：芦苇入秋后，颜色深青，茂盛鲜

明的样子。②谓：说。伊：指示代词，那，那个。③方：通“旁”，边，侧。④溯：逆着水流的方向行走。洄：弯曲盘旋的水道。从：追随，追寻，寻求。⑤阻：险阻，阻碍。⑥溯游：顺流而下。⑦宛：宛然，仿佛，好像。⑧萋萋：湿润的样子。⑨晞：干，晒干。⑩湄：水草交接的地方，水边，也即岸边。⑪跻：地势高起。⑫坻：水中小沙洲。⑬采采：众多稠密的样子。⑭已：止。⑮涘：水边。⑯右：迂回，曲折。⑰沚：水中小洲，小沙滩。

【译文】

细长的荻苇青苍苍，白露凝成冰霜。我思念的人啊，在水的那一边。逆着河道追寻她，道路崎岖而漫长。顺着流水追寻她，她好像在水的中央。

细长的荻苇萋萋生，露水还没晒干。我思念的人啊，在河的岸边。逆着河道追寻她，道路崎岖而高险。顺着流水追寻她，她仿佛在水中沙洲上。

细长的荻苇密密长，露水还没有消失。我思念的人啊，在河的水边。逆着河道追寻她，道路崎岖而曲折。顺着流水追寻她，她仿佛在水中沙滩上。

终南

【原文】

终南何有[①]？有条有梅[②]。君子至止，锦衣狐裘。颜如渥丹[③]，其君也哉？

终南何有？有纪有堂[④]。君子至止，黻衣绣裳[⑤]。佩玉将将[⑥]，寿考不忘！

【主旨讲解】

秦襄公被周平王封在岐以西，到秦文公时秦人占有了周土，那里的人民也就归属秦国了。这首诗就是周的遗民写来劝诫秦君的，要他不要忘记这是周的土地和人民。

【注解】

①终南：山名，在今陕西西安市西南。②条：山楸。梅：楠木。③渥：涂，搽。丹：一种红色颜料。④纪：“杞”的假借字，杞树。堂：“棠”的假借字，棠梨。⑤黻衣：黑色与青色花纹相间的衣服。绣裳：以五彩颜色绣成的下裳。⑥将将：佩玉相击声。

【译文】

终南山上有啥，有山楸和楠木。公爷受封来此，穿着锦衣狐裘。容色红像涂丹，他做君主怎么样？

终南山上有啥，有杞树和棠梨。公爷受封来此，穿着绣衣彩裳。身上佩玉锵锵，永记我们不要忘！

黄鸟

【原文】

交交黄鸟[①]，止于棘[②]。谁从穆公[③]？子车奄息[④]。维此奄息，百夫之特[⑤]。临其穴[⑥]，惴惴其慄[⑦]。彼苍者天，歼我良人[⑧]。如可赎兮，人百其身[⑨]！

交交黄鸟，止于桑。谁从穆公？子车仲行[⑩]。维此仲行，百夫之防[⑪]。临其穴，惴惴其慄。彼苍者天，歼我良人。如可赎兮，人百其身！

交交黄鸟，止于楚。谁从穆公？子车鍼虎[⑫]。维此鍼虎，百夫之御[⑬]。临其穴，惴惴其慄。彼苍者天，歼我良人。如可赎兮，人百其身！

【主旨讲解】

秦穆公死后以100多人来殉葬，秦国的子车氏三子奄息、仲行、针虎也在其中。秦人痛惜“三良”的被害，作了这首挽诗。

【注解】

①交交：读为“咬咬”，鸟鸣声。黄鸟：黄雀。②止：停，落。棘：酸枣树。③从：殉葬。穆公：春秋时秦国国君，名任好。卒于周襄王三十一年，以100人殉葬。④子车奄息：人名。子车是氏，奄息是名。⑤夫：男子之称。特：匹敌。⑥穴：指墓圹。⑦惴惴：恐惧貌。慄：“栗”的异体字，恐惧战栗。⑧歼：灭尽。良人：善人。⑨人百其身：人，言每人。百其身，谓百倍其身。这二句的意思是说，如果允许别人赎三子的性命，每个人都愿意用死一百次来代替。⑩仲行：人名。⑪防：比。⑫鍼虎：人名。⑬御：抵挡。

【译文】

黄雀喳喳鸣叫，落在酸枣树上。谁陪穆公殉葬？子车家的奄息。说起这位奄息，一人能敌百人。当他走近墓圹，浑身哆嗦心慌。苍天啊！你竟杀害了我们的好人啊！要是可以赎他命，愿死百次来抵偿。

维此奄息，百夫之特。

黄雀喳喳鸣叫，落在桑树上。谁陪穆公殉葬？子车家的仲行。说起这位仲行，一人能比百人。当他走近坟墓，浑身哆嗦心慌。苍天啊！你竟杀害了我们的好人啊！要是可以赎他命，愿死百次来抵偿。

黄雀喳喳鸣叫，落在荆树上。谁陪穆公殉葬？子车家的铖虎。说起这位铖虎，一人能对百人。当他走近坟墓，浑身哆嗦心慌。苍天啊！你竟杀害了我们的好人啊！要是可以赎他命，愿死百次来抵偿。

无衣

【原文】

岂曰无衣？与子同袍[①]。王于兴师[②]，修我戈矛[③]，与子同仇[④]！

岂曰无衣？与子同泽[⑤]。王于兴师，修我矛戟[⑥]，与子偕作[⑦]。

岂曰无衣？与子同裳[⑧]。王于兴师，修我甲兵[⑨]，与子偕行。

【主旨讲解】

这是一支出征曲。为朝廷奔赴疆场之前，面对着寒碜的衣料和装备，士兵们毫不在乎，同仇敌忾，意气风发地唱起了这支战歌。诗篇气势豪迈，情感炽烈，节奏短快。

【注解】

①袍：长衣。行军时白天当衣，晚上当被，类似现在的斗篷、披风。②王：此指秦王。于：句中助词。兴师：起兵，发兵。③修：修理、装配。戈矛：长柄兵器。④同仇：共同对敌。⑤泽：贴身的内衣。⑥戟：古代长柄武器，形似戈，有横直两锋刃，兼钩啄和刺击作用。⑦偕：共同。作：行动起来，一同出征作战。⑧裳：下衣，战裙，有护腿足的作用。⑨甲：铠甲。兵：武器的通称。

王于兴师，修我戈矛，与子同仇！

【译文】

谁说没有衣裳？和你共穿一件战袍。君王要起兵兴师，修整我们的戈与矛，和你共同对付敌人。

谁说没有衣裳？和你共穿一件衣衫。君王要起兵兴师，修整我们的矛与戟，和你一起作战到底。

谁说没有衣裳？和你共穿一件战裙。君王要起兵兴师，修整我们的铠甲兵器，和你并肩上战场。

权舆

【原文】

於[①]，我乎！夏屋渠渠[②]。今也每食无余。於嗟乎！不承权舆[③]。

於，我乎！每食四簋[④]。今也每食不饱。於嗟乎！不承权舆。

【主旨讲解】

春秋时期，土地分配情况发生变化，封建领主没落，生活水平下降。这首诗就是一位没落贵族伤今怀昔的感慨。

【注解】

①於：叹词。②夏屋：大房子。渠渠：屋深广貌。③承：继承。权舆：本谓草木萌芽的状态，引申为初始。④簋：古代青铜或陶制圆形食器。《毛传》："四簋，黍稷稻粱。"朱熹《诗集传》："四簋，礼食之盛也。"

【译文】

唉，我呀！从前住着大房子，如今吃饭勉强够。哎呀呀！再也回不到过去了！

唉，我呀！从前每餐四大罐，如今每顿吃不饱。哎呀呀！再也回不到过去了！

渭阳

【原文】

我送舅氏[①]，曰至渭阳[②]。何以赠之？路车乘黄[③]。

我送舅氏，悠悠我思[④]。何以赠之？琼瑰玉佩[⑤]。

【主旨讲解】

这是描写外甥送舅舅的诗。

【注解】

①舅氏：舅舅。②渭阳：渭水北边，古人称山南水北为阳。③路车：古代诸侯乘的车。乘黄：四匹黄马。④悠悠：思念深长的样子。⑤琼瑰：次于玉的美石。

【译文】

我送舅舅回家，送到渭水北边。拿什么来送他？大车和四匹黄马。

我送舅舅回家，悠悠想起妈妈。拿什么来送她？美丽宝石和玉佩。

我送舅氏，曰至渭阳。

晨风

【原文】

鴥彼晨风①，郁彼北林②。未见君子，忧心钦钦③。如何如何，忘我实多！
山有苞栎④，隰有六驳⑤。未见君子，忧心靡乐。如何如何，忘我实多！
山有苞棣⑥，隰有树檖⑦。未见君子，忧心如醉。如何如何，忘我实多！

【主旨讲解】

这是一首女子疑心丈夫离弃她的诗。

【注解】

①鴥：鸟疾飞貌。晨风：即鹯鸟，属于鹞鹰一类的猛禽。②郁：茂密貌。③钦钦：朱熹《诗集传》："忧而不忘之貌。"④苞：丛生貌。栎：树名。⑤隰：低洼湿地。六："蓼"的假借字，长长的样子。驳：赤李。⑥棣：唐棣，也叫郁李，果实红色。⑦树：直立貌。檖：山梨。

【译文】

鹯鸟疾飞入，北边茂密林。不见我夫君，忧愁伤我心。怎么办啊怎么办？他怎么能够想到我！

山上有丛生栎树，泥地有长长赤李。不见我夫君，忧愁不开心。怎么办啊怎么办？他怎么能够想到我！

山上有丛生唐棣，泥地有挺直山梨。不见我夫君，忧愁心如迷。怎么办啊怎么办？他怎么能够想到我！

国风·陈风

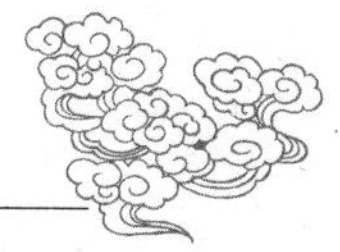

陈国位于今河南东部淮阳一带及安徽省亳州市附近地区。《陈风》主要是讽刺诗、情诗及涉及巫觋之事的诗。

东门之池

【原文】

东门之池[①]，可以沤麻[②]。彼美叔姬[③]，可以晤歌[④]。东门之池，可以沤纻[⑤]。彼美叔姬，可以晤语。东门之池，可以沤菅[⑥]。彼美叔姬，可以晤言[⑦]。

【主旨讲解】

这是描写男子追求东门外一位泡麻织布的姑娘的一首诗。

【注解】

①池：城池，如后来的护城河。②沤：浸泡。③叔姬：姬家排行老三的女子，这里代指美女。④晤歌：对歌。⑤纻：苎麻。⑥菅：一种茅草。⑦晤言：谈天。

【译文】

东门外的护城河，可以浸泡麻草。姬家美丽的姑娘，可以与她对唱。东门外的护城河，可以浸泡苎麻。姬家美丽的姑娘，可以与她对答。东门外的护城河，可以浸泡菅草。姬家美丽的姑娘，可以与她对谈。

东门之枌

【原文】

东门之枌[①]，宛丘之栩[②]。子仲之子[③]，婆娑其下[④]。
穀旦于差[⑤]，南方之原。不绩其麻，市也婆娑。
穀旦于逝[⑥]，越以鬷迈[⑦]。视尔如荍[⑧]，贻我握椒[⑨]。

【主旨讲解】

男女相爱，在一起聚会跳舞，反映出了陈国的当时的一种民风。

【注解】

① 东门：陈国的城门，在宛丘附近。枌：白榆树。② 栩：柞木。③ 子仲：陈国的姓氏。子：女儿。④ 婆娑：舞蹈。⑤ 榖旦：吉日，好日子。差：选择。⑥ 逝：去，往。⑦ 越以：相当于“于以”，发语词。鬷：屡次。迈：去，往。⑧ 荍：锦葵，开淡紫色花。⑨ 贻：赠送。

【译文】

东门有白榆，宛丘有柞木。子仲家的女儿，跳舞在大树下。

选个好日子，到南边平原。不纺麻不做工，市集里面跳跳舞。

趁着好日子，多次去相会。你像一朵锦葵花，送我一把好花椒。

衡门

【原文】

衡门之下[①]，可以栖迟[②]。泌之洋洋[③]，可以乐饥[④]。岂其食鱼[⑤]，必河之鲂[⑥]？岂其取妻[⑦]，必齐之姜[⑧]？岂其食鱼，必河之鲤？岂其取妻，必宋之子[⑨]？

【主旨讲解】

这是一篇哲理情诗。作者认为，爱只需两情相悦、合适自己的就好，不必非得是富贵的或者漂亮的。诗篇议论形象，口语感强，后部连用反问修辞，增强了感染力。

【注解】

① 衡：通“横”，此处指横木。② 可：可以。以：以此，用它来。栖迟：栖息、安息。③ 泌：泉水名。洋洋：水盛的样子。④ 乐：通“疗”，治疗。⑤ 岂：难道。其：句中语气词，表推测。⑥ 鲂：鱼名，形状似鳊鱼，银灰色，味鲜美。⑦ 取：通“娶”。⑧ 姜：姜姓姑娘，姜姓在齐国为贵族。⑨ 子：宋国的子姓女子。子姓为宋国的贵族。

【译文】

横木门的下面，可以栖息。泌泉洋洋流淌，清水也能充饥肠。难道吃鱼，一定要吃黄河的鲂鱼？难道娶妻，一定要娶齐国的姜姓女子？难道吃鱼，一定要吃黄河的鲤鱼？难道娶妻，一定要娶宋国的齐姓女子？

宛丘

【原文】

子之汤兮[①]，宛丘之上兮[②]。洵有情兮[③]，而无望兮[④]。

坎其击鼓[⑤]，宛丘之下。无冬无夏，值其鹭羽[⑥]。

坎其击缶[⑦]，宛丘之道。无冬无夏，值其鹭翿[⑧]。

【主旨讲解】

陈国巫风盛行，此诗即是写男子爱上了一个跳舞的女巫的事情。

【注解】

①子：这里指跳舞的女巫。汤：同“荡”，舞姿摇摆的样子。②宛丘：陈国丘阜名，在今河南淮阳市东南。③洵：诚然，确实。④望：希望，指望，可能。⑤坎其：即坎坎，击鼓或击缶的声音。⑥值：通“植”，持，戴。鹭羽：用鹭鸟羽毛制作的舞具，舞者有时拿在手里，有时戴在头上。⑦缶：瓦制的打击乐器。⑧翿：即鹭羽。

子之汤兮，宛丘之上兮。

【译文】

姑娘舞姿摇摆，在宛丘的平地上。我真爱慕她啊，却没指望啊。

打鼓咚咚响，在宛丘山脚下。不管寒冬和酷夏，鹭羽舞扇持在手。

敲缶当当响，在宛丘大道旁。不管酷夏和寒冬，鹭羽舞伞戴在头。

东门之杨

【原文】

东门之杨，其叶牂牂[①]，昏以为期[②]，明星煌煌[③]。东门之杨，其叶肺肺[④]，昏以为期，明星晢晢[⑤]。

【主旨讲解】

男女在东门外约会，对方久等不至，歌者说“我们说好黄昏时见的，现在天都快亮了，你还没来”。

【注解】

①牂牂：茂盛的样子。②昏：黄昏。期：约定。③明星：启明星，天快亮时在东方升起。煌煌：明亮的样子。④肺肺：同“芾芾”，茂盛的样子。⑤哲哲：明亮。

东门之杨，其叶牂牂，昏以为期，明星煌煌。

【译文】

东门外的白杨树，叶子多茂密。约定在黄昏时相会，等到启明星已升起。东门外的白杨树，叶子多茂盛。约定黄昏时相会，等到启明星都出现。

墓门

【原文】

墓门有棘[①]，斧以斯之[②]。夫也不良[③]，国人知之。知而不已[④]，谁昔然矣[⑤]。墓门有梅[⑥]，有鸮萃止[⑦]。夫也不良，歌以讯止[⑧]。讯予不顾[⑨]，颠倒思予[⑩]！

【主旨讲解】

这是一首讽刺不良统治者的诗。

【注解】

①墓门：陈国的城门。棘：酸枣树。②斧以：以斧，用斧头。斯：劈。③夫：彼，那个人。不良：不是好人。④不已：不止，不改。⑤谁昔：犹言“畴昔”，以前，往昔。然：如此，这样。⑥梅：“棘”字之误。⑦鸮：猫头鹰。萃：聚集，停息。止：语助词。⑧讯：警告，责骂。⑨讯予：予讯。⑩颠倒：错乱，混乱。

【译文】

城门前有棵酸枣树，拿起斧头劈掉它。那人为人不良善，全国人民都知道。虽然知道却不改，很早之前就这样了。城门前有棵酸枣树，猫头鹰停息在上头。那人为人不良善，编首歌来责骂他。责骂他来他不改，局面乱了才想起我说的这些话。

防有鹊巢

【原文】

防有鹊巢①，邛有旨苕②。谁侜予美？心焉忉忉。

中唐有甓，邛有旨鹝。谁侜予美？心焉惕惕。

【主旨讲解】

喜鹊在高树上搭巢，诗人却说喜鹊做窝水坝上；苕草长在湿地里，诗人却说苕草生在土丘上，这都是不可能的事。通过罗列这些与事实不符的现象，诗人表达了对有人欺诳离间自己和爱人之间关系的担忧。

【注解】

①防：水坝。②邛：土丘。旨：味美。苕：紫云英。

【译文】

喜鹊筑巢水坝上，苕草长在土丘上。谁会欺诳我爱人？心里忧愁又烦恼。

瓦片铺在庭院里，绶草栽在土丘上。谁会欺诳我爱人？心里担忧又烦恼。

月出

【原文】

月出皎兮①，佼人僚兮②。舒窈纠兮③，劳心悄兮④。月出皓兮，佼人懰兮⑤。舒懮受兮，劳心慅兮⑥。月出照兮⑦，佼人燎兮⑧。舒夭绍兮，劳心惨兮⑨。

【主旨讲解】

这是一篇望月怀人诗。月光如玉，浩照大地，诗人独自踱步在外，怀想着恋人，心中感到了深深的失落和惆怅。诗篇重章迭唱，意境幽深，句尾均以“兮”字收束，音韵荡气回肠，表达了诗人缠绵悱恻的情思。

【注解】

①皎：明亮而洁白。②佼：美好。僚：同“嫽”，娇美的样子。③舒：缓，徐。窈

纠：形容女子走路时身材的曲线美。下面的“懮受”“夭绍”义同。④劳心：忧心。悄：忧愁的样子。⑤懰：美好，妖冶。⑥慅：忧愁的样子。⑦照：此处用作形容词，明亮。⑧燎：明亮。⑨惨：当为“懆”，忧愁不安的样子。

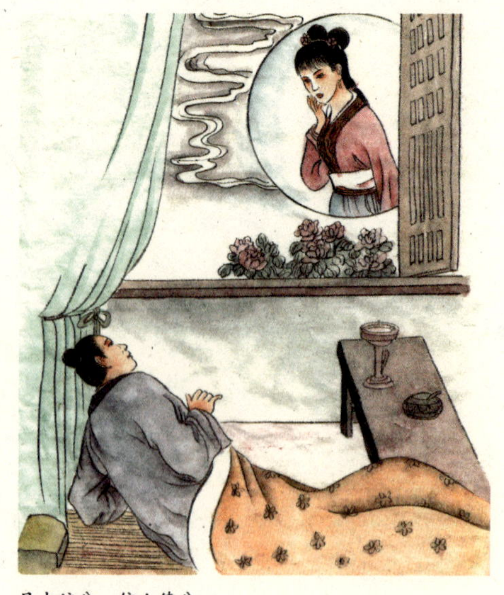

月出皎兮，佼人僚兮。

【译文】

月亮出来那样皎洁，月下美人更俊俏。体态轻盈身段苗条，惹人思念我心忧煎。月亮出来那样皓白，月下美人更姣好。体态轻盈美丽妖娆，惹人思念我心焦。月亮出来那样明亮，月下美人更美好。体态轻盈婀娜多姿，惹人思念心烦躁。

泽陂

【原文】

彼泽之陂①，有蒲与荷。有美一人，伤如之何②！寤寐无为，涕泗滂沱。彼泽之陂，有蒲与蕑③。有美一人，硕大且卷④。寤寐无为，中心悁悁⑤。彼泽之陂，有蒲菡萏⑥。有美一人，硕大且俨⑦。寤寐无为，辗转伏枕⑧。

【主旨讲解】

女子思念自己的情人，为想念他而流泪，为想念他而心情烦乱，为想念他而辗转反侧，这些行为都很真实动人。

【注解】

①泽：池塘。陂：水边，水岸。②伤：“阳”的假借字，作女性的第一人称代词。③蕑：莲子。④卷：美丽动人。⑤悁悁：郁郁不乐的样子。⑥菡萏：荷花。⑦俨：端庄的样子。⑧辗转伏枕：头埋在枕里翻来覆去睡不着。

【译文】

池塘中的浅水边，生着菖蒲和荷花。有个英俊的男子，我心爱他没办法！日夜想他睡不着，眼泪鼻涕流成河。池塘中的浅水边，生着菖蒲和莲蓬。有个英俊的男子，身材高大又俊美。日夜想他睡不着，心里忧郁又苦闷。池塘中的浅水边，生着菖蒲和莲花。有个英俊的男子，身材高大又端庄。日夜想他睡不着，伏在枕头上转侧。

国风·桧风

桧，亦作郐、会，是西周时的诸侯国，位于今天的河南省密县一带。《桧风》收录了这一区域的诗。

羔裘

【原文】

羔裘逍遥[①]，狐裘以朝[②]。岂不尔思[③]？劳心忉忉[④]！
羔裘翱翔[⑤]，狐裘在堂[⑥]。岂不尔思？我心忧伤！
羔裘如膏[⑦]，日出有曜。岂不尔思？中心是悼！

【主旨讲解】

女子想要和男子私奔，但又顾虑重重。

【注解】

①羔裘：羔羊皮袄。逍遥：游逛。②朝：上朝。③不尔思：即“不思尔”。④忉忉：忧劳貌。⑤翱翔：游逛。⑥在堂：站在公堂上。⑦膏：油。

【译文】

穿着羔羊皮袄游逛，穿着狐皮袍去朝堂。哪能不想你，心里忧劳又愁苦。
穿着羔羊皮袄游逛，穿着狐皮袍上公堂。哪能不想你，心里愁苦又忧伤。
羔羊皮袄像脂膏，太阳底下有光亮。哪能不想你，心里害怕又发慌。

素冠

【原文】

庶见素冠兮[①]，棘人栾栾兮[②]。劳心慱慱兮[③]！
庶见素衣兮，我心伤悲兮！聊与子同归兮。

庶见素韠兮[④]，我心蕴结兮[⑤]！聊与子如一兮[⑥]。

【主旨讲解】

丈夫死了，女子抚着丈夫的尸体痛哭，说愿意和他一起死。

【注解】

①庶：幸。素冠：白帽子。和以下素衣、素韠同是死者的服饰。②棘人：瘦。栾栾："脔脔"的假借字，瘦瘠貌。③怖怖：忧苦不安的样子。④韠：即蔽膝，用皮制成，缝在腹下膝上。⑤蕴结：郁结，忧思不解的样子。⑥如一：同归。

【译文】

见你戴着白帽子，瘦骨嶙峋的样子，我内心里忧苦不安。
见你穿着白衣服，我心里悲伤难过，真愿与你一起死。
见你穿着白蔽膝，我心里愁思郁积，真愿与你一起死。

隰有苌楚

【原文】

隰有苌楚[①]，猗傩其枝[②]。夭之沃沃[③]，乐子之无知[④]！隰有苌楚，猗傩其华。夭之沃沃，乐子之无家[⑤]！隰有苌楚，猗傩其实。夭之沃沃，乐子之无室！

【主旨讲解】

这是一篇贵族厌世的诗，他的地位没落了，心情悲观起来，羡慕羊桃无知无觉，没有家累。

【注解】

①隰：低湿地。苌楚：羊桃、猕猴桃。②猗傩：同"婀娜"，柔美貌。③夭：少好，嫩美。沃沃：形容羊桃肥美有光泽。④乐：羡慕。子：指羊桃。无知：无知觉。⑤无家：指无家庭拖累。

【译文】

洼地长羊桃，枝条真柔美。细嫩有光泽，羡慕你没知觉！洼地长羊桃，花朵真妖娆。细嫩有光泽，羡慕你没家累！洼地长羊桃，果实风中摇。细嫩有光泽，羡慕你没负担！

匪风

【原文】

匪风发兮①，匪车偈兮②。顾瞻周道③，中心怛兮④。匪风飘兮⑤，匪车嘌兮⑥。顾瞻周道，中心吊兮⑦。谁能亨鱼⑧？溉之釜鬵⑨。谁将西归？怀之好音⑩。

【主旨讲解】

这是一支思乡曲。诗人于行旅之中，想到自己归乡无期，音书难寄，满腹哀伤。

【注解】

①匪：通“彼”，那。发：犹“发发”，象声词，风声。②偈：犹“偈偈”，车疾驰的样子。③顾：回头。瞻：看，望。周道：大路，大道。④怛：悲伤，忧伤。⑤飘：飘风，本指旋风，这里是形容风势疾猛。⑥嘌：疾驰的样子。⑦吊：悲伤。⑧亨：古“烹”字。⑨溉：洗涤。釜：锅。鬵：大釜，大锅。⑩怀之：使之怀，让之带。好音：好信儿，平安的消息。

【译文】

风儿刮得发发响，车子跑得飞一样。回头望着大路，我心中充满忧愁。风儿刮得打旋转，车子轻快地飞跑。回头望着大路，我心中充满伤悲。谁能烹鱼做菜？我为他把锅洗干净。谁要回归西方？请帮我捎个平安信。

匪风发兮，匪车偈兮。

国风·曹风

曹国是位于齐晋之间的诸侯国，其地为今天的山东省定陶区西南一带，《曹风》收录了这一区域的诗。

蜉蝣

【原文】

蜉蝣之羽[①]，衣裳楚楚[②]。心之忧矣，於我归处[③]。
蜉蝣之翼，采采衣服[④]。心之忧矣，於我归息[⑤]。
蜉蝣掘阅[⑥]，麻衣如雪。心之忧矣，於我归说[⑦]。

【主旨讲解】

这篇诗旨在叩问生死。傍晚来了，漂亮的蜉蝣成群聚在暮色中飞舞，转眼之间，翅膀脱落，掉在地上积了一层死尸，目睹着这些朝生暮死的小虫，诗人感到了生命的脆弱，发出了死后何归的永久疑问。诗篇情绪感伤，节奏低回，意象富有特写感。

【注解】

①蜉蝣：一种昆虫，幼虫生活在水中，成虫有两对翅膀，薄而透明，常在水面飞行，寿命很短，一般只有几个小时到一星期左右。②楚楚：整齐干净。③於：通“乌”，何，哪里。归处：归宿。④采采：光洁鲜艳的样子。⑤息：止息，居住。⑥阅：通“穴”，孔穴。⑦说：止息。

【译文】

像蜉蝣的翅膀，（你们这些老爷们）个个衣冠楚楚。心中忧伤啊，我们归宿都一样。

像蜉蝣的翅膀，（你们这些老爷们）衣服华丽漂亮。心中忧伤啊，与我归宿一个样。

像蜉蝣掘穴而出，（你们这些老爷们）麻衣如雪白晃晃。心中忧伤啊，大家结局都一样。

候人

【原文】

彼候人兮[①]，何戈与祋[②]。彼其之子[③]，三百赤芾[④]。

维鹈在梁[⑤]，不濡其翼[⑥]。彼其之子，不称其服[⑦]。

维鹈在梁，不濡其咮[⑧]。彼其之子，不遂其媾[⑨]。

荟兮蔚兮[⑩]，南山朝隮[⑪]。婉兮娈兮，季女斯饥[⑫]。

【主旨讲解】

郭沫若认为这是曹国没落贵讽刺新兴阶级的诗。

【注解】

①候人：掌管迎送宾客和治理道路的小官。②何：同“荷”，扛。祋：古时的一种兵器，即殳。③彼其之子：这个人，指前面所说的小官。④赤芾：指大夫以上的官穿戴的红色皮制蔽膝。⑤鹈：鹈鹕，一种水鸟。梁：鱼梁。⑥濡：沾湿。⑦不称：不配。⑧咮：鸟嘴。⑨遂：如愿。媾：宠爱。⑩荟、蔚：云雾弥漫貌。⑪朝隮：早晨的虹。⑫季女：少女，指候人的幼女。

【译文】

那个迎送宾客的小官，扛着长戈和殳棍。就像那些暴发户，三百朝官不屑顾。

鹈鹕栖息鱼梁上，水未沾湿它翅膀。就像那些暴发户，不配穿着好衣裳。

鹈鹕栖息鱼梁上，水未沾湿它的嘴。就像那些暴发户，不会称心得宠禄。

云雾弥漫满天空，南山早晨出彩虹。容颜娇小真可爱，少女饥饿吃不饱。

鸤鸠

【原文】

鸤鸠在桑[①]，其子七兮[②]。淑人君子[③]，其仪一兮[④]。其仪一兮，心如结兮[⑤]。鸤鸠在桑，其子在梅[⑥]。淑人君子，其带伊丝。其带伊丝，其弁伊骐[⑦]。鸤鸠在桑，其子在棘。淑人君子，其仪不忒[⑧]。其仪不忒，正是四国[⑨]。鸤鸠在桑，其子在榛。淑人君子，正是国人。正是国人，胡不万年。

【主旨讲解】

这首诗表面赞扬理想中的官长，其实却是讽刺当时的在位者。诗人认为他们虽然束着丝带，戴着花皮帽子，却不能言行一致、没有偏倚。

【注解】

①鸤鸠：即布谷鸟。春秋时认为鸤鸠养子公平，于是司空又称鸤鸠氏。②七：虚数，言其多。③淑人：善人。④仪：言行。⑤结：固结。⑥梅：梅树。⑦弁：皮帽子。骐：形容帽饰有花纹。⑧忒：偏差。⑨正：长官。

【译文】

布谷筑巢在桑树，养了一窝小雏鸟。我们良善的君子，言行专一不偏倚啊。言行专一不偏倚啊，用心坚定不散乱啊。布谷筑巢在桑树，雏鸟学飞在梅树。我们良善的君子，腰上束着蚕丝带。腰上束着蚕丝带，头上戴着花皮帽。布谷筑巢在桑树，雏鸟学飞在枣树。我们良善的君子，言行专一无偏差。言行专一无偏差，真称各国的好长官。布谷筑巢在桑树，雏鸟学飞在榛树。我们良善的君子，真是国人的好官长。真是国人的好官长，怎不祝他万年长寿。

下泉

【原文】

洌彼下泉[①]，浸彼苞稂[②]。忾我寤叹[③]，念彼周京[④]。洌彼下泉，浸彼苞萧[⑤]。忾我寤叹，念彼京周。洌彼下泉，浸彼苞蓍[⑥]。忾我寤叹，念彼京师。芃芃黍苗[⑦]，阴雨膏之[⑧]。四国有王，郇伯劳之。

【主旨讲解】

这首诗是晋人歌颂晋大夫荀跞迎周敬王的事迹的。

【注解】

①洌：寒冷。下泉：地下涌出的泉水。②苞：丛生。稂：莠一类的野草。③忾：叹息。寤：睡醒。④周京：周天子居住的王城，下面的“京周”“京师”同此。⑤萧：艾蒿。⑥蓍：古代用于占卜的草。⑦芃芃：茂盛的样子。⑧膏：滋润，润泽。

【译文】

下泉寒冷，淹没莠草。醒来叹息，怀念京都。下泉寒冷，淹没蒿草。醒来叹息，怀念京城。下泉寒冷，淹没蓍草。醒来叹息，怀念京师。黍苗茂盛，好雨滋润。诸侯有主，郇伯之功。

国风·豳风

豳地相当于今天的陕西省旬邑县一带。《豳风》作于西周时期，内容主要写周朝开国后的农事活动。

七月

【原文】

七月流火[①]，九月授衣[②]。一之日觱发[③]，二之日栗烈[④]。无衣无褐[⑤]，何以卒岁[⑥]？三之日于耜[⑦]，四之日举趾[⑧]。同我妇子，馌彼南亩[⑨]，田畯至喜[⑩]。

七月流火，九月授衣。

七月流火，九月授衣。春日载阳[⑪]，有鸣仓庚[⑫]。女执懿筐[⑬]，遵彼微行[⑭]，爰求柔桑[⑮]。春日迟迟[⑯]，采蘩祁祁[⑰]。女心伤悲，殆及公子同归[⑱]。

七月流火，八月萑苇[⑲]。蚕月条桑[⑳]，取彼斧斨[㉑]。以伐远扬[㉒]，猗彼女桑[㉓]。七月鸣鵙[㉔]，八月载绩[㉕]。载玄载黄[㉖]，我朱孔阳[㉗]，为公子裳。

【主旨讲解】

诗从七月写起，全面、细致、生动地描写了先民们一年从事的生产活动，以按月歌唱的形式反映了当时农民和贵族不同的生活。这是一幅西周社会的农事图和风俗画卷。

【注解】

①七月：夏历七月。流：向下行。火：星名，又名“大火”“心宿”，是天蝎星座中最亮的一颗星。每年夏历五月，火星出现在正南方，六月以后，渐偏西，七月里便向西沉下

去，天气渐渐寒冷。② 授衣：将缝制冬衣的工作交给女工。③ 一之日：夏历十一月，也即周历正月。周历以夏历十一月为正月。以下“二之日”“三之日”“四之日”，以此类推。觱发：风寒冷。④ 栗烈：同“凛冽”，空气寒冷。⑤ 褐：麻织短衣，无袖。⑥ 卒：终了。⑦ 于：修理。耜：农具，犁的一种，用来耕地翻土。⑧ 举趾：抬脚，下田耕种。⑨ 馌：送饭。南亩：泛指田地。⑩ 田畯：掌管农事的官。⑪ 载：开始。阳：温暖，暖和。⑫ 仓庚：黄莺。⑬ 懿筐：深筐。⑭ 遵：顺着，沿着。微行：小路。⑮ 爰：于是。⑯ 迟迟：缓缓，形容春季日长。⑰ 蘩：白蒿，养蚕用。祁祁：众多的样子。⑱ 殆：将，只怕。及：与。同归：指被公子强行带走。⑲ 萑苇：芦苇一类的草，可以制作蚕箔。此作动词，指收割萑苇。⑳ 蚕月：即夏历三月，这是养蚕的月份。条：动词，修剪。㉑ 斧斨：斧类工具（椭圆的叫斧，方的叫斨）。㉒ 远扬：指长得太长太高的桑枝。㉓ 猗：借作“掎”，拉。女桑：嫩桑叶。㉔ 鵙：鸟名，又名“伯劳”“子规”“杜鹃”。㉕ 载：则，始。绩：织麻。㉖ 玄：黑而带红色。㉗孔：非常。阳：鲜明。

【译文】

七月火星偏西方，九月女工制冬衣。十一月北风呼呼吹，十二月寒气凛冽刺骨。粗布衣服都没有，如何熬过寒冬期？正月里修理锄犁，二月份下田犁地。耕作和妻子儿女一起，饭菜送到田地，农官看到满心欢喜。

七月火星偏西方，九月女工制冬衣。春天太阳暖洋洋，黄莺对对婉转啼。姑娘手提深竹筐，沿着那小路在行走，采呀采那嫩桑叶。春天日子渐渐长，采蒿的姑娘闹嚷嚷。姑娘心中暗悲伤，怕公子强邀一同归。

七月火星偏西方，八月收割芦苇。三月修剪桑树，取来那把斧头，砍掉又高又长的枝条。七月伯劳树上唱，八月纺麻织布忙。染色有黑又有黄，我的红布最鲜艳，为那公子做衣裳。

【原文】

四月秀葽①，五月鸣蜩②。八月其获③，十月陨萚④。一之日于貉⑤，取彼狐狸，为公子裘。二之日其同⑥，载缵武功⑦，言私其豵⑧，献豜⑨于公。

五月斯螽动股⑩，六月莎鸡振羽⑪。七月在野，八月在宇，九月在户，十月蟋蟀，入我床下⑫。穹窒熏鼠⑬，塞向墐户⑭。嗟我妇子，曰为改岁⑮，入此室处。

六月食郁及薁⑯，七月亨葵及菽⑰。八月剥枣⑱，十月获稻，为此春酒⑲，以介眉寿⑳。七月食瓜，八月断壶㉑，九月叔苴㉒。采荼薪樗㉓，食我农夫㉔。

【注解】

① 秀：植物不开花而结实叫“秀”。葽：药草名，今名“远志”。② 蜩：蝉。③ 获：收获庄稼。④ 陨：落下。萚：草木的落叶。⑤ 于：猎取。貉：兽名。似狐狸，毛深厚温暖。⑥ 同：会合，指聚众打猎。⑦ 缵：继续。武功：武事。此处指田猎，古时田猎也属于军事演习。⑧ 言：语助词。私：私人占有。豵：一岁的小猪。此指小兽。⑨ 豜：三岁的大猪，

此指大兽。⑩斯螽：虫名，即蚱蜢。动股：相传斯螽以两股相切发声。⑪莎鸡：虫名，即纺织娘。振羽：两翼鼓动发声。⑫“七月在野”五句：此五句写蟋蟀由远而近，由室外躲进室内过冬。⑬穹：空隙，孔洞。窒：堵塞。⑭向：朝北的窗子。墐：用泥涂抹。户：门。⑮改岁：过年，更改一岁。⑯郁：一种李子。薁：野葡萄。⑰亨：“烹”本字，煮。葵：蔬菜名，又名冬苋菜。菽：大豆黄豆一类。⑱剥：通“扑”，敲打。⑲春酒：冬日酿酒，春日始成，所以叫“春酒”。⑳介：祈求。眉寿：长寿。长寿的人生有长眉，故称。㉑断：摘取。壶：葫芦之类。㉒叔：拾取。苴：青麻子，可食。㉓荼：一种苦菜。薪：采薪，用作动词。樗：臭椿。㉔食：养活。

【译文】

四月远志结子囊，五月知了声声唱。八月庄稼要收割，十月落叶随风扬。十一月捕貉子，剥取狐狸皮，好给公子做皮衣。十二月大伙儿聚一起，继续打猎练武忙。猎到小兽归自己，大兽献到公堂里。

七月食瓜。

五月蚱蜢弹腿鸣，六月纺织娘振羽叫。七月蟋蟀野外鸣，八月屋檐底下唱，九月进到屋门里，十月钻到我床下。打扫垃圾熏老鼠，塞住北窗，泥抹门缝来御寒。可怜我的妻子儿女，眼看就要过年关，挤进这破屋居住。

六月里吃那郁李和葡萄，七月里烹煮冬葵和大豆。八月把那枣儿打，十月收割稻米香。将它酿成好春酒，祝贺老爷寿命长。七月吃瓜，八月摘葫芦，九月拾取青麻。采摘苦菜又砍柴，养活咱们农家人。

【原文】

九月筑场圃①，十月纳禾稼②。黍稷重穋③，禾麻菽麦④。嗟我农夫，我稼既同⑤，上入执宫功⑥。昼尔于茅⑦，宵尔索绹⑧。亟其乘屋⑨，其始播百谷。

二之日凿冰冲冲⑩，三之日纳于凌阴⑪。四之日其蚤⑫，献羔祭韭⑬。九月肃霜⑭，十月涤场⑮。朋酒斯飨⑯，曰杀羔羊。跻彼公堂⑰，称彼兕觥⑱，万寿无疆！

【主旨讲解】

这是一篇风俗农事诗。一年四时，暑退将寒，初春的田野里耕播繁忙，姑娘们外出采桑，八月染制衣裳，夏日捕猎山中，到了秋天，气色转凉，蟋蟀入户，人们开始收获庄稼，翻修房屋，入冬之后，村落举行宴饮盛会，来作为一年辛勤劳作的总结。诗篇结构严谨，叙述详尽，形象绚烂，抒情含蓄，表现了当时人们生活的艰辛和快乐。

【注解】

① 筑场圃：把菜园修筑为打谷场。古时场圃同地轮用，春夏为圃，秋冬平整筑实为场。② 纳：收进谷仓。禾稼：五谷的通称。③ 黍稷重穋：都是谷物。黍：黍子，性黏。稷：高粱，性不黏。重：早种晚熟的谷。穋：晚种早熟的谷。④ 禾：此处专指小米。⑤ 同：收齐集中。⑥ 上：通“尚”，还要。执：执行，负担。宫功：修建宫室之事。⑦ 尔：语助词。于茅：去割茅草。⑧ 索绹：用手搓绳。绹：绳子。⑨ 亟：同“急”，赶快。乘屋：爬上屋顶修缮房屋。⑩ 冲冲：凿冰的声音。⑪ 凌阴：冰窖。⑫ 蚤：“早”的古字。⑬ 献羔祭韭：古代一种祭祀仪式，仲春二月，在取冰之时，以羔羊和韭菜祭司寒之神。⑭ 霜：同“爽”。肃霜：天高气爽。⑮ 涤场：打扫场圃。⑯ 朋酒：两樽酒。斯：语中助词。飨：同“享”，享用。⑰ 跻：登上。公堂：古代的公共场所。⑱ 称：举杯敬酒。兕觥：兕牛角制成的酒器。

【译文】

九月里筑好打谷场，十月粮食进谷仓。黍子、高粱、早晚谷、米、麻、豆、麦都入仓。可叹我农家人，庄稼收完，又要服役修官房。白天出外割茅草，夜晚搓绳长又长。急急忙忙盖屋顶，开春又忙种庄稼。

腊月凿冰咚咚响，正月里送进冰窖藏。二月早取冰祭寒神，献上韭菜和羊羔。九月天高气又爽，十月清扫打谷场。两樽美酒共品尝，宰杀肥美小羔羊。登上公堂，举起那牛角杯，同声高祝“万寿无疆”！

鸱鸮

【原文】

鸱鸮鸱鸮[①]，既取我子[②]，无毁我室。恩斯勤斯[③]，鬻子之闵斯[④]！
迨天之未阴雨[⑤]，彻彼桑土[⑥]，绸缪牖户[⑦]。今女下民[⑧]，或敢侮予[⑨]！
予手拮据[⑩]，予所捋荼[⑪]，予所蓄租[⑫]，予口卒瘏[⑬]，曰予未有室家[⑭]！
予羽谯谯[⑮]，予尾翛翛[⑯]。予室翘翘[⑰]，风雨所漂摇[⑱]，予维音哓哓[⑲]！

【主旨讲解】

这是一篇寓言诗。一只孤弱的母鸟，其幼鸟被猫头鹰攫走了，窝巢损坏了，它呕心沥血经营着，而风雨又来撼动，巢儿摇摇欲坠，令它惊恐地仰天哀嚎了起来。诗人通过母鸟的泣诉，形象揭露出了人间弱肉强食、人民生活悲惨的真实。

【注解】

① 鸱鸮：猫头鹰。② 我：大鸟自称。这是一首寓言诗，以大鸟口吻写成。③ 恩：即“殷”。斯：语尾助词。恩斯勤斯，意即辛辛苦苦地。④ 鬻：同“育”。子：指雏鸟。闵：病。⑤ 迨：

趁着。⑥彻：取。⑦绸缪：缠缚，捆绑。牖户：本指门窗，这里指鸟巢的缝隙。⑧女：同“汝”，你，你们。⑨侮：欺侮，指打翻鸟巢。⑩拮据：手口并用地做。⑪捋：采取。荼：茅草的白花。⑫蓄：积聚。租：通“苴”，茅草。⑬卒：通“瘁”，劳累致病。瘏：病。⑭曰：语助词。⑮谯谯：羽毛脱落的样子。⑯翛翛：羽毛干枯不润泽的样子。⑰翘翘：危险的样子。⑱漂摇：同“飘摇”，在空中摇晃。⑲维：只有。哓哓：因恐惧而发出的哀鸣。

【译文】

猫头鹰啊猫头鹰，你已抓走我的娃娃，不要再毁坏我的巢。我辛辛苦苦养育儿女，为养孩子累又乏！

趁着天晴没下雨，取来桑枝泥土忙筑巢，修补窗子和门户。看你们这些树下的人，谁敢打落我的鸟巢？

我太过疲劳手发麻，我去采芦、茅白花来垫窝，我还积攒了许多干草，我的嘴累痛了。唉！我还是没有个好窝巢！

我的羽毛已焦枯，我的尾巴像干草。我的巢儿险而高，在风雨中飘摇，吓得我惊恐地哀号！

东山

【原文】

我徂东山[①]，慆慆不归[②]。我来自东[③]，零雨其濛[④]。我东曰归[⑤]，我心西悲[⑥]。制彼裳衣[⑦]，勿士行枚[⑧]。蜎蜎者蠋[⑨]，烝在桑野[⑩]。敦彼独宿[⑪]，亦在车下。

我徂东山，慆慆不归。我来自东，零雨其濛。果臝之实[⑫]，亦施于宇[⑬]。伊威在室[⑭]，蠨蛸在户[⑮]。町畽鹿场[⑯]，熠耀宵行[⑰]。不可畏也，伊可怀也[⑱]！

我徂东山，慆慆不归。我来自东，零雨其濛。鹳鸣于垤[⑲]，妇叹于室。洒扫穹窒[⑳]，我征聿至[㉑]。有敦瓜苦[㉒]，烝在栗薪[㉓]。自我不见，于今三年。

我徂东山，慆慆不归。我来自东，零雨其濛。仓庚于飞[㉔]，熠耀其羽。之子于归，皇驳其马[㉕]。亲结其缡[㉖]，九十其仪[㉗]。其新孔嘉[㉘]，其旧如之何[㉙]？

【主旨讲解】

这是一支还乡断肠曲。细雨飘飞，烟水迷蒙，一位久征东山的士兵卸甲归来，走在大路上，想着家园荒凉了、景色破败了，容颜渐衰的妻子坐在室内叹气，当初结婚时的热闹场面又历历浮现，令他哽噎哀伤起来。诗篇结构紧凑，想象迭出，抒情写景水乳交融。

【注解】

①徂：往，到。东山：山名，在今山东曲阜附近，亦即蒙山。②慆慆：悠久，时间长。③来：回来，归来。自：从。④零雨：小雨。濛：细雨绵绵的样子。⑤东：在东边。曰归：听说要回家。⑥西悲：为思念西方的故乡而伤悲。⑦制：缝制。裳衣：衣服。这里指与军服不同的便服。⑧勿：不要，不用。士：通“事”，从事。行：同“横”。枚：用木片或竹枝做的筷子大小一样的东西，两端有带，可系颈上。古代军队夜行作战，士兵和战马口中衔枚，以免发出声响而暴露目标。⑨蜎蜎：软体虫子爬行蠕动的样子。蠋：昆虫名，色青，多生桑树上，故又名桑蚕或野蚕。⑩烝：久，留。⑪敦：形容身体蜷缩成一团的样子。⑫果蠃：植物名，蔓生，似黄瓜。⑬施：蔓延。宇：屋檐。⑭伊威：昆虫名。俗称土鳖，扁圆多足，生长在潮湿的地方。⑮蟏蛸：一种长脚的小蜘蛛，又名喜蛛。传说这种蜘蛛爬在人身上，是亲人将至的喜兆。⑯町畽：田舍旁边的空地。鹿场：成了野鹿践踏出没的场地。指田园荒芜。⑰熠耀：闪闪发亮。宵行：萤火虫。⑱伊：这是。怀：怀念。⑲鹳：水鸟名，形似鹤，又似鹭，捕食鱼虾。垤：小土堆。⑳穹窒：即“窒穹”。窒：堵塞。穹：空洞，缝隙。这是作者想象妻子的心理活动。㉑征：征人。聿：语气助词，含有“将要”的意思。㉒有敦：即“敦敦”，团团，堆堆。瓜苦：即苦瓜，瓠瓜。古时婚礼，将切开的瓠瓜给新郎新娘各持一半，盛酒漱口，行合卺之礼。㉓烝：句首语气词。栗：聚合之意。薪：柴杆。栗薪：即束薪。古时婚礼，将一束柴薪放置洞房内，象征永结同心，共同生活。㉔仓庚：黄莺。于：在。㉕皇：黄白色相杂。驳：红白色相杂。指马的毛色。马：指陪嫁的马。㉖亲：指妻子的母亲。缡：佩巾。古代婚俗，母亲亲自替出嫁的女儿系结佩巾，称为“结缡”。㉗九十：虚数，非确指。㉘新：新婚。孔：很，非常。嘉：美满，美好。㉙旧：婚后分别三年，所以称“旧”。

【译文】

我出征到了东山，长年累月不能回家。今天我从东方回，正逢细雨蒙蒙倍凄凉。我在东边听说要回，西望家乡心里悲伤。缝制一套平时装，不再衔枚上战场。弯弯成团的桑虫，潜伏在桑林野外。那独睡的战士缩成团，钻在兵车下面权当床。

我来自东，零雨其濛。

我出征到了东山，长年累月不能回家。今天我从东方回，正逢细雨蒙蒙倍凄凉。瓜蒌的果实，爬满了屋檐。土鳖伏在屋角，喜蛛在室内游转。野鹿出没在房前屋后，流萤闪闪飞来飞去。家园虽荒不可怕，它是那么令人深深怀念！

我出征到了东山，长年累月不能回家。今天我从东方回，正逢细雨蒙蒙倍凄凉。

鹳鹤在山上哀鸣，妻子在屋里悲叹。洒扫庭院，修整房屋，盼我征人早还乡。苦瓜团团，放在柴堆上。久久不相见，眨眼就是三年。

我出征到了东山，长年累月不能回家。今天我从东方回，正逢细雨蒙蒙倍凄凉。还记得黄莺快乐地飞翔，它的羽毛闪闪耀眼。这个女子出嫁，黄白的花马去迎娶。母亲为她系佩巾，繁多的礼仪一项项。那新婚生活真美满，久别重逢会如何？

伐柯

【原文】

伐柯如何[①]？匪斧不克[②]。取妻如何？匪媒不得。

伐柯伐柯，其则不远[③]。我觏之子[④]，笾豆有践[⑤]。

【主旨讲解】

“执柯作伐”一词即是出于这首诗。

【注解】

①柯：斧柄。②克：能。③则：准则，榜样。④觏：遇见。⑤笾：竹篾编的装果类的独脚碗。豆：木制装肉类的器具，与笾形相似。有践：陈列整齐的样子。

【译文】

伐木做斧柄该怎么办呢？没有斧头办不到。要娶妻子该怎么办呢？没有媒人取不回。

砍斧柄呀砍斧柄，那个样子不远求。我所遇见的那个人呀，举办宴会有章法。

破斧

【原文】

既破我斧，又缺我斨[①]。周公东征[②]，四国是皇[③]。哀我人斯，亦孔之将[④]。

既破我斧，又缺我锜[⑤]。周公东征，四国是吪[⑥]。哀我人斯，亦孔之嘉。

既破我斧，又缺我銶[⑦]。周公东征，四国是遒[⑧]。哀我人斯，亦孔之休。

【主旨讲解】

周公带领军队去平定叛乱，兵士们说自己的武器都砍坏了，可见战斗的惨烈。生还的士兵感到庆幸自己能从战场捡条命回来。

【注解】

①缺：缺口，这里作动词用。斨：方孔斧。②周公：周公旦。③四国：指商、管、蔡、霍四国。④孔：很。将：大，与下文的“嘉”“休”都是好的意思。⑤锜：古时一种武器。⑥吪：感化。⑦銶：古时一种像锹的武器。⑧遒：安定。

【译文】

既砍坏了我的斧头，又砍坏了我的铜斨。周公东征去打仗，四国听了都心慌。可怜我们当兵的，活着回来算幸运。

既砍坏了我的斧头，又砍坏了我的三齿锄。周公东征去打仗，四国很快被感化。可怜我们当兵的，活着回来算有福。

既砍坏了我的斧头，又砍坏了我的铁锹。周公东征去打仗，四国很快安定了。可怜我们当兵的，活着回来算命好。

九罭

【原文】

九罭之鱼鳟鲂[①]。我觏之子，衮衣绣裳[②]。
鸿飞遵渚[③]，公归无所，于女信处[④]。
鸿飞遵陆，公归不复，于女信宿。
是以有衮衣兮[⑤]，无以我公归兮[⑥]，无使我心悲兮！

【主旨讲解】

这是一首留客诗。主人执意要留客人住两宿，甚至把对方的衣服藏起来。

【注解】

①九罭：一种网眼细密的捕鱼虾的网。鳟：赤眼鳟。鲂：鳊鱼。②衮衣：古代贵族所穿绘着龙纹的上衣。绣裳：绣有五彩图案的裙子。③鸿：大雁。遵：沿着。渚：水中沙洲。④信处：住两夜。⑤有：闻一多：“有，藏之也。”⑥无以：不让。

【译文】

细密渔网捕鳟鲂。我遇见的那人呀，穿着龙纹上衣五彩裳。
大雁沿着沙洲飞，你若回去没处住，请你留这儿住两宿。
大雁沿着陆地飞，你一归去不复回，请你留这儿住两夜。
于是藏起衮衣啊，不让你得回，不要教我心伤悲！

小雅

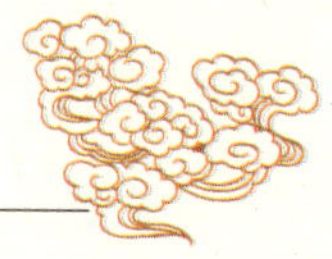

鹿鸣

【原文】

呦呦鹿鸣[①]，食野之苹[②]。我有嘉宾[③]，鼓瑟吹笙[④]。吹笙鼓簧[⑤]，承筐是将[⑥]。人之好我[⑦]，示我周行[⑧]。

呦呦鹿鸣，食野之蒿[⑨]。我有嘉宾，德音孔昭[⑩]。视民不恌[⑪]，君子是则是傚[⑫]。我有旨酒[⑬]，嘉宾式燕以敖[⑭]。

呦呦鹿鸣，食野之芩[⑮]。我有嘉宾，鼓瑟鼓琴[⑯]。鼓瑟鼓琴，和乐且湛[⑰]。我有旨酒，以燕乐嘉宾之心。

【主旨讲解】

这是一篇宴饮求贤诗。悠扬的鼓瑟声响起来了，宾客们互相谈笑着，敬着酒，和乐融融，主人在此情况下命令乐队奏起了这支歌，表达自己求贤的渴望和欣喜之情。诗篇章法分明，格调欢快，场面富于动感。

【注解】

我有嘉宾，鼓瑟吹笙。

①呦呦：鹿鸣叫的声音。②苹：草名，一说为蒿草，一说为马帚，即北方的扫帚菜。③嘉宾：贵宾、佳客。④瑟：古代弹拨乐器。笙：古代的一种簧管乐器。⑤簧：笙中之簧叶。鼓簧：指吹笙，鼓动簧叶而发声。⑥承：奉（“捧”之古体）。筐：指盛币帛之竹筐。承筐：指主人命奴仆捧出盛币帛的竹筐。将：送。⑦好：爱护。⑧示：指示。周行：大道，正道。⑨蒿：青蒿。⑩德音：好品德，美名。孔：很。昭：明。孔昭，很显著。⑪视：古“示”字。恌：轻浮，不正派。不恌，指正派厚道。⑫君子：指有道德修养、有学问的人。则：准则。傚：效仿。⑬旨：美，甘。旨酒，美酒。⑭式：语助词。燕：同“宴”，宴会。敖：即

“遨”字，游乐，逍遥。⑮ 芩：草名，蒿草之类。⑯ 琴：古代弹拨乐器名。古人往往以琴瑟喻夫妇或友人情谊和谐。⑰ 湛：同“沈”，深。

【译文】

群鹿呦呦鸣叫，来吃田野青苹。我有佳客贵宾来啊，弹瑟又吹笙。吹笙吹笙，鼓簧鼓簧，捧出盈筐币帛，来赠我那尊贵的客人啊！贵宾对我无限厚爱，教我道理最欢喜。

群鹿呦呦鸣叫，来吃田野青蒿。我有佳客贵宾来啊，品德高尚有美名。示范人们不可轻佻，君子学习好典型。我有琼浆美酒，贵宾就请畅饮逍遥吧！

群鹿呦呦鸣叫，来吃田野芩草。我有佳客贵宾来啊，弹瑟弹琴来助兴。弹瑟又弹琴，宾主和乐又尽兴。我有琼浆美酒，贵宾沉醉乐开怀。

四牡

【原文】

四牡骓骓①，周道倭迟②。岂不怀归？王事靡盬③，我心伤悲。
四牡骓骓，啴啴骆马④。岂不怀归？王事靡盬，不遑启处⑤。
翩翩者鵻⑥，载飞载下⑦，集于苞栩⑧。王事靡盬，不遑将父⑨。
翩翩者鵻，载飞载止，集于苞杞⑩。王事靡盬，不遑将母。
驾彼四骆，载骤骎骎⑪。岂不怀归？是用作歌⑫，将母来谂⑬。

【主旨讲解】

这是一支行役思亲曲。一位小官行在路上，驾着马车，为公事风尘仆仆，挂念着家中衰老的双亲无人养顾，遂伤心地发起了牢骚。后来这首诗被用于国君慰问使臣。诗篇第一节和二节对称，三四两节对称，形式讲究，布局井然。

【注解】

① 四牡：四匹公马。骓骓：马疾驰的行状。② 周道：大路。倭迟：逶迤，指道路迂回漫长。③ 靡：无。盬：止息。④ 啴啴：喘息的样子。骆：长着黑鬃的白马。⑤ 遑：暇，顾。启处：安居休息。⑥ 鵻：斑鸠。⑦ 下：降落。⑧ 苞：丛生茂盛的草木。栩：柞栎，即橡树。⑨ 将：奉养、赡养。⑩ 杞：枸杞。⑪ 骤：奔驰，疾驰。骎骎：奔驰之状。⑫ 是：此，这。用：因，以。是用作歌：用是作歌，因此作歌。⑬ 谂：思念，想念。

【译文】

四匹骏马奔啊奔，大路迢迢大路弯。我难道不想回故乡吗？官家的差使无休止，我心悲愁我心伤！

四匹骏马奔啊奔，黑鬣白马喘吁吁。我难道不想回故乡？官家的差使无尽头，不知何时方能歇一歇。

斑鸠鸟儿翩翩飞，飞上去，飞下来，群栖在繁茂的栎树上。官家的差使无休止，哪有空儿奉养老父亲啊！

斑鸠鸟儿翩翩飞，飞过去，停下来，群栖在繁茂的栎树上。官家的差使无尽头，哪有空儿奉养老母亲啊！

驾起那四匹黑鬣白马，疾驰如风奔向前方。我难道不想回家乡？为此作支歌儿来抒怀，母亲啊，我多么想念您。

皇皇者华

【原文】

皇皇者华①，于彼原隰②，駪駪征夫③，每怀靡及。
我马维驹，六辔如濡④，载驰载驱，周爰咨诹⑤。
我马维骐⑥，六辔如丝，载驰载驱，周爰咨谋。
我马维骆⑦，六辔沃若⑧，载驰载驱，周爰咨度。
我马维骃⑨，六辔既均⑩，载驰载驱，周爰咨询。

【主旨讲解】

这首诗写周天子所遣使者四处采风、不辞劳苦的情形。

【注解】

①皇皇：色彩鲜明的样子。华：花。②隰：湿地。③駪駪：急急忙忙的样子。④六辔：古代一车四马，马各二辔，两骖马之内辔系而不用，故曰六辔。濡：润泽。⑤咨：问询调查的意思。诹：聚集讨论。⑥骐；青黑色的马。⑦骆：白马黑鬃。⑧沃若：光鲜亮丽的样子。⑨骃：毛色黑白相间的马。⑩均：调和，整齐。

【译文】

色彩鲜艳的山花，开遍高原和洼地。匆匆出访的使者，虽有私怀不能顾。
我的马儿多高骏，六条缰辔都光润。驾着马车快快跑，四处求访遍咨询。
我的马儿青黑色，缰绳如丝多光洁。赶着马车快快跑，到处寻访问良策。
我的马儿好骏骆，六条缰辔多润泽。赶着马车快快跑，四处打听来商酌。
我的马儿色斑驳，六条缰辔均和谐。赶着马车快快跑，各处访问勤求索。

常棣

【原文】

常棣之华[1]，鄂不韡韡[2]。凡今之人，莫如兄弟。

死丧之威[3]，兄弟孔怀[4]。原隰裒矣[5]，兄弟求矣。

脊令在原[6]，兄弟急难[7]。每有良朋，况也永叹。

兄弟阋于墙[8]，外御其务[9]。每有良朋，烝也无戎[10]。

丧乱既平，既安且宁。虽有兄弟，不如友生[11]？

傧尔笾豆[12]，饮酒之饫[13]。兄弟既具[14]，和乐且孺[15]。

妻子好合，如鼓瑟琴。兄弟既翕[16]，和乐且湛。

宜尔室家[17]，乐尔妻帑[18]。是究是图，亶其然乎[19]？

【主旨讲解】

这是一支好兄弟之歌。兄弟相会来了，在特地准备的筵席上，诗人欢快地唱了起来：丧了命、遇难、御外侮时，就有兄弟来收殓、相救或帮忙，度过了安逸时期的考验，兄弟们就又和好如初了。诗篇节奏先快后缓，意象生动，抒情说理高度融合。

【注解】

①常棣：又名唐棣，数朵花为一簇，实如樱桃状。诗中以此表达兄弟情谊。②鄂：花萼。韡韡：光明、光辉。此处形容花色鲜明。③威：通“畏”，可怕。④孔怀：非常关心。⑤裒：缺少其人。⑥脊令：是一种水鸟。在原：水鸟在原，比喻有难。⑦急难：火速抢救之意。⑧阋：互相争斗，相互怨恨，相互争讼。⑨务：即“侮”。⑩烝：众多。戎：相助。⑪生：语助词，无义。⑫傧：陈列。笾、豆：均系古代用于盛放食品的器皿。⑬饫：指家宴。⑭具：俱，集。⑮孺：属。有亲慕之义。⑯翕：聚合，收敛。⑰宜：安。室家：家人，此指夫妇。⑱帑：通“孥”，子孙。⑲亶：信，诚。

【译文】

常棣花开一簇簇，花萼鲜艳又夺目。遍观当今世人啊，哪有像兄弟那样亲又亲。

死亡的事多么可怕啊，只有兄弟相牵挂。原野洼地少个人啦，只有兄弟来寻找。

水鸟脊令落郊原，兄弟急忙救急难。虽有良朋益友，徒唤奈何且长叹。

兄弟家内也有纷争，对外则同心共御敌。虽有良朋益友，众友芸芸无所助啊。

死丧祸乱平定了，生活幸福又安宁。虽有手足亲兄弟，不如好友情谊深。

摆列餐具享美食，开怀畅饮酒意酣。兄弟相聚在一起，融洽笃爱且和乐。

妻儿和谐恩情深，奏瑟弹琴心相印。兄弟们友爱又和睦，融洽欢乐无穷尽。

家庭美满又幸福，妻儿相依乐陶陶。深思熟虑理自明呀，情况就是这样！

伐木

【原文】

伐木丁丁①，鸟鸣嘤嘤②。出自幽谷③，迁于乔木④。嘤其鸣矣，求其友声。相彼鸟矣⑤，犹求友声。矧伊人矣⑥，不求友生？神之听之⑦，终和且平。

伐木许许⑧，酾酒有藇⑨。既有肥羜⑩，以速诸父⑪。宁适不来⑫，微我弗顾⑬。於粲洒扫⑭，陈馈八簋⑮。既有肥牡⑯，以速诸舅。宁适不来，微我有咎⑰。

伐木于阪⑱，酾酒有衍⑲。笾豆有践⑳，兄弟无远㉑。民之失德㉒，干糇以愆㉓。有酒湑我㉔，无酒酤我㉕。坎坎鼓我㉖，蹲蹲舞我㉗。迨我暇矣㉘，饮此湑矣！

【主旨讲解】

这是一曲宴友歌。林中伐木声响起来了，鸟儿嘤嘤鸣叫着求伴，酒席摆好在了屋檐下，等候故人到来的当儿，诗人就用这支歌表达了自己对友情的期许和观点。诗篇叙述虚实相间，意境清幽，理趣相合。

【注解】

①丁丁：伐木声。②嘤嘤：鸟鸣声。③幽谷：深谷。④乔木：高大的树。⑤相：视、看。⑥矧：况且。⑦神之听之：马瑞辰《通释》："《释诂》：'神，慎也。''慎，诚也。''神之'即'慎之'也。《广雅》：'听，从也。''听之'，谓能听从其言也。"⑧许许：象声词。朱熹《集传》："众人共力之声。"⑨酾：《毛传》："以筐曰酾。"古人酿酒用筐沥除酒糟曰酾，后人称为"筛酒"。藇：《毛传》："美貌。"王先谦《集疏》："'有藇'犹'藇藇'也。经文凡叠句双字者，或变文作'有'，如此'有'及'庶士有朅'之类甚多。"⑩羜：《毛传》："未成羊也。"⑪速：《郑笺》："召也。"即邀请。诸父：《毛传》："天子谓同姓诸侯、诸侯谓同姓大夫皆曰父，异性则称舅。"⑫宁适：于省吾《新证》："按适、敌古通，《尔雅·释诂》：'敌，当也。''宁适不来'，言宁当不来也。"⑬微：非。顾：惦念。⑭於：叹词。粲：鲜明貌。⑮簋：食器。⑯牡：公牛。⑰咎：过错。⑱阪：山坡。⑲衍：盈溢。⑳践：陈列貌。㉑无远：同在。㉒失德：即"失和"。㉓糇：《说文》："干食也。"干糇即今所谓干粮，在此泛指食物。以：因而。愆：过错，此处可引申为怨恨。㉔湑：与"酾"同义。㉕酤：买。㉖坎坎：击鼓声。

我：闻一多《歌与诗》认为，实即“哦”之类的语气词。㉗蹲蹲：《毛传》：“舞貌。”㉘迨：《郑笺》：“及也。”

【译文】

咚咚作响伐木声，嘤嘤群鸟相合鸣。鸟儿本从深谷出，飞往高高大树上。小鸟要嘤嘤啼不住？只是为了求知音。仔细端详那小鸟，尚且求友欲相亲。何况我们这些人，岂能不知重友情。天上神灵请聆听，赐我和乐与宁静。

伐木呼呼斧声急，滤出美酒喷喷香。既有肥美羊羔在，请来叔伯叙情谊。即使他们没能来，不能说我缺诚意。屋里扫得真清爽，佳肴八盘桌上齐。既有肥美公羊肉，请我舅亲来尝尝。即使他们没能来，不能说我有过失。

伐木就在山坡边，滤酒清清快斟满。盘儿碗儿排整齐，兄弟叙谈莫疏远。人们为啥失友情，饭菜不周致埋怨。有酒滤清让我饮，没酒快买我兴酣。敲起鼓儿咚咚声，扬起长袖翩翩舞。趁着今朝有闲暇，一定再把酒喝完。

天保

【原文】

天保定尔[①]，亦孔之固。俾尔单厚[②]，何福不除[③]？俾尔多益，以莫不庶。

天保定尔，俾尔戬谷[④]。罄无不宜[⑤]，受天百禄。降尔遐福[⑥]，维日不足[⑦]。

天保定尔，以莫不兴。如山如阜，如冈如陵，如川之方至，以莫不增。

吉蠲为饎[⑧]，是用孝享[⑨]。禴祠烝尝[⑩]，于公先王[⑪]。君曰：“卜尔[⑫]，万寿无疆！”

神之吊矣[⑬]，诒尔多福[⑭]。民之质矣[⑮]，日用饮食。群黎百姓，徧为尔德[⑯]。

如月之恒[⑰]，如日之升。如南山之寿，不骞不崩[⑱]。如松柏之茂，无不尔或承。

【主旨讲解】

这是一首臣下对国君祝福的诗。诗中用优美的文辞祝愿君主王位巩固、万寿无疆，反映了当时人敬天保民的观念。

【注解】

①保：抚养，护佑。②单厚：诚信厚重。③除：给予。④戬谷：福禄。⑤罄：尽。⑥遐福：指福禄长远。⑦维：只。⑧吉：善，指选择吉日。蠲：通“涓”，指斋戒涤濯。饎：酒食。⑨孝：指孝敬祖先。⑩禴祠烝尝：均为祭祀之名。禴，春祭；祠，夏祭；烝，冬祭；尝，秋祭。⑪公：指先公。⑫君曰：指祭祀时，代先君受祭的尸传达神的话。卜：赐予。⑬吊：

至。⑭诒：通“贻”，给予。⑮质：淳朴。⑯为：施行。⑰恒：指上弦月渐趋盈满。⑱骞：亏损。

【译文】

上天护佑安定你，王权牢固永不移。使你国家能强大，什么幸福不赐予？使你福气多增加，所有一切都富裕。

上天保佑救助你，让你福禄享不尽。万事没有不适宜，天赐百福多吉祥。长远幸福降给你，每天还恐给不足。

上天护佑你安定，生产兴盛日日好。像那大山和大丘，好比山冈与高陵。像那河流滚滚来，没有一样不增长。

择吉斋沐备酒浆，为表孝敬齐献上。春夏秋冬四时祭，祭我先公与先王。先公先王降辞说，万寿无疆真吉祥。

先祖之神来享祭，各种幸福赐给你。人民淳朴风俗好，每天吃饱就安心。庶民百官也同样，你的恩德普遍施。

如那上弦月渐盈，如那旭日正上升。如那南山般长寿，永不亏损永不崩；你像松柏长茂盛，福禄代代有继承。

采薇

【原文】

采薇采薇①，薇亦作止②。曰归曰归，岁亦莫止③。靡室靡家④，猃狁之故⑤。不遑启居⑥，猃狁之故。采薇采薇，薇亦柔止⑦。曰归曰归，心亦忧止。忧心烈烈⑧，载饥载渴⑨。我戍未定⑩，靡使归聘⑪！采薇采薇，薇亦刚止⑫。曰归曰归，岁亦阳止⑬。王事靡盬⑭，不遑启处⑮。忧心孔疚⑯，我行不来⑰！彼尔维何⑱？维常之华⑲。彼路斯何⑳？君子之车。戎车既驾㉑，四牡业业㉒。岂敢定居，一月三捷㉓！驾彼四牡，四牡骙骙㉔。君子所依㉕，小人所腓㉖。四牡翼翼㉗，象弭鱼服㉘。岂不日戒，猃狁孔棘㉙！昔我往矣㉚，杨柳依依㉛。今我来思㉜，雨雪霏霏㉝。行道迟迟，载渴载饥。我心伤悲，莫知我哀！

【主旨讲解】

这是一支还乡悲歌。一名饥渴的士兵远征结束，独行归来，抚今追昔，当初出戍的无畏、战争的种种艰辛、思乡的痛彻，此刻如潮水般齐涌上了心头，令他百感交集，悲伤难抑。诗篇格调凄绝，情景交融，时空感强。

【注解】

①薇：即野豌豆苗，可以食用。②作：初生。止：语助词。③莫：古“暮”字。④靡：无。⑤猃狁：我国北方的少数民族。西周时称猃狁，春秋时称北狄。⑥遑：暇。启：跪坐。居：安坐。古人席地而坐，两膝着席，跪坐时腰板伸直，臀都跟足跟离开；安坐时臀部贴在足跟上。⑦柔：幼嫩。⑧烈烈：火势猛烈的样子，这里指忧心如焚。⑨载：又。⑩戍：戍守，指驻守的地方。⑪使：使者。聘：问候。归聘，带回问候家人的音信。⑫刚：粗硬。指薇菜将老，茎叶变粗变硬。⑬阳：阴历十月。⑭靡盬：没有止境。盬，停止。⑮启处：与上文“启居”同义。⑯孔：非常。疚：痛苦。⑰来：返回，归来。⑱尔：同“尔”，花盛开的样子。维何：是什么。⑲常：通“棠”，棠棣。华：古“花”字。⑳路：同“辂”，古代的一种大车。斯何：同“维何”。㉑戎车：兵车，战车。㉒牡：雄马。业业：高大健壮的样子。㉓捷：通“接”，即接战。㉔骙骙：强壮的样子。㉕依：乘。㉖腓：蔽护，掩护。㉗翼翼：行列整齐的样子。㉘弭：弓的两头缚弦的地方。象弭，用象牙镶饰的弓。鱼服：用鱼皮做的箭袋。服，通“箙”，箭袋。㉙棘：同“急”。㉚昔：过去。㉛依依：柳条随风摇曳的样子。㉜思：语助词。㉝雨：降落，散落。霏霏：大雪纷飞的样子。

【译文】

采薇菜呀采薇菜，薇菜新芽已长大。回家乡呀回家乡，已盼到年终岁尾。抛弃亲人离家园，只因猃狁来侵犯；跪不宁来坐不安，只因猃狁来侵犯。采薇菜呀采薇菜，薇菜柔嫩刚发芽。回家乡呀回家乡，心里忧愁多牵挂。忧心如同被火焚，又饥又渴真苦煞。防地调动难定下，无法给家人捎音信！采薇菜呀采薇菜，薇茎渐渐长硬。回家乡啊回家乡，又到十月“小阳春”。王室差事无休无止，想要休息没闲暇。心中充满忧愁伤痛，远征在外难归还！那绚丽耀眼的是什么？那是棠棣的花朵。高大的马车属于谁？那是将军的战车。驾起兵车要出战，四匹雄马矫健齐奔腾。边地怎敢图安居？一月要争几回胜！驾着那四匹雄马，什么车儿高又大？将军乘坐在车中，小兵掩护也靠它。四匹马步调一致，象牙弓配着鱼皮箭袋。哪有一天不戒备？猃狁实在太猖狂！回想我当初出征时，杨柳依依随风吹。如今回来路途中，雪花纷纷飘落下。我行路艰难慢慢走，又饥又渴真劳累。满心伤感满腔悲，却没有人知道我的哀痛！

出车

【原文】

我出我车，于彼牧矣①。自天子所②，谓我来矣。召彼仆夫，谓之载矣。王事多难，维其棘矣③。我出我车，于彼郊矣。设此旐矣④，建彼旄矣⑤。彼旟旐斯⑥，胡不旆旆⑦？忧心悄悄，仆夫况瘁⑧。王命南仲⑨，往城于方⑩。

出车彭彭[11]，旂旐央央[12]。天子命我，城彼朔方。赫赫南仲，狎狁于襄[13]。昔我往矣，黍稷方华。今我来思[14]，雨雪载涂[15]。王事多难，不遑启居。岂不怀归？畏此简书[16]。喓喓草虫[17]，趯趯阜螽[18]。未见君子[19]，忧心忡忡[20]。既见君子，我心则降。赫赫南仲，薄伐西戎[21]。春日迟迟[22]，卉木萋萋[23]。仓庚喈喈[24]，采蘩祁祁[25]。执讯获丑[26]，薄言还归[27]。赫赫南仲，猃狁于夷[28]。

【主旨讲解】

这是一首描写当时征战边疆的将士生活的诗。诗中写一位士兵追随将军出征猃狁，他既为自己的保家行为而自豪，同时也因久戍边疆而产生了难耐的思念之情。

【注解】

①牧：郊外的地方。《尔雅·释地》："邑外谓之郊，郊外谓之牧。"②所：处所。③棘：急迫。④设：陈列。旐：画有龟蛇的旗。⑤旄：竿顶用旄牛尾饰的旗。⑥旟：绘有鹰隼图像的旗。⑦旆旆；旗飘动的样子。⑧瘁：憔悴之意。⑨南仲：周宣王的大将。⑩城：指筑城。方：指朔方，北方。⑪彭彭：盛多的样子。⑫旂：绘有蛟龙的旗。央央：鲜明貌。⑬襄："攘"的假借字，排除。⑭思：语气词。⑮雨雪：指落雪。载：充满。涂：指：泥浆。⑯简书：指告急的文书。⑰喓喓：虫鸣声。草虫：即蝈蝈。⑱趯趯：跳跃的样子。阜螽：即蚱蜢。⑲君子：指将帅南仲。⑳忡忡：忧愁的样子。㉑西戎：古时总称西北少数民族为西戎。㉒迟迟：和缓的样子。㉓卉：草的总名。萋萋：茂盛。㉔仓庚：黄莺的别名。喈喈：鸟鸣声。㉕蘩：又名白蒿，可食。祁祁：众多的样子。㉖讯：指可供审问的俘虏。获："馘"的假借字，割下杀死的敌人的左耳以计功。丑：这里指被杀死的俘虏。㉗言：语助词。㉘夷：扫平。

【译文】

推出我那战车，赶往城郊外。从天子那里传来命令，告诉我前来。召唤那车夫，叫他快装好东西。朝廷政事多外患，形势紧急要赶快。推出我那战车，驾车到那城郊。插上这些龟蛇旗，旄牛尾旗也竖好。那些鹰旗龟蛇旗，统统随风飘飘！我为战事心忧患，车夫憔悴形容老。

我出我车，于彼牧矣。

周王命令南仲帅，到那北方去筑城。战车出发声势大，龙蛇旗帜多鲜明。天子给我下命令，快到北方去筑城。威名显赫南仲帅，定将猃狁赶出境。昔日我出发打仗时，黍子糜子正扬花。今天我来返驻地，落雪纷纷泥泞路。朝廷政事多外患，没有工夫去休息。难道不想早回家？怕这告急文书随时到。蝈蝈唧唧地叫，蹦来蹦去是蚱蜢。我没见到将帅时，心里忧愁不安定。见到我那将帅后，马上心定情绪好。威名显赫南仲帅，又率大军去伐西戎。春天日子慢悠悠，草木萋萋多茂盛。黄莺喈喈唱得欢，采蘩姑娘笑声喧。抓住俘虏审他们，回返家乡踏归程。声威显赫的南将那猃狁全扫平。

杕杜

【原文】

有杕之杜①，有睆其实②。王事靡盬③，继嗣我日④。日月阳止⑤，女心伤止，征夫遑止。有杕之杜，其叶萋萋。王事靡盬，我心伤悲。卉木萋止，女心悲止，征夫归止！陟彼北山⑥，言采其杞⑦。王事靡盬，忧我父母。檀车幝幝⑧，四牡痯痯⑨，征夫不远！匪载匪来，忧心孔疚⑩。斯逝不至⑪，而多为恤⑫。卜筮偕止⑬，会言近止⑭，征夫迩止。

【主旨讲解】

这首诗写丈夫长期在外服役，妻子不但十分想念他，而且还占卜问卦，预测丈夫的归期。

【注解】

① 杕：树木挺立的样子。杜：一种果树的名称，即甘棠，又叫赤棠。② 睆：果实浑圆有光泽的样子。③ 盬：停止。④ 继嗣：继续。⑤ 阳：农历十月。⑥ 陟：登。⑦ 杞：枸杞。⑧ 檀车：用檀木做的役车。幝幝：破旧的样子。⑨ 痯痯：疲惫的样子。⑩ 疚：病痛。⑪ 期：指服役的时间。⑫ 恤：忧。⑬ 偕：嘉，即吉祥的意思。⑭ 会：聚会。一说指“合”，指卜筮预言。

【译文】

一棵甘棠在路旁，果实饱满又鲜美。公家差事没完没了，时间又要拖延了。已是十月近年关，我心忧虑又挂念，夫君何时能归还！一棵甘棠在路旁，叶儿繁茂长又长。公家差事没有尽头，我心怅惘又悲伤。花草逢春争斗艳，我心破碎真可怜，夫君何时才回还！登上北山我惆怅，手采枸杞心想郎。公家差事无休止，谁来侍候爹和娘。檀木车儿已破烂，四匹公马步踉跄，征人回归该不久！人不来车不装，忧心忡忡苦思念。归期早过仍盼望，忧思百结九回肠。占卜总是有吉兆，聚会有期应验言，夫君快点回到家！

鱼丽

【原文】

鱼丽于罶[①]，鲿鲨[②]。君子有酒，旨且多[③]。鱼丽于罶，鲂鳢[④]。君子有酒，多且旨。鱼丽于罶，鰋鲤[⑤]。君子有酒，旨且有。物其多矣，维其嘉矣！物其旨矣，维其偕矣[⑥]！物其有矣[⑦]，维其时矣[⑧]！

【主旨讲解】

这首诗称颂主人所设之宴排场盛大，美酒佳肴毕备，是一首描写贵族宴会的诗。

【注解】

①丽：同“罹”，遭遇。罶：捕鱼之笼。②鲿鲨：两种名贵的鱼名。③旨：味美。④鲂：今名鳊鱼。鳢：今名黑鱼。⑤鰋：今名鲇鱼。⑥偕：义同“嘉”。⑦有：盛多。⑧时：应时。

【译文】

鱼儿装在鱼笼里，有黄鲿还有鲨鱼。君子有酒多又好，味道清香多诱人。鱼儿装在鱼篓里，有鲂鱼还有黑鱼。君子有酒多又好，味道清香多诱人。鱼儿装在鱼笼里，有鲇鱼还有鲤鱼。君子有酒多又好，味道清香多诱人。酒肉菜肴真丰盛，味道醇美实在好。菜肴味道真精美啊！客人尝后合口味！菜肴样样都齐备啊，既应时来又鲜美！

南有嘉鱼

【原文】

南有嘉鱼[①]，烝然罩罩[②]。君子有酒，嘉宾式燕以乐。
南有嘉鱼，烝然汕汕[③]。君子有酒，嘉宾式燕以衎[④]。
南有樛木[⑤]，甘瓠累之[⑥]。君子有酒，嘉宾式燕绥之[⑦]。
翩翩者雏[⑧]，烝然来思。君子有酒，嘉宾式燕又思[⑨]。

【主旨讲解】

这首诗内容与《鱼丽》大致相同，写贵族宴请诸宾客时的丰盛华美，反映了当时贵族生活的奢侈。

【注解】

①南：指江汉之间。②烝：众多。罩罩：形容鱼群游动。③汕汕：鱼游水的样子。④衎：快乐的样子。⑤樛木：树干下弯的树。⑥瓠：指葫芦。累：系挂，缠绕。⑦绥：安乐。⑧鵻：鸽子。⑨又：通“侑”，劝酒。

【译文】

嘉鱼盛产河汉间，一群一群在游动。君子有酒喝不完，嘉宾宴饮乐融融。
嘉鱼盛产河汉间，群群鱼儿乐逍遥。君子有好酒，嘉宾宴饮尽欢颜。
南方曲木高又高，葫芦累累来缠绕。君子有好酒，嘉宾宴饮乐陶陶。
翩翩起飞鸽子鸟，群群集结在树梢。君子有好酒，嘉宾宴饮进一杯。

南山有台

【原文】

南山有台[①]，北山有莱[②]。乐只君子[③]，邦家之基。乐只君子，万寿无期。
南山有桑，北山有杨。乐只君子，邦家之光。乐只君子，万寿无疆。
南山有杞，北山有李。乐只君子，民之父母。乐只君子，德音不已。
南山有栲[④]，北山有杻[⑤]。乐只君子，遐不眉寿[⑥]。乐只君子，德音是茂。
南山有枸[⑦]，北山有楰[⑧]。乐只君子，遐不黄耇[⑨]。乐只君子，保艾尔后[⑩]。

【主旨讲解】

这首诗祝愿周王得贤才、获高寿。诗人采用民歌习语作为每章的发端，增加了诗的音乐性。

【注解】

①台：本作“苔”，草名，又名莎草，可制蓑衣。②莱：即“藜”，草名。③君子：指贤人。④栲：一种乔木。⑤杻：木名。⑥遐：“曷”“何”的通假字。眉寿：老人眉中有毫毛秀出，称秀眉、毫眉、寿眉，古人以之为寿相，故“寿眉”倒文曰“眉寿”。⑦枸：即“枳椇”，一种果树，实甜可食。⑧楰：亦名苦楸，木名，楸树的一种。⑨耇：老。黄耇，指年老。黄，黄发。老人发白转黄，意味年岁甚高。⑩艾：养育。后：后代。一说指今后有生之年。

【译文】

南山长有苔草。北山土有野藜。求得贤人多快乐啊，他是国家的根基。得到贤人多快乐啊，祝你万寿无期。

南山长有嫩桑，北山长有白杨。得到贤人多快乐啊，他是朝廷的荣光。得到贤人多快乐啊，祝你万寿无疆。

南山长有杞树，北山生有李树。得到贤人多快乐啊，他是民众之父母。得到君子多快乐啊，愿你美誉永不忘。

南山生有长栲，北山生长杻树。得到贤人多快乐啊，怎不愿你长寿？得到君子多快乐啊，愿你美誉长久。

南山生长枸树，北山生长楰树。得到君子多快乐啊，但愿你长寿。得到君子多快乐啊，愿你子孙昌盛。

鸿雁

【原文】

鸿雁于飞，肃肃其羽①。之子于征，劬劳于野②。爰及矜人③，哀此鳏寡④。

鸿雁于飞，集于中泽。之子于垣⑤，百堵皆作⑥。虽则劬劳，其究安宅⑦。

鸿雁于飞，哀鸣嗷嗷⑧。维此哲人，谓我劬劳。维彼愚人，谓我宣骄⑨。

【主旨讲解】

这是一篇徭役诗。城郊野外，荒无人烟，一队流民被迫来到这里筑墙服役，居无定所，心中苦楚极了，就唱出了这支哀歌。诗篇以“鸿雁”起兴，内容逐层递进，意境空旷冷清。

之子于征，劬劳于野。

【注解】

①肃肃：羽翼声。②劬：劳苦，劳病。③爰：焉，于是。矜人：受苦人。④鳏：老而无妻曰鳏。寡：死了丈夫的妇女。⑤垣：垣墙。此处作动词用，指筑垣墙。⑥百堵：百重墙。皆："偕"之借。作：起。⑦究：终究。宅：此处作动词。⑧嗷嗷：哀鸣声。⑨宣：侈大。骄：放纵。

【译文】

雁儿飞呀飞，两翅沙沙响。使臣在征途，在那旷野苦辛劳奔波。救济穷苦人，鳏寡更可哀。

雁儿飞呀飞，落在湖中央。使臣巡工地，筑起百堵墙。尝尽了辛劳，穷人有住房。

雁儿飞呀飞，嗷嗷哀鸣声。只有这些明理之人，说我真辛劳。那些愚昧者，说我讲排场。

庭燎

【原文】

夜如何其[①]？夜未央[②]，庭燎之光[③]。君子至止[④]，鸾声将将[⑤]。夜如何其？夜未艾[⑥]，庭燎晢晢[⑦]。君子至止，鸾声哕哕[⑧]。夜如何其？夜乡晨[⑨]，庭燎有辉[⑩]。君子至止，言观其旂[⑪]。

【主旨讲解】

这首诗赞美周宣王勤于王事，天还未亮，诸侯就来上朝。

【注解】

①其：疑问语气词。②未央：天未明的意思。③庭燎：宫廷中照明用的火炬。④君子：指朝见周王的诸侯。⑤鸾声：车铃声。鸾，通“銮”，铃。将将：同“锵锵”，铃声。⑥艾：尽。⑦晢晢：光亮的样子。⑧哕哕：车慢行有节奏的铃声。⑨乡：通“向”。乡晨，指天将拂晓。⑩有：语助词，用于形容词前。⑪旂：诸侯的旗帜。

【译文】

夜里已到什么时候了？长夜漫漫天未明，廷中火炬在发光。诸侯朝见快来到，车铃声音锵锵响。夜里已到什么时候了？长夜漫漫天未明，廷中火炬明晃晃。诸侯朝见快来到，车铃声音叮当响。夜里已到什么时候了？长夜漫漫天快亮，廷中火炬仍辉煌。诸侯朝见已来到，看到旗帜在飘扬。

沔水

【原文】

沔彼流水[①]，朝宗于海[②]。鴥彼飞隼[③]，载飞载止。嗟我兄弟[④]，邦人诸友[⑤]。莫肯念乱，谁无父母。

沔彼流水，其流汤汤[⑥]。鴥彼飞隼，载飞载扬。念彼不迹[⑦]，载起载行[⑧]。心之忧矣，不可弭忘[⑨]。

鴥彼飞隼，率彼中陵[⑩]。民之讹言[⑪]，宁莫之惩[⑫]。我友敬矣[⑬]，谗言其兴[⑭]？

【主旨讲解】

这是一首劝诫诗。诗人有鉴于时世动荡、谗言流行，于是劝诫朋友小心谗言，谨慎行事。

【注解】

①沔：水满的样子。②朝宗：指诸侯朝见天子，春见称朝，夏见称宗。③鴥：鸟疾飞的样子。隼：鹰鹞一类猛禽。④兄弟：指同姓族人。⑤邦人：周人，这里指异姓朋友。⑥汤汤：水势浩大流急的样子。⑦不迹：指不遵守法规行事。⑧载起载行：忧心忡忡的样子。⑨弭忘：忘记。⑩率：沿着。中陵：即陵中，山岭。⑪讹言：谗言。⑫惩：制止。⑬敬：同“儆”，警惕。⑭其：相当于“岂”。

【译文】

浩荡流水向东方，滔滔滚滚入海洋。鹰隼迅疾凌高天，飞飞停停多悠闲。可叹同姓诸兄弟，还有友朋众乡亲。不懂如今是乱世，谁无父母无孝心？

浩荡流水向东方，滔滔滚滚无边际。鹰隼迅疾无阻挡，飞飞停停多自由。每当念及不轨事，坐卧不宁心凄惶。心中忧愁无法消，怎能把它全忘光？

鹰隼任情来飞翔，沿着山陵飞远方。民间谣言纷纷起，竟然没人来制止。告我朋友须警惕，不让谗言纷纷起！

鹤鸣

【原文】

鹤鸣于九皋[①]，声闻于野。鱼潜在渊，或在于渚。乐彼之园，爰有树檀，其下维萚[②]。他山之石，可以为错[③]。

鹤鸣于九皋，声闻于天。鱼在于渚，或潜在渊。乐彼之园，爰有树檀，其下维榖[④]。他山之石，可以攻玉[⑤]。

鹤鸣于九皋，声闻于野。

【主旨讲解】

这是一篇招隐诗。野外传来清亮的鹤音，深潭下游着自在的鱼儿，作者闲步于花园，又见檀木旺盛地独长着，这些幽深景色令他联想到了贤人的隐居，悟出“他山之石，可以攻玉”的道理，表达了自己愿不拘一格招隐、尚贤图强的决心。

【注解】

①九：虚数。皋：沼泽地。②萚：枯叶。③错：砺石，磨石。④榖：楮树。叶似桑，树皮可制纸。⑤攻玉：雕琢玉器。

【译文】

鹤儿长鸣在那曲折沼泽中，鸣声嘹亮传四野。鱼儿潜在深水里，有时游出近小岛。那令人赏心悦目的林园，有檀树大又高，树下落叶已焦枯。那个山上的石头，能把那玉石琢。

鹤儿长鸣在那曲折沼泽中，声音飘荡在云霄。鱼儿游在沙洲边，或者潜在深水里。那令人赏心悦目的林园，有那檀树大又高，又有楮树矮又小。那个山上的石头，同样可以把玉雕。

白驹

【原文】

皎皎白驹①，食我场苗②。絷之维之③，以永今朝。所谓伊人，于焉逍遥。
皎皎白驹，食我场藿④。絷之维之，以永今夕。所谓伊人，于焉嘉客。
皎皎白驹，贲然来思⑤。尔公尔侯，逸豫无期⑥。慎尔优游，勉尔遁思⑦。
皎皎白驹，在彼空谷⑧。生刍一束⑨，其人如玉。毋金玉尔音，而有遐心⑩？

【主旨讲解】

这是一首主人挽留客人的诗。主人盛情挽留客人，希望他不要离去，别后要常通音信。

【注解】

①皎皎：洁白的样子。②场：圃，菜园。苗：豆苗。③絷：用绳绊马足。维：拴住马缰绳。④藿：豆叶。⑤贲：通“奔”。贲然，马快跑的样子。⑥逸豫：安逸享乐。⑦遁：迁，指改过迁善。⑧空谷：深谷。⑨生刍：新鲜青草。刍，喂牲口的草。⑩遐心：疏远之心。

【译文】

浑身洁白小骏马，吃我园中豆子苗。绊住马脚拴上它，延长欢乐度今宵。我所说的这个人，想到哪里去逍遥？

浑身洁白小骏马，吃我园中豆子叶。绊住马脚拴上它，延长欢乐度今宵。我所说的这个人，这里做客多自在。

浑身洁白小骏马，飞快奔跑回这里。你是公啊你是侯，安逸享乐无止期。请你游乐要谨慎，劝你别再贪安逸。

浑身洁白小骏马，在那山谷中间奔。新鲜青草备一捆，那人如玉真难分。别后不要吝音信，不要对我再疏远。

黄鸟

【原文】

黄鸟黄鸟，无集于榖[①]，无啄我粟。此邦之人，不我肯榖[②]。言旋言归[③]，复我邦族[④]。

黄鸟黄鸟，无集于桑，无啄我粱。此邦之人，不可与明[⑤]。言旋言归，复我诸兄。

黄鸟黄鸟，无集于栩[⑥]，无啄我黍。此邦之人，不可与处。言旋言归，复我诸父[⑦]。

【主旨讲解】

这是一支背井离乡之歌。为求生存，诗人远走异邦，到头来发现一样是剥削残酷、世态炎凉，心中思归的渴盼就愈加强烈起来了。诗篇情辞哀切，声调挫顿，以“黄鸟”拟譬剥削者，精妙栩然。

【注解】

①榖：楮树，一种落叶乔木。②不我肯榖：即“不肯榖我”。榖：善意待人。③言：语助词。旋：回，返。④复：返回。⑤明：通“盟”，起誓。⑥栩：柞树。⑦诸父：同族中长一辈的男性。

【译文】

黄鸟黄鸟听我讲，不要落在楮树上，不要啄食我的粟米。这个地方的人们，对我实在不友善。回去吧，回去吧，回到本国我家乡。

黄鸟黄鸟听我讲，不要落在桑树上，不要啄食我的黄粱。这个地方的人们，不守信用真荒唐。回去吧，回去吧，回到故土见兄长。

黄鸟黄鸟听我讲，不要落在柞树上，不要吃我的黍米粮。这个地方的人们，不能与之相处共来往。回去吧，回去吧，回到我的父辈身旁。

祈父

【原文】

祈父[①]，予王之爪牙[②]。胡转予于恤[③]，靡所止居[④]？

祈父，予王之爪士[⑤]。胡转予于恤，靡所厎止[⑥]？

祈父，亶不聪[⑦]。胡转予于恤？有母之尸饔[⑧]。

【主旨讲解】

这是一篇牢骚词。我国古代，王都卫士一般不外遣，只负责京城治安，而有着这一身份的此诗的作者，却在前线兵员短缺时，被掌权的祈父违规调了去，心中深怀不满，因此发出了强烈质问。诗篇直抒胸臆，纯用口语，给人酣畅淋漓之感。

【注解】

①祈父：《毛传》："司马也。职掌封圻之兵甲。"司马为周王军事长官。②予：我。爪牙：周王禁卫武士，犹如虎豹的爪牙。③胡：为什么。转：迫使。恤：《毛传》："忧也。"④止居：安居。⑤爪士：马瑞辰《通释》："犹言虎士。"⑥厎止：安居。厎与底为异体字。⑦亶：实在、诚然。⑧尸饔：《毛传》："尸，陈也。孰（熟）食曰饔。"尸饔指陈列饭菜祭祀。

【译文】

司马！我是君王的卫兵。为何让我去征戍？没有住所不安定。

司马！我是君王的武士。为何让我去征戍？跑来跑去无休止。

司马！你真不了解下情。为何让我去征戍？去时娘在，回来哭灵堂！

我行其野

【原文】

我行其野，蔽芾其樗[①]。昏姻之故，言就尔居。尔不我畜[②]，复我邦家。

我行其野，言采其蓫[③]。昏姻之故，言就尔宿。尔不我畜，言归斯复。

我行其野，言采其葍[④]。不思旧姻，求尔新特[⑤]。成不以富[⑥]，亦只以异[⑦]。

【主旨讲解】

这是一首弃妇诗。一位妇女在诗中斥责其丈夫喜新厌旧、朝三暮四，并表示将与其决绝，开始新的生活。

【注解】

①蔽芾：草木茂盛的样子。樗：木名，即臭椿。②畜：喜爱。③蓫：草名，又叫羊蹄菜。④葍：多年生野草，又名小旋花，下茎可食。⑤特：配偶。⑥成：通“诚”，诚然。⑦只：仅仅。异：异心，变心。

【译文】

独行在那郊野，樗树叶参差茂盛。只因与你结婚成家，在你家度生涯。如今你已将我抛弃，我就回我娘家罢了。

徘徊在那郊野旷原，独自采蓫多孤独。只因和你成婚配，来到你家暂求宿。你既厌我嫌弃我，我自回我娘家去。

徘徊在那郊野旷原，一人采葍多伤心。不看夫妻面，却把新欢求。不是她殷富，是你变了心。

我行其野，言采其葍。

斯干

【原文】

秩秩斯干[①]，幽幽南山[②]。如竹苞矣[③]，如松茂矣。兄及弟矣，式相好矣[④]，无相犹矣[⑤]。

似续妣祖[⑥]，筑室百堵[⑦]，西南其户。爰居爰处[⑧]，爰笑爰语。

约之阁阁[⑨]，椓之橐橐[⑩]。风雨攸除[⑪]，鸟鼠攸去，君子攸芋[⑫]。

如跂斯翼[⑬]，如矢斯棘[⑭]，如鸟斯革[⑮]，如翚斯飞[⑯]，君子攸跻[⑰]。

殖殖其庭[⑱]，有觉其楹[⑲]。哙哙其正[⑳]，哕哕其冥[㉑]，君子攸宁。

下莞上簟[㉒]，乃安斯寝。乃寝乃兴[㉓]，乃占我梦[㉔]。吉梦维何[㉕]？维熊维罴[㉖]，维虺维蛇[㉗]。

大人占之[㉘]：维熊维罴，男子之祥[㉙]；维虺维蛇，女子之祥。

乃生男子，载寝之床。载衣之裳，载弄之璋[30]。其泣喤喤[31]，朱芾斯皇[32]，室家君王[33]。

乃生女子，载寝之地[34]。载衣之裼[35]，载弄之瓦[36]。无非无仪[37]，唯酒食是议，无父母诒罹[38]。

【主旨讲解】

这首诗写庆祝王宫落成的喜庆心情。先写王宫的建成过程，然后写宫室的豪华壮丽，最后预祝君王住此宫殿多子多福。

【注解】

①秩秩：水流的样子。斯：此。干：通“涧”。②幽：深远的样子。南山：即终南山，在今陕西西安市南。③苞：茂密的样子。④好：亲善。⑤犹：通“尤”，过失。⑥似：通“嗣”，承继。妣：指女性祖先。⑦堵：墙。⑧爰：于是。⑨之：指筑墙版。阁阁：捆筑版的声音。⑩椓：击打，指夯土。橐橐：夯土声。⑪攸：助词。⑫芋：“宇”的假借字，居住。⑬跂：通“企”，踮起脚跟，此指人直立。翼：比喻人端庄肃敬。⑭棘：此指箭羽翎。⑮革：“翱”的假借字，翅膀。⑯翚：五彩山鸡。⑰跻：登。指登阶入宫室。⑱殖殖：平整的样子。庭：堂前之地。⑲有觉：高大的样子。楹：柱子。⑳哙哙：宽敞明亮的样子。正：居室正室在向明处，指屋内明亮。㉑哕哕：深暗的样子。㉒莞：蒲草制的席。簟：竹席。㉓兴：起。㉔占：占卜。㉕维：是。㉖罴：熊的一种，比熊大。㉗虺：毒虫。㉘大人：指占梦官。㉙祥：吉兆。《郑笺》：“熊罴在山，阳之祥也，故为生男；虺蛇穴处，阴之祥也，故为生女。”㉚弄：戏玩。璋：玉器，长条形，顶尖作斜角，是贵族的礼器。㉛泣：哭。喤喤：婴儿响亮的哭声。㉜朱芾：红色蔽膝，是天子及诸侯的服饰。皇：盛美。㉝室家：一家的人。指周王室家。㉞地：古人坐卧于席，席铺于地。㉟裼：包婴儿的被。㊱瓦：古代陶制纺轮。㊲仪：仪容。无仪，指女子柔顺，不显容仪。㊳诒：留给。罹：忧愁。

【译文】

潺潺流水清溪涧，幽静深远终南山。绿竹繁密人口多，如松茂盛家族旺。哥哥弟弟一起住，团结友爱多和善，从不相互生责怨。

继承先妣与先祖，建筑宫室数百间，大门朝着东西南。大家这里来居住，欢声笑语心情畅。

捆起筑版咯咯响，夯土咚咚声音响。房屋建成避风雨，鸟和老鼠都赶走，君王到此来安居。

堂屋端正如人立，好比箭头棱角齐，好比鸟儿展双翼，富瓦更似锦鸡艳。君王登阶心欢喜。

宫内前庭多平整，柱子高大又正直。正房向阳多敞亮，旁屋宽阔深又暗，君王安宁住里边。

草席上面铺竹席，晚上睡觉最安宁。睡觉醒后就起来，请人占卜把梦说。好梦梦见啥东西？又是熊来又是罴，又是虺来又是蛇。

占梦之人说梦道：又是熊来又是罴，要生男孩是吉兆；又是虺来又是蛇，是生女孩的先兆。

倘若生个男孩子，让他睡在小床上，给他穿上小衣裳，给他玩那小玉璋。闹哭起来真响亮，朱红蔽膝定堂皇，不是国君便是王。

若是生个女孩子，让她睡在地上席，将她包在小被里，让她玩那纺线器。不犯过失最柔顺，家中酒饭勤料理，别给父母添忧虑。

无羊

【原文】

谁谓尔无羊？三百维群①。谁谓尔无牛？九十其犉②。尔羊来思，其角濈濈③。尔牛来思，其耳湿湿④。

或降于阿，或饮于池，或寝或讹⑤。尔牧来思，何蓑何笠⑥，或负其糇。三十维物，尔牲则具⑦。

尔牧来思，以薪以蒸⑧，以雌以雄。尔羊来思，矜矜兢兢，不骞不崩⑨。麾之以肱，毕来既升⑩。

牧人乃梦：众维鱼矣，旐维旟矣⑪。大人占之：众维鱼矣，实维丰年。旐维旟矣，室家溱溱⑫。

【主旨讲解】

这是一支牧歌。一位诗人和牧人在草坡相遇，诗人对对方牛羊的蕃盛、情态、放牧技巧等进行了热情的描摹和赞美，最后一章还记录了牧人的一桩好梦。诗篇体物工细，想象奇幻。

【注解】

①三百：极言数量之多，并非实数。②犉：马瑞辰《通释》："《传》：'黄牛黑唇曰犉。'瑞辰按:《尔雅》又云'牛七尺曰犉'，诗义当取此，极言肥大者之多尔。"③濈濈:《毛传》："聚其角而息，濈濈然。"④湿湿:《毛传》："呞而动其耳，湿湿然。"呞即反刍。⑤讹:《毛传》："动也。"⑥何：通"荷"，披、戴。⑦"三十"两句：物：本义为牛的毛色。此处为以毛色分别牛群，三十维物即三十头牛为一色。三十极言其多，并非实数。牲：祭祀用的牲口。具：完备。古人不同的祭祀用不同毛色的牲口。牛群毛色众多，则祭祀的牲口齐备。⑧薪、蒸：柴草。《郑笺》："此言牧人有余力则取薪蒸、搏禽兽，以来归也。粗曰薪，细曰蒸。"禽兽，即猎物。⑨"矜矜"两句：矜矜：于省吾《新证》谓本应作矜矜。矜矜又应读作邻邻。邻本义为比邻相连而居，引申之则接连有众多之义。兢兢：于省吾《新证》谓本应作竞竞，竞相奔逐之意。骞:《毛传》：

"亏也。"崩：于省吾《新证》："《论语·阳货》'乐必崩'，皇疏谓'崩是坠失之称也'；又《季氏》'邦分崩离析'，孔注谓'欲去曰崩'。"在此，崩有逃失之意。⑩"麾之"两句：麾：挥动。肱：《毛传》："臂也。"升：《毛传》："入牢也。"⑪"众维"两句：《毛传》："阴阳和，则鱼众多矣。""旐、旟，所以聚众也。"于省吾《新证》认为旐读音"兆"字，兆众同义，众多的意思。⑫溱溱：《毛传》："众也。"

【译文】

是谁说你家没有羊？满山的一群羊就有三百只。是谁说你家没有牛？七尺高的大牛有九十头。你的羊群归来时，只见羊角齐簇集。你的牛群走来了，牛耳慢慢地摇动。

有的牛羊奔下高丘，有的池边作小饮，有的蹦跳有的卧。你的牧人到这里来放牧，身披蓑衣与斗笠，有时背着干粮袋。牛羊毛色三十种，牺牲足够祀神灵。

你的牧人放牧回来，一边砍着细柴与粗薪，一边狩猎雌雄鸟禽。你的羊群下来了，羊儿小心紧随着，不走失也不散群。牧人只要轻轻一挥手，牛羊全都乖乖入栏。

牧人悠悠做个梦，梦里蝗虫变为鱼，龟蛇旗变作了鹰旗。太卜占卜这个梦，蝗虫化鱼是吉兆，预示来年大丰收。龟蛇旗变鹰旗是佳征，预示家庭添丁兴旺。

节南口

【原文】

节彼南山[①]，维石岩岩[②]。赫赫师尹[③]，民具尔瞻[④]。忧心如惔[⑤]，不敢戏谈。国既卒斩，何用不监？

赫赫师尹，不平谓何。

节彼南山，有实其猗[⑥]。赫赫师尹，不平谓何[⑦]。天方荐瘥[⑧]，丧乱弘多。民言无嘉，憯莫惩嗟[⑨]。

尹氏大师，维周之氐[⑩]。秉国之钧[⑪]，四方是维。天子是毗[⑫]，俾民不迷。不吊昊天[⑬]，不宜空我师[⑭]！

弗躬弗亲，庶民弗信。弗问弗仕，勿罔君子[⑮]。式夷式已，无小人殆[⑯]。琐琐姻亚[⑰]，则无朊仕[⑱]。

昊天不傭[⑲]，降此鞠讻[⑳]。昊天不惠，降此大戾[㉑]。君子如届[㉒]，俾民心阕[㉓]。君子如夷，恶怒是违[㉔]。

不吊昊天，乱靡有定。式月斯生，俾民不宁。忧心如酲[㉕]，谁秉国成[㉖]？不自为政，卒劳百姓[㉗]。

驾彼四牡，四牡项领㉘。我瞻四方，蹙蹙靡所骋㉙。方茂尔恶㉚，相尔矛矣㉛。既夷既怿㉜，如相酬矣㉝。

昊天不平，我王不宁。不惩其心，覆怨其正㉞。家父作诵㉟，以究王讻㊱。式讹尔心㊲，以畜万邦㊳。

【主旨讲解】

这是一首讽刺诗。诗中讽刺的是独掌大权的尹太师。他结党营私，任用群小，致使朝廷处于危难之中。诗中痛斥了尹太师的奸佞行径，同时也对周幽王的昏昧提出了批评。

【注解】

①节：高峻貌。②岩岩：山石堆积的样子。③赫赫：权势显要。师：太师的简称，是周王朝执政大臣之一。师尹，指太师尹氏，尹氏是周王朝名族之一。④具：俱。瞻：看。民具尔瞻，即人民都在看着你。⑤惔：假借为"炎"，火烧。⑥实：广大貌。猗：通"阿"，大丘陵。⑦谓：通"为"。⑧荐：重，再。瘥：灾疫。荐瘥，是说多次降灾。⑨憯：犹曾，尚。惩：戒。嗟：语尾助词。⑩氐：同"柢"，树根。⑪秉：持。均：同"钧"，是制陶器的工具。⑫毗：辅佐。⑬不吊：不善。昊天：皇天，老天。⑭空：穷。师：众。⑮罔：欺。⑯殆：近。⑰琐琐：卑微渺小的样子。姻亚：姻是指儿女亲家。亚是姐妹之夫相互的称谓。这里泛指裙带关系。⑱朊仕：高官厚禄。⑲傭：均。不傭，不公平。⑳鞠：穷。讻：凶。鞠讻，犹言极祸。㉑戾：恶。㉒届：到。㉓阕：息。㉔违：去。㉕酲：喝醉了神志不清。㉖秉：执。国成：国政的成规。㉗卒：通"瘁"，病。㉘项：大。㉙蹙：局促的样子。靡所骋：无可驰骋之处。㉚尔：指尹氏。㉛相：看。相尔矛，看着武器。㉜夷：和千。怿：喜悦。㉝酬：指以酒相酬。㉞覆：反。㉟家父：一作嘉父、嘉甫，人名，就是本篇的作者。诵：指本诗。㊱究：追究。以究王讻，是说用来追究王朝凶恶的根源。㊲讹：改变。尔：指尹太师。㊳万邦：指天下。

【译文】

巍峨峻峭的南山，堆满那累累的乱石。权势赫赫的尹太师，人民万目都在看你。忧郁满怀心似火，不敢嬉笑不敢谈。国运已经要完蛋，为何还不好好自省。

巍峨峻峭的南山，山边斜坡高又广。赫赫显贵的尹太师，为何总是为政不平？上天一再降灾荒，死丧乱离何其多。人民对你没好话，你还不知自惩戒。

尹氏太师据要津，你是周家的柱石。牢牢掌握着朝政大权，四方仗你来维系。天子要你来辅佐，百姓要你来领路。可恨不睁眼的老天啊，不该让人民陷入绝境！

你丝毫不问国事，人民对你一点也不信任。你对贤人一点也不了解，更不该把他们来欺哄。办事公平才能止乱改正，不要和小人靠拢；裙带亲属既无能，不要让他们再窃据高位。

老天太不公平了，降下灾难害我们。老天爷啊大不仁，降下这般大祸患。君子如果能执政，才可消除人心愤怨。君子一旦执政公平，民怨自然会平静。

不睁眼的老天啊，祸乱何时平定。每月都有乱事发生，使人民不得安宁。忧心忡忡好像喝醉酒，谁来执掌国家法度。不好好执掌朝政，害苦了天下百姓。

驾起四匹大公马，四匹肥壮颈项粗。放眼望那天下四方，天地太狭无法自由驰骋。当你恶意旺盛之时，就瞧着自己的刀枪。一旦开心气消时，就像畅饮着酒浆。

老天实在不公平，使我们的国王不得安宁。不好好自我反省，反倒怨恨别人的讽谏。家父作此讽谏诗，追究王朝祸乱之源。但愿君王心回转，治理天下造福万邦。

正月

【原文】

正月繁霜[1]，我心忧伤。民之讹言[2]，亦孔之将[3]。念我独兮，忧心京京[4]。哀我小心，癙忧以痒[5]。

父母生我，胡俾我瘉[6]？不自我先，不自我后。好言自口，莠言自口[7]。忧心愈愈[8]，是以有侮[9]。

忧心茕茕[10]，念我无禄[11]。民之无辜，并其臣仆。哀我人斯，于何从禄？瞻乌爰止，于谁之屋？

哀我人斯，于何从禄？

瞻彼中林，侯薪侯蒸。民今方殆，视天梦梦[12]。既克有定，靡人弗胜[13]。有皇上帝[14]，伊谁云憎？

谓山盖卑[15]，为冈为陵[16]。民之讹言，宁莫之惩[17]。召彼故老，讯之占梦。具曰“予圣”，谁知乌之雌雄？

谓天盖高，不敢不局[18]。谓地盖厚，不敢不蹐[19]。维号斯言，有伦有脊[20]。哀今之人，胡为虺蜴？

瞻彼阪田[21]，有菀其特[22]。天之扤我[23]，如不我克[24]。彼求我则[25]，如不我得。执我仇仇[26]，亦不我力[27]。

心之忧矣，如或结之。今兹之正[28]，胡然厉矣[29]！燎之方扬[30]，宁或灭之。赫赫宗周[31]，褒姒威之[32]。

终其永怀[33]，又窘阴雨[34]。其车既载，乃弃尔辅[35]。载输尔载[36]，“将伯助予[37]”。

无弃尔辅，员于尔辐[38]。屡顾尔仆[39]，不输尔载。终逾绝险，曾是不意[40]。

鱼在于沼，亦匪克乐。潜虽伏矣，亦孔之炤[41]。忧心惨惨[42]，念国之为虐。

彼有旨酒，又有嘉肴。洽比其邻[43]，昏姻孔云[44]。念我独兮，忧心殷殷！

佌佌彼有屋[45]，蔌蔌方有谷[46]。民今之无禄，天夭是椓[47]。哿矣富人[48]，哀此茕独！

【主旨讲解】

这是一位孤独的旧贵族所写的忧患时政的诗。作者目睹周王朝日趋腐败，国王任用群小，昏庸暴虐，而自己无力改变这种现状，唯有陷入深深的痛苦与忧虑之中。

【注解】

①正月：指周历六月（相当于夏历四月）。繁霜：即霜多。②讹言：谣言。③孔：甚。将：即“大”。④京京：无法解除的意思。⑤癙：忧。痒：病。⑥瘉：病。⑦莠言：丑言。⑧愈愈：犹“瘐瘐”，病貌。⑨有侮：指被小人所轻视欺侮。⑩茕茕：孤独。⑪无禄：不幸的意思。⑫梦梦：不明貌。⑬靡人弗胜：言天能战胜任何人。⑭有皇：犹皇皇。大：上帝。⑮盖：读音同“盍”，为何的意思。⑯冈：山脊。陵：大阜。⑰宁：犹乃。惩：止。⑱局：亦作“偈”，屈曲不伸。⑲蹐：小步轻行。⑳伦：理。脊：指道理的意思。㉑阪田：山坡上的田。㉒菀：茂盛貌。特：独特。㉓扤：摇动。㉔克：制胜。㉕彼：指周王。㉖仇仇：缓缓的意思，引申为不重视。㉗不我力：指不认真对待。㉘正：改。㉙厉：恶。㉚燎：放火烧草木。㉛宗周：即镐京，这里泛指周朝天下。㉜褒姒：西周时褒国之女，被周幽王纳为妃，幽王因宠爱她而竟致国亡。㉝终：既。永怀：长忧。㉞窘：困。㉟辅：大车夹持载物的板，此处用来比喻辅佐国君的臣子。㊱输：坠。㊲将：请。伯：对男子的泛称。㊳员：增大，指用布条或木板加固车辐。㊴顾：照顾。仆：指御车者。㊵不意：不放在心上。㊶炤：《中甫》引作昭，明白。㊷惨：不安的样子。㊸洽：和谐。比：亲近。㊹云：周旋。㊺佌佌：小貌。㊻蔌蔌：丑陋的样子。㊼夭：灾祸。椓：打击。㊽哿：欢喜。

【译文】

夏历四月下了大霜，我心中充满忧伤。民间谣言纷纷涌起，传来传去太夸张。想我一人太孤独，悲愁之心难消解。可叹我费尽心思，忧惧成病损健康。

父亲母亲既然生下我，为何又让我遭此祸。灾祸不在我前，灾祸不在我后。好话出自人的口，坏话也出自人之口。忧心使我烦恼难消，无端更招来欺侮。

独自忧心忡忡，想来是我多灾多难。如今人民无辜受难，连及他们的奴仆也遭殃。可怜这些人啊，到哪儿去追求幸福？瞧乌鸦往哪处落，它会停在谁家屋檐下？

瞧那森林之中，一切都成柴薪。人民正值灾难，仰望上天是多么昏庸。上天既然这样决定，没人不被侵凌。这样伟大的上帝，究竟你恨的是什么？

说山为何低平，冈陵依旧是冈陵。民间谣言传播，怎么不加以澄清。召来那些老臣多请教，又去请教占梦人。他们都自夸高明，谁知乌鸦雌雄？

叹那苍天为何这样高，人们不敢不弯腰。说地为何这样厚，人们不敢不轻步。人们发出这般呐喊，实在是有道理可查考。哀叹今天的人民，为何像虺蜴奔逃？

瞧那坡上的瘦田里，也有特粗的壮苗。天上风雪把我摧残，唯恐压我不倒。当他有求于我，唯恐不能得到。得到我时又如此傲慢，我出力他却不要。

心中的忧愁啊，像那绳子打个扣。请看如今的政治，为什么如此糟糕！野火烧得正旺，谁能将它熄灭。声势赫赫的宗周，褒氏就要将它毁灭。

啊，我久久地痛苦忧虑，又像苦遭阴雨。那车载满货物，却抛弃它的厢板。等货物倾倒落地，才想到请长者助我。

不要丢弃你的夹板，你的车辐需要加固。常照顾你的车夫，才不会损失货物。后面还有危险之处，为什么你总是不当心！

鱼儿游在池沼里，不能快乐保平安。虽然潜藏于深处，仍会被清楚看到。忧心如此不安，想的是朝政暴虐。

他们家里有美酒，又有各种美味佳肴。经常和邻居相结交，向亲戚们去拉关系。想到我的孤苦啊，心中真是痛苦又烦恼。

卑猥者住上好房屋，卑鄙者赐给好爵禄。百姓却空空无所有，老天降灾受尽苦。富人过得多快乐，可叹穷汉太孤苦。

十月之交

【原文】

十月之交[①]，朔月辛卯[②]。日有食之，亦孔之丑[③]。彼月而微[④]，此日而微。今此下民，亦孔之哀。

日月告凶，不用其行[⑤]。四国无政，不用其良。彼月而食，则维其常。此日而食，于何不臧！

此日而食，于何不臧！

烨烨震电[⑥]，不宁不令。百川沸腾，山冢崒崩[⑦]。高岸为谷，深谷为陵。哀今之人，胡憯莫惩[⑧]？

皇父卿士，番维司徒[⑨]。家伯维宰[⑩]，仲允膳夫[⑪]。棸子内史[⑫]，蹶维趣马[⑬]。楀维师氏[⑭]，艳妻煽方处[⑮]。

【主旨讲解】

这是一篇政治抒情诗。诗人以一名朝廷小官的身份，怀着悲愤揭露了当局者不谋善政、玩弄权术、中饱私囊等罪行，哀叹自己被小人谗害、独力支撑的艰难处境。诗篇情感丰沛，描景简练生动，叙述举重若轻。

【注解】

①交：指日月交会，日食或月食。②辛卯：周幽王六年十月初一日。③丑：恶。古人认为日食、月食是不祥之兆。④微：昏暗不明。⑤行：道，常规。⑥烨烨：指电光闪烁。⑦崒崩：突然崩塌。⑧憯：曾、何。⑨番：人名。司徒：掌管土地、人口的官。⑩家伯：人名。宰：掌管王家内外事务的官。⑪仲允：人名。膳夫：掌王之饮食膳馐。⑫聚子：人名。内史：掌爵禄废置、生杀予夺之法。⑬蹶：人名。趣马：掌管王马之事。⑭楀：人名。师氏：掌司朝廷得失之事。⑮艳妻：指周幽王的美丽宠妃褒姒。煽：炽盛。指权势大，炙手可热。

【译文】

九月底来十月初，十月初一是辛卯日。这天忽然又发生日食，这种天象很不吉利。不久之前出现月食，今天又出现了日食。如今天下老百姓，都非常哀痛难抑制。

日食月食显示凶兆，不再遵循常轨道。全因天下无善政，空有贤才不用。那次月亮被吞食，还算平常屡见到。现在日食又出现，坏事临头怎么办！

雷电轰鸣又闪亮，天下受灾不安宁。条条江河如沸水，山峰座座尽坍崩。高山下陷竟成深谷，深谷突起变成高峰。可怜如今掌权人，为什么还是不能醒悟？

皇父显要为卿士，番氏的官职是大司徒。家伯做了太宰，仲允竟然当了御厨。聚子充当内史官，蹶氏管着众马夫。楀氏成了监察师氏，美丽宠妃褒姒炙手可热。

【原文】

抑此皇父，岂曰不时①？胡为我作，不即我谋？彻我墙屋②，田卒汙莱③。曰予不戕④，礼则然矣！

皇父孔圣，作都于向⑤。择三有事⑥，亶侯多藏⑦。不憖遗一老⑧，俾守我王。择有车马，以居徂向。

黾勉从事⑨，不敢告劳。无罪无辜，谗口嚣嚣⑩。下民之孽，匪降自天。噂沓背憎⑪，职竞由人⑫！

悠悠我里，亦孔之痗⑬。四方有羡⑭，我独居忧。民莫不逸，我独不敢休。天命不彻⑮，我不敢效我友自逸。

【注解】

①不时：不在农闲时役使人民。②彻：古通“撤”，拆毁。③汙：又作“污”，积水的洼地。莱：杂草丛生的田地。④戕：残害。⑤向：地名。⑥有事：有司。三有司即司徒、司马、司空。⑦亶侯：诚然是。多藏：聚敛很多钱财。⑧憖：愿，肯。⑨黾勉：尽力为之。⑩嚣嚣：众口谗毁的样子。⑪噂沓：议论纷纭。⑫职：只。⑬痗：忧病，忧伤。⑭羡：欣喜之义。⑮彻：

道，规律。

【译文】

黾勉从事，不敢告劳。

皇父实在很荒唐，难道真不识时务？为什么派我去服役，事先一点不告诉？拆我墙来毁我屋，田被水淹终荒芜。还说没有来残害我，礼法本来就是如此。

皇父实在很圣明，远建向都避灾殃。选中大官有三个，都是富豪钱财数不清。不肯留下一老臣，让他守卫我君王。看中富豪家有车马，迁往新居好搭行。

尽心竭力做公事，不敢诉说我辛劳。本来没犯过错更没犯过罪，众口一致诽谤我。黎民百姓受灾祸，灾难并非降自天。当面说笑背后骂我，都是小人在诬陷我。

我的忧愁没有穷尽，劳心伤神病恹恹。很多人都很欢欣，独我感到忧心和不安。众人全都享安逸，唯我劳苦不敢休息。只要上天不循正常轨道运行，我就不敢像大家一样贪图安逸。

雨无正

【原文】

浩浩昊天，不骏其德[①]。降丧饥馑，斩伐四国。旻天疾威[②]，弗虑弗图。舍彼有罪，既伏其辜[③]。若此无罪，沦胥以铺[④]。

周宗既灭，靡所止戾[⑤]。正大夫离居[⑥]，莫知我勩[⑦]。三事大夫[⑧]，莫肯夙夜。邦君诸侯，莫肯朝夕。庶曰“式臧[⑨]”，覆出为恶。

如何昊天，辟言不信[⑩]。如彼行迈，则靡所臻[⑪]。凡百君子，各敬尔身。胡不相畏，不畏于天？

戎成不退[⑫]，饥成不遂。曾我暬御[⑬]，憯憯日瘁[⑭]。凡百君子，莫肯用讯[⑮]。听言则答[⑯]，谮言则退[⑰]。

哀哉不能言，匪舌是出[⑱]，维躬是瘁。哿矣能言[⑲]，巧言如流，俾躬处休。

维曰予仕，孔棘且殆[⑳]。云不何使，得罪于天子。亦云可使，怨及朋友。

谓尔迁于王都。曰予未有室家。鼠思泣血[㉑]，无言不疾[㉒]。昔尔出居，谁从作尔室？

【主旨讲解】

这首诗讽刺周幽王亲信褒姒与佞臣，造成国势倾危。

【注解】

①骏：通“峻”，长久、经常的意思。②疾威：暴虐。③伏：即隐藏。辜：罪恶。④沦：陷。胥：相率、连带的意思。铺：痛苦的意思。⑤戾：定。⑥正大夫：上大夫，为六卿之长。⑦勩：疲劳。⑧三事：即三司，指司徒、司马、司空。⑨庶：或许。⑩辟言：合于法度的话。⑪臻：至。⑫戎：战事。⑬暬御：周王左右亲近之臣。⑭憯：忧愁。⑮讯：谏。⑯听言：指顺从之言。⑰谮言：毁谤之言，古代以谏言为诽谤。⑱出：通“疷”，病。⑲哿：称许之词。⑳棘：急。殆：危险。㉑鼠思：忧思。㉒疾：通“嫉”，恨。

【译文】

浩浩老天听我说，你的好处不常有。降下灾祸和饥荒，天下人民尽受害。老天爷它逞威风，不加考虑和思量。不去惩治有罪者，却为他们瞒罪过。对待这些无罪者，反倒连连受牵累。

镐京已经被攻灭，没有落脚安身处。长官大夫又离去，有谁知我工作忙。三公位高不做事，不肯早晚把心操。邦国诸侯只享乐，不肯朝夕来辛劳。只望改过用贤良，谁知越来越暴政。

老天这样如何好，合理之言你不信。好比路上行路人，没有目标怎前进。诸位掌权大人们，各自小心多自勉。为何上下无所惧，竟然不敬那老天？

兵连祸频不断来，饥馑灾荒不顺遂。我这侍御的近臣，忧愁苦闷日憔悴。百官群臣都不说，谁也不肯来劝谏。顺情好话受重用，谁进忠言就斥退。

可叹有话不能说，不是舌头生了病，是怕自己要倒霉。能说好话就发迹，花言巧语顺如流，高官厚禄不用愁。

只说可以去当官，仕途险恶难做事。要说坏事使不得，那就会得罪天子。人云亦云也可以，可是朋友埋怨你。

让你迁回王都城，你说你还没家室。暗自忧伤泪流血，一旦出言招人嫉。试问从前离王都，是谁给你备家室？

小旻

【原文】

旻天疾威，敷于下土[①]。谋犹回遹[②]，何日斯沮[③]？谋臧不从，不臧覆用。我视谋犹，亦孔之邛[④]！

潝潝訿訿[⑤]，亦孔之哀。谋之其臧，则具是违[⑥]。谋之不臧，则具是依。

我视谋犹，伊于胡底[⑦]？

我龟既厌[⑧]，不我告犹。谋夫孔多，是用不集[⑨]。发言盈庭，谁敢执其咎[⑩]？如匪行迈谋，是用不得于道。

哀哉为犹，匪先民是程[⑪]，匪大犹是经[⑫]。维迩言是听[⑬]，维迩言是争[⑭]。如彼筑室于道谋，是用不溃于成[⑮]！

国虽靡止[⑯]，或圣或否。民虽靡朊[⑰]，或哲或谋，或肃或艾[⑱]。如彼泉流，无沦胥以败。

不敢暴虎[⑲]，不敢冯河[⑳]。人知其一，莫知其他。战战兢兢，如临深渊，如履薄冰[㉑]。

【主旨讲解】

这是一篇政治怨刺诗。昏聩的君王善恶不分、宠信奸臣；暗地里，小人们在党同伐异；朝堂上，谋士们夸夸空谈，这一切无不使得作者对国事充满了担忧，于是写下此文以图警醒君王。诗篇叙议结合，内容丰溢，手法多变。

【注解】

①敷：散布。下土：指人间。②谋犹：谋略、政策。回遹：邪僻。③沮：终止。④邛：病，坏。⑤潝潝：相和也。訿訿：相诋也。即攻击、毁谤。⑥具：通“俱”。违：违背，不从。⑦于：往。底：至。⑧龟：龟甲，古人用于占卜。⑨集：成就。⑩咎：罪过，罪责。⑪程：效法。⑫大犹：大道，基本规律。经：行，遵循。⑬迩言：浅近邪僻之言。⑭争：这里指谗臣为私利而争进迩言。⑮溃：顺利，达到。⑯止：至，大。⑰朊：厚，多。⑱艾：治理。⑲暴：通“搏”，徒手空拳。⑳冯：无舟渡水，徒涉。㉑履：踩踏。

【译文】

老天狂暴真残酷，降下灾祸遍及天下。政策邪僻全错误，什么时候灾荒才能结束？好的策略不听从，坏的反受重用。所用谋略依我看，弊病太多难执行。

随声附和和诽谤，小人当权实可悲。朝廷政策虽然定得好，但是实行起来全都违背。政策中的错误，全部都照办了。我看政策问题多，究竟何处是依据？

我占卜用的龟甲都已厌恶了，占不出谋略的吉凶。出谋划策人很多，议论纷纷难作数。满院都是发言者，谁人敢承担责任？好像有事问路人，很难得到正确的方法。

制定政策很可悲，不是效法祖先。治国的远大谋略不实行，只爱听肤浅浅薄的话，还要争论是与非。好像盖房子问路人，人多嘴杂建不成。

尽管国家范围不大，有人聪明有人平庸。人民虽然数量不多，有的明智计谋多，有的严肃能治国。朝政应该像泉水流，不要陷入污浊。

不敢空手打虎，不敢徒步过河。人们知道这一条，不知道其他更危险的事。一定要小心谨慎多提防，就像走近那深渊，就好像踩在薄冰上。

小宛

【原文】

宛彼鸣鸠[①]，翰飞戾天[②]。我心忧伤，念昔先人。明发不寐[③]，有怀二人[④]。

人之齐圣[⑤]，饮酒温克[⑥]。彼昏不知，壹醉日富[⑦]。各敬尔仪，天命不又。

中原有菽[⑧]，庶民采之。螟蛉有子[⑨]，蜾蠃负之[⑩]。教诲尔子，式穀似之[⑪]。

题彼脊令[⑫]，载飞载鸣。我日斯迈[⑬]，而月斯征[⑭]。夙兴夜寐[⑮]，无忝尔所生[⑯]。

交交桑扈[⑰]，率场啄粟。哀我填寡[⑱]，宜岸宜狱[⑲]。握粟出卜，自何能穀？

温温恭人[⑳]，如集于木。惴惴小心[㉑]，如临于谷[㉒]。战战兢兢，如履薄冰！

【主旨讲解】

这首诗写一位诗人面对动乱的时世，忧心忡忡，并告诫自己的兄弟要小心谨慎，以免遭灾祸。

温温恭人，如集于木。

【注解】

①宛：小的样子。鸣鸠：即斑鸠鸟。②翰：高。戾："厉"的假借字，到达的意思。③明发：天刚亮的意思。④二人：指父母。⑤齐圣：聪明睿智。⑥温克：指能保持温和的性情。⑦壹：语助词。日富：愤怒。⑧中原：即原野中。菽：豆类的总称，这里指豆苗。⑨螟蛉：螟蛾的幼虫。⑩蜾蠃：青黑色的土蜂，常捕捉螟蛉去喂养它的幼虫。⑪式：语助词。似：嗣，即继承。⑫题："谛"的假借字，视。脊令：鸟名。⑬斯：则。⑭而：汝。⑮夙：早。⑯忝：辱没。所生：所由生，指生身父母。⑰交交：鸟飞翔的样子。桑扈：鸟名，俗名青雀。⑱填：通"殄"，病苦。⑲岸：狱讼。⑳温温恭人：态度温和谦恭。㉑惴惴：恐惧担忧。㉒谷：深谷。

【译文】

那飞鸣的小斑鸠，自由翱翔在天上。我的心中多忧伤，深深缅怀我先人。通宵不眠难合眼，日夜想念我爹娘。

凡是圣人都睿智，饮酒也平和适性。唯有小人昏聩无知，酒后放肆失常态。各自理应重威仪，天命一去不复返。

豆苗长在原野中，平民采摘来做菜。螟蛾产下小幼虫，蜾蠃取它喂小蜂。好好教育下一代，好好继承祖宗业。

看那鸟儿叫脊令，一边飞来一边唱。我天天匆匆赶路，你的征役也没完。早起晚睡多辛劳，只怕玷辱父母名。

那桑扈穿梭飞还，沿着谷场寻食稻粒。可怜我们穷苦人，要吃官司陷牢狱。抓把粟于去问卜，哪能得到好征兆？

人若恭顺又温良，恰似鸟儿栖树林。心中恐惧又愁烦，好似走近那深谷。战战兢兢不安宁，好比终日踏薄冰！

小弁

【原文】

弁彼鸒斯①，归飞提提②。民莫不穀③，我独于罹。何辜于天？我罪伊何？心之忧矣，云如之何！踧踧周道④，鞫为茂草⑤。我心忧伤，惄焉如擣⑥。假寐永叹⑦，维忧用老⑧。心之忧矣，疢如疾首⑨。维桑与梓⑩，必恭敬止。靡瞻匪父⑪，靡依匪母。不属于毛⑫，不离于里⑬。天之生我，我辰安在⑭？菀彼柳斯⑮，鸣蜩嘒嘒⑯，有漼者渊⑰，萑苇淠淠⑱。譬彼舟流，不知所届⑲，心之忧矣，不遑假寐⑳。鹿斯之奔㉑，维足伎伎㉒。雉之朝雊㉓，尚求其雌。譬彼坏木㉔，疾用无枝。心之忧矣，宁莫之知！相彼投兔㉕，尚或先之㉖。行有死人㉗，尚或墐之㉘。君子秉心，维其忍之㉙。心之忧矣，涕既陨之㉚！君子信谗，如或酬之㉛。君子不惠㉜，不舒究之㉝。伐木掎矣㉞，析薪扡矣㉟。舍彼有罪，予之佗矣㊱。莫高匪山，莫浚匪泉㊲。君子无易由言，耳属于垣㊳。无逝我梁㊴，无发我笱㊵。我躬不阅㊶，遑恤我后㊷。

【主旨讲解】

这首诗描写一位无辜之人倾诉遭受遗弃的愤慨心情。对于它的具体所指，说法不一，有的说是周幽王放逐太子宜白之后，宜白的师傅作此诗以泄其忧愤。也有的认为这是一首弃妇所作的诗。

【注解】

①弁：安闲的意思。鸒：比乌鸦小而腹下白。②提提：同“适”，群飞安闲的样子。③穀：善，指生活好。④踧踧：平坦的样子。周道：指周朝京师的大路。⑤鞫：堵塞。⑥惄：忧思

伤痛的样子。捣：舂撞。⑦假寐：和衣而睡，打盹。⑧维：因为。⑨疢：热病。疾首：头痛。⑩桑、梓：古人屋旁常种的树。诗中以桑梓为父母所种，所以对它们应尊敬。⑪靡、匪：无不的意思。⑫属：连。⑬离：通“丽”，依附。⑭辰：时运。⑮菀：茂盛。⑯蜩：蝉。⑰漼：水深的洋子。⑱萑：芦苇。淠淠：茂盛的样子。⑲届：到。⑳不遑：没空。㉑奔：这里指觅群求偶。㉒伎伎：又作“歧歧”，飞行貌。㉓雉：野鸡。雊：野鸡鸣叫声。㉔坏木：病树。㉕投：掩。㉖先：开放。㉗行：道路。㉘墐：同“殣”，埋葬。㉙维：是。忍：狠心，残忍。㉚涕、陨：掉眼泪。㉛酬：敬酒。㉜惠：爱。㉝究：追究。之：谗言。㉞掎：指伐木时用绳子拉树。㉟析薪：劈柴。扡：顺着木纹剖析。㊱佗：加。㊲浚：深水。㊳耳：指窃听者。垣：墙。㊴逝：往。梁：指拦鱼的水坝。㊵笱：捕鱼的竹笼。㊶躬：自己。阅：收容。㊷遑：闲暇。恤：忧。

【译文】

那些乌鸦真欢乐，安闲成群飞回窝。人民生活无不好，我独忧愁遭大祸。何事得罪苍天？究竟犯了啥罪过？满腹忧愁诉不尽，叫我还能做什么！宽广坦荡京都道，如今到处是野草。乱我寸心多忧伤，我心难受如棒捣。和衣而卧长叹息，长年忧闷使我老。满腹忧伤诉不尽，头痛发烧心烦躁。桑梓树儿父母栽，敬它就如敬父母。没人不把父尊敬，无人不把母亲爱。谁非爹生皮和毛？谁非与娘骨肉亲？上天既然生了我，为啥总是我倒霉？水边翠柳多茂盛，蝉儿喳喳不停鸣。渊水深深清又清，芦苇一片茂又密。我像小船浪里行，不知飘到何处去。满腹忧伤说不尽，再也无法和衣睡。野鹿觅群怕失散，四蹄腾空快如飞。雄雉清晨叫不停，为求配偶追伙伴。我像一棵有病树，枝叶不生都枯萎。我的心里多忧伤，无人知我心中泪。看那野兔笼中关，有人可怜将门开。看那路上有尸体，还有好人将他埋。而今君子心地毒，对我残忍真下手。满腹忧伤诉不尽，涕泪如雨自哀伤！君子信谗太过分，如受敬酒乐津津。君子对我太寡情，不究谣言何由生。伐木还要紧拉绳，劈柴还要顺木纹。放过罪恶造谣人，却把罪名加我身！若是不高不是山，深渊无不深又深。劝说君子别信谗，隔壁有人在偷听。别到我的鱼坝去，不要将我鱼笼碰。叹我今日难被容，哪管身后事变迁。

民莫不穀，我独于罹。何辜于天？

巧言

【原文】

悠悠昊天[①]，曰父母且。无罪无辜，乱如此怃[②]！昊天已威，予慎无罪。昊天大怃[③]，予慎无辜。乱之初生，僭始既涵[④]。乱之又生，君子信谗。君子如怒，乱庶遄沮[⑤]。君子如祉[⑥]，乱庶遄已。君子屡盟，乱是用长。君子信盗[⑦]，乱是用暴。盗言孔甘[⑧]，乱是用餤[⑨]。匪其止共[⑩]，维王之邛[⑪]。奕奕寝庙[⑫]，君子作之。秩秩大猷[⑬]，圣人莫之[⑭]。他人有心，予忖度之[⑮]。跃跃毚兔[⑯]，遇犬获之。荏染柔木[⑰]，君子树之。往来行言[⑱]，心焉数之[⑲]。蛇蛇硕言[⑳]，出自口矣。巧言如簧[㉑]，颜之厚矣！彼何人斯[㉒]？居河之麋[㉓]。无拳无勇[㉔]，职为乱阶[㉕]。既微且尰[㉖]，尔勇伊何？为犹将多[㉗]，尔居徒几何[㉘]？

【主旨讲解】

这是一首讽刺时政的诗。诗中痛斥那些小人挑拨离间、搬弄是非，而周王也昏昧不明，听信谗言，致使国事日非。

【注解】

①悠悠：高远貌。昊天：皇天，老天。②怃：大。③怃：怠慢，疏忽。④僭：通“谮”，谗言。⑤遄：速。沮：终止。⑥祉：福，喜。⑦盗：指进谗言的人。⑧孔甘：很甜。⑨餤：本义为进食，引申为加多。⑩止：礼。共：借为“恭”。止共，礼敬。匪其止共，非难、责怪那些礼敬之人。⑪邛：毛病。⑫奕奕：高大美盛的样子。寝庙：指周王室的宗庙。⑬秩秩：有条不紊的样子。猷：谋略。⑭莫：通“谟”，谋划。⑮忖度：揣度。⑯毚：狡猾。⑰荏染：柔弱貌。柔木：桐、梓一类的树木。⑱往来行言：指街谈巷议，流言蜚语。⑲数：计算，引申为分辨。⑳蛇蛇：安然之态。硕言：大话。㉑簧：吹奏乐器的一种发声器。巧言如簧，是说花言巧语像吹簧一样悦耳动听。㉒彼：指小人。㉓麋：通“湄”，水边。㉔拳：力。㉕职：只。㉖微：指小腿生癣疮。尰：脚浮肿。㉗为：通“伪”。为犹，即阴谋。将：大。㉘居：其。居徒，党徒，党羽。几何：有多少的意思。

【译文】

悠悠老天听我说，说你是下界的父母。我们没有任何罪过，为何你降如此大祸！苍天实在太淫威，我无罪过受残虐。老天实在太糊涂，我本无罪却受辱。乱子初生时，所有谗言都听进。乱子接连又发生，君王照样听进去。君子如果斥谗人，乱子马上可制止。君王如果听忠言，乱子很快会停止。君王结盟太随便，乱子越来越增多。君王轻信盗贼话，祸乱就会止不住。骗人鬼话甜如蜜，祸乱增进无法防。错怪那些守礼人，君王更是错上错。宫殿宗庙多高大，都是先王来建造。治国策略多完善，都是圣人来筹备。他人有啥坏心计，我定可以揣度出。好比跳跃的狡兔，遇到猎狗也会被捕获。好的树木性柔弱，君子栽种树成荫。往来无定的流言，人心怎能分辨清。堂而皇之骗人话，都从谗人口中出。花言巧语舌如簧，脸皮太厚没办法！究竟他是什么人？住在大河水边岩。无才无勇无能耐，只会制造那祸乱。又烂腿来又肿脚，你的勇气在哪里？阴谋诡计毒又多，你的党徒有多少？

何人斯

【原文】

彼何人斯？其心孔艰①。胡逝我梁②，不入我门？伊谁云从，维暴之云？二人从行，谁为此祸？胡逝我梁，不入唁我？始者不如今，云不我可③。彼何人斯？胡逝我陈④？我闻其声，不见其身。不愧于人？不畏于天？彼何人斯？其为飘风⑤。胡不自北，胡不自南？胡逝我梁，祇搅我心？尔之安行，亦不遑舍。尔之亟行⑥，遑脂尔车⑦。壹者之来⑧，云何其盱⑨？尔还而入，我心易也⑩。还而不入，否难知也。壹者之来，俾我疷也⑪。伯氏吹壎⑫，仲氏吹篪⑬。及尔如贯⑭，谅不我知。出此三物⑮，以诅尔斯⑯！为鬼为蜮⑰，则不可得。有靦面目⑱，视人罔极⑲。作此好歌，以极反侧⑳。

【主旨讲解】

这首诗诗人谴责自己周围的人暗中诡害自己，使人无法知其行踪，因而诗人对这种行踪诡秘的小人表示出极大的愤慨。

二人从行，谁为此祸？

【注解】

①孔：很。艰：阴险难测。②逝：走过。梁：指石堰，拦阻水流而留缺口以便捕鱼。③云不我可：说我不是好人。④陈：堂前的路。⑤飘风：骤起之风。⑥亟行：急行。⑦脂："支"的假借字。⑧壹者：前次、上次的意思。⑨盱：睁大眼睛。一说通"吁"，指忧愁叹息。⑩易：喜悦。⑪疷：病。⑫壎：古代用陶土烧制而成的一种吹奏

乐器。⑬ 篪：古代用竹制的一种管弦乐器。⑭ 贯：用绳串物。⑮ 三物：指犬、豕、鸡。⑯ 诅：盟誓。⑰ 蜮：短狐。古代传说的一种害人动物。⑱ 靦：惭愧的样子。⑲ 罔极：无常。⑳ 反侧：反复无常。

【译文】

他是一个什么人？他的心地太阴险。为何经过我鱼梁，却不进入我家门？他是听了谁的话，只把粗暴话儿说？二人原本相伴随，是谁酿下这祸根？为何走过我鱼梁，却不进门来慰问？当初态度还不错，如今见我两个样。他是一个什么人，为何穿过我前庭？我已听见他声音，却没见他那踪影。难道人前无所愧，难道不怕神报应。他是一个什么人，像是风暴在狂吹？为何不从北边来，为何不从南边行？为何走过我鱼梁？恰恰搅乱我的心？你的车儿缓缓行，也不过来稍休息。现在你说要快走，哪有时间把车停。前次你来入我门，使我生气心里烦。回时你进我的门，我的心里多高兴。如果不进我的门，说无隔阂谁能信。前次你来看望我，使我生气病一场。老大吹螺壎奏乐曲，老二吹篪声应和。你我如同一线穿，真的不知我心曲。摆出三牲用作祭，对神发誓诅咒你！为鬼为蜮害人精，那就无法能见面。俨然一副人面孔，却比别人无定准。专门写首善意歌，拆穿反复无常人。

巷伯

【原文】

萋兮斐兮[①]，成是贝锦[②]。彼谮人者[③]，亦已甚！哆兮侈兮[④]，成是南箕[⑤]。彼谮人者，谁适与谋？缉缉翩翩[⑥]，谋欲谮人。慎尔言也，谓尔不信。捷捷幡幡[⑦]，谋欲谮言。岂不尔受，既其女迁。骄人好好[⑧]，劳人草草[⑨]。苍天苍天，视彼骄人，矜此劳人！彼谮人者，谁适与谋？取彼谮人，投畀豺虎[⑩]！豺虎不食，投畀有北[⑪]；有北不受，投畀有昊！杨园之道，猗于亩丘[⑫]。寺人孟子[⑬]，作为此诗。凡百君子[⑭]，敬而听之！

【主旨讲解】

这是一篇谣言揭露诗。一位名叫孟子的正直小官，遭受谗言诬陷，受了宫刑，怒不可遏，于是利用此诗对造谣者进行了激烈的揭发和诅咒。诗篇节奏酣畅，笔锋犀利，读来痛快淋漓。

【注解】

① 萋：又作“緀”。色彩相错貌。② 贝锦：贝壳花纹似锦。③ 谮人：进谗言的人。④ 侈：张口的样子。⑤ 南箕：南天上的箕星。古人认为箕星主口舌是非，用来比喻进谗的人。⑥ 缉

缉：交头接耳窃窃私语。翩翩：巧佞之言。⑦捷捷：便捷。幡幡：反复的样子。⑧骄人：谗者。好好：傲慢。⑨劳人：被诽谤者。草草：忧愁苦闷。⑩畀：给予。⑪有北：北方大漠寒凉不毛之地。⑫猗于：加，依，在……上。⑬寺人：古代宫中的侍御小臣。⑭百：多数之代称。

【译文】

五彩交错颜色缤纷，织成一张贝纹锦。造谣的害人精，坏事做绝太过分！张开口啊像簸箕，好比夜空南边的簸箕星。诬陷人的害人精，谁和你相处会高兴？叽叽喳喳往来频，造谣诬陷别人。劝你说话负点责，否则没有人信任。花言巧语胡乱编，挖空心思进谗言。并非没人来上当，总有一天招反祸。小人捣鬼竟得逞，好人却因诬陷忧愁。老天老天你睁开眼，管管那些害人精，可怜可怜我们受害人！造谣的害人精，是谁教你昧良心？抓住说谎的害人精，丢荒山豺虎吞！如果豺虎不肯吞，把他丢到北方荒芜之地；如果北方荒芜之地也不要，就交老天来发落。一条小路通往杨园，紧紧靠在亩丘旁。我的名字叫孟子，编这首歌子为宽心。过往君子慢慢行，请你认真听我言。

谷风

【原文】

习习谷风①，维风及雨。将恐将惧②，维予与女。将安将乐，女转弃予。

习习谷风，维风及颓③。将恐将惧，置予于怀。将安将乐，弃予如遗。

习习谷风，维山崔嵬④。无草不死，无木不萎。忘我大德，思我小怨⑤。

【主旨讲解】

这首诗是一首怨诗。此诗写一位被丈夫抛弃的妇女斥责其夫可共患难而不能同安乐，反映了在当时男权社会中男子普遍存在的二三其德的婚姻现状。

【注解】

①习习：微风和煦的样子。谷风：来自山谷中的大风。②将：方，当。③颓：暴风。④崔嵬：山高峻的样子。⑤小怨：小缺点。

【译文】

那和暖的东风吹起，阴雨连绵天地晦。当初恐惧忧患时，相依唯有你与我。如今一旦安乐时，你就反而把我弃。

和暖的东风又吹起，旋风阵阵刮不停。当初忧患有难时，你将我置于怀里。如今一旦安乐时，把我抛开全不顾。

大风狂吼来自山谷，一直吹到高山顶。地上百草全枯死，山间树木尽凋落。忘了我的旧恩情，专把小隙记心间。

蓼莪

【原文】

蓼蓼者莪①，匪莪伊蒿②。哀哀父母，生我劬劳③。

蓼蓼者莪，匪莪伊蔚④。哀哀父母，生我劳瘁⑤。

瓶之罄矣⑥，维罍之耻⑦。鲜民之生⑧，不如死之久矣！无父何怙⑨？无母何恃？出则衔恤⑩，入则靡至。

父兮生我，母兮鞠我⑪。拊我畜我⑫，长我育我，顾我复我⑬，出入腹我⑭。欲报之德，昊天罔极⑮！

南山烈烈⑯，飘风发发⑰。民莫不穀⑱，我独何害？

南山律律⑲，飘风弗弗⑳。民莫不穀，我独不卒㉑！

【主旨讲解】

这首诗写一位孝子发出痛苦的呼声。诗中写父母养育自己之不易，做儿子的却无力报答父母的养育之恩，因而内心充满忧虑与痛苦。此诗为古代著名的行孝诗。

哀哀父母，生我劬劳。

【注解】

①蓼蓼：长大的样子。莪：植物名，即莪蒿，多年生草本植物，生在水田里，叶嫩时可食。②蒿：即蒿子，有青蒿、白蒿等数种，这里比喻贱草。③劬：辛苦、痛苦。④蔚：蒿的一种，又名牡蒿。⑤瘁：憔悴。⑥罄：尽，空。⑦罍：器具名，古代用之盛酒或盛水的大容器，比瓶大，有方、圆二种形状。⑧鲜：孤苦，穷困。⑨怙：依仗。⑩恤：忧愁。⑪鞠：养育。⑫拊：同“抚”，抚摸。畜：爱。⑬顾：照管。复：指出门后父母对他的挂念。⑭腹：怀抱。⑮罔：无。极：准则。⑯烈烈：山高险阻的样子。⑰飘风：暴风。发发：迅疾貌。⑱穀：赡养。⑲律律：山势高耸突起的样子。⑳弗弗：大风扬尘的样子。㉑卒：送终，指终养父母。

【译文】

莪蒿长得长又高，不是美莪是青蒿。可怜我的父母亲，生我养我多辛劳。

莪蒿长得长又肥，不是美莪是牡蒿。可怜我的父母亲，生我养我身憔悴。

小瓶子里空荡荡，酒瓶应当感羞耻。穷苦孤儿活在世，不如老早就去死。没有父亲依靠谁？没有母亲依仗谁？出门离家含悲伤，进门回家犹未归。

爹呀是你生下我，娘呀是你养育我。抚养我啊教育我，照顾我啊惦记我，出出进进抱着我。欲想报答爹娘恩，老天无端降灾祸。

南山险峻路难行，天旋地转风暴狂。别人都能养爹娘，为何独我遭此难？

南山高耸登攀难，天昏地暗尘飞扬。别人都能养爹娘，我独难为父母送终。

大东

【原文】

有饛簋飧①，有捄棘匕②。周道如砥③，其直如矢。君子所履，小人所视。睠言顾之④，潸焉出涕⑤！小东大东⑥，杼轴其空⑦。纠纠葛屦⑧，可以履霜。佻佻公子，行彼周行。既往既来，使我心疚。有洌氿泉⑨，无浸获薪。契契寤叹⑩，哀我惮人⑪。薪是获薪，尚可载也。哀我惮人，亦可息也！东人之子，职劳不来⑫。西人之子，粲粲衣服⑬。舟人之子⑭，熊罴是裘⑮。私人之子⑯，百僚是试⑰。或以其酒⑱，不以其浆。鞙鞙佩璲⑲，不以其长。维天有汉，监亦有光⑳。跂彼织女㉑，终日七襄㉒。虽则七襄，不成报章㉓。睆彼牵牛㉔，不以服箱㉕。东有启明，西有长庚㉖。有捄天毕㉗，载施之行㉘。维南有箕㉙，不可以簸扬。维北有斗，不可以挹酒浆㉚。维南有箕，载翕其舌㉛。维北有斗，西柄之揭㉜。

【主旨讲解】

本诗讽刺周王室为政残暴，对各诸侯国只知横征暴敛，奴役人民，使人民苦不堪言。

【注解】

①饛：装满食物的样子。簋：古代食器。飧：熟食。②捄：长而弯的样子。棘：酸枣树。匕：匙。③周道：大道，指通往周都的大道。砥：磨刀石。④睠：回头看。⑤潸：流泪的样子。⑥小东大东：指东方各诸侯国，离京都近的称小东，远的称大东。⑦杼轴：织布机。杼，织布机的梭子，用来持纬线。轴，织布机持经线的部件。⑧纠纠：绳索缠绕的样子。⑨洌：寒冷的样子。氿泉：从侧面流出的泉水。⑩契契：忧愁的样子。

⑪ 惮：劳苦。⑫ 职：总是。来：慰劳。⑬ 粲粲：形容衣服鲜艳华丽。⑭ 舟人：通“周人”，即大人物。⑮ 罴：大熊。裘：皮大衣。⑯ 私人：小人，下层人。⑰ 百僚：当时下层差役有皂、舆、隶、仆、台、圉、牧等，百僚就是指上述各等级的差役。试：任用。⑱ 或：有的人。⑲ 鞙鞙：形容系玉的线美而长的样子。璲：瑞玉，可作佩饰。⑳ 监：同“鉴”，镜，古人以水为镜。㉑ 跂：织女星座的三星鼎足而立的样子。织女：星座，共三星。㉒ 襄：反，更动。七襄，七日更动。㉓ 报：反复，纬线的一来一往。章：布帛上的纹络，这里代指布帛。㉔ 睆：明亮的样子。牵牛：即牵牛星。㉕ 服：驾。箱：代指车。㉖“东有”两句：启明、长庚：这两个同属一星，即金星。早晨在太阳出现前，出现在东方天上的称启明，晚上在太阳落后出现在西方天上的称长庚。古人为此误以为二。㉗天毕：毕星，毕星共有八颗，因为它排列的形状像古时田猎用的长柄毕网而得名。㉘施：斜行。行：行列。㉙箕：箕星，共四颗，形状像簸箕。㉚挹：舀。㉛翕：向内收敛的意思。㉜揭：高举。

【译文】

饭盒装得满又满，棘木大匙长又弯。大道平坦如刀石，直如箭杆长又长。君子大人来回走，小人只能睁眼看。回头瞧瞧伤透心，不禁伤心流下泪。东方远近各小国，布帛织品上贡完。穿着葛麻做的鞋，怎能履霜御风寒？浮荡华贵公子哥，走在大道真是忙。往来不绝收赋税，使我心痛又难言。冷泉侧出流潺潺，千万别浸那堆柴。忧愁难眠暗伤叹，劳苦人们真可怜。这柴如果有人烧，还要用车载回去。可怜我们穷苦人，也该歇歇把家还。东方子弟头难抬，终日劳苦只当差。西方子弟高一等，衣着华美颜色鲜。大人子弟好福气，熊罴皮毛做衣裘。小人子弟命乖蹇，好比奴才都得干。有人喝着美味酒，周人拿它当水浆。有人进贡佩玉带，却说佩带不够长。天上河汉宽又广，用作镜子也有光。织女星座三足立，一日七移多忙碌。虽说更换有七次，却难往来织花样。牵牛星星闪闪亮，不能牵来拉车箱。启明早晨亮东方，长庚夜晚亮西方。天毕柄子弯弯长，挂在天边没用场。南边天际有箕星，不能用它来簸扬。北边天上有北斗，不可用来舀酒浆。南天箕星亮光光，缩着舌头大嘴张。北边天上有北斗，西边斗柄高高扬。

四月

【原文】

四月维夏[①]，六月徂暑[②]。先祖匪人[③]，胡宁忍予[④]？秋日凄凄[⑤]，百卉具腓[⑥]。乱离瘼矣[⑦]，爰其适归。冬日烈烈[⑧]，飘风发发[⑨]。民莫不穀[⑩]，我独何害[⑪]！山有嘉卉[⑫]，侯栗侯梅[⑬]。废为残贼[⑭]，莫知其尤[⑮]。相彼泉水，载清载浊。我日构祸[⑯]，曷云能穀？滔滔江汉，南国之纪。尽瘁以仕，宁莫我有[17]。匪鹑匪鸢[18]，翰飞戾天[19]。匪鳣匪鲔[20]，潜逃于渊。山有蕨薇，隰有杞桋[21]。君子作歌，维以告哀。

【主旨讲解】

这是一首诉说劳役之苦与时世动荡的怨诗。诗人述说了有家难归、忧愁烦闷的心境。

【注解】

①四月：与下句的六月均指夏历（农历）。②徂：往。徂暑，即暑徂，指暑热即将过去。③匪人：不是别人。④忍：狠心。⑤凄凄：凉风。⑥卉：草的总称。腓："痱"的假借字，病。⑦瘼：病。⑧烈烈：天气寒冷的样子。⑨飘风：暴风。发发：狂风呼啸声。⑩穀：善。⑪何：通"荷"，负担。⑫嘉：美。⑬侯：是。栗：栗树。梅：梅树。⑭残贼：摧残。⑮尤：罪过。⑯构：即"遘"，遭遇。⑰有：通"友"，亲善。⑱鹑：雕。鸢：老鹰。⑲翰飞：高飞。戾：至。⑳鳣：大鲤鱼。鲔：鲟鱼。㉑杞：枸杞。桋：又名赤楝，树名。

【译文】

四月里呀是夏天，六月盛夏当过去。先祖不是旁姓人，怎忍让我受苦难？秋日萧瑟秋风寒，百草凋零尽枯黄。国败世乱人愁苦，一场大难在眼前。冬天来了天地寒，北风急起刺骨冷。人们生活都安宁，祸害独独将我缠！山上草木好又多，只因有栗又有梅。人们习惯为祸害，对此罪过谁曾谈。仔细看那泉中水，一会儿清来一会儿浊。独我天天在遭殃，何曾好好过生活？滔滔流动江汉水，南国河流众所归。不怕劳瘁尽王事，可是没人说声好。不是雄鹰不是雕，可是却想入云霄。不是鲤鱼不是鲔，却想深渊把命逃。山上一片长蕨薇，洼地适合生杞桋。我作此歌吟其志，心产哀苦诉一诉。

北山

【原文】

陟彼北山[1]，言采其杞。偕偕士子[2]，朝夕从事。王事靡盬，忧我父母。溥天之下[3]，莫非王土。率土之滨[4]，莫非王臣。大夫不均[5]，我从事独贤[6]！四牡彭彭[7]，王事傍傍[8]。嘉我未老，鲜我方将[9]。旅力方刚[10]，经营四方。或燕燕居息[11]，或尽瘁事国。或息偃在床[12]，或不已于行[13]。或不知叫号，或惨惨劬劳[14]。或栖迟偃仰[15]，或王事鞅掌[16]。或湛乐饮酒[17]，或惨惨畏咎[18]。或出入风议[19]，或靡事不为。

【主旨讲解】

这是一篇怨刺诗。一个位卑事繁的士人，有感于王事劳逸不均，被冷酷的等级制度下人们之间彼此隔绝的现实刺痛了，因此发而为文。诗篇后部连用“或”字，列举了一连串互为对立的现象，笔力雄健、词语丰富。

【注解】

①陟：登上。北山：非实指。②偕偕：强壮的样子。士子：作者自称。③溥：大，全。④滨：大陆四周的海滨。⑤大夫：执政者。不均：不公平。⑥贤：多，劳苦。⑦彭彭：不得休息。⑧傍傍：无尽无休。⑨鲜：称赞。方将：正壮。⑩旅：通“膂”，指体力。⑪燕燕：安闲的样子。居息：在家休息。⑫息偃：躺着休息。⑬不已：不停。行：道路。⑭惨惨：忧虑不安。⑮栖迟：栖息盘桓。⑯鞅掌：指勤于王事，奔波忙碌之状。⑰湛乐：沉湎于安乐。⑱畏咎：岌岌自危。⑲风议：放言高论。

【译文】

登上那座北山，去山上采那枸杞。强壮的男子汉，日夜都为公事忙。王朝的事儿没有停息，忧念我那年老的父母。普天之下呀，哪一块地不是王家？四海之内呀，哪一个人不是国王的臣民？执政的官员分配不均，使我独个儿辛苦劳累。四匹骏马匆匆跑，王朝的事没有穷尽。他们夸我说我还没老，称赞我说我正强壮。就因我身强体壮，使我奔波走四方。有的人安闲养在家里，有的人尽心竭力来报效朝廷，有的人高枕无忧，有的人不停奔走四方。有的人不闻民生疾苦，有的人忧心忡忡受辛劳。有的人嬉戏游乐好安逸，有的人百事缠身很辛苦。有的人沉湎美酒，有的人担心罹祸殃。有的人只会发表空空言论，有的人事事都要亲躬。

车辖

【原文】

间关车之辖兮[①]，思娈季女逝兮[②]。匪饥匪渴，德音来括[③]。虽无好友，式燕且喜[④]。依彼平林[⑤]，有集维鷮[⑥]。辰彼硕女[⑦]，令德来教。式燕且誉[⑧]，好尔无射[⑨]。虽无旨酒，式饮庶几[⑩]。虽无嘉肴，式食庶几。虽无德与女[⑪]，式歌且舞。陟彼高冈，析其柞薪[⑫]。析其柞薪，其叶湑兮。鲜我觏尔[⑬]，我心写兮。高山仰止，景行行止。四牡騑騑，六辔如琴。觏尔新昏[⑭]，以慰我心。

【主旨讲解】

这是一支迎亲进行曲。新娘出阁来了，新郎四马大车以迎娶，载着穿过了丛林、高山、大路，一边还不忘赞美新娘德行良好。诗篇笔法跌宕、语言爽朗，随景抒情不露痕迹。

【注解】

①间关：象声词，形容车轮转动时车辖的响声。车轴两头的铁键，可以夹住轮子使其不脱落。②娈：美好的样子。季女：少女。逝：往，指前往迎娶。③德音：美誉。括：犹“佸”，会合。④式燕：宴饮。⑤依：茂盛的样子。⑥鷮：长尾的雉。⑦辰：美善。⑧誉：安乐。⑨无射：不厌。⑩庶几：幸，此表希望之词。⑪德：恩惠。⑫析：劈，分。柞：柞树。⑬鲜：少。⑭昏：古“婚”字。

【译文】

间关车之舝兮，思娈季女逝兮。

车轮转动车辖格格响，妩媚少女要出嫁。不再饥渴我的心，想要迎娶贤淑女。虽然没有好朋友，大家都来赴宴庆祝欢乐。丛林茂密树木葱郁，长尾锦鸡栖林中。那位健美善良的女人，德行良好有教养。宴饮相庆喜洋洋，爱意不绝情绵长。虽然没有那美酒，但愿你能畅饮痛快。虽然没有那好菜，但愿你能饱食一餐。虽然对你没有恩惠，但愿你能一起欢歌欢舞来庆祝。登上高高那山冈，砍下柞枝作柴薪。砍下柞枝作柴薪，柞叶茂盛满树梢。此时我能接到你，心中烦恼全都消除了。高山仰望可以看见山顶，平坦大道可以前行。驾起四马跑不停，手中抓的六条缰绳像抚琴的琴弦。望着车中的新娘子，满怀欣慰非常幸福。

頍弁

【原文】

有頍者弁[①]，实维伊何[②]？尔酒既旨[③]，尔殽既嘉[④]。岂伊异人[⑤]？兄弟匪他。茑与女萝[⑥]，施于松柏[⑦]。未见君子，忧心奕奕[⑧]。既见君子，庶几说怿[⑨]。有頍者弁，实维何期？尔酒既旨，尔殽既时[⑩]。岂伊异人？兄弟具来。茑与女萝，施于松上。未见君子，忧心怲怲[⑪]。既见君子，庶几有臧[⑫]。有頍者弁，实维在首[⑬]。尔酒既旨，尔殽既阜[⑭]。岂伊异人？兄弟甥舅。如彼雨雪[⑮]，先集维霰[⑯]。死丧无日，无几相见。乐酒今夕，君子维宴。

【主旨讲解】

这首诗写周天子宴请兄弟亲属。诗中以寄生草比喻周代诸侯依托于周王，流露出时世动荡，贵族们人生无常的心态，反映了当时人们及时行乐的想法。

【注解】

①頍者：戴弁的样子。弁：古时的一种帽子，用皮革制成。②实：是。③旨：醇美。④嘉：鲜美。⑤异人：外人。⑥茑、女萝：两种寄生草。⑦施：延伸攀附。⑧奕奕：忧心貌。⑨说：同“悦”。怿：欢喜。⑩时：善，美的意思。⑪怲怲：忧惧由盛转衰。⑫有：语助词。臧：善。⑬在首：戴在头上。⑭阜：多。⑮雨雪：下雪。⑯集：聚集。霰：小冰粒，雪珠。

【译文】

头顶戴上高皮帽，那是为了什么呢？你的美酒多醇香，你的菜肴也不错。难道来的是外人？都是弟兄无他人。像那茑与女萝草，紧紧攀附上松柏。未能见到君王时，心里多么忧伤啊。一旦见到那君王，笑意顿时绽脸上。头上高高戴皮冠，究竟那是为什么？你的美酒多醇香，你的菜肴多鲜美。难道来的是外人？都是手足亲同胞。像那茑与女萝草，牢牢蔓延松树上。未能见到你，忧愁满心间。已经见到你，心情多欢畅。看那高高的弁冠，戴在头上正合适。你的美酒多醇香，你的菜肴多丰盛。难道来的是外人？都是兄弟和亲戚。好像冬天要下雪，下雪之前雪珠降。人生死丧说不定，相见还能有几时。不如今日放开怀，及时宴乐各尽兴。

隰桑

【原文】

隰桑有阿①，其叶有难②。既见君子，其乐如何！隰桑有阿，其叶有沃③。既见君子，云何不乐！隰桑有阿，其叶有幽④。既见君子，德音孔胶⑤。心乎爱矣⑥，遐不谓矣⑦？中心藏之⑧，何日忘之！

【主旨讲解】

这是一支爱情狂想曲。水泽边上，姑娘见了浓翠的桑林而生情，幻想着与男人见面的激动场景，最后则表达了这种能想不能爱的深深无奈。诗篇比兴精巧，抒情婉丽，一唱三叹。

【注解】

①阿：美盛柔美的样子。②难：通“傩”，茂盛。③沃：柔嫩、润泽。④幽：青黑色。⑤孔胶：甚盛。⑥爱：挚爱。⑦遐不：胡不。⑧藏：“臧”之假借字，善、爱之意。

【译文】

洼地青桑多柔美，叶儿好繁茂。看见我那心上人，心里如何不喜悦？洼地青桑多柔美，叶儿有光泽。见到我那心上人，如何不快乐？洼地青桑多柔美，叶儿青黝黝。见到我那心中人，知心的话儿说不完。我的深爱在心中，为何不去告诉他？把他深藏在心底，没有一天能忘他！

渐渐之石

【原文】

渐渐之石①，维其高矣。山川悠远，维其劳矣。武人东征，不皇朝矣②。渐渐之石，维其卒矣③。山川悠远，曷其没矣④。武人东征，不皇出矣。有豕白蹢⑤，烝涉波矣⑥。月离于毕⑦，俾滂沱矣⑧。武人东征，不皇他矣。

【主旨讲解】

这是一篇征途诗。绝壁高耸，山川悠远，夜晚的星象预示了即将来临的滂沱大雨，行军步伐一再加快，使士兵发出了苦不堪言的哀怨。诗篇摹景逼真，抒情凄切，意韵悠长。

【注解】

①渐：通“巉”，山高峻的样子。②皇：通“遑”，闲暇。③卒：通“崒”，指山高而险。④曷：何。没：尽头。⑤蹢：兽蹄。⑥烝：众。⑦离：通“丽”，附丽。⑧滂沱：大雨的样子。

【译文】

陡峭的崖石，真是太高了！山川遥远路迢迢，远途行军太辛劳。战士们要东征，哪有空闲来休息。陡峭的崖石，真是太险了！山川遥远路迢迢，何时才能走到头？战士们要东征，回归的日子太渺茫。有只白蹄大肥猪，跳进水里要过河。月儿靠近了毕星边，大雨滂沱下不停。战士们要东征，没有空闲管闲事。

武人东征，不皇出矣。

白华

【原文】

白华菅兮[1]，白茅束兮[2]！之子之远，俾我独兮[3]！英英白云[4]，露彼菅茅[5]。天步艰难[6]，之子不犹[7]。滮池北流[8]，浸彼稻田。啸歌伤怀，念彼硕人[9]。樵彼桑薪[10]，卬烘于煁[11]。维彼硕人[12]，实劳我心。鼓钟于宫，声闻于外。念子懆懆[13]，视我迈迈[14]。有鹙在梁[15]，有鹤在林。维彼硕人，实劳我心。鸳鸯在梁，戢其左翼[16]。之子无良，二三其德。有扁斯石，履之卑兮[17]！之子之远，俾我疧兮[18]！

【主旨讲解】

这首诗写一位贵族妇女原先养尊处优，后来被男人所遗弃，不由得孤独、悲伤，终于不能自持，病倒在床。也有人认为这是周幽王得到褒姒之后，抛弃了原先的申后，于是申后有怨，作诗以抒其怨。

【注解】

①白华：即白花。菅：茅属，即芦芒。②束：捆束。③俾：使。④英英：白云飘荡的样子。⑤露：润泽。⑥天步：天运。⑦犹：好。⑧滮：水名，在陕西省西安市长安区。⑨硕人：高大俊美的人。⑩樵：采。⑪卬：我。烘：烧。煁：即行灶，一种能够移动的小炉灶。⑫维：同“惟”，思念。⑬懆懆：忧愁不安。⑭迈迈：发怒的样子。⑮鹙：水鸟名。梁：鱼坝。⑯戢：缩敛。⑰履：踩。⑱疧：病。

【译文】

菅茅细细开白花，将那白茅紧捆束。那位男子抛弃我，使我空守那闺室。白云朵朵轻飘荡，露水润泽那菅茅。怨我命运太苦难，恨他白云还不如。往北流去的滮水，浇灌片片的稻田。边哭边唱心中苦，思念着那美男子。砍下桑枝当柴烧，我把行灶烧起来。惦念那位美男子，实在伤透我心田。宫里大钟敲起来，声音远传在外边。想你想得心不安，你却对我很厌烦。鹙鸟停在鱼梁上，鹤儿栖在树林间。思念那位美男子，使我心中都伤透。鸳鸯停在鱼梁上，嘴巴插在左翼间。那位男子没良心，朝三暮四将我骗。那块石头多扁平，越踩它呀越低下。恨他变心抛弃我，忧思成病难治好。

瓠叶

【原文】

幡幡瓠叶①，采之亨之②。君子有酒，酌言尝之③。有兔斯首④，炮之燔之⑤。君子有酒，酌言献之。有兔斯首，燔之炙之。君子有酒，酌言酢之⑥。有兔斯首，燔之炮之。君子有酒，酌言酬之。

【主旨讲解】

这首诗是写贵族请客的。诗中描写了宾主互相应酬与宴会的热闹场景。

【注解】

①幡幡："翩翩"的假借字，翻动摇摆的样子。瓠：冬瓜、葫芦等的总名。②亨："烹"的本字。③酌：舀酒。④斯：语助词。⑤炮：用烂泥包着有毛的食物在火上烧烤。燔：把肉放在火上烧烤。⑥酢：以酒回敬。

君子有酒，酌言尝之。

【译文】

风吹葫芦叶乱翻，采下它来煮羹汤。君子藏有醇美酒，斟满一杯请品尝。几只兔子多肥嫩，用火烧烤味道香。君子藏有醇美酒，先斟一杯敬客人。几只兔子鲜又嫩，又烤又熏扑鼻香。君子藏有醇美酒，再斟一杯敬主人。几只兔子多肥嫩，又烤又煨味道香。君子藏有醇美酒，宾主互祝都干完。

绵蛮

【原文】

绵蛮黄鸟①，止于丘阿②。道之云远，我劳如何！饮之食之，教之诲之。命彼后车③，谓之载之④。绵蛮黄鸟，止于丘隅⑤。岂敢惮行⑥？畏不能趋⑦。

饮之食之，教之诲之。命彼后车，谓之载之。绵蛮黄鸟，止于丘侧。岂敢惮行？畏不能极。饮之食之，教之诲之。命彼后车，谓之载之。

【主旨讲解】

这首诗是一位长途出差的公人发出的怨叹之声。他长途行役，又累又饿，苦不堪言，渴望得到上司的体谅与关照。

【注解】

①绵蛮：鸟鸣声。黄鸟：即金丝雀。②止：止息。丘：土山。阿：山曲处。③后车：后边随行的车，亦名副车。④谓：告诉。⑤隅：角。⑥惮：畏惧。⑦趋：快走。

【译文】

黄鸟喳喳叫不停，落在道旁山坳里。道路漫漫太遥远，精疲力竭怎么办？给他喝来给他吃，教他劝他提精神。命令副车停一停，让他坐下好休息。黄鸟喳喳叫不停，落在道旁山脚处。哪敢害怕走远道？只怕走慢来不及。给他水喝给饭吃，教他劝他鼓精神。命令副车停一停，让他坐下别着急。黄鸟喳喳叫不停，落在道旁山坡边。怎敢害怕走远道？只怕不能到终点。给他水喝给饭吃，教他劝他鼓精神。命令副车停一停，让他坐下好休息。

苕之华

【原文】

苕之华[1]，芸其黄矣。心之忧矣，维其伤矣！
苕之华，其叶青青[2]。知我如此，不如无生！
牂羊坟首[3]，三星在罶[4]。人可以食，鲜可以饱！

【主旨讲解】

这是一篇饥民诗。凌霄花开了，叶儿满眼青葱，世上却正值荒年，到处民不聊生，饥饿导致了诗人沉重的叹息。诗篇言辞痛切，对比强烈。

【注解】

①苕：木本蔓生植物，又名凌霄，花赤黄色。②青青："菁菁"之省借，茂盛貌。③牂：母绵羊。坟首：大头。④三星：星宿名，为二十八宿之一，又叫参星。罶：捕鱼器。

【译文】

凌霄花儿正开放，颜色深黄真漂亮。心里的忧愁呀，极度的悲伤啊！

凌霄花儿正开放，叶子青青好茂盛。早知生活这样难，不如不出生！

母羊饿得身瘦头显大，空空的鱼篓只有星光照。大灾年头人人都要吃饭，哪能饱饥肠！

何草不黄

【原文】

何草不黄①？何日不行②？何人不将③，经营四方④？

何草不玄⑤？何人不矜⑥？哀我征夫，独为匪民⑦。

匪兕匪虎⑧，率彼旷野⑨。哀我征夫，朝夕不暇⑩。

有芃者狐⑪，率彼幽草⑫。有栈之车⑬，行彼周道⑭。

【主旨讲解】

这是一支征夫之歌。时光日复一日，草儿枯了又黄，而士兵们终年在外，八方奔波，就像野兽一样昼夜出没，命运凄惨，令作者怨怒不已。诗篇比兴妥恰，形象鲜活，意境清冷。

哀我征夫，朝夕不暇。

【注解】

①黄：枯黄。②行：行役。③将：义同"行"，出征。④经营：往来，操劳。⑤玄：赤黑色，指草由枯而腐烂。⑥矜：通"鳏"，劳瘁病苦。⑦匪：通"非"。⑧匪：通"彼"，那，那些。兕：只生一只角的野牛。⑨率：循着，沿着。⑩暇：空暇，闲暇。⑪有：助词，放在形容之前，无实义。有芃：同"芃芃"，草木茂盛的样子。此处形容蓬蓬松松的狐狸尾巴。⑫幽草：深茂的野草丛。⑬栈：高耸、高大的样子。⑭周道：大道。

【译文】

哪种草呀不枯黄？什么日子不出行？哪有人呀不去征役？往来经营走四方。

哪种草儿不枯萎？哪有人儿不经苦难？可怜我们出征人，偏偏不被当人看。

不是野牛，不是老虎，却要奔波在旷野上。哀痛我们出征人，从早到晚没空闲。

狐狸尾巴蓬松松，沿着路边钻草丛。高高的役车征夫坐，行在漫漫的大道上。

大雅

文王

【原文】

文王在上[1]，於昭于天[2]。周虽旧邦[3]，其命维新[4]。有周不显[5]，帝命不时。文王陟降，在帝左右。

亹亹文王[6]，令闻不已[7]。陈锡哉周，侯文王孙子[8]。文王孙子，本支百世[9]，凡周之士[10]，不显亦世[11]。

世之不显，厥犹翼翼[12]。思皇多士[13]，生此王国。王国克生，维周之桢[14]。济济多士[15]，文王以宁。

穆穆文王[16]，於缉熙敬止[17]。假哉天命[18]，有商孙子[19]。商之孙子，其丽不亿[20]。上帝既命，侯于周服[21]。

侯服于周，天命靡常[22]。殷士肤敏[23]，祼将于京[24]。厥作祼将，常服黼冔[25]。王之荩臣[26]，无念尔祖。

无念尔祖[27]，聿修厥德[28]。永言配命[29]，自求多福。殷之未丧师[30]，克配上帝[31]。宜鉴于殷[32]，骏命不易[33]！

命之不易，无遏尔躬[34]。宣昭义问[35]，有虞殷自天[36]。上天之载，无声无臭。仪刑文王，万邦作孚[37]！

【主旨讲解】

这是祭祀时对周文王的颂诗。歌颂周代受命于天，周文王礼贤下士，施行德政。后王应以周文王为榜样，吸取殷朝灭亡的教训。

【注解】

①文王：即周文王姬昌。②於：感叹词。③旧邦：周自后稷开国，防夏王之业，故曰旧邦。④命：指天命。维新：指周朝新受命于天，故曰其命维新。⑤不：通“丕”，大。⑥亹亹：勤勉貌。⑦令闻：好声誉。⑧“陈锡”两句：陈：犹敷也。一说陈，借为申，一再之意。锡：通“赐”。侯：维，只有。⑨本：冈王的嫡系。支：庶支。⑩士：指周之异姓群臣。⑪亦世：累世。⑫犹：谋。翼翼：小心的样子。⑬思：发语词。⑭桢：干，骨干。⑮济济：众多的样子。⑯穆穆：仪表美好的样子。⑰缉熙：光明正大。敬：恭谨。止：语助词。⑱假：大。⑲有：

占有。⑳丽：数目。㉑侯：只有。服：臣服。㉒靡：无。㉓肤：美。敏：聪敏。㉔祼：即灌祭，祭礼的一种仪式。㉕服：穿戴。黼：殷商礼服。冔：殷商礼帽。㉖荩：忠进之臣。㉗无：语助词。㉘聿：发语词。㉙永：长。㉚师：众也。㉛上帝：天之主宰。㉜鉴：镜，借鉴。㉝骏：大。㉞遏：遏止，断绝。㉟宣昭：宣明。义问：美好的声望。问，通"闻"。㊱有：同"又"。虞：度，鉴戒。㊲孚：信。

【译文】

文王天上有英灵，远比上天还明亮。周朝虽然是旧邦，却是新受命于天。周朝前途很光明，上帝意志光万丈。文王神灵升与降，常伴天帝在天庭。

勤恳忙碌周文王，美好声誉传四方。广施洪福兴周邦。文王子孙都兴旺。文王子孙代代传，本宗庶支洪福广。凡为周朝文武臣，世世代代显荣光。

世世代代都荣光，谋事谨慎多仔细。贤士众多有美德，纷纷涌现在周邦。周国能出众贤士，均为周朝好栋梁。济济一堂来扶持，文王用以安家邦。

文王庄穆品行好，心地光明又美善。上天之命真伟大，殷商子孙繁衍多。殷商子孙数不完，数目岂止有万万。上帝已经下命令，殷商称臣服周邦。

对周称臣服周邦，天命无常不可违。殷商群臣多聪敏，齐聚周京祭周王。他们纷纷行灌礼，照穿黼裳戴殷冠。成王所冈诸贤臣，祖先功德记心间。

祖先功德记心间，继承其德祖业传。常顺天命不可违，要求幸福靠自强。殷商未失民众时，能应天命民不反。殷之兴亡应借鉴，国运永远不易主。

国命永昌实在难，切勿不要自绝天。发扬光大好名声，殷之兴亡实由天。上天之事不可测，没有声息无法猜。老老实实学文王，万国诸侯都敬仰。

大明

【原文】

明明在下[①]，赫赫在上[②]。天难忱斯[③]，不易维王。天位殷适[④]，使不挟四方。

挚仲氏任[⑤]，自彼殷商。来嫁于周，曰嫔于京。乃及王季[⑥]，维德之行。大任有身，生此文王。

维此文王，小心翼翼。昭事上帝，聿怀多福。厥德不回，以受方国[⑦]。

天监在下[⑧]，有命既集。文王初载[⑨]，天作之合。在洽之阳[⑩]，在渭之涘[⑪]。文王嘉止[⑫]，大邦有子。

大邦有子，伣天之妹[⑬]。文定厥祥[⑭]，亲迎于渭。造舟为梁，不显其光！

有命自天，命此文王，于周于京。缵女维莘[⑮]，长子维行[⑯]，笃生武王。保右命尔，燮伐大商[⑰]。

殷商之旅，其会如林。矢于牧野[18]，维予侯兴，上帝临女[19]，无贰尔心！

牧野洋洋，檀车煌煌[20]，驷騵彭彭[21]。维师尚父[22]，时维鹰扬。凉彼武王[23]，肆伐大商[24]，会朝清明[25]。

【主旨讲解】

这首诗是周代的开国史诗。叙述王季和太任、文王和太姒成亲以及武王伐纣成功的事。这首诗与《公刘》《绵》《皇矣》《太王》等诗一起，构成《诗经·大雅》中的周代史诗系列。

【注解】

①明明：光明的样子。②赫赫：显盛的样子。③忱：通“谌”，相信，信任。④适：通“嫡”，即嫡子。殷嫡，指殷纣正。⑤挚：殷朝的一个附属国，在今河南省汝南一带。⑥王季：即太王之子，文王的父亲。⑦方国：周代对周边地区诸侯国的称呼。⑧监：监视。⑨初载：指文王即位的初年。⑩洽：河水名，在今陕西省合阳县西北。洽阳，在洽水的北边，即古莘国的所在地。⑪渭：渭水。⑫止：礼。⑬伣：好比的意思。妹：指少女。⑭文定：指定婚。⑮缵：美好的意思。⑯长子：指长女，即太姒。⑰燮：通“袭”，袭击。⑱矢：通“誓”，发誓。牧野：殷商的郊外地名。在今河南省淇县西南。⑲临：监视。⑳檀车：檀木做的车。㉑騵：赤毛白肚的马。㉒师：太师，官名。尚父：周武王军师吕尚的尊称。㉓凉：辅助。㉔肆伐：进击。㉕会朝：一朝，一个早上。

【译文】

文王的贤明之德布四海，神灵显赫于天上。啊，天命实难揣度，国王更是不好当。上苍有意立那殷帝，却使他丢掉了天下。

明明在下，赫赫在上。

挚国姓任的姑娘，从那遥远的殷商，嫁到我们周邦，说是嫁到周京城。她随王季成夫妇，专做好事有美名。太任有了身孕后，生下这个周文王。

就是这个周文王，行事小心又周全，知道如何敬天事神，招来幸福多又多。他的德行很纯正，各国归顺百姓仰戴。

上天察视人间事，天命有意于文王。文王即位开始时，上天赐给他新娘。新娘来自洽水北，在渭水的那一边，文王德行真正好，莘国有女真贤良。

周国有后是文王，上天赐下少女来，纳下聘礼定吉祥。文王亲迎渭水边。用船搭起桥梁来，大显光辉人人都高兴！

上天有命令，命令那周文王，在周国的京城建立邦家，莘国有女真好看，她是长女嫁文王，头胎生下周武王。天命保佑周武王，让他征伐殷商朝。

殷商军队遍山野，旗帜招展密如林，武王誓师于牧野，唯我周朝定兴盛。上帝日夜看着你，千万不可有二心！

牧野战场很宽广，檀木兵车亮堂堂。四匹红马身强壮，三军统帅是尚父，似那雄鹰在飞翔。一心辅助周文王，大举兴兵伐殷商，一朝天下都清明。

绵

【原文】

绵绵瓜瓞①。民之初生，自土沮漆②。古公亶父③，陶复陶穴，未有家室④。古公亶父，来朝走马⑤。率西水浒⑥，至于岐下。爰及姜女⑦，聿来胥宇⑧。周原膴膴，堇荼如饴⑨。爰始爰谋，爰契我龟⑩，曰止曰时⑪，筑室于兹。乃慰乃止⑫，乃左乃右，乃疆乃理⑬，乃宣乃亩⑭。自西徂东，周爰执事⑮。乃召司空，乃召司徒⑯，俾立室家⑰。其绳则直⑱，缩版以载⑲，作庙翼翼⑳。捄之陾陾㉑，度之薨薨㉒，筑之登登㉓，削屡冯冯㉔。百堵皆兴㉕，鼛鼓弗胜㉖。乃立皋门㉗，皋门有伉㉘。乃立应门，应门将将㉙。乃立冢土㉚，戎丑攸行㉛。肆不殄厥愠㉜，亦不陨厥问㉝。柞棫拔矣㉞，行道兑矣㉟。混夷駾矣㊱，维其喙矣！虞芮质厥成㊲，文王蹶厥生㊳。予曰有疏附，予曰有先后。予曰有奔奏㊴，予曰有御侮。

【主旨讲解】

这首诗也是周代的史诗。它写古公亶父率领周族迁至岐山周原，在那里封邦建国，为周族的进一步发展奠定了基础。

【注解】

①绵绵：连绵不绝的意思。瓞：小瓜。②土：亦作“杜”，水名。沮：“徂”的借字，到达的意思。漆：也是水名，它与杜都是位于豳地（今陕西旬邑县西）的两条河流。③古公亶父：文王的祖父，初居豳地，后避戎狄之侵。迁居在岐山之下，定国号曰周。到武王伐纣定天下，追尊他为太王。④家室：指房屋。⑤来朝：即第二天的早上。走马：驰马。⑥率：遵循。西：豳地之西。浒：水边，借指渭水的岸边。⑦姜女：古公亶父的妻子，姓姜，也称太姜。⑧胥：观察，视察。⑨堇：植物名，野生，味苦。饴：饴糖。⑩契：钻刻。龟：指占卜所用的龟甲。龟甲先要钻孔，然后用火来烤，依据龟甲的裂纹来判断吉凶，并在其上面刻上卜辞。

⑪止：居住。时：也是居住的意思。⑫慰：安居的意思。⑬疆：指划定田地的边界。⑭宣：指用农具开垦土地并松土。⑮执事：开展工作。⑯“乃召”两句：司空：掌管工程的官员。司徒：掌管土地与调配劳力的官员。⑰俾：使。⑱绳：即用绳墨来正地基，平水准，从事工程建设。⑲缩版：直版。载：本指筑墙用的长版，借指为树立的意思。⑳翼翼：严正的意思。㉑捄：将土铲进筐中。陾陾：铲土的声音。㉒度：指将土投在直版之内。薨薨：填土的声音。㉓筑：捣土使墙坚实。登登：捣土声。㉔屡：指土墙隆起的地方。削屡，将土墙隆起的地方削平。冯冯：刮土墙的声音。㉕百堵：指许多墙面。㉖鼛鼓：大鼓名。长一丈二尺。弗胜：指大鼓的声音反而压不过劳动的号子声。㉗皋：指王城的城门。皋门，即城门。㉘有伉：即伉伉，形容城门高大的样子。㉙将将：庄严堂皇的样子。㉚冢：大。冢土，大社。㉛戎：大。丑：众。戎丑，指大众。㉜殄：杜绝，消灭。厥：其，指狄人。㉝陨：坠落。厥：指周文工。问：声誉。㉞柞：柞树，灌木类，丛生有刺。棫：丛生小木，也有刺。㉟兑：畅通。㊱混夷：亦作“昆夷”，古代西部边地的少数民族。駾：受惊奔逃。㊲虞、芮：当时的两个国名。虞在山西省平陆县东北，芮在山西省芮埔县西面。㊳蹶：这里指感动的意思。㊴奔奏：指奔走效力的臣下。

【译文】

木瓜小瓜藤蔓相连，周人最初兴起时，从那杜水来到漆水。文王的祖父古公父，挖洞筑窑来居住，没有房屋与宫殿。文王祖父古公父，清早走马向外行。沿着豳西渭水岸，来到岐山山脚下。他带着妻子太姜，细细观察那建官殿的地基。周原肥沃地宽广，旱芹苦菜甜如糖。认真规划细商量，于是钻刻占龟卜。神说此处可居住，就在这里建住所。于是安心住这块，众人安排在左右。又划疆界又理田，又耕土地又治垄。从西到东一大片，人人干活都卖力。于是司空管工程，司徒掌管那土地，如何建家造住房？施工绳墨长又直，束好夹版筑墙壁，建成宗庙多严正。用筐噌噌来装土，填土夹版轰轰响，筑土登登声音响。百堵高墙都筑起，声势胜过大鼓响。王朝郭门已建起，王都城门多高大。建起官殿大正门，正门庄严多辉煌。筑起土堆立社坛，大众前往去祭祀。对敌仇恨犹未消，邻国聘问也不停。柞树白桉都剪除，往来道路已通行。昆夷受惊狼狈逃，气喘吁吁多疲困。虞芮争田事已平，文王感化其本性。我有贤臣团结人，我有奔走效力的良臣，更有那杀敌御侮的武将。

棫朴

【原文】

芃芃棫朴[①]，薪之槱之[②]。济济辟王[③]，左右趣之。济济辟王，左右奉璋[④]。奉璋峨峨，髦士攸宜[⑤]。淠彼泾舟[⑥]，烝徒楫之[⑦]。周王于迈，六师及之。倬彼云汉[⑧]，为章于天。周王寿考[⑨]，遐不作人[⑩]。追琢其章，金玉其相[⑪]。勉勉我王[⑫]，纲纪四方[⑬]。

【主旨讲解】

本诗颂扬周文王容仪大方，任用贤臣，征伐诸侯，治理四方。

【注解】

①芃芃：茂盛的样子。棫、朴：都是丛生的灌木。②槱：用火燃烧木柴，以祭祀神祇。③辟王：君王。④奉：捧。璋：指璋瓒，祭祀时盛酒的器具，用玉柄做成。⑤髦士：英俊之士。⑥淠：舟行的样子。⑦烝：众。⑧倬：广大。云汉：银河。⑨寿考：长寿。⑩遐：通“何”。⑪相：本质。⑫勉勉：勤勉的样子。⑬纲纪：指治理。

周王于迈，六师及之。

【译文】

棫朴木儿多又多，用它做薪堆起来。文王仪态多端庄，大臣左右趋附他。文王仪容最端庄，左右群臣捧玉璋。手捧玉璋仪容敬，英俊贤士最适合。船儿顺着泾河流，众人用手划着桨。周王率军去征伐，六军紧紧跟随他。云河浩渺真广大，五彩缤纷布满天。文王年寿长又长，培育人才安邦家。雕琢修饰成文章，质如金玉最精良。文王勤奋最努力，条理分明布四方。

生民

【原文】

厥初生民[①]，时维姜嫄[②]。生民如何？克禋克祀[③]。以弗无子[④]，履帝武敏歆[⑤]，攸介攸止[⑥]。载震载夙[⑦]，载生载育，时维后稷。

诞弥厥月[⑧]，先生如达[⑨]。不坼不副[⑩]，无菑无害[⑪]，以赫厥灵[⑫]，上帝不宁[⑬]。不康禋祀，居然生子。

诞寘之隘巷[⑭]，牛羊腓字之[⑮]。诞寘之平林，会伐平林[⑯]。诞寘之寒冰，鸟覆翼之[⑰]。鸟乃去矣，后稷呱矣[⑱]。实覃实訏[⑲]，厥声载路[⑳]。

诞实匍匐[㉑]，克岐克嶷[㉒]，以就口食[㉓]。艺之荏菽[㉔]，荏菽旆旆[㉕]。禾役穟穟[㉖]。麻麦幪幪[㉗]，瓜瓞唪唪[㉘]。

诞后稷之穑，有相之道[29]。茀厥丰草[30]，种之黄茂[31]。实方实苞[32]，实种实褎[33]，实发实秀[34]，实坚实好[35]，实颖实栗[36]，即有邰家室[37]。

诞降嘉种[38]，维秬维秠[39]，维穈维芑[40]，恒之秬秠[41]。是获是亩[42]，恒之穈芑。是任是负，以归肇祀。

诞我祀如何？或舂或揄[43]，或簸或蹂[44]。释之叟叟[45]，烝之浮浮[46]。载谋载惟[47]，取萧祭脂[48]。取羝以軷[49]，载燔载烈[50]，以兴嗣岁[51]。

卬盛于豆[52]，于豆于登[53]。其香始升，上帝居歆[54]，胡臭亶时[55]，后稷肇祀。庶无罪悔[56]，以迄于今。

【主旨讲解】

这是一首歌颂周人始祖后稷的史诗。诗中叙述了后稷的诞生和成长的过程，赞美他带领族人从事农艺，对农业做出了伟大的贡献。这首诗对了解中国最早的农业起源具有重要的意义。

【注解】

①厥：其。民：人，此指周人。②时：是。姜嫄：传说中后稷之母。③禋：据高亨《诗经今注》："一种野祭，用火烧牲，使烟气上冲于天。"祀：指一般祭祀。④弗：假借为"祓"，以祭祀除去灾难。⑤履：践踏。武：足迹。敏：通"拇"，脚的大拇指。传说姜嫄脚踩巨人足迹之大拇指而怀孕。歆：欣喜。⑥攸：乃。介：独。止：休息。⑦震：通"娠"，怀孕。夙：慎重。⑧诞：发语词。弥：满。⑨先：头胎。⑩坼：裂。副：破裂。⑪菑：同"灾"。⑫赫：显示。⑬宁：康。⑭隘：狭。⑮腓：假借为"庇"，护。字：养育，指给……奶吃。⑯会：值，碰上。⑰覆：盖。覆翼：以翅膀盖之。⑱呱：小儿哭声。⑲实：语助词。覃：长。訏：大。⑳载：充满。㉑匍匐：爬行。㉒岐："跂"之假借字，踮起脚跟。嶷："仡"的假借字，站得稳定。㉓以就口食：自己寻找食物吃。㉔艺：种植。荏菽：大豆。㉕旆旆：勃勃，茂盛貌。㉖穟穟：禾苗美好貌。㉗幪幪：茂盛。㉘瓞：小瓜。唪唪：果实累累。㉙相：助。道：方法。㉚茀：治，此指除草。㉛黄茂：泛指五谷。一说指嘉谷。㉜苞：花未开时包着花骨朵的变态叶。㉝种：指苗初出时矮小稀疏。褎：禾苗高大而繁盛。㉞发：禾苗舒展开来，此指拔节。秀：秀穗。㉟坚、好：均指谷物籽粒成熟坚硬。㊱颖：指穗芒。㊲即：来到。㊳降：指上天降下良种。㊴秬：黑黍。秠：一壳二米黍。㊵穈：赤茎粟。芑：白茎粟。㊶恒：通"亘"，满。㊷获：收割。亩：堆在田中。㊸舂：舂米。揄：从石臼中把米舀出来。㊹蹂：即"揉"，簸米时揉搓掉麸脱的米壳。㊺释：淘米。叟叟：淘米之声。㊻烝：同"蒸"。浮浮：热气蒸腾的样子。㊼谋：商量。惟：考虑。㊽萧：香蒿。脂：牛油。祭祀时香篙上加牛油，香气远闻。㊾羝：公羊。軷：祭路神。㊿燔：烧。烈：烤。[51]嗣岁：来年。[52]卬：我，周人自指。豆：木豆，一种食器。[53]登：瓦登，瓦制食器。[54]居：语助词。歆：享受。[55]臭：香。亶：诚实。时：好。[56]庶：幸。

【译文】

诞育周人的祖先，原是那个姜姆。如何生下周族人？祭祀敬奉那苍天。乞求生子后代昌，履帝足迹很欣然，神灵保佑赐吉祥。有了身孕行端庄，生下儿子细心养，周人始祖叫后稷。

怀孕足月数已满，头胎生下是肉蛋。胞衣不开又不裂，降牛无灾也无难。显出灵异不寻常，上帝原来心不定。姜嫄心慌祭祀忙，结果居然生儿男。

将它丢在小巷中，牛羊爱护来喂养。将它丢在大树林，正巧遇上砍柴人。将它丢在寒冰上，鸟翼盖在它身上。鸟儿飞去离开它，后稷啼哭声哇哇。哭声不止嗓门大，充满道路人惊诧。

后稷起初学爬行，既很聪明又乖巧，自觅食物以活命。种植大豆在最先，长势喜人密如林，谷穗饱满沉甸甸。麻麦茂密一片片，大瓜小瓜堆如山。

后稷种地种得好，他有生产好门道。根除茂密的杂草，种上嘉谷播得早。开始出芽渐含苞，初生稀疏渐拔高，苗儿拔节已秀穗，籽粒坚实成色好，谷穗饱满笑弯腰，定居有邰乐陶陶。

后稷播下好谷物，是那秬黍和秠黍，还有赤粟和白粟，遍地种秬又种秠。收割完毕置田亩，漫地都是红白粟。用肩扛来用背负，运回家中祭先祖。

说起祭祀怎么样？有舂有舀分外忙，或簸或揉除秕糠。淘米之声叟叟响，蒸出米饭喷喷香。祭祀大事共商量，取来香蒿烧油脂，祭路宰杀肥公羊，又烧又烤香气飘，祈求明年更兴旺。

我用木豆盛祭品，装满木豆装瓦登。祭品香气向上升，上帝来闻很高兴。芬芳之气到处飘，后稷始行祭天礼。没有过错无悔恨，直至流传到如今。

行苇

【原文】

敦彼行苇①，牛羊勿践履。方苞方体②，维叶泥泥③。戚戚兄弟④，莫远具尔⑤。或肆之筵⑥，或授之几⑦。肆筵设席，授几有缉御⑧。或献或酢⑨，洗爵奠斝⑩。醓醢以荐⑪，或燔或炙⑫。嘉肴脾臄⑬，或歌或咢⑭。敦弓既坚⑮，四鍭既钧⑯，舍矢既均⑰，序宾以贤⑱。敦弓既句⑲，既挟四鍭。四鍭如树，序宾以不侮⑳。曾孙维主㉑，酒醴维醹㉒，酌以大斗，以祈黄耇㉓。黄耇台背㉔，以引以翼㉕。寿考维祺㉖，以介景福㉗。

【主旨讲解】

这首诗写周初统治者与族人宴会，举行比射的情景。

【注解】

①敦：犹团团，草丛生的样子。行：道。②方：开始。体：成形。③泥泥：叶子茂盛

润泽的样子。④戚戚：亲热。⑤具：通“俱”。尔：通“迩”，近。⑥肆：铺上。筵：席。⑦几：筵席上摆酒肴的矮桌。⑧缉：继续。御：侍。⑨酢：以酒还敬。⑩爵、斝：都是古代酒器。奠：置。⑪醓：多汁的肉酱。醢：肉酱。荐：进献。⑫燔：烧腿。炙：烤肉。⑬脾：通“膍”，牛胃。臄：牛舌。⑭歌：和乐而歌。咢：徒击鼓不歌唱。⑮敦：通“雕”。⑯鍭：箭名。钧：通“均”。⑰舍：释，发箭。均：射中。⑱序：次序。贤：指射箭的本领。此句言以射箭之技能排列座位次序。⑲句：借为“彀”，即射中靶子，像立在靶上一样。⑳侮：轻慢。㉑曾孙：指主持者。主：主人。㉒醴：甜酒。醹：酒味醇厚。㉓黄耇：老人之称。㉔台背：即驼背。㉕引：引导。翼：辅助。㉖寿考：高寿。祺：吉祥如意。㉗介：借为“丐”，乞求之意。景：大。

【译文】

团团芦苇路边生，别让牛羊踩芦苇。开始含苞茎成形，叶子柔嫩又茂盛。兄弟友爱应相亲，不要疏远手足情。摆好酒席放上菜，有人送来小茶几。铺好筵席摆上酒，侍者轮番端上几。献酒回敬待以礼，洗杯斟满置于几。肉汁肉酱席上献，烧肉烤肉味道鲜。牛胃牛舌做佳肴，唱歌击鼓兴致高。雕弓张开韧又坚，四人同时发四箭。箭箭齐发射中靶，排列宾位重贤者。雕弓拉开如月满，四支箭头搭上弦。四支箭头立靶上，排列宾位不轻慢。曾孙是个好主人，所备美酒味甘甜。斟满一杯又一杯，祝福老人寿万年。黄发老人弯了腰，前头牵引好好扶。长寿老人都吉利，祈求洪福齐天高。

既醉

【原文】

既醉以酒，既饱以德。君子万年，介尔景福①。既醉以酒，尔肴既将②。君子万年，介尔昭明。昭明有融③，高朗令终④。令终有俶⑤，公尸嘉告⑥。其告维何？笾豆静嘉⑦。朋友攸摄⑧，摄以威仪。威仪孔时⑨，君子有孝子⑩。孝子不匮⑪，永锡尔类⑫。其类维何？室家之壸⑬。君子万年，永锡祚胤⑭。其胤维何？天被尔禄⑮。君子万年，景命有仆⑯。其仆维何？厘尔女士⑰。厘尔女士，从以孙子。

【主旨讲解】

这首诗写周代统治者祭祀祖先时，巫师代表神祇向主人表示祝福。

【注解】

①介：施与。景：大。②将：美。③有：又。融：盛大永长，绵绵不绝。④高朗：高明。令终：好结果。⑤俶：始。⑥公：君主。尸：古代祭典中扮作祖先接受祭祀，祖先是君主，故曰公尸。⑦笾豆：食器。静：善。⑧朋友：群臣。攸：犹是。摄：辅佐。⑨时：善。⑩有：

又。⑪匮：亏缺。⑫锡：捅“赐”。类：同类。⑬壸：本义指宫中道，引申为齐，这里用作动词，齐家。⑭祚：福。胤：嗣，指子孙。⑮被：覆盖。禄：禄位。⑯景命：大命。仆：附，附属。⑰厘：通“赉”，赏给。

【译文】

已经喝醉美酒，已经饱受恩惠。君子长寿万岁，赐你无上福禄。美酒已经喝醉，你的佳肴丰盛。祝愿君子万岁，神赐前程光明。光明辉煌壮大，高明使你善终。善终又能善始，公尸祝言吉祥。公尸祝告说啥？食器笾豆美洁。朋友都来助祭，辅佐皆以威仪。礼仪威严完备，君子又很孝顺。孝子不会乏绝，永远赐你同类。同类又会怎样？善于治家治国。祝愿君子万年，赐你子孙福祚。后世何其幸福？上天永久保佑。祝愿君子万年，天命你有附属。妻儿亲属如何？赐你贤臣良相。赐你贤臣良相，后代世世旺盛。

凫鹥

【原文】

凫鹥在泾[①]，公尸来燕来宁[②]。尔酒既清[③]，尔肴既馨[④]。公尸燕饮，福禄来成[⑤]。凫鹥在沙[⑥]，公尸来燕来宜[⑦]。尔酒既多，尔肴既嘉。公尸燕饮，福禄来为[⑧]。凫鹥在渚[⑨]，公尸来燕来处[⑩]。尔酒既湑[⑪]，尔肴伊脯[⑫]。公尸燕饮，福禄来下。凫鹥在潨[⑬]，公尸来燕来宗[⑭]。既燕于宗[⑮]，福禄攸降。公尸燕饮，福禄来崇[⑯]。凫鹥在亹[⑰]，公尸来止熏熏[⑱]。旨酒欣欣[⑲]，燔炙芬芬[⑳]。公尸燕饮，无有后艰[㉑]。

【主旨讲解】

这首诗写祭祀的第二天，主人设宴酬谢神祇，酒肴丰盛，祈求福佑。

【注解】

①凫：野鸭。鹥：鸥鸟。泾：水名。②公尸：扮演祖先的神主。来：是。燕：通“宴”，指宴饮。宁：安慰。③尔：指主人周王。④馨：香气。⑤成：帮助。⑥沙：水边沙滩。⑦宜：顺的意思。来宜，承应主人的邀请。⑧为：助。一说“厚”。⑨渚：水中沙洲。⑩处：安乐。⑪湑：滤去渣滓而变清。⑫脯：干肉、咸肉。⑬潨：众水汇合处，即港汊。⑭宗：尊敬。⑮宗：庙。⑯崇：重，指重重的福禄。⑰亹：峡中两岸对峙如门的地方。⑱熏熏：温和喜悦的样子。⑲欣欣：欢乐的样子。⑳燔炙：烧烤肉食的两种方法，这里指烧烤好的两种肉食。㉑艰：艰难，遭殃。

【译文】

野鸭鸥鸟河中游，神主赴宴多安详。你的清酒令人醉，你的佳肴香可口。神主乐意来赴宴，福禄为你来降临。野鸭鸥鸟在水滨，神主赴宴承主邀。你的美酒多美好，你的佳肴美又香。神主乐意来赴宴，大福大禄真不少。野鸭鸥鸟沙滩上，神主赴宴心欢畅。你的清酒醇又浓，你的佳肴有肉干。神主乐意来赴宴，福禄一齐从天降。野鸭鸥鸟港汊上，神主赴宴恭敬样。宴饮设在宗庙里，福禄绵绵从天降。神主乐意来赴宴，福禄齐到聚满堂。野鸭鸥鸟峡门旁，神主赴宴心欢畅。美酒畅饮味儿好，烧烤肉味分外香。神主乐意来赴宴，今后管保无祸殃。

假乐

【原文】

假乐君子①，显显令德②。宜民宜人③，受禄于天。保右命之④，自天申之⑤。干禄百福⑥，子孙千亿。穆穆皇皇⑦，宜君宜王。不愆不忘⑧，率由旧章⑨。威仪抑抑⑩，德音秩秩⑪。无怨无恶，率由群匹⑫。受福无疆，四方之纲⑬。之纲之纪⑭，燕及朋友⑮。百辟卿士⑯，媚于天子⑰。不解于位⑱，民之攸塈⑲。

【主旨讲解】

这是周天子宴请群臣时，群臣对周王祝颂的诗。

【注解】

之纲之纪，燕及朋友。

①假："嘉"的借字，赞美。乐：喜爱。君子：指周成王。②显显：鲜明。令德：美德。③宜：适合。人：这里指贵族。④右：通"佑"。⑤申：再三。⑥干：求。⑦穆穆：肃敬的样子。皇皇：光明的样子。⑧愆：过失。忘：忘本。⑨率由：遵循。章：指典章制度。⑩威仪：仪表风度。抑抑：通"懿懿"，壮美的样子。⑪德音：好的名声。秩秩：清明的样子。⑫群匹：指明众贤臣。⑬纲：纲纪、法则。⑭之：这。⑮燕：通"宴"。⑯百辟：指明众诸侯。卿士：泛指文武大臣。⑰媚：爱戴，崇敬。⑱解：通"懈"。⑲攸：所。塈：通"暨"，作"归附"讲。

【译文】

嘉美那成王，善德多显扬。安民又用贤，福禄从天降。天命来保佑，福禄频赐王。福禄数百强，子孙千亿旺。恭敬端庄样，当君又当王。不借也不忘，全都循旧章。仪表威堂堂，政法亦明畅。无怨又无恨，依靠群臣帮。受禄无穷尽，治理四方纲。纲纪统四方，宴饮宾客忙。诸侯卿士多，爱戴周成王。勤职不懈怠，万民附周王。

公刘

【原文】

笃公刘①！匪居匪康。迺埸迺疆②，迺积迺仓。迺裹糇粮③，于橐于囊④，思辑用光。弓矢斯张，干戈戚扬⑤，爰方启行。

笃公刘！于胥斯原。既庶既繁，既顺迺宣⑥，而无永叹。陟则在巘⑦，复降在原。何以舟之？维玉及瑶，鞞琫容刀⑧。

笃公刘！逝彼百泉，瞻彼溥原。乃陟南冈，乃觏于京。京师之野，于时处处，于时庐旅⑨，于时言言，于时语语⑩。

笃公刘！于京斯依。跄跄济济，俾筵俾几⑪。既登乃依，乃造其曹⑫，执豕于牢，酌之用匏⑬。食之饮之，君之宗之。

笃公刘！既溥既长。既景乃冈⑭，相其阴阳，观其流泉。其军三单⑮，度其隰原，彻田为粮⑯。度其夕阳，豳居允荒。

笃公刘！于豳斯馆。涉渭为乱，取厉取锻⑰。止基乃理⑱，爰众爰有。夹其皇涧，溯其过涧⑲。止旅乃密，芮鞫之即⑳。

【主旨讲解】

这是一支拓荒者的赞歌。记叙了古代部族一个名叫公刘的首领带领人民迁往异地、初步定居，并开展了农业生产的故事。诗篇内容繁复，形象栩然，每章均以“笃公刘”抒情开始，接着转入叙事，结合巧妙。

【注解】

①笃：忠实厚道。公刘：后稷的三世孙。②埸：田地的小界。疆：田地的大界。③糇：本作“糇”，干粮。④橐、囊：都指口袋。⑤干：盾牌。戚：长柄的斧。扬：长柄大斧。⑥宣：畅，心情舒畅。⑦巘：与大山相离的小山。⑧鞞：刀鞘。琫：刀鞘上口之饰。⑨庐旅：寄居或暂居。⑩语语：形容人们笑语不休之貌。⑪筵：就席，就座。几：凭靠几案。⑫造：排座次。曹：群，辈。指群臣宾客。⑬匏：本指葫芦。此指酒器。⑭景：“影”的古体。此处作动词，

指根据日影以测定方位。⑮ 三单：分成三批轮流服役。⑯ 彻田：垦田、种田。⑰ 厉：同“砺”，较粗较硬的磨石。锻：质地坚硬的一种砧石。⑱ 止基：居住的基址。⑲ 过涧：水名。⑳ 芮：水流边岸弯曲处。鞫：水边向外凸出处。

【译文】

诚实厚道的公刘啊，日夜辛劳不得安居享乐。划分田界，整理土地，粮食成堆装满仓。包裹好了干粮，装满口袋和大囊，百姓和睦国增光。张弓带箭齐武装，盾戈斧钺拿在手，开始动身向前方。

诚实厚道的公刘啊，前往原野忙视察。人口兴旺，物产丰富，人人心舒畅，谁也不会叹气把心伤。他登山冈，走平原。佩戴的饰物也辉煌，美玉和宝石，玉饰的鞘刀真漂亮。

诚实厚道的公刘啊，来到众多泉水旁，眺望平原宽又广。登上南边的山冈，看见京师沃野好地方。京师辽阔天地宽，可在这里把家安，或是到此来寄居。你一语，我一言，谈笑风生尽开颜。

诚实厚道的公刘啊，定居京师好生活。众宾济济有威仪，又铺筵，又设几，宾主依次坐宴席，尊卑有序合礼仪。捉猪在圈做佳肴，拿出大瓢斟满酒。和他饮来供他尝，共拜公刘做宗主。

诚实厚道的公刘啊，开拓疆土广又长，测月影登高冈，察看山南和山北，研究水源和流向。军队三分来驻防，测量湿地和平原，开垦田亩来种粮。又去测量西山冈，豳地真是宽又广。

诚实厚道的公刘啊，建筑宫室在豳地。渡过渭水采石头，取完砺石取锻石。定居下来整土地，民众多，财物足。皇涧两岸建房屋，面向过涧远望。移民来定居，安居又乐业，河岸两边好去处。

板

【原文】

上帝板板①，下民卒瘅②。出话不然③，为犹不远④。靡圣管管⑤。不实于亶⑥。犹之未远，是用大谏。

天之方难，无然宪宪⑦。天之方蹶⑧，无然泄泄⑨。辞之辑矣⑩，民之洽矣⑪。辞之怿矣⑫，民之莫矣⑬。

我虽异事⑭，及尔同僚⑮。我即尔谋⑯，听我嚣嚣⑰。我言维服⑱，勿以为笑。先民有言⑲，询于刍荛⑳。

天之方虐，无言谑谑㉑。老夫灌灌㉒，小子蹻蹻㉓。匪我言耄㉔，尔用忧谑㉕。多将熇熇㉖，不可救药。

天之方挤[27]，无为夸毗。威仪卒迷[28]，善人载尸[29]。民之方殿屎[30]，则莫我敢葵[31]？丧乱蔑资[32]，会莫惠我师[33]。

天之牖民[34]，如壎如篪[35]，如璋如圭[36]，如取如携。携无曰益，牖民孔易[37]。民之多辟[38]，无自立辟[39]。

价人维藩[40]，大师维垣[41]，大邦维屏[42]，大宗维翰。怀德维宁，宗子维城[43]。无俾城坏[44]，无独斯畏[45]。

敬天之怒，无敢戏豫[46]。敬天之渝，无敢驰驱[47]。昊天曰明，及尔出王[48]。昊天曰旦[49]，及尔游衍[50]。

【主旨讲解】

这首诗是讽刺君王，规劝同僚的。作者指斥朝政昏黑，朝令夕改，使百姓无所适从。他劝诫君王与同僚要公正为官，体恤百姓，以挽救周室的衰亡。

【注解】

①上帝：指周厉王。板板：反常。②卒：同"悴"，言积劳成疾。瘅：因劳致病。③不然：不对。④犹：同"猷"，指政策。不远：没有远见。⑤靡圣：眼中没有圣人。管管：无所凭依而恣意放纵。⑥亶：诚，信。⑦宪宪：喜悦的样子。⑧蹶：动乱。⑨泄泄：指妄发议论。⑩辞：王朝政令。辑：和，指政令宽缓协调。⑪洽：和谐。⑫怿：同"殬"，败坏。⑬莫：通"瘼"，病痛。⑭异事：即事异，职务不同。⑮同僚：同为王臣。⑯即：就。⑰嚣嚣：同"謷謷"，指听不进批评意见。⑱维：是。服：治。⑲先民：古人。⑳刍：草。荛：柴。刍荛：此处指樵夫。朱熹《诗集传》："古人尚询及刍荛，况其僚友乎？"㉑谑谑：喜乐的样子。㉒灌灌：即"款款"，诚恳貌。㉓跻跻：指态度傲慢。㉔耄：老，这里指错乱糊涂的话。㉕忧谑：戏谑。㉖熇熇：火炽盛貌。㉗挤：怒。㉘迷：迷乱。㉙载：则。尸：《郑笺》："君子贤人则如尸矣，不复言语。"㉚殿屎：呻吟。㉛葵：通"揆"，猜疑。㉜蔑：无。资：资财。㉝师：众庶。㉞牖：引导，诱导。㉟壎：古代陶制的圆形吹奏乐器。篪：古代竹制的一种管乐器。㊱璋、圭：朝廷所用的玉制礼器。㊲孔易：很容易。㊳辟：通"僻"，邪僻。㊴辟：法。立辟：即立法。㊵价：大，善。维：是。藩：藩篱。㊶大师：大众。㊷大邦：大国。㊸宗子：嫡子。㊹俾：使。㊺独：独行。斯：其。畏：淫威。㊻戏豫：嬉戏逸乐。㊼驰驱：恣纵。㊽王：往。㊾旦：明。㊿游衍：游荡。

【译文】

上帝行为违反了常道，天下庶民都遭殃！你的话语不合情理，你的政策没有远见。目无圣人恣意放荡，不务实际经常食言。为政实在鼠目寸光，所以我来进行大谏！

老天正在降灾难，不要这样太高兴。老天正在降骚乱，切莫把话胡乱讲。政教协调和谐了，人民才能乐陶陶。政令混乱败坏了，人民苦难不得宁。

你我掌职务有别，同为王臣与友僚。与你一起商大计，你却不听也不理。我是在讲治国道，你莫以为是玩笑。先人曾经有话云：可找樵夫来商量。

上天肆意来作虐，切莫嬉乐而无节。老夫我忠心耿耿，小子你情态傲慢。并非老朽装糊涂，忧患岂可当笑谑。多做坏事难收拾，死到临头难救药。

老天正在发脾气，你别卑躬谄媚样。君臣礼仪尽迷乱，好人闭口如死尸。人民痛苦正呻吟，无人对我敢怀疑。丧乱流离资财尽，恩泽何曾施群黎！

犹之未远，是用大谏。

上天诱导老百姓，好像吹调很平和，好像圭璋密契合，如提如携来相帮。提携生民无阻绝，诱导人民多容易。如今人间多乱子，枉自立法没用场！

贤良臣民是藩篱，大众黎庶是垣墙。诸侯大国是屏障，王宗大族是栋梁。施行善德民安康，王亲嫡子是干城。切莫把那城墙毁，不要施展你淫威！

恭肃对待上天怒，不要戏谑无拘忌。谨慎观察天变化，不敢恣纵任驰驱。老天眼睛最明亮，与你一起同出行。上帝眼睛最清朗，与你同行游四方。

荡

【原文】

荡荡上帝，下民之辟①。疾威上帝，其命多辟。天生烝民，其命匪谌②。靡不有初，鲜克有终。

文王曰咨，咨女殷商！曾是强御③，曾是掊克④。曾是在位，曾是在服。天降慆德，女兴是力。

文王曰咨，咨女殷商！而秉义类⑤，强御多怼⑥。流言以对，寇攘式内⑦。侯作侯祝⑧，靡届靡究⑨。

文王曰咨，咨女殷商！女炰烋于中国⑩，敛怨以为德。不明尔德，时无背无侧⑪。尔德不明，以无陪无卿。

文王曰咨，咨女殷商！天不湎尔以酒，不义从式。既愆尔止⑫，靡明靡晦。式号式呼，俾昼作夜。

文王曰咨，咨女殷商！如蜩如螗⑬，如沸如羹。小大近丧⑭，人尚乎由行。内奰于中国[15]，覃及鬼方[16]。

文王曰咨，咨女殷商！匪上帝不时，殷不用旧。虽无老成人，尚有典型[17]。曾是莫听，大命以倾。

文王曰咨，咨女殷商！人亦有言，颠沛之揭[18]，枝叶未有害，本实先拨[19]。殷鉴不远，在夏后之世[20]。

【主旨讲解】

这是一篇借古讽今诗。诗人通过假托古代明君周文王慨叹殷纣王无道，来讽刺当政者荒淫昏庸、刚愎自用，导致民怨沸腾、社会动荡，希望君王能以史为鉴，亡羊补牢。诗篇气韵沉稳，抒情激昂，笔力遒劲。

【注解】

①辟：君王。②匪谌：不可信。③强御：强暴。④掊克：暴敛贪狠。⑤义类：邪曲之事。⑥怼：怨恨。⑦寇攘：寇盗攘窃。⑧作：古“诅”字。祝：通“咒”。⑨届：至，引申为“极”。⑩炰烋：即咆哮。⑪时：是。背：后。侧：旁边。背侧：君主左右两旁的近侍。⑫愆：罪咎，过失。止：威仪容止。⑬蜩：蝉。螗：蝉。⑭丧：丧亡，亡失。⑮奰：怒。⑯覃：延，扩大。鬼方：远方之国的通称。⑰典刑：先王传留的旧法常规。⑱颠沛：倒伏。揭：举起，树根翘出地面。⑲拨：败坏，断绝。⑳夏后：夏桀。

【译文】

骄纵放荡的上帝啊，却是下民的君王。暴虐贪婪的上帝啊，政令邪僻不正常。天生芸芸众百姓，天命荒唐不可信。开始都能有善行，很少有能保持始终。

文王叹息道：你这殷商的末代君王！怎能这样逞强，怎能这样的暴敛、贪赃。你竟是这样在高位，竟是这样掌大权。上天降下这些邪恶臣，助长国王来作恶。

文王叹息道：你这殷商的末代君王！你若任用正义人，强梁之辈心怏怏。流言蜚语满国内，盗寇窃贼祸朝纲。诅咒朝廷害贤良，好人全都遭祸殃。

文王叹息道：你这殷商的末代君王！你跋扈横行于国中，却将坏人当好人。不能辨明好和坏，奸臣叛臣结成邦。你真糊涂啊，不知公卿谁能当。

文王叹息道：你这殷商的末代君王！老天没叫你贪酒杯，也没叫你干坏事。你威仪容止全失态，没日没夜饮酒浆。狂呼乱叫不像样，日夜颠倒国事荒。

文王叹息道：你这殷商的末代君王！朝政昏乱如蝉儿在乱叫，怨声载道似沸汤。大小政事全搞乱，你却一意孤行还那样。国内民众怒气升，愤怒之火燃向远方。

文王叹息道：你这殷商的末代君王！不是上帝心不好，是你不遵循旧法章。虽无德高望重老臣，还有法度可遵循。先王话你也听不进，国运怎能不衰亡。

文王叹息道：你这殷商的末代君王！人们也曾这样讲：大树倾倒根子出，枝叶暂时未受伤，树根已坏命难长。殷商的借鉴并不远，看那夏桀怎样遭灭亡。

抑

【原文】

抑抑威仪[①]，维德之隅。人亦有言，靡哲不愚[②]。庶人之愚，亦职维疾[③]。哲人之愚，亦维斯戾[④]。

无竞维人，四方其训之[⑤]。有觉德行，四国顺之。讦谟定命[⑥]，远犹辰告。敬慎威仪，维民之则。

其在于今，兴迷乱于政。颠覆厥德，荒湛于酒[⑦]。女虽湛乐从，弗念厥绍[⑧]。罔敷求先王[⑨]，克共明刑[⑩]。

肆皇天弗尚[⑪]，如彼泉流，无沦胥以亡[⑫]。夙兴夜寐，洒扫庭内，维民之章。修尔车马，弓矢戎兵。用戒戎作，用逷蛮方[⑬]。

质尔人民，谨尔侯度，用戒不虞[⑭]。慎尔出话，敬尔威仪，无不柔嘉[⑮]。白圭之玷[⑯]，尚可磨也。斯言之玷，不可为也。

【主旨讲解】

这是一篇讽谏诗。新君王即位后，沉迷于酒乐之中，德行沦丧，不思进取。一位德高望重的老臣因此作了此诗，对他进行讽谏教导。诗篇纯用赋法，词汇丰富，说理透彻。

【注解】

①抑抑：严密，严正。②哲：智，才智出众、见识过人的大智者。③职：主，专。疾：毛病，缺点。④戾：罪。⑤训：犹“顺”，服从。⑥讦：大，广大。谟：谋略，规划。⑦荒湛：沉湎。⑧念：思。绍：继承。⑨罔：无，不。敷：广。先王：先王治国之道。⑩共：执行。明刑：明法。⑪尚：保佑。⑫沦胥：相率。⑬逷：治，除。⑭不虞：不测，出乎意料。⑮柔嘉：安善。⑯玷：白玉上的斑点。

【译文】

端庄美好威仪，内在品德相配。人们这样说：大智若愚。凡人的愚昧，因他本身有缺陷。哲人看似愚昧，是在愚中含有善意。

求得贤才来治理，四方诸侯都服从。品德端正光明，四方之国都顺从。大政方针，长远国策，告谕群臣。一举一动要谨慎，人民以你为榜样。

如今之世，国政昏乱。你的德行崩溃，沉湎在酒中。只知逸乐放纵，不把先王遗训继承。不广求先王之道，怎能明法执行？

所以皇天也不保佑你，犹如泉水空自流，君臣相率堕落到尽头。勤政应早起晚睡，洒扫里外厅堂，做民众的表率。修整你的车马，修理你的弓箭武器。戒备战争，用来讨伐远方。

取信于民，谨守法度，以防不测发生。说话要慎重，威仪要恭敬，这就处处和善安宁。白玉上面的污点，还可将它磨去。言语若有过失，再也不能挽回。

【原文】

无易由言，无曰苟矣①。莫扪朕舌②，言不可逝矣！无言不雠③，无德不报。惠于朋友，庶民小子。子孙绳绳④，万民靡不承。

视尔友君子，辑柔尔颜，不遐有愆⑤。相在尔室，尚不愧于屋漏。无曰不显，莫予云觏。神之格思⑥，不可度思，矧可射思⑦。

辟尔为德，俾臧俾嘉。淑慎尔止，不愆于仪。不僭不贼⑧，鲜不为则。投我以桃，报之以李。彼童而角⑨，实虹小子⑩。

荏染柔木，言缗之丝⑪。温温恭人，维德之基。其维哲人，告之话言，顺德之行。其维愚人，覆谓我僭⑫，民各有心。

于乎小子。未知臧否。匪手携文，言示之事。匪面命之，言提其耳⑬。借曰未知，亦既抱子。民之靡盈，谁夙知而莫成？

昊天孔昭，我生靡乐。视尔梦梦，我心惨惨。诲尔谆谆⑭，听我藐藐⑮。匪用为教，覆用为虐⑯。借曰未知，亦聿既耄。

于乎小子。告尔旧止。听用我谋，庶无大悔。天方艰难，曰丧厥国。取譬不远，昊天不忒。回遹其德⑰，俾民大棘⑱。

【注解】

①苟：苟且，随便。②扪：执持。③雠：答对，应答。④绳绳：连接不断。⑤遐：何。⑥格：至。思：语助词。⑦矧：况且。射：厌倦。⑧僭：差错。贼：残害。⑨童：无角的羊。⑩虹：通“讧”，溃乱。⑪缗：被，施。丝：琴瑟的丝弦。⑫覆：反。⑬提耳：提着耳朵恳切教诲。⑭谆谆：诲人不倦貌。⑮藐藐：忽略，不以为然。⑯虐：戏谑。⑰回：邪。遹：邪僻。⑱棘：通“急”，紧急，引申为灾难。

【译文】

不要信口说话，不要苟且应付。没有人将自己舌头按住，一言已出难以追回。出言总会有回应，施德总能有回报。对朋友要有好处，把关爱施及至百姓。子子孙孙慎守祖训，人民没有不顺从。

看你的朋友君子，和颜悦色，彬彬有礼，就不会有什么过失。看你独处室中，做事无愧神明。休道暗室不明显，没人能够看得见。神明无处不在啊，不能够揣度，怎能倦怠不恭敬呢。

修明你的德行，使它尽善又尽美。慎重你的举止，不要有失威仪。不犯过错不伤人，人们就会仿效你。人家赠我鲜桃呀，我用李子来回敬。胡说秃羊头上生了角，是小人自己在作乱。

木料柔韧真是好，可以用来安弓弦。温和谨慎谦恭人，正是美德好根基。他若是个明智人，告诉他古人的善言，遵循道德去实行。他若是个愚蠢人，反而说我错了，真是人心不同啊。

可叹啊年轻人，不知善与恶。不但用手提携你，还把事理讲明白。不仅当面教育你，还拎他耳朵来提醒。假若说你不懂事，可是你已抱儿子。谁能没有缺点，谁会早慧而晚成？

明察的老天呀，我活着也没有快乐。看你昏昏如梦，我心苦恼不已。耐心教导你，你却听不进。不知教你为你好，反而拿它开玩笑。如果说你不懂事，七十八十年已老。

可叹啊年轻人，告诉你先王旧章。你若听我的道理，不致有太大悔恨。时势正艰难，你的国家将灭亡。我取比方近眼前，老天做事不会误。如果邪僻不正，人民会遭大难！

桑柔

【原文】

菀彼桑柔[1]，其下侯旬[2]。捋采其刘[3]，瘼此下民[4]。不殄心忧[5]，仓兄填兮[6]！倬彼昊天[7]，宁不我矜[8]。

四牡骙骙[9]，旟旐有翩[10]。乱生不夷[11]，靡国不泯[12]。民靡有黎[13]，具祸以烬[14]。于乎有哀，国步斯频[15]！

国步蔑资，天不我将[16]。靡所止疑[17]，云徂何往。君子实维，秉心无竞。谁生厉阶[18]？至今为梗[19]！

忧心殷殷，念我土宇[20]。我生不辰，逢俾天怒[21]。自西徂东，靡所定处。多我觏痻[22]，孔棘我圉[23]。

为谋为毖[24]，乱况斯削。告尔忧恤[25]，诲尔序爵[26]。谁能执热[27]，逝不以濯[28]？其何能淑？载胥及溺[29]。

如彼遡风，亦孔之僾[30]。民有肃心[31]，荓云不逮[32]。好是稼穑，力民代食。稼穑维宝[33]，代食维好。

天降丧乱，灭我立王。降此蟊贼，稼穑卒痒。哀恫中国[34]，具赘卒荒！靡有旅力[35]，以念穹苍[36]。

维此惠君[37]，民人所瞻。秉心宣犹[38]，考慎其相[39]。维彼不顺，自独俾臧[40]。自有肺肠，俾民卒狂[41]。

瞻彼中林[42]，甡甡其鹿[43]。朋友已谮[44]，不胥以穀。人亦有言：进退维谷。

维此圣人，瞻言百里。维彼愚人，覆狂以喜。匪言不能，胡斯畏忌。

维此良人，弗求弗迪[45]。维彼忍心[46]，是顾是复。民之贪乱，宁为荼毒[47]！

大风有隧[48]，有空大谷。维此良人，作为式穀。维彼不顺，征以中垢。

大风有隧，贪人败类。听言则对，诵言如醉[49]。匪用其良[50]，覆俾我悖[51]。

嗟尔朋友，予岂不知而作？如彼飞虫[52]，时亦弋获[53]。既之阴女，反予来赫！

民之罔极，职凉善背。为民不利，如云不克。民之回遹[54]，职竞用力。

民之未戾，职盗为寇。凉曰不可，覆背善詈[55]。虽曰匪予[56]，既作尔歌！

【主旨讲解】

这首诗传为周厉王时卿士芮良夫哀叹周道衰落，讥讽周厉王昏庸无道而作。诗中批评周厉王任用群小，疏远贤人，致使国事日非，人民痛苦不堪。

【注解】

告尔忧恤，诲尔序爵。

①菀：茂盛貌。桑柔：即柔桑。②侯：维，是。旬：树荫遍布。③刘：剥落稀疏。④瘼：病，害。⑤殄：绝。⑥仓兄：又作怆怳，悲怆凄凉。⑦倬：光明貌。⑧矜：怜。⑨骙骙：强壮貌。⑩旟旐：画有鹰隼龟蛇的旗。⑪夷：平定。⑫泯：乱。⑬黎：众，多。⑭烬：绝。⑮国步：国运。⑯将：扶助。⑰疑：通“凝”。⑱厉：恶。阶：台阶，引申为原因。⑲梗：作梗。⑳土宇：土地房舍。㉑倬：厚。倬怒，盛怒。㉒觏：同“遘”，遇见。痻：病苦。㉓棘：急。圉：边陲。㉔毖：慎。㉕恤：忧虑。㉖序爵：据礼安排爵位。㉗执热：治热，即消除热。㉘逝：而。濯：洗涤。㉙载：则，就。胥：相，相与。溺：逆。㉚僾：呼吸困难。㉛肃心：上进心。㉜荓：使。云：有。㉝宝：珍爱。㉞恫：痛心。㉟旅力：指贡献力量。㊱念：止。㊲惠：顺。㊳宣：显。犹：明朗。宣犹，即明哲。㊴慎：挑选。相：辅佐的大臣。㊵自独：独自。臧：善。㊶卒：通“瘁”，病。㊷中林：林中。㊸甡甡：同“莘莘”，众多的样子。㊹谮：通“僭”，不信任。㊺迪：钻营。㊻忍心：内心残忍的人。㊼宁：乃。㊽隧：大风迅疾貌。㊾诵：言，讽谏之言。㊿良：指良言。51俾：使。52飞虫：指飞鸟。53弋获：射获。54回遹：邪辟。55詈：

骂。㊻匪：同“诽”，诽谤。

【译文】

桑叶多茂盛，树底多阴凉。桑叶采得稀，人民受灾难。忧愁缠我心，悲怆填胸间。皇天分善恶，怎能不垂怜！

四马奔驰忙，旗帜迎风飘。祸乱不平息，无处不纷扰。民生死乱亡，劫后难余生。心中多凄婉，国运危难多！

国民穷不堪，老天不扶持。哪是休息处？哪是栖身地？君子所作为，问心无竞争。是谁生祸患，至今仍作梗？

心中多悲伤，想念我故乡。生来不逢时，上天正发怒。自西走向东，没有定居处。灾祸实在多，寇盗入侵急。

谋国要审慎，混乱才会少。劝您多忧国，合理授官爵。若想限苦热，何不洗凉水？国事如不快办好，大家都会被淹死。

如同那逆风，令人难呼吸。民有奋进心，无法遂意愿。喜好稼穑事，耕种代禄食。稼穑我所重，禄食方心安。

上天降灾难，灭我所立王。蟊虫多横行，庄稼都遭殃。可怜我国人，到处受饥荒。我辈都无能，不能感上苍。

顺道好君王，为民所景仰。心地最朗鉴，慎重选贤相。若是那昏君，只会自享乐。别有坏心肠，放纵百姓狂。

看那莽林间，麋儿成群跑。朋友互相骗，诚心难上难。人们常常说：进退真两难。

唯有那圣人，察物有远见。唯有那愚人，反而狂诞喜。不是不敢说，做事何畏忌？

唯有善良人，不去求名位。唯有忍心人，反复无常理。坏人贪惹祸，荼毒众黎民。

大风势迅猛，来自那空谷。唯有善心人，恪守好品德。唯有那昏王，深陷于污垢。

大风多猛烈，贪人是败类。巧言善应对，讽谏佯装醉。忠言不采纳，反而加罪我。

朋友听我言，岂不知你为？好比那飞鸟，难免被获杀。洞悉你底细，于是威吓我。

世人无道德，做事多乖僻。专干害民事，唯恐不尽情。黎民也邪辟，暴力多施用。

民心不安定，盗贼日横行。实话行不通，背后反骂我。尽管被你骂，还是要作诗。

云汉

【原文】

倬彼云汉[①]，昭回于天[②]。王曰：于乎[③]！何辜今之人[④]？天降丧乱，饥馑荐臻[⑤]。靡神不举[⑥]，靡爱斯牲[⑦]。圭璧既卒[⑧]，宁莫我听[⑨]？

旱既大甚[⑩]，蕴隆虫虫[⑪]。不殄禋祀[⑫]，自郊徂宫。上下奠瘗[⑬]，靡神不宗[⑭]。后稷不克，上帝不临。耗斁下土[⑮]，宁丁我躬[⑯]。

旱既大甚，则不可推[17]。兢兢业业[18]，如霆如雷。周余黎民[19]，靡有孑遗[20]。昊天上帝，则不我遗[21]。胡不相畏？先祖于摧[22]！

旱既大甚，则不可沮[23]。赫赫炎炎[24]，云我无所[25]。大命近止[26]，靡瞻靡顾。群公先正[27]，则不我助。父母先祖，胡宁忍予[28]？

旱既大甚，涤涤山川[29]。旱魃为虐[30]，如惔如焚[31]。我心惮暑，忧心如熏！群公先正，则不我闻[32]。昊天上帝，宁俾我遁[33]？

旱既大甚，黾勉畏去[34]。胡宁瘨我以旱[35]，憯不知其故[36]。祈年孔夙[37]，方社不莫[38]。昊天上帝，则不我虞[39]。敬恭明神[40]，宜无悔怒[41]？

旱既大甚，散无友纪[42]。鞫哉庶正[43]，疚哉冢宰[44]！趣马师氏[45]，膳夫左右[46]。靡人不周[47]，无不能止[48]，瞻卬昊天[49]，云如何里[50]！

瞻卬昊天，有嘒其星[51]。大夫君子，昭假无赢[52]。大命近止，无弃尔成。何求为我，以戾庶正[53]。瞻卬昊天，曷惠其宁？

【主旨讲解】

这是一首描写旱灾的诗。周宣王时，遇到了百年不遇的连年大旱，农业颗粒无收，农民苦不堪言。本诗描述了大旱造成的可怕情况，祈求上帝与祖宗神灵，不要降灾于下民，怜悯百姓不幸与痛苦。

【注解】

①倬：大。云汉：天河，银河。②昭：光亮。回：旋转。③于乎：同“呜呼”，叹词。④辜：罪。⑤饥馑：灾荒。臻：至。⑥举：祭祀。⑦爱：吝惜。牲：指祭祀用的牛、羊、猪等。⑧圭、璧：都是玉器，周人用它祭神。祭天神就堆柴烧玉，祭山神、地神就在山脚或地里埋玉，祭水神就沉玉，祭人鬼则藏玉。卒：尽。⑨宁：何，难道。⑩大：音义同“太”。⑪蕴：闷热。虫虫：热气熏蒸之状。⑫殄：断绝。禋祀：古代祭天的仪式，燃柴升烟，同时加牲体、玉帛在柴上焚烧。这里泛指祭祀。⑬上：指天。下：指地。奠：陈列祭品以祭天神。瘗：埋，将祭品埋在地下祭地神。⑭宗：尊敬。⑮斁：败坏。下土：下界，指人间。⑯宁：犹“乃”“却”。丁：遭逢。躬：身。⑰推：排除。⑱兢兢业业：恐惧而小心的样子。⑲黎民：老人。一说为百姓。⑳孑遗：剩余。㉑遗：赠送。㉒摧：毁灭。㉓沮：止。㉔赫赫：明亮耀目貌。㉕云：阴，遮蔽。㉖大命：生命。㉗群公：指前代的诸侯。先正：前代的贤臣。㉘宁：竟然。忍予：对我忍心。㉙涤涤：涤荡无余貌。㉚旱魃：古代传说中的旱魔。㉛惔：“炎”的假借字。㉜闻：同“问”。㉝俾：使。㉞黾勉：勉力，努力。畏：恶，憎恨。㉟瘨：病，害。㊱憯：通“曾”，竟然。㊲祈：祈祷。夙：早。㊳方：祭四方之神。社：祭土地神。莫：古“暮”字，晚，迟。㊴虞：变，揣度，考虑。㊵明神：即神明。㊶悔：恨。㊷友：“有”的假借字。㊸鞫：穷困。庶正：众官之长，指朝内卿士。㊹疚：忧虑，痛苦。冢宰：大宰，如后世宰相。㊺趣马：给天子掌管马匹的官。师氏：教国子之官。㊻膳夫：主管天子饭食的官。㊼周：救济。㊽无：贫乏。止：解除。㊾卬：通“仰”，仰望。㊿云：发语词。里：通“悝”，忧伤。51嘒：明亮。52昭：祈祷。假：告诉。赢：过失，怠慢。53戾：安定。

【译文】

浩瀚银河高又亮，星光灿烂在天穹。国王仰天长叹息，今人犯了什么罪？老天降下大灾难，饥荒连年无休止。哪个神灵不祭祀，何曾吝惜那牺牲。玉圭玉璧都用尽，为何上天没听见？

旱灾已经太严重，酷暑闷热人如蒸。祭祀一天也没断，从那郊外到王宫。上祭天神下祭地，没有神灵不敬到。先神后稷不保佑，上帝圣威不降临。天下田地尽遭害，灾难恰恰落我身。

旱灾实在太严重，没有办法可排除。胆战心惊实在怕，如遇霹雳和雷击。周族剩余老百姓，没有一人能幸存。皇天上帝太忍心，就是不给我帮助。大家怎能不惧怕？先祖事业将无存。

旱灾实在大严重，没有办法可止住。烈日炎炎如火烧，无处可找遮阴处。大限已到命将尽，没法瞻前又顾后。诸侯公卿众神灵，谁也不来帮助我。父母先祖在天上，怎么忍心不相救！

旱灾已经太严重，山秃河干草木尽。旱魔发疯太凶顽，如同大火腾烈焰。长期酷热使人惧，忧心如同烟火熏。诸侯公卿众神灵，谁也不来过问我。叫声上帝叫声天，难道我们无处逃？

旱灾来势太匹暴，力求上天除旱魔。为何降灾害我们，竟然不知其缘由。祈年祭祀举行早，方祭社祭从未晚。皇天上帝太狠心，何不考虑我诚心。一向恭敬诸神明，想来神明应无怨。

旱灾严重无休止，人人散乱失纲纪。我们已经没法子，冢宰痛苦又何补！马官教官都求雨，厨师侍从也助祭。无人不须相救助，没人停下敢休息。仰望苍天无片云，我心忧愁何时休！

仰望苍天仍是晴，繁星点点亮晶晶。公卿大夫诸君子，昭告上天没怠慢。大限已到命将尽，继续祈祷不要停！祈求不是为自己，为了安定众卿士。仰望苍天再三祷，何时赐我民安宁？

崧高

【原文】

崧高维岳[①]，骏极于天[②]。维岳降神，生甫及申。维申及甫，维周之翰。四国于蕃[③]，四方于宣。亹亹申伯[④]，王缵之事。于邑于谢，南国是式[⑤]。王命召伯："定申伯之宅；登是南邦[⑥]，世执其功。"王命申伯："式是南邦！因是谢人，以作尔庸[⑦]。"王命召伯："彻申伯土田。"王命傅御[⑧]："迁其私人。"申伯之功，召伯是营。有俶其城[⑨]，寝庙既成。既成藐藐[⑩]，王锡申伯。四牡跻跻⑪，钩膺濯濯⑫。王遣申伯：路车乘马。“我图尔居，莫如南土。锡尔介圭⑬，以作尔宝。往近王舅⑭，南土是保！”申伯信迈⑮，王饯于郿。申伯还南，谢于诚归⑯。王命召伯：“彻申伯土疆。以峙其粻⑰，式遄其行⑱。”申伯番番⑲，既入于谢。徒御啴啴⑳。周邦咸喜：戎有良翰㉑！不显申伯，王之元舅，文武是宪㉒。申伯之德，柔惠且直。揉此万邦㉓，闻于四国。吉甫作诵，其诗孔硕㉔。其风肆好㉕，以赠申伯。

【主旨讲解】

本诗是一首赞诗。申伯封于谢，周宣王对他大加赏赐。尹吉甫为他写诗送行。诗中叙述了受封于谢的原因与过程，赞扬他的品德与才干，相信他一定能够成为周室的栋梁。

【注解】

①崧：又作“嵩”，嵩山，属五岳之一。在今河南登封市境内。一说峻，山高貌。②骏：通“峻”，高。③蕃：通“藩”，屏障之意。④亹亹：勤勉貌。⑤南国：指周王朝南方诸国。⑥登：成。⑦庸：借为“墉”，城。⑧傅御：冢宰，一说指申伯家臣之长。⑨彻：修缮。⑩藐藐：壮美的样子。⑪跻跻：强壮的样子。⑫濯濯：光明的样子。⑬介：通“玠”，大圭。⑭近：语助词。⑮信：即真。迈：行。⑯谢于诚归：即“诚归于谢”的倒装句。⑰峙：储备。粻：食粮。⑱遄：快。⑲番番：勇武貌。⑳啴啴：喜乐貌。㉑戎：你们。㉒宪：法则。㉓揉：安。㉔孔：很。硕：大。㉕风：曲调。肆好：极好。

【译文】

山岳高大是中岳，高高耸立入云端。中岳嵩山神灵降，生下仲山甫申伯。天下只有他们俩，才是周家好栋梁。四方之国是屏障，宣扬教化天下宁。申伯行事最勤勉，周王让他治国家。建座城邑在谢地，南国奉他做楷模。周王命令那召伯，去为申伯建新城。建成国家在南方，世世代代秉国政。周王下令给申伯：要给南国做表率，

于邑于谢，南国是式。

依靠这些谢邑人，用来建这新城。周王命令那召伯，将申伯田地整治好。周王命令办事大臣，将申伯的家人迁入新城。申伯迁谢大工程，召伯奉命来经营。城墙高大又厚实，宗庙寝殿都落成。寝庙建成多辉煌。周王来赐那申伯：四匹马儿多强壮，胸前带饰闪金光。周王将谢送申伯，一辆车儿四匹马。仔细选定你住处，天下没有南方好。赐你：大圭二尺长，将它做你的宝物。我的舅舅放心去，好好守卫那南方。申伯决定

要启程，王在郡县设宴席。申伯要回南方去，决心回去建谢城。天子命令召伯虎，划清申伯封疆界。为他准备路上粮，日夜兼程马不停。申伯姿态多英武，进入席城那地方，步兵车夫一群群。全国人民都欢迎，你是国家好栋梁，申伯功劳多显赫。申伯具有好德行，温和仁爱又端正。安抚天下服万国，天下四方播美名。吉甫写下这首歌，篇幅宏大言语美，它的含义多深长，赠给申伯表欢乐。

烝民

【原文】

天生烝民，有物有则。民之秉彝①，好是懿德。天监有周，昭假于下②。保兹天子，生仲山甫③。

仲山甫之德，柔嘉维则④。令仪令色⑤，小心翼翼。古训是式⑥，威仪是力⑦。天子是若⑧，明命使赋⑨。

王命仲山甫，式是百辟⑩。缵戎祖考⑪，王躬是保。出纳王命⑫，王之喉舌⑬。赋政于外，四方爰发⑭。

肃肃王命，仲山甫将之⑮。邦国若否⑯，仲山甫明之。既明且哲，以保其身。夙夜匪解⑰，以事一人⑱。

人亦有言，柔则茹之⑲，刚则吐之⑳。维仲山甫，柔亦不茹，刚亦不吐。不侮矜寡㉑，不畏强御。

人亦有言，德輶如毛㉒，民鲜克举之。我仪图之㉓，维仲山甫举之，爱莫助之。衮职有阙㉔，维仲山甫补之。

仲山甫出祖㉕，四牡业业㉖。征夫捷捷，每怀靡及。四牡彭彭，八鸾锵锵㉗。王命仲山甫，城彼东方。

四牡骙骙㉘，八鸾喈喈㉙。仲山甫徂齐，式遄其归㉚。吉甫作诵，穆如清风㉛。仲山甫永怀，以慰其心。

【主旨讲解】

这是一篇赠别诗。一位叫作仲山甫的重臣奉命前去东方筑城，友人吉甫作诗送别，不遗余力地赞美他政绩出色、德才兼备，祈祝早日归来。诗篇叙事和议论有机结合，屡次引用民间俗语，读来饶有风味。

【注解】

①彝：常理。②昭：明。假：告，至。③仲山甫：周宣王时的卿士，封于樊邑。④柔嘉：温和善良。⑤令：美善。仪：风度。色：表情，颜色。⑥古训：先王之遗训、遗典。⑦力：

勤，勉力遵行。⑧若：择，此指择贤能而重用之。⑨明命：成命，政令。赋：犹“敷”，宣布施行。⑩百辟：犹言“百君”，各国诸侯。⑪缵：继。戎：汝，你。祖考：祖先。⑫出纳：总揽、执掌。⑬喉舌：代言人。⑭爰：乃，则。发：施行，执行。⑮将：奉行。⑯若：善。否：恶。⑰匪懈：不敢怠慢。⑱一人：指周宣王。⑲柔：软弱。茹：纳，食，引申为吞并、侵侮。⑳吐：引申为畏避。㉑矜：同“鳏”，男老而无妻。㉒輶：古代轻车名，引申为“轻”。㉓仪图：谋虑。㉔衮：龙袍。古代天子之服。阙：通“缺”，过失。㉕出祖：古时为出行吉利而祭祀路神。㉖业业：健壮高大的样子。㉗八鸾：八只鸾鸟形的车铃。一马二铃，四马八铃。㉘骙骙：奔驰不息的样子。㉙喈喈：本指鸟和鸣声。形容清脆悦耳的铃声。㉚遄：迅速。㉛穆：和煦。清风：形容仲山甫的美德。

【译文】

上天生此芸芸百姓，世上万物总有法则。人们保持好的本性，可以养成美善的德行。上天俯察我周室，光明的德行昭示天下。保佑这位周天子啊，生下贤人仲山甫，辅佐他。

仲山甫的美德啊，温和善美为准则。风度优雅又亲和，小心翼翼多谨慎。遵循先人遗训，总是威仪不懈。天子选择重用他，政令派他去颁行。

周王命令仲山甫，要给诸侯做榜样。继承祖先大业，保卫周王无恙。收发周王之命，做王喉舌代王言。发布政令传天下，四方诸侯都响应。

庄严的王命，仲山甫执行。国事的是非，仲山甫心明。他开明又睿智，顺理以守身。早晚勤勉不懈，侍奉周天子尽心。

人们常说：软的吞进去，硬的吐出来。唯有仲山甫啊，软的他不吃，硬的他不吐。他不欺侮那鳏寡，也不畏惧强暴。

人们常说：德行轻如毫毛，人们却很少能够举起它。我暗自忖度啊，只有仲山甫能举起它，我们爱莫能助啊！天子的章服上有破绽，只有仲山甫能缝补它。

仲山甫出行祭路神，四匹雄马真强壮。从行的车夫都敏捷，还担心事情完不成。四匹马儿奔走快，八个铃儿响叮当。周王命令仲山甫，建筑城邑在东方。

四匹马儿真雄壮，八个铃儿音锵锵。仲山甫动身去齐国，盼他办事快回来。山甫写首歌，和谐如清风。山甫远行多思念，用歌安慰他的心。

韩奕

【原文】

奕奕梁山①，维禹甸之②。有倬其道③，韩侯受命④。王亲命之：缵戎祖考⑤，无废朕命，夙夜匪解。虔共尔位⑥，朕命不易⑦。榦不庭方⑧，以佐戎辟⑨。

四牡奕奕，孔修且张⑩。韩侯入觐⑪，以其介圭⑫，入觐于王。王锡韩侯：淑旂绥章⑬，簟茀错衡⑭。玄衮赤舄⑮，钩膺镂锡⑯。鞹鞃浅幭⑰，鞗革金厄⑱。

韩侯出祖，出宿于屠⑲。显父饯之⑳，清酒百壶。其殽维何㉑？炰鳖鲜鱼㉒。

其蔌维何[23]？维笋及蒲[24]。其赠维何？乘马路车[25]。笾豆有且[26]，侯氏燕胥[27]。

韩侯取妻，汾王之甥[28]，蹶父之子[29]。韩侯迎止[30]，于蹶之里[31]。百两彭彭[32]，八鸾锵锵，不显其光[33]。诸娣从之[34]，祁祁如云[35]。韩侯顾之[36]，烂其盈门[37]。

蹶父孔武[38]，靡国不到[39]。为韩姞相攸[40]，莫如韩乐。孔乐韩土：川泽讦讦，鲂鱮甫甫[41]，麀鹿噳噳[42]，有熊有罴[43]，有猫有虎。庆既令居[44]，韩姞燕誉。

溥彼韩城，燕师所完。以先祖受命，因时百蛮。王锡韩侯：其追其貊。奄受北国，因以其伯。实墉实壑，实亩实藉。献其貔皮，赤豹黄罴。

【主旨讲解】

这首诗称颂韩侯朝周时由于德行好、才具高，受到周宣王的恩赐，娶妻嘉奖，并被任命为统率北方诸侯的方伯。

【注解】

① 奕奕：高大貌。梁山：在今河北省固安县附近。② 甸：治。③ 倬：广大。④ 韩侯：春秋前有二韩，一受封于武王之世，在今陕西省韩城市南，春秋时被晋国所并；一受封于成王之世，武王子封于此，在今河北省固安县东南，即此诗的韩侯（据陈奂考证）。受命：受周王的册命。⑤ 缵：继承。戎：通"汝"，你。⑥ 虔：恭敬，尽心。⑦ 易：容易，轻易。⑧ 榦：树干，引申为"正"，匡正。庭：朝廷。方：四方之国。不庭方，指不朝周王的国家。⑨ 戎：你。辟：君。⑩ 张：大。⑪ 觐：见，指诸侯朝见天子。⑫ 介：大圭，玉制的礼器。⑬ 淑：美。旂：画有蛟龙的旗。绥章：用彩色鸟毛或旄牛尾装饰旗杆顶端。⑭ 簟茀：竹席做的车篷。错衡：绘有花纹或上涂金色的车辕前端横木。⑮ 玄衮：黑中带红色画有龙纹的礼服。赤舄：古代贵族穿的一种红色的复底鞋。⑯ 钩膺：套在马胸前颈的带饰。镂锡：马额头上的一种装饰品，上面嵌有金属雕成的花纹，马行时作响，与"鸾"和"铃"之声和谐一致。⑰ 鞹：去毛的兽皮。鞃：车前人所凭扶横木（古称"轼"）的中段，上面用皮革缠束。幭：车轼上的覆盖物。⑱ 鞗革：马勒具，套于马颈，形似人字。⑲ 屠：地名，即鄠县之杜陵，在今陕西省西安东。⑳ 显父：人名，周朝公卿。㉑ 殽：同"肴"，指荤菜。㉒ 炰：烹煮。鳖：甲鱼。㉓ 蔌：蔬菜。㉔ 笋：竹笋。蒲：水生植物，嫩芽可以做菜吃。㉕ 路车：诸侯乘的车。㉖ 笾：盛干果的竹器。豆：盛肉食的木雕器具，形似高脚杯，有盖。"笾"和"豆"都是古人在宴会或祭祀时才能使用，被称为"礼器"（行礼之器）。有：形容词词头。且：众多貌。㉗ 侯氏：此指韩侯。陈奂《诗毛氏传疏》："凡诸侯觐王曰侯氏。"燕胥：燕乐，喜乐。㉘汾王：即厉王。厉王被国人赶跑，流亡于汾水边，所以时人称厉王为汾王。甥：韩侯之妻是厉王的外甥女。㉙蹶父：人名，周朝卿士，姓姞。㉚迎：亲迎。止：同"之"，她。指韩。㉛里：古代人们居住的村落。㉜百两：百辆。彭彭：众多貌。㉝不：通"丕"，大。㉞娣：古代诸侯嫁女，以同姓诸女陪嫁做妾，叫"娣"。㉟祁祁如云：众多貌。㊱顾：曲顾，指古代迎亲时的一种礼节。㊲烂：光彩鲜明貌。㊳武：威武。㊴靡：没有。㊵韩姞：蹶父的女儿，即韩侯的妻子，因她姓韩，故称韩。攸：所，住所，指姑娘婆家。㊶鱮：鱼名，也叫"鲢"。甫甫：肥大的样子。㊷麀：母鹿。噳噳：鹿众多聚群貌。㊸罴：熊的一种，也称人熊、马熊。㊹庆：喜爱，庆幸。令：

美好。居：住处。家庭。

【译文】

巍峨高大那梁山，大禹治水曾到过。朝廷政命很清明，韩侯来朝受册命。周王亲自下命令，继承你的先祖业，我的期望不要忘，从早到晚勿懈怠，尽心坚守你岗位。我的册命不要轻易发，讨正不朝诸侯国，辅佐君王治天下。

四匹骏马毛色好，又高又大真肥壮。韩侯进京来朝觐，手捧大玉朝礼，入宫谒见周宣王。宣王隆重赐韩侯，华美龙旗饰彩羽，缕金错彩竹篷车，玄色龙袍大红靴，皮革马带金锡铃，束革车轼盖虎皮，马勒金环真好看。

韩侯临行祭路神，途中留宿在屠城。显父为他来饯行，美酒百壶布满席。席上荤菜是什么？清蒸甲鱼烧脍鲤。席上素菜是什么？是那嫩笋和香蒲。临行赠品是什么？一辆路车四骏马。菜肴盖碗多丰盛，诸侯赴饮真欢快。

韩侯结婚娶妻室，她是厉王外甥女，蹶父膝下小女儿。韩侯驾车亲迎她，来到蹶父故乡里。百辆大车气势赫，串串车铃响叮咚，荣耀显赫多堂皇。陪嫁姑娘相随去，团团簇拥如彩云。韩侯回头望一望，灿烂光辉满门庭。

蹶父威武见识广，没有地方不曾到。他替韩来寻婆家，只有韩地最是好。韩邑土地很安乐，河宽湖广水乡多。鳊鱼鲢鱼肥又大，母鹿公鹿聚山中。山上还有熊和罴，还有山猫和猛虎。庆幸终有好居处，韩得安居乐陶陶。

韩城四周真宽广，燕地大众所修筑。凭靠先祖受册命，统辖百蛮控北方。宣王下令赐韩侯，总领追貊两部族。包括北方各部落，以你来做那方伯。在这儿筑城又挖壕，整治田亩征赋税。献上当地白狐皮，还有赤豹和黄罴。

瞻卬

【原文】

瞻卬昊天①，则不我惠。孔填不宁②，降此大厉③。邦靡有定④，士民其瘵⑤，蟊贼蟊疾⑥，靡有夷届⑦。罪罟不收⑧，靡有夷瘳⑨。人有土田⑩，女反有之。人有民人，女覆夺之⑪。此宜无罪，女反收之⑫。彼宜有罪，女覆说之⑬。哲夫成城⑭，哲妇倾城⑮。懿厥哲妇⑯，为枭为鸱⑰。妇有长舌，维厉之阶⑱。乱匪降自天⑲，生自妇人。匪教匪诲，时维妇寺⑳。鞫人忮忒㉑，谮始竟背㉒。岂曰不极㉓，伊胡为慝㉔？如贾三倍㉕，君子是识㉖。妇无公事㉗，休其蚕织㉘。天何以刺㉙？何神不富㉚？舍尔介狄㉛，维予胥忌。不吊不祥，威仪不类。人之云亡，邦国殄瘁。天之降罔，维其优矣。人之云亡，心之忧矣！天之降罔，维其几矣。人之云亡，心之悲矣！觱沸槛泉，维其深矣。心之忧矣，宁自今矣？不自我先，不自我后，藐藐昊天，无不克苦巩。无忝皇祖，式救尔后！

【主旨讲解】

这首诗讽刺周幽王宠爱褒姒，信用奸邪，施行暴政，致百姓于水深火热之中。诗中哀叹贤人已去，只能寄希望于祖先的神灵唤醒昏聩的周幽王。

【注解】

①卬：通“仰”。昊天：皇天。②孔：甚。填：通“尘”，久。③厉：灾祸。④靡：无。⑤瘵：病痛。⑥蟊贼：吃庄稼的害虫。⑦夷：平，指解除危害。届：终极，指危害终了。⑧罟：网。罪罟，使人获罪之网。⑨瘳：病愈，指解除迫害。⑩有：占有。⑪覆：反而。⑫收：拘捕。⑬说：通“脱”，赦免。⑭哲夫：明智的男子，指忠志之臣。成城：筑成城墙，比喻可用以保护国家。⑮哲妇：有心机的妇人，指宠妃褒姒。倾城：喻败坏国家。⑯懿：同“噫”，叹词。⑰枭：相传长大后食母的恶鸟，喻恶人。鸱：猫头鹰，古人以为不祥之鸟。古人以枭和鸱的叫声为不祥。⑱维：是。⑲匪：非。⑳妇：指褒姒。寺：通“侍”，陪从。㉑鞫：穷。鞫人，使人陷入困境。忮：嫉恨。忒：指变化无常，即狡诈。㉒谮：通“僭”，指说话不诚实。㉓极：至，达到极点。㉔伊：发语词。慝：邪恶。㉕贾：商人。三倍：得三倍之利。㉖君子：指大臣，执政者。㉗公事：政事。㉘休：停止不做。蚕织：养蚕纺织。㉙刺：责罚。㉚富：借为“福”。㉛介：甲。狄：夷狄。

【译文】

哲夫成城，哲妇倾城。

抬头仰望那皇天，他却不给我们恩典。天下很久不安宁，又降这大灾难。国家难得有安定，人民大众受熬煎。好比害虫吃庄稼，没完没了何时休。设下罪网不收起，人民苦难都难免。别人有那好田地，你却反而去占据。别人要是有人民，你又强行去夺取。这人本来是无罪，你却将他抓进狱。那人本来应有罪，你却反而去开脱。聪明男子把城筑，聪明妇人毁城易。可叹此妇太精明，她是枭鸟猫头鹰。妇人生个长舌头，那是灾祸的源泉，祸乱不是从天降，就从妇人那里生。没人去教幽王暴，亲近妇人是原因。诬陷害人多狡诈，前说假话后背弃。难道这样还不够？为何作恶不停息？商人只知三倍利，国君竟把这事学。妇人不应干政事，何不去养蚕纺织。上天为何要责罚？为何神不把福赐？披甲夷狄你不管，反而把我来猜忌。天灾人祸不断头，没有庄严好举止。那些贤人已失去，国家病困难支持。上天降下那灾祸，竟然如此多又密。那些贤人已逝去，我心多么忧愁啊。上天降下那灾祸，看来真是无处躲。那些贤人已逝去，内心多么悲哀啊。翻腾奔涌的泉水，它的源头无穷尽。内心多么忧愁啊，今天会得安宁吗？祸乱不先也不后，恰恰在我生下后。广大高远的皇天，约束万物定秩序。不要辱没了祖先，救救您的后代吧！

颂·鲁颂

《鲁颂》作于春秋时期，是歌颂鲁僖公的。鲁僖公是鲁国一位较有作为的国君，"能遵伯禽之法"，曾随齐国伐楚，征淮夷，故此 4 篇为颂僖公而作。

駉

【原文】

駉駉牡马①，在坰之野。薄言駉者②，有驈有皇③，有骊有黄④，以车彭彭⑤。思无疆⑥，思马斯臧⑦！駉駉牡马，在坰之野。薄言駉者，有骓有駓⑧，有骍有骐⑨，以车伾伾⑩。思无期⑪，思马斯才⑫！駉駉牡马，在坰之野。薄言駉者，有驒有骆⑬，有骝有雒⑭，以车绎绎。思无斁，思马斯作！駉駉牡马，在坰之野。薄言駉者，有駰有騢，有驔有鱼，以车祛祛。思无邪，思马斯徂！

【主旨讲解】

这是一篇借马咏人诗。诗人通过如数家珍地列举和赞美国君养育的马种类众多、毛色斑斓、膘肥体壮以及风驰电掣，来表达对国君功绩的颂扬。诗篇脉络分明，状物精工，名词琳琅。

【注解】

①駉駉：马肥壮的样子。②薄言：语助词。③驈：即白胯的黑马。皇:《毛传》:"黄白曰皇。"马瑞辰《通释》谓皇是黄马兼有其他颜色之称。④骊：纯黑的马。⑤以车：用以驾车。彭彭：车马奔腾声。⑥思：语词。无疆：无边无际。⑦臧：好。⑧骓:《毛传》:"苍白杂毛曰骓。"苍为老青色，骓即后世所谓菊花青。駓:《毛传》:"黄白杂毛曰駓。"即后世所谓黄膘马。⑨骍:《毛传》:"赤黄曰骍。"骐：黑白相间的马。⑩伾伾:《毛传》:"有力也。"⑪无期：即无算、无数。⑫才：有能力。⑬驒：青黑色而有白鳞花纹的马。⑭骝：赤身黑鬣的马。雒：黑身白鬃的马。

【译文】

高大肥壮的雄马，放牧在辽阔的远郊。且说这些良马，又有驈啊又有皇。骊马黑色相间黄色，驾起车子身大力强。愿鲁公的马多得无限量，匹匹马儿好健壮。高大肥壮的雄马，放牧在辽阔的远郊。且说这些良马，有菊花青的骓，又有黄白色的駓。有赤黄色的骍，又有黑白相间的骐。驾起车来都有力啊！鲁公不倦深思考。马儿撒欢腾身跃。高大肥壮的雄马，放牧在辽阔的远郊，且说这些良马，有黑纹的驒、有白色的骆，有赤色的骝、有黑身的雒。驾起车来奔驰如飞啊！愿鲁公的马数不胜数，每匹都驯良好御。高大肥壮的雄马，放牧在辽阔的远郊。且说这些良马，有灰白的骃、有粉白的騢，有长毛的驔、有白眉的鱼。身高体壮把车套，鲁公思虑是正道，马儿骏美能远跑。

有駜

【原文】

有駜有駜①，駜彼乘黄②。夙夜在公③，在公明明④。振振鹭⑤，鹭于下⑥。鼓咽咽⑦，醉言舞⑧。于胥乐兮⑨！有駜有駜，駜彼乘牡。夙夜在公，在公饮酒，振振鹭，鹭于飞。鼓咽咽，醉言归。于胥乐兮！有駜有駜，駜彼乘駽⑩。夙夜在公，在公载燕⑪。自今以始，岁其有。君子有穀⑫，诒孙子⑬。于胥乐兮！

【主旨讲解】

这首诗赞美鲁哀公君臣勤于公事之余，在一起欢宴的情景。

【注解】

①駜：马肥壮的样子。②乘：四匹马。③夙夜：早晚。公：公事。④明明：同“黾黾”，尽力做事的样子。⑤振振：鸟群飞的样子。⑥于：语助词。下：指白鹭飞落下。⑦咽咽：有节奏的鼓声。⑧言：语助词。⑨于：叹词，通“吁”。胥：皆。⑩駽：青黑色马。⑪载：则。燕：宴饮。⑫君子：称鲁公。有：丰收。穀：禄。⑬诒：通“贻”，留给。

鼓咽咽，醉言归。

【译文】

马儿肥来马儿壮，四匹壮马皮毛黄。群臣早晚办公事，办起公事尽力量。振振而飞是白鹭，鹭鸟翕翕齐下落。咚咚咽咽敲响鼓，醉醺醺地又起舞。嗬，大家都欢乐啊！马儿肥来马儿壮，四匹公马力量强。早晚忙碌为公事，办公忙碌无空闲。振振而飞是白鹭，鹭鸟翩翩齐起飞。鼓儿敲起咚咚响，酒醉舞酣把家归。大家心里都欢乐！马儿肥来马儿壮，四匹青黑马真棒。群臣早晚办公事，办完公事来宴享。自打今日就开始，年年丰收定富裕。鲁公好善有吉庆，留给子孙来继承。大家心里喜盈盈。

泮水

【原文】

思乐泮水，薄采其芹。鲁侯戾止，言观其旂①。其旂茷茷②，鸾声哕哕③。无小无大，从公于迈。思乐泮水，薄采其藻。鲁侯戾止，其马骄骄。其马骄骄，其音昭昭。载色载笑，匪怒伊教。思乐泮水，薄采其茆④。鲁侯戾止，在泮饮酒。既饮旨酒，永锡难老。顺彼长道，屈此群丑⑤。穆穆鲁侯，敬明其德。敬慎威仪，维民之则。允文允武，昭假烈祖⑥。靡有不孝，自求伊祜。明明鲁侯，克明其德。既作泮宫，淮夷攸服。矫矫虎臣，在泮献馘。淑问如皋陶⑦，在泮献囚。济济多士，克广德心。桓桓于征⑧，狄彼东南⑨。烝烝皇皇⑩，不吴不扬⑪。不告于讻，在泮献功。角弓其觩⑫，束矢其搜⑬。戎车孔博，徒御无斁。既克淮夷，孔淑不逆⑭。式固尔犹⑮，淮夷卒获。翩彼飞鸮，集于泮林。食我桑黮⑯，怀我好音。憬彼淮夷⑰，来献其琛：元龟象齿，大赂南金⑱。

【主旨讲解】

这首诗歌颂鲁僖公继承祖先业绩，整修泮宫，征服淮夷，立文治武功。

【注解】

①旂：一种画有蛟龙的旗。②茷茷：旌旗飘动貌。③鸾：车铃。哕哕：和谐的车铃声。④茆：莼菜。⑤屈：收。群丑：指淮夷地方的人。⑥昭：犹祷。假：借为“嘏”，福也。烈：通“列”。列祖，列代祖先。⑦皋陶：舜的大臣，善断刑狱。⑧桓桓：威武貌。⑨狄：当作“剔”，治理。⑩烝烝皇皇：美盛貌。⑪吴：哗。⑫觩：弓弯曲强硬的样子。⑬搜：矢多貌。⑭孔淑不逆：淮夷被降服，不复为逆乱。⑮式固尔犹：坚持了你的计谋。⑯黮：桑葚。⑰憬：觉悟。⑱赂：赠。南金：南方之金。郭沫若释金为铜。

【译文】

大家欢乐泮水旁，在那水畔采野芹。鲁侯就要来到了，看那龙旗在飞扬。车上旗帜迎风舞，车铃响叮咚。官职不分大与小，一起随着鲁侯往。大家欢乐在泮水，我在水中采水藻。鲁侯就要来此地，马儿健壮跑得快。马儿强健气势骁，随行人多声音高。鲁侯和颜带微笑，不发怒气只教导。大家欢乐泮水旁，我在水中采莼菜。鲁侯快要来此地，泮水岸边放酒席。大家开怀饮美酒，老天永远赐我寿。沿着漫漫长征途，收服淮夷众暴强。僖公静穆又威严，修明道德振朝纲。慎重有威仪，为民作准则。通文又习武，祈福那先祖。国人皆效仿，幸福定能求。勤勉努力的鲁侯，兢兢业业修其德。修建了泮宫，淮夷来归服。武将猛如虎，泮宫献敌耳，断狱如皋陶，泮宫献俘虏。百官济济多人才，能将善心来推求。振威去征伐，东南来冠乱。三军好气派，整肃军威壮。善待那降敌，在泮论战功。角弓弯弯硬又强，前矢齐发嗖嗖响。兵车好又多，战士无倦容。淮夷既已平，顺从不再反。服从你战略，淮夷终收复。翩翩翻飞猫头鹰，落在泮水岸边林。啄食我桑葚，向我叫好声。淮夷今已悟，来朝献奇珍。大龟和象牙，还有南方金。

閟宫

【原文】

閟宫有侐[①]，实实枚枚[②]。赫赫姜嫄，其德不回。上帝是依[③]，无灾无害，弥月不迟。是生后稷，降之百福。黍稷重穋，稙稚菽麦[④]。奄有下国，俾民稼穑。有稷有黍，有稻有秬。奄有下土，缵禹之绪。后稷之孙，实维大王。居岐之阳，实始翦商[⑤]。至于文武，缵大王之绪。致天之届[⑥]，于牧之野。无贰无虞，上帝临女。敦商之旅[⑦]，克咸厥功[⑧]。王曰："叔父！建尔元子，俾侯于鲁。大启尔宇，为周室辅。"乃命鲁公，俾侯于东。锡之山川，土田附庸[⑨]。周公之孙，庄公之子。龙旂承祀，六辔耳耳[⑩]。春秋匪解，享祀不忒[⑪]：皇皇后帝，皇祖后稷。享以骍牺[⑫]，是飨是宜，降福既多。周公皇祖，亦其福女。秋而载尝，夏而楅衡[⑬]。白牡骍刚[⑭]，牺尊将将[⑮]，毛炰胾羹[⑯]。笾豆大房[⑰]。万舞洋洋，孝孙有庆。俾尔炽而昌，俾尔寿而臧。保彼东方，鲁邦是常。不亏不崩，不震不腾。三寿作朋[⑱]，如冈如陵。公车千乘，朱英绿縢[⑲]，二矛重弓。公徒三万，贝胄朱綅[⑳]，烝徒增增[㉑]。戎狄是膺[㉒]，荆舒是惩，则莫我敢承[㉓]。俾尔昌而炽，俾尔寿而富。黄发台背，寿胥与试。俾尔昌而大，俾尔耆而艾。万有千岁，眉寿无有害！泰山岩岩，鲁邦所詹。奄有龟蒙，遂荒大东。至于海邦，淮夷来同。莫不率从，鲁侯之功！保有凫绎，遂荒徐宅。至于海邦，淮夷蛮貊。及彼南夷，莫不率从。莫敢不诺，鲁侯是若！天锡公纯嘏，眉寿保鲁。居常与许，复周公之宇。鲁侯燕喜，令妻寿母。宜大夫庶士，邦国是有。既多受祉，黄发儿齿。徂徕之松，新甫之柏。是断是度，是寻是尺。松桷有舄，路寝孔硕，新庙奕奕。奚斯所作，孔曼且硕，万民是若！

【主旨讲解】

这是一首歌颂鲁僖公振兴祖业、扩展疆土、建立新庙的诗，是《诗经》中最长的一首诗。

【注解】

①閟：音义同“祕”，神的意思。閟宫，神庙。侐：清静。②实实：广大。枚枚：细密。③依：依附。④稙：先种的庄稼。稚：后种的庄稼。⑤翦商：灭商。⑥届：同“极”，与“殛”通，刑罚。⑦敦：治。旅：众。⑧咸：完成。⑨附庸：附属小国。⑩耳耳：柔和下垂貌。⑪忒：变。⑫骍：赤。牺：即祭祀用的牺牲。周人尚赤，所以用赤色的牺牲来祭祀。⑬楅衡：系于牛角以防触人的横木。一说木栏一类的遮拦物。⑭骍刚：赤色公牛，一说赤脊公牛。⑮牺尊：酒樽做成牛形。⑯毛炰：连毛烧熟的猪。胾：切成块的肉。⑰大房：玉饰的俎。⑱三寿：三卿。⑲朱英绿縢：朱英，弓饰。縢，绳。⑳贝胄：用贝壳装饰的盔甲。綅：线。㉑增增：众多之貌。㉒膺：击。㉓承：制止。

【译文】

姜神庙宇好清静，殿高宏大人迹少。伟大光明的姜嫄，德行正直无邪曲。上帝照顾其身，无灾又无害，怀孕足月不迟滞。生下儿子后稷来，天意降百福。黍稷先后熟，又植豆与麦。拥有天下之国，教会人民以稼穑。既有高粱与谷子，还有稻子与黑米。终于拥有普天下，大禹事业得继承。后稷有个好孙子，周族有个好太王。住在岐山南，开始去灭商。文王与武王，继承太王业。奉行上天意，进兵至牧野。不要怀二心，上帝照看你。制伏商民族，完成伟大功。成王开口叫叔父，封立你的大儿子，使他为侯在鲁地。大大开拓你疆土，辅助周室作屏障。成王下令给鲁公，建立侯国在山东。赐予高山与大川，还有土地和附庸。周公子孙是僖公，庄公儿子是英雄。打着龙旗承祭祀，四马六辔青丝垂。春秋两季勤祭祀，祭礼牺牲无差错。煌煌的上帝，还有后稷祖。献祭用赤牛，祭飨皆适宜。天降福禄何其多，伟大先祖周公旦，也会赐福与你。秋天祭尝庆丰收，夏季设栏把牛养。有白公牛也有赤牛，牛形酒杯多漂亮。烧熟毛猪与肉汤，盛满笾豆和大房。场面盛大乐舞欢，孝敬子孙有福享。使你盛大而强壮，使你长寿又安康。保住那东方，鲁邦国运长。如山不溃崩，如水不震荡。三寿和你做朋友，安稳康泰如丘陵。鲁公有车达千乘，矛饰红缨弓绿绳，双矛双弓佩。鲁公三万兵，贝盔缀朱缨，军队势强大。戎狄被击败，荆舒受严惩，无人敢与鲁国抗。使你昌盛兴隆，使你长寿富贵。黄发弯背老人，老而为国进言。使你昌隆光大，使你返老还童。活上千万年，长寿无灾害。泰山高峻多险峰，鲁国对它最尊重。龟山蒙山都属鲁，疆界直到最东边。就连东海国，淮夷也来盟。无不表顺从，鲁侯有大功。保有凫绎两山脉，辖制徐戎那旧宅。直至海边国，淮夷与蛮貊。势力直达荆楚地，无不顺从来相投。个个唯唯来应诺，顺从鲁侯众人服。天赐鲁公大福祥，高龄长寿保鲁国。收回国土常和许，恢复周公旧土地。鲁侯燕饮乐，妻贤母康寿。大夫庶士皆融洽，邦国得以保富裕。屡受上天降福祉，鬓发变黄新齿长。徂徕山上栽新松，新甫岭头柏树长。砍的砍来劈的劈，锯成长短栋梁材。松木椽子粗，正宫是大屋。新庙好壮观，奚斯作颂诗。长篇文辞美，人人都夸赞。

颂·商颂

宋国是商朝的后代，因其祖先曾为天子，所以祭祀时也存有《颂》体的庙乐。《诗经》在编纂时，宋国的庙乐已有很多亡佚，存留的部分录于《诗经》，是为《商颂》。

那

【原文】

猗与那与①！置我鞉鼓②。奏鼓简简③，衎我烈祖④。汤孙奏假⑤，绥我思成⑥。鞉鼓渊渊⑦，嘒嘒管声⑧。既和且平，依我磬声⑨。於赫汤孙⑩，穆穆厥声⑪。庸鼓有斁⑫，万舞有奕⑬。我有嘉客⑭，亦不夷怿⑮。自古在昔，先民有作。温恭朝夕⑯，执事有恪⑰。顾予烝尝⑱，汤孙之将⑲。

【主旨讲解】

这是一首宋君祭祀殷代祖先的乐歌，它描写了祭祀时演奏音乐时的盛况。

【注解】

我有嘉客，亦不夷怿。

①猗、那：形容乐队美盛的洋子。与：通“欤”，赞叹词。②置：架。鞉鼓：一种摇鼓，似今之拨浪鼓。用它表示奏乐开始或终了。③鼓：指大鼓。简简：鼓声。④衎：欢乐。烈祖：即列祖，指成汤。⑤汤孙：成汤的子孙。奏：进。假：致祭者致神的意思。⑥绥：安享之意。⑦渊渊：鼓声。⑧嘒嘒：吹管的声音。管：用大竹制成的一种吹奏乐器。⑨磬：玉制打击乐器。古乐队以磬声止众乐。⑩於：感叹词。赫：显赫盛大的样子。⑪穆穆：美好的样子。厥：其。声：指音乐。⑫庸：通“镛”。大钟。有斁：形容乐器声音大。⑬万舞：舞名。有奕：即奕奕，形容舞蹈场面盛大的样子。⑭嘉客：指宋的同姓附庸小国都来助祭。⑮夷：通“怡”。夷怿，喜悦。⑯温恭：温文恭敬的样子。⑰执事：指管

理祀食物资器具的人员。有恪：恭敬的样子。⑱ 顾：光顾。予：宋襄公自称。烝尝：冬祭曰烝，秋祭曰尝。⑲ 将：奉献。

【译文】

多美盛啊那乐队，架起我的拨浪鼓。击鼓咚咚响，愉悦我先祖。汤孙奏乐告神明，保佑我安享那太平。拨浪鼓声响，竹管传新声。曲调和谐又和平，击磬声声更悠扬。赫赫有名成汤孙，奏起乐曲真动听。铿锵钟鼓鸣，乐舞场面欢。我有嘉宾来助祭，无不欢乐喜盈盈。我祖遥远古代时，早把祭礼来制定。早晚温和又恭敬，小心处处来做事。秋冬两祭神来享，汤孙至诚献衷情。

烈祖

【原文】

嗟嗟烈祖[①]！有秩斯祜[②]。申锡无疆[③]，及尔斯所[④]。既载清酤[⑤]，赉我思成[⑥]。亦有和羹[⑦]，既戒既平[⑧]。鬷假无言[⑨]，时靡有争。绥我眉寿[⑩]，黄耇无疆[⑪]。约軧错衡[⑫]，八鸾鸧鸧[⑬]，以假以飨[⑭]。我受命溥将[⑮]，自天降康[⑯]，丰年穰穰[⑰]。来假来飨[⑱]，降福无疆。顾予烝尝[⑲]，汤孙之将[⑳]！

【主旨讲解】

这首诗也是写宋君祭祀祖先时的热烈场面。

【注解】

①嗟：叹词。②秩：大。祜：福。③申：重复。锡：同“赐”。④尔：你，这里指参加祭祀的人。⑤载：陈设。酤：酒。⑥赉：赐。成：福。⑦羹：调制好的汤。⑧戒：俱备，指五味俱全。平：平正，指味道适中。⑨鬷假：即奏假，祭祷。⑩绥：赐。眉寿：长寿。⑪黄耇：黄发的老人，言长寿。⑫约：束。軧：车毂，周代贵族以朱革缠軧。错：文彩。衡：指车辕前的横木，用来驾车。⑬鸾：车铃。鸧鸧：犹锵锵，指铃声。⑭假：至，到。飨：祭献。⑮溥：广大。将：长。⑯康：平安。

顾予烝尝，汤孙之将！

⑰穰穰：禾谷众多的样子。⑱飨：享用祭品。⑲烝尝：此处泛指四时之祭。⑳汤孙：商汤的子孙。将：奉献。

【译文】

赞叹祖先多荣光，齐天大福降给我。赐给子孙福禄厚，恩泽遍及宋边疆。献上清醇的美酒，愿神保佑我们的子孙。还有调匀的汤羹，五味平正香气飘。大家默默来祝福祈祷，秩序井然不争先。赐予我高寿无恙，直到老来福禄长。彩绘车儿多华美，四马并驱八铃响，来者祭神供品献。我受天命广又长，天赐我幸福安康，今年丰收粮满仓。先祖降临来享受，赐我福分大无限。秋冬之祭来赏光，宋君奉献情意长。

玄鸟

【原文】

天命玄鸟[①]，降而生商，宅殷土芒芒[②]。古帝命武汤[③]，正域彼四方[④]。方命厥后[⑤]，奄有九有[⑥]。商之先后，受命不殆[⑦]，在武丁孙子。武丁孙子，武王靡无胜。龙旂十乘[⑧]，大糦是承[⑨]。邦畿千里[⑩]，维民所止[⑪]，肇域彼四海[⑫]。四海来假[⑬]，来假祁祁[⑭]。景员维河[⑮]，殷受命咸宜，百禄是何[⑯]！

【主旨讲解】

这是一支祭祖歌。在盛大的拜祀典礼上，古代商朝子孙们怀着敬畏之心，追述了始祖契诞生的传说，以及成汤立国、武丁中兴的伟大业绩，表达自豪和感念深情。诗篇叙述简练，主次分明，历史记录和神话因素互相融合，想象灵动。

龙旂十乘，大糦是承。

【注解】

①玄鸟：燕子。②宅：居。芒芒：广大。③古帝：犹上帝。④正：治理。域：封疆。⑤方：古通“旁”，广，普遍。⑥奄有：尽有。九有：即九州。⑦殆：“怠”之假，懈怠。⑧十乘：此指兵车十辆。⑨糦：同“饎”，指酒食，祭祀用的供品。⑩邦畿：犹封畿。⑪止：居住。⑫肇：开始。⑬假：通“格”，至，来朝。⑭祁祁：众多貌。⑮景：大。员：周围。维：围绕。⑯何：通“荷”，承受。

【译文】

上天命令神燕，降生下契来做商王，住在殷这块广大的土地之上。古时候上帝命成汤，治理天下，征服四方。遍告天下诸侯，商朝全部拥有九州之广。商的先王接受了天命勤政不怠，武丁子孙继承大业保兴旺。成汤更是好君主，十辆马车龙旗扬，酒食丰盛祭先祖。上千里辽阔的国土啊！是人民安居乐业的好地方。封疆达四海，四海诸侯络绎不绝朝见忙。黄河萦绕着高高的山原，殷商受天命万事吉祥，繁荣富强永无疆。

长发

【原文】

浚哲维商[①]，长发其祥[②]。洪水芒芒[③]，禹敷下土方[④]：外大国是疆[⑤]，幅陨既长[⑥]。有娀方将[⑦]，帝立子生商[⑧]。玄王桓拨[⑨]，受小国是达[⑩]，受大国是达。率履不越[⑪]，遂视既发[⑫]。相土烈烈[⑬]，海外有截[⑭]。帝命不违，至于汤齐[⑮]。汤降不迟[⑯]，圣敬日跻[⑰]。昭假迟迟[⑱]，上帝是祗[⑲]，帝命式于九围[⑳]。受小球大球[㉑]，为下国缀旒[㉒]，何天之休[㉓]。不竞不絿[㉔]，不刚不柔。敷政优优[㉕]，百禄是遒[㉖]。受小共大共[㉗]，为下国骏厖[㉘]，何天之龙[㉙]。敷奏其勇[㉚]，不震不动，不戁不竦[㉛]，百禄是总[㉜]。武王载旆[㉝]，有虔秉钺[㉞]。如火烈烈，则莫我敢曷[㉟]。苞有三蘖[㊱]，莫遂莫达[㊲]，九有有截[㊳]。韦、顾既伐[㊴]，昆吾夏桀[㊵]。昔在中叶[㊶]，有震且业[㊷]。允也天子[㊸]，降予卿士[㊹]。实维阿衡[㊺]，实左右商王。

【主旨讲解】

这也是一首歌颂商代祖先的史诗。内容亦为追叙商人的历史，歌颂商人祖先契、相土、成汤的功德。

【注解】

①浚：同“睿”，明智。维：只。商：指商朝。②发：显现。③芒芒：同“茫茫”。④敷：布，指安排、治理。方：四方。商的祖先契曾助禹治水有功，故言及禹治水。⑤大国：指夏。外大国，即大国以外周围地方。疆：指划定疆界。⑥幅陨：今作“幅员”，疆域。⑦有娀：古国名。此指有娀氏之女简狄。将：壮健。⑧帝：上帝。商：指契。契长大后助禹治水有功任舜的司徒，封于商，所以以商称契。⑨玄王：即商契。契母因吞玄鸟卵而有孕，故名。桓：大。⑩受：指受封。⑪率：循。履：“礼”之假借字。⑫发：指发生作用。谓商契的行动示人民而发生作用。⑬相土：人名，契的孙子。烈烈：威武的样子。⑭海外：古人以我国四面环海，故称中国以外的地方为海外。⑮齐：通“济”，成功。⑯降：降心，指谦卑。迟：怠慢。

⑰圣：通晓一切。跻：升进。⑱昭假：虔诚祈祷。⑲祇：敬。⑳式：榜样、典范。九围：九州。㉑球：本作“捄”，法制。㉒下国：天下各国。缀旒：表率。缀，表记；旒，旗帜下垂的饰物。㉓何：通“荷”，承受。休：指美好之意。㉔竞：争。絿：急。㉕敷：施。优优：宽和的样子。㉖遒：聚。㉗共：借为“珙”，玉璧。㉘骏厖：指笃厚君主。㉙龙：通“宠”，荣耀。㉚敷奏：施殿。敷，施。奏，用。㉛戁：恐惧。竦：同“悚”，惊惧。㉜总：汇总。㉝武王：指成汤。载旆：插旗于车。旆，旗帜。㉞虔：坚固，指握紧。秉：持。㉟曷：通“遏”，阻止。㊱苞：树桩。喻指夏桀。蘖：砍树桩生出的枝。三蘖喻指韦、蘖、昆吾三国。㊲遂：生长。达：长成。㊳九有：九州。㊴韦：亦名豕韦，夏的盟国，在今河南滑县东南，被商汤所灭。㊵昆吾：夏的盟国，在今河南许昌东，为商汤所灭。夏桀：夏朝末代君主，名癸，暴虐荒淫，成汤起兵合伐之，败之于鸣条，放之于南巢，夏亡。㊶中叶：中世。指成汤建立商朝之前。㊷震：威力。㊸允：诚信。㊹降予：赐给。卿士：执政官。此指商之大臣伊尹，名挚。㊺实：通“是”，此。阿衡：殷人称掌权的高官为阿衡。

【译文】

帝命不违，至于汤齐。

允也天子，降予卿士。

明智英哲是商王，上天早已现祯祥。古时洪水到处漫，大禹治理四方土。划定夏国外边疆，幅员由此很宽长。有娀女儿正少壮，上帝立子生商契。商契玄王真英明，受封小国治理好，受理大国也善治。循礼守纪不悖越，人民纷纷来仿效。相土治国有威严，四海畏服齐听命。上帝之命不敢违，代代奉行至成汤。我汤谦卑不怠慢。圣明恭敬日日升。虔诚祈祷很长久，能把上帝来尊敬，帝分九州效法他。接受上天大小法，成为各国的表率，承蒙上天赐福祥。不相争来不迫急。既不软也不逞强，施政宽和有余地，百样福禄来聚集。接受上天大小法，各国诸侯受庇护，承受上天相宠爱。施展才能逞勇武，不震惊来不妄动，不畏惧来不惊恐，百祥福禄都汇聚。武王战车插大旗，紧紧拿着大斧钺。如火熊熊燃烧起，没人敢把我阻止。一棵老树三个杈，不许生长不许立。九州一齐归殷商，韦顾二国已灭掉，昆吾夏桀都扫平。昔日商代鼎盛时，国力强大有威势。真是诚信的天子，上帝又赐众卿士。就是伊尹与阿衡，辅佐商王来成功。

尚书

尚书

《尚书》是中国最古的记言的史书。这里的"尚"是上古的意思，也有崇尚之意，这里的"书"是公文的意思，它的性质相当于后世的档案，不是泛指图书。

《尚书》又称《书》《书经》，是中国现存最早的史书。分为《虞书》《夏书》《商书》《周书》。战国时期总称《书》，汉代改称《尚书》，即"上古之书"。现存版本中真伪参半。一般认为《今文尚书》中《周书》的《牧誓》到《吕刑》十六篇是西周真实史料，《文侯之命》《费誓》和《秦誓》为春秋史料。所述内容较早的《尧典》《皋陶谟》《禹贡》是战国编写的古史资料。

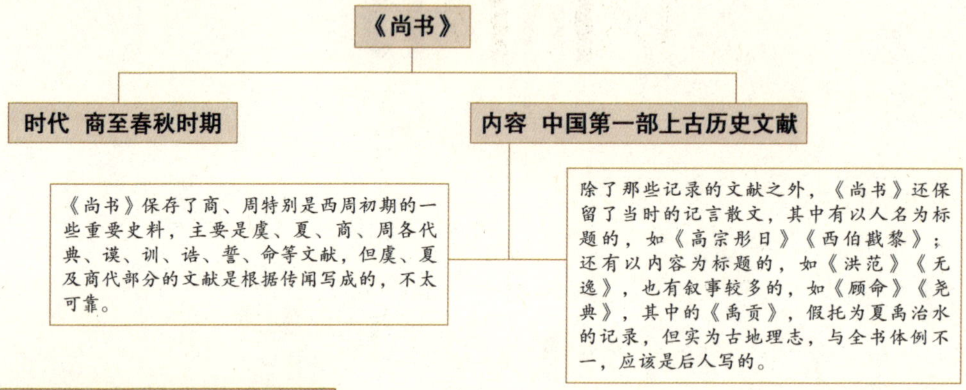

《尚书》的内容和体例

《尚书》的内容包含虞、夏、商、周四代。

《尚书》的体例可以分为六种，称为六体，即典、谟、训、诰、誓、命。

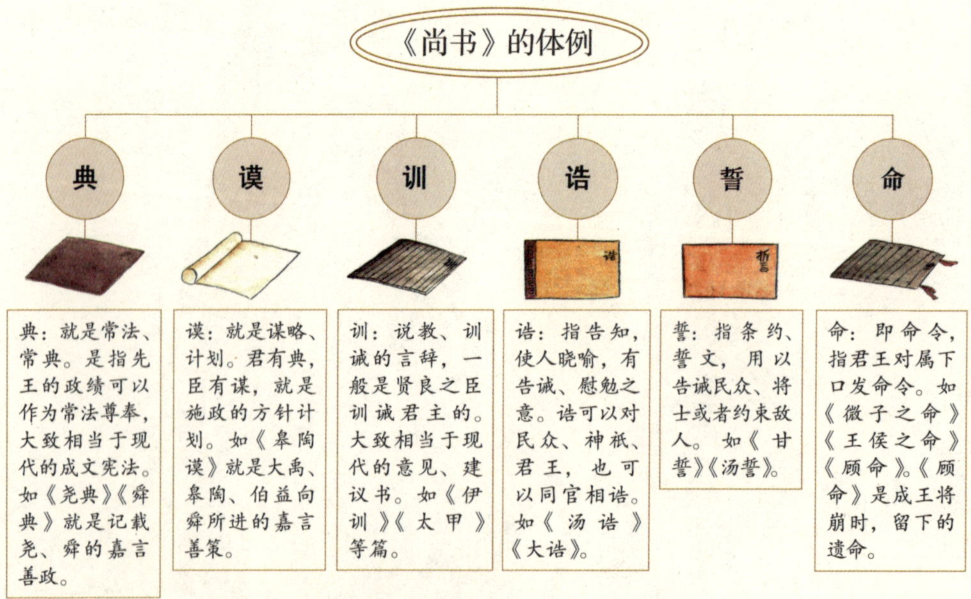

《尚书》的主要观点和价值

1.《尚书》记载了唐尧、虞舜、夏禹及皋陶、益稷四代圣贤君臣的嘉言懿行，成为中华民族品德文明的重要来源，为后世力求上进的人们修身、行事提供了理论基础和言行典范。

2.《尚书》记载了上古的历史资料，涉及周公摄政、成王即位、穆王改制等重要的历史事件、古代典制，还有上溯大禹治水、分述九州的古代地理，所以《尚书》成为治古代史的必读经典。

3.《尚书》中记载了古代的政教合一、神权政权合一及民间风俗的情况。《洪范》有箕子告诫武王"天锡禹洪范、九畴之事"，《酒诰》记载殷商酗酒、周代严刑的情况。

4.《尚书·大禹谟》中有"人心惟危，道心惟微，惟精惟一，允执厥中"的十六字富有哲理的箴言，成为宋代理学的重要思想基础。

《古文尚书》与《今文尚书》

今世所传的《尚书》，有很多残缺，这是因为它在流传中"多生变故"。《尚书》成书始于孔子，孔子把它当作了教授学生的"经典"。到了秦始皇的时候，烧天下诗书，还禁止民间私藏，许多书籍轻则残缺，重则散佚，《尚书》也难逃厄运。

到西汉初年，朝廷解除书禁，号召人们向朝廷"献书"。这时，汉文帝听说山东有个九十多岁的老头，名叫伏生，私授《尚书》于齐鲁之间，于是派晁错向他请教。这位伏生本是秦博士，他在焚书令下达后，把《尚书》藏在家里墙壁中。伏生所藏的《尚书》是用"古文"，还是秦篆写的，现在已经不得而知。只知道他的弟子用隶书将他所授"尚书"整理并流传下来，共 29 篇，也就是后来的《今文尚书》。

到了汉景帝时候，鲁恭王在孔子旧宅的墙壁中得到"古文"经传数十篇，其中就包括《尚书》。鲁恭王本来是来拆孔子宅院、扩充自己宫殿的，发现了古文尚书，就停止拆房，还叫来孔门子弟孔安国，让他加以整理。孔安国整理完毕，得《尚书》45 篇。到了武帝时，孔安国把《古文尚书》献出来，但由于艰涩难懂，成了无人能懂的"逸书"，所以被朝廷束之高阁。

直到成帝时，刘向、刘歆父子以《古文尚书》校勘《今文尚书》，这才有了用处。由于关系"孔子之道"，所以今古文之争成了西汉经学的一大史迹。今古文两派有何不同呢？今文派主张通经致用，"思以其道易天下"，有很浓的先秦诸子风气。他们解经的时候只讲微言大义，也就是只说自己的历史和政治哲学。而古文派看重的是章句、训诂、典礼、名物。古文派也有不同分类，他们各得孔子一端，各有偏倚之处。

虞书

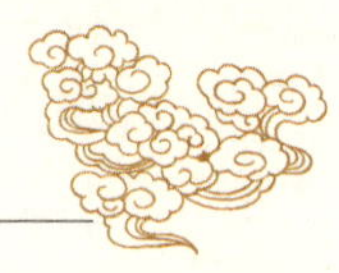

尧典

【原文】

昔在帝尧，聪明文思[1]，光宅天下[2]。将逊于位，让于虞舜[3]，作《尧典》。

曰若稽古[4]，帝尧曰放勋，钦明文思安安[5]，允恭克让[6]，光被四表[7]，格于上下[8]。克明俊德[9]，以亲九族[10]。九族既睦，平章百姓[11]。百姓昭明，协和万邦。黎民于变时雍[12]。

尧帝命令羲氏与和氏，恭谨制定历法。

乃命羲、和[13]，钦若昊天[14]，历象日月星辰[15]，敬授民时。分命羲仲，宅嵎夷[16]，曰旸谷[17]。寅宾出日[18]，平秩东作[19]。日中[20]，星鸟[21]，以殷仲春[22]。厥民析[23]，鸟兽孳尾[24]。申命羲叔，宅南交[25]。平秩南为[26]，敬致[27]。日永[28]，星火[29]，以正仲夏。厥民因[30]，鸟兽希革[31]。分命和仲，宅西，曰昧谷，寅饯纳日[32]，平秩西成[33]。宵中[34]，星虚[35]，以殷仲秋。厥民夷[36]，鸟兽毛毨[37]。申命和叔，宅朔方[38]，曰幽都，平在朔易[39]。日短[40]，星昴[41]，以正仲冬。厥民隩[42]，鸟兽氄毛[43]。帝曰："咨[44]！汝羲暨和[45]，期三百有六旬有六日[46]，以闰月定四时，成岁。允厘百工[47]，庶绩咸熙[48]。"

帝曰："畴咨若时登庸[49]？"

放齐曰："胤子朱启明[50]。"

帝曰："吁！嚚讼可乎[51]？"

帝曰："畴咨若予采[52]？"

驩兜曰："都！共工方鸠僝功[53]。"

帝曰："吁！静言庸违，象恭滔天[54]。"

帝曰："咨！四岳，汤汤洪水方割，荡荡怀山襄陵，浩浩滔天。下民其咨，有能俾乂[55]？"

佥曰："於！鲧哉[56]。"

帝曰："吁！咈哉，方命圮族[57]。"

岳曰："异哉！试可乃已[58]。"

帝曰，"往，钦哉[59]！"九载，绩用弗成。

帝曰："咨！四岳。朕在位七十载，汝能庸命，巽朕位[60]？"

岳曰："否德忝帝位[61]。"

曰："明明扬侧陋[62]。"

师锡帝曰："有鳏在下[63]，曰虞舜。"

帝曰："俞[64]！予闻，如何？"

岳曰："瞽子，父顽，母嚚，象傲，克谐。以孝烝烝，乂不格奸[65]。"

帝曰："我其试哉！女于时[66]，观厥刑于二女[67]。"厘降二女于妫汭，嫔于虞[68]。

帝曰："钦哉！"

【主旨讲解】

《尧典》记载了唐尧的功德、言行，是研究上古帝王唐尧的重要资料。

【注解】

① 文：治理天下。思：考虑事情很果断，有计谋。② 宅：充满。③"将逊"两句：逊：退避。让：禅让。④ 曰若：发语词，常用于追述往事的开端。稽：考察。⑤ 钦：恭敬。明：明察四方。安安：温和，宽容。钦、明、文、思、安安，概指尧的五德。⑥ 允：诚实。恭：恭谨。克：能够。让：推贤尚善。⑦ 被：覆盖。四表：四海之外。⑧ 格：到达。上下：指天地。⑨ 俊：才智超人。⑩ 九族：君主的至亲，指高祖、曾祖、祖、父、自己、子、孙、曾孙、玄孙九代。⑪ 平：分辨。章：彰明。百姓：百官族姓。⑫ 黎：众。于变：相递变化。时：善。雍：和睦。⑬ 羲和：羲氏与和氏，相传都是重黎的后代，世世掌管天地和四时。⑭ 若：顺从。昊：广大。⑮ 历：推算。象：取法。⑯ 宅：居住。隅夷：地名，相传在东海之滨。⑰ 旸谷：传说中日出的地方。⑱ 寅：恭敬。宾：迎。⑲ 平秩：辨别测定。作：始。⑳ 日中：指春分，这一天昼夜长短相等。㉑ 星鸟：星名，南方朱雀七宿。㉒ 殷：确定。仲：每季中间的那一个月。㉓ 厥：其。析：分散。㉔ 孳尾：生育繁衍。㉕"申命"两句：申：重，又。交：地名，指交趾。㉖ 南为：指农业劳动。㉗致：归来。㉘日永：指夏至，这一天白昼最长。永：长。㉙星火：火星名，东方青龙七宿之一。㉚因：就高地而居。㉛希革：羽毛稀疏。㉜饯：送行。纳日：落日。㉝西成：太阳西落的时刻。成，终。㉞宵中：指秋分，这一天昼夜长短相等。㉟星虚：星名，北方玄武七宿之一。㊱夷：平，指回到平地居住。㊲毨：羽毛更生。㊳朔方：北方。㊴平：辨别。在：观察。易：改易，这里指运行。㊵日短：指冬至，这一天白昼最短。㊶星昴：星名，西方白虎七宿之一。㊷隩：室，这里指入室避寒。㊸氄毛：柔软的

细毛。㊹咨：叹词。㊺暨：与。㊻期：指一周年。有：通“又”。旬：十日。㊼允：用。厘：治。百工：百官。㊽庶：众。咸：都。熙：兴。㊾畴：谁。若：顺应。登庸：升用。㊿放齐：人名，尧帝之臣。胤：后代。朱：指尧的儿子丹朱。启明：开明，指明白政事。51吁：惊异之词。嚚：不说忠信的话。讼：争辩。52采：政事。53“驩兜”两句：驩兜：人名，尧帝之臣，四凶之一。都：语气词，表赞美。共工：人名，尧帝之臣，四凶之一。方：通“防”，防止。鸠：通“救”，救护。僝：具有。54“静言”两句：静言：巧言。庸：常。违：邪僻。象恭：貌似恭敬。滔：轻慢。55“四岳”六句：四岳：四方诸侯之长。汤汤：水大的样子。方：普遍。割：危害。荡荡：广大的样子。怀：包围。襄：漫过。滔天：指巨浪冲天的样子。俾：使。乂：治理。56“佥曰”句：佥：都。於：叹词，表赞美。鲧：尧帝之臣，夏禹的父亲。57“咈哉”两句：咈：违背。方命：放弃教命。圮：毁坏。族：族类。58“异哉”两句：异：举，起用。已：用。59钦：敬。60“汝能”两句：庸：用。巽：践：履行，升任。61否：鄙陋。忝：辱，不配。62明明：明察贤明的人。扬：推举。侧陋：疏远隐匿，指地位卑微的人。63“师锡”句：师：众人。锡：提议。鳏：疾苦的人。64俞：对，表示肯定意义的应对副词。65“瞽子”七句：瞽：盲人，这里指舜的父亲乐官瞽瞍。顽：不依德义。象：指舜的异母弟弟。克：能够。烝烝：厚美。格：至。奸：邪恶。66女：嫁女。时：通“是”，指舜。67刑：法则。二女：指尧的两个女儿娥皇、女英。68“厘降”两句：厘：命令。妫：水名。汭：河流弯曲之处，这里指舜居住的地方。嫔：嫁人为妇。

【译文】

帝尧在位时，睿智而果断，光辉普照天下。后来，帝尧想把帝位禅让给虞舜。史官据此写成《尧典》。

尧帝命令和叔确定仲冬时节。

查考古代的旧事，可知尧帝的名字叫作放勋，他恭敬节俭，明察四方，智虑通达，待人宽厚，性格温和。他推贤让善，光辉普照四方，泽及天地。尧帝发挥大德，使亲族关系和睦。亲族之间和睦相处，他又辨明百官族姓的善恶。百官族姓的善恶辨明以后，又协调诸侯之间的关系。这样，天下百姓在相递变化之中和睦相处。

于是，尧帝命令羲氏、和氏恭谨地奉行天道，让他们推算日月星辰的运行规律，制定历法，以教导人民按照时令节气从事农业生产。尧帝又命令羲仲居住在东方的旸谷，让他恭敬地迎接日出，测定日出的时刻。昼夜长短相等，黄鸟在黄昏时出现于正南方，依照这种情况可以确定仲春时节。在这个时节，百姓开始分散于田间进行耕作，鸟兽开始生育繁殖。又命令羲叔到南方的交趾，辨明测定太阳向南的运行规律，恭敬地迎接太阳南归。白天时间最长，火星在黄昏时出现于正南方，依照这种情况可以确定仲夏时节。在这个时节，百姓都迁居到高处，鸟兽的羽毛都稀疏了。尧帝又命令和仲到西方一个名叫昧谷的地方，让他辨明测定日落的时刻。昼夜长短相等，虚星在黄昏时出现于正南方，依据这种情况可以确定仲秋时节。在这个时节，百姓又迁居到平地上，鸟兽长出新的羽毛。又命令和叔到北方一个名叫幽都的地方，让他谨慎观察太阳北行的规律。白天时间最短，昴星在黄昏时出现于天的正南，依据这种情况可以确定仲冬时节。在这个时节，百姓都躲在室内生火取暖（以躲避寒冷），鸟兽都长出了柔软细密的毛。尧帝说："啊！羲氏与和氏啊，你们以三百六十六天为一周年，要用加闰月的办法来确定四季而构成一年。在这个基础上，明确地划分百官的职责，这样各种事情就都兴起了。"

尧帝问："谁能顺应天命，可以提升任用呢？"

放齐说："您的儿子丹朱明白政事，可以担当重任。"

尧帝说："唉！丹朱为人浮夸，又喜好辩论，怎么能担此重任呢？"

尧帝问："谁能遵循我的法度处理政务呢？"

驩兜说："哦！共工防治水灾取得了很大的成绩，可以担当重任。"

尧帝说："唉！共工虚情假意，为人邪僻，看似恭敬谨慎，实则连上天都敢轻慢。"

尧帝说："啊！四方诸侯的君长啊，滔滔洪水为害人间，水势汹涌包围了大山，漫过了丘陵，浩浩荡荡，波浪滔天，百姓都在忧愁叹息，谁能治理洪水呢？"

诸侯们都说："啊！鲧可以担此重任。"

尧帝说："唉！不行啊，这个人违逆乖戾，常常不服从命令，危害同族。"

诸侯们说："起用他吧，让他试一试，如果不行，就罢免他的职务。"

尧帝说："那么你就去吧！鲧啊，你一定要谨慎行事啊！"鲧治水九年，未见成效。

尧帝说："啊！四方诸侯的君长啊，我在位已经七十年了，你们谁能承受天命，替代我而成为天子呢？"

诸侯们说："我们的德行鄙陋，恐难担当重任。"

尧帝说："可以考察贵族中的贤明之人，也可以举用身份卑微的贤良之士。"

诸侯们说："民间有一个贫苦的人，名字叫作虞舜。"

尧帝说："啊！这人我也听说过，他的为人到底怎么样呢？"

众人回答说："他是乐官瞽瞍的儿子，其父瞽瞍心术不正，继母爱说谎话，他的异母弟傲慢骄狂，但舜能够与他们和睦相处。因为他的品德厚美，既能很好处理与家人的关系，又不使自己沦于邪恶。"

尧帝说："我考验考验他吧。我要把两个女儿嫁给舜，以便从女儿那里考察舜的行事准则和道德修养。"于是，尧帝命令自己的两个女儿到妫水的拐弯处，嫁给虞舜为妻。

尧帝勉励道："要恭敬地处理政事啊！"

舜典

【原文】

舜帝巡视天下，考察诸侯政绩。

虞舜侧微[①]，尧闻之聪明，将使嗣位[②]，历试诸难，作《舜典》。

曰若稽古，帝舜曰重华，协于帝。浚哲文明[③]，温恭允塞[④]。玄德升闻[⑤]，乃命以位。慎徽五典[⑥]，五典克从[⑦]。纳于百揆，百揆时叙[⑧]。宾于四门，四门穆穆[⑨]。纳于大麓，烈风雷雨弗迷[⑩]。

帝曰："格[⑪]！汝舜。询事考言[⑫]，乃言厎可绩[⑬]，三载。汝陟帝位[⑭]。"舜让于德，弗嗣。

正月上日，受终于文祖[⑮]。在璇玑玉衡，以齐七政[⑯]。肆类于上帝[⑰]，禋于六宗[⑱]，望于山川，遍于群神[⑲]。辑五瑞[⑳]，既月乃日[㉑]，觐四岳群牧，班瑞于群后[㉒]。

岁二月，东巡守，至于岱宗，柴[㉓]。望秩于山川[㉔]，肆觐东后，协时月正日[㉕]，同律度量衡[㉖]。修五礼、五玉、三帛、二生、一死贽[㉗]。如五器，卒乃复[㉘]。五月，南巡守，至于南岳，如岱礼。八月，西巡守，至于西岳，如初。十有一月，朔巡守，至于北岳，如西礼。归，格于艺祖，用特[㉙]。

五载一巡守，群后四朝。敷奏以言[㉚]，明试以功，车服以庸[㉛]。

肇十有二州[㉜]，封十有二山[㉝]，浚川。

象以典刑[㉞]，流宥五刑[㉟]，鞭作官刑，扑作教刑[㊱]，金作赎刑。眚灾肆赦[㊲]，怙终贼刑[㊳]。钦哉！钦哉！惟刑之恤哉[㊴]！

流共工于幽州，放驩兜于崇山，窜三苗于三危[㊵]，殛鲧于羽山[㊶]，四罪而天下咸服。

二十有八载，帝乃殂落[㊷]，百姓如丧考妣[㊸]。三载，四海遏密八音[㊹]。月正元日，舜格于文祖，询于四岳，辟四门，明四目，达四聪。

“咨，十有二牧[45]！”曰：“食哉惟时！柔远能迩[46]，惇德允元[47]，而难任人[48]，蛮夷率服。”

舜曰：“咨，四岳！有能奋庸熙帝之载[49]，使宅百揆亮采[50]，惠畴？”

佥曰：“伯禹作司空[51]。”

帝曰：“俞！咨[52]！禹，汝平水土，惟时懋哉[53]！”禹拜稽首[54]，让于稷、契暨皋陶。

帝曰：“俞！汝往哉！”

帝曰：“弃，黎民阻饥[55]，汝后稷[56]，播时百谷[57]。”

帝曰：“契，百姓不亲，五品不逊[58]，汝作司徒，敬敷五教[59]，在宽。”

帝曰：“皋陶，蛮夷猾夏[60]，寇贼奸宄[61]。汝作士，五刑有服[62]，五服三就[63]，五流有宅[64]，五宅三居[65]。惟明克允[66]！”

帝曰：“畴若予工[67]？”

佥曰：“垂哉[68]！”

帝曰：“俞，咨！垂，汝共工[69]。”垂拜稽首，让于殳斨暨伯与[70]。

帝曰：“俞！往哉！汝谐[71]。”

帝曰：“畴若予上下草木鸟兽[72]？”

佥曰：“益哉[73]！”

帝曰：“俞，咨！益，汝作朕虞[74]。”益拜稽首，让于朱虎、熊罴[75]。

帝曰：“俞，往哉！汝谐。”

帝曰：“咨！四岳，有能典朕三礼[76]？”

佥曰：“伯夷。”

帝曰：“俞，咨！伯，汝作秩宗[77]。夙夜惟寅[78]，直哉惟清。”

伯拜稽首，让于夔、龙[79]。

帝曰：“俞，往，钦哉！”

帝曰：“夔！命汝典乐，教胄子[80]，直而温，宽而栗[81]，刚而无虐，简而无傲。诗言志，歌永言，声依永，律和声。八音克谐，无相夺伦[82]，神人以和。”

夔曰：“於[83]！予击石拊石[84]，百兽率舞。”

帝曰：“龙，朕堲谗说殄行[85]，震惊朕师[86]。命汝作纳言[87]，夙夜出纳朕命，惟允！”

帝曰：“咨！汝二十有二人，钦哉！惟时亮天功[88]。”

三载考绩，三考，黜陟幽明[89]，庶绩咸熙[90]，分北三苗[91]。

舜生三十征，庸三十[92]，在位五十载，陟方乃死[93]。

【主旨讲解】

《舜典》记载了虞舜的言行，表达对舜帝的赞颂，具有很高的历史研究价值。

【注解】

①侧：隐居民间。微：出身微贱。②嗣：继承。③浚：深远。哲：智慧。④允：确实。塞：充满。⑤玄：潜行，潜修。升闻：上闻于朝廷。⑥徽：美，善。五典：五常，即父义、母慈、兄友、弟恭、子孝五种常教。⑦克：能够。从：顺从。⑧“纳于”两句：纳：入。百揆：百事。时叙：承顺。⑨“宾于”两句：宾：迎接宾客。穆穆：容仪敬谨。⑩“纳于”两句：大麓：官名，主管山林。迷：迷误。⑪格：呼唤之词，来。⑫询：谋划。⑬厎：一定。绩：成功。⑭陟：升，登。⑮“正月”两句：上日：吉日。受终：接受尧帝终结的帝位。文祖：尧的太庙。⑯“在璇玑”两句：在：观察。璇玑玉衡：指北斗七星。齐：排列。七政：七项政事，即祭祀、班瑞、东巡、南巡、西巡、北巡、归格艺祖。⑰肆：于是。类：祭名，是向天帝报告继承帝位之事的祭礼。⑱禋：祭名，指洁祀。六宗：指天地与四时。⑲“望于”两句：望：祭祀山川之礼。遍：按群神的尊卑次序祭祀。⑳辑：收集。五瑞：诸侯作为信符的五种玉器。㉑既月乃日：择定吉月吉日。日和月都用作动词。㉒“觐四岳”两句：觐：朝见天子。牧：官长。班：同“颁”，分发。后：君长。㉓“至于”两句：岱宗：东岳泰山。柴：祭名，祭祀时把牺牲放在积柴上面燔烧。㉔秩：次序。㉕协：合。时：春夏秋冬四时。正：确定。㉖同：统一。律：古乐音律。度：丈尺。量：斗斛。衡：斤两。㉗五礼：公侯伯子男五等朝聘之礼。五玉：即五瑞，拿着称瑞，陈列称玉。三帛：供垫玉用的赤、黑、白三种颜色的丝织品。二生：活羊羔和雁。一死：一只死去的野鸡。贽：初次拜见时所带的礼物。㉘“如五器”两句：如：而。五器：即上文所说的五玉。卒乃复：礼毕就归还。㉙“格于”两句：格：到。艺祖：即文祖。特：一只公牛。㉚敷：普遍。㉛庸：功劳。㉜肇：正，指划定州界。㉝封：封土为坛而祭祀。㉞象：刻画。典：常。㉟流：流放。宥：宽恕。五刑：指墨、劓、剕、宫、大辟五种刑罚。㊱扑：古时学校用来打人的木棍。㊲眚：过错。肆：就。㊳怙：依仗。贼：通“则”，就。㊴恤：谨慎。㊵三苗：古国名。三危：古地名，在西部边远地区。㊶殛：流放。羽山：古地名，在东部边远之处。㊷殂落：死亡。㊸考：死去的父亲。妣：死去的母亲。㊹遏：停止。密：静止。八音：金、石、丝、竹、匏、土、革、木八种音乐，这里泛指一切音乐演奏。㊺牧：州的行政长官。㊻柔：安抚。能：善。迩：近。㊼惇：厚。允：信。元：善。㊽难：拒绝。任人：奸邪的人。㊾熙：光大。载：事业。㊿宅：居。百揆：官名。亮：辅导。采：事。51司空：三公之一，掌管土地。52俞：副词，表肯定意义。咨：叹词。53时：通“是”，指百揆之职。懋：勉励。54稽首：叩头。55阻饥：困厄于饥。56后：主持。稷：官名，主管农业。57时：通“莳”，耕种。58五品：指父、母、兄、弟、子。逊：和顺。59“汝作”两句：司徒：官名，主管教化，三公之一。敷：施行。五教：五品之教，即父义、母慈、兄友、弟恭、子孝。60猾：扰乱。夏：指华夏大地。61寇：抢劫。贼：杀人。奸宄：犯法作乱的事情。62“汝作士”两句：士：狱官之长。服：用。63三就：三个处所，即野、朝、市。64五流：五种流刑。宅：处所。65三居：远近不同的三个地方。66明：明察。克：能够。允：信服。67若：善。工：官名，掌管百工之官。68垂：人名。69共工：官名。70殳斨：人名。伯与：人名。71谐：同“偕”，一同。72上：指山陵。下：指草泽。73益：人名。74虞：掌管山林的官。75朱虎：人名。熊罴：人名。76典：主持。三礼：天神、人鬼、地示之礼。77秩宗：官名，掌管祭礼的仪礼。78夙：早晨。寅：敬。79夔：人名。

龙：人名。⑳ 胄子：未成年的人。㉑ 栗：谨慎。㉒ 夺：失去。伦：理，次序。㉓ 於：叹词。㉔ 拊：轻轻叩击。石：石磬，乐器。㉕ 塈：厌恶。殄：贪婪。㉖ 师：民众。㉗ 纳言：官名，帝王的代言人。㉘ 时：善。亮：领导。天功：天下大事。㉙ 黜：罢免。陟：提升。幽：昏庸。明：贤明。㉚ 庶：众。熙：兴盛。㉛ 北：通“背”，分别。㉜“舜生”两句：征：被征召。庸：任用。㉝ 陟方：巡狩南方。

【译文】

虞舜隐居民间，出身微贱，尧帝听说他聪明睿智，就想让他继承帝位，多次拿棘手的事情考验他。史官根据这些情况，写成了《舜典》。

查考古代的旧事，可知舜帝的名字叫作重华，他的睿智圣明与尧帝相合。他深远的智慧、温顺谦恭的美德，溢满天地之间。他潜修品德的事迹上闻于朝廷，于是被授予官职。舜谨慎地赞美父义、母慈、兄友、弟恭、子孝五种美德，臣民都能顺从这五常之教。他又受命管理百官，百官也都能服从。他在明堂四门迎接前来朝见的四方宾客，四方宾客全都仪容整肃。舜担任守护山林的官职，即使在狂风暴雨之中也不迷失方向。

尧帝说：“来吧，舜啊！我和你谋划政事，考察你的言论，按照你的意见办事，一定会取得成功。我已经考察你三年了，你现在可以登上帝位了。”舜要把帝位让给更有德行的人，不愿就位。舜以德行不够为由推辞，不愿就位。但是尧帝还是把帝位禅让给了虞舜。

在正月的一个吉日，舜在尧的太祖宗庙接受了禅让的帝位。他观察了北斗星的运行情况，列出了七项政务。接着向上天报告继承帝位的事情，祭祀天地四时以及山川和群神。舜又聚敛诸侯的圭玉，挑选良辰吉日，接受四方诸侯君长的朝见，把圭玉颁

舜帝举贤授能，任用百官。

发给他们。

这一年二月，舜到东方巡视，到了泰山，举行了柴祭，并依照地位尊卑依次祭祀了其他山川诸神，然后接受了东方诸侯国君的朝见。舜协合春夏秋冬的月份，确定了天数；统一了音律和度量衡；制定了公侯伯子男朝见的礼节，规定了各种献礼的制度。朝见结束后，舜帝便把五种瑞玉归还给诸侯。五月，舜帝到南方巡视，到达南岳，像祭祀泰山那样行礼仪。八月，舜帝到西方巡视，到了西岳，祭祀礼仪和在泰山、南岳时一样。十一月，舜帝到北方巡视，到达北岳，祭祀礼仪和在西岳时相同。舜帝回来后，到太庙祭祖，所用的祭品是一头公牛。

此后，舜每隔五年就巡视一次。各方诸侯都在四岳朝见，普遍地报告自己的政务。然后舜帝根据诸侯的政绩进行评定，论功行赏，赐给他们车马衣服。

舜帝开始划定十二个州的疆界，在十二州的名山上封土为坛，举行祭礼，并疏通了河道。

舜把五种常用刑罚的图样刻画在器物上，以警示民众，用流放的办法代替五刑以示宽大，以鞭打作为官府的刑罚，把用木条责打定为学校的刑罚，还规定可以用金来赎罪。因为过失犯罪，可以赦免；要是有所依仗而不知悔改，就要施加刑罚。慎重啊，慎重啊，使用刑罚时一定要慎重！

舜帝把共工流放到北方的幽州，把驩兜流放到南方的崇山，把三苗驱逐到西方的三危，把鲧流放到东方的羽山。这四个罪人受到了应有的惩罚，天下人都心悦诚服。

舜帝继位二十八年后，尧帝去世了，群臣和百姓像失去父母一样悲痛。三年内，全国上下停止演奏音乐，一片沉寂。三年后的正月初一，舜帝到太庙告祭，召集四方诸侯谋划政务，打开明堂的四方之门宣布政教，使四方民众看得明、听得清。

“啊，十二州的君长！”舜帝说，“农业生产不要违背农时！要安抚远方的民众，要善待近处的臣民。要厚待有德之人，信任善良之人，远离奸佞小人。这样，四方的外族都会臣服于你。”

舜帝说：“啊，四方诸侯！谁能奋发图强，光大先帝的事业，管理百官，辅佐朝廷理顺政事呢？”

众人都说：“让伯禹做司空吧。”

舜说：“好啊！”告诫禹说：“你来治理水土，希望你更要努力做好百揆的事情啊！”禹行叩拜之礼，想推让给稷、契和皋陶。

舜说：“就这样了，还是你来担当吧！”

舜说：“弃，现在民众都在忍饥挨饿，你去掌管农事，教导民众播种谷物吧。”

舜说：“契，百官之间关系不和谐，父母兄弟子女之间关系不和顺，你去担任司徒，谨慎恭敬地施行五常之教，着重教导他们做人要宽厚仁慈。”

舜说：“皋陶，外族侵扰中原，抢劫杀人，给我们制造祸端。你去处理刑狱，用五刑处置那些罪人。五刑各有使用的方法，执行五刑要在郊野、市、朝三个不同的地方。五种流放各有处所，分别流放到远近不同的三个地方。明察案情，公正处罚，就能使人信服。”

舜说："谁能担任百工之长呢？"

都说："垂可以。"

舜说："好啊！"告诫垂说："你去担任共工之职吧。"垂行了叩拜之礼，想推让给殳斨和伯与。

舜说："就这样了，去吧！你们一起去吧。"

舜说："谁能管理山林草泽中的草木鸟兽呢？"

都说："益可以。"

舜说："好吧。"告诫益说："你做我的虞官，管理山林吧。"益行叩拜礼，想推让给朱虎、熊罴。

舜说："好吧，去吧！你们一起去吧。"

舜说："四方诸侯啊，谁能替我主持祭祀天神、地祇、人鬼的三礼呢？"

都说："伯夷可以。"

舜说："好吧，伯夷，我任命你做掌管祭祀的礼官吧，从早到晚你都要恭敬行事，内心要正直清明。"

伯夷行叩拜礼，想推让给夔、龙。

舜说："行了，你去吧，你要谨慎行事啊！"

舜说："夔，任命你担任乐官，负责教导那些年轻人，要让他们正直而温和，宽厚而谨慎，刚毅而不妄为，简朴而不高傲。诗是用来表达情志的，歌所咏唱的就是表达情志的言辞，声调要根据咏唱的感情而确定，音律要合于声调。金、石、丝、竹、匏、土、革、木这八音能够和谐一致，不互相干扰。这样，人听了以后才能欢快愉悦。"

夔说："啊！让我敲击石磬，奏起乐曲，让扮演百兽的舞队依着音乐跳舞吧！"

舜说："龙，我厌恶谗言和暴行，因为它使我的臣民惊恐害怕。我现在任命你为纳言官，早晚传达我的旨意，上报臣民的意见，一定要真实啊！"

舜说："好啦，你们这二十二个人，要恭谨地履行自己的职责，要好好地辅佐我完成大业啊！"

舜帝每过三年考察一次政绩，考察三次之后，就确定官员的升降。这样，远近各项事业都兴盛起来了。同时，又分别处理了流放在北部边境的三苗氏部族。

舜帝三十岁被举用，在官位三十年，在帝位五十年，巡狩南方时在途中去世。

大禹谟

【原文】

皋陶矢厥谟[①]，禹成厥功[②]，帝舜申之[③]。作《大禹》《皋陶谟》《益稷》。

曰若稽古，大禹曰文命[④]，敷于四海[⑤]，祗承于帝[⑥]。曰："后克艰厥后[⑦]，臣克艰厥臣，政乃乂[⑧]，黎民敏德[⑨]。"

帝曰："俞！允若兹[10]，嘉言罔攸伏[11]，野无遗贤，万邦咸宁。稽于众，舍己从人，不虐无告[12]，不废困穷，惟帝时克。"

益曰："都[13]，帝德广运[14]，乃圣乃神[15]，乃武乃文。皇天眷命[16]，奄有四海为天下君[17]。"

禹曰："惠迪吉[18]，从逆凶，惟影响[19]。"

益曰："吁！戒哉！儆戒无虞[20]，罔失法度，罔游于逸，罔淫于乐[21]。任贤勿贰，去邪勿疑。疑谋勿成，百志惟熙[22]。罔违道以干百姓之誉[23]，罔咈百姓以从己之欲[24]。无怠无荒，四夷来王。"

禹曰："於！帝念哉！德惟善政，政在养民。水、火、金、木、土、谷惟修[25]，正德、利用、厚生惟和[26]，九功惟叙[27]，九叙惟歌。戒之用休[28]，董之用威[29]，劝之以九歌，俾勿坏[30]。"

帝曰："俞！地平天成[31]，六府三事允治，万世永赖[32]，时乃功。"

帝曰："格[33]，汝禹！朕宅帝位三十有三载，耄期倦于勤[34]。汝惟不怠，总朕师[35]。"

禹曰："朕德罔克，民不依。皋陶迈种德[36]，德乃降，黎民怀之[37]。帝念哉！念兹在兹，释兹在兹，名言兹在兹，允出兹在兹[38]，惟帝念功。"

帝曰："皋陶，惟兹臣庶，罔或干予正[39]。汝作士，明于五刑，以弼五教[40]，期于予治[41]。刑期于无刑，民协于中[42]，时乃功，懋哉[43]。"

皋陶曰："帝德罔愆[44]，临下以简，御众以宽。罚弗及嗣，赏延于世。宥过无大[45]，刑故无小。罪疑惟轻，功疑惟重。与其杀不辜，宁失不经[46]。好生之德[47]，洽于民心，兹用不犯于有司[48]。"

帝曰："俾予从欲以治，四方风动[49]，惟乃之休[50]。"

帝曰："来，禹！降水儆予[51]，成允成功，惟汝贤。克勤于邦，克俭于家，不自满假[52]，惟汝贤。汝惟不矜[53]，天下莫与汝争能。汝惟不伐[54]，天下莫与汝争功。予懋乃德，嘉乃丕绩[55]，天之历数在汝躬[56]，汝终陟元后[57]。人心惟危，道心惟微[58]，惟精惟一[59]，允执厥中。无稽之言勿听，弗询之谋勿庸。可爱非君？可畏非民？众非元后，何戴[60]？后非众，罔与守邦？钦哉！慎乃有位，敬修其可愿，四海困穷，天禄永终。惟口出好，兴戎[61]，朕言不再。"

禹曰："枚卜功臣[62]，惟吉之从。"

帝曰："禹！官占惟先蔽志[63]，昆命于元龟[64]。朕志先定，询谋佥同[65]，鬼神其依，龟筮协从[66]，卜不习吉[67]。"

禹拜稽首固辞[68]。

帝曰："毋！惟汝谐[69]。"

正月朔旦[70]，受命于神宗[71]，率百官若帝之初。

帝曰："咨，禹！惟时有苗弗率[72]，汝徂征[73]。"

禹乃会群后，誓于师曰："济济有众[74]，咸听朕命。蠢兹有苗[75]，昏迷不恭[76]，侮慢自贤，反道败德，君子在野，小人在位。民弃不保，天降之咎[77]，肆予以尔众士，奉辞罚罪。尔尚一乃心力，其克有勋。"

三旬，苗民逆命。益赞于禹曰[78]："惟德动天，无远弗届[79]。满招损，谦受益，时乃天道。帝初于历山[80]，往于田，日号泣于旻天[81]，于父母，负罪引慝[82]。祗载见瞽瞍[83]，夔夔斋栗[84]，瞽亦允若。至诚感神[85]，矧兹有苗[86]。"

禹拜昌言曰[87]："俞！"班师振旅。帝乃诞敷文德[88]，舞干羽于两阶[89]，七旬有苗格[90]。

【主旨讲解】

大禹，姒姓，史称夏禹、戎禹，相传他是上古夏后氏族部落的首领。禹继承父亲鲧未竟的治水事业，历经十三年，胼手胝足，三过家门而不入，终于治平水患。谟，是"谋"的意思。本文是舜帝与大臣禹、益、皋陶谋划政务的记录，所以称《大禹谟》。

大禹治水，功劳泽被千秋。

《大禹谟》的内容可分四部分：第一部分是序，介绍写作《大禹谟》《皋陶谟》《益稷》的缘由。第二部分，舜帝与大禹、伯益讨论政事，赞美帝尧的美德，阐述了各自的治国见解。第三部分记叙舜禅位于禹的经过。第四部分叙述大禹征伐苗民，最终以德感化苗民。

虞书中，为了补充《尧典》《舜典》所缺少的君臣之间的嘉言善政，而成《大禹谟》《皋陶谟》《益稷》三篇。其中，因为禹治水的功劳最高，所以《大禹谟》列于三篇之首。

《大禹谟》是伪古文。后世儒学整理编撰《大禹谟》，是为了上联《尧典》《舜典》，下接《商书》《周书》各篇，构建"二帝三王"的古史体系，宣扬古帝一脉相承的道统。宋代儒学又从舜对禹的训示中撷取"人心惟危，道心惟微，惟精惟一，允执厥中"，称为"虞廷十六字"，作为舜受自尧并传于禹的"三圣传授心法"。这十六字成为维系古帝道统的精神核心，而《大禹谟》正是研究中国古代思想史，特别是宋代理学的重要史料。

【注解】

①皋陶：偃姓，舜帝之臣，掌管刑狱。矢：陈述。厥：其。谟：计谋。②成：陈述。③申：

重视。④文命：大禹的名字。⑤敷：治理。⑥祗：恭敬。⑦后：君主。克：能够。艰：看得很艰难。⑧乂：治理。⑨敏：勤勉。⑩俞：副词，表肯定。允：的确。兹：这。⑪罔：无，不要。攸：所。⑫无告：无处求告的人，指鳏寡孤独者。⑬都：叹词，表赞美。⑭广：大。运：远。⑮乃：语助词。⑯眷：顾念。⑰奄：尽。⑱惠：顺。迪：道。⑲影响：影随形，响应声。⑳儆：戒备。虞：预料。㉑"罔游"两句：逸：放纵。淫：过分。㉒志：念虑。熙：广。㉓干：求。㉔咈：违反。㉕修：治理。㉖和：宣扬。㉗九功：水、火、金、木、土、谷，叫六府；正德、利用、厚生，叫三事。六府三事合称九功。叙：次序。㉘休：美德。㉙董：监督。㉚俾：使。㉛天：万物。㉜赖：利。㉝格：来，呼唤之语。㉞耄期：八九十岁称耄，百岁称期颐。这里指年迈。勤：辛苦。㉟总：总领。师：众人。㊱迈：勤勉。种：树立。㊲怀：归附。㊳"念兹"四句：兹：这。每句中，前一个"兹"指德，后一个"兹"指皋陶。释：通"怿"，喜悦。名言：称颂。出：推行。㊴干：冒犯。㊵"明于"两句：五刑：指墨、劓、剕、宫、大辟五种刑罚。五教：五常之教，即父义、母慈、兄友、弟恭、子孝。㊶期：当，合。㊷中：中正，公平。㊸懋：鼓励。㊹愆：过失。㊺宥：宽恕。无大：不论多大。㊻"与其"两句：不辜：无罪。不经：不守正道。㊼好：爱惜。㊽有司：官吏。古代每个官位都各司专职，因此称有司。㊾风动：风吹草动，比喻各方响应。㊿休：美德。51降水：洪水。52满：盈满。假：虚假，夸大。53矜：夸耀，自以为贤。54伐：夸耀，自夸有功。55嘉：赞美。丕：大。56历数：历运之数，指帝王相承的次序。躬：自身。57陟：升登。元：大。后：君王。58道心：合于道义的思想。微：不显露。59精：专诚。60戴：拥戴。61"惟口"两句：出好：说出善言。兴戎：引起战争。62枚卜：逐次占卜。古代用占卜的方法选官，对被选的人逐一占卜，吉者入选。63蔽：断定。64昆：后。元龟：大龟。65佥：都。66龟筮：龟甲和蓍草，二者都是古代占卜的工具。67习：重复。68固辞：坚决推辞。69谐：适合。70朔：阴历的每月初一。71神宗：尧帝的宗庙。"神"在此表尊敬。72有苗：指三苗，古代的一个部族。"有"是名词词头，无意义。率：遵循。73徂：往。74济济：众多的样子。75蠢：骚动。76昏迷：昏暗迷惑。77咎：灾祸。78赞：见。79届：到。80历山：指舜帝当初种田之处。81旻天：天空。82慝：邪恶。83祗：恭敬。载：侍奉。瞽瞍：舜的父亲。84夔夔：恐惧的样子。斋：庄敬。栗：战栗。85诚：诚信。86矧：何况。87昌：美。88诞：大、广。敷：施行。89干：盾牌。羽：用羽毛做的舞具。90格：到，这里指归顺。

【译文】

皋陶陈述他的谋略，大禹陈述他的功绩，舜帝对他们的言论很重视。史官记录下他们之间的谈话，写作了《大禹谟》《皋陶谟》和《益稷》。

查考往古旧事，可知大禹名叫文命，他治理四海，恭敬地秉承尧舜二帝的教导。大禹说："君王把当好君王看成难事，臣子把当好臣子看得也不容易，政事就能得到很好的治理了，众人也会勤勉地执行德教了。"

舜帝说："是啊！真像这样的话，那些好的言论就不会被埋没，贤德的人也不会被遗弃在民间，万国之民就都安宁了。参考众人的言论，舍弃私见而依从众人的好言论，不虐待孤苦无依的人，不嫌弃困窘贫穷的人，只有尧帝能够这样。"

益说："啊！尧帝的德行广大而影响深远，他圣明、神妙、英武、俊美。皇天顾念授命，使他尽有四海而成为天下的君王。"

大禹最终以德感化苗民。

禹说："顺从天道就吉利，依从恶道就会凶险，就像影子与形体、回声与音响的关系一样。"

伯益说："啊！要多加戒备啊！要警戒没有预料到的事情，不要违背法则制度，不能纵情游玩，不能过分享乐。任用贤人不能有二心，除去奸邪不能迟疑。拿不准的主意不要实行，考虑各种问题应思路开阔。不要违背正道去谋求百官的赞誉，不要违背百官的意愿而满足自己的私欲。对这些不要懈怠、不要荒废，四方的异族就会归附于你，尊你为王。"

大禹说："啊！舜帝，你好好想想伯益的这番话吧。所谓德就是能够妥善处理政务，而政务的根本在于教养民众。水、火、金、木、土、谷这六件事应该治理，使人们德行端正、物用便利、生活丰厚多彩这三件大事也应当宣扬，这九件事都应理顺次序，九件事做好后，人们就会歌颂君王的德政。要用美好的德政劝诫臣民，用严峻的刑罚督察臣民，以人们对君王的颂扬作为号召力，勉励人们，使德政不被损害。"

舜帝说："对！水土治平，万物生长，六府三事真能办好了，对千秋万代有利，这是你的功劳。"

舜帝说："来吧，禹！我居帝位三十三年了，年事已高，被这些辛苦的政务搞得疲惫不堪。你从不懈怠，来统领我的民众吧。"

大禹说："我的德行还不能胜任，民众也不会依从我。皋陶勤勉树立德政，德惠下施于民，民众归从他。舜帝你要考虑啊！整天顾念德政的是皋陶，喜欢德政的是皋陶，称颂宣传德政的也是皋陶，真正能够推行德政的更是皋陶，舜帝你要想想皋陶的功劳啊。"

舜帝说："皋陶，这些群臣众庶，没有人敢冒犯我的政事。你身为士官，精通五种刑罚，以它来辅助五常之教，合于我的治理之道。施行刑罚是希望达到没有刑罚的境地，使人民都能合于正道，这是你的功劳，你应受到鼓励啊。"

皋陶说："舜帝你德行完美，没有过失，对臣民简约不烦，统御民众宽厚不苛刻。刑罚不株连子孙，赏赐却延及后代。宽恕过失不论罪多大，处罚故意犯罪不论罪多小。判罪时遇到可轻可重的疑难，就从轻处罚；论功时遇到可轻可重的疑难，就从重赏赐。与其杀掉无罪之人，不如失去不守正道的人。这种爱惜生灵的美德，合于人们的意愿，因此人们不冒犯官吏。"

舜帝说："你使我如愿地治理国家，并得到四方的响应，这是你的美德。"

舜帝说："来吧，禹！洪水昭告我们，你言行一致，完成了治水大业，这是你的贤德。你为国家能够不辞辛苦，居家生活又能节俭，不自我满足，不自我浮夸，这是你的贤德。你不自以为贤，天下没有谁与你争能。你不自夸有功，天下没有谁与你争功。我称道你的功德，赞美你的业绩，帝王承统的次序已经显应到你自己的身上，你终当升为大君王。现在人心动荡不安，合于道义的思想幽昧难明，只有精诚专一，实实在在地保持中正之道才是。没有根据的话不轻易听信，没有征询过众人的意见不轻易采纳。臣民所爱戴的不是君王吗？君王所畏惧的不是臣民吗？除了君王，民众还拥戴谁呢？除了民众，君王还与谁保卫国家？你们要谨慎啊！慎重地对待你们的职守，恭敬地从事民众愿意的事，如果四海的民众困苦贫穷，你们的禄位就要长久地终止了。人们的嘴能说出善言，也能引起战争，我不再多说了。"

大禹说："请逐次地占卜有功的大臣，听从占卜的吉兆，让吉者继承帝位吧。"

舜帝说："禹！用官占的方法占卜，须先断定意向，然后告诉大龟才能显示吉凶。我的志向已定，征询别人的意见也都相同。鬼神依顺，如果进行龟卜和筮占，结果也会和人意一致，况且卜筮的办法不能重复出现吉兆。"

禹跪拜叩头，坚决推辞。

舜帝说："不必推辞了，只有你最适合继承帝位。"

正月初一的早晨，禹在尧的宗庙受命继承帝位，率领百官举行禅让大典，就像当初舜继承尧帝的帝位那样。

舜帝说："啊，禹！三苗不遵循教命，你去征讨他们吧。"

禹就会集各路诸侯君主，告诫众人说："众位军士，都听我的命令。蠢蠢欲动的三苗，昏暗迷惑，侮慢常法，妄自尊大，违背正道，败坏德义，贤人被排斥，小人受重用。民众抛弃他们不予保护，上天也降祸于他，所以我率领你们众人，奉行舜帝的命令去惩罚苗民这些罪人。你们应该同心协力，这样就一定能够建立功勋。"

三十天以后，苗民仍然抗拒舜帝的命令。伯益见到了大禹，说："只有施德才可以感动上天，有了德行，无论多远的人都会来归服，自满会招致损害，谦虚会得到益处，这是天道自然规律。舜帝当初往历山耕田的时候，天天向上天号哭。对于不义的父亲和不慈的母亲，他毫无怨言，宁肯自己背负罪名，招来邪恶的名声。舜仍然恭敬地去见父亲，一副诚惶诚恐庄敬战栗的样子，父亲也的确和顺了些。至诚能感动神灵，何况这些苗民呢！"

大禹拜谢伯益的美言，说："对！"于是撤回军队，整顿队伍。舜帝就广泛地施行文明德治，让士兵放下武器，在两阶之间拿着盾和翳跳舞。七十天以后，三苗就来归服了。

夏书

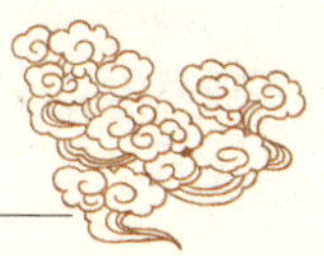

禹贡

【原文】

禹别九州[1]，随山浚川，任土作贡[2]。

禹敷土，随山刊木，奠高山大川[3]。

冀州[4]：既载壶口，治梁及岐[5]。既修太原，至于岳阳[6]。覃怀厎绩，至于衡漳[7]。厥土惟白壤[8]，厥赋惟上上[9]，错[10]，厥田惟中中。恒、卫既从[11]，大陆既作[12]。岛夷皮服[13]，夹右碣石入于河[14]。

济、河惟兖州[15]：九河既道[16]，雷夏既泽，澭、沮会同[17]。桑土既蚕，是降丘宅土[18]。厥土黑坟，厥草惟繇，厥木惟条[19]。厥田惟中下，厥赋贞[20]，作十有三载乃同。厥贡漆丝，厥篚织文[21]。浮于济、漯[22]，达于河。

海、岱惟青州[23]：嵎夷既略，潍、淄其道[24]。厥土白坟，海滨广斥[25]。厥田惟上下。厥赋中上。厥贡盐絺，海物惟错[26]。岱畎丝、枲、铅、松、怪石[27]。莱夷作牧[28]。厥篚檿丝[29]。浮于汶[30]，达于济。

海、岱及淮惟徐州[31]：淮、沂其乂[32]，蒙、羽其艺[33]；大野既猪，东原厎平[34]。厥土赤埴坟，草木渐包[35]。厥田惟上中，厥赋中中。厥贡惟土五色[36]，羽畎夏翟，峄阳孤桐[37]，泗滨浮磬，淮夷蠙珠暨鱼[38]。厥篚玄纤缟[39]。浮于淮、泗，达于河[40]。

淮、海惟扬州[41]：彭蠡既猪，阳鸟攸居[42]。三江既入，震泽厎定[43]。篠簜既敷，厥草惟夭，厥木惟乔[44]。厥土惟涂泥[45]。厥田惟下下，厥赋下上，上错。厥贡惟金三品[46]，瑶、琨、篠、簜、齿、革、羽、毛惟木[47]。岛夷卉服[48]，厥篚织贝，厥包桔柚，锡贡[49]。沿于

人们从山丘上搬到兖州平地上居住。

江、海，达于淮、泗。

荆及衡阳惟荆州[50]：江、汉朝宗于海[51]，九江孔殷[52]，沱、潜既道，云土梦作乂[53]。厥土惟涂泥，厥田惟下中，厥赋上下。厥贡羽、毛、齿、革惟金三品，杶、干、栝、柏[54]，砺、砥、砮、丹，惟箘、簵、楛[55]。三邦底贡厥名[56]，包匦菁茅，厥篚玄纁玑组，九江纳锡大龟[57]。浮于江、沱、潜、汉，逾于洛，至于南河[58]。

荆、河惟豫州[59]：伊、洛、瀍、涧既入于河，荥波既猪[60]。导菏泽，被孟猪[61]。厥土惟壤，下土坟垆[62]。厥田惟中上，厥赋错上中。厥贡漆、枲、絺、纻，厥篚纤、纩，锡贡磬错[63]。浮于洛，达于河。

华阳、黑水惟梁州[64]：岷、嶓既艺[65]，沱、潜既道，蔡、蒙旅平，和夷底绩[66]。厥土青黎，厥田惟下上，厥赋下中、三错[67]。厥贡璆、铁、银、镂、砮、磬、熊、罴、狐、狸。织皮、西倾因桓是来[68]。浮于潜，逾于沔，入于渭，乱于河[69]。

黑水、西河惟雍州[70]：弱水既西，泾属渭汭，漆沮既从，沣水攸同[71]。荆、岐既旅，终南、惇物，至于鸟鼠[72]，原隰底绩[73]，至于猪野。三危既宅，三苗丕叙[74]。厥土惟黄壤，厥田惟上上，厥赋中下。厥贡惟球、琳、琅、玕[75]。浮于积石，至于龙门、西河[76]，会于渭汭。织皮昆仑、析支、渠搜，西戎即叙[77]。

导岍及岐[78]，至于荆山，逾于河。壶口、雷首至于太岳[79]。底柱、析城至于王屋[80]。太行、恒山至于碣石[81]，入于海。

【主旨讲解】

《禹贡》是当时诸侯称雄的局面统一之后所提出的治理国家的方案。

【注解】

①别：划分。②任土：根据土地的贫瘠。贡：贡赋。③奠：定。④冀州：禹所划分的九州之一，在今山西省、河北省南部一带。⑤“既载”两句：载：施工。壶口：山名，在今山西省吉县南。梁：山名，在今陕西省韩城市西。岐：通“歧”，山的支脉。⑥“既修”两句：太原：今山西省太原一带，位于汾水上游。岳阳：即太岳山，在今山西省霍县东，汾水流经这里。阳：山的南面。⑦“覃怀”两句：覃怀：地名，在今河南省武陟、沁阳县一带。厎：获得。衡：通“横”。漳：漳水，在覃怀的北边。⑧厥：其，指冀州。壤：柔土。⑨赋：赋税，指地方的土特产。上上：第一等。《禹贡》将土质和赋税分为九等，即上上、上中、上下、中上、中中、中下、下上、下中、下下。⑩错：错杂，夹杂。⑪恒：水名。卫：水名，滹沱河。从：顺着河道流入大海。⑫大陆：泽名，在今河北省巨鹿县西北。作：开始。⑬岛夷：住在海岛上的东方民族。夷，古代东方边远地区的民族。皮服：岛夷的贡品。⑭夹：接近。碣石：山名，在今河北省昌黎县。河：黄河。⑮济：水名，源出河南济源市。兖州：禹划分的九州之一，在今河北东南、山东省一带。⑯九河：黄河的九条支流，即徒骇、太史、马颊、覆釜、胡苏、简、洁、钩盘、鬲津。道：疏通。⑰“雷夏”

两句：雷夏：泽名，在今山东菏泽东北。灉：黄河的支流。沮：灉水的支流。二水今已不存在。⑱“桑土”两句：桑土：适于种植桑树的土地。降：下。宅：居住。⑲“厥土”三句：坟：肥沃。繇：茂盛。条：长。⑳贞：下下等，第九等。㉑篚：圆形竹器。织文：有花纹的丝织品。㉒漯：水名，黄河的支流。㉓海：今渤海。岱：泰山。青州：禹划分的九州之一，今山东半岛一带。㉔“嵎夷”两句：嵎夷：地名。略：治理。潍：水名，淄：水名。二水都在今山东境内。㉕斥：碱地。㉖“厥贡”两句：絺：细葛布。错：杂，多种多样。㉗畎：山谷。枲：大麻的一种，不结子。铅：锡。㉘莱夷：地名。㉙檿：山桑，即柞树。㉚汶：水名，源出今山东莱芜市。㉛海：指黄海。淮：淮河。徐州：禹划分的九州之一，在今江苏、安徽北部、山东南部一带。㉜沂：水名，在山东境内。乂：治理。㉝蒙：山名，在今山东蒙阴县西南。羽：山名，在今江苏省赣榆区西南。艺：种植。㉞“大野”两句：大野：指巨野泽，在今山东省巨野县。猪：同“潴”，水停聚的地方。东原：地名，在今山东省东平县一带。厎：得到。平：治理。㉟“厥土”两句：埴：黏土。包：同“苞”，丛生。㊱土五色：五色土，指青黄赤白黑五种颜色的土，五色土是古代君王分封诸侯的用品。㊲“羽畎”两句：夏：大。翟：山雉，其羽毛可做装饰品。峄：山名，在今江苏省邳州市境内。孤桐：特生的桐树。㊳“泗滨”两句：泗：水名，源出今山东省泗水县。浮磬：一种可以做磬的石头。蠙珠：蚌所产的珍珠。㊴玄：黑色。纤：细绸。缟：白绢。㊵河：应为“菏”，指菏泽，菏泽水与济水相通。㊶海：指黄海。扬州：禹划分的九州之一，在今扬州一带。㊷阳鸟：南方的岛屿，古代“鸟”“岛”通用。㊸“三江”两句：三江：指岷江、汉水、彭蠡。震泽：指江苏太湖。㊹“篠簜”三句：篠：小竹。簜：大竹。夭：茂盛。乔：高大。㊺涂泥：潮湿的泥土。㊻金三品：指金、银、铜三个等级。品：等级。㊼瑶：美玉。琨：美石。齿：象牙。革：犀牛皮。羽：鸟羽。毛：旄牛尾。惟：和。㊽岛夷：东南沿海各岛的人。卉服：指蓑衣、草笠之类。卉，草。㊾“厥篚”三句：织贝：把很小的贝用线串连起来，织成巾。包：包裹。锡：与“贡”同义。㊿荆：山名，在今湖北省南漳县。衡：即湖南境内的衡山。荆州：禹划分的九州之一，在今湖南、湖北一带。51江：指长江。汉：指汉水。朝宗：诸侯春天朝见天子叫朝，夏天朝见天子叫宗。52九江：即今洞庭湖。孔：大。殷：定。53“沱、潜”两句：沱：水名，长江的支流，在今湖北枝江市。潜：水名，长江支流，在今湖北省潜江县。云土梦：即云梦，二泽名，江南为云，江北为梦。54杶：椿树。干：柘木，可做弓。栝：桧树。55砺：粗磨刀石。砥：细磨刀石。砮：石制的箭镞。丹：朱砂。箘、簵：两种竹子。楛：木名，可做箭杆。56三邦：湖泽附近的三个诸侯国。名：名产。57“包匦”三句：匦：杨梅。菁茅：一种带刺的茅草，可以滤酒。玄纁：指彩色丝绸。纁：黄赤色。玑组：用丝带串起的珍珠串。玑，不圆的珍珠。组，丝带。纳锡：进贡。58“浮于”三句：浮：水运。逾：离船上岸陆行。南河：指洛阳巩义市一段的黄河。59豫州：禹划分的九州之一，在黄河与湖北的荆山之间的地区。60“伊、洛”两句：伊：水名，源出今河南卢氏县。洛：水名，源出今陕西洛南县。瀍：水名，源出今河南孟津县。涧：水名，源出今河南渑池县。荥波：泽名，在今河南荥阳市。61“导菏泽”两句：导：疏通，菏泽：在今山东定陶区。被：同“陂”，修筑堤防。孟猪：泽名，在河南商丘东北。62垆：黑色硬土。63“厥贡”三句：纻：苎麻。纩：细棉。磬错：可以制磬的石头。错，石头，可以琢玉。64华：即华山，在陕西华阴市南。黑水：怒江。梁州：禹划分的九州之一。65岷：山名，在四川北部。艺：治理。66“蔡、蒙”两句：蔡：山名，即峨眉山。蒙：山名，在今四川雅安北。旅：治理。和：名，即大渡河。67“厥土”三句：青：黑。黎：疏散。三错：杂出第七、第八、第九三个等级。68“厥贡”两句：璆：美玉。

镂：可以刻镂的坚硬金属。罴：一种熊，又叫马熊。狸：野猫、山猫。织皮：指西戎之国。西倾：山名，在今甘肃与青海交界处。桓：水名，即白龙江。㊾“逾于”三句：沔：汉水的上游。渭：水名，源出甘肃渭源县。乱：横渡。㊿西河：在冀州西边黄河南北走向的一段。雍州：禹划分的九州之一。⑪“弱水”四句：弱水：即张掖河。泾：水名。渭：水名。泾水注入渭水，渭水流入黄河。属：注入。汭：河流汇合的地方。漆沮：代指洛水。沣水：水名，源出陕西省鄠邑区东南，注入渭水。同：会合。⑫“荆、岐”三句：荆：山名，在今陕西富平县西南。岐：山名，在陕西岐山县东北。终南：指秦岭。惇物：山名，太白山，在今陕西省眉县。鸟鼠：山名，在今甘肃省渭源县西南。⑬原隰：指豳地，在今陕西省旬邑县和邠县一带。⑭“三危”两句：三危：山名，在鸟鼠西边。丕：大。叙：顺。⑮球：美玉。琳：美石。琅玕：像珠子一样的美玉。⑯“浮于”两句：积石：山名，在今青海西宁西南。龙门：山名，在今陕西韩城东北。⑰“织皮”两句：析支：山名，在今青海省西宁市西南。渠搜：山名。西戎：古代我国西北少数民族的总称。即：就。⑱岍：山名，在今陕西陇县南。⑲雷首：山名，在今山西永济市。太岳：即霍太山。⑳底柱：即三门山，在今山西平陆县。析城：山名，在今山西阳城县西南。王屋：山名，在今山西垣曲县东。㉑太行：山名，在今山西、河北、河南的交界处。恒山：在今河北曲阳县西北，古称北岳。

【译文】

禹划分九州的疆界，顺着山势疏通河道，依照土地的贫瘠情况制定出贡税的等级。

禹划分九州的疆界，顺着山势砍削树木作为路标，依据高山大河奠定疆域。

禹顺着山势疏通河道。

冀州：壶口的工程施工以后，接着便治理梁山和它的支脉。太原附近的河道也治理好了，工程一直扩展到太岳山的南面。覃怀一带的水利工程也取得了很大的成绩，又治理了横流入河的漳水。冀州的土壤白细，土质松软，这里的臣民应交纳一等赋税，也可夹杂二等赋税，这里的土地属第五等。恒水、卫水已经疏通好了，其水可以流入大海，大陆泽的治理工程也开始动工了。东方的岛夷人进贡皮服时，可以先接近右边的碣石山，然后再入黄河来贡。

济水与黄河一带的区域是兖州地区：黄河下游的九条河道疏通了，雷夏泽的治理工程也完成了，滩水、沮水会合流入雷夏泽。适合种植桑树的地方都可以养蚕了，于是人民便从小土山上搬下来，住在平地上。兖州的土地又黑又肥，这里的青草生长得茂盛，树木也长得修长。这里的土地属第六等，赋税是第九等，耕种十三年后，才和其他八州的赋税相同。这里的贡品主要是漆和丝，还有盛放在竹篮子里的带有各种花纹的丝织品。进贡时，可由济水、漯水乘船顺流入黄河。

渤海与泰山之间的区域是青州：嵎夷已经得到治理，潍水与淄水的河道都已经疏通了。这里的土壤呈白色，土地肥沃，沿海的广大地区都是盐碱地。这片土地在九州中属第三等，赋税是第四等。这里的贡品是盐、细葛布和各种各样的海产品。泰山一带出产丝、大麻、锡、松和奇特美好的怪石。莱夷一带可以放牧，除了畜产品外，还要把桑丝放入筐内作为贡品运来。运送贡品的船只可以由汶水直接入济水。

黄海与泰山及淮河之间的区域是徐州：淮水和沂水都已经治理好了，蒙山和羽山一带的土地，也可以种植庄稼了。大野泽蓄水以后，东原一带的土地得以平治。这里的土壤呈红色，又黏又肥，草木也长得越来越茂盛。这里的土地属第二等，赋税是第五等。贡品有五色土、羽山山谷的大山鸡、峄山南面的桐木、泗水之滨的制磬石料、淮夷之地的蚌珠和鱼类，还有用筐盛着的纤细的黑色丝绸和白绢。进贡时船只由淮水入泗水，而后再入菏泽。

淮河与黄海之间的区域是扬州：彭蠡泽已经贮蓄了大量的水，南方岛屿上的人们也可以在上面安居了。三江之水已经顺畅地流入大海，沼泽也得以治理。小竹和大竹普遍地生长起来，原野的青草生长得很茂盛，树木也都长得很高大。这里多潮湿的泥土，土地属第九等，赋税是第七等，也夹杂着第六等。其贡品是金、银、铜三种金属，还有美玉、美石、小竹、大竹、象牙、犀牛皮、鸟羽和旄牛尾、木材。沿海一带进贡草制的衣服，还要把贝锦放在筐内，把橘子和柚子打成包裹作为贡品进献给天子。进贡时船只沿着长江进入黄海，再转入淮河和泗水。

荆山和衡山南面之间的区域是荆州：长江和汉水像诸侯朝见天子一样向东奔流入海，洞庭湖水系形成了。沱水、潜水都已经疏通了，云梦泽一带也得到了治理。这里的土壤潮湿，土地属第八等，赋税是第三等。贡品有雉羽、旄牛尾、象牙、犀牛皮和金银铜三种金属，还有椿树、柘树、桧树、柏树，粗磨刀石、细磨刀石、制箭头的石头、丹砂以及美竹、楛树等。州内各国都贡上当地的名产；杨梅、青茅要包裹好，要把彩色的丝织品和串起的珍珠等物品放在竹筐内，一并贡来。洞庭湖还要进贡大龟。进贡时船只由长江顺流入其支流沱水、潜水、汉水，然后登岸由陆路到洛水，再由洛水进入黄河。

荆山与黄河之间的区域是豫州：伊水、洛水、瀍水、涧水都已经疏通而流入黄河了。荥波泽已经治理好了，可以储蓄大量的河水。又疏通菏泽，在孟猪泽筑建堤防。这里的土壤松软，土的底层肥沃，而且又黑又硬。这里的田地属第四等，赋税是第二等，也夹杂着第一等。贡品有漆、大麻、细葛布、苎麻，细绢和细绵要用筐子装起来，还要进贡制磬的石料。进贡时船只由洛水直入黄河。

华山南面至怒江之间的区域是梁州：岷山和嶓冢山都已经能够种庄稼了，沱江和潜水也都疏通了。峨眉山和蒙山的治理工程也已完工，大渡河一带的治理取得了成效。这里的土壤黑而疏松，土地属第七等，赋税属第八等，也夹杂着第七等和第九等。贡品有美玉、铁、银、镂、做箭头的石头、磬、熊、罴、狐、狸等。织皮和西倾山的贡品可以沿着恒水运来。运送贡品的船只经过潜水和沔水，然后舍舟登陆，陆行至沔水，再进入渭水，然后由渭水横渡进入黄河。

黑水到西河之间的区域是雍州：弱水在疏通之后，便向西流去；泾水在渭水的转弯处注入渭水；漆水和沮水在疏通之后，向北流入渭水；沣水也与渭水汇合。荆山和岐山的治理工程已经完工，终南山、惇物山一直到乌鼠山都得到了治理。原隰的治理取得成效，一直到猪野泽一带都取得了很大成绩。三危山这个地方已经能够居住了，三苗人民于是得到了很好的安置。这里的土壤黄而松软，土地属第一等，赋税是第六等。贡品有美玉、美石和宝珠等。进贡时船只由积石山附近进入黄河，顺流至龙门山、西河，然后在渭河弯曲处与其他船只会合。西戎的民众居住在昆仑、析支、渠搜等地，西戎各族的百姓就能安定和顺了。

疏通了岍山和岐山的道路，一直到达荆山，越过黄河。又开通了壶口山、雷首山的道路，一直到达太岳山。还开通了厎柱山、析城山的道路，一直到达王屋山。开通了太行山、恒山的道路，一直到达碣石山，从这里就可以进入渤海了。

【原文】

西倾、朱圉、鸟鼠至于太华[①]。熊耳、外方、桐柏至于陪尾[②]。

导嶓冢至于荆山[③]。内方至于大别[④]。岷山之阳至于衡山，过九江至于敷浅原[⑤]。

导弱水至于合黎，余波入于流沙[⑥]。

导黑水至于三危，入于南海。

导河、积石，至于龙门；南至于华阴[⑦]，东至于厎柱；又东至于孟津[⑧]；东过洛汭，至于大伾[⑨]；北过降水[⑩]，至于大陆；又北，播为九河，同为逆河[⑪]，入于海。

嶓冢导漾[⑫]，东流为汉；又东，为沧浪之水[⑬]；过三澨[⑭]，至于大别，南入于江。东，汇泽为彭蠡；东，为北江，入于海。

岷山导江，东别为沱[⑮]，又东至于澧[⑯]；过九江，至于东陵[⑰]，东迤北，会于汇[⑱]；东为中江[⑲]，入于海。

导沇水[⑳]，东流为济，入于河，溢为荥[㉑]，东出于陶丘北[㉒]，又东至于菏；又东北，会于汶；又北东，入于海。

导淮自桐柏，东会于泗、沂，东入于海。

导渭自鸟鼠同穴[㉓]，东会于沣，又东会于泾；又东过漆沮，入于河。

导洛自熊耳，东北，会于涧、瀍；又东，会于伊；又东北，入于河。

九州攸同，四隩既宅[㉔]，九山刊旅[㉕]，九川涤源[㉖]，九泽既陂，四海会同[㉗]。六府孔修[㉘]，庶土交正[㉙]，厎慎财赋[㉚]，咸则三壤成赋[㉛]。中邦锡土、姓，祗台德先，不距朕行[㉜]。

五百里甸服[㉝]。百里赋纳总，二百里纳铚，三百里纳秸服[㉞]，四百里粟，五百里米。

五百里侯服[㉟]。百里采，二百里男邦，三百里诸侯[㊱]。

五百里绥服[37]。三百里揆文教，二百里奋武卫[38]。

五百里要服[39]。三百里夷，二百里蔡[40]。

五百里荒服[41]。三百里蛮，二百里流[42]。

东渐于海[43]，西被于流沙，朔南暨声教讫于四海[44]。禹锡玄圭[45]，告厥成功。

【注解】

①朱圉：在今甘肃甘谷县。太华：即西岳华山。②熊耳：山名，在今河南卢氏县东。外方：即中岳嵩山。桐柏：山名，在今河南桐柏县。陪尾：山名，在今湖北安陆市。③嶓冢：山名，在今陕西宁强县西北。荆山：指湖北省南漳县的南条荆山。④内方：山名，在今湖北省钟祥市西南。大别：指湖北与安徽交界处的大别山。⑤敷浅原：指江西的庐山。⑥余波：指水的下游。流沙：指居延泽一带的沙漠。⑦华阴：华山的北面。⑧孟津：地名，今河南孟津县。⑨大伾：山名，在今河南浚县西南。⑩降水：指漳、洚合流的漳水。⑪"播为"两句：播：分布。九河：指兖州一带的黄河支流。逆河：黄河分出的支流在下游又合在一起。⑫漾：水名，指汉水的上游。⑬沧浪：即汉水。⑭三澨：水名，源出湖北省京山县，东流入汉水。⑮沱：水名，长江的支流。⑯澧：水名，在今湖南省北部，流入洞庭湖。⑰东陵：地名，在今湖北省黄梅县。⑱汇：指淮河。⑲中江：指岷江。⑳沇：水名，济水的上游。㉑溢：水动荡奔突而出。荥：荥泽，汉代已成平地。㉒陶丘：地名，在今山东定陶区。㉓鸟鼠同穴：指鸟鼠山。㉔隩：可以定居的地方。㉕刊：削。旅：治理。㉖涤源：疏通水源。㉗四海：指九夷、八狄、七戎、六蛮。㉘六府：水火金木土谷。孔：很。修：治理。㉙交：都。正：征收。㉚厎：定。㉛则：准则。三壤：上中下三等土壤。成：定。㉜"中邦"两句：中邦：中央之邦，指九州。锡：赐。祗：敬。台：我。距：违背。㉝甸服：古代天子在领地外围，每五百里划分为一种服役地带，按远近分为甸服、侯服、绥服、要服、荒服。甸服就是离国都五百里的区域。㉞"百里"三句：纳：交纳。总：把成熟庄稼完整交出。铚：一种短镰，这里指禾穗。秸服：带稃的谷粒。㉟侯服：离国都一千里的区域。㊱"百里采"三句：采：替天子服差役。男邦：担任国家的差事。男：任。诸侯：指侦察放哨。㊲绥服：离国都一千五百里的区域。㊳奋武卫：奋扬武威，保卫天子。㊴要服：离国都两千里的区域。㊵"三百里夷"两句：夷：和平相处。蔡：相约遵守法令。㊶荒服：离国都二千五百里的区域。荒：远。㊷"三百里蛮"两句：蛮：尊重他们的风俗，维持隶属关系。流：流动不定居，有时纳贡，有时不纳贡。㊸渐：入。㊹"西被"两句：被：及。讫：到。㊺玄圭：天青色的瑞玉。

【译文】

开通西倾山、朱圉山、鸟鼠山，一直到达太华山。接着又开通熊耳山、嵩山、桐柏山，直到陪尾山。

开通嶓冢山，一直到达南条荆山。接着开通内方山，一直到达大别山。再开通岷山之南的道路，到达衡山。接着再过洞庭湖，直到庐山。

疏导弱水，让其向西流到合黎山下，它的下游流入沙漠。

疏导黑水，让其流到三危山下，最后流入南海。

疏导黄河，从积石山开始，直到龙门山；再向南到达华山之北；再向东到达厎柱山；又向东到达孟津，继续向东经过洛水弯曲处，就到了大伾山；然后折而北流，经过降水，再向前流入大陆泽；继续向北，分布为九条河道，这九个支流再汇合后注入大海。

从嶓冢山开始疏导漾水，向东流则为汉水。再向东流，便成了沧浪之水，经过三澨水，到达大别山，再向南就流入了长江。又东流汇聚为大泽，叫作彭蠡泽；自彭蠡泽再东出称为北江，最后流入大海。

从岷山开始疏导长江，向东另外分出一条支流，称为沱水；再向东到达醴水，然后流过洞庭湖，到达东陵；再自东陵东去，逶迤北流，与淮水汇合，再东流称为中江，最后流入大海。

疏导沇水，向东流去称为济水，注入黄河，接着越过黄河向南溢出为荥泽；再自荥泽东流到陶丘北，再东流至于菏泽；又向东北流，与汶水汇合；然后向北转向东，流入大海。

疏导淮水从桐柏山开始，向东与泗水、沂水汇合，然后向东流入大海。

疏导渭水从鸟鼠山开始，向东与沣水汇合，再向东与泾水汇合，又向东流经漆水、沮水，然后流入黄河。

疏导洛水从熊耳山开始，向东北流，与涧水、瀍水汇合；又向东汇合伊水；再向东北，流入黄河。

这时九州的治理工程都已经完成了：四方的土地都可以安居了，九条山脉都治理得可以通行了，九条大河都已疏通水源了，九个湖泽都已修筑起堤防了，四海之内的进贡之道都已经畅通无阻了。六府之事都已经治理得很好了，普天之下的土地都可以征收赋税了，但必须谨慎规定财物赋税的数量和品种，这是根据土地的上中下三个等级而确定的贡赋制度。九州之内的土地都分封给了各国诸侯，并赐予他们姓氏，还告诫他们说要把敬修我的德业放在第一位，不要违背我的德教原则。

国都以外五百里的地域称为甸服。离国都一百里远的要缴纳连秆的庄稼，二百里远的要缴纳禾穗，三百里远的要缴纳带稃的谷粒，四百里远的要缴纳粗米，五百里远的要缴纳精米。

甸服以外五百里的地域称为侯服。离甸服一百里远的应该替天子服差役，二百里远的应该替国家服差役，三百里远的应当承担侦察放哨的工作。

侯服以外五百里的地域称为绥服。离侯服三百里远的要推行天子的文教，二百里远的要奋勇威武地保卫天子。

绥服以外五百里的地域称为要服。离绥服三百里远的要遵约和平相处，二百里远的要遵守天子的法令制度。

要服以外五百里的地域称为荒服。离要服三百里远的可以有自己的风俗，二百里远的是否进贡没有定制。

我们的大地东边至于大海，西边至于沙漠，无论北方还是南方，都已推行了政教法令，华夏的声威达于四海。于是帝舜赏赐给禹天青色的瑞玉，用以表彰禹所建立的巨大功业。

甘誓

【原文】

启与有扈战于甘之野[①]，作《干誓》。

大战于甘，乃召六卿[②]。王曰："嗟！六事之人[③]，予誓告汝：有扈氏威侮五行[④]，怠弃三正[⑤]，天用剿绝其命[⑥]，今予惟共行天之罚。

"左不攻于左[⑦]，汝不恭命；右不攻于右，汝不恭命；御非其马之正[⑧]，汝不恭命。用命，赏于祖[⑨]；弗用命，戮于社[⑩]，予则孥戮汝[⑪]。"

【主旨讲解】

《甘誓》是夏王启与有扈氏在甘地作战的誓师词。

【注解】

①有扈：诸侯国名，其旧城在今陕西省鄠邑区。②六卿：六军的主将。③六事之人：六军的全体将士。④威：当为"威"，通"蔑"，轻视。五行：指金木水火土五种物质。⑤怠：懈怠。三正：指正德、利用、厚生三大政事。⑥用：因此。剿：消灭。⑦左：车左。攻：善。⑧御：驾车的人。非：违背。正：事。⑨赏于祖：古代天子亲自出征，必以车载着祖庙的神主。行赏都在神主前进行，表示不敢专断。⑩戮：杀。社：社主。⑪孥：同"奴"，降为奴隶。

【译文】

启与有扈氏在甘的郊野开战，史官把启战前的誓词记录下来，写成《甘誓》。

启要在甘这个地方与有扈氏作战，于是把六军的将领召来。启说："啊，六军的将士们啊！我告诫你们：有扈氏轻慢五行，废弃天、地、人之正道，上天因此要断绝他的国运，现在我将奉行上天的这种惩罚。

启召集六军将领，进行甘地作战前的动员。

"所有在战车左侧的战士，如果不善于射箭，你们就是不奉行我的命令；在战车右侧的战士，如果不善于用戈矛刺杀敌人，你们也是不奉行我的命令；驾驭战车的战士，如果不胜任御车的任务，你们也是不奉行我的命令。努力奉行命令的，我就在祖庙里奖赏他；不努力奉行命令的，我就在社神的神位前惩罚他，或者把他降为奴隶，或者将其杀掉！"

商书

汤誓

【原文】

伊尹相汤伐桀，升自陑[①]，遂与桀战于鸣条之野[②]，作《汤誓》。

王曰："格尔众庶[③]，悉听朕言。非台小子，敢行称乱[④]！有夏多罪，天命殛之[⑤]。今尔有众，汝曰：'我后不恤我众[⑥]，舍我穑事，而割正夏[⑦]？'予惟闻汝众言[⑧]，夏氏有罪，予畏上帝，不敢不正。今汝其曰[⑨]：'夏罪其如台[⑩]？'夏王率遏众力，率割夏邑[⑪]。有众率怠弗协，曰：'时日曷丧[⑫]？予及汝皆亡！'夏德若兹，今朕必往。

"尔尚辅予一人，致天之罚，予其大赉汝[⑬]！尔无不信[⑭]，朕不食言[⑮]。尔不从誓言，予则孥戮汝[⑯]，罔有攸赦[⑰]。"

【主旨讲解】

商汤伐夏桀之前，汤的军民不愿再打仗，汤就在都城亳誓师。史官记录下誓词，写作了《汤誓》。

【注解】

①"伊尹"两句：相：辅佐。桀：名履癸，禹的第十四代孙，夏的最后一个君主。陑：地名，在今陕西潼关附近。②鸣条：地名，在黄河的北面，安邑之西。③格：来。④"非台"两句：台：我。小子：对自己的谦称。称：举，发动。⑤殛：诛杀。⑥后：国君。恤：关心体贴。⑦割：通"曷"，为什么。正：征伐。⑧惟：虽然。⑨其：恐怕，表揣测的副词。⑩如台：如何。⑪"夏王"两句：率：语气助词。遏：同"竭"，尽。割：剥削。⑫时：这个。日：喻夏桀。曷：什么时候。⑬赉：赏赐。⑭无：不要。⑮食言：说话不算数。食，吞没。⑯孥：同"奴"，降为奴隶。⑰攸：所。

汤王誓师告诫将士，讨伐夏桀。

【译文】

伊尹辅佐商汤讨伐夏桀，从陑地北上，于是与夏桀在鸣条的郊野开战。开战之前，商汤誓师告诫将士们。史官把这段誓词记录下来，写成了《汤誓》。

王说："来吧，你们各位，都来听我说。不是我敢于犯上作乱！实在是因为夏王犯了许多罪行，上天命令我去讨伐他。现在你们大家或许会问：'我们的国君不关心体贴我们大家，让我们把农事抛在一边，而去征讨夏王，这是为什么呢？'我虽然明白你们的意思，但是夏桀有罪，我敬畏上帝，不敢不去征讨啊。现在你们恐怕要问：'夏桀的罪行到底怎么样呢？'夏桀耗尽了民力，剥削夏的百姓。民众懈怠涣散，对他很不友好，都咒骂他说：'你这个太阳什么时候才能坠落啊？我们宁可和你一起灭亡！'夏桀的德行败坏到这种地步，现在我一定要去讨伐消灭他。

"你们要辅佐帮助我，执行上天对夏桀的惩罚，我将大大地赏赐你们！你们不要不相信我的话，我绝不会自食诺言。如果你们不听从我的告诫，我就把你们降为奴隶，或者杀掉，绝不赦免你们！"

咸有一德

【原文】

伊尹作《咸有一德》①。

伊尹既复政厥辟②，将告归③，乃陈戒于德④。

曰："呜呼！天难谌⑤，命靡常。常厥德，保厥位。厥德匪常，九有以亡⑥。夏王弗克庸德⑦，慢神虐民。皇天弗保，监于万方，启迪有命，眷求一德⑧，俾作神主。惟尹躬暨汤，咸有一德，克享天心⑨，受天明命，以有九有之师，爰革夏正⑩。

"非天私我有商⑪，惟天佑于一德；非商求于下民，惟民归于一德。德惟一，动罔不吉；德二三⑫，动罔不凶。惟吉凶不僭在人⑬，惟天降灾祥在德。

"今嗣王新服厥命⑭，惟新厥德⑮。终始惟一，时乃日新。任官惟贤材，左右惟其人⑯。臣为上为德，为下为民⑰。其难其慎⑱，惟和惟一。德无常师⑲，主善为师⑳。善无常主，协于克一。俾万姓咸曰：'大哉！王言。'又曰：'一哉！王心'。克绥先王之禄㉑，永底烝民之生㉒。

"呜呼！七世之庙，可以观德；万夫之长，可以观政。后非民罔使；民非后罔事㉓。无自广以狭人，匹夫匹妇，不获自尽㉔，民主罔与成厥功㉕。"

【主旨讲解】

太甲从桐宫回到亳以后，伊尹交还政权，打算回到自己的私邑退隐终老，但又担心太甲德不纯一，就再次训诫太甲。史官记录下这件事，用文中的“咸有一德”作为本篇的题目。

《咸有一德》的内容可分四部分：第一部分是序。第二部分说明伊尹作训的缘由。第三部分用历史事实说明道德纯一就吉，不纯一就凶。第四部分告诫太甲要勤于修德，善于用人，不可妄自尊大。

《咸有一德》是伪古文。

【注解】

①咸：都。一：纯一。②复：还给。③告：请求。归：回到自己的封地。④乃：于是。陈：陈述。于：以。⑤谌：相信。⑥九有：九州。⑦庸：常。⑧眷：视。⑨享：当，适应。天心：天意。⑩爰：于是。革：更改，革除。正：一年的第一天。古代改朝换代，必须重新规定正朔。⑪私：偏爱。⑫二三：反复不定，不专一。⑬僭：差错。⑭服：担当。⑮新：更新。⑯左右：指辅佐帝王的大臣。⑰“臣为上”两句：为上：帮助君王。为德：施行德政。为下：帮助下属。为民：治理民众。⑱难：难于任用。慎：慎于听察。⑲师：师法，范例。⑳主：正，准则。㉑绥：定。禄：福禄。㉒厎：达到。烝：美好。㉓事：尽力，效忠。㉔自尽：尽自己的努力。㉕民主：指天子。

【译文】

伊尹作《咸有一德》。

伊尹把政权交还给太甲以后，打算请求返回自己的私邑退隐，于是陈述修德的事，用以告诫太甲。

伊尹说：“唉！上天的旨意是难以理解的，因为天命无常。君王如果能经常地修善养德，就能够使自己的地位安定。如果不能经常修德，国家就会因此灭亡。夏桀不能经常修德，慢怠神明，虐待民众。上天对此感到不安，明察天下，开导有天命的人，眷念寻求纯一之德，使他成为百神之主。只有我和成汤，都具有纯一的德行，能够适应天意，承受天命，因此拥有九州的民众。于是，更改夏的正朔，灭夏而建立了商。

“不是上天偏爱我们商族，而是上天要扶助有纯一之德的人；并不是商族向民众求助，而是民众归附具有纯德的人。德行纯一，行动起来无不吉利；德行反复无常，行动起来无不凶险。吉凶不会出现偏差是因为上天观察了人的所作所为，上天降灾赐福也是根据人的德行而定的。

“现在大王你重新担当起天子的使命，要更新自己的品德。要始终如一，坚持不懈，这样你的德行就会日日更新。任用官员要选择有德有能的人，辅佐你的大臣更应该是这样的人。大臣应该辅助君王施行德政，辅助下属治理民众。这样的人很难选到，所以要慎重考虑，必须是能与你通力合作、同心同德的人。道德没有固定不变的法则，以善为标准就可作为范例。善也没有固定不变的标准，只要能够纯一就算符合。这样就会使得人人都说：‘多么伟大啊！君王的话。’又说：‘多么纯一啊！君王的心。’这样，就能够安享先王的福禄，长久地达到使民众的生活美好。

“啊！从七代祖先的宗庙，能够看到功德；从亿万民众的首领身上，能够看到政绩。君王没有民众就无人役使；民众没有君主就无处效忠。不要以为自己宏大而别人狭小，平民百姓如果不能尽力效忠，那么，君王就不会得到别人的辅佐而成就功业。”

盘庚上

【原文】

盘庚五迁[①]，将治亳殷[②]，民咨胥怨[③]。作《盘庚》三篇。

盘庚迁于殷。民不适有居[④]，率吁众戚出[⑤]，矢言[⑥]。曰：“我王来，既爰宅于兹[⑦]，重我民，无尽刘[⑧]。不能胥匡以生，卜稽[⑨]，曰其如台[⑩]？先王有服[⑪]，恪谨天命[⑫]。兹犹不常宁[⑬]？不常厥邑，于今五邦[⑭]！今不承于古[⑮]，罔知天之断命，矧曰其克从先王之烈[⑯]？若颠木之有由蘖[⑰]，天其永我命于兹新邑？绍复先王之大业，厎绥四方[⑱]。”

盘庚告谕群臣，为避免水患，决定把国都迁往殷。

盘庚敩于民[⑲]，由乃在位以常旧服[⑳]，正法度。曰：“无或敢伏小人之攸箴[㉑]！”王命众，悉至于廷。

王若曰[㉒]：“格汝众，予告汝训汝，猷黜乃心[㉓]，无傲从康[㉔]。古我先王，亦惟图任旧人共政[㉕]。王播告之修[㉖]，不匿厥指，王用丕钦[㉗]；罔有逸言[㉘]，民用丕变。今汝聒聒[㉙]，起信险肤[㉚]，予弗知乃所讼[㉛]。

“非予自荒兹德，惟汝含德，不惕予一人[㉜]。予若观火，予亦拙谋作[㉝]，乃逸。若网在纲，有条而不紊[㉞]；若农服田，力穑乃亦有秋[㉟]。汝克黜乃心，施实德于民，至于婚友[㊱]，丕乃敢大言汝有积德[㊲]！乃不畏戎毒于远迩[㊳]，惰农自安，不昏作劳[㊴]，不服田亩，越其罔有黍稷[㊵]。

“汝不和吉言于百姓[㊶]，惟汝自生毒，乃败祸奸宄[㊷]，以自灾于厥身。乃既先恶于民[㊸]，乃奉其恫[㊹]，汝悔身何及？相时憸民[㊺]，犹胥顾于箴言，其发有逸口[㊻]，矧予制乃短长之命[㊼]？汝曷弗告朕，而胥动以浮言，恐沈于众[㊽]？若火之燎于原，不可向迩，其犹可扑灭？则惟汝众自作弗靖[㊾]，非予有咎。

“迟任有言曰[㊿]：‘人惟求旧，器非求旧，惟新。’古我先王暨乃祖乃父胥及逸勤[51]，予敢动用非罚[52]？世选尔劳[53]，予不掩尔善。兹予大享于先王[54]，尔祖其从与享之㊺。作福作灾，予亦不敢动用非德㊻。

“予告汝于难，若射之有志㊼。汝无侮老成人㊽，无弱孤有幼。各长于厥居，勉出乃力，听予一人之作猷。无有远迩，用罪伐厥死㊾，用德彰厥善。邦之臧㊿，惟汝众；邦之不臧，惟予一人有佚罚[61]。

“凡尔众，其惟致告[62]：自今至于后日，各恭尔事，齐乃位[63]，度乃口[64]。罚及尔身，弗可悔。”

【主旨讲解】

《盘庚》三篇是商代奴隶制王朝第十九任国王盘庚在迁都时对臣民的三次讲话，并附大臣转述他的一次简短的讲话。在西汉时，大、小夏侯氏两家的《今文尚书》中全为一篇。

【注解】

① 五迁：第五次迁都。② 治亳殷：应为“始亳殷”。③ 咨：嗟叹。胥：相。④ 适：往。⑤ 率：因此。吁：呼。戚：亲近的大臣。⑥ 矢：陈述。⑦ 爰：易，改变。兹：这里，指奄。⑧ 刘：杀，这里是伤害的意思。⑨ 稽：查考。⑩ 曰：语助词。其：将。如台：如何。⑪ 服：事。⑫ 恪：恭敬。谨：谨慎。⑬ 犹：还。常：久。⑭ 邦：这里指都城。⑮ 古：指先王恪谨天命。⑯ 矧：况且。烈：功业。⑰ 颠：倒。由：倒下的树长出新的枝条。蘖：树木被砍伐后的残余部分长出新芽。⑱ 绥：安。⑲ 敩：教，开导。⑳ 由：正。乃：其。常：遵守。旧服：旧制。㉑ 或：有人。伏：凭借。箴：规劝。㉒ 若：这样。㉓ 猷：打算。黜：除去。㉔ 从：追求。康：安乐。㉕ 旧人：长期居官位的人。㉖ 播：布。修：施行。㉗ “不匿”两句：指：通“旨”，旨意。钦：敬重。㉘逸：过错。㉙聒聒：喧嚷，指拒绝好意而自以为是。㉚起：兴起。信：通“伸”，申说。肤：肤浅。㉛讼：争辩。㉜惕：通“施”，给予。㉝谋作：谋略和劳作。㉞ “若网”两句：纲：网的总绳。紊：乱。㉟穑：收获，泛指耕作。秋：收成。㊱婚：姻亲。㊲丕乃：于是。㊳乃：如果。戎：大。毒：害。㊴昏：勤勉，努力去做。㊵越其：于是就。㊶和：宣布。㊷败：危败。奸：在外作恶。宄：在内作恶。㊸先：倡导。㊹奉：承受。恫：痛苦。㊺相：看。憸民：小民。㊻逸口：错误言论。㊼制：掌握。㊽恐：恐吓。沈：煽动迷惑。㊾ 靖：善。㊿ 迟任：古代的贤明史官。[51] 胥：相互。逸：安乐。[52] 非罚：不恰当的惩罚。[53] 选：数说。劳：功劳。[54] 享：祭祀宗庙。祭祀天神叫祀，祭祀地祇叫祭，祭祀人鬼叫享。[55] 从：跟。古代天子祭祀祖先时，也让功臣的祖先同时享受祭祀。[56] 非德：不恰当的恩惠。[57] 志：射箭的标识，指箭靶。[58] 侮老：见人老而加以轻视。[59] 罪：刑罚。死：恶。[60] 臧：善。[61] 佚：过失。罚：罪过。[62] 惟：思考。致：传达。告：告诫。[63] 齐：正。[64] 度：通“杜”，闭。

【译文】

盘庚第五次迁都，将要开始到殷地居住，百姓（不高兴，）都在叹息、埋怨。后代史官据此写了《盘庚》三篇。

盘庚决定将都城迁到殷。民众不愿去那个地方，于是呼吁一些贵戚大臣出来，请他们向盘庚陈述意见。大臣们说：“我们的君王南庚迁到这里，改换居住之所而住在奄这个地方，这是重视我们臣民，不使我们受到伤害。然而现在我们不能互相救助，以求生存，用占卜来考察一下，将怎么样呢？先王凡是处理政事，都会恭敬谨慎地遵从天命。这样，还不能保持长久的安宁吗？不能长久住在一个地方，到现在已经是第五次迁都了！现在不继承先王敬顺天命的传统，就不知道上帝将断绝我们的国运，更何况说能继承先王的事业呢？迁都之举就好像倒伏的树又长出了新枝，残留的树桩又生出嫩芽一样，（经受不住挪动，）难道上天会使我们的国运在这个新都永久延续下去吗？我们要在这里继续复兴先王的大业，使天下安定太平。”

盘庚开导臣民，又教导在位的大臣谨守旧制，整饬法度。他说：“不许有人借着小民的规劝而反对迁都！”于是，盘庚命令众人都到朝廷上来接受训诫。

盘庚这样说：“来吧！诸位，我要告诉你们一些训词，用来开导你们。我打算除去你们的私心，使你们不再放纵傲慢。从前我们的先王，也只是谋求任用旧臣共同处理政事。先王施行教令，他们从不隐瞒教令的旨意，先王因此敬重他们。他们从未说过不当的言论，因此民情发生了很大变化。今天你们在这里吵吵嚷嚷，自以为是，站出来阐述危险浮夸的言和论，我不知道你们想争辩什么。

“并不是我自己放弃了先王重用旧臣的美德，而是你们把好意包藏起来，不肯献给我。我对现在的形势像看火一样那么清楚，只是我不善于谋划和行动，这是我的失误。就像把网结在纲上，才能有条理而不紊乱；就像农民在田间劳作，只有努力耕种才有大收获。你们若是能够摒除私心，把实际的好处施给百姓，以至于亲戚朋友，那样才敢扬言自己积下大德了。如果你们不担心远近出现大灾害，而像怠惰的农民一样安逸享乐，不致力于农事，不在田间劳作，那样就不会收获黍稷了。

“你们不向民众宣布好的言论，这是你们自己种下的祸根；你们做危害天下之事，最终将会自己害自己。假如你们已经引诱人们做了坏事，你们就要勇于承受它所带来的灾祸，你们自己后悔又有什么用呢？看看这些小民吧，他们尚且在意规劝的话语，担心从自己的口中说出错误言论，何况我掌握着你们寿命的长短呢？你们为何不把反对迁都的想法直接告诉我，却用这些浮夸言论互相鼓动，恐吓煽动民众呢？这就好比大火在原野上燃烧一样，不能迎面接近它，难道还能扑灭它吗？这都是你们自己做了不好的事情，而不是我犯了过错。

盘庚责备群臣贪图安逸，并申明对群臣赏罚。

“迟任说过：‘用人要用长期担任官职的旧人，用器物却不能用旧的，要用新的才好。’过去我的先王与你们的祖辈、父辈同甘共苦，我怎么敢对你们滥施刑罚呢？后世将会数说诸位的功劳，而我也不会掩盖你们的善举。现在我要祭祀先王，你们的祖先也将跟着享受祭祀。虽然我可以向你们赐福或是降灾，但是我不敢动用不恰当的赏赐或是惩罚。

“我在危难之中告诉你们，你们要像射箭的箭靶一样（不能偏离我的旨意）。你们不要轻视年老的人，也不要轻视年幼的人。你们各自领导着自己封地上的臣民，要勉励他们贡献自己的力量，依照我的计谋行事。不管是疏远的人还是亲近的人，我都要用刑罚惩治那些作恶的，用赏赐表彰那些行善的。国家治理好了，那是大家的功劳；国家治理得不好，那就是我的过错。

“你们众人，要认真考虑我的告诫之词：从今以后，各人都要恭敬谨慎地履行你们的职责，摆正你们的位置，闭上你们的嘴（不许乱说）。否则，惩罚到你们身上的时候，可千万不要后悔！”

盘庚中

【原文】

盘庚作①，惟涉河以民迁②。乃话民之弗率③，诞告用亶④。其有众咸造⑤，勿亵在王庭⑥。盘庚乃登进厥民⑦。

曰：“明听朕言，无荒失朕命⑧！呜呼！古我前后⑨，罔不惟民之承保。后胥戚鲜⑩，以不浮于天时⑪。殷降大虐⑫，先王不怀厥攸作⑬，视民利用迁⑭。汝曷弗念我古后之闻？承汝俾汝惟喜康共⑮，非汝有咎比于罚⑯。予若吁怀兹新邑，亦惟汝故，以丕从厥志。

“今予将试以汝迁，安定厥邦。汝不忧朕心之攸困⑰，乃咸大不宣乃心⑱，钦念以忱动予一人⑲。尔惟自鞠自苦⑳！若乘舟，汝弗济，臭厥载㉑。尔忱不属㉒，惟胥以沈㉓。不其或稽，自怒曷瘳㉔？汝不谋长以思乃灾，汝诞劝忧㉕。今其有今罔后㉖，汝何生在上？

“今予命汝一，无起秽以自臭㉗，恐人倚乃身，迂乃心㉘。予迓续乃命于天㉙，予岂汝威，用奉畜汝众㉚。

“予念我先神后之劳尔先㉛，予丕克羞尔㉜，用怀尔然。失于政，陈于兹㉝，高后丕乃崇降罪疾㉞，曰‘曷虐朕民？’汝万民乃不生生㉟，暨予一人猷同心，先后丕降与汝罪疾，曰：‘曷不暨朕幼孙有比㊱？’故有爽德㊲，自上其罚汝，汝罔能迪㊳。

“古我先后既劳乃祖乃父，汝共作我畜民㊴。汝有戕则在乃心㊵！我先后绥乃祖乃父㊶，乃祖乃父乃断弃汝，不救乃死。兹予有乱政同位㊷，具乃贝玉㊸。乃祖乃父丕乃告我高后曰：‘作丕刑于朕孙！’迪高后丕乃崇降弗祥㊹！

“呜呼！今予告汝：不易㊺！永敬大恤㊻，无胥绝远㊼！汝分猷念以相从㊽，各设中于乃心[49]。乃有不吉不迪[50]，颠越不恭[51]，暂遇奸宄[52]，我乃劓殄灭之[53]，无遗育[54]，无俾易种于兹新邑[55]。

“往哉生生！今予将试以汝迁，永建乃家。”

【主旨讲解】

本篇记录的是即将迁都时盘庚对庶民的告诫。说明迁都是继承先王遗愿，安定国家、为民着想。并且警告民众不要离心失德，明确发布了迁都前的禁令。

【注解】

盘庚在即将迁都前，用诚恳的态度尽力劝告不服从迁移的民众。

①作：立为君。②惟：谋，考虑。涉：渡。河：特指黄河。③话：会合。率：遵循。④诞：大。亶：诚。⑤造：到。⑥勿亵：联绵词，不安的样子。⑦登：升。进：向前。⑧荒：废。失：通“佚”，轻忽的意思。⑨前后：先王。⑩胥：清楚。鲜：明白。⑪浮：罚。⑫殷：盛，大。虐：灾，这里指洪水泛滥。⑬怀：安。⑭用：以。⑮承：顺。俾：从。康：安康。共：通“拱”，稳定。⑯咎：过错。比：入。⑰困：苦。⑱宣：和顺。⑲钦：很。⑳鞠：穷困。㉑臭：朽，败。载：事。㉒属：合作。㉓胥以：相与。㉔“不其”两句：其：助词。或：克，能够。瘳：病愈。㉕劝：乐，安于。㉖其：将。㉗起秽：扬起污秽，比喻传播谣言。㉘迂：邪。㉙迓：劝请。㉚奉：助。畜：养。㉛神后：神明的君主。劳：烦劳。㉜羞：进献。㉝陈：居处。㉞丕乃：于是就。崇：重。㉟乃：如果。生生：营生。㊱幼孙：盘庚自指。有比：亲近。㊲爽：差错。㊳迪：逃。㊴作：为。㊵有：又。戕：残害。则：通“贼”，害。㊶绥：告诉。㊷乱政：指乱政的大臣。同位：同事，共同管理朝政。㊸乃：其。贝玉：泛指财物。㊹迪：助词。㊺易：轻率。㊻敬：同“儆”，戒。恤：忧患。㊼胥：相。绝远：隔绝疏远。㊽分：当。㊾中：和衷共济的意思。㊿乃：如果。吉：善。迪：道，正路。[51]越：违背。[52]暂：通“渐”，欺诈。遇：通“隅”，奸邪。[53]劓：割断。殄：灭绝。[54]育：通“胄”，后代。[55]易：延续。种：后代。

【译文】

盘庚做了天子之后，打算率领臣民渡过黄河迁移。于是，召集那些不愿迁移的百姓，恭敬诚恳地告诫他们。那些百姓都来了，惴惴不安地站立在王庭上。盘庚于是登上高处，招呼他们到前面来。

盘庚说：“你们要听清楚我所说的话，不要忽视我的命令！啊！当初我们的先王，没有不想顺承民意、安定百姓的。做君主的和做臣子的都清楚这些事，所以没有受到天帝的惩罚。当天帝降下灾祸的时候，君主居住在自己的都邑中，感到惴惴不安，于是考察民众的利益而迁移。你们怎么不想想我们先王的所做的这些事情呢？（现在我这么做，是为了）顺从你们喜欢安乐和稳定的心愿，而不是为了你们惹下灾祸而惩罚你们。我这样呼吁你们迁徙到新都，也是为了使你们躲避灾祸，并且尽力遵从先王的意愿。

"现在我打算率领你们迁移，使天下太平安定。你们不顾虑我心中的困苦，你们的心气居然如此不和顺，很想用些错误的言论来动摇我。你们自食恶果，被逼得走投无路了，就像坐在船上，却不能渡河过去，这将会坏掉大事。你们故意不和我合作，那就只有一起沉下去了。你们不和我协同一致，却在那里自怨自怒，这又有什么用处呢？你们不做长久打算，不敢面对即将发生的灾祸，你们实在是太安于忧患了。这样发展下去，将会有今天而没有明天了，那么你们还怎么在这片土地上生存下去呢？

"现在我命令你们同心同德，不要用污秽来败坏自己，恐怕有人想使你们的身子偏邪，使你们的心地邪恶。我向上天请求延续你们的生命，我怎么会威胁你们呢？我只是想奉养你们众人啊！

"我知道我们圣明的先王以前烦劳过你们的祖先，所以才向你们进献我的意见，以此来表达我对诸位的关怀。倘若我耽误了政事，使诸位长久居住在这里，先王就会重重地降下罪责，训斥我道：'为什么虐待我的臣民？'你们四方之民如果不去谋生，不和我同心同德，先王也会对你们降下罪责，斥问你们道：'为什么不亲近我的子孙呢？'因此，犯下过错，上天就要惩罚你们，你们是无法避免灾祸的。

"当初我的先王已经烦劳过你们的祖先和父辈，你们作为我养育的臣民，内心却充满恶念。我的先王将会把你们的所作所为告诉你们的祖先和父辈，你们的祖先和父辈一定会坚决抛弃你们，不去挽救你们死亡的命运。如今有一些乱政的大臣和我一起处理朝政，他们只知道聚敛财物。你们的祖先和父辈就告诉我的先王：'对我们的子孙施以重刑吧！'于是先王就会重重地降下灾祸。

"啊！现在我要告诫你们：不要草率行事！要时刻警惕大的祸患，不要互相疏远！你们应当考虑顺从我，每个人的心里都要想着与我同舟共济。如果有人不做善事，不走正道，违法不恭，欺诈奸邪，任意妄为，我就要杀掉他，而且还断绝他的后嗣，不让他的后人在新都城繁衍生息。

"去吧，谋生去吧！现在我将率领你们迁徙到新都城，在那里建立你们永久的家园。"

盘庚下

【原文】

盘庚既迁，奠厥攸居[①]，乃正厥位，绥爰有众[②]。

曰："无戏怠，懋建大命[③]！今予其敷心腹肾肠[④]，历告尔百姓于朕志[⑤]。

罔罪尔众，尔无共怒，协比谗言予一人[⑥]。

“古我先王，将多于前功[⑦]，适于山[⑧]。用降我凶[⑨]，德嘉绩于朕邦[⑩]。今我民用荡析离居[⑪]，罔有定极[⑫]，尔谓朕曷震动万民以迁[⑬]？肆上帝将复我高祖之德[⑭]，乱越我家[⑮]。朕及笃敬[⑯]，恭承民命，用永地于新邑。肆予冲人[⑰]，非废厥谋，吊由灵各[⑱]；非敢违卜，用宏兹贲[⑲]。

“呜呼！邦伯师长百执事之人[⑳]，尚皆隐哉[㉑]！予其懋简相尔念敬我众[㉒]。朕不肩好货[㉓]，敢恭生生[㉔]，鞠人谋人之保居，叙钦[㉕]。今我既羞告尔于朕志若否[㉖]，罔有弗钦[㉗]。无总于货宝[㉘]，生生自庸[㉙]。式敷民德[㉚]，永肩一心[㉛]。”

【主旨讲解】

本篇是迁都之后盘庚告诫大臣的训辞，其内容可分两部分：第一部分是盘庚重申迁都的原因和目的；第二部分是盘庚向诸侯及大臣表白心迹。

【注解】

迁都之后，盘庚两次向诸侯重申迁都的意义。

①奠：定。攸：听。②绥：告诉。爰：于。众：群臣。③建：指重建家园。④敷：布。心腹肾肠：指肺腑之言。⑤历：数说。百姓：百官。志：意。⑥协比：协同一致。⑦多：光大。⑧适：往。⑨用：因此。降：减少。凶：灾祸。⑩德：升。⑪荡析：指洪水泛滥。⑫极：止。⑬震动：惊动。⑭肆：今。⑮乱：治。越：扬。⑯及：汲汲，急切的样子。笃：厚。⑰肆：所以。冲人：年幼的人，这里是盘庚自指。⑱吊：善。灵：神，指上帝。各：同“格”，指谋度。⑲宏：弘扬。贲：美。⑳邦伯：邦国之长，指诸侯。师长：众位官长。百执事：执行具体事务的众位官员。㉑尚：表祈请的副词。隐：考虑。㉒简：阅。简相：视察。相：视。念：顾念。㉓肩：任用。好：喜好。㉔恭：举用。㉕“鞠人”两句：鞠：养育。保：安。叙：次序。钦：敬。㉖若：顺同。㉗钦：顺从。㉘总：聚敛。㉙庸：功劳。㉚式：应当。㉛肩：能够。

【译文】

盘庚已经把都城迁到了殷地，安排好了所有臣民的邑里居处，这才巩固了他的帝位，然后召集群臣，在朝廷上向他们发布告诫之词。

盘庚说：“不要嬉戏，也不要懒惰，要努力把重建家园的使命完成好。现在我要向众位臣子说出肺腑之言。我不是要惩罚你们，你们不要对我发怒，也不要联合起来一起诽谤我。

“当初，我们的先王要发扬光大前人的功业，于是迁到高地。因此很少遇上洪灾，他们实在是为国家立下了大功。如今我们的人民因饱受洪灾之苦而流离失所，没有安定的居所，你们却来问我：为什么惊动民众来迁都呀？这是因为上帝要复兴我们祖先的美德，发扬光大我们国家的美好传统。所以我谨慎地效法先王，恭敬地拯救民命，所以迁徙到殷地，并永久地居住在这座都邑里。现在我不是想废弃众人的意见，而是要顺从上帝的旨意。我不是想违背龟卜的预兆，而是想发扬光大上帝的美德。

“啊！诸位诸侯、官长及各级官员，你们都要好好想想自己的职责，我将认真观察你们，考察你们照顾敬重民众的情况。我绝不会任用那些贪财之人，而只任用那些帮助民众谋生的人。对于那些能够养育人民并且能够使民众安居的人，我都会依次敬重他们。现在我已把我内心的好恶告诉你们了，不要不顺从我的好恶。你们不要聚敛财富，要孜孜不倦地帮助民众谋生而各建功勋。应当施恩惠于民众，永久地做到齐心协力，共建家园。”

微子

【原文】

殷既错天命①，微子作诰父师、少师②。

微子若曰③：“父师、少师，殷其弗或乱正四方④！我祖厎遂陈于上⑤，我用沈酗于酒⑥，用乱败厥德于下⑦。殷罔不小大好草窃奸宄⑧，卿士师师非度⑨。凡有罪辜，乃罔恒获⑩。小民方兴⑪，相为敌仇。今殷其沦丧，若涉大水，其无津涯⑫。殷遂丧，越至于今⑬！”

曰：“父师、少师，我其发出狂⑭？吾家耄逊于荒⑮？今尔无指告⑯，予颠脐⑰，若之何其⑱？”

父师若曰：“王子！天毒降灾荒殷邦⑲，方兴沈酗于酒，乃罔畏畏⑳，咈其耇长旧有位人㉑。今殷民乃攘窃神祇之牺牷牲用以容㉒，将食无灾㉓。降监殷民，用乂仇敛㉔，召敌仇不怠㉕。罪合于一，多瘠罔诏㉖。

“商今其有灾，我兴受其败㉗；商其沦丧，我罔为臣仆。诏王子出迪㉘。我旧云刻子、王子弗出㉙，我乃颠脐。自靖㉚！人自献于先王，我不顾行遁㉛。”

【主旨讲解】

《微子》是商朝败亡之前，纣王弟弟微子向王朝太师、少师请问个人如何应付的对话记录。

【注解】

①错：错乱，废弃。②父师、少师：都是官名。③若：这样。④其：恐怕，大概。或：

通“克”，能够。乱：治。⑤我祖：指成汤。遂：法。陈：陈列。⑥我：我们的君王，指纣王。用：由于。沈：通“沉”，沉湎。酗：发酒疯。⑦用：因此。乱：淫乱。厥德：指成汤的美德。下：指后世。⑧小：指小民。大：指群臣。草：同“抄”，掠夺。奸宄：犯法作乱。⑨师师：众官长。非：违背。度：法度。⑩乃：却。恒：常。⑪方：并。兴：兴起。⑫津：渡口。涯：水岸。⑬越：语首助词。今：这。⑭狂：同“往”。⑮家：住在家里。耄：年老。逊：逃避。⑯指告：指点告诉。⑰阶：坠落。⑱其：语气助词。⑲毒：深重。⑳乃：却。畏畏：害怕天威。㉑咈：违背。耇：年老。㉒攘：顺手拿取。窃：专程去偷盗。神：天神。祇：地神。牺：用于祭祀的毛色纯一的牲畜。牷：用于祭祀的纯色的整体牲畜。牲：猪、牛、羊三牲。用：祭器。容：隐藏。㉓将：拿。㉔乂：杀。仇：同“稠”，多。敛：收集赋税。㉕召：招致。怠：宽缓。㉖瘠：疾苦。诏：告。㉗兴：起。败：灾祸。㉘诏：劝告。迪：逃。㉙旧：久。刻子：指箕子，纣的叔父，因劝谏纣王而被囚禁。㉚靖：谋划，打算。㉛遁：逃亡。

【译文】

殷商背弃天命，微子作诰词，与父师、少师商量对策。

纣继承帝位后荒淫无度，微子规劝无用，向父师请教去留。

微子这样说道：“父师、少师，大概我们殷商是不能治理好天下了。我们的高祖成汤制定的法度在先，而现在纣王却因为纵酒酗酒，败坏了高祖的美德。殷商的大小臣民无不劫夺偷盗，作奸犯科，官员们都不遵行法度。凡是有罪的人，往往都得不到惩治。小民们起来反抗，与我们相互敌视。现在殷商恐怕将要灭亡了，这就好像渡河时找不到渡口一样。殷商背弃天命，竟然到了现在这种地步了！”

微子接着说：“父师、少师，我是出走逃亡呢，还是在家里终老而退避荒野呢？现在你们不指点告诉我，真要是到了殷商灭亡的时候，我该怎么办啊！”

父师这样说道：“王子啊！上天向我们殷商降下大祸，要荒废我们的国家，而国君和大臣们却沉溺于酒中，丝毫不畏惧上天的威严，违背德高望重的旧臣的教诲。现在殷商的臣民居然盗窃祭祀天地神灵的各种贡品、祭器，把它们藏匿起来，或是拿出来使用，或是拿出来吃，都没有受到惩罚。上天监护着殷商的百姓，而君王却大肆杀戮、横征暴敛，招致民怨也不肯放松。这些罪行都集中在国君一人身上，众多的受害者痛苦不堪却无处申诉。

“殷商如果现在发生灾祸，我们都要蒙受灾难；殷商如果灭亡了，我们不能去做别人的奴隶。我奉劝王子你还是逃出去吧。我早就说过，箕子、王子如果不出逃，我们国家就要彻底灭亡了。你还是自己做决断吧！人人都要对先王的事业做出贡献，我不再考虑了，我马上就要出走了。”

周书

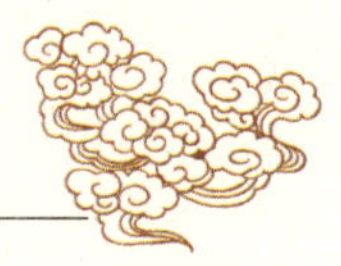

洪范

【原文】

武王胜殷，杀受，立武庚[①]，以箕子归。作《洪范》。

惟十有三祀[②]，王访于箕子。王乃言曰："呜呼！箕子，惟天阴骘下民[③]，相协厥居[④]，我不知其彝伦攸叙[⑤]。"

箕子乃言曰："我闻在昔，鲧堙洪水[⑥]，汩陈其五行[⑦]。帝乃震怒，不畀洪范九畴[⑧]，彝伦攸斁[⑨]。鲧则殛死[⑩]，禹乃嗣兴[⑪]，天乃锡禹洪范九畴[⑫]，彝伦攸叙。

"初一曰五行[⑬]，次二曰敬用五事[⑭]，次三曰农用八政[⑮]，次四曰协用五纪[⑯]，次五曰建用皇极[⑰]，次六曰乂用三德[⑱]，次七曰明用稽疑[⑲]，次八曰念用庶征[⑳]，次九曰向用五福[㉑]，威用六极[㉒]。

"一、五行：一曰水，二曰火，三曰木，四曰金，五曰土。水曰润下，火曰炎上，木曰曲直，金曰从革，土爰稼穑[㉓]。润下作咸[㉔]，炎上作苦，曲直作酸，从革作辛[㉕]，稼穑作甘。

"二、五事：一曰貌，二曰言，三曰视，四曰听，五曰思。貌曰恭，言曰从，视曰明，听曰聪，思曰睿[㉖]。恭作肃，从作乂，明作晰，聪作谋，睿作圣[㉗]。

"三、八政：一曰食，二曰货，三曰祀，四曰司空，五曰司徒，六曰司寇，七曰宾，八曰师[㉘]。

"四、五纪：一曰岁，二曰月，三曰日，四曰星辰，五曰历数[㉙]。

"五、皇极：皇建其有极。敛时五福[㉚]，用敷锡厥

箕子返回周地，武王向他请教治国的道理。

庶民[31]，惟时厥庶民于汝极[32]。锡汝保极[33]：凡厥庶民，无有淫朋[34]，人无有比德[35]，惟皇作极。凡厥庶民，有猷有为有守[36]，汝则念之。不协于极，不罹于咎[37]，皇则受之[38]。而康而色[39]，曰：'予攸好德[40]。'汝则锡之福。时人斯其惟皇之极[41]。无虐茕独而畏高明[42]。人之有能有为，使羞其行[43]，而邦其昌。凡厥正人，既富方谷[44]，汝弗能使有好于而家，时人斯其辜[45]。于其无好德，汝虽锡之福，其作汝用咎[46]。无偏无陂[47]，遵王之义[48]；无有作好，遵王之道；无有作恶，遵王之路。无偏无党[49]，正道荡荡[50]；无党无偏，王道平平[51]；无反无侧[52]，王道正直。会其有极，归其有极。曰[53]：皇，极之敷言[54]，是彝是训[55]，于帝其训[56]。凡厥庶民，极之敷言，是训是行，以近天子之光。曰：天子作民父母，以为天下王。

"六、三德：一曰正直，二曰刚克[57]，三曰柔克。平康正直[58]，强弗友刚克，燮友柔克[59]。沈潜刚克[60]，高明柔克。惟辟作福，惟辟作威，惟辟玉食[61]。臣无有作福作威玉食。臣之有作福作威玉食，其害于而家，凶于而国。人用侧颇僻，民用僭忒[62]。

"七、稽疑：择建立卜筮人[63]，乃命卜筮。曰雨，曰霁，曰蒙，曰驿，曰克，曰贞，曰悔，凡七[64]。卜五，占用二，衍忒[65]。立时人作卜筮。三人占，则从二人之言。汝则有大疑，谋及乃心[66]，谋及卿士，谋及庶人，谋及卜筮。汝则从，龟从，筮从，卿士从，庶民从，是之谓大同。身其康强，子孙其逢[67]，吉。汝则从，龟从，筮从，卿士逆，庶民逆，吉。卿士从，龟从，筮从，汝则逆，庶民逆，吉。庶民从，龟从，筮从，汝则逆，卿士逆，吉。汝则从，龟从，筮逆，卿士逆，庶民逆，作内吉[68]，作外凶。龟筮共违于人，用静吉，用作凶。

"八、庶征：曰雨，曰旸[69]，曰燠[70]，曰寒，曰风。曰时五者来备[71]，各以其叙[72]，庶草蕃庑[73]。一极备[74]，凶；一极无，凶。曰休征[75]：曰肃，时雨若[76]；曰乂，时旸若；曰晰，时燠若；曰谋，时寒若；曰圣，时风若。曰咎征：曰狂[77]，恒雨若；曰僭[78]，恒旸若；曰豫[79]，恒燠若；曰急，恒寒若；曰蒙[80]，恒风若。曰王省惟岁[81]，卿士惟月，师尹惟日。岁月日时无易[82]，百谷用成，乂用明，俊民用章[83]，家用平康。日月岁时既易，百谷用不成，乂用昏不明，俊民用微[84]，家用不宁。庶民惟星，星有好风[85]，星有好雨。日月之行，则有冬有夏。月之从星，则以风雨[86]。

"九、五福：一曰寿，二曰富，三曰康宁，四曰攸好德[87]，五曰考终命[88]。六极：一曰凶、短、折[89]，二曰疾，三曰忧，四曰贫，五曰恶，六曰弱[90]。"

【主旨讲解】

洪，大。范，法。洪范，即大法。相传大禹治水时，有神龟自洛水出，背负天书，

武王向箕子询问治国之道，箕子详细阐述了治国的九种方法。

献给大禹，此书为《洛书》，书中记有治国的基本方略。到殷商时，《洛书》传到商纣王的叔父箕子手中。周武王灭商以后，向箕子询问治国的方略，箕子依据《洛书》，详细阐述了洪范九畴，即治国的九种大法。史官记录了箕子的讲话，写成《洪范》。

《洪范》的内容可分三部分：第一部分是序。第二部分概述洪范九畴的由来及其纲目。第三部分详细说明洪范九畴的具体内容。

《洪范》是《尚书》中的重要篇章，一直受到历代统治者的重视。它对于我们今天研究上古的政治、思想和文化，也具有重要意义。

【注解】

①武庚：又名禄父，纣王的儿子，商朝灭亡后，被周武王封为殷君。②十有三祀：指周文王建国后的第十三年，武王灭商后的第二年。祀：年。③阴：同“荫”，覆盖。阴骘：保护。骘：安定。④相：使。⑤彝伦：常理。叙：次序，引申为规定。⑥鲧：人名，大禹的父亲。堙：堵塞。⑦汩：乱。陈：列。五行：指金木水火土五种常用物质。行：用。⑧畀：给予。畴：种类。⑨攸：因此。斁：败坏。⑩殛：杀。⑪嗣：继承。⑫锡：同“赐”，给予。⑬初一：第一。⑭次：第。五事：详见下文，指貌、言、视、听、思五件事。⑮农：努力。⑯五纪：五种记时方法。⑰建：建立。皇：君王。极：法则。⑱乂：治理民众。⑲稽：考察。⑳念：经常思考。庶：众。征：征兆。㉑向：同“飨”，劝勉。㉒威：警戒。㉓“水曰”五句：曰：句中语气助词。润：润湿。炎：烧烤。曲直：可曲可直。从：顺从。革：变革，改变。爰：句中语气助词。稼穑：播种和收获。㉔作：产生。㉕辛：辣。㉖“貌曰恭”五句：貌：容貌，仪态。从：正当合理。睿：通达。㉗“恭作肃”五句：作：就。肃：敬。晰：明智。谋：善于谋划。圣：圣明。㉘“八政”句：八政：八种政务。食：掌管民食。货：掌管财金。祀：掌管祭祀。司空：管理居民。司徒：掌管教化。司寇：掌管审问盗贼。宾：掌管朝觐。师：掌管军事。㉙“五纪”句：岁：年。星：指二十八宿。辰：指十二时辰。历数：日月运行经历周天的度数。㉚敛：采取。时：这。五福：指下文第九条的五福。㉛敷：普遍。锡：施予。㉜于：重视。㉝锡：贡献。保：保持。㉞淫朋：邪党。㉟人：这里指百官。比德：私相比附的行为。㊱猷：计谋。为：作为。守：操守。㊲罹：陷入。咎：罪恶。㊳受：容纳，宽容。㊴康：和悦。色：温和。㊵攸：遵行。㊶斯：乃。惟：思。㊷茕：孤单。高明：显贵的人。㊸羞：贡献。㊹方：常。谷：指俸禄。㊺辜：罪，这里指责怪。㊻作：使。用：施行。㊼陂：同“颇”，不正。㊽义：法度。㊾偏：营私。党：结党。㊿荡荡：宽广。51平平：平易。52反：反道。侧：倾侧。53曰：转换语势之词。54敷：陈述。55彝：宣扬。训：教导。56训：顺从。57克：克制。58平康：中正平和。59燮：和顺。60沈：同“沉”，阴险。潜：伏，阴谋。沈潜，指乱臣贼子。61“惟辟”三句：辟：君王。作：施行。福：赏赐。

威：惩罚。玉食：美食。㉜“人用”两句：人：百官。用：因此。侧：斜。颇僻：不正。僭：越轨。忒：作恶。㉝卜筮：古代两种占卜术，用龟甲或蓍草占凶吉。㉞“曰雨”八句：霁：雨后的云气在上。蒙：雾气蒙蒙。驿：光色润泽。克：阴阳之气相犯。贞：六十四卦中的内卦。悔：《易经》里六十四卦中的外卦。凡七：共七种征兆。㉟衍：推演。忒：变化。㊱谋：考虑。㊲逢：兴旺，昌盛。㊳作：行事。内：国内。㊴旸：晴天。㊵燠：暖和。㊶备：齐备。㊷叙：次序。㊸蕃：滋长增多。庑：同“芜”，茂盛。㊹一：五者之一。极备：过多。㊺休征：美好的征兆。㊻若：像。㊼狂：傲慢。㊽僭：差错。㊾豫：逸乐。㊿蒙：昏昧。(81)省：省察政务。(82)易：变化。(83)俊民：有才能的人。用：因此。章：显扬。(84)微：不明显。(85)好：喜欢。(86)以：用。(87)攸好德：喜好美德。攸，助词。(88)考：老。终命：善终。(89)凶、短、折：均指早死。没到换牙年龄而死叫凶。没到三十岁成年而死叫短。没到结婚年龄而死叫折。(90)弱：懦弱。

【译文】

周武王战胜殷商，杀死商纣王，封武庚为殷君，然后等到箕子返回周地，向他请教治国的道理。史官据此写成《洪范》。

周文王十三年，武王向箕子请教治国之道。武王说：“唉！箕子，上天默默地保护世间的民众，使他们和睦相处，而我却不知道上天有哪些恒常不变的用来保护百姓的道理。”

箕子回答说：“我听说当初鲧用堵塞河道的方法治理洪水，结果把五行的顺序都给打乱了，上天动了怒气，不给他治国安民的九种方法，治国的常理因此被破坏了。鲧因此被诛杀，大禹继承他的事业而兴起。上天赐给他治国安民的九种方法，治国的常理这才确定下来。

“（这九种方法，）第一种是五行，第二种是五事，第三种是八政，第四种是五纪，第五种是皇极，第六种是三德，第七种是稽疑（即决断疑难问题的方法），第八种是庶征（即各种征验），第九种是劝导用的五福（即五种幸福的事情）。在惩罚方面，还有六极（即六种不幸的事情）。

“所谓五行指的是：第一种是水，第二种是火，第三种是木，第四种是金，第五种是土。水的常性是向下润泽万物，火的常性是向上燃烧，木的常性是能曲能直，金的常性是可以销熔改变形状，土的常性是可以种植五谷。向下浸润万物的水，味道是咸的；向上燃烧的东西的火，味道是苦的；能曲能直的木，味道是酸的；形状可以改变的金，味道是辣的；能够种植五谷的土，味道是甜的。

“所谓五事指的是：一是仪态，二是言语，三是眼光，四是听觉，五是思想。仪态应当谦恭，言语应当正确并可以遵从，眼光一定要明亮，听觉一定要灵敏，思想一定要睿智。仪态恭敬，内心就能肃敬；言语准确，国家就能得到治理；眼睛观察仔细，就能明辨善恶；善于听取别人建议，就能有计谋；思想通达，就能睿智圣明。

“所谓八政指的是：一是掌管粮食，二是掌管财政，三是掌管祭祀，四是掌管土木建造，五是掌管教育，六是掌管社会治安，七是掌管接待外宾，八是掌管军事。

“所谓五种天象指的是：一是年岁，二是月份，三是日数，四是星辰，五是历数。

“所谓帝王统治的准则指的是：君王施行政教，应当树立法则，聚集五种幸福，普遍地赐予民众，那些民众都会听从你的法则，还会与你一起维持这一法则。这样，所有的民众，都不会结成邪恶的朋党，人与人之间不会曲从勾结，他们的言行都会合乎君王制定的法则。合乎君王的法则，但是不至于陷入罪恶的泥潭，君王也应当宽容地接受他。君王要和颜悦色，若是有人说‘我爱好美德’，君王就应当赐予他福泽。这样的人是能够遵守君王的法则的。不要欺侮鳏夫寡妇而畏惧身居高位者。倘若一个人有能力、有作为，那就让他贡献一分力量，那么国家就会昌盛。凡是正直的人，既然已经给他爵禄使他富贵，就要用善道对待他。倘若不能使他们对国家有所帮助，那这就是他们的罪过了。对于那些没有对国家有所帮助的人，即便你给他爵禄，他的行为也会使你受到牵连而有罪过。不要偏邪不正，应当遵守君王的法则。不要偏爱，应当遵循君王的大道。不要偏私，应该遵循君王所规定的正路。不偏不私，君王的道路就会平坦。不偏邪，不悖逆，君王的道路就是宽广的。君王聚合遵守法则之人，群臣归附君王，也有其法则。君王应当依照法则做事，通过臣下的传达来教育万民，这是顺应天意的。所有的百姓，都应该顺从法则，以增加君王的光辉。这是因为天子是百姓的父母，是天下人拥戴的圣王。

“所谓三德指的是：一是中正不邪曲，二是刚强而能立事，三是柔和而能治理。要想使天下平安，必须先端正人的曲直，对那些强硬不友善的人，要用强硬的态度战胜他们；对那些友善的人，要用柔和的态度对待他们。对乱臣贼子，务必保持强硬；对高明君子，务必保持柔和。只有国君才能赐人爵位赏人俸禄，只有国君才能主持刑罚，只有国君才能享用美食。做臣子的没有权力赐人爵位赏人俸禄，没有权力主持刑罚，也没有权力享用美食。臣子如果也能赐人爵位赏人俸禄，也能主持刑罚，也能享用美食，那就会给你的王室带来灾难，给你的国家带来祸患。人们就会因为这种行为不合王道，百姓也会因此犯上作乱。

“处理疑难的办法是选择善于卜筮的人，委派他们分别用龟甲或蓍草占卜。下令让他们进行卜筮，卜筮的征兆：有的像下雨，有的像雨后初晴，有的像云气连绵，有的像雾气蒙蒙，还有兆相交错，有的明正，有的隐晦。卦象共七种，前五种以龟甲占卜，后两种以蓍草占卜，对复杂多变的卦象进行推演研究。委派这些卜筮之人，如果三个人占卜就听取两个人的话。你如果遇到重大的疑难问题，就首先自己单独深思熟虑，然后与卿士合计，与百姓合计，最后用卜筮结果来作决定。如果你赞成，龟卜赞成，草占赞成，卿士赞成，百姓赞成，这就叫大同，那么你身体就健康

武王向箕子请教保护百姓的道理。

强壮，子孙也将大吉大利。如果你自己赞成，龟卜赞成，草占赞成，卿士不赞成，百姓不赞成，这就是吉。如果卿士赞成，龟卜赞成，草占赞成，你不赞成，百姓不赞成，这也是吉。如果百姓赞成，龟卜赞成，草占赞成，你不赞成，卿士不赞成，这还是吉。如果你赞成，龟卜赞成，草占不赞成，卿士不赞成，百姓不赞成，在境内办事就会吉，在境外办事就会遇上危险。如果龟卜、草占与人们的意见都不一致，静守就会吉利，行动就会遇有危险。

“各种征兆：或是雨，或是晴，或是暖，或是寒，或是风，这五种自然现象都应按时发生。如果五种自然现象都具备，而且能按一定规律出现，庄稼就会丰收。如果一种现象发生过多，就会歉收。如果一种现象缺乏，一样也会歉收。关于美好的征兆：天子谦恭，上天就会按时下雨；政治清明，阳光就会充足；天子英明，温暖就会按时来临；天子深谋远虑，寒冷就会应时而生；天子通达，风就会按时吹来。各种凶恶的征兆：天子狂妄，雨水就会过多；天子僭越差错，土地就会干旱；天子贪图享乐，天气就会很炎热；天子暴虐急躁，天气就会十分寒冷；天子昏庸，大风就会不停地刮；天子政策有误，坏天气就会影响一整年；卿士管理有误，坏天气就影响一个月；官吏办事有误，坏天气就会影响一整天。年、月、日都没有异常，各种庄稼就会丰收，政治就会清明，贤能的人也会得到举荐，国家就会平安稳定。相反，年、月、日出现了异常，庄稼就会歉收，政治就会昏暗，贤能的人受到压制，国家就会动乱。百姓像星辰，有的星辰喜欢风，有的星辰喜欢雨。日月依照规律运行，就产生了冬季和夏季。月亮如果顺从星辰，就会有时多风，有时多雨。

“五种幸福：一是长寿，二是富有，三是平安，四是美德，五是善终。六种灾祸：一是早死（八岁以前死亡，二十岁以前死亡，三十岁以前死亡），二是多病，三是多愁，四是贫穷，五是丑陋，六是懦弱。”

金縢

【原文】

武王有疾，周公作《金縢》。

既克商二年，王有疾，弗豫[①]。二公曰[②]：“我其为王穆卜[③]。”周公曰：“未可以戚我先王[④]？”公乃自以为功[⑤]，为三坛同墠[⑥]。为坛于南方，北面，周公立焉。植璧秉珪[⑦]，乃告太王、王季、文王。

史乃册[⑧]，祝曰：“惟尔元孙某，遘厉虐疾[⑨]。若尔三王是有丕子之责于天[⑩]，以旦代某之身！予仁若考能[⑪]，多材多艺，能事鬼神。乃元孙不若旦多材多艺，不能事鬼神。乃命于帝庭[⑫]，敷佑四方[⑬]，用能定尔子孙于下地[⑭]。四方之民罔不祗畏[⑮]。呜呼！无坠天之降宝命[⑯]，我先王亦永有依归。

今我即命于元龟[17]，尔之许我，我其以璧与珪归俟尔命[18]；尔不许我，我乃屏璧与珪[19]。”

乃卜三龟，一习吉[20]。启龠见书[21]，乃并是吉。公曰：“体[22]！王其罔害[23]。予小子新命于三王[24]，惟永终是图；兹攸俟，能念予一人。”公归，乃纳册于金縢之匮中。王翼日乃瘳[25]。

武王既丧，管叔及其群弟乃流言于国[26]，曰：“公将不利于孺子[27]。”周公乃告二公曰：“我之弗辟[28]，我无以告我先王。”周公居东二年，则罪人斯得[29]。于后，公乃为诗以贻王，名之曰《鸱鸮》[30]。王亦未敢诮公[31]。

秋，大熟，未获，天大雷电以风[32]，禾尽偃[33]，大木斯拔。邦人大恐。王与大夫尽弁以启金縢之书[34]，乃得周公所自以为功代武王之说[35]。二公及王乃问诸史与百执事[36]。对曰：“信[37]。噫！公命我勿敢言。”

王执书以泣曰：“其勿穆卜！昔公勤劳王家，惟予冲人弗及知[38]。今天动威以彰周公之德，惟朕小子其新逆[39]，我国家礼亦宜之。”王出郊，天乃雨，反风[40]，禾则尽起。二公命邦人，凡大木所偃，尽起而筑之[41]。岁则大熟。

【主旨讲解】

金縢，用金属装饰的匣子。武王灭商后两年，身患重病，而当时天下尚未安定，武王身系天下的安危。于是武王的弟弟周公姬旦向太王、王季和文王祭告，请求以自身代替武王去死。事后，祝告的册书被收藏在金属装饰的匣子里。武王死后，成王即位，但由于成王年幼，所以周公旦代理朝政。武王的弟弟管叔、蔡叔、霍叔散布流言，说周公将不利于成王，致使成王也怀疑周公旦。这时管叔等人勾结殷商遗民叛乱，周公东征，平定了叛乱，又写了《鸱鸮》诗，想感动成王，但成王仍未醒悟。后来因偶然的天灾，成王打开《金縢》，见到了册书，深受感动。史官记录这段史实，来表彰周公的忠诚，写作了《金縢》。

《金縢》的内容可分四部分：第一部分是序。第二部分记述周公祭告先王，请求替武王去死。第三部分记录武王死后，周王朝危险的政治形势，而周公拯危扶困却受怀疑。第四部分记述成王见《金縢》册书而悔悟。

《金縢》写于西周初年，对研究周初复杂的政治局面和社会生活，具有重要的价值。

【注解】

①豫：安。弗豫，指身体不适。②二公：指太公和召公。③穆：恭敬。④戚：同“祷”，告事求福。⑤功：质，抵押。⑥为：设。三坛：三座祭坛，太王、王季、文王各为一坛。墠：祭祀的场地。⑦植：同“置”，放置。璧：圆形的玉。秉：持。珪：上圆下方的玉。⑧史：史官。册：写册书。⑨“惟尔”两句：元孙：长孙。元，大。某：指武王姬发，史官避讳，不直书武王名。遘：遇到。厉：危。虐：恶。⑩丕子：同“布兹”，布席助祭。是：这时。⑪仁若：

柔顺。考：巧。⑫乃：初始。命：受命。⑬敷：普遍。佑：通“有”。⑭下地：人间。⑮祗：敬。⑯坠：丧失。宝命：指上文“命于帝庭，敷佑四方”的使命。⑰即命：就而听命。即，就，靠近。⑱俟：等待。⑲屏：收藏。⑳一：全都一样。习：重复。㉑启：开。籥：同“钥”，锁钥。㉒体：兆体，兆形。㉓害：危险。㉔命：告。㉕翼日：第二天。瘳：病愈。㉖管叔：文王第三子，武王的弟弟，周公的哥哥，名鲜，管是封地。群弟：指蔡叔、霍叔。流言：散布谣言。㉗孺子：指成王。㉘辟：摄政为君。㉙“周公”两句：居东：居住在东方，指东征。罪人：指三叔和武庚。得：捕获。㉚“公乃”两句：贻：给。《鸱鸮》：诗名，存于《诗经·豳风》中。㉛诮：责备。㉜以：与。㉝偃：倒伏。㉞弁：礼帽，这里是戴上礼帽的意思。㉟说：指周公祷告的祝词。㊱百执事：众位办事官员。㊲信：确实。㊳冲人：年幼的人。㊴新：当为“亲”，亲自。逆：迎接。㊵反风：风向相反。㊶筑：用土培根。

【译文】

周武王得了重病，周公为武王向神灵祈祷，史官据此写成《金縢》。

武王身患重病，武王的弟弟周公姬旦请求代替武王去死。

周国战胜殷商后的第二年，武王生了重病，身体状况很差。太公、召公说：“我们为王恭敬地卜问吉凶吧。”周公说：“不能向我们的先王祷告吗？”周公就把自身作为抵押，清扫出一块空地，在上面筑起三座祭坛。又在三坛的南边筑造一座台子，周公面向北方站在台上。坛上置有璧玉，周公手里拿着珪，就向太王、王季、文王祷告。

史官把祷告的祝词记录在册书上，祝词说道：“你们的长孙姬发，患上了极度危险的病。假若你们三位先王这时在天上有助祭的职责，就让我姬旦代替姬发的身子而生病吧！我生性柔顺巧能、多才多艺，能够很好地侍奉鬼神。你们的长孙姬发没有我那么多才多艺，不能侍奉鬼神。但是他受命于上天，坐拥天下，能让你们的子孙都能平平安安地生活于世上，天下的百姓没有不敬畏他的。不要夺去上天赐予他的宝贵生命，我们的先王也将永远地依托于他。现在我就要通过元龟听从你们的命令。如果你们答应我，我就把璧和圭拿给你们，来听候你们的命令；如果你们不答应我，我就把璧和圭藏起来。”

于是卜问三龟，都重复出现吉兆。打开锁钥查看卦书，竟然也显示吉兆。周公说：“根据兆形来看，大王没有危险了。我刚刚向三位先王祷告，只图国运长久；我现在所期待的，是先王能够顾念我谋国长远的诚心。”周公回去，让史官把册书放进金属束着的匣子中。第二天，武王的病就好了。

武王去世以后，管叔和他的几个弟弟就在国内散播谣言，说：“周公将对年幼的成王不利。”周公就告诉大公、召公说：“我不摄政，就无法告慰我们的先王啊。”周公留在东方两年，逮捕了发动叛乱的罪人。后来，周公写了一首诗送给成王，诗名为《鸱鸮》。成王（不赞成周公的所作所为，）却也没有因此而责备他。

秋天，各种谷物成熟，还没有收获，天空就出现了雷电和大风。庄稼都伏倒了，大树也被连根拔起。国人非常恐慌。成王和大夫们都穿上礼服、戴上礼帽，打开金属束着的匣子，打开里面的册书，于是得到了周公以自身为质请求代替武王生病的祝词。太公、召公和成王就询问史官和众位办事官员。他们回答说：“确实是这样的。唉！周公告诫我们不能说出来。”

成王拿着册书哭泣，说：“不必再恭敬地等待占卜了！过去，周公为王室操劳，我这年轻人来不及了解。现在，上天发威来表彰周公的功绩，我这年轻人要亲自去迎接他，我们国家的礼制也应该是这样的。”成王走到郊外，天下着雨，风向也反转了，倒伏的庄稼全都立了起来。太公、召公于是命令国人，凡被大树压倒的庄稼，要全部扶起来，用土培好根。这一年，周朝五谷丰登。

康诰

【原文】

成王既伐管叔、蔡叔，以殷余民封康叔[①]，作《康诰》《酒诰》《梓材》。

惟三月哉生魄[②]，周公初基作新大邑于东国洛[③]，四方民大和会[④]。侯甸男邦、采卫百工、播民和见[⑤]，士于周[⑥]。周公咸勤，乃洪大诰治[⑦]。

王若曰：“孟侯[⑧]，朕其弟[⑨]，小子封。惟乃丕显考文王，克明德慎罚[⑩]；不敢侮鳏寡，庸庸，祗祗，威威，显民[⑪]，用肇造我区夏[⑫]，越我一、二邦以修我西土[⑬]。惟时怙冒[⑭]，闻于上帝，帝休[⑮]，天乃大命文王。殪戎殷[⑯]，诞受厥命越厥邦厥民，惟时叙[⑰]，乃寡兄勖[⑱]。肆汝小子封在兹东土[⑲]。”

王曰：“呜呼！封，汝念哉！今民将在祗遹乃文考[⑳]，绍闻衣德言[㉑]。往敷求于殷先哲王用保乂民[㉒]，汝丕远惟商耇成人宅心知训[㉓]。别求闻由古先哲王用康保民[㉔]。弘于天，若德裕乃身[㉕]，不废在王命[㉖]！”

王曰：“呜呼！小子封，恫瘝乃身[㉗]，敬哉！天畏棐忱[㉘]；民情大可见，小人难保。往尽乃心，无康好逸豫[㉙]，乃其乂民。我闻曰：‘怨不在大，亦不在小；惠不惠[㉚]，懋不懋[㉛]。’已！汝惟小子，乃服惟弘王应保殷民[㉜]，亦惟助王宅天命，作新民[㉝]。”

王曰：“呜呼！封，敬明乃罚。人有小罪，非眚[㉞]，乃惟终自作不典[㉟]；式尔[㊱]，有厥罪小[㊲]，乃不可不杀。乃有大罪，非终，乃惟眚灾[㊳]；适尔，既道极厥辜[㊴]，时乃不可杀。”

王曰："呜呼！封，有叙时[40]，乃大明服[41]，惟民其敕懋和[42]。若有疾，惟民其毕弃咎[43]。若保赤子[44]，惟民其康乂。

"非汝封刑人杀人，无或刑人杀人。非汝封又曰劓刵人[45]，无或劓刵人。"

王曰："外事[46]，汝陈时臬司师[47]，兹殷罚有伦[48]。"又曰："要囚[49]，服念五、六日至于旬时，丕蔽要囚[50]。"

王曰："汝陈时臬事罚[51]。蔽殷彝，用其义刑义杀[52]，勿庸以次汝封[53]。乃汝尽逊曰时叙[54]，惟曰未有逊事[55]。已！汝惟小子，未其有若汝封之心[56]。朕心朕德，惟乃知。

"凡民自得罪[57]：寇攘奸宄，杀越人于货[58]，暋不畏死，罔弗憝[59]。"

王曰："封，元恶大憝，矧惟不孝不友[60]。子弗祗服厥父事[61]，大伤厥考心；于父不能字厥子，乃疾厥子[62]；于弟弗念天显[63]，乃弗克恭厥兄；兄亦不念鞠子哀[64]，大不友于弟。惟吊兹[65]，不于我政人得罪，天惟与我民彝大泯乱[66]。曰：乃其速由文王作罚[67]，刑兹无赦。

"不率大戛[68]，矧惟外庶子、训人惟厥正人越小臣、诸节[69]。乃别播敷造民[70]，大誉弗念弗庸，瘝厥君；时乃引恶[71]，惟朕憝。已！汝乃其速由兹义率杀[72]。

"亦惟君惟长[73]，不能厥家人越厥小臣、外正[74]；惟威惟虐，大放王命[75]；乃非德用乂。

"汝亦罔不克敬典，乃由裕民[76]，惟文王之敬忌；乃裕民曰：'我惟有及[77]。'则予一人以怿。"

王曰："封，爽惟民迪吉康[78]，我时其惟殷先哲王德[79]，用康乂民作求[80]。矧今民罔迪，不适[81]；不迪，则罔政在厥邦。"

王曰："封，予惟不可不监，告汝德之说于罚之行[82]。今惟民不静，未戾厥心，迪屡未同[83]，爽惟天其罚殛我[84]，我其不怨。惟厥罪无在大，亦无在多，矧曰其尚显闻于天[85]。"

王曰："呜呼！封，敬哉！无作怨，勿用非谋非彝蔽时忱。丕则敏德[86]，用康乃心[87]，顾乃德，远乃猷，裕乃以[88]；民宁，不汝瑕殄[89]。"

王曰："呜呼！肆[90]！汝小子封。惟命不于常[91]，汝念哉！无我殄享[92]，明乃服命，高乃听[93]，用康乂民。"

王若曰："往哉！封，勿替敬，典听朕告[94]，汝乃以殷民世享[95]。"

【主旨讲解】

康叔，名封，周武王的同母弟。周公东征，杀死了叛乱的武庚、管叔，放逐了蔡叔，把先前由武庚统治的殷民封给康叔，立康叔为卫君，居住在黄河与淇水之间的殷商旧地。周公担心康叔年轻，难以治理殷商遗民，于是周公对康叔发表了这篇诰词。史官记录下这篇诰词，写成《康诰》。

《康诰》的内容可分六部分：第一部分是序。第二部分周公总结历史经验，指明尚德慎刑是治殷的根本原则。第三部分告诫康叔要尚德保民。第四部分告诫康叔要慎用刑罚，具体阐述了施用刑罚的五项准则和四条刑律。第五部分告诫康叔要以仁德教化殷民。第六部分告诫康叔必须遵从教命，巩固周王朝的统治。《康诰》反映了周初的政治思想和司法制度，对于研究我国古代政治史和思想史，具有重要的参考价值。

【注解】

①殷余民：殷商遗民。②三月：指周公摄政第四年的三月。哉：始。魄：同“霸”，残月。哉生魄，指每月的初二、初三前后。③基：经营，建造。新大邑：指王城。洛：洛水。④和：会。会：聚集。⑤邦：指邦君。百工：百官。播民：移民，指殷民。和见：会见。⑥士：同“事”，服务。⑦洪：代替。治：治理殷民的法则。⑧孟侯：诸侯之长，指康叔。孟，长。⑨其：的。⑩明德：崇尚德教。慎罚：慎用刑罚。⑪“不敢”五句：庸庸：任用可用的人。祇祇：尊敬可敬的人。威威：威慑应该威慑的人。显民：显示给民众。⑫用：因此。肇：开始。造：造就。区：小。夏：周国自称。⑬越：与。修：治理。⑭时：这。怙：大。冒：通“勖”，勉励。⑮休：高兴。⑯殪：死，这里指灭亡。戎殷：大殷。⑰时：承。叙：基业。⑱寡兄：大兄，指周武王。⑲东土：卫国在东方的黄河与淇水之间，所以称东土。⑳在：观察。遹：遵循。㉑绍：尽力。闻：听取。衣：通“殷”。㉒乂：治理。㉓惟：考虑。耇成人：指德高望重的长者。耇，老。宅心：安定民心。知训：明智的教训。㉔别：另外。由：对于。康：安康。㉕若：顺从。裕：指导。㉖废：止。在：终，完成。㉗恫：痛。瘝：病。㉘畏：通“威”。忱：诚信。㉙豫：乐。㉚惠不惠：使不顺从的人顺从。惠，顺从。㉛懋：努力。㉜服：职责。弘：大，宽宏。应：受。㉝作：振作。新：革新。㉞眚：过失。㉟终：始终，经常。典：法。㊱式尔：因而，这样。㊲有：即使。㊳眚灾：因过失而造成的灾害。㊴“适尔”两句：适尔：偶然这样。道：说。极：尽。㊵叙：顺从。㊶服：诚服。㊷敕：告诫。和：顺。㊸咎：罪恶。㊹赤子：指小孩。㊺劓：割鼻的刑罚。刵：断耳的刑罚。㊻外事：断案的事。㊼陈：陈列，公布。臬：法律。司：治理。师：狱官。㊽有伦：有条理。㊾要：通“幽”，幽禁。囚：犯人。㊿“服念”两句：服念：思考。丕：乃。蔽：判断。(51)事罚：施行刑罚。(52)“蔽殷彝”两句：蔽殷彝：用殷法判断案件。彝，法。义：合理。(53)勿庸：不用。次：通“恣”，顺从。(54)乃：如果。逊：顺从。时叙：承顺。(55)惟：宜，应当。(56)其：语气助词。有：或。若：顺从。(57)自得罪：由此而犯罪。自，由。(58)越：抢劫。(59)憝：怨恨。(60)矧：也。孝：善事父母。友：善事兄弟。(61)服：治理。(62)“于父”两句：于：为。字：爱。疾：厌恶。(63)天显：天伦。(64)鞠子：幼子，指小弟弟。哀：痛苦。(65)吊：到。兹：这，指上述情况。(66)“不于”两句：政人：执法的人。罪：惩罚。泯：混乱。(67)由：用。(68)率：遵循。戛：法。(69)庶子、训人、小臣、诸节：均为官职名称。(70)播敷：播布，传播。造：应为“告”。(71)引：增长。(72)率：捕捉。(73)君、长：指诸侯。(74)小臣：内侍官员。外正：外官。(75)放：违背，放弃。(76)由裕：教导。(77)及：继承。(78)爽惟：语气助词。迪：教导。吉：善。(79)时：时时。其：将要。惟：思念。(80)求：通“逑”，匹配。(81)适：善。(82)于：与。行：道。(83)屡：屡次。同：和协。(84)殛：诛责。(85)曰：通“聿”，语气助词。(86)丕则：于是。敏：勤勉，努力。(87)乃：其，指殷民。(88)“远乃猷”两句：猷：通“徭”，徭役。

以：用，指日常用品。⑧⑨瑕：病，挑毛病，责备。殄：绝。⑨⓪肆：努力。⑨①命：天命。⑨②享：对祖先的祭祀。⑨③“明乃”两句：明：明白。服命：职责和使命。高：敬。⑨④典：常。⑨⑤以：与。世享：世世代代享有殷国。

【译文】

周成王平定管叔、蔡叔之乱以后，把殷商的遗民封给康叔，周公奉成王之命告诫康叔。史官把周公的诰词记录下来，写成《康诰》《酒诰》《梓材》三篇。

三月初，周公开始在东方的洛水岸边修筑一座大城邑，四方的臣民都聚集到这里来。侯服、甸服、男服的邦君，采服、卫服的百官，以及殷商的遗民都来会见，为周王室效命。周公普遍慰劳他们，于是代成王告谕治理殷民的方法。

王（周公）这样说：“康叔，我的弟弟，年轻的封啊！你的圣明伟大的先父文王，能够崇尚德教，慎用刑罚；从不欺侮孤苦无依的人，他重用应当任用的人，尊重值得尊敬的人，威慑应该威慑的人，并把这些都显示给民众，因此开创了我们周国的基业，与周边的几个邦国共同治理西方。文王这种十分勤勉的德行，被上帝知道了，上帝很高兴，就给文王降下大命。灭掉殷国，接受上天的大命，治理殷商的遗民，继承文王的事业，则是长兄武王努力所致。所以你这年轻人才被分封在东方的卫国啊！”

王（周公）说：“是啊，封！你要好好考虑！现在臣民都在注视着你，看你是否恭敬地继承你父亲文王的传统，依照他的遗训来治理国家。你到殷后，要努力了解殷商遗民的心态，懂得怎样使他们顺服。另外，你还要访求古时圣明帝王的治国之道，以安定民心。要比天还宽宏，使臣民体验到你的恩德，不停地完成王命！”

王（周公）说：“啊，年轻的封！治理国家要经受痛苦的磨难，可要小心谨慎啊！威严的上天辅助心诚的人，这可以通过民心表现出来，小人却难以治理。你去那里要尽心尽力，不要贪图安逸享乐，这样才能治理好国家和百姓。我听说：‘民怨不在于大，也不在于小；要使不顺从的人顺从，使不努力的人努力。’啊！你这年轻人，你的职责重大，我们君王受上天之命来保护殷民，你要协助君王完成上天降下来的大命，努力改造殷民，使他们振作起来。”

王（周公）说：“啊！封，对刑罚要谨慎严明。如果一个人犯了小罪，而不是过失，还经常做违法的事；这样，虽然他的罪过很小，却不能不杀。如果一个人犯了大罪，但不是一贯如此，而只是由过失造成的灾祸；这是偶然犯罪，可以按法律给予适当处罚，不应把他杀掉。”

王（周公）说：“啊，封，如果你能按照上面的去做，就会使臣民顺服，臣民就会互相劝勉，和顺相处。要像医治病人一样，尽力让臣民抛弃自己的过错。要像护理孩子一样保护臣民，使他们健康安宁。

“除了你封可以惩罚并杀人之外，任何人都无权惩罚人、杀人。除了你封可以下令割罪人的鼻子和耳朵外，任何人都不能施行割鼻断耳的刑罚。”

王（周公）说：“审讯断案，你宣布这些法律来管理狱官，这样在殷地施行刑罚才会有条理。”王又说：“囚禁犯人，必须考虑五六天，甚至十多天，这样才可以判决他们。”

王（周公）说：“你宣布了这些法律后，要依据它们来惩治罪犯。根据殷商的刑罚来判罪时，该用刑的就用刑，该杀的就杀掉，不要照你的意思来行事。如果完全按照你的意思行事才叫顺从，那么就没有顺从的事。唉！你还是个年轻人，不可顺从你的意思。我的心愿和德行，只有你才能了解。

“百姓大凡都是因为这些行为而犯罪：盗窃、抢掠、内外作乱、杀人越货、强横不怕死，这些罪行没有不痛恨的。”

王（周公）说：“封，罪大恶极的人，也有些是不孝顺、不友爱的。儿子不恭身侍奉父亲，大伤父亲的心；父亲不怜爱儿子，反而厌恶儿子；弟弟不顾天伦，不尊敬他的兄长；兄长不顾念弟弟的痛苦，对弟弟很不友爱。父子兄弟之间的关系到了这种地步，如果执政者不去惩罚他们，那么上帝赐予民众的常法就会出现大混乱。所以说，你要尽快运用文王制定的惩罚措施，惩罚这些人，不要宽恕他们。

“不遵循国家大法的人，也有些是诸侯国的庶子、训人、正人、小臣、诸节等官员。他们另外发布政令，告谕百姓，大肆称誉那些违反国家法令的人，危害国君；这就助长了恶人的嚣张气焰，我非常痛恨那些人。唉！你要尽快根据这些罪行捕杀他们啊。

“还有一些诸侯，他们不能管束并教育好自己的家人和内外官员，致使他们作威作福，完全违背王命；对于这些人，不能用德教来治理，只能用惩罚的方式来治理。

“你也不能不遵守法令，教导臣民的时候，要考虑文王的敬德忌恶；你要教导臣民说：‘我只为了继承文王的传统。’那么，我会感到很高兴。”

王说：“封，教化民众才能使他们善良安定，我们要时时思念殷商贤王的德政，好好治理殷商遗民，以媲美商代贤明的君王。何况现在的殷民，如果不好好引导，他们就不知向善；不加以教导，殷国就没有德政了。”

王说：“封，我们不能不了解民情，我已经把施行德政和刑罚的意见告诉你了。现在殷民的情绪不安定，他们的心还没有安定下来，屡次教导他们，仍没有合顺，这是上天要惩罚我们，我们不应该心怀怨愤。殷民的罪过，无论大小和多少，我们都应勇于承担，何况上天已察觉到殷民不安宁的状况了呢！”

王说：“啊！封，要谨慎啊！不要制造怨恨，不要采用不周全的计谋，不要执行不恰当的措施，否则就会闭塞你的诚信之心。要努力施行德政，以稳定殷民之心；顾念他们的善德，减轻他们的徭役，为他们提供日用所需；这样，人民安定了，上天就不会责罚你了。”

王说：“啊！努力吧！年轻的姬封。天命无常，你要记住啊！不要断绝对我们祖先的祭祀，要明白你的职责和使命，敬慎地对待你所听到的一切，用来治理安定这里的百姓。”

王这样说：“去吧！姬封，不要抛弃美善的德行，要经常听取我的教导，这样，你和殷民就能世世代代享用殷国的土地了。”

梓材

【原文】

王曰："封，以厥庶民暨厥臣达大家[1]，以厥臣达王惟邦君[2]，汝若恒[3]。

"越曰我有师师、司徒、司马、司空、尹旅[4]，曰：'予罔厉杀人[5]。'亦厥君先敬劳，肆徂厥敬劳[6]。

"肆往[7]，奸宄、杀人、历人，宥[8]；肆亦见厥君事、戕败人[9]，宥。

"王启监，厥乱为民[10]。曰：'无胥戕[11]，无胥虐，至于敬寡，至于属妇[12]，合由以容[13]。'王其效邦君越御事，厥命曷以[14]？'引养引恬[15]'。自古王若兹，监罔攸辟[16]！

"惟曰：若稽田[17]，既勤敷菑[18]，惟其陈修[19]，为厥疆畎[20]。若作室家，既勤垣墉[21]，惟其涂塈茨[22]。若作梓材，既勤朴斫[23]，惟其涂丹雘。

"今王惟曰[24]：先王既勤用明德[25]，怀为夹，庶邦享作[26]，兄弟方来[27]。亦既用明德，后式典集[28]，庶邦丕享[29]。

"皇天既付中国民越厥疆土于先王，肆王惟德用[30]，和怿先后迷民[31]，用怿先王受命[32]。已！若兹监，惟曰欲至于万年[33]，惟王子子孙孙永保民[34]。"

【主旨讲解】

周公认为，教化百姓好比彩饰用贵重木材制作的家具。

梓材，本义是指上等的木材，这里用来比喻治国要加倍努力的道理。康叔被封为卫国国君后，周公告诫康叔如何治理殷民。因诰词中周公用了"若作梓材"这个比喻，所以史官在记录这篇诰词时以《梓材》为题。

《梓材》与《康诰》《酒诰》同为一序，《梓材》的内容可分两部分：第一部分阐述了治理殷商故地的具体政策，即顺从常典、慰劳邦君、宽恕罪人、安抚百姓。第二部分申述制定上述政策的理由，勉励康叔施行明德、和睦殷民，努力完成先王未竟的大业。

本篇中周公的宽民政策，对安定殷民起了重要作用，是研究周初统治策略的重要文献。

【注解】

①以：由。暨：和。达：至。大家：指卿大夫。家，大夫的封地。②王：指诸侯。惟：与。邦君：国君。③若：顺从。恒：常，指常典。④越：句首语气词。师师：众位官长。尹：正，指大夫。旅：众士。⑤厉：杀戮无罪的人。⑥肆：努力。徂：去。劳：慰劳。⑦肆往：往日。⑧历：俘虏。宥：宽恕。⑨见：泄露。戕：残害。⑩“王启监”两句：启：建立，设立。监：指诸侯，由于公、侯、伯、子、男各监一国，所以称诸侯为监。乱：通“率”，大都。为：教化。⑪胥：相互。⑫“至于”两句：敬：通“鳏”，老而无妻的人。寡：丧夫的妇人。属妇：指孕妇。⑬合：同。由：教导。以：和。容：宽容。⑭曷：何。以：用。⑮引：长。恬：安。⑯攸：所。辟：通“僻”，偏。⑰稽：治。⑱敷：布，播种。菑：新开垦的土地。⑲陈修：治理。陈，治。⑳疆：地界。畎：田间水沟。㉑垣：矮墙。墉：高墙。㉒涂：完成。塈：涂上泥巴。茨：用茅草盖顶。㉓朴：剥去树皮。斫：砍削。㉔王：指王家。惟：思考。㉕用：施行。㉖“怀为”两句：怀：来。夹：通“郏”，洛邑。享：进献。作：劳作。㉗方：国。㉘后：指诸侯。式：因此。典：常。集：会合，指朝会。㉙丕：乃，于是。㉚肆：今。㉛和怿：和悦。先后：指导。迷民：指殷商遗民中的顽固分子。㉜怿：通“斁”，完成。㉝惟：思考。欲：将。㉞惟：使。

【译文】

王说：“封啊，从殷的老百姓和它的大臣到卿大夫，从它的官员到诸侯和国君，你都要让他们遵守常典。

“你要告诉我们的众位官长、司徒、司马、司空、大夫和众士说：‘我不会滥杀无辜。’要先恭谨地慰劳邦君，然后再努力让他们去恭谨地慰劳臣民。

“过去内外作乱、杀人、虏人的罪犯，现在都要赦免；过去泄露国家大事、残害他人身体的罪犯，也要宽恕。

“王者设立诸侯，大都是为了教化百姓。他说：‘不要相互残害，不要相互虐待，对于鳏夫寡妇和孕妇，要同样教导和宽慰他们。’君王教导诸侯国君和诸侯国的官员，他的诰命是什么呢？那就是‘不断地教化万民，不断地安抚万民’。自古以来，做君主的都是如此，你去监督时不要有所偏差。

“我想，这就好比种田，既然已经勤劳地开垦、播种，就要想到整治土地，修筑田界，开挖水沟。又好比建造房屋，既然已经辛苦地筑起了墙壁，就要继续涂泥和盖顶。又好比用贵重木材制作器具，既然已经辛苦地剥去树皮并做成了家具，就要完成彩饰工作。

“现在我们王家考虑：先王已经努力施行明德，营造了洛邑，建立了国家，四方的异邦都来进贡，兄弟之国也都来归附。如今我们也要像先王那样施行明德，那么诸侯也会依据常例来朝见，众多的邦国也会前来进贡。

“上天既已把天下的臣民和疆土赐予先王，当今的国君就只能施行德政，来和悦、教导殷商那些迷惑的人民，用以完成先王所承受的天命。啊！像这样来监督治理殷民，我想你的国运将延续万年而不衰，使王家的子子孙孙长久地拥有殷民。”

易经

易经

《易》有三种：《周官·春官·太卜》云："《太卜》掌三《易》之法。一曰《连山》，二曰《归藏》，三曰《周易》。"

《连山》，夏之《易》，以艮卦为首。

《归藏》，商之《易》，以坤卦为首。

《周易》，周之《易》，以乾卦为首。

《易经》

时代 商至春秋时期

《周易》是一本产生于周朝的变化之书。本来《易经》的内容成书更早，但文王为其定下更为具体的规范，后孔子为其做解释，我们只把成书定为这个时期。值得庆幸的是，由于李斯将《周易》列在医术占卜书一类，让《周易》躲过了焚书的劫难，完整地保留下来。

内容 变化之书

从表面上看，《易经》好像是专论阴阳八卦的著作，但实际上它论述的核心问题，是在讲一个对立与统一的宇宙观，以及如何利用它来得到未来的信息。《易经》上论天文，下讲地理，中谈人事，包罗万象，无所不有。

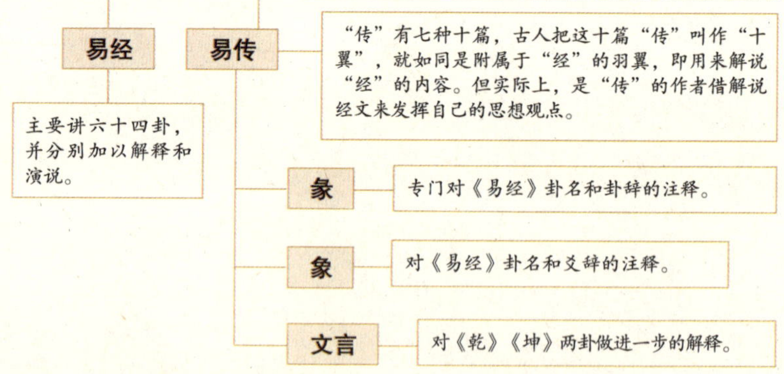

《易经》有三义

郑玄《易赞》云："《易》之为名也，一名而含三义：易简一也，变易二也，不易三也。"

"易"的"三义"：就是，（一）简易；（二）不易；（三）变易。这"三义"可以说包含了中国文化的全部智慧，也是人类文明中的大智慧。

我们先说"简易"。我们研究宇宙万物的真理，就是要在纷繁错杂的万事万象中发现其中的基本规律。对于任何一件事物的研究都是要从复杂的现象中找出其最基本的规律，这就是智慧。《易经》用阴阳和六十四卦来象征宇宙的万事万物，以简驭繁，这种"简易"，是大智慧。

再说"不易"。"不易"，就是永恒不变的道理。可以说，从人类有思想以来，就一直在寻求永恒不变的道理，《易经》就讲了很多永恒不变的道理，如天地乾坤的结构、宇宙的变化。

最后说"变易"。宇宙万物，永远变动不居，世界一切都在变化之中，这也是《易经》告诉我们的一个大道理。

《易经》是解读中国文化的万能钥匙

《易经》的哲学思想渗透到中华文化的方方面面，它是一个大筐，把什么往里装都能装得下。它可以解释和运用于中医、军事、政治、艺术、男女爱情……

中医的理论基础就是《易经》。中医追求的医疗效果是人体的阴阳平衡，达到中和的境界。中医的方法是阴阳五行、辨症施治，可以说深究医理就要深究易理。

中国的军事、政治、经济无一不同于易理。中国的儒、释、道也都与《易经》密切相关。《易经》是儒家的第一经典，自不必说，道教从一开始便胎息于《易经》的体系之中，佛教虽然来自印度，但在传入中国之后，历经魏、晋、隋、唐，也与《易经》的思想相融。总之，《易经》的智慧为中华传统文化的儒、道、墨、法、兵等诸子百家和武术、书画、医学、建筑等艺、术、百工提供了足够的思想支持。

《易经》的内容

《易经》以神秘莫测、复杂深奥著称，读者往往觉得繁杂万端。其实，《易经》的内容只不过是“经”和“传”两部分。

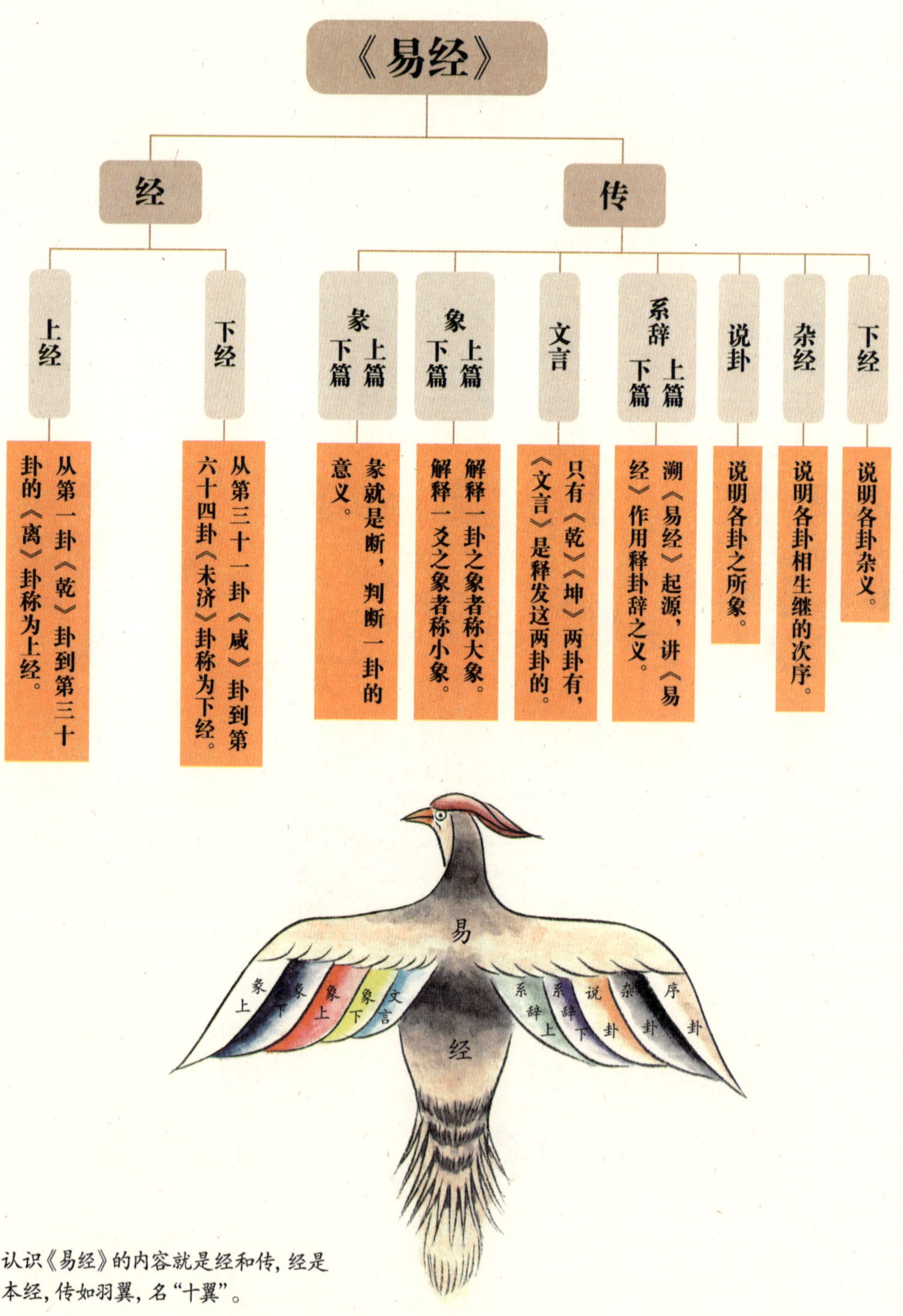

认识《易经》的内容就是经和传，经是本经，传如羽翼，名“十翼”。

《易经》“经”的部分包含六十四卦的卦形符号和卦爻辞，“传”的部分包含阐释《易经》经文的十篇专著，又称《十翼》。经是本体，传是解经的十翼，就是经的十个羽翼。

《彖传》 依上下经分为上下两篇，共有64节，分别阐释六十四卦的卦名、卦辞及一卦的主旨。“彖”，就是“断”的意思，谓“断定一卦之义”。《彖传》在阐释卦名、卦辞、卦义的体例时，一般取上下卦象、主要爻象为说，以简要明了的文字论断该卦的主旨。

《象传》 是以卦的“象”——模样，也就是形态符号为根据解释卦和爻的。对一个卦象作总体解说的叫“大象”。对一卦之中的每一爻作解说的叫“小象”。“大象”分两部分，前一部分以卦的形态解释卦义，后一部分根据卦象之义揭示人文意义。如《谦》卦“象辞”，先讲象征天的坤在上，象征地的艮在下，高山低处在地下，说明谦道。后面即讲君子如卦谦谦之意。

《文言传》 只有在乾卦和坤卦中有。这里的“文言”是修饰、发明的意思，“言”就是“辞”，“文言”就是很生动、美妙地阐明乾、坤两卦的卦辞。读一读看，果真是非常博大，深厚而有文采！

《系辞传》 是联结“卦”和“爻”的“辞”。系辞是从六十四卦和384爻（《乾》《坤》两卦分别多出“用九”“用六”文辞，所以总计有386文辞）的总体上、根本上系统讲《易》的思想的。《系辞传》讲了爻辞的变化原理、自然哲理、人生哲学；理、象、数及占筮等都做了系统的说明。所以汉代以后《系辞传》又被称为“易大全”。“太极”“道”等中国哲学的主要概念正是从《系辞传》中发明出来的。

《说卦传》 主要说明三爻卦中八个卦的“象”和象征意义。全文先讲述《易经》的演卦历史，再讲八卦的两种排列方位（宋代人分别称为“先天”和“后天”方位），最后系统说明了八卦的取象特征，这已经成为《易经》六十四卦象征义理中必用的象喻条例。

《序卦传》 说明了六十四卦的排列根据，按卦序表明思想体系，揭示各卦相承相受的意义。六十四卦排列的顺序本身象征着自然和人间社会变化的过程。《乾》卦和《坤》卦以其象征的天地起始，至30卦《离》卦结束上篇，主要记述自然的发展过程。以说明夫妻关系的《咸》卦开始，以未济卦完结的下篇，主要象征地记述了人世间的事。终了一卦，不是以象征完成的《既济》卦，是象征未完成的《未济》卦，形象地表现了《易经》无穷发展的哲学思想。

《杂卦传》 与《易经》六十四卦的排列方式不一样，是使意思相反的一对成为一卦。以《乾》《坤》开始，以《夬》卦结束。“杂”卦就是“杂糅众卦，错综其义”的意思，文中对举的两卦卦形或“错”或“综”，揭示事物发展过程中正反相对的变化规律。

《系辞传》形成了《易经》的系统理论。

《说卦传》说明三爻卦。

《序卦传》讲六十四卦排序寓意。

把《杂卦传》最后的《夬》卦的上六阴爻换成阳爻，上九即是《乾》卦，归位如初。

上经

乾卦

【原文】

《乾》 元亨利贞[①]。

初九[②] 潜龙勿用。

九二 见龙在田[③]，利见大人。

九三 君子终日乾乾[④]，夕惕若[⑤]，厉无咎[⑥]。

九四 或跃在渊：无咎[⑦]。

九五 飞龙在天，利见大人。

上九 亢龙有悔[⑧]。

用九[⑨] 见群龙无首：吉。

下乾上乾。

【注解】

①乾：卦名。元：大。亨：亨通。利：有利。贞：正。②初九：指倒数第一枚阳爻（“九”表示阳爻）。③见：读音同“现”，出现。④乾乾：勤勉。⑤惕：警惕。若：语气助词。⑥厉：危险。⑦咎：祸害。⑧亢：过度。⑨用九：通九，指六爻都是“九”（阳爻）。用九是乾卦特有的爻题。

【译文】

《乾》 元始，亨通，和合有利，贞正坚固。

初九 龙藏水中，暂时不宜妄动。

九二 龙出现田间，见大人有利。

九三 君子整天勤勉不懈，晚上谨小慎微，纵使遇险也能化险为夷。

九四 （龙或飞腾上天）或遁守深渊：无害。

九五 龙飞在天上，见大人有利。

上九 飞得过高的龙会有麻烦、陷于困境。

用九 群龙出现，都不以首领自居：吉祥。

飞龙在天。

【彖传】

【原文】

《彖》曰[①]：大哉乾元[②]，万物资始[③]，乃统天[④]。云行雨施[⑤]，品物流形[⑥]。大明终始[⑦]，六位时成[⑧]。时乘六龙以御天[⑨]。乾道变化，各正性命[⑩]，保合大和[⑪]，乃利贞。首出庶物[⑫]，万国咸宁[⑬]。

【注解】

①《彖》：指《彖传》，又叫《彖辞传》。《彖传》是解读六十四卦卦名、卦义以及卦辞的文字。②元：创始。《易传》释卦辞“元亨利贞”四字，断为元、亨、利、贞，元释为“创始、大”，亨释为“亨通”，利释为“有利”，贞释为“正”。③资：依赖。④统：属于。⑤施：降下。⑥品：种类。“品物”指万物。流形：指形态千变万化。⑦大明：太阳。⑧六位：指上下和东西南北六个方位。时：于是。⑨御：行。⑩性命：指事物的特性和命运。⑪保：保持。下文的“合”指成就。⑫首：始。下文的“庶”指众多，“庶物”指万物。⑬咸：都。

【译文】

《彖传》说：真是伟大啊，乾的创始！万物都依赖它诞生，万物都是属于天的。云朵飘浮，雨水降下，万物的形态千变万化。太阳东升西落，于是上下和东西南北这六个方位就定下了。太阳按时驾着六条龙在天上往返。乾道不断变化，使万物各归其位，使宇宙保持着大和谐的状态，于是万物受益、正道运行。乾道始生天下万物，使万国都得到了安定。

【象传】

【原文】

《象[①]》曰：天行健[②]，君子以自强不息。

初九　“潜龙勿用”[③]，阳在下也[④]。

九二　“见龙在田”[⑤]，德施普也。

九三　“终日乾乾”，反复道也。

九四　“或跃在渊”，进无咎也。

九五　“飞龙在天”，大人造也[⑥]。

上九　“亢龙有悔”，盈不可久也[⑦]。

用九　“用九”，天德不可为首也。

【注解】

①象：指《象传》。《象传》是解读六十四卦卦名、卦义（没有解释卦辞）以及三百八十六爻爻辞的文字。②天行健：《乾》卦下乾上乾，乾是天，又是健，所以说“天行健”。

刚健是天道的秉质，自强是君子的标志，所以下文说“君子以自强不息”。（天行：天道；以：取法。）③潜龙勿用：潜，藏。勿用，无所举动，不宜作为。④阳在下：本爻初九是阳爻，居下卦下位，所以说“阳在下”。“阳在下”象征君子尚居下位。⑤见龙在田：见，即“现”；田，田野。⑥造：作。⑦盈：满，指过度。

【译文】

《象传》说：天道刚健，君子取法天道，自强不息。

初九 “潜龙勿用”，这是因为君子还居于下位。

九二 “见龙在田”，表明君子要广施德泽于天下了。

九三 “终日乾乾”，这是说君子反复行道。

九四 “或跃在渊”，这是说明审时度势向前进取而无害。

见龙在田。

九五 “飞龙在天”，这是说大人可以大有作为。

上九 “亢龙有悔”，说明凡事过度就久不了。

用九 “用九”，天道之德即天道的特点，六爻（六龙）都在运行变化中，不见端际。

【文言】

【原文】

《文言①》曰：元者，善之长也②；亨者，嘉之会也③；利者，义之和也；贞者，事之干也④。君子体仁足以长人⑤，嘉会足以合礼，利物足以和义⑥，贞固足以干事⑦。君子行此四德者⑧，故曰：“乾：元亨利贞。”

【注解】

①文言：《文言》即《文言传》，是专门解释乾坤两卦的文字，其他卦无。②长：始。③嘉：美。会：荟萃。④干：主干，指根据。⑤体：践行。长人：为人君长。⑥和：响应。⑦贞：即正，指正道。固：固定，指坚守。⑧四德：指仁、礼、义、正。

【译文】

《文言》说：元，是善的开始；亨，是美的荟萃；利，是义的和谐；贞，是行事的根据。君子践行仁德，足以为人君长；荟萃美好，足以合乎礼仪；利人利物，足以响应道义；坚守正道，足以干出事业。君子能践行仁、礼、义、正这四德，所以说：“乾：表现着创始、亨通、和谐有利、贞正坚固。”

【原文】

初九曰："潜龙勿用"，何谓也？子曰[①]："龙，德而隐者也[②]。不易乎世[③]，不成乎名，遁世无闷，不见是而无闷[④]，乐则行之，忧则违之[⑤]，确乎其不可拔[⑥]，潜龙也。"

九二曰："见龙在田，利见大人"，何谓也？子曰："龙，德而正中者也[⑦]。庸言之信[⑧]，庸行之谨，闲邪存其诚[⑨]，善世而不伐[⑩]，德博而化。《易》曰：'见龙在田，利见大人'，君德也。"

九三曰："君子终日乾乾，夕惕若，厉，无咎"，何谓也？子曰："君子进德修业，忠信，所以进德也，修辞立其诚[⑪]，所以居业也[⑫]。知至至之[⑬]，可与言几也[⑭]；知终终之[⑮]，可与存义也。是故，居上位而不骄，在下位而不忧，故乾乾因其时而惕[⑯]，虽危无咎矣。"

九四曰："或跃在渊，无咎"，何谓也？子曰："上下无常，非为邪也；进退无恒，非离群也。君子进德修业，欲及时也，故无咎。"

九五曰："飞龙在天，利见大人。"何谓也？子曰，"同声相应，同气相求；水流湿，火就燥；云从龙，风从虎。圣人作而万物睹[⑰]。本乎天者亲上，本乎地者亲下，则各从其类也。"

上九曰："亢龙有悔"，何谓也？子曰："贵而无位[⑱]，高而无民，贤人在下位而无辅，是以动而有悔也。"

【注解】

①子：指孔子。②龙德：具有龙一样的德行。这是以君子之人解释潜龙之义。③易：转移。④是：赞同。⑤违：避开。⑥确：坚定。⑦正中：即中正。⑧庸：常。⑨闲：防范。⑩善：益。伐：夸耀。⑪修辞：指说话。⑫居：积累。⑬至：事物发展的方向。⑭几：精微。⑮终：目标。⑯因：随着。⑰作：兴起。物：指人。睹：仰望。⑱位：与尊位相宜的美德，指君德。

【译文】

初九说："潜龙勿用"，这是什么意思呢？孔子说："潜龙，是指有德的隐者，他不为世俗所转移，不求虚名，避世却不觉苦闷，不被世人赞同也不苦闷，心以为乐的事就去做，心以为忧恼的事就避开，意志坚定不移，这就是潜龙。"

九二说："见龙在田，利见大人"，这是什么意思呢？孔子说："龙，是指有德又中正的人，他平时总是言有信，日常行为谨慎有节，防范邪僻，秉持真诚，有益于世却不自夸，德泽广大感化了天下。《周易》说：'见龙在田，利见大人'，这就是君主的品德。"

九三说："君子终日乾乾，夕惕若，厉，无咎"，这是什么意思呢？孔子说："这说的是君子增进道德，治理事业。忠信可以增进道德，说话都要出于真诚，可以积累功业。知道方向并努力实现目标，就可以跟他谈事业的精微的道理了；知道方向并达成

亢龙有悔。

了目标，就可以和他一道秉守事业的大义了。所以君子居高位时却不骄傲，处低位时却不忧愁，随时勤勉警惕，纵使遇险也能化险为夷了。”

九四说：“龙或跃出渊，或潜入渊”，这是什么意思呢？孔子说：“（君子像龙一样）或上或下不定，不是出于邪念；或进或退不定，不是脱离群众。君子增进道德，治理事业，只是想把握时机罢了，所以是无害的。”

九五说：“龙高飞在天，有利于出现大人物”，这是什么意思呢？孔子说：“同类的声音互相应和，同种的气息互相觅求；水流向湿处，火烧向干处；云伴从龙，风伴从虎。圣人兴起就会万人仰望。本属天的亲近上面，本属地的亲近下面，那么万物就都能各得其所了。”

上九说：“龙飞至穷极之处，终将有所悔恨”，这是什么意思呢？孔子说：“尊贵却没有君德，居高却脱离群众，贤人屈居下位而丧失辅助，所以君主一轻举妄动就有悔恨。”

【原文】

“潜龙勿用”，下也[①]；“见龙在田”，时舍也[②]；“终日乾乾”，行事也；“或跃在渊”，自试也。“飞龙在天”，上治也；“亢龙有悔”，穷之灾也[③]；乾元“用九”，天下治也。

【注解】

①下：本爻初九居下卦下位，是君子尚居下位的象征。②舍：舒展。“时舍”指时机到了。③穷：本爻上九居上卦上位，在一卦的尽头，是穷尽、极端的象征。

【译文】

“潜龙勿用”，是因为君子尚居下位；“见龙在田”，说明时势舒展开了；“终日乾乾”，是说君子勤勉行事；“或跃在渊”，是说君子用实践自检验才能；“飞龙在天”，是说君子居高治国，出现最好的局面；“亢龙有悔”，因为穷极而将有灾了；乾元“用九”，是说天下大治。

【原文】

“潜龙勿用”，阳气潜藏；“见龙在田”，天下文明[①]；“终日乾乾”，与时偕行[②]；“或跃在渊”，乾道乃革[③]；“飞龙在天”，乃位乎天德[④]；“亢龙有悔”，与时偕极[⑤]；乾元“用九”，乃见天则[⑥]。

或跃在渊。

【注解】

①文明：文采光明，指万物焕然有光彩。②偕：俱。③乾道：天道。革：改变。④位：具有。⑤极：穷。⑥则：规律。

【译文】

“潜龙勿用”，因为阳气还在潜伏中；“见龙在田”，因为万物正当焕然光明；“终日乾乾”，是说君子与时俱进；“或跃在渊”，是说天道开始变化了；“飞龙在天”，是说君子具有天一样的品德；“亢龙有悔”，说明人和事情已发展到极端了；乾元“用九”，“用九”体现了天的规律。

【原文】

《乾》“元[①]”者，始而亨者也；“利贞”者，性情也。乾始能以美利利天下，不言所利。大矣哉！大哉乾乎！刚健中正，纯粹精也。六爻发挥[②]，旁通情也[③]。时乘六龙，以御天也；云行雨施，天下平也。

【注解】

①元：当作“元亨”。②发挥：推演变化。③旁：广。

【译文】

《乾》卦中的“元亨”，是说天创始和亨通万物；“利贞”，是说天具有利益和规正万物的性情。天创始时用美利来利益天下，却不夸耀它对天下的利益，真是伟大啊！真是伟大啊，天！它刚健中正，达到了纯精的地步。《乾》卦的六爻推演变化，就能广通万物的情状。太阳按时驾着六条龙，为的是在天上运行；云朵飘行，雨水降下，于是天下太平。

【原文】

君子以成德为行[①]，日可见之行也。“潜”之为言也，隐而未见，行而未成，是以君子“弗用”也。

君子学以聚之，问以辩之[②]，宽以居之，仁以行之。《易》曰：“见龙在田，利见大人”，君德也。

九三重刚而不中[③]，上不在天[④]，下不在田[⑤]。故乾乾因其时而惕，虽危无咎矣。

九四重刚而不中，上不在天，下不在田，中不在人[⑥]，故“或”之。“或”之者，疑之也，故“无咎”。

夫“大人”者，与天地合其德[⑦]，与日月合其明，与四时合其序，与鬼神合其吉凶，先天而天弗违，后天而奉天时。天且弗违，而况于人乎？况于鬼神乎？

“亢”之为言也，知进而不知退，知存而不知亡，知得而不知丧。其唯圣人乎[⑧]，知进退存亡而不失其正者，其唯圣人乎！

【注解】

①行：目标。②辩：同“辨”，辨别。③重刚：本爻九三是阳爻，居九二阳爻上，阳爻是刚，两刚重叠，所以说“重刚”。下文“九四重刚”中的“重刚”与此同理。不中：六十四卦中，一卦又分为分为上卦（上卦又是外卦）和下卦（下卦又是内卦），上下卦各占三个爻位，下卦的三爻位是初二三，上卦的三爻位是四五上，下卦以中间的一个爻位为中位，即第二爻位，叫下卦中位；上卦以中间的一个爻位为中位，即第五爻位，叫上卦中位。本爻九三既不居上卦中位，又不居下卦中位，所以说“不中”。④天：指天位。六十四卦中，一卦中的第二爻位象征地位，第三爻位象征人位，第五爻位象征天位。本爻九三未居第五爻位，所以说“不在天”。⑤田：指地位。⑥人：指人位。本爻九四未居第三爻位，所以说“不在人”。⑦合：等同，指比得上。⑧其：大概。

【译文】

初九　君子以成就德业为目标，每天都可看见他在行动。说是“潜”，是因为君子隐伏不露，行动未有成绩，所以君子不妄动。

九二　君子通过学习积累知识，通过问询辨别是非，宽容处世，仁慈办事。《周易》说：“见龙在田，利见大人”，这就是君主的品德。

九三　九三爻处于两个阳爻之上，故曰重刚，又未居上卦或下卦中位，上不在天位，下不在地位，所以只要随时勤勉警惕，纵使有危险，也能转危为安。

九四　处于两个重叠的阳爻之上称为重刚，又未居上卦或下卦中位，上不在天位，下不在地位，中不在人位，所以说“或”。所谓“或”，是说君子的位置疑而未定，所以说“无咎”。

九五　所谓“大人”，他的品德可比天地覆载万物，贤明可比日月照亮大地，行为有序可比四季，察知吉凶可比鬼神。先于天的变化而行动，天的变化正好和他的行动一致，他若后于天的变化而行动，也能遵循天的变化规律。天道尚且不违背他，何况人呢，何况鬼神呢？

上九　说是“亢”，是因为君子知进而不知退，知存而不知亡，知得而不知失。大概只有圣人吧——既知道进退存亡，又不失正道的，大概只有圣人吧。

坤卦

【原文】

《坤①》元亨，利牝马之贞②。君子有攸往③，先迷后得主；利。西南得朋，东北丧朋；安贞吉④。

下坤上坤。

初六⑤ 履霜，坚冰至。

六二 直方大⑥，不习⑦，无不利。

六三 含章可贞⑧；或从王事，无成有终。

六四 括囊⑨：无咎无誉。

六五 黄裳⑩：元吉。

上六 龙战于野，其血玄黄。

用六⑪ 利永贞。

【注解】

①坤：卦名。②牝马：母马。③攸：所。④安：平安。⑤初六：指倒数第一阴爻（“六”表示阴爻）。以下六二、六三、六四、六五分别指倒数第二、三、四、五阴爻，上六指最上阴爻。⑥直方大：按经意，直读为《诗·宛丘》“值其鹭羽”之值，手持。方，方舟。习，熟练。方舟是并船，不熟练也不易颠覆。直，正直。方，端方。大，博大，指宽容。⑦习：学习，熟习。⑧章：文采。⑨括：捆。⑩黄裳：黄下衣。古人认为黄色是尊贵吉祥之色，故黄裳象征尊贵吉祥。⑪用六：通六，指六爻都是“六”（阴爻）。用六是乾卦特有的爻题。

【译文】

《坤》元始，亨通，像雌马一样柔顺而守正道必然吉祥；安详守正就会吉祥。

初六 当脚踩到秋霜时，寒冬的坚冰也将来临。

六二 操持方舟，不熟练也没有什么不利。

六三 内蕴文采，占问之事可行，或从事君王的事业，不能成功也有好结果。

《坤》元亨，利牝马之贞。

六四　捆紧囊袋（比喻遇事缄口，不理是非）：无害也无赞誉。

六五　黄下衣（象征富贵）：大吉。

上六　二龙在野外搏斗，淌出黑黄色的血。

用六　永远坚守正道就会有利。

【彖传】

【原文】

《彖》曰：至哉坤元[①]！万物资生，乃顺承天。坤厚载物，德合无疆[②]。含弘光大[③]，品物咸亨。牝马地类[④]，行地无疆，柔顺利贞。君子攸行，先迷失道，后顺得常[⑤]。“西南得朋”，乃与类行[⑥]；“东北丧朋”，乃终有庆[⑦]。安贞之吉，应地无疆[⑧]。

【注解】

①至：极致。②合：配合。③弘：大。光：光借为“广”。“光大”指地面广大。④地类：与地同类。“牝马”属阴性，地也属阴性，所以说“牝马地类”。⑤常：正路。⑥类：朋友，即“西南得朋”中的“朋”。⑦庆：福庆。⑧应：适应。

【译文】

《彖传》说：真是达到了极致啊！坤的创始！万物都依赖它诞生长成，它是顺承着天道的。坤道的大地深厚，承载万物，坤德配合乾德，没有止境。大地涵容一切，广阔无垠，万物都亨通畅达。母马和地同类，在地上奔驰无疆，它性情柔顺，利于秉守正道。君子出行，起初因抢行而先迷失道路，后来随于人后顺利得回正路。往西南去得到朋友，于是伴友同行；往东北去失去朋友，却能终获福庆。安守正道是吉祥的，能适应大地的广大无边。

牝马地类，行地无疆，柔顺利贞。

【象传】

【原文】

《象》曰：地势坤[①]。君子以厚德载物[②]。

初六　“履霜”，“坚冰”[③]，阴始凝也；驯致其道[④]，至“坚冰”也。

六二　六二之动[5]，“直”以“方”也[6]；“不习无不利”，地道光也[7]。

六三　“含章可贞”，以时发也[8]；“或从王事”，知光大也[9]。

六四　“括囊无咎”，慎不害也。

六五　“黄裳元吉”，文在中也[10]。

上六　“龙战于野”，其道穷也[11]。

用六　“用六永贞”，以大终也。

【注解】

①地势坤：《坤》卦下坤上坤，坤是地，其形虽曲，其义为顺，所以说“地势坤”。载物是厚重的大地的秉质。②厚：增厚。③坚冰：“坚冰”两字当是衍文。④驯：顺着。致：发展。道：指自然规律。⑤动：指人的行动。⑥以：且。⑦地道光：本爻六二是阴爻，居第二爻位，是地位，所以说“地道光”。地道博大柔顺，人若博大柔顺，即使不熟悉环境也无不利，所以说“‘不习无不利’，地道光也”。⑧时：适时。发：使用。⑨知：同“智”，智慧。⑩文：指美德。中：心中。⑪道穷：本爻上六居上卦上位，在一卦的尽头，是坤阴之道已发展至穷尽的象征。

【译文】

《象传》说：地势柔顺，君子取法大地厚德载物。

初六　“履霜”，这是说阴气开始凝结了；顺着自然规律发展下去，就会形成“坚冰”。

六二　六二中的“直方”，是说人办事正直端方；“不习无不利”，这是因为地道广大。

六三　有德正直，这要适时使用；“或从王事”，这是因为他智慧大。

六四　“括囊无咎”这是说君子行事谨慎就会无害。

“括囊无咎”是说君子行事谨慎就会无害。

六五　“黄裳元吉”，这是因为君子心怀美德。

上六　“龙战于野”，这是说君子途穷了。

用六　用六说，永远正直，这样就会大有结果。

【文言】

【原文】

《文言》曰：坤至柔而动也刚[1]，至静而德方[2]。后得主而有常[3]。含万物而化光。坤道其顺乎，承天而时行。

积善之家，必有余庆[④]，积不善之家，必有余殃。臣弑其君[⑤]，子弑其父，非一朝一夕之故，其所由来者渐矣，由辩之不早辩也[⑥]。《易》曰：“履霜，坚冰至”，盖言顺也[⑦]。

“直”，其正也，“方”，其义也。君子敬以直内，义以方外，敬义立而德不孤[⑧]。“直方大，不习无不利”，则不疑其所行也。

阴虽有美，含之以从王事[⑨]，弗敢成也[⑩]。地道也，妻道也，臣道也。地道“无成”，而代“有终”也[⑪]。

天地变化，草木蕃[⑫]；天地闭，贤人隐。《易》曰：“括囊，无咎无誉”，盖言谨也。

君子“黄”中通理[⑬]，正位居体[⑭]，美在其中，而畅于四支[⑮]，发于事业，美之至也。

阴疑于阳必战[⑯]，为其嫌于无阳也[⑰]，故称“龙[⑱]”焉，犹未离其类也[⑲]，故称“血”焉。夫“玄黄”者，天地之杂也，天玄而地黄。

【注解】

①动：指地生养万物的运动。②德方：地道方正。古人见大地上的山川湖海等，都不移位，不能旋转，认为是由具有方正秉质的地道所致，所以说“德方”。德：道。③后得主：地道是取法天道的，后天道而运动，以天道为主人，所以说“后得主”。常：规律。④余：多。⑤弑：以下杀上叫作“弑”。⑥辩：同“辨”，指察觉。⑦盖：大概。顺：指趋势。⑧孤：孤立。⑨含：内敛。⑩成：以成功自居。⑪代：代替。⑫蕃：茂盛。⑬黄：指本爻六五中的“黄裳”。“黄裳”象征美德。中：内心。通理：通达事理。⑭体：体借为“礼”，仪礼。⑮畅：达，指外现。支：同“肢”。⑯疑：疑读音同“拟”，拟等。本爻上六是阴爻，居上卦上位，在一卦是尽头，达到了阴的极盛，可与阳势均力敌，所以说“阴疑于阳”。⑰嫌：与上文的“疑”同义。无：“无”当为衍字。⑱龙：本爻上六是阴属，龙是阳属，因上六可与阳势均力敌，所以上六也可称“龙”。⑲类：指阴类。上六虽可与阳势均力敌，毕竟仍是阴属，“血”也是阴属，所以说“犹未离其类也，故称‘血’焉”。

【译文】

《文言》说：大地极其柔顺，但运动却是刚健的；大地极其宁静，但地道却是方正的。地道随后，以天道为主人，有稳固的规律。地包容万物而化育广大。地道是柔顺的啊，顺承天道且按时运行。

积善的人家，必然多福庆；积不善的人家，必然多灾殃。臣弑君，儿弑父，不是一朝一夕的缘故，它所以变成这样是渐成的，是由可以察觉却没有早点察觉造成的。《周易》说：“踩上霜，坚冰也将来临”，大概说的就是这种事物发展的必然趋势吧。

“直”，是指正直；“方”，是指行事合乎道义。君子通过诚敬成就内在的正直，通过道义成就外在的方正。诚敬、道义确立了，德行就不会孤立了。“直方大，不习无不利”，那么人们就不会怀疑他所做的了。

臣子虽有美德，却能收敛着从事王事，不敢以成功自居。地道就是妻道、臣道。地道无所谓成功，它只是替天道成功罢了。

天地变化，草木就旺盛，天地闭塞，贤人就退隐。《周易》说：“括囊，无咎无誉”，大概说的就是谨慎处世的道理吧。

君子内怀美德，通达事理，端正位置，秉守仪礼，美德在心中，外现在四肢上，发扬在事业上，美德真是达到了极致啊。

阴和阳势均力敌时，一定起争斗，本是阴与阳战而说成“龙战”，是因为怕人们误以为无阳，但上六还没脱离它的阴类属性，不能离开阳，所以称“血”表示阴阳交合。所谓“玄黄”，这是天地杂合的颜色，天是玄色，地是黄色。

屯卦

【原文】

《屯[①]》元亨，利贞；勿用有攸往[②]，利建侯[③]。

初九　磐桓[④]；利居贞[⑤]，利建侯。

六二　屯如邅如[⑥]，乘马班如[⑦]，匪寇，婚媾；女子贞不字[⑧]，十年乃字。

六三　即鹿无虞[⑨]，惟入于林中[⑩]，君子几不如舍[⑪]，往吝[⑫]。

六四　乘马班如，求婚媾，往吉，无不利。

九五　屯其膏[⑬]，小贞吉，大贞凶。

上六　乘马班如；泣血涟如[⑭]。

下震上坎。

【注解】

①屯：卦名，象征初生。②勿用：不可用，不利于。③建侯：封侯。④磐桓：即“盘桓”，徘徊迟疑。⑤居：家居。⑥屯：屯聚。邅：盘桓的样子。⑦如：语气助词。班：同“般”，回旋的样子。⑧字：许嫁。⑨即：就，追逐。虞：虞官，掌管山林鸟兽的官。⑩惟：只身。⑪几：谋求。⑫吝：艰难。⑬膏：肥肉。⑭涟：泪流不断的样子。

【译文】

《屯》卦象征事物的初生：元始、亨通，利于坚守正道；不宜有所前往，利于建立诸侯。

初九　徘徊迟疑；静居守持，有利于正道，利于建立诸侯。

六二 （他们）聚集前来，乘马回旋，不是抢劫的，是求婚的；女子守持正道，不急出嫁，十年后才能嫁。

六三 逐鹿而没有虞官的帮助，鹿躲入林中，这时与其继续追捕，不如舍弃，继续追捕则将有不利。

六四 乘马徘徊去抢婚，前去吉祥，没有不利。

九五 处草创之艰难，需要普施恩泽。柔小而守正可得吉祥，若刚大则守正也凶险。

上六 （他们）乘马之人徘徊不前，泪流不止，当是凶象。

【彖传】

【原文】

《彖》曰:《屯》，刚柔始交而难生①，动乎险中②，大亨贞③。雷雨之动满盈，天造草昧④。宜建侯而不宁⑤。

【注解】

①刚柔：指阴阳二气。②动乎险中:《屯》卦下震上坎，坎是险，震是动，所以说“动乎险中”。③亨：亨通。贞：正直。④草昧：指草木。⑤不：音同“丕”，指大。

【译文】

《彖传》说:《屯》卦的象征是，阴阳二气开始相交艰难也随着萌生，下震上坎，事物在艰险下运动发展，如同雷雨，动生万物而润泽之，有元大、亨通的美德。雷雨动行天下，大自然虽然蒙昧，却一片生机。适宜封侯得大安宁。

【象传】

【原文】

《象》曰：云雷①，屯。君子以经纶。

初九 虽“磐桓”，志行正也。以贵下贱②，大得民也。

六二 六二之难，乘刚也③。“十年乃字”，反常也。

六三 “即鹿无虞”，以从禽也④。君子舍之，“往吝”，穷也。

六四 求而往，明也。

九五 “屯其膏”，施未

即鹿无虞。

光也[5]。

上六 "泣血涟如"，何可长也？

【注解】

①云雷:《屯》卦下震上坎，坎是云，震是雷，所以说"云雷"。云在雷上，是将要下雨的预兆，君子由此领悟未雨绸缪的道理，所以下文说"君子以经纶"。(经纶：治理。)②下：谦待。③乘刚：乘刚前省略了"柔"字。本爻六二是阴爻，是柔，居初九上，初九是阳爻，是刚，所以说"(柔)乘刚"。"(柔)乘刚"是女凌驾男的象征。④从：追捕。⑤光：大。

【译文】

《象传》说：云行于上，雷动于下，这就是《屯》卦。君子取法《屯》卦，在事业草创之际即规划治国方略。

初九 虽然徘徊难以前进，志向和行为却是端正的。地位虽高但能以谦和态度对待人民，就能大获民心。

六二 六二中的"女子贞不字，十年乃字"是艰难的，这是因为女凌驾男。"十年才孕"，这是反常的事。

六三 "即鹿无虞"，这是说追捕禽兽。君子弃追，是因为"往吝"，前去也难有得而且会受困。

六四 前去求婚，且可知晓女家的情况——这是明智的。

九五 "积聚肥肉"，这是说君子尚未广施德泽。

上六 "血泪直流"，这种状况怎能长久呢？

蒙卦

【原文】

《蒙》亨；匪我求童蒙[1]，童蒙求我，初筮告，再三渎[2]，渎则不告；利贞。

初六 发蒙[3]；利用刑人[4]，用说桎梏[5]；以往吝。

九二 包蒙[6]：吉；纳妇：吉，子克家[7]。

六三 勿用取女[8]，见金夫[9]，不有躬，无攸利。

六四 困蒙[10]：吝。

六五 童蒙：吉。

上九 击蒙[11]；不利为寇，利御寇。

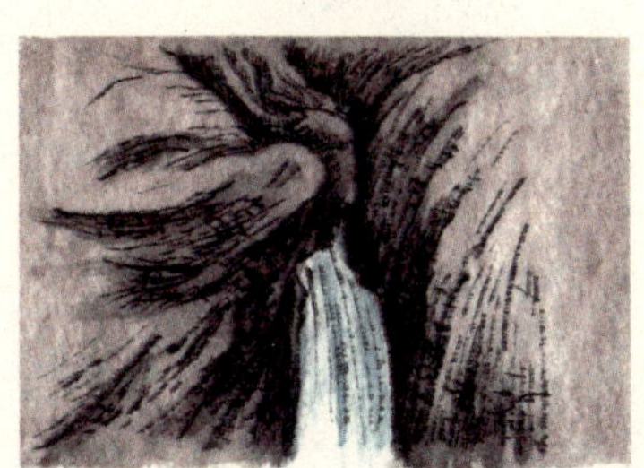

下坎上艮。

【注解】

① 童蒙：问筮者。问筮者之问筮，乃因有所不明，有如蒙昧童子，故曰“童蒙”。② 渎：亵渎。③ 发：除去。④ 刑人：刑，法也。⑤ 说：同“脱”，解除。⑥ 包：包容。⑦ 克：成。⑧ 取：同“娶”。⑨ 金夫：有钱男人。⑩ 困：受困。⑪ 击：攻击。

【译文】

《蒙》亨通；不是我去求幼童占筮，是幼童求我占筮，初次求教就施以教诲，再三乱问，这就亵渎了神圣的筮法，乱问就不再为之筮。此卦是有利的占问。

初六　启发蒙昧；利于刑人脱桎梏。但前往则会发生悔恨之事。

九二　包容蒙昧之人：吉祥；为子娶妻：吉祥；儿子能够继承父志兴家立业。

六三　不能娶那样的女人，她看见有钱人，就会失身，娶她没有什么好处。

六四　困于蒙昧之中：艰难。

六五　童子蒙昧受启发（能够听从教导）：吉祥。

上九　以猛击开启蒙昧；过于暴烈则不利，用抵御盗寇之法有利。

【彖传】

【原文】

《彖》曰:《蒙》，山下有险[①]，险而止，《蒙》。“蒙亨”，以亨行时中也[②]。“匪我求童蒙，童蒙求我”，志应也;“初筮告”，以刚中也;“再三渎，渎则不告”，渎蒙也。蒙以养正，圣功也。

【注解】

① 山下有险:《蒙》卦下坎上艮，艮是山，坎是险，所以说“山下有险”。艮又是止，所以下文说“险而止”。② 时：及时。中：中正。

【译文】

《彖传》说:《蒙》卦的象征是，山下有危险，君子遇险止步，这就是《蒙》卦。《蒙》卦是亨通的，是因为遇险止步是及时的和中正的。“匪我求童蒙，童蒙求我”，这是说双方的想法一致；“初筮告”，是因为蒙童求问的是刚健中正的事；“再三渎，渎则不告”，是因为这种行为是渎犯神灵的和蒙昧的。通过培养中正的道德去除蒙昧，这是圣人的功业。

【象传】

【原文】

《象》曰：山下出泉[①]，《蒙》。君子以果行育德[②]。

初六　“利用刑人”，以正法也。

九二　“子克家”，刚柔接也[③]。

六三　“勿用取女”，行不顺也[④]。

六四　“困蒙”之“吝”，独远实也。

六五　“童蒙”之“吉”，顺以巽也[⑤]。

上九　“利”用“御寇”，上下顺也。

【原文】

①山下出泉：《蒙》卦下坎上艮，艮是山，坎是水，所以说“山下出泉”。泉水流时一泻而下，象征果断，又象征仁德，仁德果断是成功的前提，所以下文说“君子以果行育德”。②果：果断。③刚柔接：本爻九二是阳爻，是刚，居六三下，六三是阴爻，是柔，所以说“刚柔接”。“刚柔接”象征男女相配。④行不顺：本爻六三是阴爻，是柔，居九二上，九二是阳爻，是刚，柔在刚上，是女凌驾男的象征，所以说“行不顺”。⑤顺以巽：本爻六五是阴爻，居上九阳爻下，是柔顺从刚、儿童服从大人的象征，所以说“顺以巽”。巽：顺从。

【译文】

《象传》说：山下涌出泉水，这就是《蒙》卦的象征。君子取法《蒙》卦果断行动，培养道德。

初六　“利用刑人”，这是说君子按照法令办事。

九二　“子克家”，这是说男女相配。

六三　“勿用取女”，这是说事情不顺。

六四　“困蒙”是艰难的，因为远离实际。

六五　“童蒙”是吉祥的，因为蒙童柔顺又能服从大人。

上九　“御寇”是有利的，因为御寇是自卫，臣民都会顺从支持。

需卦

【原文】

《需》有孚[①]，光亨，贞吉，利涉大川。

初九　需于郊[②]，利用恒，无咎。

九二　需于沙，小有言[③]，终吉。

九三　需于泥，致寇至[④]。

六四　需于血[⑤]，出自穴。

下乾上坎。

九五　需于酒食：贞吉。

上六　入于穴[⑥]，有不速之客三人来，敬之终吉。

【注解】

①孚：即“俘”，俘获。②需：停留。③言：谴责。④致：招致。⑤血：血泊。⑥穴：古人穴居，穴代表居所。

【译文】

《需》真诚守信，光明亨通，守正吉祥，渡大河有利。

初九　停留在郊野外，恒心等待有利，无害。

九二　停留在难行的沙地上，会受到小的谴责，但终获吉祥。

九三　停留在淤泥里，会招致盗寇。

六四　停留在血泊中，（形势凶险）但终能逃出洞穴（度过灾难）。

九五　停留于酒食之地：占问说吉祥。

上六　故人居于洞穴，有三个不速之客来访，恭敬接待就会终获吉祥。

【彖传】

【原文】

《彖》曰：需，须也[①]。险在前也[②]，刚健而不陷，其义不困穷矣[③]。《需》，“有孚，光亨，贞吉”，位乎天位[④]，以正中也。“利涉大川”，往有功也。

【注解】

①须：等待。②险在前：《需》卦的后卦（下卦）是乾，前卦（上卦）是艮，艮是险，所以说“险在前”。③义：音、意同“宜”。④位乎天位：九五是阳爻，居第五爻位，所以说“位乎天位”。“位乎天位”象征人居尊位。九五又居上卦中位，所以下文说“以正中”。“以正中”象征人道德中正。位：处于；天位：指第五爻位。

【译文】

《彖传》说：需，指等待。前有危险，人却能凭着刚健，避免使自己陷险，不会困穷。《需》卦说：“有孚，光亨，占吉”，这是因为人居尊位，道德中正。“利涉大川”，这是说前往有收获。

【象传】

【原文】

《象》曰：云上乎天[①]，《需》。君子以饮食宴乐。

初九　“需于郊”，不犯难行也[②]；“利用恒，无咎”，未失常也[③]。

九二　“需于沙”，衍在中也[④]，虽小有言，以吉终也。

九三　“需于泥”，灾在外也。自我“致寇”，敬慎不败也。

六四　“需于血”，顺以听也[⑤]。

九五　“酒食贞吉”，以中正也[⑥]。

上六　“不速之客来，敬之终吉”，虽不当位[⑦]，未大失也。

【注解】

①云上乎天：《需》卦下乾上坎，坎是云，乾是天，所以说“云上乎天”。云在天上，是雨降润物的先兆，君子也要饮食宴乐滋养身心，所以下文说“君子以饮食宴乐”。②犯难：冒险。③常：常道。④衍：一说宽舒；一说过错。⑤顺以听：本爻六四是阴爻，居九五阳爻下，是顺从的象征，所以说“顺以听”。⑥中正：本爻九五是阳爻，居上卦中位，象征道德中正，所以说“以中正”。⑦位：“位”当为“衍”字。

【译文】

《象传》说：云在天上，这就是《需》卦的象征。君子取法《需》卦安于饮食宴乐。

初九　“需于郊”，这是说不要冒险前进；“利用恒，无咎”，是因为没有违反常道。

九二　“需于沙”，这是说君子停于不当停之处而有过失，受到小的谴责，结果还是吉祥的。

九三　“需于泥”，这是说灾祸就在外面。虽是自己招来的寇盗，但谨慎防御，还是能避免失败的。

六四　“需于血”，这是说要顺乎时势应乎天命。

九五　“酒食贞吉”，这是因为君子能行中正之道。

上六“不速之客来，敬之终吉”。上六处的位置虽有不当，也不会酿成大过失。

讼卦

【原文】

《讼》有孚，窒[①]，惕，中吉，终凶；利见大人，不利涉大川。

初六　不永所事[②]，小有言，终吉。

九二　不克讼[③]，归而逋[④]，其邑人三百户无眚[⑤]。

六三　食旧德[⑥]：贞厉，终吉；或从王事，无成。

下坎上乾。

九四　不克讼，复即命渝[⑦]；安贞吉。

九五　讼元吉。

上九　或锡之鞶带[⑧]，终朝三褫之[⑨]。

【注解】

①窒：假借为"恎"，指恐惧。一说指窒塞。②永：长久。③讼：官司。④逋：逃跑。⑤邑：封邑。眚：灾祸。⑥旧德：祖业。⑦复：返回。即：顺从。渝：同"谕"，谕令。⑧锡：锡借为"赐"，赐给。鞶带：古代官员所系的一种皮革腰带。⑨终朝：一日。褫：剥夺。

【译文】

《讼》有俘获；心中恐惧警惕，事情中途吉祥，结果凶险；见大人有利，渡大河不利。

初六　事情做不久，会受到小的谴责，但终获吉祥。

九二　争讼输了，回家后逃跑，逃至他封邑内的三百户人家那里就能免于灾祸了。

六三　靠祖业过活；守持正道以避免危险，但终获吉祥；或者从事君王事业，成功不自居。

九四　官司输了，回来后服从命令；占问平安：吉祥。

九五　明断讼事，大吉。

上九　偶或（讼胜）得到显贵的大腰带，但一天里多次得到又多次被剥夺。

【象传】

【原文】

《彖》曰：《讼》，上刚下险[①]，险而健，《讼》。《讼》"有孚，窒惕，中吉"，刚来而得中也[②]；"终凶"，讼不可成也；"利见大人"，尚中正也；"不利涉大川"，入于渊也。

【注解】

①上刚下险：《讼》卦下坎上乾，乾是刚，坎是险，所以说"上刚下险"。乾又是健，所以下文说"险而健"。②刚来而得中：九二、九五都是阳爻，是刚，所以说"刚来"；九二居下卦中位，九五居上卦中位，所以说"得中"。"刚来而得中"象征君子刚健中正。

【译文】

《彖传》说：《讼》卦的象征是，君子刚健时遇险，遇险时依然刚健，这就是《讼》卦。《讼》卦说："有孚，窒惕，中吉"，这是因为君子刚健中正；"终凶"，这是说君子争讼不会赢；"利见大人"，是因为君子崇尚中正；"不利涉大川"，是因为强渡会落水。

【象传】

【原文】

《象》曰：天与水违行[①]，《讼》。君子以作事谋始。

初六　“不永所事”，讼不可长也。虽小有言，其辩明也。

九二　“不克讼”，归逋窜也。自下讼上，患至掇也[②]。

六三　“食旧德”，从上吉也[③]。

九四　“复即命渝”“安贞”，不失也。

九五　“讼元吉”，以中正也[④]。

上九　以讼受服[⑤]，亦不足敬也。

【注解】

① 天与水违行：《讼》卦下坎上乾，乾是天，坎是水，古人认为天是朝西运行的，水是东流的，水天相背，所以说“天与水违行”。水天相背，象征人和人意见相背，会起争讼，做事宜谋好开局，所以下文说“君子以作事谋始”。② 掇：取。③ 从上：本爻六三是阴爻，居九四阳爻下，是柔顺从刚、小民顺从君主的象征。④ 中正：本爻九五是阳爻，居上卦中位。⑤ 服：即“鞶带”，象征官位。

【译文】

《象传》说：天和水反向运动，这就是《讼》卦的象征。君子取法《讼》卦，做事考虑好开始（以绝争讼之源）。

初六　“不永所事”，这是说争讼不可长久。虽然受到（官吏）小的谴责，是非却已辨明白了。

九二　争讼赢不了，回来后就逃跑。居于下位而和上位发生争讼，招来祸患十分容易。

六三　“食旧德”，这是说顺从上位就能吉祥。

九四　回来后服从命令，安守正道，这就不会有过失。

九五　争讼大吉，这是因为君子居中守正。

上九　通过争讼捞得官位，这是不值得人敬重的。

师卦

【原文】

《师》　贞，丈人吉[①]，无咎。

初六　师出以律[②]，否臧凶[③]。

九二　在师中：吉，无咎，王三锡命[4]。

六三　师或舆尸[5]：凶。

六四　师左次[6]：无咎。

六五　田有禽：利执言[7]，无咎；长子帅师，弟子舆尸[8]：贞凶。

下坎上坤。

上六　大君有命[9]，开国承家[10]，小人勿用。

【注解】

①丈人：统帅。②律：军纪。③否臧：否，即否臧，遵守。④锡命：即“赐命”，奖赏。⑤舆：用车装载。⑥次：驻扎。⑦执：进谏。⑧弟子：次子。⑨大君：即九二中的“王”。⑩开国：分封侯国。承家：指受邑成为大夫。

【译文】

《师》坚守正道，贤明长者率兵吉祥，无害。

初六　行军靠军纪，不守军纪会有凶险。

九二　在军统兵，持中不偏者吉祥，无害，天子多次奖赏他。

六三　军队或会用车载着尸体回来：凶险。

六四　军队撤退安全处驻扎：免遭灾害。

天子有奖赏，有功者封为诸侯或大夫，小人不得受封。

六五　田野上有野禽，利于捕捉，无害；可以委任长者统率军队出征，委任幼稚者就会战亡，尸体用车载着回来：要保持贞正以防凶险。

上六　天子有奖赏，有功者封为诸侯或大夫，小人不得受封。

【象传】

【原文】

《象》曰：“师”，众也；“贞”，正也。能以众正，可以王矣。刚中而应[1]，行险而顺[2]，以此毒天下[3]，而民从之，吉又何咎矣。

【注解】

①刚中而应：九二是阳爻，居下卦中位，与居上卦中位的六五阴爻相应，所以说“刚中而应”。“刚中而应”象征君子有人响应。②行险而顺：《师》卦下坎上坤，坤是顺，坎是险，所以说“行险而顺”。“行险而顺”象征君子身处危险仍能顺应正道。③毒：读音同“督”，指治理。

【译文】

《彖传》说：“师”，指众人；“贞”，指正道。能使众人都来归顺正道，就可以称王了。刚健中正又能得人响应，身处危险仍能顺应正道，这样治理天下，百姓就会归附，这是吉祥的，哪里会有害处呢？

【象传】

【原文】

《象》曰：地中有水[①]，《师》。君子以容民畜众。

初六　“师出以律”，失律凶也。

九二　“在师中吉”，承天宠也；“王三锡命”，怀万邦也[②]。

六三　“师或舆尸”，大无功也。

六四　“左次无咎”，未失常也。

六五　“长子帅师”，以中行也[③]；“弟子舆尸”，使不当也。

上六　“大君有命”，以正功也；“小人勿用”，必乱邦也。

【注解】

①地中有水：《师》卦下坎上坤，坤是地，坎是水，所以说“地中有水”。地蓄养水，君子也要蓄养民众，所以下文说“君子以容民畜众”。②怀：指收服。③中：本爻六五居上卦中位，象征中道。

【译文】

《象传》说：地中有水，这就是《师》卦的象征。君子取法《师》卦容纳和蓄养百姓。

初六　“师出以律”，失了纪律是凶险的。

九二　“在师中吉”，这是因为受到上天的宠爱；“王三锡命”，为的是收服万国的心。

六三　“师或舆尸”，这是说征伐不仅毫无战绩，而且出师的军队可能载尸而归。

六四　“左次无咎”，撤退驻守，没有出现灾祸，这是因为军队没有违反行军的常道。

六五　“长子帅师”，这是因为长子能行中道；“弟子舆尸”，这是因为用人不当。

上六　“大君有命”，为的是论功行赏；“小人勿用”，不然必定乱邦。

比卦

【原文】

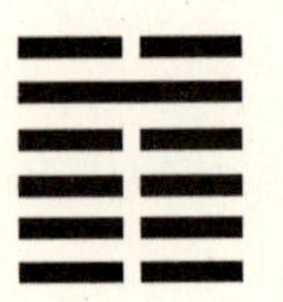

《比》吉，原筮[①]，元[②]，永贞无咎；不宁方来[③]，后夫凶。

初六　有孚；比之[④]，无咎；有孚盈缶，终来有它，吉。

六二　比之自内[⑤]：贞吉。

下坤上坎。

六三　比之，匪人[⑥]。

六四　外比之[⑦]：贞吉。

九五　显比[⑧]，王用三驱[⑨]，失前禽，邑人不诫[⑩]：吉。

上六　比之，无首：凶。

【注解】

①原：初次。②元：当为“元亨”，指大亨通。③宁：安分。方：邦国。④比：辅助。⑤内：朝廷内。⑥匪人：非人，指天子不贤。匪：通“非”。⑦外：朝廷外。⑧显比：显，明也。上下相比，大公无私之比。⑨三驱：古代的一种狩猎法，三面设围，前面放空，如果野兽从前面逃走，就不追捕，故而下句说“失前禽”。⑩诫：通“骇”，惊奇。

【译文】

《比》亲密辅助则吉祥，初次占问大亨通，长久坚持正固则无害；不获安宁的邦国前来朝拜，迟来的有凶险。

初六　心怀诚信，辅助天子则无害；积累的诚信有如水装满瓦器，最终还有别的收获到来：吉祥。

六二　在朝廷内辅助天子：守持正道吉祥。

六三　想亲附而不得其人。

六四　在外亲附于上：守持贞正则吉祥。

九五　用光明的道广获辅助；天子用三驱法狩猎，放掉逃向前面的野禽，当地人对此不加警告：吉祥。

上六　亲附于人而没有好的开端：凶险。

【彖传】

【原文】

《彖》曰:《比》，吉也;《比》，辅也，下顺从也。“原筮元。永贞无咎”，以刚中也[①]；“不宁方来”，上下应也[②]；“后夫凶”，其道穷也。

【注解】

①刚中：九五是阳爻居上卦中位。②上下应：居上卦中位的九五阳爻，与居下卦中位的六五阴爻相应。

【译文】

《彖传》说:《比》卦是吉祥的,《比》指辅佐，指臣子顺从君主。“原筮元，永贞无咎”，是因为君主刚健中正;“不宁方来”，是因为君臣能彼此响应;“后夫凶”，这是说后到者将无路可走了。

【象传】

【原文】

《象》曰：地上有水[①],《比》。先王以建万国，亲诸侯。

初六 《比》之“初六”，“有它吉”也。

六二 “比之自内”，不自失也。

六三 “比之，匪人”，不亦伤乎[②]？

六四 外比于贤，以从上也[③]。

九五 “显比”之“吉”，位正中也[④]。舍逆取顺[⑤]，“失前禽”也。“邑人不诫”，上使中也[⑥]。

上六 《象》曰:“比之无首”，无所终也。

亲近不正当的人，是可悲的事。

【注解】

①地上有水:《比》卦下坤上坎，坎是水，坤是地，所以说“地上有水”。水象征百姓。大地百姓遍布，先王治理百姓，就要建国亲侯，巩固政权，所以下文说“先王以建万国，亲诸侯”。②伤：伤害。③从上：本爻六四是阴爻，居九五阳爻下，是臣顺从君的象征。④正中：本爻九五是阳爻居上卦中位。⑤逆：迎面奔来。⑥中：本爻九五是阳爻居上卦中位。

【译文】

《象传》说："地上有水，这就是《比》卦的象征。先王取法《比》卦建立众国，亲近诸侯。

初六　《比》卦初六爻："终会有他人来亲近自己"吉祥。

六二　从内部相亲相辅，这是没有失去自己本来就有的正应关系（强调亲辅要从自己做起）。

六三　"比之匪人"，这岂不是会被伤害吗？

六四　在朝廷外辅佐贤君，这是因为臣子要服从君主。

九五　用光明的道辅助君主是吉祥的，这是因为君主中正。舍弃迎面奔来的野兽不射杀，却去射杀往前远跑的，这是"失前禽"的原因。当地人对此不感到惊奇，这是因为君主中正。

上六　"比之无首"，这是说事情没有好收场。

小畜卦

【原文】

《小畜》　亨；密云不雨，自我西郊。

初九　复自道[①]：何其咎，吉。

九二　牵复[②]：吉。

九三　舆说辐[③]；夫妻反目。

六四　有孚，血去惕出[④]，无咎。

九五　有孚挛如[⑤]，富以其邻。

上九　既雨既处[⑥]，尚德载[⑦]；妇贞厉；月几望[⑧]，君子征凶。

下乾上巽。

【注解】

①道：旧路。②牵：受人牵引。③说：通"脱"，脱落。辐：车轮中的直条。④血：假借为"恤"，忧患。惕：假借为"逖"，远去。⑤挛：联成一串的样子。如：语气助词。⑥既：已经。⑦尚德载：要积德载物。⑧几：接近。望：阴历十五的圆月，指阴历十五。

【译文】

《小畜》　亨通；浓云不下雨，从我的西邑郊外涌来。

初九　从正路返回，能有什么灾祸呢？吉祥。

九二　受人牵引返回：吉祥。

九三　车轮辐条脱落；夫妻反目成仇。

六四　心怀诚信，忧患将要过去；出远门无害。

九五　心怀诚信，密切相连，与近邻共同富裕。

上九　雨下过了，停了，此时应当积德载物，妇女应保持贞正以防危险；临近阴历十五时，君子出征有凶险。

【彖传】

【原文】

《彖》曰：《小畜》，柔得位而上下应之①，曰“小畜”。健而巽②，刚中而志行③，乃“亨”。“密云不雨”，尚往也④；“自我西郊”，施未行也。

【注解】

①柔得位：六四是阴爻，是柔，第四爻位是阴位，阴爻居阴位，是“得位”（当位）；六四阴爻又是柔，所以说“柔得位”。“柔得位”象征小民地位得当。上下应：居上卦下位的六四阴爻，与居下卦下位的初九阳爻相应。②健而巽：《小畜》卦下乾上巽，巽是谦逊，乾是健，所以说“健而巽”。“健而巽”象征君子刚健谦逊。③刚中：九五、九二都是阳爻，分居上下卦中位。④尚：同“上”。

【译文】

《彖传》说：《小畜》卦的象征是，六四阴爻居阴位即是柔顺者得其位，上下五阳爻与之相应，所以小有蓄聚。所以卦名叫“小蓄”。君子刚健谦逊，道德中正，志向得以推行，所以亨通。“密云不雨”，这是说乌云上涌聚集；“自我西郊”，这是说雨尚未降下，说明阴阳交和之功方积，而未大行其道。

【象传】

【原文】

《象》曰：风行天上①，《小畜》。君子以懿文德②。

初九　“复自道”，其义吉也。

九二　“牵复”在中③，亦不自失也。

九三　“夫妻反目”，不能正室也。

六四　“有孚惕出”，上合志也。

九五　“有孚挛如”，不独富也。

上九　“既雨既处”，德积载也④；“君子征凶”，有所疑也。

【注解】

①风行天上：《小畜》卦下乾上巽，巽是风，乾是天，所以说“风行天上”。风象征德教，天象征朝廷，朝廷实施德教，靠的是德才兼备的人，所以下文说“君子以懿文德”。②懿：美，

指磨炼。文：指才能。③在中：本爻九二是阳爻居下卦中位。④德：指可以。

【译文】

《象传》说：风刮在天上，这就是《小畜》卦的象征。君子取法《小畜》卦，磨炼自己的才能和道德。

初九 “复自道”，这是吉祥的。

九二 “牵复”，这是因为君子能守中道，不会有什么过失。

九三 “夫妻反目”，这是因为丈夫不能使夫妻关系正常家庭和睦。

六四 “有孚惕出”，这是能与居于上位的阳刚者心志相合。

九五 “有孚挛如”，这是说不要一家独富。

上九 “既雨既处”，这是说这时可以装货出行了；“君子征凶”，这是因为出兵时对敌我形势、战争策略都迟疑不决。

履卦

【原文】

下兑上乾。

《履》 履虎尾，不咥人[①]：亨。

初九 素履往[②]：无咎。

九二 履道坦坦[③]：幽人贞吉[④]。

六三 眇能视[⑤]，跛能履；履虎尾，咥人，凶；武人为于大君。

九四 履虎尾，愬愬[⑥]，终吉。

九五 夬履[⑦]：贞厉。

上九 视履考祥，其旋元吉[⑧]。

【注解】

①咥：咬。②素履：白色无纹的鞋。③坦坦：平坦。④幽人：幽静无争的人，一说指囚犯。⑤眇：独眼。能：而。⑥愬：惊恐。⑦夬：通“决”。⑧旋：返回。

【译文】

《履》 踩到老虎尾巴，老虎不咬人：亨通。

初九 穿着朴素无华的鞋子前往：无害。比喻人要以朴实坦白的态度行事，则无害。

九二 大路平坦：幽静无争的人吉祥。

六三 眼瞎了却自以为视力好，瘸腿的却自以为能走路；踩到老虎尾巴，老虎咬人：凶险；粗猛武人要担当君主给的大任。

九四 踩到老虎尾巴，心里戒惧，终获吉祥。

九五 决然行事但不可一意孤行：刚愎自用会有危险。

上九 小心回顾走过的路，考察其中福祸得失的征兆，返回时就能大吉。

【彖传】

【原文】

《彖》曰：《履》，柔履刚也①。说而应乎乾②，是以"履虎尾，不咥人""亨"。刚中正③，履帝位而不疚，光明也。

【注解】

①柔履刚：六三是阴爻，居九二阳爻上，柔在刚上，是小民凌驾君子的象征。②说：通"悦"，和悦。应乎乾：《履》卦下兑上乾，乾是刚，兑是柔，柔刚相应，是小民和悦地响应君子的象征。③刚中正：九五是阳爻居上卦中位。

【译文】

《彖传》说：《履》卦的象征是，小民凌驾君子。小民和悦地响应君子，这就是"履虎尾，不咥人""亨"的象征。君子刚健中正，即使登临帝位也毫无愧疚，前途光明。

【象传】

【原文】

《象》曰：上天下泽①，《履》。君子以辩上下，安民志。

初九 "素履"之"往"，独行愿也②。

九二 "幽人贞吉"，中不自乱也③。

六三 "眇能视"，不足以有明也；"跛能履"，不足以与行也；"咥人"之"凶"，位不当也④；"武人为于大君"，志刚也。

九四 "愬愬终吉"，志行也。

九五 "夬履贞厉"，位正当也⑤。

上九 "元吉"在上⑥，大有庆也。

【注解】

①上天下泽：《履》卦下兑上乾，乾是天，兑是泽，所以说"上天下泽"。天象征君主，泽

象征百姓，君主统治百姓，就要区别尊卑，安定民心，所以下文说“君子以辩上下，安民志”。辩：通“辨”，区别。② 独行愿：指行事坚定。③ 中：本爻九二是阳爻居上卦中位。④ 位不当：本爻六三是阴爻，第三爻位是阳位，阴爻居阳位，是“位不当”。“位不当”象征地位失当。⑤ 位正当：本爻九五是阳爻，第五爻位是阳位，阳爻居阳位，是“位正当”。“位正当”象征地位得当。⑥ 在上：本爻上九居上卦上位。

【译文】

《象传》说：上天下泽，这就是《履》卦的象征。君子取法《履》卦，建立秩序分别上下名分，安定百姓思想。

初九　朴素无华地往前走，这是说君子行事坚定。

九二　安静、中和、恬淡的人是幽人，能坚持守住中正之道，自然是可以获得吉祥的。

六三　“眇能视”，这是说独眼看不清东西；“跛能履”，这是说瘸腿走不了路；“咥人”是凶险的，这是因为地位失当；“武人为于大君”，这是说武人刚愎自用。

九四　“愬愬终吉”，这是因为君子得志了。

九五　“夬履贞厉”，不过他的地位毕竟是得当的。

上九　“元吉”在上九出现，这是说上位君子大获福庆了。

泰卦

【原文】

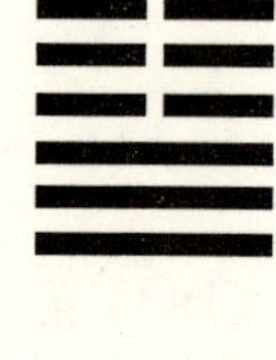

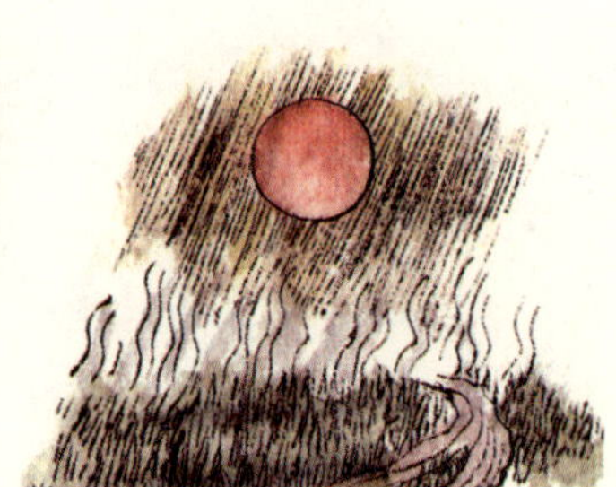

下乾上坤。

《泰》小往大来，吉，亨。

初九　拔茅茹以其汇[①]；征吉。

九二　包荒[②]，用冯河[③]，不遐遗[④]，朋亡[⑤]，得尚于中行[⑥]。

九三　无平不陂[⑦]，无往不复；艰贞，无咎；勿恤其孚，于食有福[⑧]。

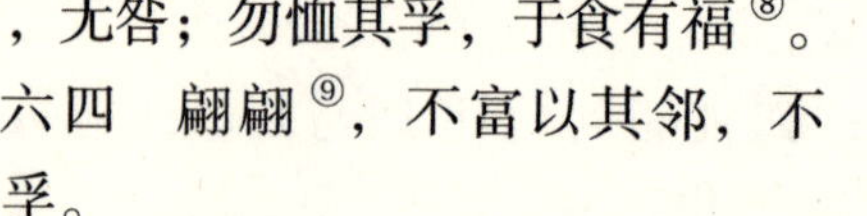

六四　翩翩[⑨]，不富以其邻，不戒以孚。

六五　帝乙归妹[⑩]，以祉[⑪]，元吉。

上六　城复于隍[⑫]，勿用师，自邑告命，贞吝。

【注解】

① 茅茹：茅草的根。以：连及。汇：种类。② 包：通“匏”，葫芦。荒：空。③ 冯：假借为“淜”。冯河就是徒步过河，浮水渡河。④ 不遐：不至于。遗：坠。⑤ 朋：朋友。⑥ 中行：

半路上。⑦陂：倾斜。⑧福：通“富”，富足。⑨翩翩：鸟疾飞的样子。这里比喻人像鸟一样。⑩帝乙：商纣王的父亲。归：嫁。妹：少女的通称。⑪祉：福。⑫复：通“覆”，倒塌。隍：城墙外的壕沟。

【译文】

《泰》象征和畅通泰：小的去了大的来，吉祥，亨通。

初九　拔茅草的根，连同茅草的同类也一同拔起来；如此同根同志地团结出征，吉祥。

九二　有包容大川的胸怀，涉越长河的能力，不遗弃远方的贤人，也不溺于私情，要中道行事。

九三　没有哪种平坦，永远不会倾斜，没有哪种失去，永远不会得回；事情艰难也要坚守正道，自然是无害的；不用忧虑无法取信于人，生活是会变富足的。

六四　像鸟飞那样轻飘自得，难保财富。但与邻居相互信任不必加以戒备。

六五　帝乙出嫁少女，因而得福，大吉。

上六　城墙倒塌在壕沟里。命令说是不要用兵，只能自我检讨，坚守正道来防止危害。

【彖传】

【原文】

《彖》曰：“《泰》：小往大来，吉，亨。”则是天地交而万物通也，上下交而其志同也。内阳而外阴，内健而外顺，内君子而外小人。君子道长，小人道消也。

【译文】

《彖传》说：“《泰》：小往大来。吉，亨。”这是说天地阴阳二气相交就会万物亨通，君臣相互沟通就能心意一致。《泰》卦内卦是阳，外卦是阴；内卦是健，外卦是顺；内卦是君子，外卦是小人。君子的道将要发展，小人的道将要衰落。

【象传】

【原文】

《象》曰：天地交[①]，《泰》。后以财成天地之道，辅相天地之宜，以左右民。

初九　“拔茅征吉”，志在外也。

九二　“包荒，得尚于中行”，以光大也。

九三　“无往不复”，天地际也[②]。

六四　“翩翩不富”，皆失实也[③]；“不戒以孚”，中心愿也。

六五　“以祉元吉”，中以行愿也[④]。

上六　“城复于隍”，其命乱也。

【注解】

①天地交：《泰》卦下乾上坤，坤是地，乾是天，所以说“天地交”。天地相交是自然规律，君主治国宜顺应规律，所以下文说“后以财成天地之道，辅相天地之宜，以左右民”。（后：君主；财：同“裁”，制定；天地之道：指符合天地之道的制度；天地之宜：适宜在天地生长的作物，这里指生产。）②天地际：本爻九三居下卦乾（天）和上卦坤（地）的交接处，所以说“天地际”。“天地际”象征事物发展的临界点。③实：财物。④中：本爻九五是阳爻居上卦中位。行愿：指行事。

【译文】

《象传》说：天地阴阳二气相交，这就是《泰》卦的象征。君主取法《泰》卦，制定符合天地之道的制度，辅助百姓从事生产，以便统治百姓。

初九　“拔茅征吉”，这是说君子志在向外发展。

九二　“包荒，得尚于中行”，这是因为君子光明正大。

九三　“无往不复”，这是说事情发展到了临界点（就要转变了）。

六四　“翩翩不富”，这是说君子丧失财物；有诚信不戒备，这是君子的心愿。

六五　“以祉元吉”，这是因为君子行事中正。

上六　“城复于隍”，这是说统帅的命令错乱失当。

否卦

【原文】

下坤上乾。

《否》否之，匪人[①]；不利君子贞；大往小来。

初六　拔茅茹以其汇：贞吉，亨。

六二　包承[②]：小人吉，大人否，亨。

六三　包羞[③]。

九四　有命：无咎，畴离祉[④]。

九五　休否，大人吉，其亡其亡[⑤]，系于苞桑。

上九　倾否[⑥]，先否后喜。

【注解】

①“否之”两句：否：闭塞，指排斥。匪：即“非”，否定。②包承：包容承受。③羞：羞辱。一说通“馐”。④畴：通“俦”，同类。离：借为“丽”，附丽。祉：福祉。⑤其：将。⑥倾：倾覆。

【译文】

《否》卦象征天下闭塞不通：否闭之世排斥贤人，君子此时应坚守贞正；大的阳刚去了，小的阴柔来了。事业由盛转衰。

初六　拔茅草的根，连同茅草的同类也一起拔起：君子应当坚守正道，吉祥亨通。

六二　被包容并顺承尊者：小人吉祥，大人闭塞，以后才亨通。

六三　位置不当，包藏羞辱。

九四　保有天命：无害，同志都来会一起享有福祉。

九五　终止闭塞的局面，大人才能吉祥，但还要时刻警惕（将要灭亡，将要灭亡），才会像桑树一样安然无恙。

上九　倾覆闭塞的局面，起初闭塞，后来通泰喜悦。

【彖传】

【原文】

《彖》曰：“否之匪人。不利君子贞。大往小来。”则是天地不交而万物不通也[①]，上下不交而天下无邦也。内阴而外阳，内柔而外刚，内小人而外君子。小人道长，君子道消也。

【注解】

①天地不交：《否》卦下坤上乾，坤是地，乾是天，天地都只各居其位不动，没有相交的迹象，所以说“天地不交”。《否》卦的内卦是坤卦，外卦是乾卦，乾卦又是阳卦，象征君主、刚健、君子，坤卦又是阴卦，象征臣子、柔顺、小人，所以下文说“上（君）下（臣）不交”“内阴而外阳”“内柔而外刚”“内小人而外君子”。

【译文】

《彖传》说：“否之匪人。不利君子贞。大往小来。”这是说天地阴阳二气不相交，就会万物不亨通，君臣不相沟通，就会国家衰亡。《否》卦内卦是阴，外卦是阳；内卦是柔，外卦是刚；内卦是小人，外卦是君子。小人的道将要发展，君子的道将要衰落。

【象传】

【原文】

《象》曰：天地不交[①]，《否》。君子以俭德辟难，不可荣以禄。

初六 “拔茅贞吉”，志在君也。

六二 “大人否，亨”，不乱群也[②]。

六三 “包羞”，位不当也[③]。

九四 “有命无咎”，志行也。

九五 “大人”之“吉”，位正当也[④]。

上九 否终则倾，何可长也。

【注解】

①天地不交：《否》卦下坤上乾，坤是地，乾是天，天地都只各居其位不动，没有相交的迹象，所以说“天地不交”。“天地不交”象征君臣隔阂，统治腐化，进仕危险，所以下文说“君子以俭德辟难，不可荣以禄”。（辟，通“避”，躲避）②群：指小人。③位不当：本爻六三是阴爻居阳位，是“位不当”。④位正当：本爻九五是阳爻居阳位，是“位正当”。

【译文】

《象传》说：天地阴阳二气不相交，这就是《否》卦的象征。君子取法《否》卦，崇尚俭德，躲避祸难，不以利禄为荣。

初六 “拔茅贞吉”，初六不忘上应阳刚，坚持正道则吉祥，这是说君子志在辅助君王。

六二 “大人否，亨”，这是因为大人不和小人厮混。

六三 “包羞”，这是因为地位失当。

九四 “有命无咎”，这是说君子得志了。

九五 大人是吉祥的，这是因为他地位得当。

上九 事情闭塞到了极点就要变了，怎么可能长久不变呢？

同人卦

【原文】

《同人》 同人于野[①]：亨；利涉大川，利君子贞。

初九 同人于门：无咎。

六二 同人于宗[②]：吝。

九三 伏戎于莽，升其高陵，三岁不兴[③]。

九四 乘其墉[④]，弗克攻，吉。

九五 同人，先号咷而后笑，

下离上乾。

大师克[⑤]，相遇。

上九　同人于郊：无悔。

【注解】

①同：聚集。②宗：宗庙。③“伏戎”三句：伏：埋伏。戎：军队。莽：草丛。升：登上。兴：胜利。④乘：登上。墉：城墙。⑤大师：大部队。

【译文】

同人　在郊野外聚集众人：亨通；渡大河有利，君子坚守贞正有利。

初九　出了门和同众人：无害。

六二　在宗庙聚集众人：危险。

九三　在草丛埋伏军队，又登上高地瞭望，三年了都不能取胜。

九四　登临敌城了，但又放弃了进攻，是吉祥的。

九五　和同于众人，先是号哭，然后大笑，（原来是因为）大部队攻克了敌人，会师成功了。

上九　在野外聚集众位同仁：无悔。

【彖传】

【原文】

《彖》曰：《同人》，柔得位得中[①]，而应乎乾[②]，曰“同人”。《同人》曰：“同人于野，亨，利涉大川”，乾行也。文明以健[③]，中正而应[④]，君子正也。唯君子为能通天下之志。

【注解】

①柔得位得中：六二是阴爻居阴位，又是居下卦中位，所以说“柔得位得中”。②应乎乾：《同人》卦的上卦是乾卦，是刚，六二阴爻是柔，居乾卦下，所以说“应乎乾”。“应乎乾”象征小民响应君子。③文明以健：《同人》卦下离上乾，乾是健，离是文明，所以说“文明以健”。④中正而应：九五是阳爻居上卦中位，与居下卦中位的六二阴爻相应，所以说“中正而应”。

【译文】

《彖传》说：《同人》卦的象征是，柔顺者地位得当，秉守中正，响应刚健者，所以卦名叫“同人”。《同人》卦说：“同人于野，亨，利涉大川”，这是因为君子行事刚健。文明刚健，中正又得人响应，这就因为君子秉守正道。唯有君子能通晓天下人的心思。

【象传】

【原文】

《象》曰：天与火[①]，《同人》。君子以类族辨物。

初九　前往同人，又谁咎也。

六二　“同人于宗”，吝道也。

九三　“伏戎于莽”，敌刚也；“三岁不兴”，安行也[②]。

九四　“乘其墉”，义弗克也。其“吉”，则困而反则也[③]。

九五　“同人”之“先”，以中直也[④]；大师相遇，言相克也。

上九　“同人于郊”，志未得也。

【注解】

①天与火：《同人》卦下离上乾，乾是天，离是火，所以说“天与火”。天象征君子，火象征明察，辨明物事是君子明察的表现，所以下文说“君子以类族辨物”。（类：区分；族：族类）②安：怎能。“安行”指不能出兵。③反：通“返”，回归。则：指正确的作战计划。④中直：本爻九五是阳爻居上卦中位。直：正。

【译文】

《象传》说：天和火，这就是《同人》卦的象征。君主取法《同人》卦的卦象以区分物类，辨明物事。

初九　出门在外与人接触能够和同于人，与人同心同德，又有谁来怪罪呢？

六二　“同人于宗”，这是危险的举动。

九三　“伏戎于莽”，这是因为敌兵强大；“三岁不兴”，这是说不能出兵，此事行不通。

九四　虽然登临敌城了，不过按照道义是不宜赶尽杀绝的；军队是吉祥的，这是因为军队受困时能回归正确的作战计划。

九五　赞同他人，先是哀哭，后是破涕为笑，这是因为君子能守中正；军队和大部队会师，这是说战争打赢了。

上九　“同人于郊”，这是说君子尚未得志。

大有卦

【原文】

《大有》　元亨。

初九　无交害[①]，匪咎[②]，艰则无咎。

九二　大车以载，有攸往：无咎。

九三　公用亨于天子[③]，小

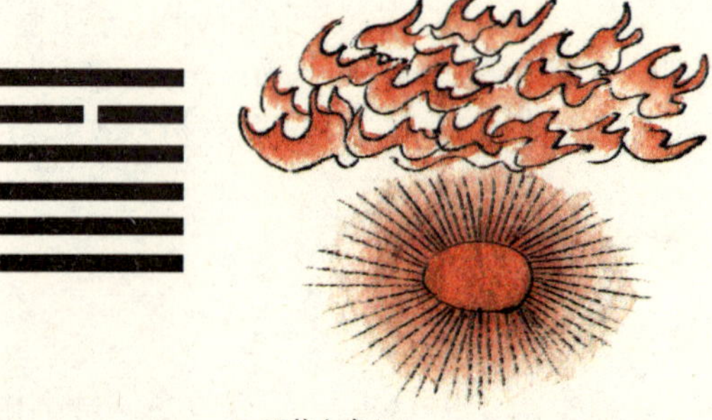

下乾上离。

人弗克[4]。

九四　匪其彭[5]：无咎。

六五　厥孚交如威如[6]：吉。

上九　自天祐之[7]：吉，无不利。

【注解】

①交害：互相损毁。②匪：即“非”，没有。③亨：即“享”，指宴席。④克：能。⑤彭：盛，指富有。⑥厥：他的。孚：诚信。交：通“皎”，明亮。⑦祐：同“佑”，保佑。

【译文】

《大有》象征大获富有：事业大亨通。

初九　没有因不当的交往受祸害，就无灾殃，身处艰难时也无害。

九二　用大车运载货物出行：无害（因为有良好之工具、设备）。

九三　公侯向天子献礼，小人不能担当重任。

九四　富盛而不炫耀：无害。

六五　他与人交往诚信明亮威严：吉祥。

上九　上天降下保佑：吉祥，没有不利。

【彖传】

【原文】

《彖》曰：《大有》，柔得尊位大中[1]，而上下应之[2]，曰“大有”。其德刚健而文明[3]，应乎天而时行，是以“元亨”。

【注解】

①柔得尊位大中：六五是阴爻，居第五爻位（第五爻位是尊位），又是居上卦中位，所以说“柔得尊位大中”。“柔得尊位大中”象征阴爻赢得了尊位并能秉守中道。②上下应之：六五是阴爻，六五的上下各爻都是阳爻，是刚，刚应柔，所以说“上下应之”。“上下应之”象征小民得到众人响应。③刚健而文明：《大有》卦下乾上离，离是文明，乾是刚健，所以说“刚健而文明”。

【译文】

《彖传》说：《大有》卦的象征是，阴爻赢得了尊位，秉守中道，得到众阳刚的响应，所以卦名叫“大有”。君子的道德刚健而又文明，能顺应天道适时行事，所以说前途必是至为亨通。

【象传】

【原文】

《象》曰：火在天上[1]，《大有》。君子以遏恶扬善，顺天休命。

初九 《大有》初九，“无交害”也。

九二 “大车以载”，积中不败也。

九三 “公用亨于天子”，“小人”害也。

九四 “匪其彭，无咎”，明辨晢也[②]。

六五 “厥孚交如”，信以发志也。“威如”之“吉”，易而无备也。

上九 《大有》上“吉”，“自天祐”也。

【注解】

①火在天上：《大有》卦下乾上离，离是火，乾是天，所以说“火在天上”。火象征明察，天象征君子，遏恶扬善是君子明察的表现，所以下文说“君子以遏恶扬善，顺天休命”。（休：指磨炼。）②晢：明察。

【译文】

《象传》说：火在天上，这就是《大有》卦的象征。君子取法《大有》卦遏恶扬善，顺应天道，磨炼命运。

初九 《大有》初九说：“无交害。”（传对此爻没有释读）

九二 “大车以载”，这是说货物堆在车上塌不了。

九三 “公用亨于天子”，这是说小人参加祭祀会有害。

九四 “匪其彭，无咎”，这是因为君子明辨事理。

六五 “厥孚交如”，这是说君子能老实地表达愿望。办事威严是吉祥的，这是因为他平易近人、毫无心机。

上九 《大有》上九是吉祥的，这是因为有上天的保佑。

谦卦

【原文】

《谦》亨，君子有终。

初六 谦谦[①]：君子用涉大川，吉。

六二 鸣谦[②]：贞吉。

九三 劳谦[③]，君子有终：吉。

下艮上坤。

六四 无不利，撝谦[④]。

六五 不富以其邻，利用侵伐，无不利。

上六 鸣谦：利用行师，征邑国。

【注解】

①谦谦：非常谦虚。②鸣：有名。③劳：功劳。④㧑：通“挥”，发扬。

【译文】

《谦》卦象征谦虚：亨通，君子能保持谦虚最终有好结果。

初六　谦虚的君子：这种态度可以渡过大河，吉祥。

六二　名声在外，但仍能保持谦虚：吉祥。

九三　功劳很大，但仍能保持谦虚：吉祥。

六四　在事业上发扬谦虚，没有不利。

六五　不能和邻国共富的国家，可以对它进行征伐，没有不利。

上六　名声在外，但仍能保持谦虚：用这种态度出兵征讨邑国有利。

【彖传】

【原文】

《彖》曰:《谦》，“亨”。天道下济而光明[①]，地道卑而上行[②]。天道亏盈而益谦[③]，地道变盈而流谦[④]，鬼神害盈而福谦，人道恶盈而好谦。谦，尊而光，卑而不可逾[⑤]，君子之终也。

【注解】

①天道下济而光明：即“天道光明而下济”，与下文“地道卑而上行”相对。“光明”是为了使“明”“行”谐韵而调后。光明：指尊贵；济：成就。②上行：指地气上升。③亏：减损。④变：毁坏。流：增益。⑤逾：越，指羞辱。

【译文】

《彖传》说:《谦》卦是亨通的。天道屈尊向下，照耀成就地上的万物，地道谦逊卑下，从而使得地气得以上升。天道减损盈满的，补充谦虚的；地道毁坏盈满的，增益谦虚的；鬼神道伤害盈满的，造福谦虚的；人道厌恶盈满的，喜爱谦虚的。秉守谦虚，居尊位时是光荣，居卑位时也不会遭人羞辱，这就是君子的好结果。

【象传】

【原文】

《象》曰：地中有山[①]，《谦》。君子以裒多益寡，称物平施。

初六　“谦谦君子”，卑以自牧也[②]。

六二　“鸣谦贞吉”，中心得也[③]。

九三　“劳谦君子”，万民服也。

六四　“无不利，㧑谦”，不违则也。

六五　“利用侵伐”，征不服也。

上六　“鸣谦”，志未得也。可“用行师”，“征邑国”也。

【注解】

①地中有山:《谦》卦下艮上坤，坤是地，艮是山，所以说“地中有山”。山上突，是有余，地下凹，是不足，“地中有山”象征不公平的社会现象，所以下文说“君子以裒多益寡，称物平施”。(裒：取；称：称量；平：平均。)②牧：培养。③中心得：即“心得中”，心中获得中正。“得”字是为了和前文“吉”字谐韵而调后。

【译文】

《象传》说：地中有山，这就是《谦》卦的象征。君子取法《谦》卦取多补少，称物平分。

初六　“谦谦君子”，是君子就要培养谦逊。

六二　“鸣谦贞吉”，这是因为君子心怀中正。

九三　“劳谦君子”，使万民都敬服了。

六四　“无不利，㧑谦”，这是因为没有违反法则。

六五　“利用侵伐”，君子前去讨伐的是不臣服的国家。

上六　“鸣谦”，这是因为尚未得志。出兵征伐不臣服的邑国是可以的。

豫卦

【原文】

《豫》利建侯行师。

初六　鸣豫[①]：凶。

六二　介于石，不终日：贞吉。

六三　盱豫[②]，悔；迟有悔。

九四　由豫[③]，大有得，勿疑[④]，朋盍簪[⑤]。

六五　贞疾，恒不死。

上六　冥豫成[⑥]，有渝无咎[⑦]。

下坤上震。

【注解】

①鸣豫：自鸣得意沉迷快乐。②盱：眼睛向上看，贪慕之意。③由豫：“由之以豫”的意思。④疑：猜忌。⑤盍：通“阖”，都。⑥冥：沉迷。⑦渝：改变。

【译文】

《豫》象征欢乐：利于建立诸侯出征打仗。

初六　人有名声而耽于享乐：凶险。

六二　耿介如石，不用一天就明白坚守中道，吉祥。

六三　贪慕他人放肆享乐，会有悔恨；迟疑不改，又有悔恨。

九四　人们由于他而得到欢乐，必将大有所得，但不能猜忌，这样朋友就都聚集来了。

六五　坚守正道防止疾病：人能永久健康。

上六　沉迷享乐成性，但能及时改好就无害。

【彖传】

【原文】

《彖》曰:《豫》，刚应而志行[①]，顺以动[②]，《豫》。《豫》顺以动，故天地如之[③]，而况“建侯行师”乎？天地以顺动，故日月不过，而四时不忒[④]。圣人以顺动，则刑罚清而民服。《豫》之时义大矣哉！

冥豫成，有渝无咎。

【注解】

①刚应：九五是阳爻，是刚，九五的上下各爻都是阴爻，是柔，柔应刚，所以说“刚应”。“刚应”象征君子得到小民响应。②顺以动:《豫》卦下坤上震，震是动，坤是顺，所以说“顺以动”。③如：顺从。④忒：差错。

【译文】

《彖传》说:《豫》卦的象征是，君子得到小民的响应，心意得以推行，顺应规律办事，这就是《豫》卦。《豫》卦象征君子顺应规律办事，所以天地会顺从君子，何况是“建侯行师”这种愿望呢！天地顺应规律运转，所以日月的更替没有过失，四季的循环不会出错。圣人顺应规律办事，于是刑罚清明，百姓服从。《豫》卦这种顺应规律办事的道理真是大啊！

【象传】

【原文】

《象》曰：雷出地奋[①]，《豫》。先王以作乐崇德，殷荐之上帝，以配祖考。

初六　“初六鸣豫”，志穷“凶”也。

六二　“不终日，贞吉”，以中正也[②]。

六三　“盱豫有悔”，位不当也[③]。

九四　“由豫大有得”，志大行也。

六五　“六五贞疾”，乘刚也[④]；“恒不死”，中未亡也[⑤]。

上六　“冥豫”在上[⑥]，何可长也？

【注解】

①雷出地奋:《豫》卦下坤上震，震是雷，坤是地，所以说“雷出地奋”。雷声可以震动万物，音乐可以感动天人鬼神，所以下文说“先王以作乐崇德，殷荐之上帝，以配祖考”。（奋：动；殷：丰盛；荐：祭献；配：献；祖考：祖先。）②中正：本爻六二是阴爻居下卦中位，是中道的象征。③位不当：本爻六三是阴爻居阳位，是“位不当”。④乘刚：本爻六五是阴爻，居九四阳爻上，是“乘刚”。⑤中：本爻六五是阳爻居上卦中位，是中道的象征。⑥在上：本爻上六居上卦上位，是上级的象征。

【译文】

《象传》说：雷出地动，这就是《豫》卦的象征。先王取法《豫》卦制作音乐，推崇道德，用丰盛的祭品祭献上帝和祖先。

初六　“初六鸣豫”，这是玩物丧志的表现，会有凶险。

六二　“不终日，贞吉”，这是因为君子能守中正。

六三　“盱豫有悔”，这是因为地位失当。

九四　“由豫大有得”，这是说君子大大得志了。

六五　六五说“贞疾”，这是因为小民凌驾君子；“恒不死”，这是因为中道尚未丧失。

上六　上级死到临头还在享乐，这种享乐怎能长久呢？

随卦

【原文】

《随》元亨，利贞，无咎。

初九　官有渝[①]：贞吉；前往交有功[②]。

六二　系小子，失丈夫。

六三　系丈夫，失小子；随有，求得，利居贞。

九四　随有获：贞凶。有孚在道[③]，以明[④]，何咎。

下震上兑。

九五　孚于嘉[⑤]：吉。

上六　拘系之[⑥]，乃从维之[⑦]；王用亨于西山[⑧]。

【注解】

①渝：改变，变化。②交：交游。③孚：诚信。④明：明察。⑤嘉：美善。⑥拘：拘囚。⑦从：同“纵”，释放。维：借为“趡”，奔走。⑧亨：同“享”，祭祀。

【译文】

《随》象征追随：人有元创、亨通、利物、坚守正道之美德，人都愿意随从之，无危害。

初九　做官要懂得变化之理，又要坚守正道吉祥；前往与人交游必能成功。

六二　追随了小子，却失去了丈夫。

六三　追随了丈夫，却失去了小子；追随就会有，追求就能得，坚守正道乃为有利。

九四　追逐能有所收获（但不免相争）：坚守正道以防凶险；行路有诚信，又能明察，这样能有什么害处呢。

九五　真诚信任美善：吉祥。

上六　绑了他，又放走了他；获释后的周文王在西山举行祭祀大礼。

【彖传】

【原文】

《彖》曰：《随》，刚来而下柔[①]，动而说，《随》。大“亨贞无咎”，而天下随之。《随》之时义大矣哉！

【注解】

①刚来而下柔：《随》卦下震上兑，兑是柔，震是刚，所以说“刚来而下柔”。“刚来而下柔”象征君主礼遇臣子。震又是动，兑又是悦（说），所以下文说“动而说”。“动而说”象征臣子对君主的行动感到欣喜。

【译文】

《彖传》说：《随》卦的象征是，君主礼遇臣子，臣子对君主的行动感到欣喜，这就是《随》卦。君主正直，大亨通无害，天下人都追随他。《随》卦这种因时随人的道理真是大啊！

【象传】

【原文】

《象》曰：泽中有雷[①]，《随》。君子以向晦入宴息。

初九　“官有渝”，从正“吉”也；“前往交有功”，不失也。

六二　“系小子”，弗兼与也[②]。

六三　“系丈夫”，志舍下也。

九四　“随有获”，其义凶也；“有孚在道”，明功也。

九五　“孚于嘉吉”，位正中也[③]。

上六　“拘系之”，上穷也[④]。

【注解】

①泽中有雷:《随》卦下震上兑，兑是泽，震是雷，所以说“泽中有雷”。古人认为天寒时，雷会进入地泽中休息；人是在夜间休息的，所以下文说“君子以向晦入宴息”。（晦：夜；宴息：休息。）②与：有。③位正中：本爻九五是阳爻居上卦中位。④上：本爻上六居上卦上位，是上级的象征。

【译文】

《象传》说：泽中有雷，这就是《随》卦的象征。君子取法《随》卦，夜来时休息。

初九　“官有渝”，这是说官吏改邪归正是吉祥的；“前往交有功”，这是因为没有迷失正道。

六二　“系小子”，这是说丈夫和小子不可兼得（这句是说鱼和熊掌不可得兼，必须二者选一）。

六三　“系丈夫”，这是说君子的意见是放弃小子。

九四　“随有获”，这是凶险的；“有孚在道”，这是君子明察的功劳。

九五　“孚于嘉吉”，这是因为君子能守中正。

上六　“拘系之”，这是说上六处于上位而陷于困境。

蛊卦

【原文】

《蛊》元亨，利涉大川，先甲三日[①]，后甲三日。

初六　干父之蛊[②]，有子，考无咎[③]，厉，终吉。

九二　干母之蛊：不可贞。

九三　干父之蛊：小有悔，无大咎。

六四　裕父之蛊[④]，往见吝。

六五　干父之蛊，用誉[⑤]。

下巽上艮。

上九　不事王侯，高尚其事[⑥]。

【注解】

①甲：甲是“天干”数之首，甲有重新开始之义，故取“甲日”作为治理混乱的象征；一说古人把每月分为三旬，每旬十天，依次以甲、乙、丙、丁、戊、己、庚、辛、壬、癸为标记。甲日是每旬的第一天，“先甲三日”即辛日，“后甲三日”即丁日。②干：纠正。蛊：毒虫，比喻过失。③考：父亲。④裕：放任。⑤用：享用，指得到。⑥高尚：尊尚，指重视。

【译文】

《蛊》象征要拯弊治乱：大亨通，利于渡过大河。物极必反，宜先想好“甲”日前三天的情况，然后定好“甲”日后三天的治乱方针。这符合“七日来复的自然规律。”

初六　纠正父辈积累的弊端：这种儿子能继承先业而且于父辈没有危害，即使有危险，但终获吉祥。

九二　纠正母辈的过失：情势难行时要守正以待。

九三　纠正父辈的过失：小有不幸，但无大害。

六四　放任父辈的过失，这样发展下去会出现危险。

六五　纠正父辈的过失，会得到称赞。

上九　不去侍奉王侯，先培养自己的志尚为重。

【彖传】

【原文】

《彖》曰:《蛊》，刚上而柔下[①]，巽而止,《蛊》。《蛊》“元亨”，而天下治也。“利涉大川”，往有事也;“先甲三日，后甲三日”，终则有始，天行也。

【注解】

①刚上而柔下:《蛊》卦下巽上艮，艮是阳卦，是刚，巽是阴卦，是柔，所以说“刚上而柔下”。“刚上而柔下”象征君主居上，臣子居下。艮又是静止,（巽又是谦逊）所以下文说“巽而止”。“巽而止”象征君臣谦逊清静。

【译文】

《彖传》说:《蛊》卦的象征是，君主居上，臣子居下，都谦逊清静，这就是《蛊》卦。《蛊》卦是大亨通的，会天下大治。“利涉大川”，这是因为有事要办;“先甲三日，后甲三日”，这是说事物到头后又是新的开始，这就是天道。

【象传】

【原文】

《象》曰：山下有风[①],《蛊》。君子以振民育德。

初六　“干父之蛊”，意承考也[②]。

九二　“干母之蛊”，得中道也[③]。

九三　“干父之蛊”，终“无咎”也。

六四　“裕父之蛊”，往未得也[④]。

六五　“干父之誉”，承以德也。

上九　“不事王侯”，志可则也[⑤]。

【注解】

①山下有风：《蛊》卦下巽上艮，艮是山，巽是风，所以说“山下有风”。山象征君子，风象征德教，君子是通过道德感化百姓的，所以下文说“君子以振民育德”。（振：感化。）②考：父亲。③得中道：本爻九二是阳爻居上卦中位。④得：得当。⑤则：效法。

【译文】

《象传》说：山下有风，这就是《蛊》卦的象征。君子取法《蛊》卦感化百姓，培育他们的道德。

初六　“干父之蛊”，整治父辈留下的弊病，这是说儿子志在继承父亲的事业。

九二　“干母之蛊”，这是合乎中道的。

九三　九三说“干父之蛊”，结果“无咎”。（传对此爻没有释读）

六四　“裕父之蛊”，这种做法是不当的。

六五　“干父之誉”，这是说儿子继承了父亲的道德。

上九　“不事王侯”，这种志向值得效法。

临卦

【原文】

下兑上坤。

《临》　元亨，利贞。至于八月有凶。

初九　咸临[①]：贞吉。

九二　咸临：吉，无不利。

六三　甘临[②]，无攸利；既忧之，无咎。

六四　至临[③]：无咎。

六五　知临[④]，大君之宜：吉。

上六　敦临[⑤]：吉，无咎。

【注解】

①咸：通“感”，感化。临：治理。②甘：甜言蜜语。一说甘借为“钳”，钳制。③至：至善。④知：通“智”，明智。⑤敦：厚道。

【译文】

《临》阳临阴消象征自上至下治理民众之事：大亨通，利于坚守正道。到了阳气日衰的八月份有凶险。

初九　用感化的政策治理百姓：正固吉祥。

九二　用感化的政策治理百姓：吉祥，没有不利。

六三　用巧言令色来治理百姓，无利可得；若是已经知道忧虑这种政策了，则无害。

六四　用极为亲和的态度治理百姓：无害。

六五　用明智的政策治理百姓，这是君主适宜的做法：吉祥。

上六　用诚恳厚道宽容的政策治理百姓：吉祥，无害。

【彖传】

【原文】

《彖》曰：《临》，刚浸而长[①]。说而顺[②]，刚中而应[③]。大亨以正，天之道也。“至于八月，有凶”，消不久也。

【注解】

①刚浸而长：《临》卦的初九、九二是阳爻，是刚，又因初二爻位是低位置的爻位，有向上发展的空间和势头，所以说“刚浸而长”。“刚浸而长”象征君子的道德逐渐增长。②说而顺：《临》卦下兑上坤，兑是悦（说），坤是顺，所以说“说而顺”。“说而顺”象征君子性情和悦，顺应天道。③刚中而应：九二是阳爻居下卦中位，和居上卦中位的六五阴爻相应。

【译文】

《彖传》说：《临》卦的象征是，君子的道德逐渐增长，性情和悦，顺应天道，刚健中正，得人响应。中正才能亨通，这就是天道。“至于八月，有凶”，这是因为八月时阳气渐消，不能长久保持了。

【象传】

【原文】

《象》曰：泽上有地[①]，《临》。君子以教思无穷，容保民无疆。

初九　“咸临贞吉”，志行正也。

九二　“咸临吉无不利”，未顺命也。

六三　“甘临”，位不当也[②]。“既忧之”，“咎”不长也。

六四　“至临无咎”，位当也[3]。

六五　“大君之宜”，行中之谓也[4]。

上六　“敦临”之“吉”，志在内也。

【注解】

①泽上有地:《临》卦下兑上坤，坤是地，兑是泽，所以说“泽上有地”。地包容泽，君子包容教化百姓，所以下文说“君子以教思无穷，容保民无疆”。（思：关心；容保：包容和保护。）②位不当：本爻六三是阴爻居阳位，是“位不当”。③位当：本爻六四是阴爻居阴位，是“位当”。④中：本爻六五是阴爻居上卦中位，是中道的象征。

【译文】

《象传》说：泽上有地，这就是《临》卦的象征。君子取法《临》卦不懈地教导百姓，关心百姓，包容和保护百姓。

初九　“咸临贞吉”，这是因为君子品行端正。

九二　“咸临吉无不利”，这是因为民众不从王命。

六三　“甘临”，这是说君主地位失当；“既忧之”，这样危机就久不了了。

六四　“至临无咎”，这是因为君主地位得当。

六五　“大君之宜”，这是说君主能行中道。

上六　“敦临”是吉祥的，这是因为君主心怀治好国家的愿望。

观卦

【原文】

下坤上巽。

《观》盥而不荐[1]，有孚颙若[2]。

初六　童观[3]，小人无咎，君子吝。

六二　窥观[4]，利女贞。

六三　观我生[5]，进退。

六四　观国之光，利用宾于王。

九五　观我生，君子无咎。

上九　观其生，君子无咎。

【注解】

①盥：祭祀前洗手，一说祭祀时用酒洒地迎神。荐：供献。②孚：诚信。颙：虔敬的样子。③童：幼稚。④窥：从缝隙中偷看。⑤生：成长。

【译文】

《观》象征观仰：观看用酒洒地迎神，即使没看到神供献祭品，心中已充满了虔信恭敬。

初六　像儿童一样幼稚地观仰事物，在小人不算过失，在君子则有害。

六二　从暗中偷偷地观仰，有利于女子坚守正道（但对于君子来说就不好了）。

六三　观察自己的成长过程，以决定进退。

六四　观仰国家的光荣，明白这时出仕辅佐君主有利。

九五　观察自己的成长，（时时自省）这样君子就可以无咎害了。

上九　观察别人的成长，（从中借鉴）这样君子就可以无咎害了。

【彖传】

【原文】

《彖》曰：大观在上[①]，顺而巽[②]，中正以观天下，《观》。“盥而不荐，有孚颙若”，下观而化也。观天之神道，而四时不忒，圣人以神道设教，而天下服矣。

【注解】

①大观：遍观。一说为众人仰观。②顺而巽：《观》卦下坤上巽，（巽是谦逊）坤是顺，所以说“顺而巽”。“顺而巽”象征君主柔顺谦逊。

【译文】

《彖传》说：君主遍观下民，柔顺谦逊，观察天下时能秉守中正，这就是《观》卦的象征。“盥而不荐，有孚颙若”，这是为了使下面的臣民看到并受感化。圣人观察上天神妙的规律，发现四季循环不会出错；圣人根据这种神妙的规律设立教化，使得天下都顺服了。

【象传】

【原文】

《象》曰：风行地上[①]，《观》。先王以省方观民设教。

初六　“初六童观”，“小人”道也。

六二　“窥观女贞”，亦可丑也。

六三　“观我生进退”，未失道也。

六四　“观国之光”，尚宾也[②]。

九五　“观我生”，观民也。

上九　“观其生”，志未平也[③]。

【注解】

①风行地上:《观》卦下坤上巽，巽是风，坤是地，所以说“风行地上”。风象征德教，“风行地上”象征德教在各地推行，所以下文说“先王以省方观民设教”。(省：视察；方：邦国。)②尚宾：注重做君主的宾客，指出仕从政。③平：实现。

【译文】

《象传》说：风刮在地上，这就是《观》卦的象征。先王取法《观》卦视察邦国，观察民情，设立教化。

初六　“初六童观”，这是小人的观察方法。

六二　“窥观女贞”，这是丑陋的行为。

六三　“观我生进退”，这是说君子没有迷失正道。

六四　“观国之光”，这是说君子是时候出仕从政了。

九五　反观自己的生命历程，也是说君主观察民生。

上九　“观其生”，这是因为君子尚未得志。

噬嗑卦

【原文】

下震上离。

《噬嗑》亨，利用狱①。

初九　屦校②，灭趾③：无咎。

六二　噬肤④，灭鼻：无咎。

六三　噬腊肉，遇毒：小吝，无咎。

九四　噬干胏⑤，得金矢⑥：利艰贞吉。

六五　噬干肉，得黄金：贞厉，无咎。

上九　何校⑦，灭耳：凶。

【注解】

①用：决断。狱：官司。②屦：鞋子。这里用作动词，指脚上拖着。校：刑具。③灭：割除。④噬：吃。⑤胏：带骨头的干肉。⑥金矢：铜箭头。⑦何：借为“荷”，扛着。

【译文】

《噬嗑》象征啮合：亨通，利于决断刑事案件。

初九　脚拖着刑具，脚趾被伤及了：倒也无害。

六二　偷吃肉，被施割鼻的轻刑（由此惩前毖后，所以说）：也无害。

六三　像吃坚硬的腊肉，遇毒：未咽小有不好，没有大害。

九四　吃带骨的干肉，吃到铜箭头：在艰难中要坚持守正，吉祥。（“噬干胏”比喻办事，“得金矢”比喻办事遇到了艰难，但扔掉金矢，肉还可继续吃，比喻艰难可除，所以说吉祥。）

六五　吃干肉，吃到黄金：占问说危险，但终获无害。（黄金吃进肚里，能致病甚至致死，比喻事有危险；“得黄金”比喻危险发现了，终获无害。）

上九　肩扛着刑具，耳朵被割掉：凶险。

【彖传】

【原文】

《彖》曰：颐中有物，曰噬嗑。《噬嗑》而“亨”，刚柔分①，动而明②，雷电合而章。柔得中③而上行④，虽不当位⑤，“利用狱”也。

【注解】

①刚柔分：《噬嗑》卦由三枚阳爻和三枚阴爻组成，数量相等，所以说“刚柔分”。“刚柔分”象征君子刚柔均衡。②动而明：《噬嗑》卦下震上离，离是明，震是动，所以说“动而明”。“动而明”象征君子办事明察。离又是电，震又是雷，所以下文说“雷电合”。“雷电合”象征君子威明结合。（章：显明。）③柔得中：六五是阴爻居上卦中位，是“柔得中”。“柔得中”象征小民守中道。④上行：六二、六三和六五都是阴爻，爻位渐次上升，所以说“上行”。“上行”象征势力增长。⑤不当位：六五是阴爻居阳位，是“不当位”。

【译文】

《彖传》说：腮帮鼓动、口腔中有食物，这就叫“噬嗑”。《噬嗑》卦是亨通的，这是因为此卦三阳爻三阴爻刚柔均衡，下震上离，有雷有电，象征办事明察，威明结合。六五阴爻居上卦中位，能守中道，虽然地位失当，但和人打官司还是有利的。

【象传】

【原文】

《象》曰：雷电①，《噬嗑》。先王以明罚敕法。

初九　“屦校灭趾”，不行也。

六二　“噬肤灭鼻”，乘刚也②。

六三　“遇毒”，位不当也③。

九四　“利艰贞吉”，未光也。

六五　“贞厉无咎”，得当也。

上九　“何校灭耳”，聪不明也④。

【注解】

①雷电:《噬嗑》卦下震上离，离是电，震是雷，所以说“雷电”。雷象征刑罚，电象征明察，明察刑罚是君主的责任，所以下文说“先王以明罚敕法”。(敕：整饬。)②乘刚：本爻六二是阴爻，居初九阳爻上，是“乘刚”。③位不当：本爻六三是阴爻居阳位，是“位不当”。④聪：听。

【译文】

《象传》说：雷和电，这就是《噬嗑》的象征。先王取法《噬嗑》卦明察刑罚，严正法令。

初九　“屦校灭趾”，这是为了使他不再犯罪。

六二　“噬肤灭鼻”，这是因为小民凌驾君子。

六三　“遇毒”，这是因为他地位失当。

九四　“利艰贞吉”，这是说君子这时还未获得光明。

六五　“贞厉无咎”，这是因为君子行为得当。

上九　“何校灭耳”，这是因为他闭目塞听。

贲卦

【原文】

《贲》　亨。小利有攸往。

初九　贲其趾[①]，舍车而徒[②]。

六二　贲其须。

九三　贲如濡如[③]，永贞吉。

六四　贲如皤如[④]，白马翰如[⑤]，匪寇，婚媾。

下离上艮。

六五　贲于丘园[⑥]；束帛戋戋[⑦]，吝，终吉。

上九　白贲[⑧]：无咎。

【注解】

①贲：指文饰或打扮。②徒：徒步。③如：语气助词。濡：浸湿、润泽。④皤：白，素洁之貌。⑤翰：高飞，出众。一说指毛色洁白。⑥丘园：山上园林。⑦戋戋：物品稀少的样子。⑧白：朴素。

【译文】

《贲》卦象征文饰：亨通。前往有小利。

初九　修饰自己的脚，舍车走来。

六二　修饰自己的胡子。

九三　扮靓了，又与人相润泽，长期坚守正道必然吉祥。

六四　打扮得美素，骑白马奔来，他们不是抢劫的，是求婚的。

六五　装点山丘田园，礼物却是微薄的丝帛，这样求婚就难了，但终获吉祥。

上九　朴素的打扮：没有过错。

【彖传】

【原文】

《彖》曰：《贲》亨，柔来而文刚[①]，故“亨”。分[②]，刚上而文柔，故“小利有攸往”。刚柔交错，天文也；文明以止[③]，人文也。观乎天文，以察时变，观乎人文，以化成天下。

【注解】

①柔来而文刚：《贲》卦下离上艮，艮是阳卦，是刚，离是阴卦，是柔，所以说“柔来而文刚”。“柔来而文刚”象征臣子辅助君主。下文的“刚上而文柔”，象征君主援助臣子。②分：指艮离两卦各居其位，象征君臣各居其位。③文明以止：《贲》卦下离上艮，艮是止，离是文明，所以说“文明以止”。“文明以止”象征用文明约束人。社会建立的制度及文化教育这些文明都是使人知所止。止：指约束。

【译文】

《彖传》说：《贲》卦是亨通的，臣子辅助君主，所以亨通。君臣各居其位，君主援助臣子，所以说“小利有攸往”。刚柔交错，就形成了自然景观；用文明约束人，就形成了人文。圣人观察自然景观，从中洞察时序的变迁，观察社会制度与教化，以此教化并成就天下之人。

【象传】

【原文】

《象》曰：山下有火[①]，《贲》。君子以明庶政，无敢折狱。

初九　“舍车而徒”，义弗乘也。

六二　“贲其须”，与上兴也[②]。

九三　“永贞”之“吉”，终莫之陵也[③]。

六四　“六四”，当位疑也[④]；“匪寇婚媾”，终无尤也[⑤]。

六五　“六五”之“吉”，有喜也。

上九　“白贲无咎”，上得志也。

【注解】

①山下有火:《贲》卦下离上艮，艮是山，离是火，所以说“山下有火”。火象征明察，山象征政务，明察政务是君子的责任，所以下文说“君子以明庶政，无敢折狱”。(庶：众多；折：判决。)②与上兴：本爻六二是阴爻，居九三阳爻下，所以说“与上兴”。“与上兴”象征臣子辅助君主。与：助。③陵：同“凌”，欺凌。④当位：本爻六四是阴爻居阴位，是“当位”。⑤尤：怨尤，指祸害。

【译文】

《象传》说：山下有火，这就是《贲》卦的象征。君子取法《贲》卦，明察各种政务，不乱断官司。

初九　“舍车而徒”，这是因为他乘车是不合理的。

六二　“贲其须”，这是说六二辅助居上位者振兴事业。

九三　永远正直是吉祥的，这样就没人敢来欺凌他。

六四　六四说的是，君子地位得当，但遇事会起疑心；“匪寇婚媾”，这个结果是无害的。

六五　六五中的“吉”，是指喜事临头。

上九　“白贲无咎”，这是说君子得志了。

剥卦

【原文】

下坤上艮。

《剥》　不利有攸往。

初六　剥床以足①：蔑贞凶②。

六二　剥床以辨③，蔑；贞凶。

六三　剥之④：无咎。

六四　剥床以肤⑤：凶。

六五　贯鱼以宫人宠⑥：无不利。

上九　硕果不食⑦，君子得舆，小人剥庐⑧。

【注解】

①剥：剥落。②蔑：灭。③辨：通“牑”，床板。④之：指初六和六二中的“足”和“辨”。⑤肤：床席。⑥贯：依次进入。这里用作形容词，指井然有序的。以：相当于“之”，指进入。宠：即“笼”，渔网。⑦食：同“蚀”，腐蚀。⑧庐：房子。

【译文】

《剥》象征剥落：前往不利。

初六　床腿剥蚀了，床将毁掉，凶险。

六二　床身与床足脱落床板剥蚀了，床将毁掉，凶险。

六三　床腿和床板都处剥落时，却无咎害。

六四　床面剥蚀：凶险。

六五　像贯串一起的鱼一样的宫女依次得到君王的宠爱，没有不利。

上九　硕大的果子没被摘食，这意味着君子将得到车马，小人将失去房子。

【彖传】

【原文】

《彖》曰：《剥》，剥也[①]。柔变刚也[②]。“不利有攸往”，小人长也。顺而止之[③]，观象也。君子尚消息盈虚[④]，天行也。

【注解】

①剥：剥落，指衰落。②柔变刚：《剥》卦由五枚阴爻和一枚阳爻组成，阳爻是刚，量少势力小，阴爻是柔，量多势力大，有改变刚的力量，所以说“柔变刚”。“柔变刚”象征小人改变君子。③顺而止：《剥》卦下坤上艮，艮是止，坤是顺，所以说“顺而止”。“顺而止”象征君子顺服清净。④消息：消长。

【译文】

《彖传》说：剥，指衰落。小人改变了君子。“不利有攸往”，这是因为小人猖獗。这时君子要顺服清净，这是君子由观察卦象得到的启示。君子按自然消长盈虚的规律决定行动，这就是天道。

【象传】

【原文】

《象》曰：山附于地[①]，《剥》。上以厚下安宅。

初六　“剥床以足”，以灭下也[②]。

六二　“剥床以辨”，未有与也[③]。

六三　“剥之无咎”，失上下也。

六四　“剥床以肤”，切近灾也。

六五　“以宫人宠”，终无尤也[④]。

上九　“君子得舆”，民所载也[⑤]；“小人剥庐”，终不可用也。

【注解】

①山附于地:《剥》卦下坤上艮，艮是山，坤是地，所以说“山附于地”。山象征王侯，地象征百姓，王侯是依附百姓生存的，宜厚待百姓，所以下文说“上以厚下安宅”。(厚：厚待。)②下：根基。③与：辅助。④尤：怨尤，指灾祸。⑤载：指拥戴。

【译文】

《象传》说：山依附在地上，这就是《剥》卦的象征。王侯取法《剥》卦厚待百姓，使百姓安居乐业。

初六 “剥床以足”，这是说根基坏了。

六二 “剥床以辨”，这是说剥蚀到了床身，六二没有相应相助的人（王侯失去了辅助他的人）。

六三 “剥之无咎”，这是因为敌人失去了上下人的拥戴。

六四 “剥床以肤”，这是说剥蚀到了床面，六四接近凶险（灾祸就要来了）。

六五 “以官人宠”，这结果是无害的。

上九 “君子得舆”，这是说君子得到了百姓的拥戴；“小人剥庐”，这是说小人是不能任用的。

复卦

【原文】

《复》亨，出入无疾，朋来无咎，反复其道，七日来复；利有攸往。

下震上坤。

初九 不远复：无祇悔[①]，元吉。

六二 休复[②]：吉。

六三 频复[③]：厉，无咎。

六四 中行独复[④]。

六五 敦复[⑤]：无悔。

上六 迷复：凶，有灾眚[⑥]；用行师，终有大败，以其国君凶[⑦]，至于十年不克征[⑧]。

【注解】

①祇：大。②休：美好的。③频：通“颦”，皱眉。④中行：半路。⑤敦：敦促，指匆忙。

一说敦厚。⑥ 眚：灾祸。⑦ 以：连及。⑧ 克：能。

【译文】

《复》象征阳气回复事物复兴：亨通，出入无病，朋友也都挺好，从路上往来，七天就可一个来回；前往有利。

初九　走出不远就返回正道来：没有大悔恨，大吉。

六二　美好的回复：吉祥。

六三　皱着眉头回来：有危险，终获无害。

六四　中路独自回来。

六五　诚恳地返回：无悔。

上六　迷失回来的路：凶险，有祸；行军打仗，结果大败，连他的国君也有凶险，以至十年不能出兵作战。

【彖传】

【原文】

《彖》曰：《复》“亨”。刚反①，动而以顺行②，是以“出入无疾，朋来无咎”。“反复其道，七日来复③”，天行也。“利有攸往”，刚长也④。《复》，其见天地之心乎⑤。

【注解】

① 刚反：《复》的内卦是震，外卦是坤，坤是柔，震是刚，刚返居内卦，所以说“刚反”。“刚反”象征君子回归正道。② 动而以顺行：《复》卦下震上坤，坤是顺，震是动，所以说“动而以顺行”。“动而以顺行”象征顺应规律办事。③ 反复其道，七日来复：这句是万物以七为周期单位循环往复的象征。④ 刚长：《复》卦由五枚阴爻和一枚阳爻组成，初九是阳爻，是刚，居低爻位，有向上增长的力量和空间，所以说“刚长”。“刚长”象征君子刚健增长。⑤ 心：指规律。

【译文】

《彖传》说：《复》卦是亨通的。君子将回归正道，顺应规律办事，所以说“出入无疾，朋来无咎”。万物循环往复，以七为周期单位，这就是天道。“利有攸往”，这是因为君子的刚健在增长。《复》卦大概就体现了这种天地循环的规律吧。

【象传】

【原文】

《象》曰：雷在地中①，《复》。先王以至日闭关，商旅不行，后不省方。

初九　“不远”之“复”，以修身也。

六二　“休复”之“吉”，以下仁也。

六三　“频复”之“厉”，义“无咎”也。

六四　“中行独复”，以从道也。

六五　“敦复无悔”，中以自考也[②]。

上六　“迷复”之“凶”，反君道也。

【注解】

①雷在地中：《复》卦下震上坤，坤是地，震是雷，所以说“雷在地中”。古人认为天寒时，雷会进入地泽中休息；冬天是百姓休养生息的时候，所以下文说“先王以至日闭关，商旅不行，后不省方”。（至日：冬至日；后：君主；省：视察；方：邦国。）②中：本爻六五是阴爻居上卦中位，是中道的象征。考：省察。

【译文】

《象传》说：雷在地中，这就是《复》卦的象征。先王取法《复》卦，冬至日时关闭城门，杜绝商旅出行，君主停止视察邦国。

初九　才走不远就回来了，这是为了修身养性（如果人偏离了正道，最可贵的是及时回复）。

六二　“休复”是吉祥的，这是因为君主能谦恭地亲近贤人。

六三　“频复”是危险的，不过按理终获无害。

六四　“中行独复”，这是为了顺从正道。

六五　“敦复无悔”，这是因为君子能用中道内省。

上六　“迷复”是凶险的，这是因为君主违反为君之道。

无妄卦

【原文】

《无妄》　元亨，利贞，其匪正，有眚[①]；不利有攸往。

初九　无妄[②]，往吉。

六二　不耕获，不菑畲[③]，则利有攸往。

六三　无妄之灾，或系之牛，行人之得，邑人之灾。

九四　可贞，无咎。

九五　无妄之疾，勿药有喜[④]。

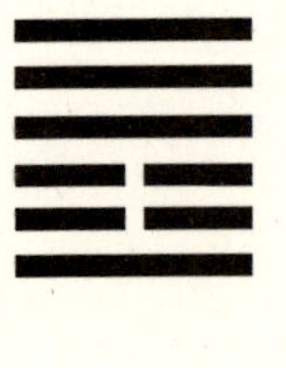

下震上乾。

上九　无妄行，有眚，无攸利。

【注解】

①眚：灾祸。②妄：胡来。③菑：开荒。畬：开垦过的熟田。④喜：指病愈。

【译文】

《无妄》象征不妄为：大为亨通，占问有利，如果不守正道，就会遭灾；前往不利。

初九　不胡来妄为，前往会吉祥。

六二　不耕种，不在乎收获，不开荒，无意于良田，人心平和如此，外出去做事有利。

六三　没有胡来妄为却遭灾了：（邑人）拴牛在外，路人顺手把牛牵走了，这就是邑人的灾祸。

九四　固守正道，无害。

九五　没有胡来妄为而得的小病，不吃药也能好。

上九　不要胡来妄为，不然将有灾，无利可得。

【彖传】

【原文】

《彖》曰：《无妄》，刚自外来而为主于内[①]，动而健[②]，刚中而应[③]。大"亨"以正，天之命也。"其匪正有眚，不利有攸往"，无妄之往何之矣？天命不祐，行矣哉！

【注解】

①刚自外来而为主于内：《无妄》卦的外卦是乾，内卦是震。外卦有三枚阳爻，量多势大，是大刚；内卦只有一枚阳爻，量少势小，是小刚，内卦的小刚是从外卦的大刚而来，所以说"刚自外来"。内卦震卦是阳卦，初九阳爻是该卦主爻，是刚，所以说"（刚）主于内"。"刚自外来而为主于内"象征君子从外部进来，成为百姓的主人。②动而健：《无妄》卦下震上乾，乾是健，震是动，所以说"动而健"。③刚中而应：九五是阳爻居上卦中位，和居下卦中位的六二阴爻相应。

【译文】

《彖传》说：《无妄》卦的象征是，初九阳爻从外部进来，成为一卦之主，其动势健进，刚健中正，得居下卦之中位的阴爻响应。中正才能亨通，这就是天理。"其匪正有眚，不利有攸往"，这是说君子就算不是妄意前往，又能往哪里去呢？上天不保佑，能往哪里去啊！

【象传】

【原文】

《象》曰：天下雷行[①]，物与，《无妄》。先王以茂对时育万物。

初九　“无妄”之“往”，得志也。

六二　“不耕获”，未富也。

六三　“行人”得牛，“邑人灾”也。

九四　“可贞无咎”，固有之也。

九五　“无妄”之“药”，不可试也。

上九　“无妄”之“行”，穷之灾也。

【注解】

①天下雷行：《无妄》卦下震上乾，乾是天，震是雷，所以说“天下雷行”。春雷惊起，万物生长，都遵循一定的时令，所以下文说“先王以茂对时育万物”。（茂：茂读为“懋”，勉力；对：应。）

【译文】

《象传》说：天的下面有雷震动，万物生长，这就是《无妄》卦的象征。先王取法《无妄》卦勉力应时，养育万物。

初九　不妄为而前往——这是说君子得志了（这句话是说君子一起步的时候就无妄，前途就会吉祥）。

六二　“不耕获”——这样是换不来富裕的。

六三　路人顺手牵走了牛——这就是邑人的灾难。

九四　“可贞无咎”，这是因为君子本来具有美德。

九五　没有妄行的疾病却试图服药——这是不必试的。

上九　妄意前行，就会导致途穷的灾难。

大畜卦

【原文】

《大畜》利贞，不家食①：吉；利涉大川。

初九　有厉，利已②。

九二　舆说輹③。

九三　良马逐，利艰贞；曰闲舆卫④，利有攸往。

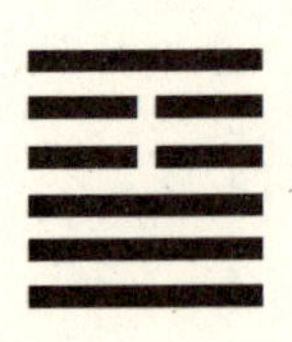

下乾上艮。

六四　童牛之牿⑤：元吉。

六五　豮豕之牙⑥：吉。

上九　何天之衢[⑦]：亨。

【注解】

①家食：靠家里吃饭。②已：停止。③说：通“脱”，松脱。輹：车轴。④曰：当作“日”，每天。闲：练习。舆卫：指驾车术和防卫术。⑤童牛：小牛。牿：加在牛角上以防伤人的横木。⑥豮：大猪。豕：猪。⑦何：通“荷”，承受，指获得。衢：同“庥”，庇佑。

【译文】

《大畜》象征大为积畜：有利于守持正道，不要守食于家（而是外出做事业），吉祥；渡大河有利。

初九　有危险，暂时停止行动有利。

九二　车轴脱了车厢了。

九三　驾着良马奔驰，这意味着牢记艰难的事有利；每天练习驾车术和防卫术，这样就能前往有利。

六四　小牛角上有横木挡着（伤不到人）：大吉。

六五　阉割过的大猪虽有牙齿（伤不到人）：吉祥。

上九　四通八达的符合天意的大道：亨通。

【彖传】

【原文】

《彖》曰：《大畜》，刚健笃实[①]，辉光日新。其德刚上而尚贤，能止健[②]，大正也。“不家食吉”，养贤也；“利涉大川”，应乎天也。

【注解】

①刚健笃实：《大畜》卦下乾上艮，乾是刚健，艮是山，山的特点是笃实，所以说“刚健笃实”。②止：留住。

【译文】

《彖传》说：《大畜》卦的象征是，君子刚健笃实，道德光辉，天天有新气象。他的德行是，刚正居尊而尚贤，能留住刚健的贤人，这就是伟大的正道。“不家食吉”，这是说君主能蓄养贤人；“利涉大川”，这是因为顺应天道。

【象传】

【原文】

《象》曰：天在山中[①]，《大畜》。君子以多识前贤往行，以畜其德。

初九　“有厉利已”，不犯灾也。

九二　“舆说輹”，中无尤也[②]。

九三　“利有攸往”，上合志也。

六四　“六四元吉”，有喜也。

六五　“六五”之“吉”，有庆也。

上九　“何天之衢”，道大行也。

【注解】

①天在山中：《大畜》卦下乾上艮，艮是山，乾是天，所以说“天在山中”。天象征君主，山象征贤人，尚贤效贤是治国的大法，所以下文说“君子以多识前贤往行，以畜其德”。（识：记住。）②中：本爻九二是阳爻居下卦中位。

【译文】

《象传》说：天在山中，这就是《大畜》卦的象征。君子取法《大畜》卦，多多记取前贤的良言德行，来积累自己的道德。

初九　“有厉利已”，这样就不会引祸上身了。

九二　“舆说輹”，这是说（君子虽然脱离了组织），仍能秉守中道，所以是无害的。

九三　“利有攸往”，这是因为九三能和上九心志相合。

六四　“六四元吉”，这是说将有喜事来临。

六五　六五中的“吉”，是指福庆临头。

上九　“何天之衢”，这是说正道大行于天下。

颐卦

【原文】

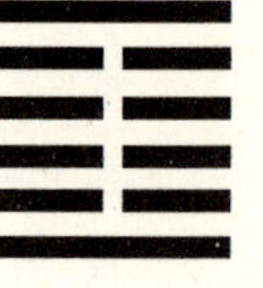

下震上艮。

《颐》贞吉。观颐[①]，自求口实[②]。

初九　舍尔灵龟[③]，观我朵颐[④]：凶。

六二　颠颐[⑤]，拂经，于丘颐，征凶。

六三　拂颐：贞凶，十年勿用，无攸利。

六四　颠颐：吉；虎视眈眈[⑥]，其欲逐逐[⑦]：无咎。

六五　拂经；居贞吉，不可涉大川。

上九　由颐[⑧]：厉，吉；利涉大川。

【注解】

①颐：腮帮。人吃东西时腮帮会鼓起来，这里借指食物、谋食。②口实：口粮。③灵龟：古人认为龟能咽息不食，明智而不求食于外。④朵：腮帮鼓动的样子。⑤颠：颠倒。⑥眈眈：瞪眼紧盯的样子。⑦逐逐：紧追不舍的样子。⑧由：指循着正道。

【译文】

《颐》象征颐养：谨守贞正可获吉祥。观察天下的颐养之道，就知人应该自己努力用正道求得食物。

初九　舍掉灵龟的自养美德，却贪看我吃得鼓起来的腮帮：凶险。

六二　既颠倒向下求获颐养，又反常理跑去高丘向尊者乞食，前往就凶险了。

六三　违反颐养常道，要坚守贞正以防凶险，十年不能有所行动，无利可得。

六四　颠倒向下寻求颐养，再用以养人，吉祥；像老虎紧盯猎物，对它的猎物紧追不舍：无害。

六五　违背常理，静居守正可获吉祥，不可渡大河。

上九　天下君民都赖他颐养：有危险，终获吉祥；渡大河有利。

【彖传】

【原文】

《彖》曰：《颐[①]》"贞吉"，养正则吉也；"观颐"，观其所养也；"自求口实[②]"，观其自养也。天地养万物，圣人养贤以及万民，《颐》之时大矣哉！

【注解】

①颐：面颊。②口实：口粮。

【译文】

《彖传》说：《颐》卦中的"贞吉"，是说君子循着正道养身就会吉祥；"观颐"，是说观察他人的养生法；"自求口实"，是说观察怎样自我养育。天地养育万物，圣人养育贤人和百姓。《颐》卦这种养生的道理真是大啊！

【象传】

【原文】

《象》曰：山下有雷[①]，《颐》。君子从慎言语，节饮食。

初九　"观我朵颐"，亦不足贵也。

六二　"六二征凶"，行失类也[②]。

六三　“十年勿用”，道大悖也。

六四　“颠颐”之“吉”，上施光也。

六五　“居贞”之“吉”，顺以从上也[3]。

上九　“由颐厉吉”，大有庆也。

【注解】

①山下有雷：《颐》卦下震上艮，艮是山，震是雷，所以说“山下有雷”。山象征王侯，雷象征刑罚，王侯用刑，时势严峻，所以下文说“君子从慎言语，节饮食”。②类：准则。③顺以从上：本爻六五是阴爻，居上九阳爻下，是柔顺从刚、君子顺从上级的象征。

【译文】

《象传》说：山下有雷，这就是《颐》卦的象征。君子取法《颐》卦，谨慎说话，节制饮食。

初九　“观我朵颐”，这种行为是不值一提的（吃喝之风有害健康）。

六二　六二说“征凶”，这是因为行为失轨。

六三　“十年勿用”，这是因为大大违背了颐养之道。

六四　“颠颐”是吉祥的，六四在上而有德之光辉（六四居上而向下问道，以德自养）。

六五　“居贞”是吉祥的，这是因为六五能顺从上九。

上九　“由颐厉吉”，这是说君子大获福庆。

大过卦

【原文】

《大过》栋桡[1]，利有攸往，亨。

初六　藉用白茅[2]：无咎。

九二　枯杨生稊[3]，老夫得其女妻[4]：无不利。

下巽上兑。

九三　栋桡：凶。

九四　栋隆[5]：吉；有它[6]：吝。

九五　枯杨生华，老妇得其士夫[7]：无咎无誉。

上六　过涉灭顶：凶，无咎。

【注解】

①桡：曲木。这里作动词，指弯曲。②藉：衬垫。③稊：同"荑"，嫩芽。④女：少女。⑤隆：隆起。⑥它：变故。⑦士：少男。

【译文】

《大过》象征过度、过分：栋梁弯曲，利于前往，亨通。

初六　用白茅衬垫（祭品），无咎害。

九二　枯杨树抽嫩芽，老年人娶得年少娇妻：没有不利。

九三　栋梁弯曲：有凶险。

九四　栋梁隆起：吉祥；假如有意外变故：还是有危险。

九五　枯杨树开花，老妇人嫁给少夫：无害也无赞誉。

上六　过河时水没过头顶：有凶险，终究无害。

【彖传】

【原文】

《彖》曰：《大过》，大者过也。"栋桡"，本末弱也[①]。刚过而中[②]，巽而说行[③]，"利有攸往"，乃"亨"。《大过》之时大矣哉[④]！

【注解】

①本末弱：栋梁的头尾力弱。②刚过而中：《大过》卦由两枚阴爻和四枚阳爻组成，阳刚过剩，所以说"刚过"。九五和九二分居上下卦中位，所以说"中"。"刚过而中"象征君子刚盛过头而回归中正。③巽而说：《大过》卦下巽上兑，兑是悦（说），（巽是谦逊）所以说"巽而说"。④时：察时。

【译文】

《彖传》说：大过，是说刚大者超过了限度。"栋梁弯曲"，是说阳刚过分时以中道来调节，刚盛过头，就要回归中正，谦逊和悦地办事，这样才能前往有利，如意亨通。《大过》卦这种察时观势的道理真是大啊！

【象传】

【原文】

《象》曰：泽灭木[①]，《大过》。君子以独立不惧，遁世无闷。

初六　"藉用白茅"，柔在下也[②]。

九二　"老夫少妻"，过以相与也[③]。

九三　"栋桡"之"凶"，不可以有辅也。

九四　“栋隆”之“吉”，不桡乎下也。

九五　“枯杨生华”，何可久也。“老妇士夫”，亦可丑也。

上六　“过涉”之“凶”，不可咎也。

【注解】

①泽灭木:《大过》卦下巽上兑，兑是泽，巽是木，所以说“泽灭木”。泽象征百姓，木象征朝廷，“泽灭木”象征百姓暴动，朝廷覆灭，所以下文说“君子以独立不惧，遁世无闷”。②柔在下：本爻初六是阴爻居下卦下位，是“柔在下”。“柔在下”象征下级具有柔顺的品质。③过：过失。相与：相配。

【译文】

《象传》说：泽水淹没木头，这就是《大过》卦的象征。君子取法《大过》卦独立不惧，纵然遁世也不感到苦闷难熬。

初六　“藉用白茅”，这是说下级具有柔顺的品质。

九二　“老夫少妻”，说明阳刚过度，但能和阴柔相配。

九三　栋梁弯曲是凶险的，没有什么办法补救。

九四　栋梁隆起是吉祥的，这是因为栋梁没有朝下弯曲。

九五　“枯杨生华”，这种花怎能开得长久呢？“老妇士夫”，这是令人羞愧的事。

上六　过河是凶险的，但事已至此，不必多加责备他了。

习坎卦

【原文】

下坎上坎。

《习坎①》有孚维心，亨，行有尚②。

初六　习坎，入于坎窞③：凶。

九二　坎有险，求小得。

六三　来之坎坎，险且枕④，入于坎窞，勿用。

六四　樽酒簋贰用缶⑤，纳约⑥自牖⑦：终无咎。

九五　坎不盈，祇既平⑧：无咎。

上六　系用徽纆⑨，置于丛棘⑩，三岁不得：凶。

【注解】

①习坎：两坑重叠。习，重叠；坎，坑。②尚：读音同“赏”，嘉赏。③窞：深坑。④枕：

同“沉”，深。⑤簋贰：两碗饭。簋，盛饭的器具。缶：瓦器。⑥约：取出。⑦牖：窗户。⑧祇：祇借为“坻”，水中小丘。⑨徽纆：绳子。⑩丛棘：这里指监狱。

【译文】

《习坎》象征坎险重重：用诚信维系人心，亨通，努力前行必得成功。

初六　坑中有坑，进入坑中，掉进深处：凶险。

九二　在坑穴中遇有危险，可以先从小处努力，能有所得。

六三　来去都在坎险之中，进退都难，进入坑中，掉进深处，这意味着不可盲目行动。

六四　一樽酒，两碗饭，用陶器装着，从窗口里送进取出，终获无害。

九五　坑还没填满，小丘的土已被铲平：无咎害。

上六　被绳子捆住了，投进监狱，三年不得放：凶险。

在《周礼·司圜》中有记载，若是犯人三年之后还不得释放，便可以处死。此处的三并不固指通常的三年，而是多年之意，上六爻已经被投入监牢多年，处境十分危险。

【彖传】

【原文】

《彖》曰：习坎，重险也。水流而不盈。行险而不失其信，维心亨，乃以刚中也①。“行有尚”，往有功也。天险，不可升也；地险，山川丘陵也。王公设险以守其国。险之时用大矣哉！

【注解】

①刚中：九五、九二是阳爻，分居上下卦中位。

【译文】

《彖传》说：习坎，指双重坑险，水流进坑中都不能满坑。君子遇险却不失诚信，顺利地维系众人的心，这是因为他刚健中正。“行有尚”，这是说前往有收获。天险，是指天高不可攀；地险，是指地面山川丘陵密布。但王公却能设置险障来守卫他的国家。这种“险”能因时而用的道理真是大啊！

【象传】

【原文】

《象》曰：水洊至[①]，习坎。君子以常德行，习教事。

初六　“习坎入坎”，失道“凶”也。

九二　“求小得”，未出中也[②]。

六三　“来之坎坎”，终无功也。

六四　“樽酒簋贰”，刚柔际也[③]。

九五　“坎不盈”，中未大也[④]。

上六　“上六”失道，“凶”“三岁”也。

【注解】

①水洊至：《坎》卦下坎上坎，坎是水，两坎相重，水流不断，所以说“水洊至”。水象征道德，道德宜不断进步，所以下文说“君子以常德行，习教事”。（洊：再；常：通“尚”，崇尚。）②中：本爻九二是阳爻居下卦中位。③刚柔际：本爻六四是阴爻，居九五阳爻下，所以说“刚柔际”。“刚柔际”象征统治者压迫百姓。④中：本爻九五是阳爻居上卦中位。

【译文】

《象传》说：水不断涌至，两坎相重，这就是《坎》卦的象征，君子取法《坎》卦崇尚德行，熟习政教。

初六　“习坎入坎”，这是说君子迷失了正道，会有凶险。

九二　“求小得”，这是因为君子没有偏离中道。

六三　“来之坎坎”——任何行动结果是毫无收获。

六四　“樽酒簋贰”，这是说用于刚柔交际的礼品。

九五　“坎不盈”，这是说中正之道尚未光大。

上六　上六说犯人受囚——这是因为他迷失了正道，所以有受囚三年的凶险。

离卦

【原文】

下离上离。

《离》利贞，亨，畜牝牛，吉。

初九　履错然[①]，敬之：无咎。

六二　黄离：元吉。

九三　日昃之离[②]，不鼓缶而歌，则大耋之嗟[③]：凶。

九四　突如其来如，焚如，死如，弃如。

六五　出涕沱若[④]，戚嗟若[⑤]：吉。

上九　王用出征，有嘉折首[⑥]，获匪其丑[⑦]：无咎。

【注解】

①履：鞋子。错：用金涂饰。②昃：太阳西斜。③耋：老年人。④沱：泪水滂沱的样子。⑤戚：哀愁。⑥嘉：一说喜事；一说指有嘉国（周初国名）。⑦匪：彼，指敌人。丑：胁从的众人。

【译文】

《离》象征附丽：守贞正之道有利，亨通，蓄养母牛可获吉祥。

初九　见到鞋子有金饰（象征贵人）恭敬待他：无害。

六二　（见到）附丽着黄金色彩的物品，（指富贵之物）：大吉。

九三　（见到）太阳西斜，附着天边的云彩，如果不及时敲起瓦盆纵歌，那么就会因为老朽而叹气：凶险。

九四　突然而来，像是火在燃烧，会有生命危险，会被抛弃。

六五　践大位，为新君，为悼念先君泪水滂沱，哀愁叹息：吉祥。

上九　君主带兵征战，建功业，斩获了敌首，捉住了他们许多人：无害。

【彖传】

【原文】

《彖》曰：离，丽也。日月丽乎天，百谷草木丽乎土。重明以丽乎正[①]，乃化成天下；柔丽乎中正[②]，故“亨”，是以“畜牝牛吉”也。

【注解】

①重明:《离》卦下离上离，离是明，两离相重，所以说“重明”。“重明”象征君子不息的明察力。②柔丽乎中正：六五、六二都是阴爻，是柔，分居上下卦中位。

【译文】

《彖传》说：离，指附丽。日月附丽在天上，百谷草木附丽在地上。君子不息的明察力附丽在正道上，于是促成天下；柔顺附丽在中正上，所以亨通，所以能够“畜牝牛吉”。

【象传】

【原文】

《象》曰：明两作[①]，《离》。大人以继明照于四方。

做人做事最忌暴息暴兴，“突如其来如，焚如，死如，弃如”。

初九　“履错”之“敬”，以辟咎也[②]。

六二　“黄离元吉”，得中道也[③]。

九三　“日昃之离”，何可久也？

九四　“突如其来如”，无所容也。

六五　“六五”之“吉”，离王公也。

上九　“王用出征”，以正邦也；“获匪其丑”，大有功也。

【注解】

①明两作：《离》卦下离上离，离是明，两离相重，所以说“明两作”。“明”又是日，“明两作”指太阳重复升起。太阳以光芒照彻万物，大人用明察洞悉四方，所以下文说“大人以继明照于四方”。②辟：通“避”，避免。③得中道：本爻六二是阴爻居下卦中位。

【译文】

《象传》说：太阳重复升起，这就是《离》卦的象征。大人取法《离》卦，用不息的明察力洞悉四方。

初九　步履错落有致，保持恭敬，这是为了避免过错。

六二　“黄离元吉”，这是因为合乎中道。

九三　“日昃之离”，这种状况怎能长久呢？

九四　“突如其来如”，这是说六四无处容身了。

六五　六五说“吉”，这是因为攀附上了王公贵族。

上九　“王用出征”，这是为了安定国家。“获匪其丑”，说明获取了大的胜利。

下经

咸卦

【原文】

《咸》 亨，利贞，取女吉[①]。

初六 咸其拇[②]。

六二 咸其腓[③]，凶；居吉。

九三 咸其股[④]，执其随[⑤]，往吝。

九四 贞吉，悔亡；憧憧往来[⑥]，朋从尔思。

九五 咸其脢[⑦]：无咎。

上六 咸其辅颊舌[⑧]。

下艮上兑。

【注解】

①取：通“娶”，迎娶。②咸：即“感”，感应，指触动。③腓：小腿。④股：大腿。⑤随：尾随，指尾随别人的主张。⑥憧憧：往来不绝的样子。⑦脢：背脊肉。⑧辅颊：脸颊。

【译文】

《咸》象征交感：亨通，有利于坚守贞正，娶妻吉祥。

初六 感应在大脚趾上。

六二 感应到了小腿肚，有凶险；安静一下，别躁进，吉祥。

九三 感应到了大腿，如果他执意盲目随从别人，如此前往则会有令人悔恨之事。

九四 人道之事是正理，吉祥，悔恨会消失；心神不安地频繁往来，友朋最终会随了你的心思。

九五 交相感应到了背部，这样不会导致什么悔恨。

上六 交相感应到了脸颊和口舌上。

【彖传】

【原文】

《彖》曰：咸，感也。柔上而刚下[①]，二气感应以相与[②]，止而说[③]，男下女，是以“亨利贞，取女吉”也。天地感而万物化生，圣人感人心而天下和平。观其所感，而天地万物之情可见矣。

【注解】

①柔上而刚下：《咸》卦下艮上兑，兑是阴卦，是柔；艮是阳卦，是刚，所以说“柔上而刚下”。“柔上刚下”象征男方亲自下到女家迎娶，也就是下文的“男下女”。②二气感应以相与：指阴阳二气互相感应结合。象征男女情投意合。③止而说：艮又是止，兑又是悦（说），所以说“止而说”。

【译文】

《彖传》说：咸，指感应。阴柔的女在上，阳刚的男在下，阴阳二气交感，男女情投意合，清静和悦。男亲自下到女家迎娶，所以说“亨利贞，取女吉”。天地阴阳二气交感，由此万物化生，圣人感化人心，由此天下和平。观察这些感应的现象，就可以知道天地万物的情状了。

【象传】

【原文】

《象》曰：山上有泽[①]，《咸》。君子以虚受人。

初六　“咸其拇”，志在外也。

六二　虽“凶居吉”，顺不害也。

九三　“咸其股”，亦不处也[②]，志在“随”人，所“执”下也。

九四　“贞吉悔亡”，未感害也；“憧憧往来”，未光大也。

九五　“咸其脢”，志末也[③]。

上六　“咸其辅颊舌”，滕口说也[④]。

【注解】

①山上有泽：《咸》卦下艮上兑，兑是泽，艮是山，所以说“山上有泽”。山是高的，泽是低的，泽包容山，君子包容人，所以下文说“君子以虚受人”。②处：静止。③末：小。④滕：同“腾”，翻动。

【译文】

《象传》说：山上有泽，这就是《咸》卦的象征。君子取法《咸》卦虚怀纳人。

初六　感应在脚拇指上，这是说初六已经有心在向外追求了。

六二　六二说，虽说凶险，但安居不动就会吉祥，这是说六二顺应时势、从于九五没有害处。

九三　“咸其股”，这是说静不下来、无法独处了，志在追随别人，这种志向是浅薄的。

九四　“贞吉悔亡”，这是说守正则吉祥，没有遗憾；“憧憧往来”，这是说感应之道还未发挥出来。

九五　“咸其脢”，这是说九五感应迟钝志气小。

上六　“咸其辅颊舌”，这是说君子说话天花乱坠。

恒卦

【原文】

《恒》亨，无咎，利贞，利有攸往。

初六　浚恒[①]：贞凶，无攸利。

九二　悔亡。

九三　不恒其德，或承之羞[②]：贞吝。

九四　田无禽[③]。

六五　恒其德；贞妇人吉，夫子凶。

上六　振恒[④]：凶。

下巽上震。

【注解】

①浚：深。②承：蒙受。羞：羞辱。③田：打猎。④振：动荡。

【译文】

《恒》象征恒久，阴阳和谐：亨通，无害，持贞守正有利，前往有利。

初六　好似挖河，开始就一味求深急切，不是恒久之道，凶险，无利可得。

九二　悔恨消失。

九三　不能长久保持德行，有时会蒙受羞辱：要守正以防留下憾事。

九四　打猎无收获。

六五　能长存柔顺的德行；对女子来说吉祥，对男子来说则凶险。

上六　长久动荡，无恒入之道，凶险。

【彖传】

【原文】

《彖》曰：恒，久也。刚上而柔下[①]，雷风相与。巽而动，刚柔皆应[②]，

《恒》。《恒》“亨，无咎，利贞”，久于其道也。天地之道恒久而不已也。“利有攸往”，终则有始也。日月得天而能久照，四时变化而能久成，圣人久于其道而天下化成。观其所恒，而天地万物之情可见矣。

【注解】

①刚上而柔下:《恒》卦下巽上震，震是阳卦，是刚，巽是阴卦，是柔，所以说“刚上而柔下”。“刚上而柔下”象征君上臣下。震又是雷，是动，巽又是风，(是谦逊)所以下文说“雷风相与”“巽而动”。②刚柔皆应:《恒》卦的初六、六五、上六都是阴爻，是柔，九二、九四、上九都是阳爻，是刚，前后三爻分别同位爻对应，所以说“刚柔皆应”。

【译文】

《彖传》说：恒，指长久。阳刚在上阴柔在下；雷风相生。谦逊行事，阳刚阴柔都相应，这就是《恒》卦的象征。《恒》卦说：“亨，无咎，利贞”，这是因为君主长存正道。天地的道恒行不止。“利有攸往”，这是说事情到头后又是新的开始。日月顺应天道，便能长久照耀；四季更替有序，便能长久养物；圣人长存正道，所以促成天下。探察天地万物长久的道理，这样就可以知道它们的情状了。

【象传】

【原文】

《象》曰：雷风[①]，《恒》。君子以立不易方。

初六　“浚恒”之“凶”，始求深也。

九二　“九二悔亡”，能久中也[②]。

九三　“不恒其德”，无所容也。

九四　久非其位[③]，安得“禽”也。

恒其德，贞妇人吉，夫子凶。

六五　“妇人贞”吉，从一而终也；“夫子”制义[④]，从妇凶也。

上六　“振恒”在上[⑤]，大无功也。

【注解】

①雷风:《恒》卦下巽上震，震是雷，巽是风，所以说“雷风”。雷象征刑罚，风象征德教，触犯刑罚和违反德教，是君子的耻辱，所以下文说“君子以立不易方”。(易：改变；方：正道。)②中：本爻九二是阳爻居下卦中位。③非其位：本爻九四是阳爻居阴位，是“非其位”

（不当位）。④义：同“宜”。⑤在上：本爻上六居上卦上位，是上级的象征。

【译文】

《象传》说：雷和风，这就是《恒》卦的象征。君子取法《恒》卦立身正道，绝不改变。

初六　深求恒久之道是凶险的，这是因为开始时就冒险求深。

九二　“九二悔亡”，这是因为君子能长久守中道而不偏。

九三　不恒久保存德行，就将无处容身。

九四　长久定位失当，怎么能成事呢？

六五　妇人守节是吉祥的，这是因为妇人从一而终；男人是能因事制宜的，顺从妇人就会凶险。

上六　身居高位者长久折腾，这样是做不出大的成绩来的。

遁卦

【原文】

《遁》　亨，小利贞。

初六　遁尾[①]：厉；勿用有攸往。

六二　执之用黄牛之革，莫之胜说[②]。

九三　系遁，有疾：厉；畜臣妾：吉。

九四　好遁[③]：君子吉，小人否。

九五　嘉遁[④]：贞吉。

上九　肥遁[⑤]：无不利。

下艮上乾。

【注解】

①遁：隐遁，退避。尾：后面。②胜：能。说：通“脱”，逃脱。③好：喜爱。④嘉：赞美。⑤肥：通“飞”，远走高飞。

【译文】

《遁》象征退避：亨通，是阴长阳消之时，有小利，但不失正道。

初六　退避时落在后面，危险；不宜前往。

六二　用黄牛皮绳捆住，谁也脱不掉。

九三　心怀系恋，未能退避，身患疾病，有危险；蓄养男臣女妾，吉祥。

九四　好端端的毅然退避：君子吉祥，小人办不到。

九五　嘉美而及时的隐遁：坚守贞正获吉祥。

上九　远走高飞去隐遁：没有不利。

【彖传】

【原文】

《彖》曰:《遁》"亨"，遁而亨也。刚当位而应[①]，与时行也。"小利贞"，浸而长也[②]。《遁》之时义大矣哉！

【注解】

① 刚当位而应：九五是阳爻居上卦中位，和居下卦中位的六二阴爻相应。② 浸：逐渐。

【译文】

《彖传》说:《遁》卦是亨通的，说明必先退避而后亨通。阳刚者中正地位得当，而能与下位阴柔者相应和，这是因为他识时务。"小利贞"，这是因为阴气浸润在逐渐增长。《遁》卦这种识时务知适时退避的意义真是重大啊！

【象传】

【原文】

《象》曰：天下有山[①]，《遁》。君子以远小人，不恶而严。

初六　"遁尾"之"厉"，不往何灾也？

六二　"执用黄牛"，固志也。

九三　"系遁"之"厉"，有疾惫也。"畜臣妾吉"，不可大事也。

九四　"君子好遁，小人否"也。

九五　"嘉遁贞吉"，以正志也。

上九　"肥遁无不利"，无所疑也。

【注解】

① 天下有山:《遁》卦下艮上乾，乾是天，艮是山，所以说"天下有山"。天象征朝廷，山象征贤人，"天下有山"象征贤人退隐朝外，朝中小人猖獗，所以下文说"君子以远小人，不恶而严"。

【译文】

《象传》说：天下有山，这就是《遁》卦的象征。君子取法《遁》卦远离小人，不动声色却严守自我。

初六　隐遁时落在后面是危险的，不隐遁又会有什么灾祸呢？

六二　“执用黄牛”，这是说君子志向坚决。

九三　不隐遁是危险的，君子将病得疲乏。“畜臣妾吉”，这是说这时不宜干大事。

九四　君子爱退隐，小人不退隐会不妙。

九五　“嘉遁贞吉”，这是因为君子志向正当。

上九　高飞远退无不利，这是因为君子退隐时毫不迟疑。

大壮卦

【原文】

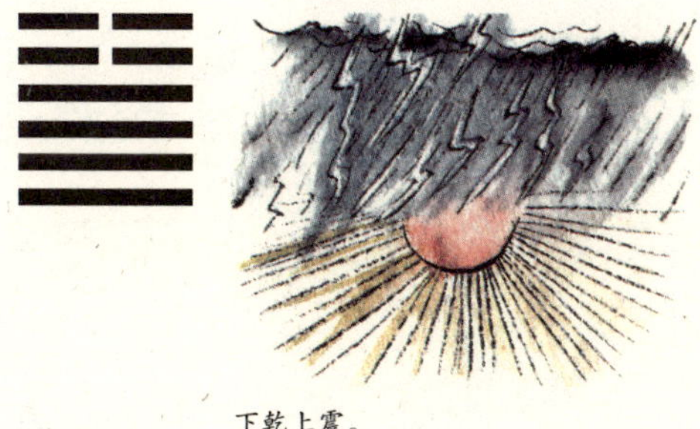

下乾上震。

《大壮》　利贞。

初九　壮于趾：征凶，有孚。

九二　贞吉。

九三　小人用壮，君子用罔①：贞厉；羝羊触藩，羸其角②。

九四　贞吉，悔亡；藩决不羸，壮于大舆之輹③。

六五　丧羊于易：无悔。

上六　羝羊触藩，不能退，不能遂④，无攸利，艰则吉。

【注解】

①罔：无。②羸：通“累”，卡住。③輹：同“辐”，车轮中的直条。④遂：进。

【译文】

《大壮》象征壮大强盛：坚守贞固有利。

初九　脚趾健壮（比喻有实力）：出征肯定有凶险。

九二　固守贞正可获吉祥。

九三　小人滥用强力，君子不会滥用强力：占问说危险；公羊触篱，角卡住了。

九四　守持正道，可获吉祥，悔恨消失；好似冲破篱笆也无损坏，比

羝羊触藩，不能退，不能遂，无攸利，艰则吉。

大车的轮輹还要强壮。

六五　在田地上丢了羊：无悔。

上六　公羊触篱，角卡住了，进退不得，无利可得，历经艰难后可转吉祥。

【彖传】

【原文】

《彖》曰：大壮，大者壮也。刚以动①，故壮。《大壮》“利贞”，大者正也。正大，而天地之情可见矣。

【注解】

①刚以动:《大壮》卦下乾上震，震是动，乾是刚，所以说“刚以动”。

【译文】

《彖传》说：大壮，指大者强壮。行事刚健，所以称“壮”。《大壮》中的“利贞”，是指大者正直。正直壮大，天地万物的情状就可以明白了。

【象传】

【原文】

《象》曰：雷在天上①，《大壮》。君子以非礼弗履。

初九　“壮于趾”，其“孚”穷也。

九二　“九二贞吉”，以中也②。

九三　“小人用壮，君子用罔”也。

九四　“藩决不羸”，尚往也③。

六五　“丧羊于易”，位不当也④。

上六　“不能退，不能遂”，不详也⑤；“艰则吉”，咎不长也。

【注解】

①雷在天上:《大壮》卦下乾上震，震是雷，乾是天，所以说“雷在天上”。雷象征刑罚，天象征朝廷，“雷在天上”象征朝廷刑罚严峻，君子宜谨慎，所以下文说“君子以非礼弗履”。（履：行。）②中：本爻九二是阳爻居下卦中位。③尚：渴望。④位不当：本爻六五是阴爻居阳位，是“位不当”。⑤详：同“祥”，吉祥。

【译文】

《象传》说：雷在天上轰响，这就是《大壮》卦的象征。君子取法《大壮》卦，不合礼义的事不做。

初九　“壮于趾”，这是说初九确实要走向困境。

九二　“九二贞吉”，这是因为君子能守中道。

九三　九三说：“小人滥用强盛，君子虽强不用。”

九四　“藩决不羸”，这是说利于九四向前发展。

六五　“丧羊于易”，这是因为六五地位失当。

上六　“不能退，不能遂”，这是不祥现象；“艰则吉”，这是说遭受灾殃的时间长不了。

晋卦

【原文】

《晋》　康侯用锡马蕃庶①，昼日三接。

初六　晋如②，摧如：贞吉；罔孚③，裕无咎。

六二　晋如，愁如：贞吉；受兹介福于其王母④。

下坤上离。

六三　众允⑤：悔亡。

九四　晋如鼫鼠⑥：贞厉。

六五　悔亡，失得勿恤⑦，往吉，无不利。

上九　晋其角，维用伐邑：厉吉，无咎，贞吝。

【注解】

①康侯：周武王之弟，名封，初封侯于康，故称康侯。锡：同“赐”，赏赐。蕃：盛。庶：多。②晋：同“进”。如：语气助词。③罔：无。孚：信任。④介：大。⑤允：信服。⑥鼫鼠：传说中的一种技不专一的老鼠。据说它有五种技能，但能飞不能过屋，能缘不能穷木，能游不能渡谷，能穴不能掩身，能走不能先人。所以《荀子·劝学》说：“鼫鼠五技而穷。”按：此爻阳刚，不中失正，下应初六而又上比六五，是用心不专之象。⑦恤：忧愁。

【译文】

《晋》象征上进：康侯蒙受天子赏赐的车马众多，一天里多次受到接见。

初六　进取之初有阻碍，吉祥；初时不能

康侯用锡马蕃庶，昼日三接。

见信于人：宽以待人则无咎害。

六二 进取途中充满忧虑：守持正道可获吉祥；做事能从王母那里获得大福气。

六三 众人都信服他：悔恨消失。

九四 进取之时，就像身无专技的田鼠偷吃禾苗一样：这样很危险。

六五 悔恨消失，不用忧虑得失，前往吉祥，没有不利。

上九 进取到了事物顶端如野兽用它的角进攻，这意味着可以出兵攻邑：起初危险，终获吉祥，无害，坚守正道以防发生遗憾。

【彖传】

【原文】

《彖》曰：晋，进也。明出地上①。顺而丽乎大明，柔进而上行②，是以“康侯用锡马蕃庶，昼日三接”也。

【注解】

①明出地上：《晋》卦下坤上离，离是明（日），坤是地，所以说“明出地上”。坤又是顺，离又是大明，所以说“顺而丽乎大明”。“顺而丽乎大明”象征臣子顺从和依附明君。②柔进而上行：《晋》卦初六、六二、六三、六五都是阴爻，是柔，爻位渐升，所以说“柔进而上行”。“柔进而上行”象征臣子功业不断增长。

【译文】

《彖传》说：晋，指前进。太阳升出地面。顺从的臣子向上依附明君，以柔顺之道积极进取、功业不断增长，所以说“康侯用锡马蕃庶，昼日三接”。

【象传】

【原文】

《象》曰：明出地上①，《晋》。君子以自昭明德。

初六 “晋如摧如”，独行正也；“裕无咎”，未受命也。

六二 “受兹介福”，以中正也②。

六三 “众允”之，志上行也。

九四 “鼫鼠贞厉”，位不当也③。

六五 “失得勿恤”，往有庆也。

上九 “维用伐邑”，道未光也。

【注解】

①明出地上：《晋》卦下坤上离，离是明（日），坤是地，所以说“明出地上”。朝阳自呈光芒，君子自展美德，所以下文说“君子以自昭明德”。②中正：本爻六二居上卦中位。③位

不当：本爻九四是阳爻居阴位，是“位不当”。

【译文】

《象传》说：太阳升出地面，这就是《晋》卦的象征。君子取法《晋》卦，自我展现美德。

初六　“晋如摧如”，这是因为军队能独行正道；“裕无咎”，这是因为君子未领受王命。

六二　“受兹介福”，这是因为君子中正。

六三　众人都信服他，这是因为六三志向上进。

九四　“鼫鼠贞厉”，这是因为九四地位失当。

六五　不用忧虑得失，六五大胆前往会有收获。

上九　“维用伐邑”，这是说上九进取之道尚未光大。

明夷卦

【原文】

下离上坤。

《明夷》利艰贞。

初九　明夷于飞，垂其翼；君子于行，三日不食；有攸往，主人有言。

六二　明夷，夷于左股[①]，用拯马壮[②]：吉。

九三　明夷于南狩，得其大首；不可疾贞。

六四　入于左腹，获明夷之心于前往庭。

六五　箕子之明夷[③]：利贞。

上六　不明，晦，初登于天，后入于地。

【注解】

①夷：损伤。股：大腿。②拯：救。③箕子：商纣王的叔父。

【译文】

《明夷》象征光明损伤：利于牢记艰难，坚守正道。

初九　在光明受到损害之时向外飞，低垂着羽翼；君子前往，几天没饭吃；前往办事，所到之处都受主人责备。

六二　光明不见了，伤了左腿，得到壮马搭救：吉祥。

九三　光明殒伤时去南方行猎，君子捕得大野兽；不宜操之过急，还要守持正道。

六四　退处于左方腹地，洞悉了光明殒伤的中心情况，终于跨出大门向远方走去。

六五　像箕子一样处于光明殒伤之时，守贞则有利。

上六　天色不明，昏暗一片，（太阳）先是升空，后来落地。

【彖传】

【原文】

《彖》曰：明入地中[①]，《明夷》。内文明而外柔顺[②]，以蒙大难，文王以之[③]。"利艰贞"，晦其明也[④]，内难而能正其志，箕子以之。

【注解】

①明入地中：《明夷》卦下离上坤，坤是地，离是明（日），所以说"明入地中"。②内文明而外柔顺：《明夷》卦的内卦是离，外卦是坤，坤是柔顺，离是文明，所以说"内文明而外柔顺"。③以：似。④晦：隐藏。

【译文】

《彖传》说：太阳落下地面，光明殒伤这就是《明夷》卦的象征。君子内有文明美德，外有柔顺之象，却蒙受大难，周文王的情况就像这样。"利艰贞"，这是说君子隐藏他的光明。君子身陷内难，仍能志向正直，箕子的情况就像这样。

【象传】

【原文】

《象》曰：明入地中[①]，《明夷》。君子以莅众用晦而明。

初九　"君子于行"，义"不食"也。

六二　"六二"之"吉"，顺以则也[②]。

九三　"南狩"之志，乃大得也。

六四　"入于左腹"，获心意也。

六五　"箕子"之"贞"，"明"不可息也[③]。

"南狩"之志，乃大得也。

上六　“初登于天”，照四国也；“后入于地”，失则也。

【注解】

①明入地中：《明夷》卦下离上坤，坤是地，离是明（日），所以说“明入地中”。明象征明察，地象征人的腹心，君子治理百姓，宜明察在心，所以下文说“君子以莅众用晦而明”。（莅：指治理；用晦：指不动声色。）②顺以则：本爻六二是阴爻，居九三阳爻下，是顺从的象征。③息：熄灭。

【译文】

《象传》说：太阳落下地面，象征光明受到殒伤，这就是《明夷》卦。君子取法《明夷》卦，治理众人时要深藏智慧而不显但已明察在心。

初九　君子前往，三天不吃东西，不吃是为了节操为重。

六二　六二说“吉”，这是因为行事时柔顺而能坚守中天规则。

九三　君子向南狩猎的目的，是要有大收获。

六四　（鹈鹕）飞入左边山洞，（君子捉它）是为了获知真实的情况。

六五　箕子是正直的，他的光明是不可熄灭的。

上六　“初登于天”，这是说君子德耀四方；“后入于地”，这是说君子失掉准则了。

家人卦

【原文】

下离上巽。

《家人》　利女贞。

初九　闲有家[①]：悔亡。

六二　无攸遂，在中馈[②]：贞吉。

九三　家人嗃嗃[③]：悔，厉，吉；妇子嘻嘻：终吝。

九四　富家：大吉。

九五　王假有家[④]，勿恤，吉。

上九　有孚[⑤]，威如：终吉。

【注解】

①闲：防范。②中馈：指家中饮食的事。中，家中；馈，供给。③嗃嗃：即“嗷嗷”，哀苦的叫声。④假：通“格”。⑤孚：诚信。

【译文】

《家人》象征一家人：女子守持贞固有利。

初九　在家之初即防范邪恶，保有其家：悔恨消失。

六二　女子不用外出，不自作主张，在家打理家务：守持贞固，吉祥。

九三　家人因治家严格而嗷嗷叫苦：有悔恨，有危险，终获吉祥；家人嘻哈作乐：起初亨通，终变艰难。

九四　能使家里富裕起来：大吉。

九五　君王用大道美德感化众人，不用忧虑，吉祥。

上九　有诚信，威严治家：终获吉祥。

【彖传】

【原文】

《彖》曰：《家人》，女正位乎内[①]，男正位乎外[②]，男女正，天地之大义也。家人有严君焉，父母之谓也。父父，子子，兄兄，弟弟，夫夫，妇妇，而家道正。正家而天下定矣。

【注解】

① 女正位乎内：六二是阴爻居阴位，又是居内卦中位，是阴当位、得中、居内，所以说“女正位乎内”。“女正位乎内”象征女子在家守道。② 男正位乎外：九五是阳爻居阳位，又是居外卦中位，是阳当位、得中、居外，所以说“男正位乎外”。“男正位乎外”象征男子在外守道。

【译文】

《彖传》说：《家人》卦的象征是，女子在家居正位守正道，男子在外居正位守正道，男女各守其位，这就是天地阴阳的大义。家中有严明的君长，这就是父和母。如果父有父样，子有子样，兄有兄样，弟有弟样，夫有夫样，妇有妇样，家道就端正了。家道端正了，天下也就安定了。

【象传】

【原文】

《象》曰：风自火出[①]，《家人》。君子以言有物而行有恒。

初九　“闲有家”，志未变也。

六二　“六二”之“吉”，顺以巽也[②]。

九三　“家人嗃嗃”，未失也；“妇子嘻嘻”，失家节也[③]。

六四　“富家大吉”，顺在位也[④]。

九五　“王假有家”，交相爱也。

上九　“威如”之“吉”，反身之谓也。

【注解】

①风自火出:《家人》卦下离上巽，巽是风，离是火，所以说“风自火出”。风象征德教，火象征明察，德教的普及、明察的成长，都对君子的言行提出了要求，所以下文说“君子以言有物而行有恒”。②顺以巽：本爻六二是阴爻，居九三阳爻下，是顺服谦逊的象征。③家节：家规。④顺在位：本爻六四是阴爻，居九五阳爻下，是顺从的象征；六四又是阴爻居阴位，是“在位”(当位)。

【译文】

《象传》说：风从火中出来，这就是《家人》卦的象征。君子取法《家人》卦言之有物，恒心办事。

初九　在家多加防范，这是说在家人思想尚未产生变化的时候预先防范。

六二　六二说“吉”，这是因为君子柔顺谦逊。

九三　“家人嗃嗃”，这是说家人没有过失；“妇子嘻嘻”，这是说家中失去了家规。

六四　“富家大吉”，这是因为君子能行柔顺之道，又地位得当。

九五　“王假有家”，这是说一家人交相爱睦。

上九　办事威严是吉祥的，这是因为君子能反省自己。

睽卦

【原文】

《睽》　小事吉。

初九　悔亡；丧马，勿逐，自复；见恶人，无咎。

下兑上离。

九二　遇主于巷：无咎。

六三　见舆曳[①]，其牛掣[②]，其人天且劓[③]：无初有终。

九四　睽孤，遇元夫，交孚，厉，无咎。

六五　悔亡。厥宗噬肤，往何咎？

上九　睽孤，见豕负涂[④]，载鬼一车[⑤]，先张之弧[⑥]，后说之弧[⑦]，匪寇，婚媾，往遇雨则吉。

【注解】

①曳：拽。②掣：牵制。③天：古代一种在额上刻字的刑罚。劓：古代一种割鼻的刑罚。④豕：猪。涂：泥。⑤鬼：指像鬼怪一样奇形怪状的人。⑥弧：弓。⑦说：通“脱”，松开。

【译文】

《睽》象征背离：小心处事吉祥。

初九　悔恨消失；丢了马，不用追，它自己会回来；谦和对待与自己对立的恶人：无咎害。

九二　小巷里撞见主人：无咎害。

六三　路上见到一辆大车被拖拽难行，牛受牵制也无法前进，车夫是受过刺额和割鼻的刑罚的人：事情开局不妙，但会有好的结果。

九四　在背离、孤独之时与阳刚大丈夫遇合，两人彼此互信：有风险，终获无害。

六五　悔恨消失。它相应的宗亲像咬噬柔嫩皮肤一样和顺应合，哪会有什么祸害呢？

上九　背离孤独之时，看见猪背着污泥在跑，一辆车上载着一堆鬼怪一样奇形怪状的人，他张弓想射，后来放下弓了，原来他不是抢劫的，是求婚的，前去求婚时遇雨吉祥。

【彖传】

【原文】

《彖》曰：《睽》，火动而上，泽动而下[①]；二女同居，其志不同行。说而丽乎明[②]，柔进而上行[③]，得中而应乎刚[④]，是以“小事吉”。天地睽而其事同也[⑤]，男女睽而其志通也，万物睽而其事类也[⑥]。睽之时用大矣哉！

【注解】

①火动而上，泽动而下：《睽》卦下兑上离，离是火，火苗是朝上的，兑是泽，泽流是朝下的，所以说“火动而上，泽动而下”。离又是中女，兑又是长女，所以下文说“二女同居”。②说而丽乎明：兑又是悦（说），离又是明，所以说“说而丽乎明”。③柔进而上行：《睽》卦六三、六五都是阴爻，爻位上升，所以说“柔进而上行”。④得中而应乎刚：六五是阴爻居上卦中位，和居下卦中位的九二阳爻相应，所以说“得中而应乎刚”。⑤睽：背离。事：指化养万物的事业。⑥事类：指事理。

【译文】

《彖传》说：《睽》卦的背离违逆的象征是，火苗朝上，泽流朝下；二女同居，心思不同。和悦地附丽于光明，柔顺地上进，居于中正而得阳刚相应，所以说“小事吉”。天地上下背离但却在同做生成万物之事，男女阴阳有别却能心意相通，万物各异却能道理暗合。《睽》卦这种异同共存道理的作用真是大啊！

【象传】

【原文】

《象》曰：上火下泽[①]，《睽》。君子以同而异。

初九 “见恶人”，以辟咎也[2]。

九二 “遇主于巷”，未失道也。

六三 “见舆曳”，位不当也[3]；“无初有终”，遇刚也[4]。

九四 “交孚无咎”，志行也。

六五 “厥宗噬肤”，往有庆也。

上九 “遇雨”之“吉”，群疑亡也。

【注解】

①上火下泽：《睽》卦下兑上离，离是火，兑是泽，所以说“上火下泽”。火和泽同中有异、异中有同，分析异同才能掌握事物，所以下文说“君子以同而异”。②辟：通“避”，避免。③位不当：本爻六三是阴爻居阳位，是“位不当”。④遇刚：本爻六三是阴爻，居九四阳爻下，是“（柔）遇刚”。“遇刚”象征遇上明君。

【译文】

《象传》说：上火下泽，这就是《睽》卦的象征。君子取法《睽》卦，掌握同中有异、异中有同的道理。

交孚无咎。

初九 “见恶人”——这是为了避免激化矛盾的祸害。

九二 “遇主于巷”，这是说没有迷失正道。

六三 “见舆曳”，这是说六三地位失当；“无初有终”，这是因为六三遇上了阳刚。

九四 “交孚无咎”，这是说君子求志同道合的愿望是可以实现的。

六五 其宗亲如咬噬柔嫩的皮肤一样和顺地应合——前去将得福庆。

上九 求婚遇雨是吉祥的——这时众人的猜疑都消失了。

蹇卦

【原文】

《蹇》 利西南，不利东北；利见大人，贞吉。

初六 往蹇[1]，来誉。

六二　王臣蹇蹇②，匪躬之故③。

九三　往蹇，来反。

六四　往蹇，来连。

九五　大蹇，朋来。

上六　往蹇，来硕：吉；利见大人。

下艮上坎。

【注解】

①蹇：艰难。②蹇蹇：非常艰难的样子。③躬：自身。

【译文】

《蹇》象征行走艰难：往西南去有利，往东北去不利；见大人有利，守持正道吉祥。

初六　去时艰难，回时得到荣誉。

六二　君主的臣子处境十分艰难，这不是他自身原因所致。

九三　去时艰难，回时返归原所。

六四　去时艰难，回时又与九三等爻相联合，说明六四当位正。

九五　碰上大难，朋友们纷纷来归相助。

上六　去时艰难，回时有大成绩：吉祥；见大人有利。

【彖传】

【原文】

《彖》曰：《蹇》，难也，险在前也①。见险而能止，知矣哉②！《蹇》，“利西南”，往得中也③；“不利东北”，其道穷也；“利见大人”，往有功也。当位“贞吉”④，以正邦也。《蹇》之时用大矣哉！

【注解】

①险在前：《蹇》卦下艮上坎，坎是险，所以说“险在前”。艮又是止，所以下文说“见险而能止”。②知：通“智”，明智。③中：九五、六二分居上下卦中位。④当位：六二是阴爻居阴位，九五是阳爻居阳位，都是“当位”。

【译文】

《彖传》说：《蹇》卦，指艰难，危险在前，遇见危险就止步，明智啊！《蹇》卦说，“利西南”，往西南去是合乎正道的；“不利东北”，东北是死路一条；“利见大人”，这是说前往有收获。君子地位得当，中正吉祥，足以安邦定国。《蹇》卦这种灵活应对艰险的道理的作用真大啊！

【象传】

【原文】

《象》曰：山上有水[①]，《蹇》。君子以反身修德。

初六　“往蹇来誉”，宜待也。

六二　“王臣蹇蹇”，终无尤也。

九三　“往蹇来反”，内喜之也。

六四　“往蹇来连”，当位实也[②]。

九五　“大蹇朋来”，以中节也[③]。

上六　“往蹇来硕”，志在内也；“利见大人”，以从贵也。

【注解】

① 山上有水：《蹇》卦下艮上坎，坎是水，艮是山，所以说“山上有水”。山象征贤人，水象征美德，美德源自修养，所以下文说“君子以反身修德”。② 当位：本爻六四是阴爻居阴位，是“当位”。实：富裕。③ 中节：本爻九五是阳爻居上卦中位，是节操中正的象征。

【译文】

《象传》说：山上有水，这就是《蹇》卦的象征。君子取法《蹇》卦反省自我，修养道德。

初六　如果往前行走，就会很艰难；如果回来就会获得赞誉，这时君子宜等待时机。

六二　大臣忠心耿耿地奔走于艰难之中，结果终无过错。

九三　去时艰难，回时反省，九三心里满意这次出行。

六四　往前行走艰难，归来与九三各爻联合，这是说君子地位得当，从而具有实力。

九五　“大蹇朋来”，这是因为君子节操中正。

上六　“往蹇来硕”，这是因为君子壮志在心；“利见大人”，这是因为君子能追随贵人。

解卦

【原文】

《解》　利西南；无所往，其来复吉；有攸往，夙吉[①]。

初六　无咎。

九二　田获三狐[②]，得黄矢[③]：贞吉。

六三　负且乘，致寇至：贞吝。

九四　解而拇，朋至斯孚[④]。

六五　君子维有解[⑤]：吉；有孚于小人。

上六　公用射隼于高墉之上[⑥]，获之：无不利。

下坎上震。

【注解】

①夙：早。②田：打猎。③黄矢：铜箭头。④斯：于是。⑤维：捆住。有：又。⑥隼：一种猛禽。墉：城墙。

【译文】

《解》卦象征艰难得到缓解：往西南去有利；没有外出无须缓解，从外返回，吉祥；前往时，早上出去吉祥。

初六　（险难初解）无咎害。

九二　猎得几只狐狸，捡到铜箭头：坚守正道可得吉祥。

六三　背着东西去坐车，招致强盗来抢：坚贞守正以防事情艰难。

九四　像解开你的脚一样解脱小人的纠缠，真正的朋友会以诚心与你相应。

六五　君子受绑了，又解开了：吉祥；并使小人也相信只有改恶从善才有前途。

上六　王公在高墙上用箭射隼，射中了它：没有不利。

【彖传】

【原文】

《彖》曰：《解》，险以动[①]，动而免乎险，《解》。《解》"利西南"，往得众也；"其来复吉"，乃得中也；"有攸往夙吉"，往有功也。天地解而雷雨作，雷雨作而百果草木皆甲坼[②]。《解》之时大矣哉！

【注解】

①险以动：《解》卦下坎上震，震是动，坎是险，所以说"险以动"。②甲：壳。坼：裂。

【译文】

《彖传》说：《解》卦的象征是，君子在危险中行动，通过行动脱险了，所以卦名叫"解"。《解》卦说，"利西南"，这是因为前往会得众人帮助；"其来复吉"，这是因为君子中正；"有攸往夙吉"，这是说前往有收获。天地解冻而雷雨大作，雷雨大作而草木抽芽。《解》卦这种适时解放的道理真是大啊！

【象传】

【原文】

《象》曰：雷雨作[1]，《解》。君子以赦过宥罪。

初六　刚柔之际[2]，义“无咎”也。

九二　九二“贞吉”，得中道也[3]。

六三　“负且乘”，亦可丑也，自我致戎[4]，又谁咎也？

九四　“解而拇”，未当位也[5]。

六五　“君子有解”，“小人”退也。

上六　“公用射隼”，以解悖也。

【注解】

①雷雨作：《解》卦下坎上震，震是雷，坎是水，所以说“雷雨作”。雷象征刑罚，雨象征恩泽，治民宜少用刑罚，多施恩泽，所以下文说“君子以赦过宥罪”。（宥：宽恕。）②刚柔之际：本爻初六是阴爻，居九二阳爻下，所以说“刚柔之际”。际，接近。③得中道：本爻九二是阳爻居下卦中位，是中道的象征。④戎：指强盗。⑤未当位：本爻九四是阳爻居阴位，是“未当位”（不当位）。

【译文】

《象传》说：雷雨大作，这就是《解》卦的象征。君子取法《解》卦，赦免和宽容人们的过失罪恶。

初六　刚柔相济之时，这该是无害的。

九二　九二说正直是吉祥的，这是因为合乎中道。

六三　背着东西坐车，这是可笑的，自己招来了寇盗，又能怪谁呢？

九四　像解开脚摆脱的纠缠，这是九四地位尚未妥当。

六五　君子解脱了，小人退缩了。

上六　王公在高墙上用箭射隼，这是说王公的目的是除去悖逆者。

损卦

【原文】

《损》有孚，元吉，无咎，可贞，利有攸往；曷[1]之用？二簋可用享。

初九　已事遄往[2]，无咎，酌损之。

九二　利贞；征凶；弗损，益之。

六三　三人行则损一人，一人行则得其友。

六四　损其疾，使遄有喜[③]：无咎。

六五　或益之十朋之龟[④]，弗克违：元吉。

下兑上艮。

上九　弗损，益之：无咎，贞吉；利有攸往，得臣无家。

【注解】

①曷：何。②已：即“祀”，祭祀。遄：迅速。③有喜：指病愈。④益：赏给。朋：古时货币单位，十贝为一朋。

【译文】

《损》象征减损：心存诚信，大吉，无害，可以坚守正道，前往有利；减损之道怎样体现？两簋食物就可以用来献祭。

初九　祭祀的事要赶快举行，无害，可以酌量减少祭品。

九二　坚守正道有利；出征凶险；不用减损自己就可以施益于上方。

六三　三人同行，其中一人会受损，一人独行，就会得到友人。

六四　减损自己的病症，使初九很快来相增益：无害。

六五　有人赏他价值十朋的大龟，无法推辞：大吉。

上九　不用自我减损，同样可以帮他：无害，守持正道吉祥；前往有利，将得到大家的拥护。

【彖传】

【原文】

《彖》曰:《损》，损下益上。其道上行。损而“有孚，元吉，无咎，可贞，利有攸往，曷之用二簋，可用享”，二簋应有时。损刚益柔有时，损益盈虚，与时偕行。

【译文】

《彖传》说:《损》卦的象征是，减损下面的以增益上面的。这种道理是处于下位者自愿奉献于上位。《损》卦说:“有孚，元吉，无咎，可贞，利有攸往，曷之用二簋，可用享”，这是说君子祭祀时只用两簋食物的方法，要因时而用。减损刚强来补充柔弱要因时而用，减损盈满来补充亏空，这些都是与时机相配合而自然进行的。

【象传】

【原文】

《象》曰：山下有泽[①]，《损》。君子以惩忿窒欲。

初九　“巳事遄往”，尚合志也[②]。

九二　“九二利贞”，中以为志也[③]。

六三　“一人行”，“三”则疑也。

六四　“损其疾”，亦可“喜”也。

六五　“六五”“元吉”，自上祐也。

上九　“弗损，益之”，大得志也。

【注解】

①山下有泽：《损》卦下兑上艮，艮是山，兑是泽，所以说“山下有泽”。泽水会侵蚀山根，愤怒和欲望会败坏人心，所以下文说“君子以惩忿窒欲”。（惩：克制；窒：阻塞。）②尚：同“上”，指上级。③中：本爻九二是阴爻居下卦中位。

【译文】

《象传》说：山下有泽，这就是《损》卦的象征。君子取法《损》卦克制愤怒，节制欲望。

初九　“巳事遄往”，这是说君子的意志要和上级合拍。

九二　“九二利贞”，这是说君子以坚守正道作为自己的心志。

六三　一人独行能交到朋友，三人同行就产生疑惑。

六四　病情减缓——这是可喜的事。

六五　六五说“元吉”，这是因为有上天保佑。

上九　“弗损，益之”，这是说君子大大得到了施益天下之志了。

益卦

【原文】

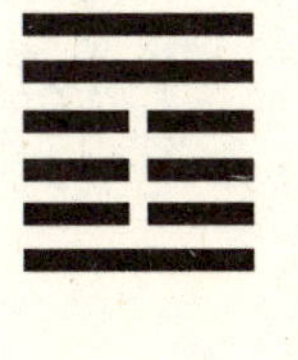

下震上巽。

《益》　利有攸往，利涉大川。

初九　利用为大作，元吉，无咎。

六二　或益之十朋之龟，弗克违；永贞吉；王用享于帝：吉。

六三　益之用凶事：无咎；有孚中行，告公用圭[①]。

六四　中行告公，从，利用为依迁国[②]。

九五　有孚惠心，勿问，元吉；有孚惠我德。

上九　莫益之，或击之，立心勿恒：凶。

【注解】

①圭：圭璧。②国：国都。

【译文】

《益》前往有利，有利于渡大河。

初九　做大事有利，大吉，没有咎害。

六二　有人赏他价值十朋的大龟，无法辞谢；坚守正道可获吉祥；君主以此宝龟祭祀天帝：吉祥。

六三　增益很多应当推及大众，没有除凶灾之事：心存诚信，谨慎持中而行，上告公侯要手持玉珪。

以诚信之心施惠百姓，不必占问必定大吉。

六四　持中慎行之道，上告公侯（迁移国都之事），公侯必能同意，依此建议迁移国都是有利的。

九五　以诚信之心施惠百姓，不必占问，定然大吉；有诚信，百姓就会顺从我的德行。

上九　没人增益于他，有人攻击他，因为他用心不恒：凶险。

【象传】

【原文】

《彖》曰：《益》，损上益下，民说无疆[①]。自上下下，其道大光。“利有攸往”，中正有庆[②]；“利涉大川”，木道乃行[③]。《益》动而巽[④]，日进无疆。天施地生，其益无方[⑤]。凡益之道，与时偕行。

【注解】

①无疆：无限。②中正：九五、六二分居上下卦中位。③木道：《益》卦的上卦是巽，巽是木，所以说“木道”。④动而巽：《益》卦下震上巽，（巽是谦逊）震是动，所以说“动而巽”。⑤方：种类。

【译文】

《彖传》说:《益》卦的象征是，减损上以补充下，人民受益则欣喜无限。居于上位的人能自愿处于民众之下，其增益之道就能光大。“利有攸往”，这是说六二与九五者能各得其位，居中得正，就能赢得福庆;“利涉大川”，这是说木舟的作用得到了发挥。《益》卦增益时上震动、下巽顺，象征顺理而动，天天向前，没有止境。天布德泽，地生万物，天地补益万物不分种类。凡是补益的规则，都要因时而用。

【象传】

【原文】

《象》曰：风雷[①]，《益》。君子以见善则迁，有过则改。

初九　“元吉无咎”，下不厚事也[②]。

六二　“或益之”，自外来也。

六三　“益用凶事”，固有之也。

六四　“告公从”，以益志也。

九五　“有孚惠心”，“勿问”之矣。“惠我德”，大得志也。

上九　“莫益之”，偏辞也[③]；“或击之”，自外来也。

有孚中行，告公用圭。

【注解】

①风雷:《益》卦下震上巽，巽是风，震是雷，所以说“风雷”。风象征德教，雷象征刑罚，触犯刑罚和违反德教，是君子的耻辱，所以下文说“君子以见善则迁，有过则改”。②厚：指落后。③偏：读音同“遍”，指普遍。

【译文】

《象传》说：风和雷，这就是《益》卦的象征。君子取法《益》卦，见了善行就学习，有了过失就改正。

初九　“元吉无咎”，这是因为初九本也不能胜任大事。

六二　有人赏他（价值十朋的大龟），这种增益来自外部。

六三　六三说要加大财力物力，用在去除灾祸上，本就应该这么做了。

六四　中行劝告国君迁都，国君答应了。这是说六四有益民的志向。

九五　有真诚的施惠天下之心，不必多问，肯定吉祥；民众会感念我的德行，这是说九五损上益下的心志实现了。

上九　没人帮他，人们普遍拒绝对他帮助；有人攻击他，这种攻击来自外部。

夬卦

【原文】

下乾上兑。

《夬》扬于王庭①，孚号有厉，告自邑，不利即戎②；利有攸往。

初九　壮于前趾，往不胜，为咎。

九二　惕号③，莫夜有戎④，勿恤⑤。

九三　壮于頄⑥：有凶；君子夬夬独行⑦，遇雨若濡⑧，有愠⑨：无咎。

九四　臀无肤⑩，其行次且⑪，牵羊悔亡，闻言不信。

九五　苋陆⑫，夬夬中行：无咎。

上六　无号，终有凶。

【注解】

①扬：宣布。②即：出动。戎：兵。③惕：恐惧。④莫：即“暮”，夜。⑤恤：忧虑。⑥頄：面颊。⑦夬夬：果决。⑧若：而。濡：沾湿。⑨愠：不快。⑩无肤：没有完整的皮肤。⑪次且：同“趑趄”，走路困难。⑫苋陆：一种草本植物，柔而易折。

【译文】

《夬》象征果决：在王庭上宣布奸人的罪恶，诚恳地号令众人戒备，颁政令于城邑，不利于用武；准备好了前往有利。

初九　仗着前脚趾强壮前往，力不胜任，会惹祸。

九二　恐惧地号叫，原来是夜里敌兵来袭，但不用忧虑。

九三　面颊强壮（比喻炫耀勇猛）：有凶险；君子果决独行，碰上下雨，淋湿了，心中不快：无害。

九四　臀无完肤，走路困难，据说牵羊去献给执刑者，就可以消除悔恨，他听了这话不信。

九五　山羊在陆地上，果决地奔走在路中央：无害。

上六　不号哭，结果有凶险。

【彖传】

【原文】

《彖》曰：夬，决也。刚决柔[1]也，健而说[2]，决而和。“扬于王庭”，柔乘五刚也[3]；“孚号有厉”，其危乃光也；“告自邑不利即戎”，所尚乃穷也；“利有攸往”，刚长乃终也[4]。

【注解】

①刚决柔：《夬》卦由五枚阳爻和一枚阴爻组成，刚的势力大于柔的势力，所以说“刚决柔”。“刚决柔”象征君子决定小人。②健而说：《夬》卦下乾上兑，兑是悦（说），乾是健，所以说“健而说”。③柔乘五刚：《夬》卦上六是阴爻，居高爻位，上六以下五爻都是阳爻，居低爻位，所以说“柔乘五刚”。④刚长：《夬》卦初九至九五都是阳爻，是刚，居低爻位，有向上增长的势力和空间，所以说“刚长”。

【译文】

《彖传》说：夬，指决断。阳刚君子果断决裁阴柔小人，君子刚健和悦，行事果断，坚定而又温和有度。“扬于王庭”，这是说小人凌驾君子；心怀诚恳地号召众人戒备危险，因为只有长存戒备之心方能转危为安；颁告政令于城邑，不利于武力制裁，这是说好战是行不通的；“利有攸往”，这是因为阳刚君子势力增长，小人阴柔势力到头了。

【象传】

【原文】

《象》曰：泽上于天[1]，《夬》。君子以施禄及下，居德则忌。

君子办事果断，有果决除奸之心。

初九　“不胜”而“往”，“咎”也。

九二　“有戎勿恤”，得中道也[2]。

九三　“君子夬夬”，终“无咎”也。

九四　“其行次且”，位不当也[3]；“闻言不信”，聪不明也[4]。

九五　“中行无咎”，中未光行[5]。

上六　“无号之凶”，终不可长也。

【注解】

①泽上于天：《夬》卦下乾上兑，兑是泽，乾是天，所以说“泽上于天”。泽象征恩泽，天象征朝廷，“泽上于天”象征朝廷的恩泽就要下施了，所以下文说“君子以施禄及下，居德则忌”。（忌：避免。）②得中道：本爻九二是阳爻居下卦中位。③位不当：本爻九四是阳爻居阴位，是“位不当”。④聪：听，指判断力。⑤中：本爻九五是阳爻居上卦中位。

【译文】

《象传》说：泽在天上，这就是《夬》卦的象征。君子取法《夬》卦，把福禄施给百姓，避免以功德自傲。

初九　不能取胜却硬要出征，这是有害的。

九二　“有戎勿恤”，这是因为君子能守慎行之道。

九三　君子办事果断，有果决除奸之心，结果是无害的。

九四　行动犹豫不决，这是因为君子地位不妥当；“闻言不信”，这是说君子的判断力有问题。

九五　合乎中道而没有咎害，这是说中道尚未光大。

上六　上六哭也没用，必定凶险，上六阴柔小人不可能长久了。

姤卦

【原文】

《姤》女壮，勿用取女。

初六　系于金柅[①]：贞吉；有攸往，见凶；羸豕孚蹢躅[②]。

九二　包有鱼[③]：无咎；不利宾。

下巽上乾。

九三　臀无肤，其行次且：厉，无大咎。

九四　包无鱼，起凶。

九五　以杞包瓜[④]，含章[⑤]，有陨自天[⑥]。

上九　姤其角[⑦]：吝，无咎。

【注解】

①金柅：刹车器。②羸：同“累”，系缚。孚：借为“浮”，浮躁。蹢躅：徘徊躁动。③包：通“庖”，厨房。④杞：杞柳。包：包裹。⑤章：纹彩。⑥陨：坠落。⑦姤：遇上。

【译文】

《姤》 女子过于强壮，不宜娶她。

初六 像系在金属刹车器上一样静处（象征初遇合时），守持贞正可获吉祥，若急于前往时将遇凶险；像系住的瘦弱的母猪一样躁动着，这不行。

九二 厨房里有一条鱼：没有祸害，但非自己之物，从道义上讲不宜用鱼待客。

九三 （受刑后）臀无完肤，走路困难：有危险，但终无大害。

九四 厨房无鱼，会引起凶险。

九五 用杞树枝叶蔽护着树下的甜瓜，内含着文采，这意味着将有佳遇从天而降。

上九 碰到兽角上：有危险（但没碰伤），终获无害。

【彖传】

【原文】

《彖》曰:《姤》，遇也，柔遇刚也[①]。“勿用取女”，不可与长也。天地相遇，品物咸章也。刚遇中正[②]，天下大行也。《姤》之时义大矣哉!

【注解】

①柔遇刚:《姤》卦初六是阴爻，上接五爻都是阳爻，所以说“柔遇刚”。②刚遇中正:九五、九二都是阳爻，分居上下卦中位，所以说“刚遇中正”。

【译文】

《彖传》说:《姤》卦，指际遇、遇合，阴柔遇合了阳刚。“勿用取女”，这是因为和她相处难以久长。天和地相遇合，然后万物彰显美好；刚健和中正相遇，然后天下大顺。《姤》卦这种顺时相遇的意义真是重大啊!

【象传】

【原文】

《象》曰：天下有风[①]，《姤》。后以施命诰四方。

初六 “系于金柅”，柔道牵也[②]。

九二 “包有鱼”，义不及“宾”也[③]。

九三 “其行次且”，行未牵也。

九四 “无鱼”之“凶”，远民也。

九五 “九五”“含章”，中正也[④]；“有陨自天”，志不舍命也。

上九 “姤其角”，上穷“吝”也。

【注解】

①天下有风：《姤》卦下巽上乾，乾是天，巽是风，所以说"天下有风"。天象征君主，风象征政令，君主是通过发布政令治国的，所以下文说"后以施命诰四方"。（后：君主；诰：同"告"，布告。）②柔道牵：本爻初六是阴爻，居九二阳爻下，是受牵制的象征，所以说"柔道牵"。③义：同"宜"，适宜。④中正：本爻九五是阳爻居上卦中位。

【译文】

《象传》说：天下有风，这就是《姤》卦的象征。君主取法《姤》卦，把政令布告四方。

初六　"系于金柅"，这是说阴柔之道总要受到牵制。

九二　"包有鱼"，从道义上讲拿鱼待客是不适宜的。

九三　"其行次且"，这是说行动尚未受阴柔的初六牵制。

九四　厨房无鱼是凶险的，这是因为君子远离了群众。

九五　九五中的"含章"，是说君子内含章美之德；"有陨自天"，这是说君子意在不违弃天命。

上九　"姤其角"，这是说君子途穷了。

萃卦

【原文】

《萃》亨，王假有庙①；利见大人，亨，利贞；用大牲：吉；利有攸往。

初六　有孚不终，乃乱乃萃；若号，一握为笑；勿恤②，往无咎。

六二　引吉，无咎，孚乃利用禴③。

六三　萃如嗟如④：无攸利；往无咎，小吝。

九四　大吉，无咎。

九五　萃有位，无咎，匪孚；元永贞⑤：悔亡。

上六　赍咨涕洟⑥：无咎。

下坤上兑。

【注解】

①假：读音同"格"，至。②恤：忧虑。③禴：古代一种祭品微薄的祭礼。④如：语气助词。⑤元：大。⑥赍咨：叹气。洟：鼻涕。

【译文】

《萃》象征聚集：亨通，君主来到宗庙祭祀；见大人有利，亨通，利于守持正道；用大牲口祭祀：吉祥；利于有所前往。

初六　有诚信，但不能贯彻始终，导致了行动混乱、不正当聚合。此时若能向正当者呼号，必能握手言欢，不用忧虑，前往无害。

六二　受人招引而相聚可得吉祥，无害，只要有诚信，用禴祭都可有利。

六三　大家都来聚集，叹气：事情无利可得；前往无害，但有小遗憾。

九四　大吉，无害。

九五　会聚之时得有正位，是无害的，但其尚未广泛获得众人的信任，只要大气地坚持中正之道，悔恨自会消失。

上六　叹气掉泪：无害。

【彖传】

【原文】

《彖》曰:《萃》，聚也。顺以说[①]，刚中而应[②]，故聚也。“王假有庙”，致孝享也；“利见大人，亨”，聚以正也；“用大牲吉，利有攸往”，顺天命也。观其所聚，而天地万物之情可见矣。

【注解】

①顺以说:《萃》卦下坤上兑，兑是悦（说），坤是顺，所以说“顺以说”。②刚中而应：九五是阳爻居上卦中位，和居下卦中位的六二阴爻相应。

【译文】

《彖传》说:《萃》卦，指会聚。其性柔顺和悦，在上者刚健中正，而又得众人响应，所以能够会聚众人。“王假有庙”，这是王在表达他的孝顺和祭祀之诚心；“利见大人，亨”，这是因为大家以正道相聚；“用大牲吉，利有攸往”，这是因为君子能顺应天命。探察天地万物会聚的道理，这样就可以知道它们的情状了。

【象传】

【原文】

《象》曰：泽上于地[①]，《萃》。君子以除戎器，戒不虞。

初六　“乃乱乃萃”，其志乱也。

六二　“引吉无咎”，中未变也[②]。

六三　“往无咎”，上巽也[③]。

九四　“大吉无咎”，位不当也[④]。

九五　“萃有位”，志未光也。

上六　“赍咨涕洟”，未安上也[⑤]。

【注解】

①泽上于地：《萃》卦下坤上兑，坤是地，兑是泽，所以说“泽上于地”。泽象征百姓，“泽上于地”象征地上百姓暴动，所以下文说“君子以除戎器，戒不虞”。（除：修治；戎器：兵器；不虞：不料。）②中：本爻六二是阴爻居下卦中位。③上巽：本爻六三是阴爻，居九四阳爻下，是谦逊从人的象征，所以说“上巽”。④位不当：本爻九四是阳爻居阴位，是“位不当”。⑤上：本爻上六居上卦上位。

【译文】

《象传》说：泽在地上，这就是《萃》卦的象征。君子取法《萃》卦修治兵器，以防不备。

初六　“乃乱乃萃”，这是说君子的心志乱了。

六二　“引吉无咎”，这是因为君子恪守中道的心志不改。

六三　“往无咎”，这是因为君子能谦逊从于阳刚之正。

九四　“大吉无咎”，这是因为君子居位失当。

九五　“萃有位”，这是说君子会聚天下的志向尚未光大。

上六　“赍咨涕洟，”这是因为上六未能安居此穷极的上位。

升卦

【原文】

《升》元亨，用见大人[①]，勿恤；南征吉。

初六　允升[②]：大吉。

九二　孚乃利用禴，无咎。

九三　升虚邑[③]。

六四　王用亨于岐山[④]：吉，无咎。

六五　贞吉，升阶。

上六　冥升[⑤]：利于不息之贞。

下巽上坤。

【注解】

①用：当作“利”。②允：信允，诚信。又一说，犹言“宜”。③虚：大丘。④亨：即

“享”，祭祀。⑤冥：夜晚。

【译文】

《升》象征上升：非常亨通、顺利。见大人有利，不用忧虑；南进征战吉祥。

初六　诚信地得到上升：大为吉祥。

九二　心存诚信，用祭品简单地禴祭有利，无害。

九三　上升顺畅如入无人之邑。

六四　（获释后的）周文王在岐山举行祭祀大礼：吉祥，无害。

六五　柔中守正，必能如登上台阶，步步高升。

上六　夜里登上台阶，利于不停地坚守正道、奋斗不息。

【彖传】

【原文】

《彖》曰：柔以时升[①]，巽而顺[②]，刚中而应[③]，是以大“亨”。“用见大人勿恤”，有庆也；“南征吉”，志行也。

【注解】

①柔以时升：《升》卦初六、六四、六五、上六都是阴爻，爻位上升，所以说“柔以时升”。②巽而顺：《升》卦下巽上坤，坤是顺，（巽是谦逊）所以说“巽而顺”。③刚中而应：九二是阳爻居下卦中位，和居上卦中位的六五阴爻相应。

【译文】

《彖传》说：以柔顺之道与时俱升，谦逊而和顺，刚健中正，而又与上者相应，所以大亨通。“用见大人勿恤”，这是说如此上升将有福庆；“南征吉”，这是说上升的心志可以畅行了。

【象传】

【原文】

《象》曰：地中生木[①]，升。君子以顺德，积小以高大。

初六　“允升大吉”，上合志也[②]。

九二　“九二”之“孚”，有喜也。

九三　“升虚邑”，无所疑也。

六四　王用亨于岐山，顺事也。

六五　“贞吉升阶”，大得志也。

上六　“冥升”在上[③]，消不富也。

【注解】

① 地中生木：《升》卦下巽上坤，坤是地，巽是木，所以说“地中生木”。道德的成长就像树木，由小到大，所以下文说“君子以顺德，积小以高大”。② 上合志：本爻初六是阴爻，居九二阳爻下，是顺从的象征，所以说“上合志”。③ 在上：本爻上六居上卦上位。

【译文】

《象传》说：地中生木，这就是《升》卦的象征。君子取法《升》卦顺应道德，积累微小以逐渐成就伟大的事业。

初六 “允升大吉”，这是因为初六上承二阳的意志能及时上升。

九二 心怀诚信，是说喜庆必然到来。

九三 上升顺畅如入无人之邑，说明九三果敢而没有疑惑。

六四 “王用亨于岐山”，这是顺应事物之情势做事。

六五 “贞吉升阶”，这是说君子大遂上升的心志。

上六 夜里登上台阶，这是说要改变不富盛的命运。

困卦

【原文】

下坎上兑。

《困》 亨，贞大人：吉，无咎；有言不信。

初六 臀困于株木[①]，入于幽谷，三岁不觌[②]。

九二 困于酒食，朱绂方来[③]，利用享祀；征凶，无咎。

六三 困于石，据于蒺藜[④]，入于其宫，不见其妻：凶。

九四 来徐徐，困于金车[⑤]：吝，有终。

九五 劓刖[⑥]，困于赤绂[⑦]，乃徐有说[⑧]，利用祭祀。

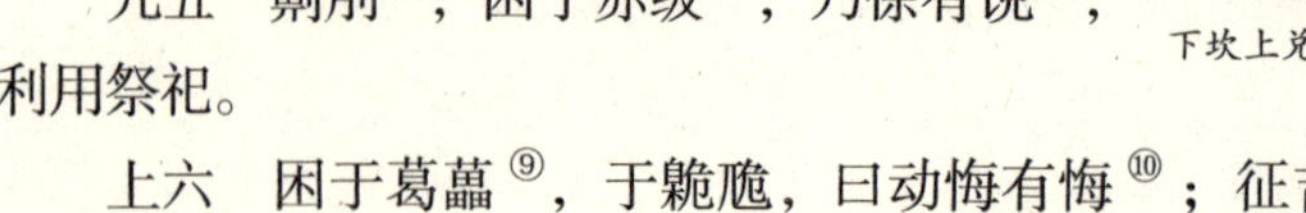

上六 困于葛藟[⑨]，于臲卼，曰动悔有悔[⑩]；征吉。

【注解】

① 困：受困。② 觌：见。③ 朱绂：古代贵族穿的一种红色服饰，指官位。方：正在。④ 据：按。蒺藜：一种带刺的蔓草。⑤ 金车：贵族所坐的装饰有金属的车子。⑥ 劓刖：当作“臲卼”，不安的样子。⑦ 赤绂：即“朱绂”，指贵人。⑧ 说：同“脱”，逃脱。⑨ 葛藟：蔓生带刺的植物。

⑩曰：发语词。前一个“悔”，动词，后悔；后一个“悔”用作名词，指悔恨的事。

【译文】

《困》象征困穷：努力脱困可获亨通，坚守正道的大人可获吉祥，无祸害；此时节说什么话也不会有人信从。

初六 臀部被困在枯的树干之上不能安稳坐处，隐入幽深的山谷，几年不露面。

九二 为酒食所困（指酒食匮乏），但荣禄正在到来（酒食将变丰富），这对祭祀有利；急于出征有凶险，但终获无害。

六三 为乱石所困，手按在蒺藜上（受伤），走进自己的屋里，也见不到妻子：有凶险。

困于石。

九四 缓缓而来，却为金车所困（比喻受到贵族的为难）：有憾惜，但会有好结果。

九五 心神不安，受到贵族的为难，后来逐渐逃脱了，宜祭祀谢神。

上六 为葛藟所困，心神不安，此时若能吸取教训而有所悔恨，前往必可脱离困境以获吉祥。

【彖传】

【原文】

《彖》曰：《困》，刚掩也[①]。险以说[②]，困而不失其所，“亨”，其唯君子乎。“贞大人吉”，以刚中也[③]。“有言不信”，尚口乃穷也。

【注解】

①刚掩：《困》卦下坎上兑，兑是阴卦，坎是阳卦，兑在坎上，是柔掩盖刚的象征，所以说“刚掩”。②险以说：《困》卦下坎上兑，兑是悦（说），坎是险，所以说“险以说”。③刚中：九五、九二都是阳爻，分居上下卦中位。

【译文】

《彖传》说：《困》卦的象征是，阳刚被掩盖而难以伸展。遇险却能和悦应对，困顿却能不失其本色，这种亨通，大概只有君子能得到吧。“贞大人吉”，这是因为君子刚健中正；“有言不信”，这是说空谈是行不通的。

【象传】

【原文】

《象》曰：泽无水《困》①。君子以致命遂志。

初六　“入于幽谷”，幽不明也。

九二　“困于酒食”，中有庆也②。

六三　“据于蒺藜”，乘刚也③；“入于其宫，不见其妻”，不祥也。

九四　“来徐徐”，志在下也；虽不当位④，有与也⑤。

困而能享，必须是贤人。如果是小人或无德之人入困则有国破家亡的凶险。如殷纣王入困自焚。

九五　“劓刖”，志未得也；“乃徐有说”，以中直也⑥；“利用祭祀”，受福也。

上六　“困于葛藟”，未当也；“动悔有悔”，吉行也。

【注解】

①泽无水:《困》卦下坎上兑，兑是泽，坎是水，泽在水上，是泽面干旱的迹象，所以说“泽无水”。“泽无水”象征理想受困，只有不惜生命硬干，所以下文说“君子以致命遂志”。②中：本爻九二是阳爻居下卦中位。③乘刚：本爻六三是阴爻，居九二阳爻上，是柔凌驾刚、小人凌驾君子的象征。④不当位：本爻九四是阳爻居阴位，是“不当位”。⑤与：帮助。⑥中直：本爻九五是阳爻居上卦中位。直，正。

【译文】

《象传》说：泽中无水，这就是《困》卦的象征。君子取法《困》卦，不惜舍命达成理想。

初六　“入于幽谷”，这是说君子处于黑暗之中。

九二　“困于酒食”，这是说秉守中道就会赢得福庆。

六三　“据于蒺藜”，这是说小人凌驾君子；“入于其宫，不见其妻”，这是不祥的兆头。

九四　“来徐徐”，这是说君子甘居下位，虽然地位失当，仍能得人帮助。

九五　“劓刖”，这是说君子尚未得志；“乃徐有说”，这是因为君子中正；“利用祭祀”，这是说祭祀使人蒙福。

上六　“困于葛藟”，这是因为君子行为不当；“动悔有悔”，这样吉祥就来了。

井卦

【原文】

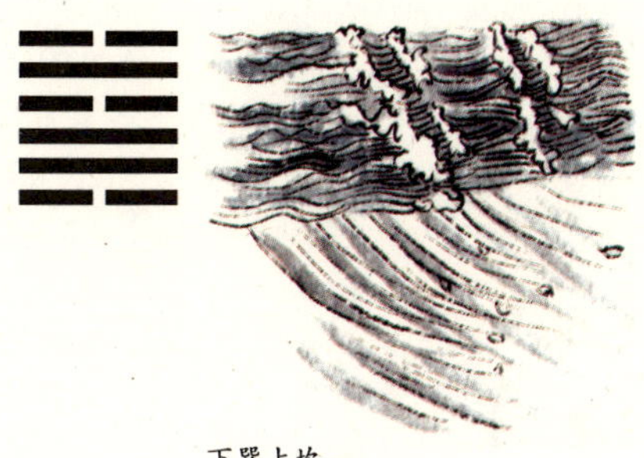

下巽上坎。

《井》改邑不改井，无丧无得；往来井井[①]，汔至[②]，亦未繘井[③]，羸其瓶[④]：凶。

初六　井泥[⑤]，不食；旧井无禽。

九二　井谷射鲋[⑥]；瓮敝漏[⑦]。

九三　井渫[⑧]，不食，为我心恻[⑨]；可用汲，王明，并受其福。

六四　井甃[⑩]：无咎。

九五　井洌[⑪]，寒泉食[⑫]。

上六　井收[⑬]，勿幕[⑭]，有孚：元吉。

【注解】

①井井：前一个“井”，动词，指从井中汲水。后一个“井”是名词，指水井。②汔：干涸。③繘井：挖井。繘，借为“矞”，穿。④羸：借为“儡”，毁坏。瓶：汲水瓦罐。⑤井泥：井积淤泥。⑥井谷：井底。鲋：小鱼。⑦敝：破。⑧渫：污秽。⑨恻：伤悲；⑩甃：修砌。⑪洌：水清。⑫寒泉：深壤冒出的井水。⑬收：汲水完成。⑭幕：把井口盖上。

【译文】

《井》卦象征水井，城邑变了而水井不变，这意味着无失无得；来来往往的人从井中汲水，汲水时，水瓶即将升到井口但还没出井口，汲水瓶磕破了：凶险。

初六　井积淤泥，无法饮用；破旧的井边没有鸟禽飞来。

九二　向井底射小鱼，难射中；水瓮破了，难储水。

九三　井水污秽，不能喝，为此令人心伤悲；此时宜于尽快疏井，疏通后的井，可以汲水；如果是王道圣明，臣民都会受到他的恩泽。

六四　井砌好了：无咎害。

九五　井水清澈，深壤冒出的井水为人们所喜欢饮用。

上六　从井里汲完了水，不要盖上盖，供人继续饮用：心怀诚信，当得大吉祥。

【彖传】

【原文】

《彖》曰：巽乎水而上水[①]，《井》。井养而不穷也。“改邑不改井”，乃以刚中也[2]；“汔至，亦未繘井”，未有功也；“羸其瓶”，是以凶也。

【注解】

①巽乎水：《井》卦下巽上坎（巽是木），坎是水，所以说“巽乎水”。②刚中：九五、九二都是阳爻，分居上下卦中位。

【译文】

《彖传》说：顺着水的特性蓄水并打上水，这就是《井》卦的象征。井水养人，水源不断。“改邑不改井”，这是因为君子能刚毅持中的美德；“汔至，亦未繘井”，这是说明尚未完成井水养人的功用；“羸其瓶”，这是说事情有凶险。

【象传】

【原文】

《象》曰：木上有水[1]，《井》。君子以劳民劝相。

初六　“井泥不食”，下也[2]；“旧井无禽”，时舍也。

九二　“井谷射鲋”，无与也。

九三　“井渫不食”，行“恻”也；求“王明”，“受福”也。

六四　“井甃无咎”，修井也。

九五　“寒泉”之“食”，中正也[3]。

上六　“元吉”在上[4]，大成也。

井甃。

【注解】

①木上有水：《井》卦下巽上坎，巽是木，坎是水，所以说“木上有水”。挖井要靠百姓，所以下文说“君子以劳民劝相”。（劝：教导；相：助。）②下：本爻初六居下卦下位。③中正：本爻九五是阳爻居上卦中位。④在上：本爻上六居上卦上位。

【译文】

《象传》说：木上有水，这就是《井》卦的象征。君子取法《井》卦，教导百姓劳作互助。

初六　“井泥不食”，这是说井口太低；“旧井无禽”，这是说那时井就废弃了。

九二　“井谷射鲋”，说明得不到帮助。

九三　“井渫不食”，这是可叹的；祈求君主圣明，这是企盼受福泽。

六四　“井甃无咎”，这是说应当及时修井。

九五 “寒泉”是可以饮用的，这是因为九五有中正之德。

上六 大吉祥，这是说水井养人获得了大成功。

革卦

【原文】

下离上兑。

《革》巳日乃孚①：元亨，利贞，悔亡。

初九 巩用黄牛之革②。

六二 巳日乃革之③；征吉，无咎。

九三 征凶，贞厉；革言三就④，有孚。

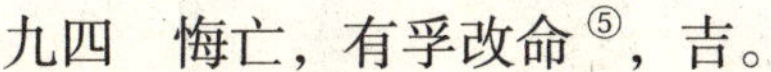

九四 悔亡，有孚改命⑤，吉。

九五 大人虎变⑥，未占，有孚。

上六 君子豹变⑦，小人革面⑧；征凶，居贞吉。

【注解】

①巳：即“祀”，祭祀。②巩：捆缚。革：皮革。③革：变革。④革言：变革的主张。三就：多次俯就，指多次听取臣下的意见。就，俯就。⑤命：命令。⑥虎变：像老虎一样勇猛无惧地推行变革。⑦豹变：像豹子一样勇猛灵活地推行变革。⑧革面：变脸色。

【译文】

《革》卦象征变革，选择最佳时间进行变革：能取信于民，它具有元始、通达、和谐、贞正的德行。悔恨消失。

初九 要用坚固的黄牛皮束缚以固根本。

六二 选最佳时间可以推行变革；勇于前往，必获吉祥，必无咎害。

九三 过急行动有凶险，须守持贞正以防危险；变革的主张要多次研究、广泛听取意见，变革将有曲折，要长久保有诚心。

九四 悔恨消失，心怀诚信；革除旧命，定会吉祥。

九五 大人像老虎一样勇猛无惧地推行变革，其道如虎纹昭然可见，还没占问前，已令人感其诚信。

上六 君子像豹子一样勇猛灵活地推行变革，小人纷纷改变脸色只是表面上拥护变革，急进将有凶险，守持正道则可吉祥。

【彖传】

【原文】

《彖》曰:《革》，水火相息[①]，二女同居[②]，其志不相得，曰革。“巳日乃孚”，革而信之。文明以说[③]，大亨以正。革而当，其“悔”乃“亡”。天地革而四时成，汤武革命[④]，顺乎天而应乎人。《革》之时大矣哉!

【注解】

①水火相息:《革》卦下离上兑，兑是泽（水），离是火，所以说“水火相息”。息，灭，指相克。②二女同居：离是中女，兑是少女，所以说“二女同居”。③文明以说：离是文明，兑是悦（说），所以说“文明以说”。④汤武：商汤和周武王。

【译文】

《彖传》说:《革》卦的象征是，像水与火相互冲突；又像二女同居一室，心思常常各异，这就是《革》卦。“巳日乃孚”，这是说选择好时机变革将获得天下信从。具有文明美德而又使天下和悦，正直大顺，变革恰当，所以悔恨消失。天地变革而四季形成，汤武革命，顺乎天道又合乎人心。《革》卦这种因时变革的意义真是大啊!

二女同居，其志不相得，曰革。

【象传】

【原文】

《象》曰：泽中有火[①]，《革》。君子以治历明时。

初九　“巩用黄牛”，不可以有为也。

六二　“巳日乃革之”，行有嘉也。

九三　“革言三就”，又何之矣。

九四　“改命”之“吉”，信志也。

九五　“大人虎变”，其文炳也[②]。

上六　“君子豹变”，其文蔚也[③]；“小人革面”，顺以从君也。

【注解】

①泽中有火：《革》卦下离上兑，兑是泽，离是火，所以说“泽中有火”。泽中有火，就会水干木焚，这是泽的大变革；把握变革，就要把握变革的时机，所以下文说“君子以治历明时”。②炳：显著。③蔚：大。

【译文】

《象传》说：泽中有火，这就是《革》卦的象征。君子取法《革》卦修治历法，明确时令。

初九　“巩用黄牛”，这是说这时君子不宜行动。

六二　“巳日乃革之”，这是说这时君子办事有利。

九三　“革言三就”，这是说不走变革之路，又能往哪里去呢？

九四　变革政令是吉祥的，要相信九四的变革之志。

九五　“大人虎变”，大人的美德与这种变革的成绩和美，将文采光耀、炳焕照人。

上六　“君子豹变”，这种变革的成绩将是极大的；最后，小人洗心革面也会顺从君主的改革。

鼎卦

【原文】

《鼎》　元吉，亨。

初六　鼎颠趾[①]，利出否[②]；得妾以其子：无咎。

九二　鼎有实[③]，我仇有疾，不我能即[④]：吉。

九三　鼎耳革[⑤]，其行塞[⑥]，雉膏不食[⑦]，方雨[⑧]，亏[⑨]，悔，终吉。

九四　鼎折足，覆公[⑩]，其形渥[⑪]：凶。

六五　鼎黄耳[⑫]、金铉[⑬]：利贞。

上九　鼎玉铉[⑭]：大吉，无不利。

下巽上离。

【注解】

①鼎：古代煮东西的器具。颠：倒。②否：指废弃物。③实：食物。④即：接近。⑤革：指脱落。⑥塞：阻碍。⑦雉：野鸡。膏：肥肉。⑧方：正在。⑨亏：损坏。⑩：美食。⑪渥：沾湿。⑫黄耳：黄色的鼎耳。⑬金铉：铜制的抬鼎的器具。铉，抬鼎的器具。⑭玉铉：镶玉的铉。

【译文】

《鼎》象征革故鼎新，十分吉祥而亨通。

初六　鼎足颠倒，对倒空鼎里的废物有利；就像娶妾而生下的儿子，无害。

九二　鼎里装满食物；我的仇人有病，不能接近我：吉祥。

九三　鼎耳有所变，它的移动受阻，鼎里精美的野鸡肉还没来得及吃，等到天降阴阳和合之雨，悔憾可清除，终获吉祥。

九四　由于不堪重负，鼎足折了，翻倒了公侯的美味，鼎浑身沾湿：凶险。

六五　鼎配有黄色的鼎耳、铜铉（象征富贵）：利于守持正道。

上九　鼎配有镶玉的铉（象征富贵）：大吉祥，没有不利。

【彖传】

【原文】

《彖》曰：《鼎》，象也，以木巽火[①]，亨饪也[②]。圣人亨以享上帝[③]，而大亨以养圣贤。巽而耳目聪明，柔进而上行[④]，得中而应乎刚[⑤]，是以"元亨"。

【注解】

①以木巽火：《鼎》卦下巽上离，离是火，巽是木，所以说"以木巽（指入）火"。巽象征谦逊，离象征聪明，所以下文说"巽而耳目聪明"。②亨：同"烹"。③享：祭祀。④柔进而上行：初六、六五都是阴爻，爻位上升，所以说"柔进而上行"。⑤得中而应乎刚：六五是阴爻居上卦中位，和居下卦中位的九二阳爻相应。

【译文】

《彖传》说：《鼎》卦是养人的烹饪器具的形象，架起木头升起火烹饪食物。圣人煮食物祭祀上帝，用最丰盛的食物奉养贤人。君主谦逊而耳聪目明，因性情柔顺美德，前进上升，高居中正而又与阳刚贤者相应合，所以大亨通。

【象传】

【原文】

《象》曰：木上有火[①]，《鼎》。君子以正位凝命。

初六　"鼎颠趾"，未悖也。"利出否"，以从贵也。

九二　"鼎有实"，慎所之也。"我仇有疾"，终无尤也。

九三　"鼎耳革"，失其义也。

九四　"覆公𫗧"，信如何也。

六五　"鼎黄耳"，中以为实也[②]。

上九　"玉铉"在上[③]，刚柔节也[④]。

【注解】

①木上有火:《鼎》卦下巽上离，离是火，巽是木，所以说“木上有火”。木上是火，火上是鼎，木火鼎都各在其位，就能煮熟食物；君臣都各在其位，就能国家安定，所以下文说“君子以正位凝命”。(凝：成。)②中：本爻六五是阴爻居上卦中位。③在上：本爻上九居上卦上位。④节：节度。

【译文】

《象传》说：木上有火，这就是《鼎》卦的象征。君子取法《鼎》卦端正职位，完成使命。

初六　“鼎颠趾”，这是说君子行事不悖于常理；“利出否”，这么做是为了能跟从王公贵族。

九二　鼎里食物满了，这是说外出要谨慎；我的仇人生病了，结果我无忧于咎害了。

九三　“鼎耳革”，这是说君子行事有失道义。

九四　这人打翻了王公的美食，怎么能信任呢？

六五　“鼎黄耳”，这是说君子能守正道，从而得阳刚充实之利了。

上九　玉铉出现在上九，这说明上九与阴柔相互调节。

震卦

【原文】

《震》亨，震来虩虩[①]，笑言哑哑[②]；震惊百里，不丧匕鬯[③]。

初九　震来虩虩，后笑言哑哑：吉。

六二　震来，厉，亿丧贝[④]，跻于九陵[⑤]，勿逐[⑥]，七日得。

六三　震苏苏[⑦]，震行：无眚[⑧]。

九四　震，遂泥[⑨]。

六五　震往来，厉，亿无丧有事。

上六　震，索索[⑩]，视矍矍[⑪]；征凶；震不于其躬，于其邻：无咎；婚媾有言。

下震上震。

【注解】

①震：雷声震动。虩虩：害怕的样子。②哑哑：拟声词，笑时发出的声音。③丧：洒落。匕：羹匙。鬯：古代的一种香酒。④亿：发语词。贝：古代的钱币。⑤跻：登。九陵：高陵。⑥逐：寻找。⑦苏苏：轻缓的样子。⑧眚：灾祸。⑨遂：同“坠”，掉落。⑩索索：哆嗦的样子。

⑪视：目光。矍矍：惊恐的样子。

【译文】

《震》卦象征震动，亨通，雷声震动，人们起先惶恐畏惧，后来笑语阵阵；雷声震惊百里，祭师却没有抖落羹匙里的一滴酒。

初九　雷声震动，人们起先惶恐畏惧，后来慎行保福笑语阵阵：可获吉祥。

六二　雷声震动，有危险，丢了很多货币，此时登到高陵之上，不用寻找，过七天会失而复得。

六三　雷声轻缓，在这样的雷声中行路，不会遭殃。

九四　雷声震动，慌不择路，掉进泥泞中。

六五　雷声阵阵，上下往来都有危险，但能知危惧而慎守正道，可以万无一失。

上六　雷声震动，极端恐惧，畏缩难以行走，目光惊恐不安；此时前行必有凶险；雷电没有打中他的身体，打中了他的邻居：无害；此时谋求婚姻会导致议论。

艮卦

【原文】

下艮上艮。

《艮》　艮其背①，不获其身②，行其庭，不见其人：无咎。

初六　艮其趾：无咎。利永贞。

六二　艮其腓③，不拯其随④，其心不快。

九三　艮其限⑤，列其夤⑥：厉，熏心⑦。

六四　艮其身：无咎。

六五　艮其辅⑧，言有序：悔亡。

上九　敦艮⑨：吉。

【注解】

①艮：止。②获：借为“护”，保护。③腓：小腿。④拯：借为“增”，增加。随：借为“陏”，垂肉。⑤限：腰。⑥列：通“裂”，裂开。夤：指脊背肉。⑦熏心：焦心。熏，烧灼。⑧辅：面颊。⑨敦艮：多方注意。敦，多。

【译文】

《艮》卦象征当止则止：止于背后，不让私欲占据身体而妄行，好似在庭院里自如地行走。必无咎害。

初六　抑止在脚趾迈出之前：无害。利于永守正道。

六二　抑止在小腿迈出之前，没有承上而随行，心里不快。

九三　抑止他的腰，致使连接人体上下的部分脊肉裂开：十分危险，像火一样烧灼心。

六四　抑止身体不妄动：无害。

六五　抑止他的面颊，说话注意有条不紊，悔恨就可以消失。

上九　以诚恳厚道的品德抑止亢进的私欲：吉祥。

【彖传】

【原文】

《彖》曰：艮，止也。时止则止，时行则行，动静不失其时，其道光明。艮其止[①]，止其所也[②]。上下敌应[③]，不相与也。是以“不获其身，行其庭，不见其人，无咎”也。

【注解】

①止：当作“背”，指担任职务。②所：指职位。③上下敌应：《艮》卦初六和六四、六二和六五、九三和上九之间，都是阴爻相对或阳爻相对，象征无论是同为小民或是同为君子，都互相敌对。所以说“上下敌应”。

【译文】

《彖传》说：艮，抑止之意。当止则止，当行则行，行止动静都能适时，就会前途光明。艮卦的抑止，是要止于当止之处。卦中各爻都上下同性相敌对而不应合，所以卦辞说“不随身体本能之欲妄行，在庭院中自如地行走，如同没有人，没有咎害”啊！

【象传】

【原文】

《象》曰：兼山[①]，《艮》。君子以思不出其位。

初六　“艮其趾”，未失正也。

六二　“不拯其随”，未退听也。

九三　“艮其限”，危“熏心”也。

六四　“艮其身”，止诸躬也[②]。

六五　“艮其辅”，以中正也[③]。

上九　“敦艮”之“吉”，以厚终也。

【注解】

①兼山:《艮》卦下艮上艮，艮是山，两山重叠，所以说“兼山”。两山并立，位置是固定不变的，象征人安守本分，所以下文说“君子以思不出其位”。②诸：之于。③中正：本爻六五居上卦中位。

【译文】

《象传》说：两山重叠，这就是《艮》卦的卦象。君子取法《艮》卦，谋事不超出本分。

初六　“艮其趾”，这是说君子没有迷失正道。

六二　不再追随他了，这是因为他不能退而听从不同的意见。

九三　“艮其限”，这是说危险使君子焦心。

六四　“艮其身”，这是说君子安守本分了。

六五　“艮其辅”，这是说君子能守中正。

上九　很诚恳地止而不动而获吉祥，是因为上九能始终保持敦厚。

【彖传】

【原文】

《彖》曰:《震》,“亨，震来虩虩”，恐致福也;“笑言哑哑”，后有则也[①]；“震惊百里”，惊远与迩也[②]。出，可以守宗庙社稷，以为祭主也。

【注解】

①则：秩序。②迩：近。

【译文】

《彖传》说:《震》卦说“亨，震来虩虩”，这是说祭师克服惊吓，就能带来福运；“笑言哑哑”，这是说惊吓过后，祭祀就恢复秩序了。“震惊百里”，这是说远近的人都吓坏了。那种能够做到“不丧匕鬯”的人，出去可以守护宗庙国家，担任祭主。

【象传】

【原文】

《象》曰：洊雷[①],《震》。君子以恐惧修省。

初九　“震来虩虩”，恐致福也;“笑言哑哑”，“后”有则也。

六二　“震来厉”，乘刚也[②]。

六三　“震苏苏”，位不当也[③]。

九四　“震遂泥”，未光也。

六五　“震往来厉”，危行也，其事在中[4]，大“无丧”也。

上六　“震索索”，中未得也[5]；虽“凶”“无咎”，畏邻戒也。

【注解】

①洊雷：《震》卦下震上震，震是雷，二雷重叠，所以说“洊雷”。雷象征刑罚，二雷重叠，刑罚繁重，所以下文说“君子以恐惧修省”。洊，重。②乘刚：本爻六二是阴爻，居初九阳爻上，是柔凌驾刚的象征。③位不当：本爻六三是阴爻居阳位，是“位不当”。④在中：本爻六五是阳爻居上卦中位。⑤中未得：本爻上六居上卦上位，非中位，所以说“中未得”。

【译文】

《象传》说：持续地打雷，这就是《震》卦的象征。君子取法《震》卦心怀戒惧，修身自省。

初九　“震来虩虩”，这是说初九知惧而戒慎，就能带来福运；“笑言哑哑”，这是说惊吓过后，行为遵循法则不失常态。

六二　震雷打来有危险，这是因为六二乘凌于阳刚之上。

六三　“震苏苏”，这是因为君子地位失当。

九四　“震遂泥”，这是说其阳刚之德还没有光大。

六五　震动之时上下往来均有危险，这是说君子的行动遇上危险了，但因为能守正道，不会有损失。

上六　震动之时极其恐惧以致畏缩难行，这是因为君子未能秉守正道；君子有凶险，后来无害，这是因为畏惧邻居的那种灾祸，从而有了戒备。

渐卦

【原文】

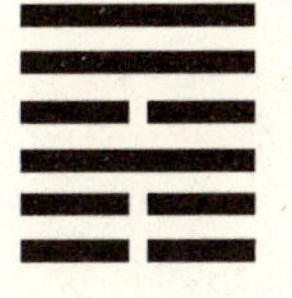

下艮上巽。

《渐》女归[1]：吉，利贞。

初六　鸿渐于干[2]；小子厉，有言：无咎。

六二　鸿渐于磐[3]，饮食衎衎[4]：吉。

九三　鸿渐于陆；夫征不复，妇孕不育：凶；利御寇。

六四　鸿渐于木，或得其桷[5]：无咎。

九五　鸿渐于陵，妇三岁不孕，终莫之胜[6]：吉。

上九　鸿渐于陆[⑦]，其羽可用为仪[⑧]：吉。

【注解】

①归：嫁。②鸿：大雁。渐：进入。干：水边。③磐：石头。④衎衎：喜乐的样子。⑤桷：像方形椽子一样的树枝。⑥胜：替代。⑦陆：朱熹《周易本义》承胡瑗、程颐之说，认为当作“逵”，即云中。⑧仪：一种用鸟羽编成的舞具。

【译文】

《渐》卦象征女子出嫁按礼逐步进行，吉祥，利于坚守正道。

初六　大雁飞到水边；小孩（到水边玩耍）有危险，加以责备（使他离去）：无害。

六二　大雁飞到水边石上，快乐地饮水吃鱼：吉祥。

九三　大雁飞到陆地；丈夫出征未回，妻子失贞得孕而不能育，凶险；不过却对防御敌人有利。

六四　大雁飞到高高的树上，有的停在平稳舒展的树枝上：没有祸害。

九五　大雁飞上山峰（尽管有阻力尚未遂愿）；就像妇女几年不孕，但最终没人能替代她：吉祥。

上九　大雁飞进云中；它的羽毛可用来编织仪饰：吉祥。

【彖传】

【原文】

《彖》曰：渐之进也。“女归吉”也，进得位[①]，往有功也。进以正，可以正邦也。其位，刚得中也[②]，止而巽[③]，动不穷也。

【注解】

①进得位：《渐》卦初六、六二、六四都是阴爻，初六居阳位，是不当位，六二和六四居阴位，是当位。从初六到六二、六四，爻位上升，不当位逐渐变为当位，所以说“进得位”。②刚得中：九五是阳爻居上卦中位。③止而巽：《渐》卦下艮上巽（巽是谦逊），艮是止，所以说“止而巽”。

【译文】

《彖传》说：渐，指渐进。“女归吉”，这是说君子会逐渐获得地位，前往有收获。凭着正道进取，可以安邦定国。这样的君子刚健中正、清净谦逊，行事不会途穷。

【象传】

【原文】

《象》曰：山上有木[①]，《渐》。君子以居贤德善俗。

初六　“小子”之“厉”，义“无咎”也。

六二　“饮食衎衎”，不素饱也[②]。

六三　“夫征不复”，离群丑也[③]；“妇孕不育”，失其道也；“利用御寇”，顺相保也。

六四　“或得其桷”，顺以巽也[④]。

九五　“终莫之胜吉”，得所愿也。

上九　“其羽可用为仪吉”，不可乱也。

【注解】

①山上有木：《渐》卦下艮上巽，巽是木，艮是山，所以说“山上有木”。山象征贤人，木象征道德和习俗，道德习俗都是逐渐成长起来的，所以下文说“君子以居贤德善俗”。（居：积累；善：改善；俗：习俗。）②素饱：吃白饭。③丑：众。④顺以巽：本爻六四是阴爻，居九五阳爻下，是谦逊从人的象征。

【译文】

《象传》说：山上有木，这就是《渐》卦的象征。君子取法《渐》卦积累贤德，端正习俗。

初六　小孩接近水是危险的，大人责备他——是说只要渐近不要危险，这理所当然是无害的。

六二　“饮食衎衎”，这是说君子不是吃白饭的。

六三　“夫征不复”，这是说丈夫离群了；“妇孕不育”，这是因为迷失正道了；“利用御寇”，这是说人们能和顺同心地保卫家园。

六四　“或得其桷”，这是说君子能和顺而谦逊。

九五　“终莫之胜吉”，这是说阴阳相合的心愿实现了。

上九　“其羽可用为仪吉”——这是说其高洁的志向不躁乱。

归妹卦

【原文】

《归妹》征凶，无攸利。

初九　归妹以娣[①]；跛能履；征吉。

九二　眇能视[②]；利幽人之贞[③]。

六三　归妹以须[④]，反归，以娣。

九四　归妹愆期[⑤]，迟归有时[⑥]。

六五　帝乙归妹[⑦]，其君之袂不如其娣之袂良[⑧]，月几望[⑨]：吉。

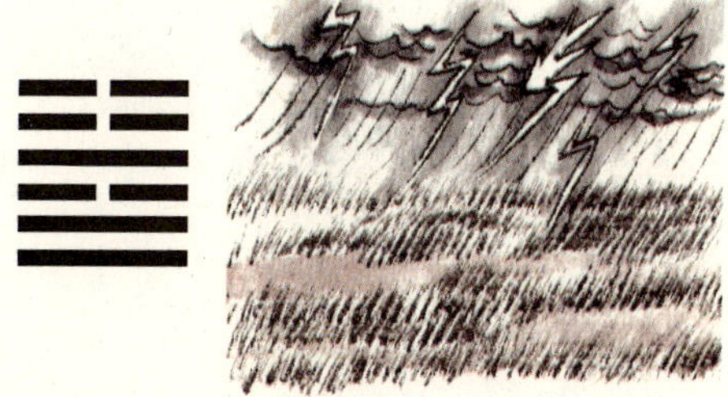

下兑上震。

上六　女承筐，无实，士刲羊[10]，无血：无攸利。

【注解】

①归：嫁。妹：少女的称呼。娣：妹妹，先秦时代贵族嫁女，多以女的妹妹陪嫁。②眇：独眼。③幽人：囚犯。④须：同“媭”，姐姐。⑤愆：误。⑥时：等待。⑦帝乙：商纣王的父亲。⑧君：指正夫人。袂：衣袖，指服饰。⑨几：接近。望：阴历十五的圆月，指阴历十五。⑩刲：刺。

【译文】

《归妹》象征嫁出少女不可急就强求，急就强求则凶险，无利可得。

初九　嫁少女并以少女的妹妹陪嫁；像跛子能够走路；前往吉祥。

九二　瞎了一只眼勉强能够看见；此时幽静的人坚守正道将有利。

六三　少女出嫁盼望成为正室，结果是随姐姐嫁作偏房。

九四　嫁少女延误婚期，迟嫁是想等待更好的夫家。

六五　象征帝乙嫁女儿，作为正夫人的服饰没有陪嫁妹妹的服饰漂亮，其内在的美德如临近阴历十五时的月亮近圆满而不盈，吉祥。

上六　女子捧着筐子，筐中没有东西，男子杀羊，（是空刺）刺不出血：无利可得。

【象传】

【原文】

《象》曰:《归妹》，天地之大义也。天地不交，而万物不兴。《归妹》，人之终始也①。说以动②，所归妹也。“征凶”，位不当也③；“无攸利”，柔乘刚也④。

【注解】

①终始：偏义复词，偏“始”，指繁衍。②说以动:《归妹》卦下兑上震，震是动，兑是悦（说），所以说“说而动”。③位不当：九二、九四是阳爻居阴位，六三、六五是阴爻居阳位，都是“位不当”。④柔乘刚：六三是阴爻，居初九、九二两阳爻上，六五是阴爻，居九四阳爻上，都是“柔乘刚”。

归妹以须，反归，以娣。

【译文】

《象传》说:《归妹》卦讲少女出嫁体现的是天地之间的大道理。天地阴阳二气不交接，万物就不能生长。《归妹》卦就是体现人类繁衍的道理的。男女相处和悦，所以婚姻就成了。“征凶”，这是因为君子地位失当；“无攸利”，这是因为柔爻凌驾刚爻。

【象传】

【原文】

《象》曰：泽上有雷[①]，《归妹》。君子以永终知敝。

初九　“归妹以娣”，以恒也。“跛能履吉”，相承也[②]。

九二　“利幽人之贞”，未变常也[③]。

六三　“归妹以须”，未当也。

九四　“愆期”之志，有待而行也。

六五　“帝乙归妹”，“不如其娣之袂良”也。其位在中，以贵行也。

上六　上六“无实”，承虚筐也[④]。

【注解】

①泽上有雷：《归妹》卦下兑上震，震是雷，兑是泽，所以说“泽上有雷”。泽上雷鸣，春天来了，这是婚娶频繁的日子，君子渴望婚姻的美满，所以下文说“君子以永终知敝”。（永终：美满；敝：同“弊”，流弊。）②承：帮助。③常：常志。④虚：空。

【译文】

《象传》说：泽上有雷，这就是《归妹》卦的象征。君子取法《归妹》卦，追求婚姻美满，察明婚姻有始无终的流弊。

初九　“归妹以娣”，这是按常规办事。“跛能履吉”，这是因为吉祥紧随着来。

九二　“利幽人之贞”，这是因为其不会改变柔和幽静的一贯志向。

六三　“归妹以须”，这种地位失当。

九四　错过嫁期，是有所等待的行为啊！

六五　帝乙嫁女儿，作为正夫人的服饰没有陪嫁妹妹的漂亮，但她品行中正，是以尊贵的身份而行朴素之道啊！

上六　上六说女子的筐里没东西，她捧的是空筐啊。

丰卦

【原文】

《丰》亨，王假之[①]，勿忧，宜日中[②]。

初九　遇其配主[③]，虽旬无咎[④]，往有尚[⑤]。

六二　丰其蔀[⑥]，日中见斗[⑦]，往得疑疾，有孚发若[⑧]：吉。

九三　丰其沛[⑨]，日中见沬[⑩]，折其右肱[⑪]：无咎。

九四　丰其蔀，日中见斗，遇其夷主[⑫]：吉。

六五　来章[⑬]，有庆誉：吉。

上六　丰其屋，蔀其家[⑭]，窥其户，阒其无人[⑮]，三岁不觌[⑯]：凶。

下离上震。

【注解】

①假：至。②日中：正午。③配：当作“肥”，仁厚。④虽：当作“唯”，发语词。旬：十天。⑤尚：通“赏”，奖赏。⑥丰：增大。蔀：草帘。⑦斗：北斗星。⑧孚：信任。发：表明。⑨沛：布幔。⑩沬：通“昧”，小星。⑪肱：手臂。⑫夷主：与“配主”义同，指仁厚的主子。⑬章：德行上的风采。⑭蔀：用草帘遮蔽。⑮阒：寂静。⑯觌：见。

【译文】

《丰》卦象征盛大：亨通，君主会达到盛大亨通之境界，不用忧虑，宜保持如日中天之势。

初九　遇上仁厚的主子，十天之内可以无害，前往会得嘉赏。

六二　增大他的草帘，（遮住太阳，屋中一片黑暗，以至明明是）正午，（黑屋中的他却）看见了北斗星（北斗星代指黑夜，此人多疑，以为黑屋是由黑夜所致），这意味着前往会得多疑病，（此时克服多疑，向人）表明自己的信任：吉祥。

九三　增大他的布幔，（遮住太阳，屋中一片黑暗，以至明明是）正午，（黑屋中的他却）看见了星星，这意味着会折断手臂（但能治愈）：无害。

九四　增大他的草帘，（遮住太阳，屋中一片黑暗，以至明明是）正午，（黑屋中的他却）看见了北斗星（北斗星代指黑夜，此人多疑，以为黑屋是由黑夜所致），此时遇上仁厚的主子：吉祥。

六五　取得德行上的风采，就会得到赏赐和赞誉：吉祥。

上六　增大他的屋子，用草帘遮蔽他的家，窥探他的窗户，寂静无人，几年不见他了：凶险。

【彖传】

【原文】

《彖》曰：丰，大也。明以动[①]，故丰。“王假之”，尚大也；“勿忧宜日中”，宜照天下也。日中则昃[②]，月盈则食[③]，天地盈虚，与时消息[④]，而况于人乎，况于鬼神乎？

【注解】

①明以动：《丰》卦下离上震，震是动，离是明，所以说“明以动”。②昃：太阳西斜。③食：借为“蚀”，指亏缺。④消息：消长。

【译文】

《彖传》说：丰，象征丰大。如离明动而上行，君子可使事业如太阳升至高空，所以能够盛大。“王假之”，这是说君主崇尚丰大；“勿忧宜日中”，这是说君主宜以丰盛之德普照天下。太阳升中就西斜，月亮满了就亏缺，天地的盈缺，都是随着时间消长的，何况人呢，何况鬼神呢？

【象传】

【原文】

《象》曰：雷电皆至[①]，《丰》。君子以折狱致刑。

初九 “虽旬无咎”，过旬灾也。

六二 “有孚发若”，信以发志也。

九三 “丰其沛”，不可大事也；“折其右肱”，终不可用也。

九四 “丰其蔀”，位不当也[②]；“日中见斗”，幽不明也；“遇其夷主”，“吉”行也。

六五 “六五”之“吉”，有庆也。

上六 “丰其屋”，天际翔也；“窥其户，阒其无人”，自藏也。

【注解】

①雷电皆至：《丰》卦下离上震，震是雷，离是电，所以说“雷电皆至”。雷象征刑罚，电象征明察，君子力求刑罚分明，所以下文说“君子以折狱致刑”。（折：判决；狱：案件。）②位不当：九四是阳爻居阴位，是“位不当”。

【译文】

《象传》说：雷电交加，这就是《丰》卦的象征。君子取法《丰》卦审明案件，施用刑罚。

君子有孚发若。

初九 十天之内可以无害，不过十天，

一过可就有灾了。

六二　“有孚发若”，这是说君子能老实地表达真诚的愿望。

九三　“丰其沛”，这是说这时君子不宜办大事；“折其右肱”，结果右肱就不能用了。

九四　“丰其蔀”，这是说君子地位失当；“日中见斗”，这是说君子的处境困难；“遇其夷主”，如此相得相合定获吉祥。

六五　六五中的“吉”，是说必有福庆。

上六　“丰其屋”，这是说君子高飞逃逸了；“窥其户，阒其无人”，这是说君子自己深藏不露。

旅卦

【原文】

《旅》小亨，旅贞吉[①]。

初六　旅琐琐[②]，斯其所取灾[③]。

上艮下离。

六二　旅即次[④]，怀其资，得童仆：贞[⑤]。

九三　旅焚其次，丧其童仆：贞厉。

九四　旅于处[⑥]，得其资斧[⑦]，我心不快。

六五　射雉，一矢亡，终以誉命。

上九　鸟焚其巢，旅人先笑后号咷[⑧]；丧牛于易[⑨]：凶。

【注解】

①旅：旅人。②琐：借为“惢”，多疑。③斯：这，指旅人的多疑。④即：就。次：驻扎的地方，指旅舍。⑤贞：贞后当脱“吉”字。⑥处：旅舍。⑦斧：斧形的铜币。⑧号咷：大哭。⑨易：即“埸”，边地。

旅焚其次。

【译文】

《旅》象征行旅：小事亨通，旅人坚

守正道则吉祥。

初六 旅人行为卑贱猥琐心中多疑，这是他招致灾祸的原因。

六二 旅人住进旅舍，怀带资财，拥有童仆：守持正道吉祥。

九三 旅人住的旅舍失火，火灾中跑了童仆：应守持正道以防危险。

九四 旅人住进了别的旅舍，寻回了他的钱币，但心里仍有不快。

六五 （旅人）射野鸡，野鸡被一箭射中，（射艺高超的旅人）终获赞誉和爵命。

上九 鸟巢失火（比喻旅中过于张扬忘形而旅舍失火），旅人先得高位而笑后遭殃而哭；好像牛在地边走失：有凶险。

【彖传】

【原文】

《彖》曰：《旅》“小亨”。柔得中乎外，而顺乎刚[①]，止而丽乎明[②]，是以“小亨，旅贞吉”也。《旅》之时义大矣哉！

【注解】

①柔得中乎外，而顺乎刚：六五是阴爻居外卦（上卦）中位，是“柔得中乎外”；六五又居上九阳爻下，是“顺乎刚”。②止而丽乎明：《旅》卦下艮上离，离是明，艮是止，所以说“止而丽乎明”。丽，附丽。

【译文】

《彖传》说：《旅》卦象征小亨通。谦柔之人居位中正，顺从阳刚君子，安定守正而依附光明，所以说小获亨通，羁旅时守持贞正可获吉祥。《旅》卦这种适时前往的道理真是大啊！

【象传】

【原文】

《象》曰：山上有火[①]，《旅》。君子以明慎用刑而不留狱。

初六 “旅琐琐”，志穷灾也。

六二 “得童仆贞”，终无尤也。

九三 “旅焚其次”，亦以伤矣。以旅与下[②]，其义丧也。

九四 “旅于处”，未得位也[③]。“得其资斧”，心未快也。

六五 “终以誉命”，上逮也[④]。

上九 以旅在上[⑤]，其义焚也。“丧牛于易”，终莫之闻也[⑥]。

【注解】

①山上有火：《旅》卦下艮上离，离是火，艮是山，所以说“山上有火”。火象征明察，山

象征政务，君子力求明察政务，所以下文说“君子以明慎用刑而不留狱”。（留：拖延。）②下：指童仆。③未得位：本爻九四是阳爻居阴位，是“未得位”（不当位）。④上逮：本爻六五是阴爻，居上九阳爻下，是追随上级的象征。逮，及，指追随。⑤在上：本爻上九居上卦上位。⑥闻：过问。

【译文】

《象传》说：山上有火，这就是《旅》卦的象征。君子取法《旅》卦，使用刑罚时明察慎重，办案时不拖延案件。

初六　行旅之初行为过于卑贱猥琐，这是说其由于意志穷窘而酿祸了。

六二　旅客凭正道得到童仆，结果是无害的。

九三　“旅焚其次”，这是可悲的；旅客和童仆共处，童仆在失火时跑了，跑是理所当然的。

九四　“旅于处”，这是说旅客地位失当。旅客的钱财失而复得，但他心里还是不快。

六五　终获赞誉和爵命，这是追随上面尊者的结果。

上九　旅客前往，却居高自傲，所以他的房子被烧是理所当然的；牛在边地走失这件事，终归是无人知道啊！

巽卦

【原文】

《巽》小亨，利有攸往，利见大人。

初六　进退，利武人之贞①。

九二　巽在床下②，用史巫纷若③：吉，无咎。

九三　频巽④：吝。

六四　悔亡，田获三品⑤。

九五　贞吉，悔亡，无不利，无初有终；先庚三日⑥，后庚三日：吉。

上九　巽在床下，丧其资斧⑦：贞凶。

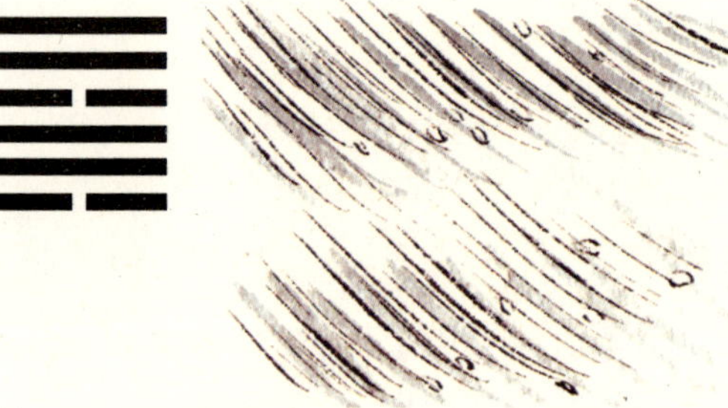

上巽下巽。

【注解】

①武人：军人。②巽：伏。③史巫：巫师。若：语气助词。④频：通“颦”，皱眉。⑤田：打猎。品：种类。⑥庚：庚日。古人把每月分为三旬，每旬十天，依次以甲、乙、丙、丁、戊、己、庚、辛、壬、癸为标记。庚日是每旬的第七天，“先庚三日”即丁日，“后庚三日”即癸

日。⑦斧：斧形的铜币。

【译文】

《巽》卦象征谦顺：小事亨通，前往有利，见大人有利。

初六　谦顺过度而犹豫，以为进退都可，勇武之人守持贞正则有利。

九二　谦顺地伏于床下，如祝史、巫、觋一样殷勤侍奉于上：吉祥，无咎害。

九三　皱眉不乐，勉强谦顺：必有悔憾。

六四　悔恨消失，打猎获得多种猎物。

九五　坚守正道吉祥，悔恨消失，没有不利，事情开局不妙，但会有好结果；在象征变更的庚日前三天发布新令，在庚日后三天实行，必获吉祥。

上九　惊恐地躲伏于床下，丢了资财：坚守正道以防凶险。

【彖传】

【原文】

《彖》曰：重巽以申命[①]。刚巽乎中正而志行[②]，柔皆顺乎刚[③]，是以“小亨，利有攸往，利见大人”。

【注解】

①重巽：《巽》卦下巽上巽，二巽重叠，所以说“重巽”。巽是风，风象征政令，“重巽”象征重申政令。②刚巽乎中正：九五是阳爻，居上卦中位，所以说“刚巽乎中正”。巽，顺应。③柔皆顺乎刚：《巽》卦下卦中，初六是阴爻，居九二、九三阳爻下；上卦中，六四是阴爻，居九五、上九阳爻下，所以说“柔皆顺乎刚”。

【译文】

《彖传》说：上下都谦顺宜于君主重申政令。君主刚健，具有谦顺而中正之美德，意志得以推行，阴柔者都能顺从于阳刚者，所以说“小亨，利有攸往，利见大人”。

【象传】

【原文】

《象》曰：随风[①]，《巽》。君子以申命行事。

初六　“进退”，志疑也；“利武人之贞”，志治也[②]。

九二　“纷若”之“吉”，得中也[③]。

九三　“频巽”之“吝”，志穷也。

六四　“田获三品”，有功也。

九五　“九五”之“吉”，位正中也[④]。

上九　“巽在床下”，上穷也[⑤]；“丧其资斧”，正乎凶也[⑥]。

【注解】

①随风：《巽》卦下巽上巽，巽是风，风随着风吹，所以说“随风”。风象征政令，申明政令利于办事，所以下文说“君子以申命行事”。②治：坚定。③得中：本爻九二是阴爻居下卦中位。④位正中：本爻九五是阳爻居上卦中位。⑤上：本爻上九居上卦上位。⑥正：正直。

【译文】

《象传》说：风随着风吹，这就是《巽》卦的象征。君子取法《巽》卦，办事时申明政令。

初六　“进退”，这是说君子心存疑惑；“利武人之贞”，这是说勇武君子心志坚定。

九二　史巫纷纷（前来为他祷告），这是吉祥的，这是因为他能秉守正道。

九三　皱眉躲伏是危险的，这是说其心志困穷。

六四　“田获三品”，这是说君子有收获了。

九五　九五说事情吉祥，这是因为君子能守中正。

上九　“巽在床下”，这是说途穷了；“丧其资斧”，这是说钱丢了，此时应守持贞正以防凶险。

兑卦

【原文】

上兑下兑。

《兑》亨，利贞。

初九　和兑①：吉。

九二　孚兑②：吉，悔亡。

六三　来兑③：凶。

九四　商兑未宁④；介疾有喜⑤。

九五　孚于剥⑥：有厉。

上六　引兑⑦。

【注解】

①和：和气。兑：借为“说”，说话。②孚：诚信。③来：指主动。④商：商谈。宁：定。⑤介：借为“疥”，疥疮。有喜：指病愈。⑥孚：相信。剥：剥夺者。⑦引：引诱。

【译文】

《兑》卦象征和悦：亨通，利于守持正道。

初九　和气待人：吉祥。

九二　诚实欣悦待人：吉祥，悔恨消失。

六三　曲意逢迎取悦于人有凶险。

九四　商谈尚未定下来的事，心中很不安宁；要是隔断疾患一样的邪恶之人，则有喜事。

九五　相信消剥阳气的小人：有危险。

上六　（有人）引诱我相悦：有危险。

商兑未宁。

【彖传】

【原文】

《彖》曰：兑，说也[①]。刚中而柔外[②]，说以“利贞”，是以顺乎天而应乎人。说以先民[③]，民忘其劳；说以犯难[④]，民忘其死。说之大，民劝矣哉[⑤]！

【注解】

①说：通“悦”，和悦。②刚中而柔外：九五、九二都是阳爻，分居上下卦中位，是“刚中”；上六、六三都是阴爻，分居上下卦外位（上位），是“柔外”。③先：引导。④犯难：赴难。⑤劝：奋勉。

【译文】

《彖传》说：兑，指的是和悦。君子刚健中正于内，柔顺接物于外，把利益百姓、秉守正道当成乐事，所以君子能顺应天道，应合人情。用和悦的政策引导百姓，百姓就会忘掉劳苦；用和悦的政策宣扬赴难，百姓就会舍生忘死。和悦的政策光大了，百姓就都能奋勉不息了。

【象传】

【原文】

《象》曰：丽泽[①]，《兑》。君子以朋友讲习。

初九　“和兑”之“吉”，行未疑也。

九二　“孚兑”之“吉”，信志也。

六三　“来兑”之“凶”，位不当也[②]。

九四　“九四”之“喜”，有庆也。

九五　“孚于剥”，位正当也[③]。

上六　“上六引兑”，未光也。

【注解】

①丽泽:《兑》卦下兑上兑，兑是泽，两泽相连，所以说“丽泽”。两泽相连，泽水交流融汇，水势就大；人和人交流切磋，人就进步，所以下文说“君子以朋友讲习”。②位不当：本爻六三是阴爻居阳位，是“位不当”。③位正当：本爻九五是阳爻居阳位，是“位正当”。

【译文】

《象传》说：泽连着泽，互相附丽润泽这就是《兑》卦的象征。君子取法《兑》卦，和朋友们互相讲习切磋。

初九　和悦是吉祥的，这是因为君子行事平和正直不为所疑。

九二　诚信和悦是吉祥的，这是因为大家信赖他的心志诚信。

六三　主动跟人说话是凶险的，这是因为他地位失当。

九四　九四中的“喜”，是说福庆临头。

九五　没落时还能诚信，这是因为九五所处的地位得当。

上六　上六说，“有人引诱我说话”，这是因为君子的欣悦之道尚未光大。

涣卦

【原文】

下坎上巽。

《涣》　亨，王假有庙；利涉大川，利贞。

初六　用拯马壮：吉。

九二　涣奔其机[①]：悔亡。

六三　涣其躬[②]：无悔。

六四　涣其群[③]：元吉；涣有丘[④]，匪夷所思[⑤]。

九五　涣汗其大号[⑥]，涣王居：无咎。

上九　涣其血去[⑦]，逖出[⑧]：无咎。

【注解】

①涣：大水。机：借为“阶”，台阶。②躬：身。③群：群众。④有：于。⑤夷：平常。⑥汗：大。⑦血：通“恤”，忧患。⑧逖：通“惕”，警惕。

【译文】

《涣》卦象征涣散：亨通，君主亲临宗庙祭祀以聚民心；渡大河有利，占问有利。

初六　涣散时有壮马搭救：吉祥。

九二　涣散之时，奔向几案，要找到一个安身之所：悔恨消失。

六三　散其私心（献身于事业）：无悔。

六四　涣散朋党，大吉；涣散小丘聚成大阜，这不是一般人能想到的。

九五　像涣散汗水一样发布号令，广散王的积财以聚合人心：无害。

上九　涣散之极的忧患消失，保持警惕：无害。

【彖传】

【原文】

《彖》曰：《涣》"亨"，刚来而不穷[①]，柔得位乎外而上同[②]。"王假有庙"，王乃在中也[③]；"利涉大川"，乘木有功也[④]。

【注解】

①刚来而不穷：《涣》卦的内卦是坎，外卦是巽。坎又是阳卦，九二是阳爻，是刚，是坎卦中的主爻；外卦巽卦中的九五是阳爻，是刚，居九五尊位。刚在内为主，在外居尊，内外都通畅显贵，所以说"刚来而不穷"。"刚来而不穷"象征君主行使权力毫无阻碍。②柔得位乎外：六四是阴爻居阴位，又居外卦（上卦），所以说"柔得位乎外"。"柔得位乎外"象征臣民在朝外安守本分。上同：六四是阴爻居九五阳爻下，是臣民拥戴君主的象征。同，拥戴。③在中：九五是阳爻居上卦中位。④乘木：《涣》卦下坎上木，坎是水，巽是木，木在水上，是乘船过河的迹象，所以说"乘木"。

【译文】

《彖传》说：《涣》卦是亨通的。是说阳刚者前来处于阴柔之中而不困穷，阴柔者获正位于外而与上面阳刚同德。"王假有庙"，这是君主中正的表现；"利涉大川"，这是说乘木船过河会成功。

【象传】

【原文】

《象》曰：风行水上[①]，《涣》。先王以享于帝，立庙。

初六　"初六"之"吉"，顺也[②]。

九二　"涣奔其机"，得愿也。

六三　"涣其躬，志在外也。"

六四　"涣其群元吉"，光大也。

九五　"王居无咎"，正位也[③]。

上九　"涣其血"，远害也。

涣其群。

【注解】

①风行水上:《涣》卦下坎上巽，坎是水，巽是风，所以说“风行水上”。水象征百姓，风象征德教，祭祀是重要的德教手段，所以下文说“先王以享于帝，立庙”。②顺：本爻初六是阴爻，居九二阳爻下，是顺从的象征。③正位：本爻九五是阳爻居阳位，又是居上卦中位，所以说“正位”。

【译文】

《象传》说：风吹在水上，这就是《涣》卦的象征。先王取法《涣》卦祭祀上帝，设立宗庙。

初六　初六说涣散时有壮马搭救是吉祥的，这是因为其能顺承阳刚、马能顺从人意。

九二　“涣奔其机”，这是说君子阴阳聚合的愿望实现了。

六三　“涣其躬”，这是说君子志在向外发展。

六四　“涣其群元吉”，这是说六四品德光明正大。

九五　“王居无咎”，这是因为君主地位得当。

上九　涣散之极的忧患消失，这样就远离危害了。

节卦

【原文】

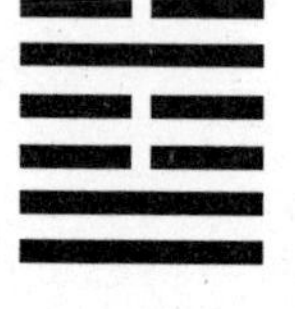

下兑上坎。

《节》亨；苦节[1]，不可贞。

初九　不出户庭，无咎。

九二　不出门庭，凶。

六三　不节若[2]，则嗟若：无咎。

六四　安节：亨。

九五　甘节[3]：吉，往有尚[4]。

上六　苦节：贞凶，悔亡。

【注解】

①节：节制。②若：语气助词。③甘：甘心。④尚：通“赏”，奖赏。

【译文】

《节》卦象征节制：亨通，以节制为苦：不可占问（会有凶险）。

初九　节制自守居家不出户庭：无害。

九二 （自拘于节制）不出门庭：凶险。

六三 不守节制（事情败坏），人将叹息：（但转机将来）无害。

六四 安于节制：亨通。

九五 甘于节制：吉祥，前往得奖赏。

上六 以节制为苦：利于守持正道以防凶险（但转机将来），悔恨消失。

【彖传】

【原文】

《彖》曰：节"亨"。刚柔分而刚得中[①]。"苦节不可贞"，其道穷也。说以行险[②]，当位以节[③]，中正以通[④]。天地节而四时成。节以制度，不伤财，不害民。

【注解】

①刚柔分：《节》卦由三枚阳爻和三枚阴爻组成，数量相等，所以说"刚柔分"。刚得中：九五、九二都是阳爻，分居上下卦中位。②说以行险：《节》卦下兑上坎，坎是险，兑是悦（说），所以说"说以行险"。③当位：六四、上六是阴爻居阴位，九五是阳爻居阳位，都是"当位"。④中正：九五是阳爻居上卦中位。

【译文】

《彖传》说：节制可致亨通。阳刚与阴柔均衡相分，而又刚健中正。以节制为苦而不守正道，君子就将途穷。君子遇险却能和悦应对，地位得当，奉行节制，道德中正，所以亨通。天地节制就形成了四季。制定制度来推行节制，就可以不损民伤财。

【象传】

【原文】

《象》曰：泽上有水[①]，《节》。君子以制数度，议德行。

初九 "不出户庭"，知通塞也。

九二 "不出门庭"，失时极也。

六三 "不节"之"嗟"，又谁咎也。

六四 "安节"之"亨"，

不出户庭，无咎。

承上道也[②]。

九五 “甘节”之“吉”，居位中也[③]。

上六 “苦节贞凶”，其道穷也。

【注解】

①泽上有水：《节》卦下兑上坎，坎是水，兑是泽，所以说“泽上有水”。泽上有水，不加节制就会泛滥成灾，社会的道理和这是一样的，所以下文说“君子以制数度，议德行”。（数度：制度；行：准则。）②承上：本爻六四是阴爻，上接九五阳爻，是柔顺从刚、下级遵从上级的象征。③居位中：本爻九五居上卦中位。

【译文】

《象传》说：泽上有水，这就是《节》卦的象征。君子取法《节》卦制定制度，议定道德的准则。

初九 “不出户庭”，这是因为君子晓得外出行或不行的道理。

九二 “不出门庭”，这是因为君子大大地错过时机了。

六三 由于不知节制导致叹息，这又能怪谁呢？

六四 安于节制是亨通的，因为这是遵从上位的刚中之道。

九五 甘于节制是吉祥的，这是秉守中正的表现。

上六 “苦节贞凶”，这是说君子途穷了。

中孚卦

【原文】

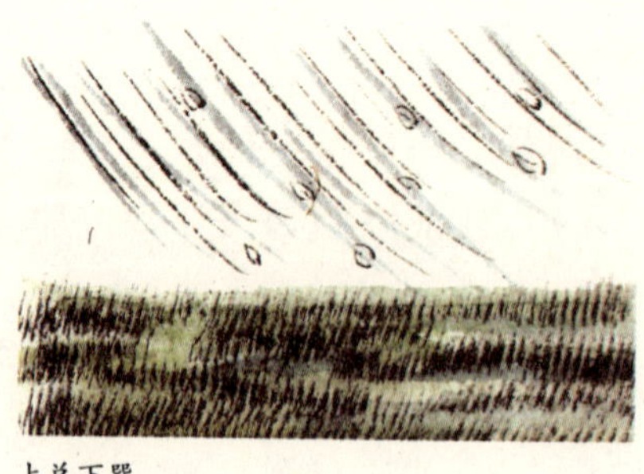

上兑下巽。

《中孚》豚鱼[①]：吉；利涉大川，利贞。

初九 虞[②]：吉；有它，不燕[③]。

九二 鸣鹤在阴[④]，其子和之；我有好爵[⑤]，吾与尔靡之[⑥]。

六三 得敌，或鼓或罢，或泣或歌。

六四 月几望[⑦]，马匹亡：无咎。

九五 有孚挛如[⑧]：无咎。

上九　翰音登于天[9]：贞凶。

【注解】

①豚：小猪。②虞：安定。③燕：通“宴”，安定。④阴：树荫。⑤爵：古代的一种酒器，指美酒。⑥靡：共。⑦几：接近。望：阴历十五的圆月，指阴历十五。⑧孚：诚信。如：语气助词。⑨翰音：鸡的别名。

【译文】

《中孚》卦象征内心要诚信，诚信到能感动小猪和鱼：肯定吉祥；渡大河有利，有利于守持正道。

初九　心中安守诚信：吉祥；别有他求，则心中不安。

九二　鹤在树荫鸣叫，它的同类来应和；两者诚信相合，就像我有美酒，与你共饮。

六三　用心不诚，而自树敌手，有时击鼓进攻，有时停止攻击，有时畏敌而自生悲泣，有时轻敌而发出欢歌。

六四　此爻象征其地位甚佳如接近阴历十五时的月亮，但由于心不诚不专而致使马匹丢失，（但终能找回）：若能专诚则无害。

九五　诚信一以贯之：无祸害。

上九　飞鸟鸣声上达于天（虚有声名）：当守持正道以防凶险。

【象传】

【原文】

《象》曰：《中孚》，柔在内[1]而刚得中[2]，说而巽[3]，孚乃化邦也[4]。“豚鱼吉”，信及豚鱼也；“利涉大川”，乘木舟虚也[5]；中孚以“利贞”，乃应乎天也。

【注解】

①柔在内：《中孚》卦六三、六四是阴爻，爻位居中，外围都是阳爻，所以说“柔在内”。②刚得中：九五、九二都是阳爻，分居上下卦中位。③说而巽：《中孚》卦下兑上巽（巽是谦逊），兑是悦（说），所以说“说而巽”。④孚：诚信。⑤乘木舟：《中孚》卦下兑上巽，巽是木，兑是泽，木在泽水上，是乘木船的迹象。

【译文】

《象传》说：《中孚》卦讲的是心中诚信，说的是君子心怀柔顺至诚，刚健中正，和悦谦逊，运用诚信使邦国得到了教化。“豚鱼吉”，这是说君子的诚信甚至推及豚鱼这类的小物；“利涉大川”，这是因为有木船渡河将畅行无阻；心诚对秉守正道是有利的，这是合乎天道的啊！

【象传】

【原文】

《象》曰：泽上有风[①]，《中孚》。君子以议狱缓死。

初九　“初九虞吉”，志未变也。

九二　“其子和之”，中心愿也。

六三　“或鼓或罢”，位不当也[②]。

六四　“马匹亡”，绝类上也。

九五　“有孚挛如”，位正当也[③]。

上九　“翰音登于天”，何可长也？

【注解】

①泽上有风:《中孚》卦下兑上巽，巽是风，兑是泽，所以说“泽上有风”。泽象征民众，风象征德教，教化民众，宜减缓刑罚，所以下文说“君子以议狱缓死”。②位不当：本爻六三是阴爻居阳位，是“位不当”。③位正当：本爻九五是阳爻居阳位，是“位正当”。

【译文】

《象传》说：泽上有风，这就是《中孚》卦的象征。君子取法《中孚》卦议定案件，宽缓死刑。

初九　初九说君子心中安定是吉祥的，这是因为君子诚信的心志不改变。

九二　小鹤来应和，这是其心里乐意的啊。

六三　“或鼓或罢”，这是因为其地位失当。

六四　马丢了，要断绝分心之处而专心承从于上位。

九五　诚信能够一以贯之，这是因为九五地位得当。

上九　“翰音登于天”，这种虚诚的状况怎能长久呢？

小过卦

【原文】

上艮下震。

《小过》亨，利贞；可小事，不可大事；飞鸟遗之音[①]，不宜上，宜下：大吉。

初六　飞鸟以凶。

六二　过其祖[②]，遇其妣[③]；不及其君[④]，遇其臣：无咎。

九三　弗过，防之，从或戕之[⑤]：凶。

九四　无咎；弗过遇之；往厉，必戒[⑥]；勿用永贞。

六五　密云不雨，自我西郊；公弋[⑦]，取彼在穴。

上六　弗遇，过之，飞鸟离之[⑧]：凶，是谓灾眚[⑨]。

【注解】

①遗：留下。②过：过失，指指出过失。祖：祖父。③遇：礼遇，妣：祖母。④不及：不足，指指出不足。⑤从：通“纵”，纵容。戕：伤害。⑥戒：警告。⑦弋：射。⑧离：借为“罗”，罗网。⑨眚：灾祸。

【译文】

《小过》卦象征小有过度，亨通，有利于守持正道；可做小事，不可做大事；飞鸟欲留声，不宜向上飞太高，宜向下飞低（谦逊务实）：如此可获大吉祥。

初六　飞鸟飞过：（所过太甚）有凶险。

六二　超过他的祖父，得遇他的祖母；赶不上他的君主，君主能遇他的臣子：无咎害。

弗遇，过之，飞鸟离之：凶，是谓灾眚。

九三　没有过度防备，接着有人会害他，有凶险。

九四　没有祸害；不要过分刚强就能得遇阴柔；急于前往有危险，务必要警告他；不可施展才干，要永远守持贞正。

六五　浓云不下雨，从我的西郊飘来；公侯射兽，在洞穴中捉到了猎物。

上六　不能遇合阳刚却超越阳刚，好似飞鸟遭到射杀，有凶险，这就是灾祸。

【彖传】

【原文】

《彖》曰：《小过》，小者过而亨也。过以“利贞”，与时行也。柔得中[①]，是以“小事吉”也。刚失位而不中[②]，是以“不可大事”也。有飞鸟之象焉[③]，“飞鸟遗之音，不宜上，宜下，大吉”，上逆而下顺也。

【注解】

①柔得中：六五、六二都是阴爻，分居上下卦中位。②刚失位而不中：九四是阳爻居阴

位，是“刚失位”；九四、九三都未居上下卦中位，是“（刚）不中”。③有飞鸟之象:《小过》卦下艮上震，震是鹄，艮是山，有鹄飞过山上，所以说“有飞鸟之象”。

【译文】

《彖传》说:《小过》卦是说，小有过度，还是能亨通的。小有过度，对秉守正道是有利的，这是说君子能与时俱进。阴柔居于中正，所以说“小事吉”；阳刚地位失当，不守中正，所以说“不可大事”。《小过》卦有飞鸟的象征，“飞鸟遗之音，不宜上，宜下，大吉”，这是说君子过于向上发展将受阻，而向下发展则顺利。

【象传】

【原文】

《象》曰：山上有雷[①]，《小过》。君子以行过乎恭，丧过乎哀，用过乎俭。

初六　“飞鸟以凶”，不可如何也。

六二　“不及其君”，臣不可过也。

九三　“从或戕之”，凶如何也？

九四　“弗过遇之”，位不当也[②]。“往厉必戒”，终不可长也。

六五　“密云不雨”，已上也。

上六　“弗遇过之”，已亢也[③]。

【注解】

①山上有雷:《小过》卦下艮上震，震是雷，艮是山，所以说“山上有雷”。山象征贤人，雷象征刑罚，“山上有雷”象征贤人受刑，可见刑罚严峻，宜格外谨慎，所以下文说“君子以行过乎恭，丧过乎哀，用过乎俭”。②位不当：本爻九四是阳爻居阴位，是“位不当”。③亢：过分。

【译文】

《象传》说：山上有雷，这就是《小过》的象征。君子取法《小过》卦，办事时格外恭谦，奔丧时格外哀痛，消费时格外节俭。

初六　飞鸟飞过，有凶险，这是其自己做得太过，有什么办法呢？

六二　“不及其君”，这是说臣子不能僭越君主。

九三　纵容他有时会害了他，这种凶险怎么避免呢？

九四　不要过分礼遇他，他地位失当。“往厉必戒”，这样危险就不能长久了。

六五　“密云不雨”，这是说它已经超越阳刚而高居在上了。

上六　（没有过失）却不礼遇他，反批评他，这种行为过分了。

既济卦

【原文】

上离下坎。

《既济》亨小，利贞；初吉，终乱[①]。

初九　曳其轮[②]，濡其尾[③]：无咎。

六二　妇丧其茀[④]，勿逐，七日得。

九三　高宗伐鬼方[⑤]，三年克之；小人勿用。

六四　繻有衣袽[⑥]，终日戒。

九五　东邻杀牛，不如西邻之禴祭[⑦]，实受其福。

上六　濡其首：厉。

【注解】

①乱：祸乱。②曳：拉动。③濡：沾湿。④茀：通“鬅”，首饰。⑤高宗：商王武丁。鬼方：古代北方的一个部落。⑥繻：当作“濡”，沾湿。袽：衣絮。⑦禴：古代一种祭品微薄的祭礼。

【译文】

《既济》象征事已成：连弱小者也都得到亨通，守持贞正有利，否则起初吉祥，终成祸乱。

初九　拉动车轮（过河），（河水）打湿了车尾：无害。

六二　妇女丢了首饰，不必寻找，七天内会失而复得。

九三　殷高宗讨伐鬼方，几年后打败了它；不要任用小人。

六四　（河水）打湿了衣絮，（怕受冻）整天警惕。

九五　东邻杀牛厚祭，不如西邻微薄的禴祭，能确实地得到神的赐福。

上六　（河水）打湿了车头：危险。

【彖传】

【原文】

《彖》曰：既济“亨”，小者亨也。“利贞”，刚柔正而位当也[①]。“初吉”，柔得中也[②]。"终"止则"乱"，其道穷也。

【注解】

①刚柔正：《既济》卦下离上坎，坎是阳卦，是刚；离是阴卦，是柔，刚上柔下，各得其位，所以说"刚柔正"。位当：初九、九三、九五是阳爻居阳位，六二、六四、上六是阴爻居阴位，都是"位当"。②柔得中：六二是阴爻居下卦中位。

【译文】

《彖传》说：事已成，亨通，此时弱小者都可亨通。秉守正道是有利的，因为阳刚和阴柔都地位得当。"初吉"，这是因为柔顺者居中得位；柔顺者居中得位，事之最终将有危乱，是因为事成之道将近困穷了。

【象传】

【原文】

《象》曰：水在火上[①]，《既济》。君子以思患而豫防之。

初九 "曳其轮"，义"无咎"也。

六二 "七日得"，以中道也[②]。

九三 "三年克之"，惫也。

六四 "终日戒"，有所疑也。

九五 "东邻杀牛"，不如西邻之时也。"实受其福"，吉大来也。

上六 "濡其首"，何可久也?

【注解】

①水在火上：《既济》卦下离上坎，坎是水，离是火，所以说"水在火上"。水放在火上，是专为预防失火准备的，象征未雨绸缪，所以下文说"君子以思患而豫防之"。（豫：同"预"，预防。）②中道：本爻六二是阴爻居下卦中位。

【译文】

《象传》说：水在火上，这就是《既济》卦的象征。君子取法《既济》卦，忧虑祸患并预防它。

初九 拉动车轮过河，按理这是无害的。

六二 "七日得"，这是因为君子能守中道。

九三 几年后才打败了敌人，真是太疲惫了。

六四 "终日戒"，这是因为它疑心重啊!

九五 东邻杀牛厚祭，不如西邻微薄的禴祭来得适当。"实受其福"，这是说吉庆将到来。

上六 "濡其首"，这种状况怎能长久呢?

未济卦

【原文】

《未济》 亨；小狐汔济[①]，濡其尾：无攸利。

初六 濡其尾：吝。

九二 曳其轮：贞吉。

六三 未济，征凶；利涉大川。

九四 贞吉，悔亡；震用伐鬼方[②]，三年有赏于大国。

下坎上离。

六五 贞吉，无悔；君子之光有孚[③]：吉。

上九 有孚于饮酒：无咎；濡其首，有孚，失是[④]。

【注解】

①汔：借为“几”，几乎。济：渡水。②震：人名。③光：光荣。孚：俘获。④是：正道。

【译文】

《未济》卦象征事未成之时，努力可致亨通；（如果不慎）就像小狐几乎渡水成功时，打湿了尾巴：无利可得。

初六 小狐打湿了尾巴：必有遗憾。

九二 （事未成之时）拖曳住车轮不使急行：守持贞正可获吉祥。

六三 渡水失败，争于前进则凶险；渡大河有利。

九四 守持贞正可获吉祥，悔恨消失；以雷霆之势讨伐鬼方，三年后得以封赏为大国。

六五 守持贞正可获吉祥，没有悔恨；君子的光荣是做人有诚信：吉祥。

上九 怀着诚信之心饮酒：无灾害；饮酒得意忘形，浇湿了脑袋，失去诚信，即有失正道。

【象传】

【原文】

《象》曰：《未济》“亨”，柔得中也[①]。“小狐汔济”，未出中也；“濡其尾，无攸利”，不续终也。虽不当位[②]，刚柔应也[③]。

【注解】

①柔得中：六五是阴爻居上卦上位。②不当位：初六、六三、六五是阴爻居阳位，九二、九四、上九是阳爻居阴位，都是“不当位”。③刚柔应：初六和九四、九二和六五、六三和上九，是同位爻刚柔相应，所以说“刚柔应”。

【译文】

《彖传》说:《未济》卦是亨通的，因为臣子中正。“小狐汔济”，这是说臣子办事不是出于中道;“濡其尾，无攸利”，这是说臣子办事不能善终。虽然臣子地位失当，君臣却还能互相响应。

【象传】

【原文】

《象》曰：火在水上[①],《未济》。君子以慎辨物居方。

初六 “濡其尾”，亦不知极也[②]。

九二 “九二”“贞吉”，中以行正也[③]。

六三 “未济，征凶”，位不当也[④]。

九四 “贞吉悔亡”，志行也。

六五 “君子之光”，其辉吉也。

上九 “饮酒濡首”，亦不知节也。

【注解】

①火在水上:《未济》卦下坎上离，离是火，坎是水，所以说“火在水上”。水放在火下，是放错了位置，不能灭火，灾害无穷。可见认清并摆正事物的位置是极其重要的，所以下文说“君子以慎辨物居方”。(方：位置。)②极：指方法。③中以行正：本爻九二是阳爻居下卦中位。④位不当：本爻六三是阴爻居阳位，是“位不当”。

【译文】

《象传》说：火在水上，这就是《未济》卦的象征。君子取法《未济》卦，谨慎地辨别事物，摆正事物的位置。

初六 渡水打湿了尾巴，这是因为不懂审慎前进的准则。

九二 九二说秉守正道是吉祥的，这是说君子守中，行事正直。

六三 “未济，征凶”，这是因为君子地位失当。

九四 “贞吉悔亡”，这是说君子心志实现了。

六五 君子的光荣是在讨伐中有所俘获，这种诚信的光荣是吉祥的。

上九 饮酒时浇湿了脑袋，这人也太不知节制了。

春秋

春 秋

《春秋》是世界上最早的编年体史书，记载了上自公元前722年，下至公元前481年，合计242年鲁国的历史。

《春秋》是鲁国史记的名字，也是我国现存最早的一部编年史书。为什么叫《春秋》呢？因为，说到春，就兼及了夏，说到秋，就可以想见冬，所以用“春秋”两个字，就包括了春夏秋冬四时，万物繁育，尽在其中。四时之事，无物不包，无事不记，所以当时把一国的历史称为《春秋》。在西周，“春秋”是各国国史的通称，当时有“周之春秋”“燕子春秋”“齐之春秋”……有所谓“百国春秋”。

现在我们所读的《春秋》是鲁国的编年体国史，经过孔子的修订，成了儒家的经典，《春秋》成了这部经典的专用名称。

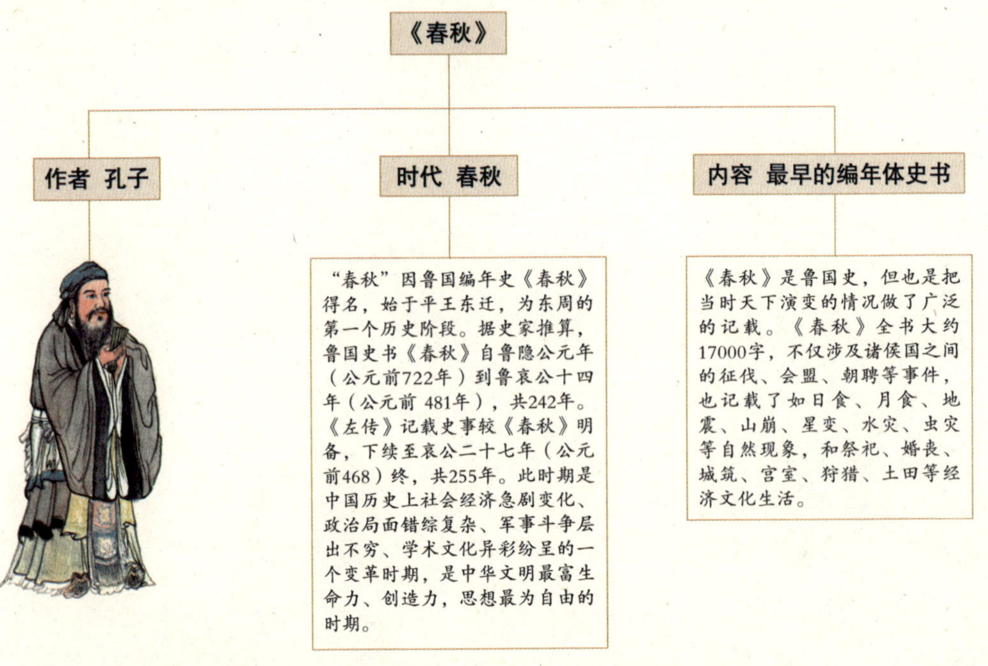

《春秋》的内容

《春秋》是记述鲁国自隐公元年（公元前 722 年），至哀公十四年（公元前 481 年）（共 242 年）间的鲁国及所关系于各诸侯国的大事。

《春秋》所记的时间上起鲁隐公，下到鲁哀公，前后 242 年。尽管它以鲁君年号纪元，却不只写鲁国事，各诸侯国都有兼顾，其中着墨最多的是有关晋文公和齐桓公的事迹，俨然是当时的“世界史”。书中记事按年月编排，开编年记史之先河。上面记载的除了政事，还有天文、鬼神、灾变。记灾是表示天罚，记鬼表示恩仇，尽管有点迷信，但体现了它的“劝惩”之意。至于政事上，劝惩的意思更是明显，如齐国南史氏听闻史官记录“崔杼弑其君”，还滥杀无辜，就跑到都城续载这件事，崔杼见了有所顾忌，就停止了杀戮。

微言大义的《春秋》

《春秋》记事细微简略，细细咀嚼，却能读之有味，这就是它的“微言大义”。孟子说“孔子成《春秋》而乱臣贼子惧”，乱臣贼子因何惧怕？这是因为《春秋》一书寓含褒贬，一字之褒，比叫作王侯还荣耀；一字之贬，比让做罪人还耻辱。所以那些弑君夺位的臣子，就不得不有所顾虑。就如三国曹丕篡夺汉室天下，还要堂而皇之地叫皇帝下诏“让贤书”，生怕落个骂名，这正是春秋大义的影响。

孔子作《春秋》，微言大义。

《春秋》的价值

1. 保存了史料

司马迁《史记·太史公自序》云：“万物之散聚皆在《春秋》。《春秋》中，弑君三十六，亡国五十二，诸侯奔走不得保其社稷者不可胜数。”

孔子作《春秋》保存了史料。

2. “寓王法”——提出建立稳定的社会秩序

我们知道在古代，史官是一个重要的职位，其作用非常重要，凡君王的言行，都要由史官记下来，作为国家臣民的法典和榜样，这样君王就必须言行谨慎。

孔子在修订鲁《春秋》时，用“微言”寄托了“大义”，“上明三王之道，下辨人事之纪，别嫌疑，明是非，定犹豫，善善恶恶，贤贤贱不肖，存亡国，继绝世，补敝起废，王道之大者也……拨乱世，反之正”；“故《春秋》者，礼义之大宗也”。

《春秋》中蕴含了建立稳定社会秩序的理想。

孔子在修订《春秋》时候所用的“微言”，就是微妙精深而又含蓄的言辞，阐明的是治国的大道、社会的秩序、是非的标准，目的是扬善去恶，拨乱反正。孔子的这种《春秋》“笔法”，对后世产生了深远的影响，让人们明是非，知善恶，守正不移，把对于理想的坚持，对于人格的保持，对于荣誉的珍视，对于正义的维护，看得比生命都重要。

《春秋》笔法对后世产生了深远的影响。

隐公

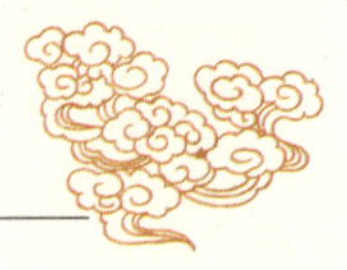

元年

【原文】

惠公元妃孟子①。孟子卒，继室以声子，生隐公。

宋武公生仲子。仲子生而有文在其手，曰："为鲁夫人。"故仲子归于我②。生桓公而惠公薨③，是以隐公立而奉之。

鲁惠公继室声子生隐公。

【注解】

①惠公：名弗湼，隐公、桓公之父。元妃：原配夫人。②归：女子出嫁。我：指鲁国。③薨：周代诸侯死称薨。

【译文】

鲁惠公的原配夫人是孟子。孟子死后，娶声子为继室，生下了隐公。

宋武公生了仲子。仲子出生时手上有字样说："为鲁夫人。"所以仲子便让她出嫁鲁国。生下桓公后惠公就死了。因此隐公摄政拥立桓公为君。

【原文】

元年春，王正月①。三月，公及邾仪父盟于蔑②。

夏五月，郑伯克段于鄢③。

秋七月，天王使宰咺来归惠公、仲子之赗④。九月，及宋人盟于宿⑤。

冬十有二月，祭伯来⑥。公子益师卒⑦。

【注解】

①王正月：周历的正月。②邾：诸侯国名，在今山东邹城南。仪父：邾君的字。蔑：地

名，在今山东泗水东南。③郑伯：郑庄公。段：共叔段，郑伯的同母弟。鄢：在今河南鄢陵县北。④天王：指周平王。赗：助丧之物。⑤宿：国名，在今山东东平县东南。⑥祭伯：诸侯之中在周朝担任卿士的称为祭伯。⑦公子益师：鲁孝公的儿子。

【译文】

鲁隐公元年春，周历正月。三月，隐公和邾仪父在蔑地结盟。

夏季五月，郑伯在鄢地击败共叔段。

秋季七月，周平王派宰咺来赠送惠公、仲子的助丧之物。九月，鲁国与宋国在宿地结盟。

冬季十二月，祭伯来到鲁国。公子益师去世。

六年

【原文】

六年春，郑人来渝平[①]。

夏五月辛酉，公会齐侯盟于艾[②]。

秋七月。

冬，宋人取长葛。

【注解】

①渝：改变。平：和平。②艾：地名，在今山东省新泰市西北。

【译文】

六年春，郑国派人到鲁国来请求修好。

夏季五月辛酉日，隐公和齐侯在艾地结盟。

秋季七月，无事。

冬季，宋人夺取了长葛。

七年

【原文】

七年春，王三月，叔姬归于纪。滕侯卒[①]。

夏，城中丘[②]。齐侯使其弟年来聘[③]。

秋，公伐邾。

冬，天王使凡伯来聘。戎伐凡伯于楚丘以归[4]。

【注解】

①滕：国名，在今山东省滕州市西南。②中丘：地名，在今山东境内。③聘：访问。④楚丘：卫地。

【译文】

七年春，周历三月，叔姬嫁到纪国。滕侯去世。

夏季，修筑中丘城墙。齐侯派其弟来鲁国访问。

秋季，隐公讨伐邾国。

冬季，周王命令凡伯来鲁国访问。凡伯返回周朝时在楚丘被戎人捉住。

齐侯派其弟来鲁国访问。

九年

【原文】

九年春，天子使南季来聘。三月癸酉，大雨，震电。庚辰，大雨雪。挟卒[1]。

夏，城郎。

秋七月。

冬，公会齐侯于防[2]。

【注解】

①挟：鲁大夫。②防：地名，在今山东费县东南。

【译文】

九年春，周天子派使臣南季访问鲁国。三月癸酉日，天降大雨，伴有雷电。庚辰日，有大雨雪。鲁国大夫挟去世。

夏季，修筑郎城的城墙。

秋七月，无事。

冬季，隐公与齐侯在防地结盟。

十年

【原文】

十年春，王二月，公会齐侯、郑伯于中丘。

夏，翚帅师会齐人、郑人伐宋。六月壬戌，公败宋师于菅。辛未，取郜。辛巳，取防。

秋，宋人、卫人入郑。宋人、蔡人、卫人伐戴。郑伯伐取之。

冬十月壬午，齐人、郑人入郕。

【译文】

十年春，周历二月，隐公在中丘会见齐侯、郑伯。

夏季，鲁大夫公子翚率军联合齐军、郑军一起讨伐宋国。六月壬戌日，鲁隐公在菅地打败宋国。辛未日，攻取了郜地。辛巳日，攻取了防地。

秋季，宋、卫两国的军队进入郑国。宋国、蔡国、卫国一起讨伐戴国。郑伯俘虏了三国的军队。

冬季十月壬午日，齐人、郑人攻入郕国。

十一年

【原文】

十有一年春，滕侯、薛侯来朝。

夏，公会郑伯于时来。

秋七月壬午，公及齐侯、郑伯入许。

冬十有一月壬辰，公薨。

【译文】

十一年春，滕侯、薛侯前来朝见。

夏季，隐公在时来会见郑伯。

秋季七月壬午日，隐公和齐侯、郑伯进入许国。

冬季十一月壬辰日，鲁隐公死。

桓公

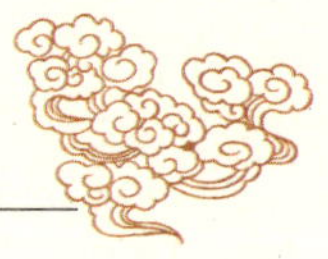

元年

【原文】

元年春，王正月，公即位。三月，公会郑伯于垂，郑伯以璧假许田[①]。

夏季四月丁未，公及郑伯盟于越[②]。

秋，大水。

冬十月。

【注解】

①假：借。②越：地名，在今山东境内。

【译文】

元年春，周历正月，桓公即位。三月，桓公在垂地会见郑伯，郑伯以圭璧来换取鲁国的许田之地。

夏季四月丁未，桓公与郑伯在越地结盟。

秋季，发生水灾。

冬季十月，无事。

二年

【原文】

二年春，王正月戊申，宋督弑其君与夷及其大夫孔父。滕子来朝。三月，公会齐侯、陈侯、郑伯于稷[①]，以成宋乱[②]。

夏四月，取郜大鼎于宋。戊申，纳于大庙。

秋七月，杞侯来朝。蔡侯、郑伯会于邓[③]。九月，入杞。公及戎盟于唐。

冬，公至自唐。

【注解】

①稷：地名，在今河南商丘。②成：平。③邓：地名，在今河南境内。

【译文】

二年春，周历正月戊申日，宋国的华父督杀死宋国国君以及大夫孔父嘉。滕君前来朝见。三月，桓公在稷地会见齐侯、陈侯及郑伯，计划平定宋国的叛乱。

夏季四月，鲁国取走宋国的郜大鼎。戊申日，将鼎放入太庙之中。

秋季七月，杞侯前来朝见。蔡侯、郑伯在邓地相见。九月，鲁国派军队进入杞国。桓公与戎人在唐地结盟。

冬季，桓公由唐地回国。

三年

【原文】

三年春，正月，公会齐侯于嬴①。

夏，齐侯、卫侯胥命于蒲②。六月，公会杞侯于郕。

秋七月壬辰朔，日有食之，既③。公子翚如齐逆女。九月，齐侯送姜氏于谨④。公会齐侯于谨。夫人姜氏至自齐。

夫人姜氏从齐国来到鲁国。

冬，齐侯使其弟年来聘。有年。

【注解】

①嬴：地名，在今山东莱芜西北。②胥命：不举行仪式的结盟。蒲：地名，在今河南境内。③既：尽。④谨：地名，在今山东宁阳县北。

【译文】

三年春，正月，桓公在嬴地会见齐侯。

夏季，齐侯、卫侯在蒲地相见，双方表示彼此会信守约言。六月，桓公在郕地会见杞侯。

秋季七月壬辰日，发生日全食。桓公在讙地会见齐侯。夫人姜氏从齐国来到鲁国。冬季，齐侯派自己的弟弟年来鲁国访问。这一年五谷皆熟。

四年

【原文】

四年春，正月，公狩于郎[①]。

夏，天王使宰渠伯纠来聘。

秋，秦师侵芮，败焉，小之也。

冬，王师、秦师围魏，执芮伯以归。

【注解】

①狩：冬猎。

【译文】

四年春，正月，桓公在郎地狩猎。

夏季，周王派宰臣渠伯纠来鲁国访问。

秋天，秦国的军队入侵芮国，不料遭到失败，这是由于秦军太轻视芮国的缘故。

冬天，周王的军队和秦国的军队包围魏城，俘虏了芮伯回来。

十年

【原文】

十年春，王正月，庚申，曹伯终生卒。

夏五月，葬曹桓公。

秋，公会卫侯于桃丘[①]，弗遇。

冬十有二月丙午，齐侯、卫侯、郑伯来战于郎。

【注解】

①桃丘：地名，在今山东东阿县安平镇东。

【译文】

十年春，周历正月，庚申日，曹伯终生卒。

夏季五月，安葬曹桓公。

秋季，桓公在陶丘约见卫侯，未能如愿。

冬季十二月丙午日，齐侯、卫侯、郑伯在郎地与鲁国交战。

十一年

【原文】

十有一年春，正月，齐人、卫人、郑人盟于恶曹。

夏五月癸未，郑伯寤生卒[①]。

秋七月，葬郑庄公。九月，宋人执郑祭仲。突归于郑。郑忽出奔卫。柔会宋公、陈侯、蔡叔盟于折。公会宋公于夫钟。

冬十有二月，公会宋公于阚。

【注解】

① 寤生：即郑庄公。

【译文】

十一年春，周历正月，齐、卫、郑三国在恶曹结盟。

夏五月癸未日，郑伯寤生卒。

秋季七月，安葬郑庄公。九月，宋人逮捕了郑祭仲。郑公子突回到郑国。郑国太子忽出奔到卫国。鲁大夫柔在折地与宋公、陈侯、蔡叔结盟。桓公在夫钟会见宋公。

冬季十二月，桓公在阚地与宋公相见。

十二年

【原文】

十有二年春，正月。

夏六月壬寅，公会杞侯、莒子，盟于曲池[①]。

秋七月丁亥，公会宋公、燕人，盟于谷丘[②]。八月壬辰，陈侯跃卒。公会宋公于虚。

冬十有一月，公会宋公于龟。丙戌，公会郑伯，盟于武父。丙

桓公在曲池与杞侯、莒子结盟。

戊，卫侯晋卒。十有二月，及郑师伐宋。丁未，战于宋。

【注解】

①曲池：地名，在今山东省宁阳县东北。②谷丘：地名，在今河南商丘东南。

【译文】

十二年春正月，无事。

夏季六月壬寅日，桓公会见杞侯、莒子，并在曲池结盟。

秋季七月丁亥日，桓公会见宋公、燕人，并在谷丘结盟。八月壬辰日，陈侯跃卒。桓公在虚地会见宋公。

冬季十一月，桓公在龟地会见宋公。丙戌日，桓公会见郑伯，双方在武父结盟。丙戌日，卫侯晋卒。十二月，鲁国联合郑国讨伐宋国。丁未日，与宋国开战。

十八年

【原文】

十有八年春，王正月，公会齐侯于泺[①]。公与夫人姜氏如齐。

夏四月丙子，公薨于齐。丁酉，公之丧至自齐[②]。

秋七月。

冬十有二月己丑，葬我君桓公。

桓公在泺地会见齐侯。

【注解】

①泺：地名，在今山东省济宁市西北。②丧：灵柩。

【译文】

十八年春，周历正月，桓公在泺地会见齐侯。桓公与夫人姜氏一起去了齐国。

夏四月丙子，桓公死在齐国。丁酉日，桓公的灵柩由齐国运回鲁国。

秋七月，无事。

冬十二月己丑日，为桓公举行葬礼。

庄公

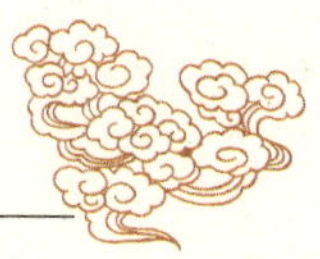

元年

【原文】

元年春，王正月。三月，夫人孙于齐[①]。

夏，单伯送王姬。

秋，筑王姬之馆于外[②]。

冬十月乙亥，陈侯林卒。王使荣叔来锡桓公命[③]。王姬归于齐。齐师迁纪郱、鄑、郚[④]。

【注解】

①孙：同“逊”，出奔的意思。②馆：行馆。③锡……命：赐……命。④郱、鄑、郚：皆是纪国的邑名。

【译文】

元年春，周历正月。三月，夫人出奔到齐国。

夏季，单伯送周王女来鲁国待嫁。

秋季，在都城的外面修筑供王姬居住的行馆。

冬十月乙亥日，陈侯林卒。周王派荣叔来鲁国追命桓公。王姬嫁到齐国。齐军强迫纪国郱、鄑、郚三个城邑的居民迁走。

二年

【原文】

二年春，王二月，葬陈庄公。

夏，公子庆父帅师伐于余丘[①]。

秋七月，齐王姬卒。

冬十有二月，夫人姜氏会齐侯于禚。乙酉，宋公冯卒。

【注解】

① 于余丘：春秋时靠近鲁国的小诸侯国。

【译文】

二年春，周历二月，安葬陈庄公。

夏季，公子庆父率领军队讨伐于余丘。

秋七月，齐王姬卒。

冬十二月，夫人姜氏在于禚会见齐侯。乙酉日，宋公冯卒。

公子庆父率领军队讨伐于余丘。

四年

【原文】

四年春，王二月，夫人姜氏享齐侯于祝丘①。三月，纪伯姬卒。

夏，齐侯、陈侯、郑伯遇于垂。纪侯大去其国②。六月乙丑，齐侯葬纪伯姬。

秋七月。

冬，公及齐人狩于禚。

【注解】

①享：宴请。②大去：不再回来。

【译文】

四年春，周历二月，夫人姜氏在祝丘宴请齐侯。三月，纪国夫人伯姬卒。

这年夏天，齐侯、陈侯、郑伯在垂地相遇。纪侯离开纪国，不再回来。六月乙丑日，齐侯安葬纪国夫人伯姬。

夫人姜氏在祝丘宴请齐侯。

秋七月，无事。

冬季，庄公与齐人在禚地打猎。

十一年

【原文】

十有一年春，王正月。

夏五月戊寅，公败宋师于鄑[①]。

秋，宋大水。

冬，王姬归于齐。

【注解】

①鄑：念。

【译文】

十一年春，周历正月。

夏五月戊寅日，庄公在鄑地打败宋军。

秋季，宋国发生大水灾。

冬季，王姬嫁到齐国。

十四年

【原文】

十有四年春，齐人、陈人、曹人伐宋。

夏，单伯会伐宋。

秋七月，荆入蔡。

冬，单伯会齐侯、宋公、卫侯、郑伯于鄄[①]。

【注解】

①鄄：地名，在今山东鄄城西北。

单伯伐宋。

【译文】

十四年春，齐、陈、曹三国讨伐宋国。

这年夏天，单伯带兵与三国一起伐宋。

秋七月，楚军进入蔡国。

冬季，单伯在鄄地会见齐侯、宋公、卫侯、郑伯。

十六年

【原文】

十有六年春，王正月。

夏，宋人、齐人、卫人伐郑。

秋，荆伐郑。

冬十有二月，会齐侯、宋公、陈侯、卫侯、郑伯、许男、滑伯、滕子同盟于幽[①]。郝子克卒。

【注解】

①幽：宋国地名。

宋、齐、卫三国讨伐郑国。

【译文】

十六年春，周历正月。

这年夏天，宋、齐、卫三国讨伐郑国。

秋季，楚国讨伐郑国。

冬季十二月，庄公与齐侯、宋公、陈侯、卫侯、郑伯、许男、滑伯、滕子在幽地结盟。郝子克卒。

二十三年

【原文】

二十有三年春，公至自齐。祭叔来聘。

夏，公如齐观社[①]。公至自齐。荆人来聘。公及齐侯遇于谷。萧叔朝公。

秋，丹桓宫楹[②]。

冬十有一月，曹伯射姑卒。十有二月甲寅，公会齐侯盟于扈。

【注解】

①社：祭祀社神。②楹：柱子。

【译文】

二十三年春，庄公从齐国返回。祭叔来鲁国访问。

夏季，庄公到齐国去观看祭祀社神的礼仪。庄公从齐国返回。楚人来鲁国访问。庄公与齐侯在谷地相遇。萧叔来鲁国朝见庄公。

秋季，以红漆涂饰鲁桓公的庙柱。

冬季十一月，曹伯射姑卒。十二月甲寅日，庄公在扈地与齐侯结盟。

二十六年

【原文】

二十有六年春，公伐戎。

夏，公至自伐戎。曹杀其大夫。

秋，公会宋人、齐人伐徐。

冬十有二月癸亥，朔，日有食之。

【译文】

二十六年春，庄公讨伐戎人。

夏季，庄公从讨伐戎人的战场上返回鲁国。曹人杀死自己的大夫。

秋季，庄公与宋国、齐国一起讨伐徐国。

冬季十二月癸亥日，初一，有日食。

二十七年

【原文】

二十有七年春，公会杞伯姬于洮[①]。

夏六月，公会齐侯、宋公、陈侯、郑伯同盟于幽。

秋，公子友如陈，葬原仲。

冬，杞伯姬来[2]。莒庆来逆叔姬。杞伯来朝。公会齐侯于城濮。

【注解】

①洮：鲁地名。②来：指女子出嫁后返回娘家，探问父母安好。

【译文】

二十七年春，庄公与杞伯姬在洮地相会。

夏季六月，庄公会见齐侯、宋公、陈侯、郑伯，并在幽地结盟。

秋季，公子友前往陈国，参加陈国大夫原仲的葬礼。

冬季，杞伯姬来鲁国探亲。莒庆来鲁国迎娶叔姬。杞伯来鲁国朝见。庄公在城濮会见齐侯。

公子友前往陈国。

三十二年

【原文】

三十有二年春，城小谷。

夏，宋公、齐侯遇于梁丘。

秋七月癸巳，公子牙卒。八月癸亥，公薨于路寝[1]。

冬十月己未，子般卒。公子庆父如齐。狄伐邢。

【注解】

①路寝：正寝。

【译文】

三十二年春，鲁国帮助齐国在小谷筑城。

夏季，宋公、齐侯在梁丘相遇。

秋季七月癸巳日，公子牙卒。八月癸亥日，庄公在正寝薨。

冬季十月己未日，子般卒。公子庆父去了齐国。狄人攻伐邢国。

僖公

元年

【原文】

元年春，王正月。齐师、宋师、曹师次于聂北，救邢。

夏六月，邢迁于夷仪。齐师、宋师、曹师城邢。

秋七月戊辰，夫人姜氏薨于夷，齐人以归。楚人伐郑。八月，公会齐侯、宋公、郑伯、曹伯、邾人于柽[①]。九月，公败邾师于偃。

冬十月壬午，公子友帅师败莒于郦，获莒拏[②]。十有二月丁巳，夫人氏之丧至自齐[③]。

【注解】

①柽：地名。②拏：人名。③夫人氏：即夫人姜氏。

【译文】

元年春，周历正月。齐、宋、曹三国军队驻扎在聂北，（准备）救援邢国。

夏季六月，邢国的都城迁到夷仪。齐、宋、曹三国军队帮助邢国修筑城墙。

秋季七月戊辰日，夫人姜氏在夷地被齐人杀死，齐国将其尸体送回。楚军讨伐郑国。八月，僖公在柽地与齐侯、宋公、郑伯、曹伯、邾人相会。九月，僖公在偃地打败了邾国军队。

冬季十月壬午日，公子友率军在郦地击败莒军，并俘获莒君的弟弟拏。十二月丁巳日，夫人姜氏的灵柩由齐国运回鲁国。

十五年

【原文】

十有五年春，王正月，公如齐。楚人伐徐。三月，公会齐侯、宋公、陈侯、卫候、郑伯、许男、曹伯盟于牡丘，遂次于匡。公孙敖帅师及诸侯之大夫救徐。

夏五月，日有食之。

秋七月，齐师、曹师伐厉。八月，螽。九月，公至自会。季姬归于鄫。己卯晦[①]，震夷伯之庙[②]。

冬，宋人伐曹。楚人败徐于娄林。十有一月壬戌，晋侯及秦伯战于韩，获晋侯。

【注解】

①晦：每月最后一天。②震：雷击。

【译文】

十五年春，周历正月，僖公前往齐国。楚军讨伐徐国。三月，僖公与齐侯、宋公、陈侯、卫侯、郑伯、许男、曹伯相会，并在牡丘结盟，继而在匡地驻扎军队。公孙敖率领鲁军与诸侯大夫救援徐国。

夏季五月，有日食。

秋季七月，齐军、曹军讨伐厉国。八月，发生虫灾。九月，僖公从牡丘之会返回鲁国。季姬回到鄫国。己卯，三十日，雷击夷伯之庙。

冬季，宋人讨伐曹国。楚军在娄林打败徐国军队。十一月壬戌日，晋侯与秦伯在韩地开战，秦国俘获晋侯。

二十八年

【原文】

二十有八年春，晋侯侵曹。晋侯伐卫。公子买戍卫，不卒戍[①]，刺之。楚人救卫。三月丙午，晋侯入曹，执曹伯。畀宋人[②]。

晋、齐、宋、秦四国军队与楚军战于城濮，楚军溃败而逃。

夏四月己巳，晋侯、齐师、宋师、秦师及楚人战于城濮，楚师败绩。楚杀其大夫得臣。卫侯出奔楚。五月癸丑，公会晋侯、齐侯、宋公、蔡侯、郑伯、卫子、莒子，盟于践土。陈侯如会。公朝于王所。六月，卫侯郑自楚复归于卫[3]，卫元咺出奔晋。陈侯款卒。

秋，杞伯姬来。公子遂如齐。

冬，公会晋侯、齐侯、宋公、蔡侯、郑伯、陈子、莒子、邾人、秦人于温。天王狩于河阳[4]。壬申，公朝于王所。晋人执卫侯，归之于京师。卫元咺自晋复归于卫。诸侯遂围许。曹伯襄复归于曹，遂会诸侯围许。

【注解】

①不卒戍：没有完成驻守的责任。②畀：给。③复归：复位。④狩：冬日田猎为狩。

【译文】

二十八年春，晋侯入侵曹国。晋侯进攻卫国。公子买戍守卫国，没能守住，鲁君杀了他。楚军援救卫国。三月丙午日，晋侯入侵曹国，捉住曹伯。晋国把曹国、卫国的土地分给宋人。

夏季四月己巳日，晋、齐、宋、秦四国军队与楚军战于城濮，楚军溃败而逃。楚国杀死其大夫得臣。卫侯出奔到楚国。五月癸丑日，僖公与晋侯、齐侯、宋公、蔡侯、郑伯、卫子、莒子在践土相会，并订立盟约。陈侯也到会结盟。僖公去朝见周王。六月，卫侯郑自楚国回国复位，卫元咺出奔到晋国。陈侯款卒。

秋季，杞伯姬来到鲁国。公子遂去了往齐国。

冬季，僖公与晋侯、齐侯、宋公、蔡侯、郑伯、陈子、莒子、邾人、秦人在温地相会。周王在河阳冬猎。壬申日，僖公去周王住所朝见。晋人捉住卫侯，将其押往京师。卫元咺从晋国回到卫国。诸侯于是包围许国。曹伯襄回到曹国，与诸侯一起围困许国。

三十一年

【原文】

三十有一年春，取济西田[1]。公子遂如晋。

夏四月，四卜郊[2]，不从，乃免牲。犹三望[3]。

秋七月。

冬，杞伯姬来求妇。狄围卫。十有二月，卫迁于帝丘。

【注解】

①济西：济水以西。②郊：祭天的礼仪，冬至日在南郊举行。③望：祭祀山川的礼仪。

【译文】

三十一年春，取得济水以西的田地。公子遂前往晋国。

夏季四月，四次为郊祭占卜，都不可行，于是免去牺牲。仍然举行祭祀山川之礼。

秋季七月，无事。

冬季，杞伯姬来到鲁国，为其子求妇。狄人围困卫国。十二月，卫国把都城迁到帝丘。

三十三年

【原文】

三十有三年春，王二月，秦人入滑。齐侯使国归父来聘。

夏四月辛巳，晋人及姜戎败秦师于殽。癸巳，葬晋文公。狄侵齐。公伐邾，取訾娄。

秋，公子遂帅师伐邾。晋人败狄于箕。

秦国入侵滑国。

冬十月，公如齐。十有二月，公至自齐。乙巳，公薨于小寝[①]。陨霜不杀草，李、梅实。晋人、陈人、郑人伐许。

【注解】

①小寝：即燕寝，为君主休息、睡眠的宫室。

【译文】

三十三年春，周历二月，秦国入侵滑国。齐侯派国归父来鲁国访问。

夏季四月辛巳日，晋人及姜戎在殽地大败秦军。癸巳日，为晋文公举行葬礼。狄人入侵齐国。僖公攻伐邾国，夺取訾娄。

秋季，公子遂率军讨伐邾国。晋人在箕地打败狄人。

冬季十月，僖公前往齐国。十二月，僖公自齐国回国。乙巳日，僖公薨于寝室。降霜而不能杀草，李树、梅树结出果实。晋人、陈人、郑人攻伐许国。

文公

元年

【原文】

元年春，王正月，公即位。二月癸亥，日有食之。天王使叔服来会葬。

夏四月丁巳，葬我君僖公。天王使毛伯来锡公命[①]。晋侯伐卫。叔孙得臣如京师。卫人伐晋。

秋，公孙敖会晋侯于戚。

冬十月丁未，楚世子商臣弑其君頵。公孙敖如齐。

【注解】

①锡：同“赐”。诸侯即位时，天子赐予爵位称为“赐命”。

【译文】

元年春，周历正月，文公即位。二月癸亥日，有日食。周王派叔服参加僖公的葬礼。

夏季四月丁巳日，为僖公举行葬礼。周王派毛伯前来赐予文公爵位。晋侯进攻卫国。鲁叔孙得臣前往京师。卫人攻伐晋国。

秋季，公孙敖在戚地与晋侯相会。

冬季十月丁未，楚国世子商臣杀死其君主頵。公孙敖去了齐国。

二年

【原文】

二年春，王二月甲子，晋侯及秦师战于彭衙[①]，秦师败绩。丁丑，作僖公主。三月乙巳，及晋处父盟。

夏六月，公孙敖会宋公、陈侯、郑伯、晋士縠，盟于垂陇。

自十有二月不雨，至于秋七月。八月丁卯，大事于大庙[②]，跻僖公。

冬，晋人、宋人、陈人、郑人伐秦。公子遂如齐纳币。

【注解】

①彭衙：秦国邑名。②大事：这里指大祭。

【译文】

二年春，周历二月甲子，晋侯与秦军战于彭衙，秦师溃败。丁丑日，制作僖公的神主牌位。三月乙巳日，文公与晋国大夫处父结盟。

夏季六月，公孙敖与宋公、陈侯、郑伯、晋士縠在垂陇相会，并订立盟约。

自去年十二月至今年七月，一直没有下雨。八月丁卯日，在太庙举行大祭，把僖公的神主提升到闵公之上。

冬季，晋人、宋人、陈人、郑人联合讨伐秦国。公子遂前往齐国馈送礼物以修婚姻之礼。

三年

【原文】

三年春，王正月，叔孙得臣会晋人、宋人、陈人、卫人、郑人伐沈。沈溃。

夏五月，王子虎卒。秦人伐晋。

秋，楚人围江。雨螽于宋。

冬，公如晋。十有二月己巳，公及晋侯盟。晋阳处父帅师伐楚以救江。

【译文】

三年春，周历正月，鲁叔孙得臣与晋人、宋人、陈人、卫人、郑人联合讨伐沈国。沈国大败。

夏季五月，王子虎卒。秦人讨伐晋国。

秋季，楚人围困江国。宋国发生虫害。

冬季，鲁公前往晋国。十二月己巳日，文公与晋侯结盟。晋阳处父率军讨伐楚国以援救江国。

四年

【原文】

四年春，文公从晋国。

夏，逆妇姜于齐。狄侵齐。

秋，楚人灭江。晋侯伐秦。卫侯使宁俞来聘。

冬十有一月壬寅，夫人风氏薨。

【译文】

四年春，文公自晋回国。

夏季，去齐国迎娶姜氏。狄人入侵齐国。

秋季，楚国灭掉江国。晋侯讨伐秦国。卫侯派宁俞来鲁国访问。

冬季十一月壬寅日，夫人风氏薨。

五年

【原文】

五年春，王正月，王使荣叔归含且赗[1]。三月辛亥，葬我小君成风。王使召伯来会葬。

夏，公孙敖如晋。秦人入鄀。

秋，楚人灭六。

冬十月甲申，许男业卒。

【注解】

①归：馈赠。含：放入死者口中的珠玉。赗：助丧的车马、束帛等物。

【译文】

五年春，周历正月，周王派荣叔来鲁国馈赠含玉和助丧的车马、束帛等物。三月辛亥日，安葬小君成风。周王派召伯来鲁国参加葬礼。

夏季，公孙敖前往晋国。秦人入侵鄀国。

秋季，楚人灭六。

冬季，十月甲申日，许男业卒。

周王派召伯来鲁国参加小君成风的葬礼。

六年

【原文】

六年春，葬许僖公。

夏，季孙行父如陈。

秋，季孙行父如晋。八月乙亥，晋侯驩卒。

冬十月，公子遂如晋。葬晋襄公。晋杀其大夫阳处父。晋狐射姑出奔狄。闰月不告月[①]，犹朝于庙。

【注解】

① 告月：即告朔。

【译文】

六年春，安葬许僖公。

夏季，季孙行父前往陈国。

秋季，季孙行父去了晋国。八月乙亥日，晋侯驩卒。

冬季十月，公子遂前往晋国。参加晋襄公的葬礼。晋人杀死其大夫阳处父。晋国大臣狐射姑出奔到狄国。闰月不行告朔之礼，仍旧保留对诸庙的祭祀。

七年

【原文】

七年春，公伐邾。三月甲戌，取须句。遂城郚。

夏四月，宋公王臣卒。宋人杀其大夫。戊子，晋人及秦人战于令狐。晋先蔑奔秦。狄侵我西鄙。

秋八月，公会诸侯、晋大夫盟于扈。

冬，徐伐莒。公孙敖如莒莅盟。

【译文】

七年春，文公攻伐邾国。三月甲戌日，夺取须句。于是在郚地筑城。

夏季四月，宋国君主王臣卒。宋人杀其大夫。戊子日，晋人与秦人战于令狐之地。晋国大将先蔑逃到秦国。狄人入侵鲁国西部边境。

秋季八月，文公在扈地会见诸侯、晋大夫，并订立盟约。

冬季，徐国讨伐莒国。公孙敖到莒国参加盟会。

十七年

【原文】

十有七年春，晋人、卫人、陈人、郑人伐宋。

夏四月癸亥，葬我小君声姜。齐侯伐我西鄙。六月癸未，公及齐侯盟于谷。诸侯会于扈。

秋，公至自谷。

冬，公子遂如齐。

【译文】

十七年春，晋、卫、陈、郑四国讨伐宋国。

夏季四月癸亥日，安葬夫人声姜。齐侯侵犯鲁国西部边境。六月癸未日，文公与齐侯在谷地结盟。诸侯相会于扈地。

秋季，文公自谷地回国。

冬季，公子遂前往齐国。

十八年

【原文】

十有八年春，王二月丁丑，公薨于台下。秦伯䓨卒。

夏五月戊戌，齐人弑其君商人。六月癸酉，葬我君文公。

秋，公子遂、叔孙得臣如齐。

冬十月，子卒。夫人姜氏归于齐。季孙行父如齐。莒弑其君庶其。

【译文】

十八年春，周历二月丁丑日，文公薨于台下。秦伯䓨卒。

夏季五月戊戌日，齐人杀死其君商人。六月癸酉日，为鲁文公举行葬礼。

秋季，公子遂、鲁叔孙得臣前往齐国。

冬季十月，鲁国嗣君恶卒。夫人姜氏回到齐国。季孙行父前往齐国。莒人杀死其君主庶其。

宣公

元年

【原文】

元年春，王正月，公即位。公子遂如齐逆女。三月，遂以夫人妇姜至自齐。

夏，季孙行父如齐。晋放其大夫胥甲父于卫[①]。公会齐侯于平州。公子遂如齐。六月，齐人取济西田。

秋，邾子来朝。楚子、郑人侵陈，遂侵宋。晋赵盾帅师救陈。宋公、陈侯、卫侯、曹伯会晋师棐林，伐郑。

冬，晋赵穿帅师侵崇。晋人、宋人伐郑。

【注解】

①放：放逐。

【译文】

元年春，周历正月，宣公即位。公子遂前往齐国为宣公迎娶夫人。三月，公子遂从齐国迎回夫人妇姜。

夏季，季孙行父前往齐国。晋国将其大夫胥甲父放逐到卫国。宣公在平州会见齐侯。公子遂前往齐国。六月，齐人夺取济西的田地。

邾子来鲁国朝见。

秋季，邾子来鲁国朝见。楚子、郑人侵犯陈国，继而侵犯宋国。晋卿赵盾率军援救陈国。宋公、陈侯、卫侯、曹伯在棐林与晋军会合，一起讨伐郑国。

冬季，晋国大夫赵穿率军侵犯崇国。晋人、宋人讨伐郑国。

二年

【原文】

二年春，王二月壬子，宋华元帅师及郑公子归生帅师，战于大棘。宋师败绩，获宋华元。秦师伐晋。

夏，晋人、宋人、卫人、陈人侵郑。

秋九月乙丑，晋赵盾弑其君夷皋。

冬十月乙亥，天王崩。

【译文】

二年春，周历二月壬子，宋国华元率军与郑国公子归生的军队大战于大棘。宋军溃败，郑国俘获宋国的华元。秦军进攻晋国。

夏季，晋人、宋人、卫人、陈人侵犯郑国。

秋季九月乙丑日，晋卿赵盾杀死其君夷皋。

冬季十月乙亥日，周王驾崩。

四年

【原文】

四年春，王正月，公及齐侯平莒及郯。莒人不肯，公伐莒，取向。秦伯稻卒。

夏六月乙酉，郑公子归生弑其君夷。赤狄侵齐。

秋，公如齐。公至自齐。

冬，楚子伐郑。

宣公前往齐国。

【译文】

四年春，周历正月，宣公与齐侯调解莒国与郯国之间的纷争。莒国不接受调解，宣公讨伐莒国，夺得向邑。秦伯稻卒。

夏季六月乙酉日，郑国公子归生杀死其君夷。赤狄侵犯其国。

秋季，宣公前往齐国。宣公自齐国回国。

冬季，楚子讨伐郑国。

十一年

【原文】

十一年春，王正月。

夏，楚子、陈侯、郑伯盟于辰陵。公孙归父会齐人伐莒。

秋，晋侯会狄于欑函。

冬十月，楚人杀陈夏徵舒。丁亥，楚子入陈。纳公孙宁、仪行父于陈。

楚子、陈侯、郑伯在辰陵结盟。

【译文】

十一年春，周历正月。

夏季，楚子、陈侯、郑伯在辰陵结盟。公孙归父会合齐人讨伐莒国。

秋季，晋侯在欑函会见狄人。

冬季十月，楚人杀死陈国的夏徵舒。丁亥日，楚子进入陈国。把公孙宁、仪行父送到陈国。

十七年

【原文】

十有七年春，王正月庚子，许男锡我卒。丁未，蔡侯申卒。

夏，葬许昭公。葬蔡文公。六月癸卯，日有食之。己未，公会晋侯、卫侯、曹伯、邾子同盟于断道。

秋，公至自会。

冬十有一月壬午，公弟叔肸卒。

【译文】

十七年春，周历正月庚子日，许国的君主锡我卒。丁未日，蔡侯申卒。

夏季，安葬许昭公。安葬蔡文公。六月癸卯日，有日食。己未日，宣公在断道与晋侯、卫侯、曹伯、邾子相会，并订立盟约。

秋季，宣公自断道之会回国。

冬季十一月壬午日，宣公弟叔肸卒。

宣公在断道与晋侯、卫侯、曹伯、邾子相会，并订立盟约。

十八年

【原文】

十有八年春，晋侯、卫世子臧伐齐。公伐杞。

夏四月。

秋七月，邾人戕鄫[①]，子于鄫。甲戌，楚子旅卒。公孙归父如晋。

冬十月壬戌，公薨于路寝。归父还自晋，至笙。遂奔齐。

【注解】

①戕：杀。

【译文】

十八年春，晋侯、卫世子臧联合讨伐齐国。宣公进攻杞国。

夏季四月，无事。

秋季七月，邾人在鄫国杀死鄫国君主。甲戌日，楚子旅卒。公孙归父去了晋国。

冬季十月壬戌日，宣公薨于路寝。归父自晋国回国，到达笙地。接着奔往齐国。

成公

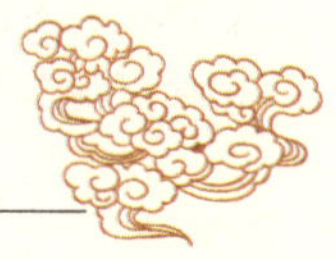

元年

【原文】

元年春，王正月，公即位。二月辛酉，葬我君宣公。无冰。三月，作丘甲。

夏，臧孙许及晋侯盟于赤棘。

秋，王师败绩于茅戎。

冬十月。

【译文】

元年春，周历正月，成公即位。二月辛酉日，为鲁宣公举行葬礼。没有结冰。三月，制定丘甲制度。

夏季，臧孙许与晋侯在赤棘结盟。

秋季，周王的军队战败于茅戎。

冬季十月，无事。

二年

【原文】

二年春，齐侯伐我北鄙。

夏四月丙戌，卫孙良夫帅师及齐师战于新筑，卫师败绩。六月癸酉，季孙行父、臧孙许、叔孙侨如、公孙婴齐帅师会晋郤克、卫孙良夫、曹公子首及齐侯战于鞌，齐师败绩。

秋七月，齐侯使国佐如师。己酉，及国佐盟于袁娄。八月壬午，宋公鲍卒。庚寅，卫侯速卒。取汶阳田。

冬，楚师、郑师侵卫。十有一月，公会楚公子婴齐于蜀。丙申，公及楚人、秦人、宋人、陈人、卫人、郑人、齐人、曹人、邾人、薛人、鄫人盟于蜀。

【译文】

二年春，齐侯侵犯鲁国北部边境。

夏季四月丙戌日，卫国上卿孙良夫率军与齐军在新筑开战，卫军溃败。六月癸酉日，季孙行父、臧孙许、叔孙侨如、公孙婴齐率军会合晋国郤克、卫国孙良夫、曹国公子首与齐侯战于鞌地，齐师大败。

秋季七月，齐侯派国佐前往军营。己酉日，诸侯与国佐在袁娄结盟。八月壬午日，宋公鲍卒。庚寅日，卫侯速卒。鲁军夺取汶阳之田。

齐侯侵犯鲁国北部边境。

冬季，楚军和郑军侵犯卫国。十一月，成公与楚公子婴齐在蜀地相会。丙申日，成公在蜀地与楚人、秦人、宋人、陈人、卫人、郑人、齐人、曹人、邾人、薛人、鄫人结盟。

三年

【原文】

三年春，王正月，公会晋侯、宋公、卫侯、曹伯伐郑。辛亥，葬卫穆公。二月，公至自伐郑。甲子，新宫灾[①]。三日哭。乙亥，葬宋文公。

夏，公如晋。郑公子去疾帅师伐许。公至自晋。

秋，叔孙侨如帅师围棘。大雩。晋郤克、卫孙良夫伐廧咎如。

冬十有一月，晋侯使荀庚来聘。卫侯使孙良夫来聘。丙午，及荀庚盟。丁未，及孙良夫盟。郑伐许。

【注解】

①灾：火灾。

【译文】

三年春，周历正月，成公联合晋侯、宋公、卫侯、曹伯讨伐郑国。辛亥日，安葬卫穆公。二月，成公从伐郑战场返回。甲子日，宣公庙失火。成公和大臣们大哭三日。乙亥日，安葬宋文公。

夏季，成公前往晋国。郑公子去疾率军攻伐许国。成公由晋国返回。

秋季，叔孙侨如率军围困棘邑。举行盛大的祈雨仪式。晋国郤克、卫国孙良夫讨伐廧咎如。

冬季十一月，晋侯派荀庚来鲁国访问。卫侯派孙良夫来鲁国访问。丙午日，与荀庚结盟。丁未日，与孙良夫结盟。郑国讨伐许国。

四年

【原文】

四年春，宋公使华元来聘。三月壬申，郑伯坚卒。杞伯来朝。

夏四月甲寅，臧孙许卒。公如晋，葬郑襄公。

秋，公至自晋。

冬，城郓。郑伯伐许。

【译文】

四年春，宋公派华元来鲁国访问。三月壬申日，郑伯坚卒。杞伯来鲁国朝见。

夏四月甲寅日，臧孙许卒。成公前往晋国，安葬郑襄公。

秋季，成公自晋国回国。

冬季，修筑郓地的城墙。郑伯讨伐许国。

五年

【原文】

五年春，王正月，杞叔姬来归。仲孙蔑如宋。

夏，叔孙侨如会晋荀首于谷。梁山崩。

秋，大水。

冬十有一月己酉，天王崩。十有二月己丑，公会晋侯、齐侯、宋公、卫侯、郑伯、曹伯、邾子、杞伯同盟于虫牢。

【译文】

五年春，周历正月，杞叔姬被休弃，回到鲁国。仲孙蔑前往宋国。

夏季，叔孙侨如在谷地会见晋国荀首。梁山发生山崩。

秋季，发生大水灾。

冬季十一月己酉日，周王驾崩。十二月己丑日，成公会见晋侯、齐侯、宋公、卫侯、郑伯、曹伯、邾子、杞伯，在虫牢之地结盟。

六年

【原文】

六年春，王正月，公至自会。二月辛巳，立武宫[①]。取鄟。卫孙良夫帅师侵宋。

夏六月，邾子来朝。公孙婴齐如晋。壬申，郑伯费卒。

秋，仲孙蔑、叔孙侨如帅师侵宋。楚公子婴齐帅师伐郑。

冬，季孙行父如晋。晋栾书帅师救郑。

楚国公子婴齐率军伐郑。

【注解】

① 立武宫：为鞌之战所建的建筑，用来炫耀武功。

【译文】

六年春，周历正月，成公自虫牢之会回国。二月辛巳日，建造武宫。夺取鄟地。卫国孙良夫率军侵犯宋国。

夏季六月，邾国君主来鲁国朝见。公孙婴齐前往晋国。壬申日，郑伯费卒。

秋季，仲孙蔑、叔孙侨如率军侵入宋国。楚国公子婴齐率军伐郑。

冬季，季孙行父前往晋国。晋国正卿栾书率军援救郑国。

七年

【原文】

七年春，王正月，鼷鼠食郊牛角，改卜牛。鼷鼠又食其角，乃免牛。吴伐郯。

夏五月，曹伯来朝。不郊，犹三望。

秋，楚公子婴齐帅师伐郑。公会晋侯、齐侯、宋公、卫侯、曹伯、莒子、邾子、杞伯救郑。八月戊辰，同盟于马陵。公至自会。吴入州来。

冬，大雩。卫孙林父出奔晋。

【译文】

七年春，周历正月，鼷鼠咬伤用来郊祭之牛的角，所以改卜另外的牛。鼷鼠又咬伤改卜之牛的角，于是舍弃这头牛，没把它杀掉。吴国讨伐郯国。

夏季五月，曹伯来鲁国朝见。没有举行郊祭之礼，仍旧举行三望之祭的仪式。

秋季，楚国公子婴齐率军伐郑。成公联合晋侯、齐侯、宋公、卫侯、曹伯、莒子、邾子、杞伯一同援救郑国。八月戊辰日，一起在马陵结盟。成公自盟会回国。吴军进入州来。

冬季，举行盛大的祈雨仪式。卫国卿大夫孙林父出奔到晋国。

八年

【原文】

八年春，晋侯使韩穿来言汶阳之田，归之于齐。晋栾书帅师侵蔡。公孙婴齐如莒。宋公使华元来聘。

夏，宋公使公孙寿来纳币[①]。晋杀其大夫赵同、赵括。

秋七月，天子使召伯来赐公命。

冬十月癸卯，杞叔姬卒。晋侯使士燮来聘。叔孙侨如会晋士燮、齐人、邾人伐郯。卫人来媵。

【注解】

①纳币：下聘礼。

【译文】

八年春，晋侯派韩穿来鲁国商量把汶阳之田还给齐国之事。晋国栾书率军侵犯蔡国。公孙婴齐前往莒国。宋公派华元来鲁国聘夫人。

夏季，宋公派公孙寿来鲁国下聘礼。晋人杀死其大夫赵同、赵括。

秋季七月，周王派召伯来封赐成公的爵位。

冬季十月癸卯日，杞叔姬卒。晋侯派士燮来鲁国访问。叔孙侨如联合晋国士燮、齐人、邾人讨伐郯国。卫人送女来陪嫁。

九年

【原文】

九年春，王正月，杞伯来逆叔姬之丧以归。公会晋侯、齐侯、宋公、卫侯、郑伯、曹伯、莒子、杞伯，同盟于蒲。公至自会。二月，伯姬归于宋。

夏，季孙行父如宋致女[①]。晋人来媵。

秋七月丙子，齐侯无野卒。晋人执郑伯。晋栾书帅师伐郑。

冬十有一月，葬齐顷公。楚公子婴齐帅师伐莒。庚申，莒溃。楚人入郓。秦人、白狄伐晋。郑人围许。城中城。

【注解】

①致女：女子出嫁三个月后，母国又派大夫前往聘问，称为致女。

楚国公子婴齐率军攻伐莒国。

【译文】

九年春，周历正月，杞伯来鲁国迎回叔姬的灵柩。成公会见晋侯、齐侯、宋公、卫侯、郑伯、曹伯、莒子、杞伯，在蒲地结盟。成公自蒲地回国。二月，伯姬嫁到宋国。

夏季，季孙行父前去宋国致女。晋国送来女子为伯姬陪嫁。

秋季七月丙子日，齐侯无野卒。晋人捉住郑伯。晋国栾书率军伐郑。

冬季十一月，安葬齐顷公。楚国公子婴齐率军攻伐莒国。庚申日，莒人溃散。楚人进入郓邑。秦人、白狄讨伐晋国。郑人围困许国。修缮都城内城。

十年

【原文】

十年春，卫侯之弟黑背帅师侵郑。

夏四月，五卜郊[①]，不从，乃不郊。五月，公会晋侯、齐侯、宋公、卫侯、曹伯伐郑。齐人来媵。丙午，晋侯獳卒。

秋七月，公如晋。

冬十月。

【注解】

①郊：郊祭。

【译文】

十年春，卫侯的弟弟黑背率军侵犯郑国。

夏季四月，五次卜郊祭，都不吉利，因此没有举行郊祭之礼。五月，成公联合晋侯、齐侯、宋公、卫侯、曹伯一起讨伐郑国。齐人送女来陪嫁。丙午日，晋侯獳卒。

秋季七月，成公前往晋国。

冬季十月，无事。

十六年

【原文】

十有六年春，王正月，雨，木冰。

夏四月辛未，滕子卒。郑公子喜帅师侵宋。六月丙寅，朔，日有食之。晋侯使栾黡来乞师。甲午晦，晋侯及楚子、郑伯战于鄢陵。楚子、郑师败绩。楚杀其大夫公子侧。

秋，公会晋侯、齐侯、卫侯、宋华元、邾人于沙随，不见公。公至自会。公会尹子、晋侯、齐国佐、邾人伐郑。曹伯归自京师。九月，晋人执季孙行父，舍之于苕丘。

冬十月乙亥，叔孙侨如出奔齐。十有二月乙丑，季孙行父及晋郤犨，盟于扈。公至自会。乙酉，刺公子偃[①]。

【注解】

①刺：杀。

【译文】

十六年春，周历正月，下雨，出现木冰。

夏季四月辛未日，滕国君主卒。郑国公子喜率军侵犯宋国。六月丙寅日，初一，有日食。晋侯派栾黡来鲁国请求出兵。甲午日，晋侯与楚子、郑伯战于鄢陵。楚、郑两国军队溃败。楚国杀死其大夫公子侧。

秋季，成公与晋侯、齐侯、卫侯、宋华元、邾人在沙随相会，晋侯不肯会见成公。成公自沙随之会回国。成公联合尹子、晋侯、齐国佐、邾人伐郑。曹伯自京师回国。九月，晋人逮捕季孙行父，将其囚禁在苕丘。

冬季十月乙亥日，叔孙侨如出奔到齐国。十二月乙丑日，季孙行父在扈地与晋国大夫郤犨结盟。成公自扈地之会回国。乙酉日，杀死公子偃。

十七年

【原文】

十有七年春，卫北宫括帅师侵郑。

夏，公会尹子、单子、晋侯、齐侯、宋公、卫侯、曹伯、邾人伐郑。六月乙酉，同盟于柯陵。

秋，公至自会。齐高无咎出奔莒。九月辛丑，用郊[①]。晋侯使荀䓨来乞师。

冬，公会单子、晋侯、宋公、卫侯、曹伯、齐人、邾人伐郑。十有一月，公至自伐郑。壬申，公孙婴卒于貍脤。十有二月，丁巳，朔，日有食之。邾子貜且卒。晋杀其大夫郤锜、郤犨、郤至。楚人灭舒庸。

【注解】

①用郊：行郊祭之礼。

【译文】

十七年春，卫国卿大夫北宫括率军侵犯郑国。

夏季，成公联合尹子、单子、晋侯、齐侯、宋公、卫侯、曹伯、邾人一起伐郑。六月乙酉日，在柯陵结盟。

秋季，成公自柯陵之会回国。齐国高无咎出奔到莒国。九月辛丑日，行郊祭之礼。晋侯派荀䓨来鲁国请求援兵。

晋侯派荀䓨来鲁国请求援兵。

冬季，成公联合单子、晋侯、宋公、卫侯、曹伯、齐人、邾人一起伐郑。十一月，成公自伐郑战场回国。壬申日，公孙婴卒于貍脤。十二月丁巳日，初一，有日食。邾国君主貜且卒。晋国杀死其大夫郤锜、郤犨、郤至。楚国灭掉舒庸。

襄公

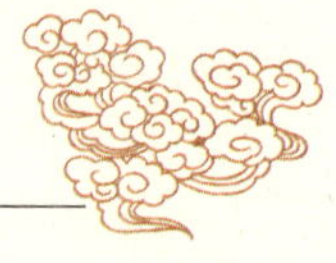

元年

【原文】

元年春，王正月，公即位。仲孙蔑会晋栾黡、宋华元、卫宁殖、曹人、莒人、邾人、滕人、薛人围宋彭城。

夏，晋韩厥帅师伐郑，仲孙蔑会齐崔杼、曹人、邾人、杞人次于鄫。

秋，楚公子壬夫帅师侵宋。九月辛酉，天王崩。邾子来朝。

冬，卫侯使公孙剽来聘。晋侯使荀罃来聘。

【译文】

元年春，周历正月，襄公即位。仲孙蔑会同晋栾黡、宋华元、卫宁殖、曹人、莒人、邾人、滕人、薛人一起围困宋国的彭城。

夏季，晋国大夫韩厥率军伐郑，仲孙蔑会同齐崔杼、曹人、邾人、杞人在鄫地驻扎军队。

秋季，楚国公子壬夫率军侵犯宋国。九月辛酉日，周王驾崩。邾国君主来鲁国朝见。

冬季，卫侯派公孙剽来鲁国访问。晋侯派荀罃来鲁国访问。

二年

【原文】

二年春，王正月，葬简王。郑师伐宋。

夏五月庚寅，夫人姜氏薨。六月庚辰，郑伯睔卒。晋师、宋师、卫宁殖侵郑。

秋七月，仲孙蔑会晋荀罃、宋华元、卫孙林父、曹人、邾人于戚。己丑，葬我小君齐姜。叔孙豹如宋。

冬，仲孙蔑会晋荀罃、齐崔杼、宋华元、卫孙林父、曹人、邾人、滕人、薛人、小邾人于戚，遂城虎牢。楚杀其大夫公子申。

【译文】

二年春，周历正月，安葬简王。郑军进攻宋国。

夏季五月庚寅日，夫人姜氏薨。六月庚辰日，郑伯睔卒。晋师、宋师、卫宁殖侵犯郑国。

秋季七月，仲孙蔑与晋荀罃、宋华元、卫孙林父、曹人、邾人在戚地相会。己丑日，为夫人齐姜举行葬礼。叔孙豹前往宋国。

冬季，仲孙蔑与晋荀罃、齐崔杼、宋华元、卫孙林父、曹人、邾人、滕人、薛人、小邾人在戚地相会，接着在虎牢之地筑城。楚国杀死其大夫公子申。

三年

【原文】

三年春，楚公子婴齐帅师伐吴。公如晋。

襄公前往晋国。

夏四月壬戌，公及晋侯盟于长樗。公至自晋。六月，公会单子、晋侯、宋公、卫侯、郑伯、莒子、邾子、齐世子光。己未，同盟于鸡泽。陈侯使袁侨如会。戊寅，叔孙豹及诸侯之大夫及陈袁侨盟。

秋，公至自会。

冬，晋荀罃帅师伐许。

【译文】

三年春，楚国公子婴齐率军进攻吴国。襄公前往晋国。

夏季四月壬戌日，襄公在长樗与晋侯结盟。襄公自晋回国。六月，襄公会见单子、晋侯、宋公、卫侯、郑伯、莒子、邾子、齐世子光。己未日，一起在鸡泽结盟。陈侯派袁侨前去参加盟会。戊寅日，叔孙豹及诸侯大夫与袁侨结盟。

秋季，襄公自鸡泽之会回国。

冬季，晋国大夫荀罃率军攻伐许国。

十年

【原文】

十年春，公会晋侯、宋公、卫侯、曹伯、莒子、邾子、滕子、薛伯、杞伯、小邾子、齐世子光会吴于柤。

夏五月甲午，遂灭偪阳。公至自会。楚公子贞、郑公孙辄帅师伐宋。晋师伐秦。

秋，莒人伐我东鄙。公会晋侯、宋公、卫侯、曹伯、莒子、邾子、齐世子光、滕子、薛伯、杞伯、小邾子伐郑。

冬，盗杀郑公子騑、公子发、公孙辄。戍郑虎牢。楚公子贞帅师救郑。公至自伐郑。

【译文】

十年春，襄公会同晋侯、宋公、卫侯、曹伯、莒子、邾子、滕子、薛伯、杞伯、小邾子、齐世子光在柤地与吴人相会。

夏季，五月甲午日，灭掉偪阳。襄公自柤地之会回国。楚公子贞、郑公孙辄率军讨伐宋国。晋军讨伐秦国。

秋季，莒人侵犯鲁国东部边境。襄公联合晋侯、宋公、卫侯、曹伯、莒子、邾子、齐世子光、滕子、薛伯、杞伯、小邾子讨伐郑国。

冬季，盗杀死郑公子騑、公子发、公孙辄。诸侯的军队戍守郑国的虎牢之地。楚公子贞率军援救郑国。襄公自伐郑战场回国。

十八年

【原文】

十有八年春，白狄来。

夏，晋人执卫行人石买。

秋，齐师伐我北鄙。

冬十月，公会晋侯、宋公、卫侯、郑伯、曹伯、莒子、邾子、滕子、薛伯、杞伯、小邾子同围齐。曹伯负刍卒于师。楚公子午帅师伐郑。

【译文】

十八年春，白狄的君主来鲁国访问。

夏季，晋人逮捕卫国的使臣石买。

秋季，齐军攻伐鲁国的北部边境。

冬季十月，襄公会同晋侯、宋公、卫侯、郑伯、曹伯、莒子、邾子、滕子、薛伯、杞伯、小邾子围困齐国。曹伯负刍卒于军中。楚公子午率军讨伐郑国。

十九年

【原文】

十有九年春，王正月，诸侯盟于祝柯[①]。晋人执邾子，公至自伐齐。取邾田，自漷水[②]。季孙宿如晋。葬曹成公。

夏，卫孙林父帅师伐齐。

秋七月辛卯，齐侯环卒[③]。晋士匄帅师侵齐[④]，至谷，闻齐侯卒，乃还。八月丙辰，仲孙蔑卒。齐杀其大夫高厚。郑杀其大夫公子嘉。

冬，葬齐灵公。城西郛。叔孙豹会晋士匄于柯。城武城。

【注解】

①祝柯：地名，在今山东长清区东北。②“取邾田”二句：夺取邾国之田而以漷水为界。漷水，即今南沙河，在山东省境内。③齐侯环：即齐灵公。④士匄：即范宣子，晋国大臣。

【译文】

十九年春，周历正月，诸侯在祝柯结盟。晋人逮捕邾国君主，襄公亲自率师攻打齐国。夺取邾田，以漷水为界。季孙宿前往晋国。安葬曹成公。

夏季，卫国孙林父率军伐齐。

秋季七月辛卯日，齐侯环卒。晋国士匄率军侵犯齐国，到达谷地，听说齐侯死

诸侯在祝柯结盟。

了，便撤兵而回。八月丙辰日，仲孙蔑卒。齐国杀死其大夫高厚。郑国杀死其大夫公子嘉。

冬季，安葬齐灵公。修筑西郛的城墙。叔孙豹在柯地会见晋士匄。修筑武城。

二十年

【原文】

二十年春，王正月辛亥，仲孙速会莒人[①]，盟于向[②]。

夏六月庚申，公会晋侯、齐侯、宋公、卫侯、郑伯、曹伯、莒子、邾子、滕子、薛伯、杞伯、小邾子，盟于澶渊[③]。

秋，公至自会。仲孙速帅师伐邾。蔡杀其大夫公子燮[④]。蔡公子履出奔楚[⑤]。陈侯之弟黄出奔楚。叔老如齐[⑥]。

冬十月丙辰，朔，日有食之。季孙宿如宋。

【注解】

① 仲孙速：即孟庄子，鲁宗族臣。② 向：地名，在今山东莒县南。③ 澶渊：地名，在今河南濮阳西。④ 公子燮：蔡国公子，又称司马燮。⑤ 履：公子燮的同母弟。⑥ 叔老：即子叔齐子，鲁臣。

【译文】

二十年春，周历正月辛亥日，仲孙速与莒人相会，在向地结盟。

夏季六月庚申日，襄公会见晋侯、齐侯、宋公、卫侯、郑伯、曹伯、莒子、邾子、滕子、薛伯、杞伯、小邾子，并在澶渊结盟。

秋季，襄公自盟会返回。仲孙速率军讨伐邾国。蔡国杀死其大夫公子燮。蔡国公子履出奔到楚国。陈侯的弟弟黄出奔到楚国。叔老前往齐国。

冬季十月丙辰日，初一，有日食。季孙宿前往宋国。

二十一年

【原文】

二十有一年春，王正月，公如晋。邾庶其以漆、闾丘来奔[①]。

夏，公至自晋。

秋，晋栾盈出奔楚。九月庚戌，朔，日有食之。

冬十月庚辰，朔，日有食之。曹伯来朝。公会晋侯、齐侯、宋公、卫侯、郑伯、曹伯、莒子、邾子于商任[2]。

【注解】

①庶其：邾大夫。漆、闾丘：邾邑名，在今山东境内。②商任：地名，在今河南安阳境内。

【译文】

二十一年春，周历正月，襄公前往晋国。邾大夫庶其带着漆、闾丘两个城邑投奔鲁国。

夏季，襄公自晋国回国。

秋季，晋国下卿栾盈出奔到楚国。九月庚戌日，初一，有日食。

冬季十月庚辰日，初一，有日食。曹伯来鲁国朝见。襄公在商任会见晋侯、齐侯、宋公、卫侯、郑伯、曹伯、莒子、邾子。

二十三年

【原文】

二十有三年春，王二月癸酉，朔，日有食之。三月己巳，杞伯匄卒。

夏，邾畀我来奔。葬杞孝公。陈杀其大夫庆虎及庆寅。陈侯之弟黄自楚归于陈。晋栾盈复入于晋，入于曲沃。

陈侯的弟弟黄从楚国回到陈国。

秋，齐侯伐卫，遂伐晋。八月，叔孙豹帅师救晋，次于雍榆[1]。己卯，仲孙速卒。

冬十月乙亥，臧孙纥出奔邾。晋人杀栾盈。齐侯袭莒。

【注解】

①雍榆：地名，在今河南浚县西南。

【译文】

二十三年春，周历二月癸酉日，初一，有日食。三月己巳日，杞伯匄卒。

夏季，邾畀我前来投奔。安葬杞孝公。陈国杀死其大夫庆虎和庆寅。陈侯的弟弟黄从楚国回到陈国。晋下卿栾盈又返回晋国，回到原先的封邑曲沃。

秋季，齐侯讨伐卫国，随即进攻晋国。八月，叔孙豹率军援救晋国，驻军于雍榆。己卯日，仲孙速卒。

冬季十月乙亥日，臧孙纥出奔到邾国。晋人杀死栾盈。齐侯偷袭莒国。

二十四年

【原文】

二十有四年春，叔孙豹如晋。仲孙羯帅师侵齐。

夏，楚子伐吴。

秋七月甲子，朔，日有食之，既[①]。齐崔杼帅师伐莒。大水。八月癸巳朔，日有食之。公会晋侯、宋公、卫侯、郑伯、曹伯、莒子、邾子、滕子、薛伯、杞伯、小邾子于夷仪[②]。

楚子讨伐吴国。

冬，楚子、蔡侯、陈侯、许男伐郑。公至自会。陈鍼宜咎出奔楚[③]。叔孙豹如京师。大饥[④]。

【注解】

①既：尽，指日全食。②夷仪：地名，在今河北邢台西。③鍼宜咎：陈国大臣。④大饥：五谷皆不收。

【译文】

二十四年春，叔孙豹前往晋国。仲孙羯率军侵犯齐国。

夏季，楚子讨伐吴国。

秋季七月甲子日，初一，有日食，为日全食。齐国崔杼率军攻伐莒国。有大水灾。八月癸巳日，初一，有日食。襄公与晋侯、宋公、卫侯、郑伯、曹伯、莒子、邾子、滕子、薛伯、杞伯、小邾子在夷仪相会。

冬季，楚子、蔡侯、陈侯、许男讨伐郑国。襄公自会盟地回国。陈国大臣鍼宜咎出奔到楚国。叔孙豹前往京师。发生大饥荒。

二十五年

【原文】

二十有五年春，齐崔杼帅师伐我北鄙。

夏五月乙亥，齐崔杼弑其君光①。公会晋侯、宋公、卫侯、郑伯、曹伯、莒子、邾子、滕子、薛伯、杞伯、小邾子于夷仪。六月壬子，郑公孙舍之帅师入陈②。

崔杼杀死其君主光。

秋八月己巳，诸侯同盟于重丘③。公至自会。卫侯入于夷仪。楚屈建帅师灭舒鸠。

冬，郑公孙夏帅师伐陈。十有二月，吴子遏伐楚④，门于巢⑤，卒。

【注解】

①光：齐庄公。②公孙舍之：即子展。③重丘：地名，在今山东聊城东南。④吴子遏：吴王诸樊。⑤巢：楚国的边邑。

【译文】

二十五年春，齐国崔杼率军侵犯鲁国北境。

夏季五月乙亥日，崔杼杀死其君主光。襄公与晋侯、宋公、卫侯、郑伯、曹伯、莒子、邾子、滕子、薛伯、杞伯、小邾子在夷仪相会。六月壬子日，郑国公孙舍之率军进入陈国。

秋季八月己巳日，诸侯在重丘结盟。襄公自会盟地回国。卫侯进入夷仪。楚国屈建率军灭掉舒鸠国。

冬季，郑国公孙夏率军攻伐陈国。十二月，吴子遏攻伐楚国，在进攻巢邑城门的时候，卒。

昭公

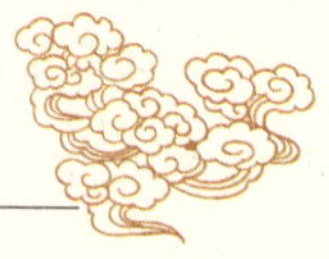

元年

【原文】

元年春，王正月，公即位。叔孙豹会晋赵武、楚公子围、齐国弱、宋向戌、卫齐恶、陈公子招、蔡公孙归生、郑罕虎、许人、曹人于虢①。三月，取郓②。

夏，秦伯之弟鍼出奔晋。六月丁巳，邾子华卒。晋荀吴帅师败狄于大卤③。

秋，莒去疾自齐入于莒。莒展舆出奔吴。叔弓帅师疆郓田。葬邾悼公。

冬十有一月己酉，楚子麇卒。楚公子比出奔晋。

【注解】

①虢：指东虢，郑地，在今河南郑州。②郓：地名，在今山东沂水东北。③大卤：地名，在今山西太原西南。

【译文】

元年春，周历正月，昭公即位。叔孙豹与晋赵武、楚公子围、齐国弱、宋向戌、卫齐恶、陈公子招、蔡公孙归生、郑罕虎、许人、曹人在东虢相会。三月，夺取郓地。

夏季，秦伯之弟鍼出奔到晋国。六月丁巳日，邾子华卒。晋国荀吴率军在大卤大败狄人。

秋季，莒国的去疾自齐国回到莒国。莒国的展舆出奔到吴国。叔弓率军划定郓国的疆界。安葬邾悼公。

冬季十一月己酉日，楚子麇卒。楚公子比出奔到晋国。

四年

【原文】

四年春，王正月，大雨雹。

夏，楚子、蔡侯、陈侯、郑伯、许男、徐子、滕子、顿子、胡子、沈子、小邾子、宋世子佐、淮夷会于申。楚子执徐子。

秋七月，楚子、蔡侯、陈侯、许男、顿子、胡子、沈子、淮夷伐吴。执齐庆封，杀之。遂灭赖。九月，取鄫。

冬十有二月乙卯，叔孙豹卒。

【译文】

四年春，周历正月，有大雨雹。

正月，鲁国有大雨雹。

夏季，楚子、蔡侯、陈侯、郑伯、许男、徐子、滕子、顿子、胡子、沈子、小邾子、宋世子佐、淮夷在申地相会。楚子逮捕徐子。

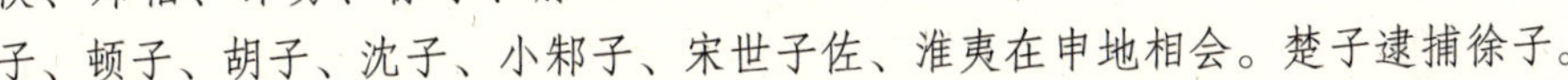

秋季七月，楚子、蔡侯、陈侯、许男、顿子、胡子、沈子、淮夷讨伐吴国，逮捕齐国大夫庆封，把他杀了。于是灭掉赖国。九月，占领鄫国。

冬季十二月乙卯日，叔孙豹卒。

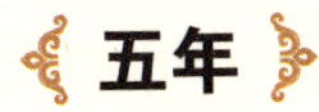

五年

【原文】

五年春，王正月，舍中军。楚杀其大夫屈申。公如晋。

夏，莒牟夷以牟娄及防、兹来奔①。

秋七月，公至自晋。戊辰，叔弓帅师败莒师于蚡泉②。秦伯卒。

冬，楚子、蔡侯、陈侯、许男、顿子、沈子、徐人、越人伐吴。

【注解】

①牟娄：地名，在今山东诸城西。防：地名，在今山东安丘西南。兹：在今山东诸城北。

②蚡泉：莒、鲁交界地名。

【译文】

五年春，周历正月，废除中军。楚国杀死其大夫屈申。昭公出访晋国。

夏季，莒国大臣牟夷带着牟娄、防、兹三座城邑投奔鲁国。

秋季七月，昭公自晋国回国。戊辰日，叔弓率军在蚡泉大败莒军。秦伯卒。

冬季，楚子、蔡侯、陈侯、许男、顿子、沈子、徐人、越人讨伐吴国。

十一年

【原文】

十有一年春，王二月，叔弓如宋。葬宋平公。

夏四月丁巳，楚子虔诱蔡侯般，杀之于申[①]。楚公子弃疾帅师围蔡。五月甲申，夫人归氏薨。大蒐于比蒲[②]。仲孙貜会邾子盟于祲祥[③]。

秋，季孙意如会晋韩起、齐国弱、宋华亥、卫北宫佗、郑罕虎、曹人、杞人于厥慭[④]。九月己亥，葬我小君齐归[⑤]。

冬，十有一月丁酉，楚师灭蔡，执蔡世子有以归，用之。

【注解】

①申：楚邑，在今河南南阳。②比蒲：鲁国地名，所在不详。③祲祥：地名，在今山东曲阜。④厥慭：卫国地名，在今河南新乡。⑤小君：指侯嫡妻或诸侯母。

【译文】

十一年春，周历二月，叔弓前往宋国。参加宋平公的葬礼。

夏季四月丁巳日，楚子虔诱骗蔡侯般并在申地杀了他。楚公子弃疾率军围困蔡国。五月甲申日，夫人归氏薨。在比蒲举行大规模的阅兵仪式。仲孙貜会见邾子，并在祲祥结盟。

秋季，季孙意如与晋韩起、齐国弱、宋华亥、卫北宫佗、郑罕虎、曹人、杞人在厥慭相会。九月己亥日，安葬夫人齐归。

冬季，十一月丁酉日，楚国灭掉蔡国，逮捕蔡国的世子有并把他带回楚国，用来祭祀。

十二年

【原文】

十有二年春，齐高偃帅师纳北燕伯于阳[①]。三月壬申，郑伯嘉卒。

夏，宋公使华定来聘。公如晋，至河乃复。五月，葬郑简公。楚杀其大夫成熊。

秋七月。

冬十月，公子慭出奔齐。楚子伐徐。晋伐鲜虞[②]。

【注解】

①阳：地名，在今河北文安与大城之间。②鲜虞：白狄别种，其都城在今河北正定北。

【译文】

十二年春，齐国高偃率军护送北燕伯回到阳邑。三月壬申日，郑伯嘉卒。

夏季，宋公派华定访问鲁国。昭公前往晋国，到达黄河边才返回。五月，安葬郑简公。楚国杀死其大夫成熊。

秋季七月，无事。

冬季十月，公子慭出奔到齐国。楚子讨伐许国。晋国攻伐鲜虞。

十四年

【原文】

十有四年春，意如至自晋。三月，曹伯滕卒。

夏四月。

秋，葬曹武公。八月，莒子去疾卒。

冬，莒杀其公子意恢。

【译文】

十四年春，季孙意如自晋国返回。三月，曹伯滕卒。

夏季四月，无事。

秋季，安葬曹武公。八月，莒国君主去疾卒。

冬季，莒国杀死自己的公子意恢。

二十二年

【原文】

二十有二年春，齐侯伐莒。宋华亥、向宁、华定自宋南里出奔楚。大蒐于昌间[①]。

夏四月乙丑，天王崩[②]。六月，叔鞅如京师，葬景王。王室乱。刘子、单子以王猛居于皇[③]。

秋，刘子、单子以王猛入于王城。

冬十月，王子猛卒。十有二月癸酉，朔，日有食之。

【注解】

① 昌间：地名，在今山东泗水。② 天王：指周景王。③ 皇：地名，在今河南洛阳东。

【译文】

二十二年春，齐侯讨伐莒国。宋国的华亥、向宁、华定从宋国的南里逃亡到楚国。在昌间举行大的阅兵礼。

夏季四月乙丑日，周景王驾崩。六月，叔鞅前往京师，参加周景王的葬礼。周王室发生内乱。刘子、单子带着王子猛进入皇地。

秋季，刘子、单子带着王子猛进入王城。

冬季十月，王子猛卒。十二月癸酉日，初一，出现日食。

二十三年

【原文】

二十有三年春，王正月，叔孙婼如晋[①]。癸丑，叔鞅卒。晋人执我行人叔孙婼。晋人围郊。

夏六月，蔡侯东国卒于楚。

秋七月，莒子庚舆来奔。戊辰，吴败顿、胡、沈、蔡、陈、许之师于鸡父[②]。胡子髡、沈子逞灭，获陈夏齧。天王居于狄泉[③]。尹氏立王子朝。八月乙未，地震。

冬，公如晋，至河，有疾，乃复。

【注解】

① 叔孙婼：鲁国叔孙氏第六代宗主。② 鸡父：地名，在今安徽寿县西。③ 狄泉：地名，在今河南洛阳城外。

【译文】

二十三年春，周历正月，叔孙婼前往晋国。癸丑日，叔鞅卒。晋人扣押了鲁国的外交官叔孙婼。晋人围困郊地。

夏季六月，蔡侯东国卒于楚国。

秋季七月，莒子庚舆逃亡至鲁国。戊辰日，吴国在鸡父打败顿国、胡国、沈国、蔡国、陈国、许国的军队，胡国君主髡、沈国君主逞战死，吴国俘获陈国的夏齧。周王居住在狄泉。尹氏立王子朝为君。八月乙未日，发生地震。

冬季，昭公访问晋国，到了黄河边，生了病，于是返回。

定公

元年

【原文】

元年春，王[1]。三月，晋人执宋仲几于京师。

夏六月癸亥，公之丧至自乾侯。戊辰，公即位。

秋七月癸巳，葬我君昭公。九月，大雩。立炀宫[2]。

冬十月，陨霜杀菽。

【注解】

①王：此处不写“王正月”，这是因为鲁定公于六月即位。②炀宫：炀公庙。炀公为鲁国的先君，伯禽之子。

【译文】

元年春，周历。三月，晋人在京师逮捕了宋国的仲几。

夏季六月癸亥日，昭公的丧车从乾侯回到鲁国。戊辰日，定公即位。

秋季七月癸巳日，为鲁昭公举行葬礼。九月，举行盛大的祈雨祭祀。修建炀公庙。

冬季十月，天降严霜害死很多豆类作物。

二年

【原文】

二年春，王正月。

夏五月壬辰，雉门及两观灾[1]。

秋，楚人伐吴。

冬十月，新作雉门及两观。

【注解】

①雉门：诸侯之宫的南门。

雉门及两观发生火灾。

【译文】

二年春，周历正月。

夏季五月壬辰日，雉门及两观发生火灾。

秋季，楚人讨伐吴国。

冬季十月，重建雉门及两观。

三年

【原文】

三年春，王正月，公如晋，至河乃复。二月辛卯，邾子穿卒。

夏四月。

秋，葬邾庄公。

冬，仲孙何忌及邾子盟于拔①。

【注解】

①拔：地名，具体位置不详。

【译文】

三年春，周历正月，定公去了晋国，到了黄河边，又返回鲁国。二月辛卯日，邾子穿卒。

夏季四月，无事。

秋季，安葬邾庄公。

冬季，仲孙何忌与邾子在拔地结盟。

四年

【原文】

四年春，王二月癸巳，陈侯吴卒。三月，公会刘子、晋侯、宋公、蔡侯、卫侯、陈子、郑伯、许男、曹伯、莒子、邾子、顿子、胡子、滕子、薛伯、杞伯、小邾子、齐国夏于召陵[①]，侵楚。

夏四月庚辰，蔡公孙姓帅师灭沈，以沈子嘉归，杀之。五月，公及诸侯盟于皋鼬[②]。杞伯成卒于会。六月，葬陈惠公。许迁于容城[③]。

秋七月，公至自会。刘卷卒。葬杞悼公。楚人围蔡。晋士鞅、卫孔圉帅师伐鲜虞。葬刘文公。

冬十有一月庚午，蔡侯以吴子及楚人战于柏举[④]，楚师败绩。楚囊瓦出奔郑。庚辰，吴入郢。

【注解】

①召陵：地名，在今河南郾城南。②皋鼬：地名，在今河南临颍南。③容城：地名，在今河南鲁山南。④柏举：地名，在今湖北麻城。

【译文】

四年春，周历二月癸巳日，陈侯吴卒。三月，定公在召陵与刘子、晋侯、宋公、蔡侯、卫侯、陈子、郑伯、许男、曹伯、莒子、邾子、顿子、胡子、滕子、薛伯、杞伯、小邾子、齐国夏相会，并侵犯楚国。

夏季四月庚辰日，蔡国的公孙姓率军灭了沈国，把沈国君主嘉带回蔡国，杀了他。五月，定公与诸侯在皋鼬结盟。杞伯成在盟会期间卒。六月，安葬陈惠公。许国迁都到容城。

秋季七月，定公自会盟地回国。刘卷卒。安葬杞悼公。楚人围困蔡国。晋国的士鞅、卫国的孔圉率军讨伐鲜虞。安葬刘文公。

冬季十一月庚午日，蔡侯联合吴子在柏举与楚军开战，楚军溃败。楚国的囊瓦逃至郑国。庚辰日，吴军进入楚国郢都。

七年

【原文】

七年春，王正月。

夏四月。

秋，齐侯、郑伯盟于咸[①]。齐人执卫行人北宫结以侵卫。齐侯、卫侯盟于沙[②]。大雩。齐国夏帅师伐我西鄙。九月，大雩。

冬十月。

【注解】

①咸：地名，在今河南濮阳东南。②沙：地名，在今河北大名东。

【译文】

七年春，周历正月。

夏季四月，无事。

秋季，齐侯与郑伯在咸地结盟。齐人扣押卫国的外交官北宫结并侵犯卫国。齐侯、卫侯在沙地结盟。举行盛大的祈雨祭祀。齐国的国夏率军侵犯鲁国的西部边境。九月，举行盛大的祈雨祭祀。

冬季十月，无事。

齐侯与郑伯在咸地结盟。

八年

【原文】

八年春，王正月，公侵齐。公至自侵齐。二月，公侵齐。三月，公至自侵齐。曹伯露卒。

夏，齐国夏帅师伐我西鄙。公会晋师于瓦[①]。公至自瓦。

秋，七月戊辰，陈侯柳卒。晋士鞅帅师侵郑，遂侵卫。葬曹靖公。九月，葬陈怀公。季孙斯、仲孙何忌帅师侵卫。

冬，卫侯、郑伯盟于曲濮[②]。从祀先公。盗窃宝玉、大弓。

【注解】

①瓦：地名，在今河南滑县南。②曲濮：卫国地名，具体位置不详。

【译文】

八年春，周历正月，定公侵犯齐国。定公自侵齐的前线回国。二月，定公侵犯齐国。三月，定公从侵齐的前线返回鲁国。曹国君主露卒。

夏季，齐国的国夏率军进攻鲁国的西部边境。定公在瓦地与晋师相会。定公从瓦地回国。

秋季七月戊辰日，陈侯柳卒。晋国的士鞅率军侵犯郑国，接着侵犯卫国。安葬曹靖公。九月，安葬陈怀公。季孙斯、仲孙何忌率军入侵卫国。

冬季，卫侯、郑伯在曲濮结盟。使先公祭祀的次序得以顺畅。阳虎偷走了宝玉和大弓。

十年

【原文】

十年春，王三月，乃齐平。

夏，公会齐侯于夹谷[①]。公至自夹谷。晋赵鞅帅师围卫。齐人来归郓、讙、龟阴田[②]。叔孙州仇、仲孙何忌帅师围郈[③]。

秋，叔孙州仇、仲孙何忌帅师围郈。宋乐大心出奔曹。宋公子地出奔陈。

冬，齐侯、卫侯、郑游速会于安甫[④]。叔孙州仇如齐。宋公之弟辰暨仲佗、石彄出奔陈[⑤]。

【注解】

①夹谷：地名，在今山东莱芜。②龟阴：地名，在今山东新泰西。③郈：地名，在今山东东平东南。④安甫：地名，具体位置不详。⑤石彄：宋共公的孙子。

【译文】

十年春，周历三月，与齐国议和。

夏季，定公在夹谷会见齐侯。定公自夹谷回国。晋国赵鞅率军围困卫国。齐人还给鲁国郓、讙、龟阴三地。叔孙州仇、仲孙何忌率军围困郈邑。

秋季，叔孙州仇、仲孙何忌率军围困郈邑。宋国的乐大心逃往曹国。宋国的公子地逃往陈国。

冬季，齐侯、卫侯、郑游速在安甫相会。叔孙州仇前往齐国。宋公的弟弟辰暨仲佗、石彄逃往陈国。

十一年

【原文】

十有一年春，宋公之弟辰及仲佗、石彄、公子地自陈入于萧以叛[①]。

夏四月。

秋，宋乐大心自曹入于萧。

冬，及郑平。叔还如郑莅盟。

【注解】

①萧：地名，在今安徽萧县西北。

【译文】

十一年春，宋公的弟弟辰及仲佗、石弫、公子地从陈国进入萧邑以叛宋。

夏季四月，无事。

秋季，宋国的乐大心从曹国进入萧邑。

冬季，与郑国议和。叔还前往郑国参加盟会。

宋国的乐大心从曹国进入萧邑。

十三年

【原文】

十有三年春，齐侯、卫侯次于垂葭[①]。

夏，筑蛇渊囿[②]。大蒐于比蒲[③]。卫公孟弫帅师伐曹。

秋，晋赵鞅入于晋阳以叛[④]。

冬，晋荀寅、士吉射入于朝歌以叛[⑤]。晋赵鞅归于晋。薛弑其君比。

【注解】

①垂葭：地名，在今山东巨野西南。②蛇渊囿：地名，在今山东肥城南，汶河北岸。③比蒲：鲁国地名，具体位置不详。④晋阳：地名，在今山西太原西南。⑤朝歌：地名，在今河南淇县。

【译文】

十三年春，齐侯、卫侯驻扎在垂葭。

夏天，修筑蛇渊囿。在比蒲举行阅兵仪式。卫国的公孟弫率军讨伐曹国。

秋季，晋国的赵鞅进入晋阳据以反叛。

冬季，晋国的荀寅、士吉射进入朝歌据以反叛。晋国的赵鞅回国。薛国人杀死了自己的君主比。

十四年

【原文】

十有四年春，卫公叔戌来奔。卫赵阳出奔宋。二月辛巳，楚公子结、陈公孙佗人帅师灭顿①，以顿子牂归。

夏，卫北宫结来奔。五月，于越败吴于槜李②。吴子光卒。公会齐侯、卫侯于牵③。公至自会。

卫国的赵阳逃到宋国。

秋，齐侯、宋公会于洮④。天王使石尚来归脤⑤。卫世子蒯聩出奔宋。卫公孟彄出奔郑。宋公之弟辰自萧来奔。大蒐于比蒲。邾子来会公。城莒父及霄⑥。

【注解】

①顿：国名，在今河南项城南。②槜李：地名，在今浙江嘉兴南。③牵：地名，在今河南浚县北。④洮：地名，在今山东鄄城西南。⑤归：通“馈”。脤：祭祀之肉，用脤器盛起来，以赏赐同姓诸侯。⑥莒父：地名，在今山东莒县境内。霄：地名，亦在今山东莒县境内。

【译文】

十四年春，卫国的公叔戌逃至鲁国。卫国的赵阳逃到宋国。二月辛巳日，楚国的公子结、陈国的公孙佗人率军灭了顿国，俘获顿国君主牂而归。

夏季，卫国的北宫结逃到鲁国。五月，越国在槜李大败吴军。吴子光卒。定公在牵地会见齐侯、卫侯。定公从会盟地返回鲁国。

秋季，齐侯、宋公在洮地相会。周天子派石尚来鲁国馈赠祭祀之肉。卫国的世子蒯聩逃到宋国。卫国的公孟彄逃到郑国。宋公的弟弟辰自萧逃往鲁国。在比蒲举行盛大的阅兵仪式。邾子来会见定公。在莒父和霄地筑城。

哀公

元年

【原文】

元年春，王正月，公即位。楚子、陈侯、随侯、许男围蔡。鼷鼠食郊牛，改卜牛。

夏四月辛巳，郊。

秋，齐侯、卫侯伐晋。

冬，仲孙何忌帅师伐邾。

仲孙何忌率军讨伐邾国。

【译文】

元年春，周历正月，哀公即位。楚子、陈侯、随侯、许男包围蔡国。鼷鼠咬伤郊祭之牛，改卜其他的牛代替。

夏季四月辛巳日，举行郊祀之礼。

秋季，齐侯、卫侯讨伐晋国。

冬季，仲孙何忌率军讨伐邾国。

二年

【原文】

二年春，王二月，季孙斯、叔孙州仇、仲孙何忌帅师伐邾，取漷东田及沂西田①。癸巳，叔孙州仇、仲孙何忌及邾子盟于句绎②。

夏四月丙子，卫侯元卒。滕子来朝。晋赵鞅帅师纳卫世子蒯聩于戚③。

秋八月甲戌，晋赵鞅帅师及郑罕达帅师战于铁[④]，郑师败绩。

冬十月，葬卫灵公。十有一月，蔡迁于州来[⑤]。蔡杀其大夫公子驷。

【注解】

①漷东：漷水之东。漷，即今南沙河。沂西：沂水之西。沂，即西沂河，源出山东邹城，入于泗水。②句绎：地名，在今山东邹城东南。③戚：地名，在今河南濮阳北。④铁：地名，在今河南濮阳西北。⑤州来：地名，在今安徽凤台。

【译文】

二年春，周历二月，季孙斯、叔孙州仇、仲孙何忌率军讨伐邾国，攻取漷水以东的土地及沂水以西的土地。癸巳日，叔孙州仇、仲孙何忌与邾国君主在句绎结盟。

夏季四月丙子日，卫侯元卒。滕子来鲁国朝见。晋国的赵鞅率军护送卫国世子蒯聩进入戚邑。

秋季八月甲戌日，晋国的赵鞅率军与郑国罕达的军队战于铁地，郑军溃败。

冬季十月，安葬卫灵公。十一月，蔡国迁到州来。蔡国人杀死自己的大夫公子驷。

三年

【原文】

三年春，齐国夏、卫石曼姑帅师围戚。

夏四月甲午，地震。五月辛卯，桓宫、僖宫灾。季孙斯、叔孙州仇帅师城启阳[①]。宋乐髡帅师伐曹。

秋七月丙子，季孙斯卒。蔡人放其大夫公孙猎于吴。

冬十月癸卯，秦伯卒。叔孙州仇、仲孙何忌帅师围邾。

【注解】

①启阳：地名，在今山东临沂。

【译文】

三年春，齐国的国夏、卫国的石曼姑率军围困戚邑。

夏季四月甲午日，发生地震。五月辛卯日，桓公庙、僖公庙发生火灾。季孙斯、叔孙州仇率军在启阳筑城。宋国的乐髡率军讨伐曹国。

秋季七月丙子日，季孙斯卒。蔡国放逐自己的大夫公孙猎去了吴国。

冬季十月癸卯日，秦伯卒。叔孙州仇、仲孙何忌率军包围邾国。

四年

【原文】

四年春，王二月庚戌，盗杀蔡侯申。蔡公孙辰出奔吴。葬秦惠公。宋人执小邾子。

夏，蔡杀其大夫公孙姓、公孙霍。晋人执戎蛮子赤归于楚。城西郛。六月辛丑，亳社灾。

秋八月甲寅，滕子结卒。

冬十有二月，葬蔡昭公。葬滕顷公。

【译文】

四年春，周历二月庚戌日，强盗杀死蔡侯申。蔡国的公孙辰逃到吴国。安葬秦惠公。宋人逮捕了小邾子。

夏季，蔡国人杀死自己的大夫公孙姓、公孙霍。晋国人捉住了戎蛮的君主赤，把他押往楚国。修缮都城西面的外城。六月辛丑日，亳社发生火灾。

秋季八月甲寅日，滕国的君主结卒。

冬季十二月，安葬蔡昭公。安葬滕顷公。

五年

【原文】

五年春，城毗①。

夏，齐侯伐宋。晋赵鞅帅师伐卫。

秋九月癸酉，齐侯杵臼卒。

冬，叔还如齐。闰月，葬齐景公。

【注解】

①毗：地名，具体位置不详。

晋国的赵鞅率军讨伐卫国。

【译文】

五年春，在毗地筑城。

夏季，齐侯讨伐宋国。晋国的赵鞅率军讨伐卫国。

秋季九月癸酉日，齐侯杵臼卒。

冬季，叔还前往齐国。闰月，安葬齐景公。

八年

【原文】

八年春，王正月，宋公入曹，以曹伯阳归。吴伐我。

夏，齐人取讙及阐[①]。归邾子益于邾。

秋七月。

冬十有二月癸亥，杞伯过卒。齐人归讙及阐。

吴国讨伐鲁国。

【注解】

①讙：地名，在今山东宁阳北。阐：地名，亦在今山东宁阳北。

【译文】

八年春，周历正月，宋公进入曹国，俘获曹伯阳返回宋国。吴国讨伐鲁国。

夏季，齐人取得讙地和阐地。把邾君益送回邾国。

秋季七月，无事。

冬季十二月癸亥日，杞伯过卒。齐人归还讙地和阐地。

十二年

【原文】

十有二年春，用田赋。

夏五月甲辰，孟子卒。公会吴于橐皋[①]。

秋，公会卫侯、宋皇瑗于郧②。宋向巢帅师伐郑。

冬十二月，螽。

哀公在郧地会见卫侯和宋国的皇瑗。

【注解】

①橐皋：地名，在今安徽巢县西。②郧：地名，在今山东莒县南。

【译文】

十二年春，实行田赋制度。

夏季五月甲辰日，孟子卒。哀公在橐皋与吴人会面。

秋季，哀公在郧地会见卫侯和宋国的皇瑗。宋国的向巢率军讨伐郑国。

冬季十二月，发生蝗灾。

十三年

【原文】

十有三年春，郑罕达帅师取宋师于嵒。

夏，许男成卒。公会晋侯及吴子于黄池①。楚公子申帅师伐陈。于越入吴。

秋，公至自会。晋魏曼多帅师侵卫。葬许元公。九月，螽。

冬十有一月，有星孛于东方②。盗杀陈夏区夫。十有二月，螽。

【注解】

①黄池：地名，在今河南封丘南。②孛：指彗星。

【译文】

十三年春，郑国的罕达率军在嵒地歼灭宋军。

夏季，许君成卒。哀公在黄池会见晋侯及吴子。楚国的公子申率军讨伐陈国。越军攻入吴国。

秋季，哀公从会盟地回国。晋国的魏曼多率军入侵卫国。安葬许元公。九月，发生蝗灾。

冬季十一月，有彗星在东方出现。强盗杀死陈国的夏区夫。十二月，发生蝗灾。

礼记

礼记

我们中华民族有着五千年灿烂的文化传统，文化核心之一就是“礼”，而“三礼”：《仪礼》《礼记》和《周礼》集中表述了“礼”的思想。

“三礼”是指《仪礼》《礼记》和《周礼》这三部儒家经典。

“礼”本来是指祭祀鬼神时的一种仪式，后来引申指社会上一切礼仪。

“礼”，就是身体力行，是一种脚踏实地的实践活动。

《礼记》是这样解释“礼”的：“夫礼者，所以定亲疏，决嫌疑，别同异，明是非。”（《礼记·曲礼》）这是说“礼”可以区别人们不同的地位、作为是非的标准。也就是说，人在社会上要找到自己合适的坐标。《礼记》还说：“礼节民心”，“礼者，天地之序也”，“中正无邪，礼之质也。庄敬恭顺，礼之制也。过制则乱，胜质则伪”。（《礼记·乐记》）“礼”是节，节就是掌握一定的度，凡事过了度肯定不好。“礼”既要防止破坏秩序的祸乱，也要防止流于形式的虚伪。人都是有欲望的，欲望的需求是没有止境的。人的欲望，既是社会发展的动力，如果失去节制，也是巨大的破坏力量。

中华自古就是“礼仪之邦”。“礼”是中国古代传统文化的主题内容，也是中国古代儒家思想的核心价值观念。“礼”是中国古代社会生活的规范、制度和思想观念。

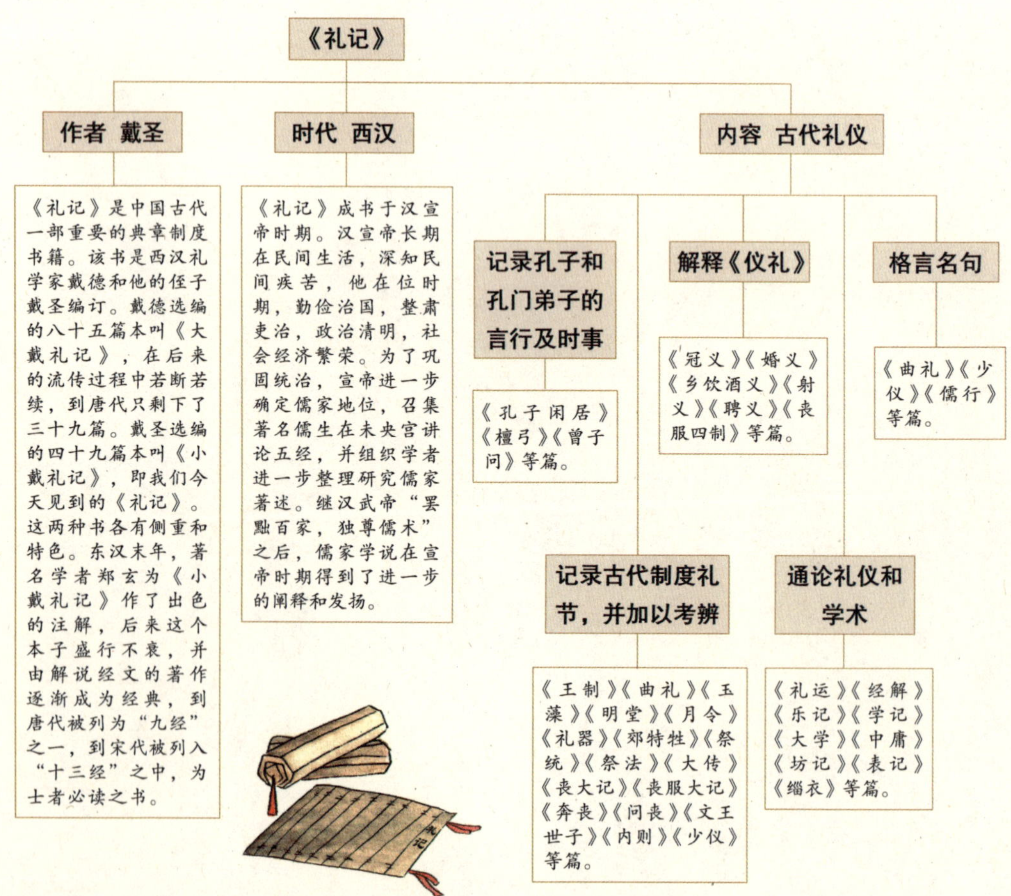

《礼记》

《周礼》

《周礼》，是一部记述国家王室制度的书，通过对300多种职官掌管的具体事物的记述，阐明了社会制度的思想。

《周礼》

《周礼》共6篇，每篇一官，配以天、地、春、夏、秋、冬四时，分述周代六官的职守。它的内容是：

（1）天官：冢宰，掌邦治。

（2）地官：司徒，掌邦教。

（3）春官：宗伯，掌邦礼。

（4）夏官：司马，掌邦政。

（5）秋官：司寇，掌邦刑。

（6）冬官：司空，掌邦事。

《周礼》的出现

汉武帝时民间的一位姓李的人，从山岩屋壁中发现了古《周礼》，呈现给了河间献王，全书只缺少《冬官》一篇，于是悬赏千金，向民间征求，没有得到，只好取《考工记》补进去。河间献王将这部《周礼》献给了汉武帝，藏于秘府。

《仪礼》

《仪礼》17篇，先秦儒家所传授的六经《诗》《书》《礼》《乐》《易》《春秋》中的《礼》就是指《仪礼》。

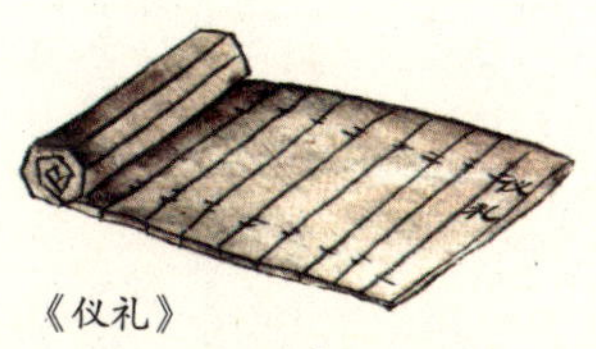
《仪礼》

《仪礼》是有关祭天、祀祖、区分尊卑上下、维护社会等级制度的礼节和行为规范。《仪礼》的内容有冠、昏、丧、祭、乡、射、朝、聘八种，是记载古代宗教仪式和风俗习惯的礼仪之书，也是研究古代社会生活和文化的必读书。这在春秋以前，是“士”以上的贵族们必须学会的礼仪。

我们简单介绍一下《仪礼》的内容：

《士冠礼》第一：古时候，男子20岁就算成年人了，要加冠，加冠时要举行冠礼，这是成年礼，加冠命字。

《士昏礼》第二：士以上的贵族娶妻成婚的礼仪。昏（婚）礼有六项内容，所以也叫六礼：纳采、问名、纳吉、纳徵、请期、亲迎。

《士相见礼》第三：是士初次相见的礼仪。

《乡饮酒礼》第四：记载乡（古代基层行政组织）定期举行酒会的仪式。

冠礼。

燕礼。

士相见礼。

士丧礼。

《乡射礼》第五：记载乡（古代基层行政组织）定期举行射箭比赛大会的礼仪。

《燕礼》第六：讲述诸侯与其大臣举行的宴饮之礼。宴会上有歌舞表演。

《大射礼》第七：是讲君王主持射箭比赛的礼仪。

《聘礼》第八：这是国君派遣使节到其他诸侯国进行友好访问的礼节。

《公食大夫礼》第九：这是讲国君举行宴会招待外国使节的礼仪。

《谨礼》第十：记述诸侯朝见天子的礼节。

《丧服》第十一：讲的是古代人们根据亲疏关系为去世的亲属穿不同丧服、服不同丧期的礼仪制度。

《士丧礼》第十二、《既夕礼》第十三：这两篇讲的是士死后的丧葬过程和礼仪。

《士虞礼》第十四：讲述士埋葬父母后回家为父母举行的安魂礼仪。

《特牲馈食礼》第十五：士定期在家庙中以豕（猪）祭祖的礼仪。

《少老馈食礼》第十六、《有司彻》第十七：这两篇讲述诸侯的卿大夫定期在家庙中用少牢祭祖的礼仪（用羊和猪两牲为祭品称为“少牢”）。

《礼记》

《礼记》49 篇，共约 90000 字。内容主要是记述先秦的礼仪制度，阐释《仪礼》，记录孔子与弟子的言论等。

《小戴礼记》

《礼记》流传到现在的有 38 篇《大戴礼记》和 49 篇《小戴礼记》，我们现在说的《礼记》就是《小戴礼记》。

《礼记》中的《礼运》篇讲述了大同社会的政治原理，康有为著的《大同书》其理论渊源就在这里。孙中山曾亲笔书写《礼运》篇，三民主义也从《礼记》中吸取了合理成分。我们现在讲的“小康社会”，其概念也源于此。

《礼记》中的《学记》讲的是教育原理。《礼记》中的《大学》讲的是“修身、齐家、治国、平天下”一套完整的社会政治原理。《礼记》中的《中庸》讲的是宇宙观和人生哲学。《大学》《中庸》两篇被宋代的朱熹从《礼记》中抽出来，与《论语》《孟子》合编为“四书”。

中国的礼乐文化

孔子说:“绘事后素”，画画要有素净的底子。一切的“礼”，都是以真实、质朴为基础的。真挚的“礼”是对人的尊重。由于有了“礼”，人们互相尊重，有尊重才可能有爱，大家才能和谐相处。

礼乐文化是古人将“礼教”与“乐教”并提而形成的教化体系，它们的本义，是以礼、乐为教，来教化民众。

远古时代，人与禽兽为伍，不知礼仪。《礼记·曲礼》中说，为了让人们懂得“自别于禽兽”，有圣人起来“为礼以教人，使人以有礼”。“为礼以教人”，就是创制了礼来教人。礼使人自觉地区别于禽兽，走向了文明。而圣人的历史功绩正是在于“为礼”和“教人”。

礼，履也。所以事神致福也。(《说文解字》)

上古圣王治理民众的方针，以及后世圣贤教化民众的方法，都可以最终归纳为一个“礼”字。圣王治世的目标，是建立大同世界。圣贤教民，是要让百姓懂得礼、遵守礼。

礼者，所以定国家、安社稷、存人民、利后嗣者也。(《左传》)

司马迁在《史记·滑稽列传》里面引孔子的话说:“六艺于治一也,《礼》以节人,《乐》以发和。”这句话高度概括了中国礼乐文化的性质和作用。《论语·学而》提出“礼之用，和为贵”的社会和谐思想，这在今天具有普世的价值。

《礼》以节人，《乐》以发和。

我们知道，周公制礼是以民众为治国重心的，他曾说:“人无于水鉴，当于民鉴。”这种以人为鉴的思想(鉴就是镜子，用以检验自己的)对后世产生了深远的影响，唐太宗就注意以人为鉴开创了贞观盛世。周公制礼标志着中国在西周时代就有了“人本主义”思想，走出了神话时代。

礼乐教化的“乐”是指人的心声，表达的是人的感情。按照儒家的说法，自然界的各种声响(包括动物叫声)都是属于“声”，而人创造的乐曲则称为“音”，人能欣赏音乐，超越了天籁之声，这是人与动物的区别之一。《礼记·乐记》“禽兽知声而不知音”。而这些“音”当中能够提升人的道德，有益于人的身心健康，就称为“乐”，所以说“德音之谓乐”，这就是礼乐的“乐”。

礼乐文化的本质是尊重人，其教化作用是让社会和谐，让人快乐而有节制，有益于人的身心健康。

孔子是周代礼乐文化的继承者和倡导者。

曲礼上

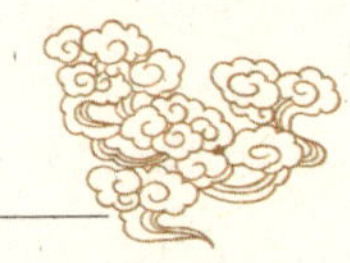

【原文】

曲礼曰：

毋不敬，俨若思，安定辞[①]。安民哉！

傲不可长，欲不可从，志不可满，乐不可极。

贤者狎而敬之，畏而爱之。爱而知其恶，憎而知其善。积而能散。安安而能迁[②]。临财毋苟得，临难毋苟免。很[③]，毋求胜；分，毋求多。疑事毋质，直而勿有。

若夫，坐如尸[④]，立如齐[⑤]，礼从宜，使从俗。

夫礼者，所以定亲疏，决嫌疑，别同异，明是非也。礼不妄说人，不辞费。礼不逾节，不侵侮，不好狎。修身践言，谓之善行。行修言道，礼之质也。礼闻取于人，不闻取人。礼闻来学，不闻往教。

道德仁义，非礼不成。教训正俗，非礼不备。分争辨讼，非礼不决。君臣、上下、父子、兄弟，非礼不定。宦学事师，非礼不亲。班朝治军[⑥]，莅官行法，非礼威严不行。祷祠、祭祀、供给鬼神，非礼不诚不庄。是以君子恭敬撙节[⑦]，退让以明礼。鹦鹉能言，不离飞鸟；猩猩能言，不离禽兽。今人而无礼，虽能言，不亦禽兽之心乎？夫唯禽兽无礼，故父子聚麀[⑧]。是故圣人作，为礼以教人，使人以有礼，知自别于禽兽。

太上贵德[⑨]，其次务施报[⑩]。礼尚往来：往而不来，非礼也；来而不往，亦非礼也。人有礼则安，无礼则危，故曰“礼者不可不学”也。夫礼者，自卑而尊人。虽负贩者，必有尊也，而况富贵乎？富贵而知好礼，则不骄不淫。贫贱而知好礼，则志不慑。

人生十年曰幼，学；二十曰弱，冠；三十曰壮，有室；四十曰强，而仕；五十曰艾，服官政；六十曰

傲不可长。

欲不可从。

志不可满。

乐不可极。

耆，指使；七十曰老，而传重[11]；八十、九十曰耄；七年曰悼。悼与耄虽有罪，不加刑焉。百年曰期，颐。

大夫七十而致事，若不得谢，则必赐之几杖；行役以妇人，适四方，乘安车。自称曰“老夫”，于其国则称名。越国而问焉，必告之以其制。

谋于长者，必操几杖以从之。长者问，不辞让而对，非礼也。

凡为人子之礼，冬温而夏凊，昏定而晨省。在丑夷不争[12]。

夫为人子者，三赐不及车马[13]，故州闾乡党称其孝也，兄弟亲戚称其慈也，僚友称其弟也，执友称其仁也，交游称其信也。见父之执[14]，不谓之进，不敢进；不谓之退，不敢退；不问，不敢对。此孝子之行也。

夫为人子者，出必告，反必面；所游必有常，所习必有业；恒言不称老。年长以倍，则父事之。十年以长，则兄事之。五年以长，则肩随之[15]。群居五人，则长者必异席。

为人子者，居不主奥[16]，坐不中席，行不中道，立不中门；食飨不为概[17]，祭祀不为尸；听于无声，视于无形；不登高，不临深；不苟訾，不苟笑。

孝子不服暗，不登危，惧辱亲也。父母存，不许友以死；不有私财。

为人子者，父母存，冠衣不纯素[18]。孤子当室[19]，冠衣不纯采。

幼子常视毋诳[20]，童子不衣裘裳。立必正方，不倾听。长者与之提携，则两手奉长者之手。负剑辟咡诏之[21]，则掩口而对。

从于先生，不越路而与人言。遭先生于道，趋而进，正立拱手。先生与之言，则对；不与之言，则趋而退。

从长者而上丘陵，则必乡长者所视。

登城不指。城上不呼。将适舍，求毋固。将上堂，声必扬。户外有二屦[22]，言闻则入，言不闻则不入。将入户，视必下。入户奉扃[23]，视瞻毋回。户开亦开，户阖亦阖。有后入者，阖而勿遂。毋践屦，毋踖席[24]，抠衣趋隅[25]。必慎唯诺。

大夫、士出入君门，由闑右[26]，不践阈[27]。

凡与客入者，每门让于客。客至于寝门，则主人请入为席，然后出迎客；客固辞，主人肃客而入；主人入门而右，客入门而左；主人就东阶，客就西阶，客若降等，则就主人之阶；主人固辞，然后客复就西阶。主人与客让登，主人先登；客从之。拾级聚足，连步以上。上于东阶，则先右足；上于西阶，则先左足。

帷薄之外不趋[28]，堂上不趋，执玉不趋。堂上接武[29]，堂下布武[30]。室中不翔[31]。并坐不横肱。授立不跪，授坐不立。

凡为长者粪之礼[32]，必加帚于箕上，以袂拘而退[33]。其尘不及长者，以箕自乡而扱之[34]。

奉席如桥衡[35]，请席何向，请衽何趾。席南向北向，以西方为上；东向西向，以南方为上。

若非饮食之客，则布席，席间函丈[36]。主人跪正席。客跪，抚席而辞。客彻重席，主人固辞。客践席，乃坐。主人不问，客不先举。将即席，容毋怍。两手抠衣，去齐尺[37]。衣毋拨，足毋蹶。

先生书策、琴瑟在前，坐而迁之，戒勿越。虚坐尽后，食坐尽前。坐必安，执尔颜。长者不及，毋儳言。正尔容，听必恭。毋剿说，毋雷同。必则古昔，称先王。侍坐于先生，先生问焉，终则对。请业则起，请益则起。父召，无"诺"。先生召，无"诺"。"唯"而起。侍坐于所尊，敬毋余席。见同等不起。烛至，起。食至，起。上客，起。烛不见跋[38]。尊客之前不叱狗。让食不唾。

侍坐于君子，君子欠伸、撰杖屦、视日蚤莫[39]，侍坐者请出矣。侍坐于君子，君子问更端，则起而对。侍坐于君子，若有告者曰"少间，愿有复也"，则左右屏而待。毋侧听，毋噭应[40]，毋淫视，毋怠荒。游毋倨，立毋跛，坐毋箕，寝毋伏。敛发毋髢[41]，冠毋免。劳毋袒，暑毋褰裳。

侍坐于长者，屦不上于堂，解屦不敢当阶。就屦，跪而举之，屏于侧。乡长者而屦，跪而迁屦，俯而纳屦。

离坐离立[42]，毋往参焉。离立者不出中间。男女不杂坐，不同椸枷[43]，不同巾栉，不亲授。嫂叔不通问，诸母不漱裳[44]。外言不入梱[45]，内言不出梱。

女子许嫁，缨。非有大故，不入其门。姑、姊、妹、女子子已嫁而反，兄弟弗与同席而坐，弗与同器而食。父子不同席。男女非有行媒，不相知名。非受币，不交不亲。故日月以告君，斋戒以告鬼神，为酒食以召乡党僚友，以厚其别也。取妻不取同姓，故买妾不知其姓，则卜之。寡妇之子，非有见焉，弗与为友。

贺取妻者曰："某子使某，闻子有客，使某羞[46]。"贫者不以货财为礼，老者不以筋力为礼。

名子者不国，不以日月，不以隐疾，不以山川。

男女异长。男子二十，冠而字。父前子名，君前臣名。女子许嫁，笄而字[47]。

凡进食之礼：左肴右胾[48]；食居人之左，羹居人之右；脍炙处外，醯酱处内，葱渫处末[49]，酒浆处右；以脯修置者，左朐右末[50]。客若降等，执食兴辞；主人兴辞于客，然后客座。主人延客祭。祭食，祭所先进。肴之序，遍祭之。三饭，主人延客食胾，然后辩肴。主人未辩，客不虚口[51]。

侍食于长者，主人亲馈，则拜而食；主人不亲馈，则不拜而食。

共食不饱，共饭不泽手[52]。

毋抟饭。毋放饭。毋流歠[53]。毋咤食。毋啮骨。毋反鱼肉。毋投与狗骨。毋固获。毋扬饭。饭黍毋以箸。毋嚃羹[54]。毋絮羹[55]。毋刺齿。毋歠醢[56]。客絮羹，主人辞不能亨。客歠醢，主人辞以窭[57]。濡肉齿决，乾肉不齿决。毋嘬炙[58]。卒食，客自前跪，彻饭齐[59]，以授相者。主人兴辞于客，然后客坐。

侍饮于长者，酒进则起，拜受于尊所，长者辞，少者反席而饮。长者举未釂[60]，少者不敢饮。

长者赐，少者贱者不敢辞。赐果于君前，其有核者，怀其核。御食于君，君赐余，器之溉者不写[61]，其余皆写。

馂余不祭[62]，父不祭子，夫不祭妻。

御同于长者，虽贰不辞。偶坐不辞。

羹之有菜者用梜[63]，其无菜者不用梜。

为天子削瓜者副之，巾以絺[64]。为国君者华之，巾以绤[65]。为大夫累之[66]，士疐之[67]，庶人龁之。

父母有疾，冠者不栉，行不翔，言不惰，琴瑟不御，食肉不至变味，饮酒不至变貌，笑不至矧[68]，怒不至詈。疾止复故。

有忧者，侧席而坐；有丧者，专席而坐。

水潦降，不献鱼鳖。献鸟者佛其首[69]，畜鸟者则勿佛也。献车马者执策绥。献甲者执胄，献杖者执末，献民虏者操右袂，献粟者执右契，献米者操量鼓，献孰食者操酱齐，献田宅者操书致。

凡遗人弓者：张弓尚筋，弛弓尚角；右手执箫，左手承弣[70]；尊卑垂帨[71]。若主人拜，则客还辟，辟拜。主人自受，由客之左，接下承弣，乡与客并。然后受。进剑者左首。进戈者前其镈[72]，后其刃。进矛戟者前其镦[73]。

进几杖者拂之。效马效羊者右牵之，效犬者左牵之。执禽者左首，饰羔雁者以缋。受珠玉者以掬。受弓剑者以袂。饮玉爵者弗挥。凡以弓、剑、苞、苴、箪、笥问人者，操以受命，如使之容。

凡献弓给人的，张了弦的弓要使弓弦朝上。

凡作为国君使者出使的，一旦接受了命令就必须立即出发，不得带着君命在家过夜。

博闻强记而能够谦让，广多善事而不懈怠，可称之为君子。君子不要求别人无尽地喜欢自己，也不要求别人全力为自己尽忠，以使交情得以完美地保持下去。

凡为君使者，已受命，君言不宿于家。君言至，则主人出拜君言之辱；使者归，则必拜送于门外。若使人于君所，则必朝服而命之；使者反，则必下堂而受命。

博闻强识而让，敦善行而不怠，谓之君子。君子不尽人之欢，不竭人之忠，以全交也。

礼曰：君子抱孙不抱子。此言孙可以为王父尸，子不可以为父尸。为君尸者，大夫、士见之，则下之。君知所以为尸者，则自下之；尸必式[74]。乘必以几。

斋者不乐不吊。

居丧之礼：毁瘠不形，视听不衰，升降不由阼阶，出入不当门隧。居丧之礼：头有创则沐，身有疡则浴；有疾则饮酒食肉，疾止复初。不胜丧，乃比于不慈不孝。五十不致毁，六十不毁，七十唯衰麻在身[75]，饮酒食肉处于内。

生与来日，死与往日。

知生者吊。知死者伤。知生而不知死，吊而不伤。知死而不知生，伤而不吊。

吊丧弗能赙[76]，不问其所费。问疾弗能遗，不问其所欲。见人弗能馆，不问其所舍。赐人者不曰“来取”，与人者不问其所欲。

适墓不登垄，助葬必执绋[77]。临丧不笑。揖人必违其位。望柩不歌。入临不翔。当食不叹。邻有丧，舂不相；里有殡，不巷歌。适墓不歌，哭日不歌。送丧不由径，送葬不辟涂潦。临丧则必有哀色，执绋不笑，临乐不叹，介胄则有不可犯之色。故君子戒慎，不失色于人。

国君抚式，大夫下之。大夫抚式，士下之。

礼不下庶人，刑不上大夫。刑人不在君侧。

兵车不式，武车绥旌，德车结旌。

史载笔，士载言。前有水，则载青旌。前有尘埃，则载鸣鸢。前有车骑，则载飞鸿。前有士师，则载虎皮。前有挚兽，则载貔貅。行，前朱鸟而后玄武，左青龙而右白虎；招摇在上[78]，急缮其怒[79]；进退有度，左右有局，各司其局。

父之仇，弗与共戴天。兄弟之仇，不反兵。交游之仇，不同国。

父之仇，弗与共戴天。

四郊多垒，此卿、大夫之辱也。地广大，荒而不治，此亦士之辱也。

临祭不惰。祭服敝则焚之，祭器敝则埋之，龟策敝则埋之，牲死则埋之。凡祭于公者，必自彻其俎。

卒哭乃讳[80]。礼不讳嫌名，二名不遍讳。逮事父母，则讳王父母。不逮事父母，则不讳王父母。君所无私讳，大夫之所有公讳。《诗》《书》不讳。临文不讳。庙中不讳。夫人之讳，虽质君之前，臣不讳也。妇讳不出门。大功、小功不讳。入竟而问禁，入国而问俗，入门而问讳。

外事以刚日，内事以柔日。凡卜筮日，旬之外曰“远某日”，旬之内曰“近某日”。丧事先远日，吉事先近日。曰：“为日，假尔泰龟有常[81]，假尔泰筮有常。”卜筮不过三。卜筮不相袭。

龟为卜，策为筮。卜筮者，先圣王之所以使民信时日，敬鬼神，畏法令也；所以使民决嫌疑，定犹与也。故曰：“疑而筮之，则弗非也。日而行事，则必践之。”

君车将驾，则仆执策立于马前。已驾，仆展軨[82]。效驾，奋衣由右上，取贰绥；跪乘，执策分辔，驱之五步而立。君出就车，则仆并辔授，左右攘辟。车驱而驺，至于大门，君抚仆之手，而顾命车右就车[83]。门闾、沟渠必步。凡仆人之礼，必授人绥。若仆者降等，则受，不然则否。若仆者降等，则抚仆之手；不然，则自下拘之。

客车不入大门。妇人不立乘。犬马不上于堂。

故君子式黄发，下卿位，入国不驰，入里必式。

君命召，虽贱人，大夫、士必自御之。

介者不拜，为其拜而蓌拜[84]。

祥车旷左[85]。乘君之乘车，不敢旷左；左必式。

仆御妇人，则进左手，后右手。御国君，则进右手，后左手而俯。国君不乘奇车。

车上不广欬，不妄指。立视五巂[86]，式视马尾，顾不过毂。国中以策彗恤勿驱[87]，尘不出轨。

国君下齐牛，式宗庙。大夫、士下公门，式路马。乘路马，必朝服，载鞭策，不敢授绥，左必式。步路马，必中道。以足蹙路马刍[88]，有诛。齿路马，有诛。

【注解】

①定：指说话语气要确切。②安安：安于所习惯的环境或事物。③很：指争讼。④尸：用一活人扮作父祖的形象以代父祖受祭，此人即称为尸。⑤齐：通“斋”。

⑥班：正位次。⑦撙：自我抑损。⑧麀：母鹿，在此泛指雌兽。⑨太上：指帝皇之世，即传说中的三皇五帝时代。⑩其次：指后王。⑪传重：父亲把宗庙土的地位传给嫡长子，就叫传重。⑫丑夷：丑，众也；夷，侪也。指同辈、平辈。⑬三赐：指三命之赐。⑭父之执：父亲的朋友。⑮肩随：并行而差退。⑯奥：屋中西南角，尊长居住。⑰概：量米麦时刮平斗斛的器具。⑱纯：古代衣裳、鞋帽的镶边。⑲孤子：二十九岁以下而无父称为孤子。⑳视：通“示”，示意。㉑负剑辟咡诏之：剑，挟小儿于胁下如带剑也。辟，倾也。咡，口旁也。㉒屦：古代的一种单底鞋。㉓扃：上门的横杠或门栓。㉔踖：践踏。㉕抠：提。㉖闑：古代大门正中所竖的短木。㉗阈：门槛。㉘帷薄：帷，指布幔。薄，指帘子。㉙接武：武，足迹。接武，指足迹相接。㉚布武：每移足，各自成迹，不相接连。㉛翔：指甩开手臂。㉜粪：除污秽。㉝拘：遮蔽。㉞扱：即收取垃圾。㉟桥衡：桥，措井上打水的桔槔衡，指桔槔上起杠杆作用的横本杆。㊱函丈：三席为一丈，广三尺三寸三分，谓函丈。㊲齐：衣裳的下边。㊳跋：本也，指火把的柄。㊴蚤莫：早暮。㊵噭：号呼三声。㊶髦：垂发。㊷离：两也。㊸椸枷：椸，晾衣服的竹竿。枷，衣架。㊹诸母：父之诸妾有子者。㊺梱：门槛。㊻羞：进也。所进者，据郑玄《注》说，是一壶酒，十条干肉，无干肉就送一条狗。㊼笄：女子的成人礼。㊽胾：熟肉带骨切成大块叫肴，纯肉切块叫胾。㊾渫：蒸葱。㊿朐：干肉中间弯曲就叫朐。51虚口：漱口。52泽手：揉搓手。吃饭用手，既与人共饭，手宜洁净，不得临食时揉搓手，使别人嫌恶。53歠：饮。54嚃羹：羹不嚼菜，合而饮之。55絮：调也。56歠醢：醢即肉酱、歠醢是指像吃羹一样饮而食之。57窭：贫，不足。58嘬：吞食。59齐：指酱、腌菜等。60釂：即干杯。61写：泻，是说把食物从一个容器倒入另一个容器。62馂：吃剩的食物。63梜：箸，筷子。64絺：细葛布。65绤：粗葛布。66累：通“祼”，一种祭礼。67疐：通“蒂”。68矧：齿。69佛其首：用小竹笼把鸟罩上。70弣：弓中部把手处。71帨：古人腰际的佩巾。72镈：戈柄末的金属套。73镦：矛戟柄末端的金属套。74式：通“轼”，是古代车厢前供人凭依的横木，人立于车凭轼俯身向人表示敬意也叫轼。75衰：通“缞”，古时丧服，用粗麻布制成。76赙：赠送财物给办丧事的人家。77绋：牵引灵车的大绳。78招摇：指北斗第七星。79缮：坚定，坚持。80卒哭：祭名，指人死葬后的最后一次祭礼。81泰龟有常：泰龟，大龟。此指龟甲。有常：指其无差错。皆为尊称美辞。82軨：车阑，即车厢前面和左右两面横直交结的栏木。83车右：勇力之士，护卫君王，乘车则在右边。84蓌拜：蓌，蹲也，犹诈也。着铠甲而拜，形仪不足，似诈也。85祥车：死者生前所乘的车。86巂：即规，车轮的周长。87策彗：即以彗策。彗，带叶的竹扫帚。恤勿：搔摩也。88蹙：通“蹴”，蹋也。

【译文】

《曲礼》说：

（凡事）不要不严肃认真，（神情要）庄重若有所思，说话要态度安详、言辞确切。这样才能使人信服，使民众安定！

傲气不可滋长，欲望不可放纵，心志不可自满，享乐不可穷极。

对有德行的人要亲近而敬重，畏服而爱慕。（对）所爱的人要知道他的缺点，（对）所恨的人要知道他的优点。（财富）既能善于积聚，又能广泛布施；（处境）既能安于现状，又能适时变迁。面对财物，不随便获取；面临危难，不随便逃避。遇有争讼，不求胜过他人；分配财物，不求多于别人。事有疑问，不要臆断；自己正确，不要得理不让人。

如果坐着，就要像“尸”那样端庄矜持；如果站着，就要同斋戒那样恭恭敬敬。礼仪要遵从事理机宜，出使他国要顺从当地的风俗习惯。

礼，是用来规定人们之间的亲疏关系，决断事理上的疑问、分辨事物的异同、明确道理上的是非的。依礼而言，不随便讨好人，不说多余的话。依礼而行，不超越节度，不侵犯侮慢他人，不与人亲昵失敬。加强自身修养，实践许下的诺言，便可称为“善行”。行为有修养，言谈合道理，就体现了礼的本质。关于礼的学问，只听说到别人那儿取法学习，没听说主动要求别人来学习；只听说前来投师学习，没听说主动前去教授。

没有礼，就不能成就仁义道德；没有礼，教训人民移风易俗就不能完备；没有礼，就不能决断分辨争讼的是非；没有礼，就不能确定君臣、上下、父子、兄弟的名分；外出游学拜师，没有礼，师生之间就不会亲密；排列朝班，整治军队，莅临官职，执行法令，没有礼，就失去了威严；临时的祭祀和定期的祭祀，供奉鬼神，没有礼，就失去了虔诚和庄重。因此，君子态度恭敬，凡事有节制，对人谦让，以此来体现礼。鹦鹉虽能学人言，终究不外是飞鸟；猩猩虽懂人语，到底还是禽兽。现在作为人而不知礼，虽然讲的是人话，其心也不过是禽兽。正因为禽兽没有礼，所以父子能共一雌兽。因此，圣人制定礼制，用以教化人民，使人民有了礼制而自知区别于禽兽。

上古时代，人们崇尚德，以德为贵；（后来则讲究施惠和报答）礼崇尚有来有往：只往而不来，不合乎礼；只来而不往，也不合乎礼。人人都有了礼，社会就能安定；人人都没有了礼，社会就会危机，因此说“礼，是不可以不学的”。礼的原则，要求自己谦卑而尊重他人，即使是身份低微的人，也有值得尊敬的（地方），何况是富贵的人呢？富贵而且懂得爱好礼义，就不会骄奢淫逸；贫贱却能懂得爱好礼义，便不会畏怯困惑。

人长到十岁称为“幼”，开始学习；二十岁称为“弱”，行冠礼；三十岁称为“壮”，娶妻成家；四十岁称为“强”，可以外出做官；五十岁称为“艾”，可以独当一面处理政事；六十岁称为“耆”，可以指导使唤他人；七十岁称为“老”，应该传重于子孙了；八十岁、九十岁称为“耄”；七岁称为“悼”。“耄”和“悼”即使犯有罪过，也不施加刑罚。百岁老人称为“期”，应当颐养天年了。

大夫七十岁就可以致仕退休了，如果不得辞官，（君王）应当赐给他几杖，外出办事要派妇人服侍，出使四方，要让他乘坐安车。七十岁的人可以自称“老夫”，但在本国朝廷上仍需自称名字。别国来问国政，一定要能把本国的制度告诉人家。

到长者那儿去商议事情，一定要附带几杖随从他。长者问话，不先谦让就回答，是不符合礼的。

凡做儿子的礼仪，应使父母在冬天里感到温暖，在夏天里感到凉爽；晚上替父母铺床安枕，早晨向他们请安问好。与同辈人相处，不发生争吵。

做儿子的，虽官至三命但不敢接受君王的车马之赐，因此地方上的人称他孝顺，兄弟亲戚称他慈爱，同事友好称他敬重兄长，朋友称他仁爱，同他有交往的人称他诚实。见到父亲的挚友，不叫上前就不上前，不让退后便不退后，不问话就不敢随便答话：这些都是孝子的品行。

做儿子的，外出必须告知父母，回家必须当面禀告；出游必须有固定的地方，学习必须有一定的专业；平时说话不自称“老”。年长自己一倍的人，以父辈之礼对待；年长自己十岁的人，以兄长之礼对待；年长自己五岁的人以同辈之礼对待，但一块儿行走应略退后。五个人同在一起，就必须为年长者另设专席。

做儿子的，起居不占家长的尊位，不坐当中的席位，不走中间的道路，不站在门的中央，在为招待宾客或祭祀而设的食礼和飨礼中不居于主位，祭祀时不敢充当“尸”，（要善于揣摩父母的心思）虽然没有听到父母的声音也能知道他们要指使自己了。不攀登险峻的高处，不临近危险的深渊；不随便诋毁他人，不随便嬉戏笑闹。

孝子不潜伏于暗处，不登临危险之地，害怕（因出危险而）辱没父母的名声。父母在世，不可对朋友以死相许，也不积蓄私房钱。

做儿子的，父母在世，衣帽不镶白边；父母去世，孤子主持家事，衣帽不镶彩边。

平时要用正确的道理教育幼儿，绝不能欺骗他。儿童不宜穿皮裘和裙子，站立一定要端正，不要歪着头听长者说话。长辈搀扶儿童，儿童要双手握住长辈的手。长辈背负儿童或挟着儿童时，俯身在儿童耳旁说话，儿童要用手掩口再回答长者的话。

随从先生行路，不越过道路到另一边去同别人说话。在路上遇见先生，应当快步前迎，站立端正向老师拱手致敬。先生同自己讲话，就应当回话；如不讲话，则应快步退下。

随从长者登上丘陵，一定要朝长者所看的方向观望。

登城不要用手乱指划，在城上不要乱呼乱叫。外出宿于旅舍，要求不能像在家一样。将要走进堂屋，应当高声说话（使屋内人听到）。如果门外有两双鞋，能听见室内的说话声，就可以进去；否则不要进去。将进入室内时，眼睛一定要向下看；进屋之后，双手要像捧着门闩一样，眼睛不要东张西望。进门之前门是开着的，进屋之后就仍然让它开着；进门之前门是关着的，进屋之后就应随手把门关上。如果身后还有人要进来，就不要把门立即关上。不要踩别人的鞋子，不要越过席次去就坐，应当提起衣角走到席位下角入座。谈话时一定要谨慎。

大夫、士出入国君的朝门，要走门橛的右边，不要踩踏门槛。

凡主人与客人一起进门，每到一个门前主人都要请客人先进。但客人来至寝室门口时，主人要自己先进去，为客人铺好座席之后再迎客入室。如果客人谦逊，一再请主人先行，则主人要在前引导客人入内。主人进门后走右边，客人则走左边。主人来到东阶前，客人来到西阶前。客人地位如果低于主人，就要跟随主人走向东阶，主人一再推辞，然后客人再回到西阶。主人与客人又谦让着上台阶，然后主人先登，客人随之而登。登阶时主宾一级一级踩着走，上一级一并足，步步相继而上。上东阶，先

礼，是用来规定人们之间的亲疏关系，决断事理上的疑问、分辨事物的异同、明确道理上的是非的。

依礼而言，不随便讨好人，不说多余的话。

依礼而行，不超越节度，不侵犯侮慢他人，不与人亲昵失敬。

加强自身修养，实践许下的诺言，便可称为“善行”。

行为有修养，言谈合道理，就体现了礼的本质。

关于礼的学问，要到别人那儿取法学习。

抬右脚；上西阶，先抬左脚。

在帷幔和帘子外面不快步行走，在堂上不快步行走，端着玉器不快步行走。在堂上要小步行走，在堂下可大步流星。在室内，不要甩着膀子行走。和别人一块儿坐着，不要横着胳膊。把东西交给站立的人，不用下跪；把东西交给坐着的人，不要站着。

凡为长辈清扫席前垃圾之礼，必须将扫帚放在簸箕上双手捧着前去，然后用一手的衣袖遮住扫帚且扫且退。（这样，可）避免灰尘飞扬到长者身上，（扫完之后）要将簸箕口朝自己一方扫入垃圾。

为长者捧席，要像桔槔上的横木一样左高右低。布设座席时要请问长者面朝哪个方向，布设卧席时要请问长者脚朝哪个方向。席面如若是南北方向，则以西方为上；如若是东西方向，则以南方为上。

如果请来的不是饮酒吃饭的客人，为他布席时应当宽敞一些，席与席之间大约应有一丈间隔。主人跪下为客人整理席位时，客人应当跪下用手按席表示辞谢。客人要撤掉垫在上面的席子时，主人要再三请他不要撤去。客人登席，主人才就座。主人不发问，客人不抢先说话。将要入席时，脸色不要有变化，要用双手提起衣裳，使衣裳的下摆离地面一尺左右。衣裳不要摆动，脚步不能急促。

老师的书策琴瑟放在前面，（做弟子的）应当跪着绕过去，千万不能从上边跨过去。不饮酒吃饭时应尽量往后坐，饮酒吃饭就尽量往前坐。坐有坐相，一定要安稳，表情要保持自然。长者没有提及的话题，不要妄言。要端正你的仪容，洗耳恭听。不要抄袭他人的学说，也不要同别人雷同，要依据古代的道理，称引先贤的遗训。在老师那儿侍奉陪坐，先生发问，要等他把话问完再回答。向老师请教学业要起立，请老师重复一遍也要起立。父亲和老师召唤自己，不要只应声而不行动，一定要声应身从，马上站起立即行动。在自己尊敬的人面前陪坐，要坐在席端距他最近的地方，不使中间有空席。看到同辈的人不用起立。（天黑后）有人送来火把，要起立。（吃饭时）有人送来饭菜要起立。尊贵的客人来了要起立。火把不要等烧到根部再换掉。在贵客面前不要呵斥狗。在谦让食物时不要吐口水。

在君子身旁陪坐，如果君子打呵欠，伸懒腰，摆弄拐杖、鞋子，观看天色早晚，陪坐的人就应该请求告退了。在君子身旁陪坐，如果君子转换话题询问另外一件事，就要起立回答。在君子身旁陪坐，如果有人进来禀告君子说："等您稍有闲暇，有事想向您汇报。"陪坐者就应该退避到一旁等候。不要侧耳偷听，不要粗声大气地喊叫，不要左顾右盼，不要无精打采。走路不要大摇大摆，站立不要左偏右斜，坐着不要两腿分开，睡觉不要趴伏着身子，头发要收拢好不要下垂。帽子不要随便脱下，劳作时不要袒脚露臂，炎热时不要撩起衣裙。

在长辈身旁陪坐，不能穿着鞋上堂，也不能在堂前台阶上脱鞋。穿鞋时，要跪着拿起鞋子，退避到一旁再穿。如果面朝长辈穿鞋，要先跪下把鞋拿近，再俯身穿上鞋子。

见两个人坐在一起，或两个人站在一起，不要侧身插入他们中间。两人并排站在一起，不要从他们中间穿过。男女不同坐一块儿，不共用一根竹竿或一个衣架晾晒衣服，不共用面巾和梳子、篦子，不亲手递给对方东西。叔嫂之间不通问候。不让庶母洗涤衣裳。男人在外面的公务不说给家中妇女听，妇女闺门内的琐事也不要用来聒噪男人。

女子一旦订婚，就要系上五色彩缨。除非有大的变故，就不要进她的屋门。姑、姊妹以及自己的女儿，已经出嫁又回到家里来的，兄弟们不和她同席而坐，也不与她们共用餐具。父子也不同席而坐。男女之间没有媒妁做媒，不互通姓名。没有接受男方的聘礼，双方不交际往来。因此，一旦选定了男女的婚期，就要把吉日登记上报，并沐浴斋戒而后祭告家庙中的鬼神，然后大摆宴席遍请乡亲朋友，以此来显示慎重男女之间的区别。娶妻不娶同姓的女子，因此买妾时如果不知道她的姓氏，就要用占卜断定吉凶。寡妇的儿子，如果不是才能突出，不要同他结为朋友。

向娶妻的人祝贺，应当说："某子派某前来，听说您宴请宾客，特意送来一份礼物。"如果家境贫寒，就不必送财物；如果年高体弱，就不必劳动身体亲身前来。

给儿子取名，不用国名，不同日月之名，不用身体上的暗疾为名，不用山川为名。

男女分别按长幼排序。男子到了二十岁，就要举行成人礼仪，并为他取字，但儿子在父亲面前仍然称名（不称字），臣子在君王面前也称名（不称字）。女子许嫁之后，才行成人礼，并为她取字。

凡向客人行进食之礼，要把带骨头的肉块陈放在左边，把纯肉块陈放在右边。饭食放在客人的左边，羹汤放在客人的右边。细切的烤肉放在外侧，醋和酱放在里侧，蒸葱放在末端，酒浆放在后边。如果再放脯脩，就要把形状弯曲的放在左边；形状挺直的放在右边。宾客如果地位低于主人，就要端着饭食站起来，（对主人陪食）加以推辞，（并表示要下堂去用饭。）主人要站起来说请他安坐饮食一类的话，然后客人才重新在堂上就座。主人引导客人行食前祭礼。祭食物，应从先进上的开始，然后依次遍祭各种食物。客人吃过三口饭后，主人要引导客人吃大块的切肉，然后请客人依次遍吃各种食物。主人还没有吃遍各种食物之前，客人不饮酒以洁口。

陪长辈吃饭，如果长辈亲自向自己盘中夹送食物，就要行拜礼然后再吃；如果长辈不亲自为自己夹菜，就不必行拜礼。

宾客如果地位低于主人，就要端着饭食站起来，对主人陪食加以推辞。

与人在同一个食器内吃饭，不要求吃饱；与人同在一个食器内吃饭不要揉搓手。

不要用手搓饭团吃，不要将剩饭再放回食器中，不要在喝汤时狼吞虎咽，不要在吃饭时啧啧作声。不要啃骨头，不要把吃过的鱼肉再放回食器内，也不要把骨头喂狗。不要单挑自己喜欢的菜吃，不要为使饭凉的快些而簸扬，吃黍米饭不要用筷子（而要用手）；不要不嚼汤中的菜而囫囵吞咽，不要给自己的羹汤添加调料。吃饭时不要剔牙。不要像喝汤一样喝调料。如果客人往自己的汤里加调料，主人要道歉，说“家人不善于烹煮羹饭”。客人有饮调料的，主人也要道歉，说“家贫以致食物不足”。温软的肉可以直接用牙齿咬开吃，干肉用牙咬不开（而要用手撕开再吃）。不要大口吞食烤肉。吃完后，客人要起身前跪，帮助主人收拾饭桌，将吃剩的饭菜交给用人。主人则要站起来，请客人不必动手，然后客人再重新入座。

陪长辈吃饭，如果长辈向晚辈递酒，晚辈应站起来走到陈放酒樽的地方向长辈行拜礼，然后再接酒；如果长辈说不必客气，晚辈即可返回自己席上饮酒。但长辈没有饮干杯中酒，晚辈就不敢饮酒。

长辈有赏赐，晚辈和地位卑下者不必推辞。如果君王当面赐给臣下水果，水果有核，则臣下应当把果核揣进怀里（不能随便丢弃）。侍候国君吃饭，国君将吃剩下的饭菜赐给侍者，如果食物是盛在可以洗涤的容器内，就不必倒在别的器皿中再吃；如果食物是盛在不可洗涤的容器内，就应当倒在可以洗涤的器具中再吃。

吃别人剩下的饭菜可以不举行食前祭祀，父亲吃儿子进的馔可以不祭，丈夫吃妻子进的馔也可以不祭。

陪侍长辈吃饭，即使主人献上双份食物，也不能推辞（因为自己是侍者，食物非为自己专设）。如果同辈两人并坐为客，（主人献上双份饭菜）自己也不须推辞（因为主人的意思未必是专为自己所设）。

羹汤中有菜就用筷子，没有菜就不用筷子。

为天子削瓜，应当把瓜顺切成四瓣然后横切开来，用细葛布覆好送上；为国君削瓜，应当把瓜切成两瓣然后横切开来，再用粗葛布覆好送上；为大夫削瓜，应当把瓜切成两半再横切开来，不用覆盖就可送上；士（自己动手削瓜，然后）去掉瓜蒂即可食用；庶人（只把瓜蒂去掉）就咬着吃。

父母有病，已经成人的儿子顾不上梳理头发，走路顾不上注意姿势，说话顾不上注意辞藻，不弹奏琴瑟。吃肉少到不至改变食物的滋味，饮酒少到不至脸红，笑不露齿，怒不骂人。父母病体痊愈之后，再恢复到原来的样子。

遭遇忧患的人，自己独席而坐；遇有丧事的人，只坐单席。

雨水多降的季节，不向人献鱼鳖（因为不足珍异）。献野鸟时要用小笼罩住（防止它啄人）。驯服的鸟就不用罩住了。献车马的，要手执马鞭和登车绳献上。献铠甲的，要拿头盔献上。献手杖的，要拿住手杖的末端。献俘虏的，要抓住俘虏的右手。献粟的，要拿符契的右半边献上。献米粮的，要拿量鼓献上。献熟食的，要将调料献上。献田宅的，要将房地契献上。

凡献弓给人的，张了弦的弓要使弓弦朝上，未张弦的弓要使弓背朝上，右手拿着弓的末端，左手托着弓背的中部。不分贵贱，授受双方都要互相鞠躬致意。如果主人行拜受礼，客人就要退后避让主人的拜谢。主人亲自接受所赠的弓，要由客人的左边，从客人手的下边托着弓背中央，与客人同向并排站立，然后接过弓来。进献宝剑的，要把剑柄朝左递给主人。进献戈的，要将戈把朝前，戈刃朝后。进献矛戟的，也要把柄递给人家。

进献几杖的，要擦抹干净。送马送羊的，要用右手牵着。送狗的可以用左手牵着。拿禽鸟送人的要使鸟头向左，拿羔羊、大雁送人的，要系上彩色的装饰。接受别人赠送珠玉的人要用双手捧着。接受弓剑的人要用衣袖承接。用玉杯饮酒的人不可挥动酒杯。凡用弓、剑，或用苞、苴、革、笥等容器盛物送人的，（送东西的人）应先拿着这些东西接受主人的吩咐，就好像使者奉命出使一样。

凡作为国君使者出使的，一旦接受了命令就必须立即出发，不得带着君命在家过夜。国君有命令传到，主人就要出门拜迎君命；使者回去的时候，主人要到大门外拜送。如果臣下派使者到国君那里请示君命，则一定要穿上朝服命令使者。使者返回后，一定要下堂接受使者带回的君命。

凡作为国君使者出使的，一旦接受了命令就必须立即出发。

博闻强记而能够谦让，广多善事而不懈怠，可称之为君子。君子不要求别人无尽地喜欢自己，也不要求别人全力为自己尽忠，以使交情得以完美地保持下去。

《礼》书上说："君子抱孙不抱子。意思是说孙子可以充当祭祀祖父的尸，儿子却不可以充当祭祀父亲的尸。为已故君王充当尸为人，大夫、士见了都要下马致敬。国君知道了为先君充当尸的人，也要亲自下车（向他致意）。而充当尸的人也应当凭轼还礼。尸乘车时一定要用几垫脚。

斋戒的人，不听音乐，也不凭吊死者。

守丧之礼：虽因哀伤而身体羸瘦，但不可形销骨立，也不可损坏视力和听力；上、下堂不走阼阶，进、出门不走正中的甬道。守丧之礼：头上长了疮才能洗头，身上发痒了才可洗澡，生病了才能饮酒吃肉，病愈后还要恢复原样。假如孝子禁不住哀伤而伤害了身体，就要等同于不慈不孝。五十岁守丧不可因悲痛而毁坏身体，六十岁守丧不可影响健康，七十岁守丧只需身穿丧服，可以饮酒吃肉，住在室内。

活人（为死人的服丧期）从人死的第二天算起，死者的（殓殡期）从人死的当天算起。

与死者的亲属相识的要向他们致慰问词，与死者相识的要向死者致悼词。只与亲属相识而不认识死者的，仅致慰问词而无须致悼词；只与死者相识而不认识其家属的，仅致悼词而不必致慰问词。

吊丧而不能拿出钱物来助人办丧事，就不要询问丧家的花费。慰问病人而不能馈赠钱物，就不要问病人需要什么。见到客人而不能招待住宿，就不要问他住在什么地方。赠人礼物不要让人家来取，送东西给人也不要问人家想要什么。

走进墓地不要登上坟冢，为人送葬一定要牵引灵车。参加丧礼不可嬉笑。对人作揖要离开原位。看到灵柩不要唱歌。参加丧礼不张臂走路。面对饭食不唉声叹气。邻居家有丧事，不唱歌助舂。同里有丧，不在巷中唱歌。进入墓地不要唱歌。参加吊唁的日子也不要唱歌。护送灵车不贪走捷径，也不躲避泥途和雨水。参加丧礼脸上要有哀伤的表情，牵引灵车不能嬉笑，参加欢乐的场合不唉声叹气，穿上盔甲就要有不可侵犯的威严。因此，君子要小心谨慎，不能在人前失态。

国君手抚车轼表示敬意的时候，大夫就应该下车。大夫手抚车轼表示敬意的时候，士就应该下车。

（礼不为庶人而制，故）不适用于庶人；（刑不为大夫面制，故）不施用于大夫。受过刑的人不能在国君身边（听用）。

乘坐兵车的人不行轼礼，武车上旌旗要任其舒展，德车上的旗帜应缠结垂敛。

记录王事的史官要携带书写工具，管理外交的士人要携带盟会的文辞。队伍前进的时候，如果遇到河流，就树起饰有青雀的旗帜；如果前面有风吹起的尘埃，就树起饰有鸣鸢的旗帜；如果前边有车马，就树起饰有鸿雁的旗帜；如果前面有军队，就挂起虎皮；如果前面有猛兽，就树起饰有貔貅的旗帜。军队布阵的法则：前为朱鸟阵，后为玄武阵，左边青龙阵，右边白虎阵。中军用画有北斗七星的军旗，高举在上，以激励战士的士气，前进、后退都有节度，向左、向右各有布局。将帅各司其职。

对于杀父的仇人，和他不共戴天。对于兄弟的仇人，随时携带兵刃（见了就杀掉）。对于朋友的仇人，不和他同住一国。

四面边境多筑壁垒，这是卿大夫的耻辱。广袤的土地，荒废而得不到开垦。这是士的耻辱。

参加祭祀不可怠慢。祭服破了，就得烧掉；祭器坏了，就得埋掉；占卜用的龟策坏了，祭祀用的牲畜死了，全部都要埋掉。凡到国君的宗庙去助祭的士，祭祀结束后必须亲自动手撤走祭品。

卒哭祭之后才开始避讳死者的名字。按照礼的规定，不避讳名字的同音字，两个字的名字不必同时都避讳（只讳其中一个字即可）。侍奉父母的人，要避讳祖父母的名字；自幼丧失了父母的人，则可以不避讳祖父母的名字。在国君面前可以不避自己的家讳，但在大夫面前要避君讳。读《诗》《书》时可以不避讳，写文章可以不避讳，在庙中读祝告辞可以不避讳。国君夫人的家讳，即使当着国君的面，臣也可以不避讳，这是因为妇人的家讳不出家门的缘故。大功、小功的亲戚不避讳。来到一个新的地方要打听当地的禁忌，进入其他的国境要了解该国的习俗，到了别人家里要询问这家的避讳。

在宗庙外举行典礼要选在单日，在宗庙内举行典礼要选在双日。凡需要用卜筮决定举行典礼的日子，十天以外的称为“远某日”，十天以内的称为“近某日”。丧事先卜远日，吉事先卜近日。卜筮时要说“选择吉日，借助你这从无差错的大龟来占卜”，或说“借助你这从无差错的大蓍草来占筮”。卜、筮都不得超过三次。占卜、占筮也不可互相重复使用。

卜筮之礼

在宗庙外举行典礼要选在单日，在宗庙内举行典礼要选在双日。

凡需要用卜筮决定举行典礼的日子，十天以外的称为“远某日”，十天以内的称为“近某日”。

卜筮时要说“选择吉日，借助你这从无差错的大龟来占卜”，或说“借助你这从无差错的大蓍草来占筮”。

卜、筮都不得超过三次。占卜、占筮也不可互相重复使用。

用龟甲叫作占卜，用蓍草叫占筮。

有怀疑就问卜，问了卜就不要再犹豫不定；办事情择吉日，择定了日子就一定要履行。

用龟甲叫作占卜，用蓍草叫占筮。占卜与占筮，是先代圣王用来使人民择定办事的吉日，敬重祭祀的鬼神，畏惧国家法律的；是用来使人民决断嫌疑，走出犹豫的。所以说“有怀疑就问卜，问了卜就不要再犹豫不定；办事情择吉日，择定了日子就一定要履行”。

国君的车将要套马出行，驾车的仆人要手持马鞭站在马前。马车套好后，驾车的仆人要察看一下车轴两端的辖头，试一下车马套是否牢固。然后，拂干净衣服上的灰尘，从车的右边上车，登车时要抓住副绥。上车后，要跪在车上，手执马鞭，并将马缰绳分别握在两个手中，然后驱马行车。试行五步后，再由跪乘变为立乘（以待君王上车）。君王出来乘车时，仆人要把马缰绳合握在一个手里，而用另一只手将绥递给君王。左右群臣都要为君王避让，车前行时群臣要急步紧跟。车行至大门口，君王要按住仆人的手示意停车，而回头命令车右上车。当车驶过大门、里巷、沟渠等地方时，车右要下车步行，（以保护君王的安全。）凡驾车的仆人之礼，一定要把绥递给乘车的人。如果驾车的人身份比乘车人低，乘车人就接过他递来的绥；如果驾车人身份比乘车人高，乘车人就不敢接受。如果驾车人身份比乘车人低，乘车人要先按住他的手（以示不必客气，然后再接绥）；如果驾车人不比乘车人身份低，乘车人就要从驾车人的手下边取过绥来。

客人的车不可直接驶进主人家的大门，妇女不站着乘车。向人赠送犬马不能牵上堂来。

因此，国君乘车，路遇高龄老人要行轼礼，经过卿的朝位要下车步行，进入国都不驱驰，行过里巷要行轼礼。

国君命令召见臣下，即使国君的使者地位卑下，大夫、士也必须亲自迎接。

身穿铠甲的人不下拜。（因为铠甲沉重，行动不便，致使穿铠甲行礼不到位）所以，穿铠甲下跪会使人觉得不诚实。

载魂的祥车要守着左边（以象征死者之神乘坐）。乘国君的车却不敢空着左边，但臣子乘在左边一定要俯身凭轼。

仆人为妇女驾车，要使左手在前执辔，右手置身后。（略示侧身背向妇女，以避嫌疑，因为仆人居中驾车，妇女居左。）为国君驾车，就要右手在前执辔，左手置于身后，并微俯身躯以示恭敬。国君不乘奇邪不正的车。

乘车时不大声咳嗽，不胡乱指划。立乘在车上只能向前看相当于车轮五周的距离，行轼礼时要看着马尾，回头看时目光不超过车毂。在都城中，要用竹子轻轻赶马，以便扬起的灰尘不飞出车辙之外。

国君乘车，经过宗庙要下车，看到祭牛要行轼礼。大夫、士乘车，经过国君门口要下车，看到国君的车马要行轼礼。臣子乘国君的车马，一定要穿上朝服，将马鞭载在车上（而不敢使用），而且不敢让驾车人向自己授绥，站在车左边的位子上一定要凭轼俯身。牵着国君的马行走时，一定要走在路的中间。用脚践踏了君马吃的饲料要受到处罚，估算君马的年龄也要受到处罚。

曲礼下

【原文】

凡奉者当心，提者当带。

执天子之器，则上衡[①]；国君，则平衡；大夫，则绥之[②]；士，则提之。

凡执主器，执轻如不克。执主器，操币圭璧，则尚左手[③]；行不举足，车轮曳踵；立则磬折垂佩[④]。主佩倚，则臣佩垂；主佩垂，则臣佩委。执玉，其有藉者则裼，无藉者则袭。

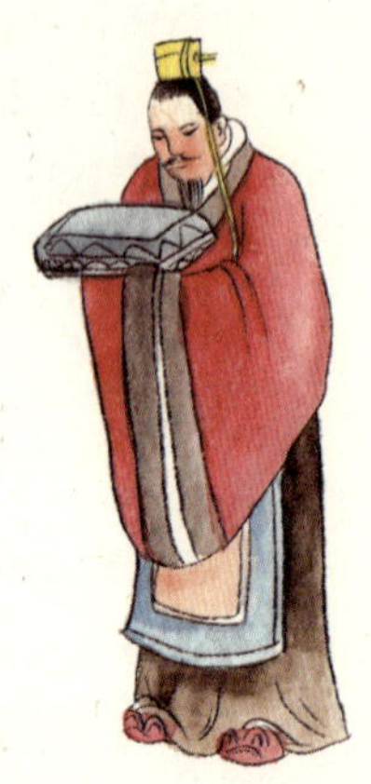

凡执主器，执轻如不克。

国君不名卿老、世妇[⑤]。大夫不名世臣、侄娣[⑥]。士不名家相、长妾[⑦]。

君大夫之子，不敢自称曰“余小子”[⑧]。大夫、士之子，不敢自称曰“嗣子某”[⑨]，不敢与世子同名[⑩]。

君使士射，不能，则辞以疾，言曰：“某有负薪之忧[⑪]。”

侍于君子，不顾望而对，非礼也。

君子行礼，不求变俗。祭祀之礼，居丧之服，哭泣之位，皆如其国之故，谨修其法而审行之[⑫]。

去国三世，爵禄有列于朝，出入有诏于国，若兄弟宗族犹存，则反告于宗后[⑬]。

去国三世，爵禄无列于朝，出入无诏于国，唯兴之日[⑭]，从新国之法。

君子已孤不更名；已孤暴贵[⑮]，不为父作谥。

居丧未葬，读丧礼。既葬，读祭礼。丧复常，续乐章。居丧不言乐，祭事不言凶，公庭不言妇女。

振书、端书于君前[⑯]，有诛。倒筴、侧龟于君前，有诛。

龟筴、几杖、席盖、重素、袗絺绤[⑰]，不入公门。苞屦、扱衽[⑱]、厌冠[⑲]，不入公门。书方、衰、凶器[⑳]，不以告，不入公门。

公事不私议。

君子将营宫室，宗庙为先，厩库为次，居室为后。凡家造，祭器为先，牺赋为次[21]，养器为后。

无田禄者，不设祭器。有田禄者，先为祭服。君子虽贫，不粥祭器[22]；虽寒，不衣祭服；为宫室，不斩于丘木。

大夫、士去国，祭器不逾竟。大夫寓祭器于大夫[23]，士寓祭器于士。

大夫、士去国，逾竟，为坛位，乡国而哭；素衣，素裳，素冠；彻缘[24]，鞮屦[25]，素簚[26]；乘髦马，不蚤鬋[27]，不祭食；不说人以“无罪”；妇人不当御，三月而复服。

大夫、士见于国君，君若劳之，则还辟，再拜稽首[28]；君若迎拜，则还辟，不敢答拜。

大夫、士相见；虽贵贱不敌，主人敬客，则先拜客；客敬主人，则先拜主人。凡非吊丧，非见国君，无不答拜者。

大夫见于国君，国君拜其辱[29]。士见于大夫，大夫拜其辱。同国始相见，主人拜其辱。君于士，不答拜也；非其臣，则答拜之。大夫于其臣，虽贱，必答拜之。

男女相答拜也。

国君春田不围泽[30]，大夫不掩群，士不取麛卵[31]。

岁凶，年谷不登，君膳不祭肺[32]，马不食谷，驰道不除，祭事不县[33]；大夫不食粱，士饮酒不乐。

君无故玉不去身，大夫无故不彻县，士无故不彻琴瑟。

士有献于国君，他日君问之曰：“安取彼？”再拜稽首而后对。

大夫私行，出疆必请，反必有献。士私行，出疆必请，反必告。君劳之，则拜；问其行，拜而后对。

国君去其国[34]，止之曰：“奈何去社稷也？”大夫[35]，曰：“奈何去宗庙也？”士，曰：“奈何去坟墓也？”

国君死社稷，大夫死众[36]，士死制。

君天下，曰“天子”。朝诸侯，分职授政任功，曰“予一人”。践阼[37]，临祭祀，内事曰“孝王某”，外事曰“嗣王某”。临诸侯，畛于鬼神[38]，曰“有天王某甫”。崩，曰“天王崩”。复，曰“天子复矣”。告丧，曰“天王登假”。措之庙，立之主，曰“帝”。天子未除丧，曰“予小子”。生名之，死亦名之。

天子有后，有夫人，有世妇，有嫔，有妻，有妾。

天子建天官，先六大[39]，曰大宰、大宗、大史、大祝、大士、大卜，典司六典。天子之五官，曰司徒、司马、司空、司士、司寇，典司五众。天子之六府，曰司土、司木、司水、司草、司器、司货，典司六职。天子之六工，曰土工、金工、石工、木工、兽工、草工，典制六材。

五官致贡曰享[40]。五官之长曰伯，是职方。其摈于天子也，曰“天子之吏”。天子同姓，谓之“伯父”；异姓谓之“伯舅”，自称于诸侯，曰：“天子之老”。于外，曰公；于其国，曰君。

九州之长[41]，入天子之国，曰牧。天子同姓，谓之“叔父”；异姓谓之“叔舅”。于外，曰侯；于其国，曰君。

其在东夷、北狄、西戎，南蛮，虽大曰“子”。于内，自称曰“不穀”[42]；于外，自称曰“王老”。

庶方小侯，入天子之国，曰“某人”。于外，曰子，自称曰孤。

天子当依而立[43]，诸侯北面而见天子，曰觐。天子当宁而立[44]，诸公东面，诸侯西面，曰朝。

诸侯未及期相见，曰遇；相见于郤地[45]，曰会。诸侯使大夫问于诸侯，曰聘；约信，曰誓；涖牲，曰盟。

诸侯见天子，曰“臣某侯某”[46]。其与民言，自称曰“寡人”。其在凶服，曰“适子孤”。临祭祀，内事，曰“孝子某侯某”；外事，曰“曾孙某侯某”。死曰“薨”，复，曰“某甫复矣”。既葬，见天子，曰“类见”[47]。言谥曰“类”。

诸侯使人使于诸侯，使者自称曰“寡君之老”。

天子穆穆，诸侯皇皇，大夫济济，士跄跄，庶人僬僬。

天子之妃曰后，诸侯曰夫人，大夫曰孺人，士曰妇人，庶人曰妻。公侯有夫人，有世妇，有妻，有妾。夫人自称于天子，曰“老妇”；自称于诸侯，曰“寡小君”；自称于其君，曰“小童”。自世妇以下，自称曰“婢子”。

子于父母，则自名也。

列国之大夫，入天子之国曰“某士”；自称曰“陪臣某”。于外曰“子”，于其国曰“寡君之老”。使者，自称曰“某”。

天子不言“出”。诸侯不生名。君子不亲恶。诸侯失地，名；灭同姓，名。

为人臣之礼，不显谏。三谏而不听，则逃之。子之事亲也，三谏而不听，则号泣而随之。

君有疾饮药，臣先尝之。亲有疾饮药，子先尝之。医不三世，不服其药。

儗人必于其伦[48]。

问天子之年，对曰：“闻之，始服衣若干尺矣。”问国君之年，长，曰：“能从宗庙社稷之事矣。”幼，曰：“未能从宗庙稷社之事也。”问大夫之子，长，曰：“能御矣。”幼，曰“未能御也”。问士之子，长，曰：“能典谒矣[49]。”幼，曰：“未能典谒也。”问庶人之子，长，曰：“能负薪矣。”幼，曰：“未能负薪也。”

问国君之富，数地以对，山泽之所出。问大夫之富，曰：“有宰食力[50]，祭器衣服不假。”问士之富，以车数对，问庶人之富，数畜以对。

天子祭天地，祭四方，祭山川，祭五祀，岁遍。诸侯方祀，祭山川，祭五祀，岁遍。大夫祭五祀，岁遍。士祭其先。

天子祭天地，祭四方，祭山川，祭五祀。

凡祭：有其废之，莫敢举也；有其举之，莫敢废也。非其所祭而祭之，名曰淫祀[51]。淫祀无福。

天子以牺牛，诸侯以肥牛，大夫以索牛，士以羊、豕。

支子不祭，祭必告于宗子。

凡祭宗庙之礼，牛曰“一元大武”[52]，豕曰“刚鬣”[53]，豚曰“腯肥”[54]，羊曰“柔毛”，鸡曰“翰音”，犬曰“羹献”，雉曰“疏趾”，兔曰“明视”；脯曰“尹祭”[55]，槁鱼曰“商祭”[56]，鲜鱼曰“脡祭”[57]；水曰“清涤”，酒曰“清酌”；黍曰“芗合”[58]，粱曰“芗萁”，稷曰“明粢”[59]，稻曰“嘉蔬”；韭曰“丰本”，盐曰“咸鹾”[60]；玉曰“嘉玉”，币曰“量币”[61]。

天子死曰崩，诸侯死曰薨，大夫曰卒，士曰不禄，庶人曰死。在床曰尸，在棺曰柩。

羽鸟曰降，四足曰渍。

死寇曰兵。

祭王父曰皇祖考，王母曰皇祖妣。父曰皇考，母曰皇妣，夫曰皇辟。

生曰父，曰母，曰妻；死曰考，曰妣，曰嫔。

寿考曰卒，短折曰不禄。

天子视不上于袷[62]，不下于带。国君绥视[63]，大夫衡视，士视五步。凡视，上于面则敖，下于带则忧，倾则奸。

君命，大夫与士肄。在官言官[64]，在府言府[65]，在库言库[66]，在朝言朝。朝言不及犬马。辍朝而顾，不有异事，必有异虑。故辍朝而顾，君子谓之固[67]。在朝言礼，问礼对以礼。

大飨不问卜，不饶富。

凡挚，天子鬯[68]，诸侯圭，卿羔，大夫雁，士雉，庶人之挚匹。童子委挚而退。

野外军中无挚，以缨、拾、矢，可也。

妇人之挚：椇，榛，脯，脩，枣，栗⑲。

纳女于天子，曰“备百姓”⑳；于国君，曰“备酒浆”；于大夫，曰“备扫洒”。

【注解】

①衡：平的意思。此指平正当心的位置。②绥之：指低于心的位置。③尚：上。④磬折：指臣子为表示恭敬而佝偻着身子，样子像磬的背一样。⑤世妇：指两媵，其地位仅次于夫人而贵于诸妾。⑥世臣、侄娣：世臣，指父亲时代的老臣。侄，指妻子兄长的女儿。娣，指妻子的妹妹。⑦家相、长妾：家相，又叫家宰，是帮助治理家事的家臣的首领。长妾，指家中生有儿子的妾。⑧余小子：天子居丧时的自我称呼。君大夫的儿子应当避讳。⑨嗣子某：诸侯守丧时的自我称呼。大夫、士的儿子应当避讳。⑩世子：天子、诸侯的嫡长子。⑪负薪之忧：这是有病的谦虚的说法。⑫修：循，遵循的意思。⑬反告：是指冠、娶妻必通报，死亡必奔丧。⑭兴：是指被国君起用为卿大夫。⑮暴贵：指士庶被起用为诸侯，有连升数级的意思。⑯振书：书，指文书。振书，是指去掉文书上的灰尘。⑰袗：单也。⑱扱衽：将上衣前襟插入腰带中，是为初丧父母所服的丧服。⑲厌冠：即丧冠，因形状低伏而称厌冠。厌者，伏也。⑳凶器：指冥器，古代的殉葬器物。㉑牺赋：牺，指祭祀用的牺牲，大夫所用牺牲可以向人民征收，因此叫牺赋。㉒粥：通“鬻”，卖。㉓寓：藏，寄放。㉔缘：衣服的绲边。㉕鞮屦：革屦。㉖素簚：素，白狗皮。簚，同“幦”，车轼上的覆盖物。㉗蚤、鬋：蚤，通“爪”。鬋，通“剪”，指剃治须发。㉘稽首：古代的一种拜礼，其拜法是用手扶地，头先拜至手，然后再把头碰至地上，完成这一套动作就叫一稽首。㉙拜其辱：拜其自屈辱至此。㉚泽：指猎场。㉛麛：幼鹿，此泛指幼兽。㉜祭肺：周人重肺，因此，吃牲肉前先用牲的肺行食前祭礼，即从肺的末端掐取一小块儿，放进祭器里祭祀先人。㉝县：通“悬”，悬挂。㉞去其国：指出国征伐。㉟大夫：“大夫去其国”的省略说法，指大夫因获罪于国君而被迫离开祖国。㊱众：指讨贼御敌。㊲践阼：指上下庙堂和郊坛（设于郊外以祭祀天地、山川诸神之坛）的主阶。㊳畛：告诉，祷告。㊴大：太。㊵享：献。㊶九州之长：天下九州，天子于每一州中选择一位诸侯中的贤才，加之一等官爵，使他主持一州之内的列国。取牧养下民之义，故叫作牧。㊷不穀：谦称。穀是善的意思，不穀即不善之人。㊸依：通“扆”，又名斧依，户牖之间绣有斧纹的屏风。㊹宁：古代宫殿的门、屏之间，为群臣朝帝王的地方。㊺郤地：郤，间也，指两国之间的边境。㊻臣某侯某：上“某”代表国名，下“某”代表诸侯名。㊼类见：类，像也。类见，指类似于正式朝见天子的礼节，但又不是正式的朝见礼节。㊽儗：拟，比。㊾谒：请的意思。㊿宰：通“采”，采食力，指采集土地的租税，收集老百姓的贡赋。(51)淫祀：过多而滥的祭祀。(52)一元大武：元，头也。武，迹也。牛若肥则脚大，因此，一元大武，犹言一头大肥牛。(53)刚鬣：猪肥大则鬃硬长。鬣，指猪鬃。(54)腯：肥。(55)尹祭：尹者正也，指将脯裁截方正后用于祭祀。(56)商祭：商者量也。祭用干鱼，应当干湿适中。(57)脡祭：脡者直也。用活鱼祭祀必须是鲜鱼。鱼鲜煮熟才能挺直。(58)芗合：芗，通“香”。合，指黍熟后则黏聚不散。芗合指煮熟的黍饭。(59)明粢：明，洁白。粢，稷。(60)咸鹾：盐的咸味比较浓。(61)量币：量者度也，币者帛也。(62)袷：古代人所穿中衣的交领。(63)绥：通“妥”，绥视，指视于面部以下。(64)官：放版图文书之处。(65)府：放宝藏货贿之处。(66)库：车马兵甲之处。(67)固：固陋，指鄙野不懂礼节。(68)啬：

酒名。用黑黍酿制，其味芳香。⑲ 椇、榛：两种植物的果实。⑳ 备：充数。以下几句都是谦卑之辞。

【译文】

凡捧东西的人要捧在心处，提东西的人要提至腰带处。

为天子拿器物，就要高过胸口；为国君拿器物，要和胸口持平；为大夫拿器物，要低于胸口；为士人拿器物，提到腰际就可以了。

凡为主人拿器物，要举轻若重，即使东西很轻，也要做出不胜重负的样子（以表示小心恭敬）。为主人拿器物，如币、圭、璧等物时，要左手在上（右手在下）；行走时，不要高抬脚步，要像车轮触地一样脚跟擦地而行。站立时，上身要微向前倾，使佩玉悬垂下来。如果主人直立，腰佩依贴在身上，臣下就要弯腰，使腰佩悬垂下来。如果主人弯腰，腰佩悬垂下来，臣子就要俯身使腰佩垂到地上。（行聘礼时）手拿玉器，如果玉器衬垫有束帛，就要袒露出里面的裼衣；如果没有衬托，就要披上外衣。

国君不直接呼唤上卿、世妇的名字。大夫不直接呼唤世臣、侄娣的名字。士人不直接呼唤家相、长妾的名字。

君大夫的儿子，不敢自称“余小子”，大夫、士的儿子不敢自称“嗣子某”，不敢和世子同名。

如果国君使士与自己一块儿射箭，而士不会射，就应当以有病为托词，说：“我有负薪之忧。”

侍奉君子，如果君子发问，（应当观察一下在座诸位有无超过自己的，然后再做回答。）如果目中无人，抢先回答，这便是失礼了。

徙居他国的君子，不可改变原来的礼俗。祭祀的礼仪，守丧的服制，哭泣死者的位置，应当一如祖国的礼法，并谨慎地遵循，认真地实行。

如果离开母国已经三代了，但族人中仍然有人在朝居官，那么出入来往别国仍然需要向国君报告。如果本国仍有宗族兄弟，自己遇有婚丧诸事，也应当回去告诉族长。

如果离开母国已经三代了，族中已经没有人在朝廷做官，出入来往别国就不需要再向国君报告，但只有做了别国的卿大夫，才可以遵从新国的礼法。

君子在父亲过世后不可更换名字。父亲过世后，即使能够大富大贵，也不为亡父追赠谥号。

守丧而未下葬，应当研读有

父亲过世后，即使能够大富大贵，也不为亡父追赠谥号。

关丧礼的书；下葬之后就要研读祭礼的书；除丧恢复正常之后，就可以研读诗书了。守丧期间不谈论乐事，祭祀当中不谈论凶事，公庭之上不谈论妇女。

在国君面前（才）拂去书上的尘土，整理散乱的书籍，是要治罪的。当着国君的面，颠倒筮策、翻倒卜龟，也要受到处罚。

卜问吉凶的龟策，老人使用的几杖，丧车专用的席盖，以及穿戴纯白色的衣冠和露出身体的单内衣，都不能进国君的宫门。穿丧鞋，戴丧冠，孝服装束，也不能进入国君的宫门。记录宾客赠送葬礼的方板、丧服以及丧葬所用的冥器，不事先禀告，也不得拿进国君的宫门。

凡是公家的事情，不许私下议论。

君子将要营建宫室，首先应建造宗庙，其次是马厩和库房，最后才建自己的住房。大夫家中制造器具，要先造祭器，其次造祭牲的圈牢，最后造日常使用的饮食器皿。

没有田地俸禄的人，可以不置备祭器；有田地俸禄的人，要先制作祭服。君子即使贫穷，也不能出卖祭器；即使天气寒冷，也不能随便穿上祭服。营造宫室，不砍伐墓地的树木。

士、大夫离开自己的国家，不可把祭器带出国外。大夫的祭器应寄放在大夫家中，士的祭器则应存放于士的家里。

大夫、士离开自己的母国，一出国境，就应当设置祭坛，面向母国伤心地哭泣；应当穿素衣、素裳，戴素冠；要拆去衣裳和帽子的镶边，穿生皮革做的鞋，用白狗皮覆盖车轼；要乘不修剪毛的马，不能修剪手脚指甲和胡须头发，吃饭之前也不用行食前祭礼；不向人辩解自己冤屈无罪；不同妇女行房事。这样经过三个月后，才可以恢复原来的生活。

大夫、士晋见国君，如果国君亲自对他们表示慰问，大夫、士就应当后退避让，并两次稽首拜谢国君。国君如果迎接大夫、士并行拜礼，大夫、士就应该后退避让，并且不敢回礼答拜（以此表示自己不敢接受国君的拜礼）。

大夫、士相见，彼此虽然贵贱悬殊，但如果主人尊敬客人，就可

诸侯北面而见天子，曰觐。

天子站在屏风和路门之间，诸公站在天子的西边面朝东、诸侯站在天子的东边面朝西叫作朝。

以先拜客人；如果客人尊敬主人，就可以先拜主人。除非吊丧和进见国君这两种情况，受过拜礼都要回拜答礼。

大夫去见别国国君，国君要拜谢他屈尊来访。士去见别国大夫，大夫要拜谢士屈尊来访。同国之人初次相见，主人要拜谢客人驾临寒舍。但是，国君对于士则可以不回礼答拜。如果是别国的士，国君就要答拜。大夫对于自己的家臣，即使家臣地位卑贱，也一定要回礼答拜。

男女之间一定要互相回礼答拜。

国君春天打猎不合围猎场，大夫打猎不对群处的野兽赶尽杀绝，士打猎时不获取幼兽和鸟卵。

灾荒年月，收成不好，国君用膳不杀牲，喂马不用谷物；驰道不加修整，祭祀不悬钟磬；大夫不吃稻粱饭，士请客饮酒不奏乐。

国君无故不让佩玉离身，大夫无故不撤去钟磬，士无故不撤掉琴瑟。

士向国君献礼。如果有一天国君问："(你)是从哪里得来这些东西的？"士先要跪拜叩头，然后再回答。

大夫因私出国，行前必先请示君王，回来后一定要对君王有所馈献。士因私出国，行前必先请示君王，回来后一定要向君王报告。国君慰劳他们，他们应该拜谢；国君询问他们旅途的见闻，他们应该先下拜，然后回答。

国君离开自己的国家，群臣应该劝止他说："为什么要抛弃自己的社稷呢？"大夫离开自己的国家，应当劝止说："为什么要离开自己的宗庙呢？"如果是士，就应当劝止说："为什么要抛弃自己的祖坟呢？"

国君应当为社稷效死，大夫应当为黎民百姓效死，士应当为国家法制效死。

君临天下称为"天子"。朝会诸侯，分派官职，授予政事，委任事功，(天子在行使这些政务时)就称"予一人"。以主人身份主持祭祀，如果祭祖宗，就称"孝王某"；如果祭天地神祇，就称"嗣子某"。天子临幸诸侯国内，祭祀鬼神时就称"天王某"。天子去世，要说"天王崩"。为天子招魂，要说："天王，魂兮归来。"为天子讣告天下，要称"天王升天了"。将天子的神灵安置于宗庙，敬立牌位，要称"帝"。天子守丧而未除，要称"予小子"。活着守丧如此称呼，未除丧而去世也如此称呼。

天子的女官，有后，有夫人，有世妇，有嫔，有妻，有妾。

天子设立治天道、事鬼神的官职，名为六太，即太宰、太宗、太史、太祝、太士、太卜，其职责是掌管六种法典制度。天子设立的五官名叫司徒、司马、司空、司士、司寇，其职责是管理五个方面的臣属。天子设立的六府之官名叫司土、司木、司水、司草、司器、司货，其职责是掌握分类职事。天子设立的六种工匠之官名叫土工、金工、石工、木工、兽工、草工，负责六个方面的器材和制作。

公、侯、伯、子、男五等诸侯向天子呈献各自的政绩，称为"享"。诸侯之长称作"伯"，主管一方的政事。他辅佐天子治理天下，因此又称"天子之吏"。伯如果与天子同姓，就称为"伯父"；如果与天子异姓，就称为"伯舅"。伯对诸侯们自称"天子之老"，在封国之外称"公"，在封国之内称"君"。

九州之长进入天子京畿内，就称为“牧”。如果他同天子同姓，就称为“叔父”。如果与天子异姓，就称为“叔舅”。在封国之外称“侯”，在封国之内称“君”。

其他诸如东边的夷人、北边的狄人、西边的戎人、南边的蛮人，即使拥有广袤的土地，也只能称“子”。他们在国内自称“不穀”，在国外自称“王老”。

作为荒蛮之地的方国小侯，进入天子王畿就称“某人”。他们在国内自称“子”，在国外自称“孤”。

天子背对着屏风南面站立，诸侯面朝北而见天子叫作觐。天子站在屏风和路门之间，诸公站在天子的西边面朝东、诸侯站在天子的东边面朝西叫作朝。

诸侯之间未曾预约见面时间和地点而相见叫遇，按约定时间在两国边境附近相见叫作会。诸侯派大夫向别国诸侯慰问叫作聘。诸侯之间以言语相互约束以取信叫作誓。面对神灵杀牲缔约叫作盟。

诸侯去见天子，自称“臣某侯某”。对臣民讲话，自称“寡人”。服丧期间会见外国宾客，自称“嫡子孤某”。在宗庙主持祭祀，自称“孝子某侯某”。在郊坛主持祭祀自称“曾孙某侯某”。诸侯去世叫作“薨”，招魂时要说：“某甫回来吧。”诸侯下葬后，嗣君未除丧而见天子叫“类见”。将要出葬时向天子请赐谥号叫“请类”。

诸侯派使者出使别的诸侯国，使者要自称“寡君之老”。

天子的仪容，幽深和敬；诸侯的仪容，雄壮显明；大夫的仪容，齐齐整整；士的仪容洒脱舒扬；庶人的仪容，匆匆忙忙。

天子的配偶叫作后，诸侯的配偶叫作夫人，大夫的配偶叫作孺人，士的配偶叫作妇人，庶人的配偶叫作妻。公侯有夫人，有世妇，有妻，有妾。公、侯的夫人对天子自称为“老妇”，向别国诸侯自称“寡小君”，对自己的国君自称“小童”。从世妇以下，都自称“婢子”。

子女在父母面前都自称名。

各诸侯国的大夫，进入天子的畿内就称为“某士”；自己称为“陪臣某”。在别

遇

会

聘

誓

盟

国被称为“子”，对本国被称为“寡君之老”。使者出使别国，应称为“某”。

史书记载天子的事迹不用“出”字。诸侯去世，史书不直呼其名。君子不原谅作恶的天子与诸侯。因此，如果诸侯丧失自己的国土，或者攻灭自己的同胞，史书记载这些事情时可以直呼其名。

作为臣子，不当面指责国君的过错（应当微言讽谏以劝国君纠正错误）。但是，如果再三劝谏，君王死活听不进去，做臣子的就可以离开国君而出走。然而，作为儿子，在侍奉父母的时候，如果再三劝谏，父母仍不听从，就应当号啕哭泣跟从父母（而不能离他们而去）。

国君有病需要吃药，做臣子的应当预先尝一下。父母有病需要吃药，做儿子的应当预先尝一下。行医治病相传不过三代的医生，不服用他的药物。

要比较一个人，必须把他置于同类人中间（如大夫同大夫相比，士与士相比）。

询问天子的年龄，如果年长，可以说：“听说可以穿多大的衣服了。”询问国君的年龄，如果年长，可以说：“能主持宗庙祭祀和国家大事了。”如果国君年幼，则可以说：“还不能主持宗庙祭祀和国家大事。”询问大夫儿子的年龄，如果儿子年龄已大，就可以说：“（您儿子）可以驾车了吧？”如果儿子年纪尚幼，则可以说：“（您儿子）还不会驾驶车吧？”问询士的儿子的年龄，如果儿子尚幼，就可以问：“（您儿子）还不能主持接待宾客的事吧？”如果儿子已经长大，就可以问：“（您儿子）可以主持接待宾客的事了吧？”询问庶人的儿子的年龄，如果儿子已经长大，就可以说：“（您儿子）可以背柴薪了吧？”如果儿子年纪尚幼，则可以说：“（您儿子）还不能背柴薪吧？”

问询国君的财富，应当历数国土上山川、土地出产的物产，然后再作回答；问询大夫的财富，应当回答说：“有采地可以收取租赋，祭祀时不需向人求借祭器和祭服。”问询士的家财，就用有多少车轫来回答。问询庶人的家产，就用有多少牲畜来回答。

天子应当祭祀天地之神，四方神灵，山川之神，以及户神、灶神、溜神、门神、行神等五祀之神。一年要祭祀一遍。诸侯应当祭祀封国之内的山川之神，以及户神、灶神、溜神、门神、行神等五祀之神，一年也要遍祭一次。大夫应当祭祀户神、灶神、溜神、门神、行神等五祀之神，一年也要遍祭一次。士则只需要祭祀各自的祖先。

凡是祭祀，（应当注意把握以下原则：）如果有已经废弃不再祭祀的，就不敢再祭祀；如果已经开始祭祀，就不敢再废弃了。不是自己应该祭祀的神而加以祭祀，就叫“淫祀”，淫祀不会给祭祀者带来福音。

天子祭祀用纯一毛色的牛，诸侯祭祀用经过精心饲养的牛，大夫祭祀可以用临时挑选的牛，士祭祀可以用羊和猪。

庶出的子孙不主持祭祀，（如果有特殊情况需要）主持祭祀，必须事先报告嫡系子孙。

凡祭祀宗庙所用的礼物（牲物都有特殊的称号）：牛叫作“一元大武”，猪叫作“刚鬣”，小猪叫作“腯肥”，羊叫作“柔毛”，鸡叫作“翰音”，狗叫作“羹献”，野鸡叫作“疏趾”，兔叫作“明视”，干肉叫作“尹祭”，干鱼叫作“商祭”，鲜鱼叫作“脡祭”，水叫作“清涤”，酒叫“清酌”，黍叫作“芗合”，粱叫作“芗萁”，稷叫作“明粢”，稻叫作“嘉蔬”，韭叫作“丰本”，盐叫作“咸鹾”，玉叫作“嘉玉”，币叫作“量币”。

天子死叫作“崩”，诸侯死叫作“薨”，大夫死叫作“卒”，士死叫作“不禄”，庶人死叫作“死”。死人放在床上叫作“尸”，装进棺材里叫作“柩”。

有羽毛的鸟死叫作“降”，四脚的动物死叫作“渍”。

抵御贼寇而死叫作“兵”。

祭祀祖父称为“皇祖考”，祭祀祖母称为“皇祖妣”，祭祀父亲称为“皇考”，祭祀母亲称为“皇妣”，祭祀丈夫称为“皇辟”。

当他们在世时就分别称为父、母、妻；死后就称为考、妣、嫔。

长寿而死叫作“卒”，短寿夭折叫作“不禄”。

瞻望天子，视线往上不可高于他的交领，往下不可低于衣带。瞻望国君，视线要稍低于面部。至于士人，视线可以旁及士周围五步以内的地方。凡是瞻望他人，视线高于对方的面部就显得傲慢，低于衣带就显得忧愁，歪着头、乜斜着眼睛看人就显得似有奸邪之心。

瞻望天子，视线往上不可高于他的交领，往下不可低于衣带。瞻望国君，视线要稍低于面部。

国君有命令，士和大夫要认真研究学习。在官署就谈论官署的事，在府中就谈论府中的事，在库中就谈论库中的事，在朝廷就谈论朝廷的事。在商讨国家政事的地方，不谈论犬马等私事。退朝之后，（臣子们应当各自退去，不要回头观望），如果回头观望，则不是另有他事，就是心里转换了别的念头，因此退朝而回头看，君子称之为“固”。上朝时，言谈举止都应该符合礼仪：提问题要有礼，回答问题同样要有礼。

天子设宴大飨诸侯，事先不必预卜吉日；（所用酒食器物）符合飨礼即可，无须奢侈浪费。

凡是送见面礼，天子用鬯，诸侯用圭，卿用小羊，大夫用雁，士用野鸡，庶人用鸭。儿童送见面礼，把礼物放在地上就应该退避到一旁去。

在野外行军打仗，没有别的见面礼，就可以用马缨、射箭时束袖的臂套或箭代替。

妇女的见面礼，用榛子、榛子、肉脯或干肉、枣子、栗子等物。

把女儿嫁给天子时应当说“备百姓”，嫁给国君时应当说“备酒浆”，嫁给大夫时应当说“备扫洒”。

礼运

【原文】

昔者仲尼与于蜡宾[①]，事毕，出游于观之上[②]，喟然而叹。仲尼之叹，盖叹鲁也。

言偃在侧[③]，曰："君子何叹？"孔子曰："大道之行也[④]，与三代之英[⑤]，丘未之逮也[⑥]，而有志焉[⑦]。大道之行也，天下为公，选贤与能，讲信修睦。故人不独亲其亲，不独子其子；使老有所终，壮有所用，幼有所长，矜寡、孤独、废疾者皆有所养；男有分，女有归[⑧]。货，恶其弃于地也，不必藏于己。力，恶其不出于身也，不必为己。是故谋闭而不兴，盗窃乱贼而不作。故外户而不闭，是谓大同。"

子曰："今大道既隐，天下为家，各亲其亲，各子其子，货、力为己；大人世及以为礼[⑨]，城沟池以为固[⑩]，礼义以为纪，以正君臣，以笃父子，以睦兄弟，以和夫妇，以设制度，以立田里，以贤勇知，以功为己。故谋用是作[⑪]，而兵由此起。禹、汤、文、武、成王、周公，由此其选也[⑫]。此六君子者，未有不谨于礼者也，以著其义，以考其信[⑬]，著有过，刑仁讲让[⑭]，示民有常。如有不由此者，在执者去，众以为殃。是谓小康。"

言偃复问曰："如此乎礼之急也？"孔子曰："夫礼，先王以承天之道，以治人之情，故失之者死，得之者生。《诗》曰：'相鼠有体，人而无礼。人而无礼，胡不遄死[⑮]！'是故夫礼，必本于天，淆于地[⑯]，列于鬼神[⑰]，达于丧、祭、射、御、冠、昏、朝、聘。故圣人以礼示之，故天下国家可得而正也。"

言偃复问曰："夫子之极言礼也，可得而闻与？"孔子曰："我欲观夏道，是故之杞，而不足征也，吾得《夏时》焉[⑱]。我欲观殷道，是故之宋[⑲]，而不足征也，吾得《坤乾》焉。《坤乾》之义，《夏时》之等，吾以是观之。"

子曰："夫礼之初，始诸饮食，其燔黍捭豚[⑳]，汙尊而抔饮[㉑]，蒉桴而土鼓[㉒]，犹若可以致其敬于鬼神。及其死也，升屋而号，告曰：皋——某复[㉓]！'然后饭腥苴孰[㉔]。故天望而地藏也[㉕]，体魄则降，知气在上。故死者北首，生者南向，皆从其初。昔者先王未有宫室，冬则居营窟，夏则居橧巢[㉖]；未有火化，食草木之实、鸟兽之肉，饮其血，茹其毛；未有麻丝，衣其羽皮。后圣有作，然后修火之利，范金[㉗]，合土，以为以台榭宫室牖户；以炮，以燔，以亨，以炙，以为醴酪[28]；治其麻丝，以为布帛；以养生送死，以事鬼神上帝，皆从其朔。故玄酒在室[29]，醴盏在户[30]，粢醍在堂[31]，澄酒在下[32]，陈其牺牲，备其鼎俎，列其琴瑟、管磬、钟鼓，修其祝嘏[33]，以降上神与其先祖，以正君臣，以笃父子，以睦兄弟，以齐上下，夫妇有所，是谓承天之祜。作其祝号[34]，玄酒以祭，荐其血毛，腥其俎，孰其肴；与其越席[35]，疏布以幂；衣其浣帛[36]；醴盏以献，荐其燔炙[37]。君与夫人交献，以嘉魂魄，是谓合莫[38]。然后退而合亨[39]，体其犬、豕、牛、羊，实其簠簋、笾、豆、铏、羹[40]，祝以孝告，嘏以慈告，是谓大祥。此礼之大成也。"

孔子曰："呜呼哀哉！我观周道，幽、厉伤之，吾舍鲁何适矣！鲁之郊禘[41]，非礼也，周公其衰矣！

"杞之郊也，禹也。宋之郊也，契也。是天子之事守也[42]。故天子祭天地，诸侯祭社稷。"

子曰："祝嘏莫敢易其常古，是谓大假。祝嘏辞说，藏于宗祝巫史，非礼也，是谓幽国。盏斝及尸君[43]，非礼也，是谓僭君。冕弁兵革，藏于私家，非礼也，是谓胁君。大夫具官[44]，祭器不假，声乐皆具[45]，非礼也，是谓乱国。故仕于公曰臣，仕于家曰仆。三年之丧与新有昏者[46]，期不使。以衰裳入朝，与家仆杂居齐齿[47]，非礼也，是谓君与臣同国。故天子有田以处其子孙，诸侯有国以处其子孙，大夫有采以处其子孙，是谓制度。故天子适诸侯，必舍其祖庙，而不以礼籍入[48]，是谓天子坏法乱纪；诸侯非问疾吊丧，而入诸臣之家，是谓君臣为谑。是故礼者，君之大柄也，所以别嫌明微，傧鬼神[49]，考制度，别仁义[50]，所以治政安君也。故政不正则君位危，君位危则大臣倍、小臣窃。刑肃而俗敝，则法无常；法无常而礼无列，礼无列则士不事也。刑肃而俗敝，则民弗归也。是谓疵国。"

子曰："故政者君之所以藏身也，是故夫政必本于天，殽以降命[51]。命降于社之谓殽地，降于祖庙之谓仁义，降于山川之谓兴作，降于五祀之谓制度。此圣人所以藏身之固也。"

子曰："故圣人参于天地、并于鬼神[52]，以治政也；处其所存，礼之序也；玩其所乐，民之治也。故天生时而地生财，人其父生而师教之，四者君以正用之，故君者立于无过之地也。"

子曰："故君者所明也[53]，非明人者也；君者所养也，非养人者也；君者所事也，非事人者也。故君明人则有过，养人则不足，事人则失位。故百姓则君以自治也，养君以自安也，事君以自显也。故礼达而分定，故人皆爱其死而患其生。"

子曰："故用人之知去其诈，用人之勇去其怒，用人之仁去其贪。"

子曰："故国有患，君死社稷，谓之义；大夫死宗庙，谓之变[54]。"

子曰："故圣人耐以天下为一家、以中国为一人者[55]，非意之也[56]，必知其情，辟于其义[57]，明于其利，达于其患，然后能为之。何谓人情？喜，怒，哀，惧，爱，恶，欲，七者弗学而能。何谓人义？父慈，子孝，兄良，弟悌，夫义，妇听，长惠，幼顺，君仁，臣忠，十者谓之人义。讲信修睦，谓之人利。争夺相杀，谓之人患。故圣人之所以治人七情，修十义，讲信修睦，尚辞让，去争夺，舍礼何以治之？饮食男女，人之大欲存焉。死亡贫苦，人之大恶存焉。故欲恶者，心之大端也。人藏其心，不可测度也。美恶皆在其心，不见其色也，欲一以穷之，舍礼何以哉？"

子曰："故人者，其天地之德、阴阳之交、鬼神之会，五行之秀气也。故天秉阳，垂日星；地秉阴，窍于山川，播五行于四时，和而后月生也。是以三五而盈，三五而阙。五行之动，迭相竭也。五行、四时、十二月，还相为本也。五声、六律、十二管，还相为宫也[58]。五味、六和、十二食，还相为质也[59]。五色、六章、十二衣，还相为质也[60]。"

故人者，其天地之德、阴阳之交、鬼神之会，五行之秀气也。

子曰："故人者，天地之心也，五行之端也[61]，食味、别声、被色而生者也。故圣人作则，必以天地为本，以阴阳为端，以四时为柄[62]，以日星为纪，月以为量，鬼神以为徒，五行以为质，礼义以为器[63]，人情以为田，四灵以为畜[64]。以天地为本，故物可举也。以阴阳为端，故情可睹也。以四时为柄，故事可劝也。以日星为纪，故事可列也。月以为量，故功有艺也[65]。鬼神以为徒，故事有守也。五行以为质，故事可复也。礼义以为器，故事行有考也。人情以为田，故人以为奥也[66]。四灵以为畜，故饮食有由也。"

子曰："何谓四灵？麟、凤、龟、龙，谓之四灵。故龙以为畜，故鱼鲔不淰；凤以为畜，故鸟不獝；麟以为畜，故兽不狘[67]；龟以为畜，故人情不失。"

子曰："故先王秉蓍龟，列祭祀，瘗缯[68]，宣祝嘏辞说，设制度。故国有礼，官有御，事有职，礼有序。"

子曰："故先王患礼之不达于下也。故祭帝于郊，所以定天位也；祀社于国，所以列地利也；祖庙，所以本仁也；山川，所以傧鬼神也；五祀，所以本事也。故宗祝在庙，三公在朝，三老在学，王前巫而后史，卜筮瞽侑皆在左右[69]，王中心无为也，以守至正。故礼行于郊，而百神受职焉[70]；礼行于社，而百货可极焉；礼行于祖庙，而孝慈服焉[71]；礼行于五祀，而正法则焉。故自郊社、祖庙、山川、五祀，义之修而礼之藏也。"

子曰："是故夫礼，必本于大一[72]，分而为天地，转而为阴阳，变而为四时，列而为鬼神，其降曰命，其官于天也[73]。夫礼必本于天，动而之地，列而之事，变而从时，协于分艺。其居人也曰养[74]，其行之以货力、辞让、饮食、冠昏、丧祭、射御、朝聘。"

礼行之以货力、辞让、饮食、冠昏、丧祭、射御、朝聘。

子曰："故礼义也者，人之大端也，所以讲信修睦，而固人之股肤之会、筋骸之束也；所以养生、送死、事鬼神之大端也，所以达天道、顺人情之大窦也。故唯圣人为知礼之不可以已也。故坏国、丧家、亡人，必先去其礼。"

子曰："故礼之于人也，犹酒之有蘖也，君子以厚，小人以薄。故圣王修义之柄、礼之序，以治人情。故人情者，圣王之田也，修礼以耕之，陈义以种之，讲学以耨之，本仁以聚之，播乐以安之。故礼也者，义之实也；协诸义而协，则礼虽先王未之有，可以义起也。义者，艺之分、仁之节也。协于艺，讲于仁，得之者强。仁者，义之本也，顺之体也，得之者尊。故治国不以礼，犹无耜而耕也，为礼不本于义，犹耕而弗种也；为义而不讲之以学，犹种而弗耨也，讲之于学而不合之以仁，犹耨而弗获也；合之以仁而不安之以乐，犹获而弗食也；安之以乐而不达于顺，犹食而弗肥也。四体既正，肤革充盈，人之肥也；父子笃，兄弟睦，夫妇和，家之肥也；大臣法，小臣廉，官职相序，君臣相正，国之肥也；天子以德为车，以乐为御，诸侯以礼相与，大夫以法相序，士以信相考，百姓以睦相守，天下之肥也。是谓大顺。大顺者，所以养生、送死、事鬼神之常也。故事大积焉而不苑[75]，并行而不缪，细行而不失；深而通，茂而有间，连而不相及也，动而不相害也：此顺之至也。故明于顺，然后能守危也。"

子曰："故礼之不同也[76]，不丰也，不杀也，所以持情而合危也。

"故圣王所以顺，山者不使居川，不使渚者原中原，而弗敝也。用水、火、金、木，饮食必时。合男女，颁爵位，必当年德。用民必顺。故无水旱

昆虫之灾，民无凶饥妖孽之疾。故天不爱其道，地不爱其宝，人不爱其情。故天降膏露，地出醴泉，山出器车，河出马图⑰，凤凰麒麟皆在郊棷⑱，龟龙在宫沼，其余鸟兽之卵胎，皆可俯而窥也。则是无故，先王能修礼以达义，体信以达顺，故此顺之实也。”

【注解】

①蜡：古代国君于十二月举行的祭祀。宾：指陪祭者。②观：指宗庙门外两旁的高建筑物。③言偃：即子游。④大道：指五帝时代的治理天下之道。⑤三代之英：指夏、商、周三个朝代的杰出人物，如文、武、成、汤、周公等人。⑥逮：赶上。⑦志：记载。⑧归：女子出嫁。⑨世及：父子相传称为“世”，兄弟相传称为“及”。⑩沟池：指护城河。⑪用：由。⑫选：即选拔杰出人物。⑬考：成全。⑭刑仁：对民众中有仁德的人，用礼赏赐，作为众人效法的标准。刑，法则。⑮遄死：迅速死掉。⑯淆：通“效”，效法。⑰列于鬼神：郑《注》曰：“取法度于鬼神。”⑱“是故”三句：杞：国名，由夏禹的后代建立。《夏时》：夏代的历法。⑲宋：国名，由商汤的后代建立。⑳燔、捭：均为炙烤的意思。豚：猪肉，这里泛指兽肉。㉑汙尊：指凿地成坑以为尊。抔饮：用手捧而饮之。㉒蒉桴：指用土抟成鼓椎。桴，鼓椎。土鼓：指用土筑成鼓形。㉓皋：呼号的声音。㉔苴：蒲包。孰：通“熟”。㉕天望：指人死后到屋顶上向天号告以招魂。地藏：指不用棺椁，直接将尸体埋入土中。㉖橧巢：指用柴草搭成的巢穴。㉗范金：用模型浇铸金属器皿。㉘酪：醋。㉙玄酒：指水。㉚醴盏：初酿成的酒。㉛粢醍：一种甜而醇厚的浑酒。㉜澄酒：没有沉淀物的清酒。㉝祝：人享神的祝词。嘏：尸代表神、祖先向祭者的祝福之辞。㉞祝号：祝福中美好的称号。㉟越席：蒲蒲织成的草席。㊱涚：煮染。㊲燔炙：燔肉炙肝。㊳莫：指冥漠世界。㊴合亨：即合烹，指将未煮熟的食物重新加工。㊵铏：古代盛菜羹的器皿。㊶郊：天子祭天。禘：子孙祭祖。㊷天子之事守：陈澔曰：“唯此二国（杞、宋），可世守天子之事以事其祖。”㊸盏：夏代的酒杯。斝：殷代的酒杯，其形状为大口，圆腹，下有三锥形足。㊹具官：措各种执事皆备。㊺祭器不假，声乐皆具：按照礼的规定，无地的大夫不得制造祭器，有地的大夫可以制造祭器但不得全备，因此祭祀时必须假借。大夫拥有的乐器和乐人也都有一定的限制，不得逾制而全备。㊻新有昏者：指刚结婚的人。昏，通“婚”。㊼齐齿：指没有上下尊卑之分。㊽礼籍：记载礼的简策，上面载有进入诸侯宗庙应当注意的忌讳。㊾傧鬼神：指礼敬鬼神。傧，接待宾客。㊿别仁义：孙希旦曰：“仁主于慈爱，义主于断制，以礼别而用之，而刑赏、黜陟当矣。”51 殽：效法。52 并：比方。53 所明：指通过兼听使自己变得聪明。54 变：通“辩”，正道。55 耐：通“能”。56 意：私意测度。57 辟：通“通”，明白，与下文的“知”“明”“达”意义相似。58 五声：宫、商、角、徵、羽。59 五味：酸、苦、辛、咸、甘。六和：指春多酸，夏多苦，秋多辛，冬多咸，调以滑、甘，合而为六。60 五色：青、赤、黄、白、黑。61 五行之端：五行之性不可见，体现在人的身上表现为仁、义、礼、智、信，然后可以通过它们发现五行的本性。62 柄：权衡。63 器：器具。64 四灵：指麟、凤、龟、龙四种动物。65 艺：事之界限。66 奥：主宰。67“故龙”六句：鲔：泛指大鱼。淰：水搅动而鱼惊走。獝：禽惊骇而乱飞。狘：惊走。68 瘗缯：一种祭祀方式。瘗，埋葬。缯，币帛。69 侑：膳宰。70 百神受职：古人认为，风雨寒暑，四时节候，都为百神掌管，百神各受其职，则风调雨顺，就不会发生自然灾害。71 服：行。72 大一：即太一，古代哲学的一个范畴，指处于混沌未分的元气状态的天。73 官：效法。74 养：当作“义”字。75 苑：积聚，郁结。

⑯礼之不同：指人有贵贱等级的不同，相应地礼也分为不同的等级。⑰河出马图：传说伏羲氏时，有龙马从黄河出现，背负“河图”；有神龟从洛水出现，背负“洛书”。伏羲氏根据“河图”“洛书”发明了八卦，即《周易》的来源。⑱椒：湖泊地带。

【译文】

从前孔子参加蜡祭仪式，担任陪祭。祭礼结束后，来到门阙的楼观上游览，不禁喟然长叹。孔子大概是叹息鲁国吧。

子游在旁问道："先生因何叹息呢？"孔子回答说："大道通行的时代，以及夏、商、周三朝圣贤当政的时代，尽管我都没有赶上，但是却有文献（把那两个时代的事迹）记载下来。大道通行的时代，天下为民众所公有，德才兼备的人被民众选举出来。人与人之间互讲诚信，邻里之间和睦相处。因此，人们不只是亲爱自己的双亲，也不只是抚养自己的子女，而是使老年人都能善终，成年人都能人尽其用，幼童都能得到抚养，鳏寡、孤独、残疾者都能得到抚恤；男子各有各的职责，女子都能适时出嫁。人们痛恨糟蹋浪费财货的行为，但是绝没有将财货据为己有的心思。人们厌恶有力气而偷奸耍滑的行为，但是绝不自恃气力谋取私利。所以，阴谋诡计因没有门路而受到扼制，大盗和乱贼也不会出现。夜不闭户，这就叫作大同社会。"

孔子说："如今大道已经消隐不现，天下变为私人的天下，人们只亲爱自己的亲人，只抚养自己的子女，财货、气力均为己所用；天子、国君世袭相传以为礼，修筑城墙和护城河作为防御工事，用礼仪作为纲纪，以端正君臣关系，加深父子情感，使兄弟之间关系和睦，使夫妻之间关系和谐，设立各项制度，划分各家田地，尊重智勇之士，重用有功之人。因此，权谋开始兴起，战事频繁发生。夏禹、商汤、周文王、周武王、周成王、周公旦，便是涌现出来的杰出人才。这六位人才，无不谨慎恪守礼制，用礼表彰民众的道义之举，用礼成全民众的诚信之举，用礼揭露各种过失，用礼标榜仁爱，用礼提倡谦让，用礼指示民众遵守法规。如果有人不遵行礼义，民众就废黜他，并将其视为祸殃。这便叫作小康社会。"

子游又问道："这么说礼是很要紧的事情了？"孔子回答说："礼制，是古代圣贤承接天道，用来治理人类情欲的，因此，丧失礼制便无法生存，遵循礼制才能生存。《诗经》上说：'看那老鼠尚且还有肢体，做人反而没有礼。做人如果没有礼，何不快点去死呢！'所以说礼必须承接天道，仿效地理，取法于鬼神，而贯彻到丧事、祭祀、射箭、驾车、冠礼、婚礼、朝礼、聘礼等礼仪中去。所以圣贤用礼教育万民，天下国家就可以治理好了。"

子游又问道："先生您这样推崇礼制，可以说给我听听吗？"孔子说："我想要了解一下夏朝的礼制，所以去了杞国，但是杞国的礼不足以代表夏朝的礼，我只得到了《夏时》这本书。我想要了解一下殷朝的礼制，所以到了宋国，但是宋国的礼也不足以代表殷朝的礼，我也只得到了《坤乾》这本书。《坤乾》一书体现了事物变化的道理，《夏时》一书记载了四时运转的程序，我就是据此来考察夏、殷两代的礼制的。"

孔子说："最初的礼，起源于饮食。人们烧烤黍米、猪肉，凿地成坑为樽，用手捧着喝水，用土抟成鼓槌，用土筑成鼓形，以此表达对鬼神的敬意。人死之后，（死者亲人）就爬上屋顶，对天呼叫道：‘某某，魂兮归来。’然后用生米为死者含饭，用蒲包裹肉为死者祭奠。所以，望天而招魂，掘地而藏尸，肉体埋入地下，灵魂上升到天上。因此，今天人死后头朝北而葬，活人则屋朝南而居，都是当初流传下来的习俗。从前，先王没有宫室，冬天居住在洞窟之中，夏天则居住在用柴草搭成的巢穴里；不会使用火，只能吃植物的果实，或是茹毛饮血；没有丝麻，只能身穿羽毛和兽皮。后来，圣人出世，教导百姓用火烧铸金属器皿，使用泥烧制砖瓦，建造台榭、宫室，制造窗户和门；还教导民众将食物或裹泥而烧，或用火烧烤，或用镬烹煮，或直接放入火中；用火蒸酿醴酒和醋；煮染麻丝，将其织成布帛，用以养生送死，祭祀鬼神上帝，所有这些都是从圣贤教会人们使用火开始的。因此，玄酒放在屋中，醴、盏放在门口，醍齐放在堂上，澄酒放在堂下，陈列祭祀用的牺牲，置备鼎俎，又陈列琴、瑟、管、磬、钟、鼓等乐器，撰作祝告神鬼之辞和尸向主人的祝福之辞，恳请上天和祖先降临，以端正君臣之间的名分，加深父子之间的感情，使兄弟之间关系和睦，改善上下级之间的关系，使夫妇二人各尽其责，这就是承受天赐之福。选定祝词中美好的称号，用玄酒来祭祀，献上宰杀的牺牲，奉上盛有生肉的俎，敬献煮熟的牲肉；铺设用蒲编织而成的席子，用粗布遮盖酒樽，穿上用煮染过的帛做成的祭服，献上醴和盏，进献烧烤过的牲肉和肝脏，国君和夫人可以交替向尸献酒，以使先人灵魂快乐，这就称作合莫。祭祀完毕后，将祭品撤下来，再合在一块儿煮熟，把狗、猪、牛、羊的骨头和肉分开来，装在簠簋、笾、豆以及刑器盛的羹汤里，分别敬献给参加祭礼的宾客们。人对神的祝词要以‘孝’来立言，神对人的致福之辞则要以‘慈’来立言，这叫作大吉大利。这就是礼达到相当完备的程度了。”

孔子说：“呜呼哀哉！我考察周朝的治国大道，至幽王和厉王时代已经衰微了。（如果）舍弃鲁国，我还能到什么地方呢？鲁国举行郊祭和禘祭之礼，这不合乎礼制。周公制定的礼都已经衰微了！

“杞国举行郊祭之礼，用禹配祭。宋国举行郊祭之礼，用契配祭。这些都是先王的后世子孙应当继续遵守的祭礼。因此，天子祭祀天地，诸侯只能祭祀社稷。”

孔子说：“祭神辞和祝福辞，不能变更古代流传下来的法度，这是礼的大节。祭神辞和祝福辞，收藏于宗、祝、巫、史手里，这是不合乎礼制的，这样的国家称为昏暗之国。用盏和斝向尸君献酒，这是不合乎礼制的，这样的君主称为僭礼之君。冕、弁、兵器等器物，收藏于私人家里，这是不合乎礼制的，称为威胁君主。大夫之家，如果各种执事具备，祭祀用具齐备，乐器和乐人全备，这是

冕、弁、兵器等器物收藏于私人家里，这是不合乎礼制的。

违背礼制的，这样的国家称为乱礼之国。因此，为王公做事称为臣，在私人家做事称为仆。服三年之丧及新婚不久的人，朝廷有事也不征召他们服役。身穿丧服上朝，或者与家里的仆人没有上下尊卑之分，都不合乎礼制的规定，这样的国家称为君臣同国。所以，天子有田地用以安置子孙后代，诸侯有封国用以安置子孙后代，大夫有采地用于安置子孙后代，这就叫作制度。因此，天子来到诸侯的封国，一定要下榻于诸侯的祖庙中，如果天子不按照礼籍上的规定去做，便称之为天子坏乱法纪；诸侯如果不是探望疾病或是吊唁死者，而经常在诸臣之家出入，称之为君臣互相戏谑。所以，礼是国君治理天下的工具，它可以辨别嫌疑，明察幽微，礼敬鬼神，考察制度，根据不同的对象区别运用仁或者义，是用来治理国家安定君位的。因此，朝政不正君位就危险了，君位危险了大臣就会背叛君主，小臣就会窃权。如果刑罚严峻而风俗败坏，那么法令就会经常变更；法令更变不定，就不能区分等级，上下等级不能区分，那么士人就不会恪尽职守了。刑法严峻而风俗败坏，民众就不会归附国家，这样的国家称为病国。”

孔子说：“国政是君王用以藏身的手段。因此国政必须根源于天理，君王必须依据天理来下达政令。根据土地的自然状况发布政令称为效地利，根据祭祀祖庙的需要发布政令称为仁义，根据山川的四季出产发布政令称为兴作，根据五祀的需要发布政令称为制度：这是圣人用来牢固藏身的所在。”

孔子说：“因此，圣人参照天地运行的规律、比照鬼神的秉性来处理政事。圣人所处的环境，到处都是礼制下井然的秩序；圣人所感到欢乐的，是民众得到了治理。因此，上天使四时运行，土地出产财富，人由父母所生，由老师教导，这四个方面，国君能够正确运用，那么国君也就可以立于不败之地了。”

孔子说：“所以国君使自己变得聪明，而不是使别人变得聪明；国君由万民所供养，而不是供养万民；国君由别人所服侍，而不是服侍别人。因此国君使别人变得聪明，他就会犯错误；国君供养别人，就会资用匮乏；国君服侍别人，就会失掉君位。所以，百姓以国君为榜样来实现自我管理，以供养国君来求得生活安定，以为国君办事来求得显贵。礼制实现了，上下名分也就确定了，所以人人都乐于为守义而效死，耻于背义而偷生。”

孔子说：“国君应当利用别人的智慧，而提防他们的伪诈；应当利用别人的勇敢，而提防他们的鲁莽；应当利用别人的仁爱，而提防他们的贪欲。”

孔子说：“国家一旦遇上大患，国君就应当为社稷而死，这称为大义；大夫应当为宗庙而死，这称为正道。”

孔子说：“圣人把天下统一为一家，把天下人团结成一人，这并非异想天开。必须懂得人情，通达人生义理，知道人们的利益所在，了解人们所忧患的事情，然后才能实现。什么叫作人情？喜、怒、哀、惧、爱、恶、欲，这七种情欲是人生来具备而无须后天学习的。什么叫作人生义理？父亲慈爱、子女孝顺、兄长贤良、弟弟恭敬、丈夫仁义、妻子顺从、长者关怀少者、少者顺从长者、君主仁义、臣子忠诚，这十个方面统称为人生义理。讲究信义，和睦相处，称之为人利；相互争夺残杀，称之为人患。因此，圣人用以治理人的七情，培养人的十义，促使诚信、和睦风气的形成，崇尚谦让，放弃争夺，除了礼还能用什么来治理呢？饮食男女之事，这是人的基本欲望。死亡贫苦之患，这是人生最厌恶的事情。因此，所欲和所恶，是人们心目中两个最基本的出发点。人们隐藏自己的思想，很难让人测度。美恶都深藏于人们心中，从表面上不容易看出来，要想看穿人们的思想，除了用礼还有什么途径呢？”

孔子说：“因此，人承接天地之德，体现了阴阳的交感、鬼神的聚会，积聚了五行运转的灵秀之气。所以，上天秉持阳气，通过日月星辰垂照万物；大地秉持阴气，通过山川沟通发泄，分布五行于四时之中，四时和顺于是生出了十二个月。因此，过十五天月亮就会圆满，再过十五天月亮就会亏缺。五行的运行，循环相接。五行、四时、十二个月，周而复始，循环往复。五声、六律、十二管，轮流用以确定宫音的高低。五味、六和、十二月的食物，轮换以酸、苦、辛、咸、甘作为本味。五色、六章、十二月的衣服，轮换以青、赤、黄、白、黑作为本色。”

孔子说：“因此，人是秉承天地的自然法则，体现五行的禀赋特性，能尽食五味六和，尽辨五声、六律，尽分五色六章的（高级）生灵。因此，圣人制定法则，一定以天地之道为根本，以阴阳变化为开端，以四季运转为权衡，以太阳星辰为纲纪，以十二月为分限，以鬼神为依傍，以五行为本体，以礼义为工具，以人性为田地，以四灵为家畜。以天地德行为根本，因此天地万物都可以利用；以阴阳变化为开端，因此各种人情变化都可以洞察；以四季运转为权衡，因此各种耕作事宜均能取得成功；以太阳星辰为纲纪，因此万事都可以处理得有条理；以十二月为界限，因此做事就有了准则；以鬼神为依傍，因此政事就可以守而不失；以五行为本体，因此凡事都可以周而复始，以礼义为工具，因此做任何事情都会取得成效；以人情为田地，人就能主宰自我；以四灵作为牲畜，因此饮食就有了保障。”

孔子说：“什么是四灵呢？四灵就是麒麟、凤凰、龟和龙。因此，以龙作为家畜，各种鱼类就不会随意游走；以凤凰作为家畜，各种鸟类就会惊飞乱跳；以麒麟作为家畜，百兽就不会惊走乱窜；以龟作为家畜，就可以预卜而不至于出现偏差了。”

孔子说：“因此，先王们用蓍草和龟甲卜筮，依次举行各种祭祀，埋牲、赠币帛献给神，宣读告神和祝福的文辞，设立各种规章制度，因此国家才有礼制，官吏各司其职，职事各有所属，礼仪也有了秩序。”

孔子说：“前代的国君担心礼制不能一直贯彻下去，因此，在南郊祭祀上帝，以确定天帝至高无上的地位；在国中祭祀社神，以列举土地养育万物的功绩；在宗庙祭祀先祖，以体现仁爱的根本；祭祀山川，以敬事鬼神；祭祀五祀，以体现事功。所以，在宗庙中设置宗人和祝官，在朝廷中设置三公，在学校里设置三圭，天子的前面有掌管神事的巫，后面有礼载人事的史，卜人、筮人、乐官、膳宰都在天子左右服侍，而天子不必劳神苦思，亲自操劳，只需坚守正道就可以了。因此，祭祀天帝，众神就能尽职尽责；祭祀社神，百姓就能货尽其用：祭祀祖庙，孝悌之道就能通行于天下；祭祀五祀之神，天下的法则就能各得其正了。因此，祭祀天神、社神、先祖之神及山川之神，就是培养道义、保存礼制的所在。”

孔子说：“所以，礼应以天地的原始物质太一为根本。太一分离而为天地，运转而为阴阳，变化而成四季，分布起来而为鬼神。太一这一元气降临人世则称为命，这就是效法于天理。礼应以天道为根本，然后通行于天下，分布于众事之中，并随着四时的变化而变化，以配合月份变化制定出评定事功的标准。礼体现在人身上，就称为义，礼在实行的时候要通过货财、劳力、辞让、饮食、冠礼、丧礼、祭祀、射箭、驾车、朝觐、聘问等表现出来。”

孔子说：“因此，礼义是人们做一切事情的出发点，它可以促使人们讲究信义、和睦相处，也可以加固人们肌肤的组合，强固人们筋骨的联结；它是养生送死、祭祀鬼神的基本指导原则；也是体现天理、顺适人性的重要渠道。所以，只有圣人才懂得礼不可废弃的道理。因此，国家灭亡、家庭破裂、个人死亡，都是先从废弃礼开始的。”

孔子说：“因此，礼对于人而言，就像是酒曲对酒的关系：君子因此变得厚道，小人因此变得苛薄。因此，圣人以义为手段，以礼为秩序，用来治理人情。所以，人情正如先王的田地，先王用礼作为工具耕种它，用义栽培它，用加强教育来铲除杂草，用施行仁义来凝聚人心，用传播音乐来安定民心。因此，礼是义的定制，只要协调礼和义的关系，那么即使是先王没有实行的礼，也可以根据义的要求制定出来。义是区分法则的依据，是施行仁义的节度，只要把义和法则结合起来，并据以施行仁义，就可以变得强盛。仁是义的根本，也是通达天理人情的具体表现，施行仁义的人就能受人尊重。因此，治理国家而不用礼，就好像耕种田地而没有农具一样；制定礼而不符合义，就好像耕耘农田而不播种一样；施行义而不推行教化，就好像播了种而不铲除杂草一样；推行教化而不合乎仁，就好像铲除杂草而不收获庄稼一样；以仁为指导推行教化而不用音乐来安定民心，就好像收获之后不去享用一样；用乐安定民心而不顺达天理人情，就好像品尝果实而无益于健康一样。因此，四肢端正，皮肤丰盈，称为健康的人；父子情深，兄弟和顺，夫妻和睦，称为幸福的家庭；大臣遵纪守法，小臣清正廉洁，官吏尽职尽责，君臣以正道相处，称为开明的国家；天子以德作为乘坐的车辆，以乐作为驾车的驭手，诸侯们以礼相处，大夫们遵行法令，士以诚信互相勉励，百姓和睦相处，称为天下大治，（这种境界）叫作大顺。大顺就是养生丧死，就是侍奉鬼神的正常道理。所以，国事成堆而不积聚，政令并行而不矛盾，事情细小而不遗漏。虽然深幽也可以通达，虽然茂密也能留有余地，相互连接而不抵触，实行起来而互不妨害，这就是大顺了。因此，了解顺的各项目标，就能够时刻保持警惕。”

孔子说：“所以，礼有一定的标准，根据等级贵贱的差别，既不能超越标准，也不能低于标准，这才是合乎人情、避免偏差的依据。

“因此，圣王顺乎天理人情而统治四方；在山区住惯的人，就不要把他们迁徙到水边；在水乡住惯的人，也不要把他们迁徙到平原大陆，这样做是为了不打乱居民的生活习性。使用水、火、金、木、土等资源，以及形成一定的饮食习惯，都要顺应四季的变化；使男女婚配，封赐爵位，都必须与人们的年龄和德行相适应；征用民力必须顺应农时。因此，没有水、旱、害虫等自然灾害，民众也就不必担心忍饥挨饿和天下出现妖孽了。因此，上天不隐藏生育万民之道，大地不隐藏养育万民之宝，人们不隐藏自己的真实感情。因此，天降雨露，地出甘泉，山川出产各种资源，黄河中有龙马负图而出，凤凰、麒麟都出现在郊区的沼泽中，龟、龙都出现在宫廷的水池里，其他各种鸟的卵和怀孕的野兽，都可以俯首拾到。做到这些并没有其他的原因，只是先王能够修整礼制通达义理，体现诚信而通达顺畅，所以能够获得这种大顺的结果。”

学记

【原文】

发虑宪[①]，求善良，足以谀闻[②]，不足以动众。就贤体远，足以动众，未足以化民。君子如欲化民成俗，其必由学乎！

玉不琢，不成器。人不学，不知道。是故古之王者建国君民，教学为先。《兑命》曰[③]：“念终始典于学[④]。”其此之谓乎？

君子安其学而亲其师。

虽有嘉肴，弗食，不知其旨也；虽有至道，弗学，不知其善也。是故学然后知不足，教然后知困。知不足，然后能自反也；知困，然后能自强也。故曰“教学相长”也。《兑命》曰“学学半”[⑤]。其此之谓乎？

古之教者，家有塾，党有庠，术有序，国有学[⑥]。比年入学，中年考校。一年，视离经辨志。三年，视敬业乐群。五年，视博习亲师。七年，视论学取友，谓之小成。九年，知类通达，强立而不反，谓之大成。夫然后足以化民易俗，近者说服而远者怀之。此大学之道也。《记》曰：“蛾子时术之[⑦]。”其此之谓乎？

大学始教，皮弁、祭菜[⑧]，示敬道也。《宵雅》肄三[⑨]，官其始也[⑩]。入学鼓箧，孙其业也[⑪]。夏、楚二物[⑫]，收其威也。未卜禘[⑬]，不视学[⑭]，游其志也。时观而弗语，存其心也。幼者听而弗问，学不躐等也[⑮]。此七者，教之大伦也。《记》曰：“凡学，官先事，士先志。”其此之谓乎？

大学之教也，时教必有正业，退息必有居。学：不学操缦[⑯]，不能安弦；不学博依[⑰]，不能安诗；不学杂服[⑱]，不能安礼；不兴其艺[⑲]，不能乐学。故君子之于学也，藏焉修焉[⑳]，息焉游焉。夫然，故安其学而亲其师，乐其友而信其道，是以虽离师辅而不反也。《兑命》曰：“敬孙务时敏[㉑]，厥修乃来[㉒]。”

其此之谓乎？

今之教者，呻其佔毕[23]，多其讯[24]，言及于数进而不顾其安[25]，使人不由其诚，教人不尽其材。其施之也悖，其求之也佛[26]。夫然，故隐其学而疾其师，苦其难而不知其益也。虽终其业，其去之必速。教之不刑[27]，其此之由乎？

大学之法，禁于未发之谓豫，当其可之谓时，不陵不节而施之谓孙[28]，相观而善之谓摩。此四者，教之所由兴也。

发然后禁，则扞格而不胜[29]；时过然后学，则勤苦而难成；杂施而不孙，则坏乱而不修；独学而无友，则孤陋而寡闻。燕朋逆其师[30]，燕辟废其学[31]。此六者，教之所由废也。

君子既知教之所由兴，又知教之所由废，然后可以为人师也。故君子之教喻也。道而弗牵，强而弗抑，开而弗达。道而弗牵则和，强而弗抑则易，开而弗达则思。和易以思，可谓善喻矣。

学者有四失，教者必知之。人之学也，或失则多，或失则寡，或失则易，或失则止。此四者，心之莫同也。知其心，然后能救其失也。教也者，长善而救其失者也。

善歌者，使人继其声。善教者，使人继其志。其言也约而达，微而臧[32]，罕譬而喻，可谓继志矣。

君子知至学之难易，而知其美恶，然后能博喻[33]；能博喻，然后能为师；能为师，然后能为长；能为长，然后能为君。故师也者，所以学为君也[34]，是故择师不可不慎也。《记》曰："三王四代唯其师[35]。"此之谓乎？

凡学之道，严师为难。师严，然后道尊。道尊，然后民知敬学。是故君之所不臣于其臣者二：当其为尸，则弗臣也；当其为师，则弗臣也。大学之礼，虽诏于天子，无北面，所以尊师也。

善学者，师逸而功倍，又从而庸之[36]。不善学者，师勤而功半，又从而怨之。善问者，如攻坚木，先其易者，后其节目，及其久也，相说以解。不善问者反此。善待问者如撞钟，叩之以小者则小鸣，叩之以大者则大鸣；待其从容，然后尽其声。不善答问者反此。此皆进学之道也。

善学者，师逸而功倍，又从而庸之。

记问之学，不足以为人师。必也其听语乎？力不能问[37]，然后语之。语之而不知，虽舍之可也。

良冶之子，必学为裘[38]。良弓之子，必学为箕[39]。始驾马者反之，车在马前[40]。君子察于此三者，可以有志于学矣。

古之学者，比物丑类[41]。鼓无当于五声[42]，五声弗得不和。水无当于五色[43]，五色弗得不章。学无当于五官[44]，五官弗得不治。师无当于五服[45]，五服弗得不亲。

君子曰：大德不官，大道不器，大信不约，大时不齐。

察于此四者，可以有志于学矣。三王之祭川也，皆先河而后海，或源也，或委也，此之谓务本。

【注解】

①宪：法则。②谀闻：小有名气。③《兑命》：《尚书》中的篇名。兑，当为“说”。④典：经常。⑤学学半：前一“学”指教学。学学半，意思是说，教别人，一半也是向人学习。⑥“家有塾”四句：塾、庠、序、学，均为学校的名称。术，当为“遂”，古代五百家为党，一万二千五百家为遂。⑦蛾子时术：蛾，即蚁。术，为“衔”字之误。⑧皮弁：皮弁服。祭菜：指举行释菜礼祭祀先师、先圣。⑨《宵雅》肄三：《宵雅》，即《小雅》，《诗经》中的篇名。肄三，指学习《小雅》中的三篇诗歌，即《鹿鸣》《四牡》《皇皇者华》。⑩官其始：以居官受任的优越之处诱导人们致力于学习。⑪孙：顺也，指恭顺的意思。⑫夏、楚：古代惩罚学生用的教鞭。夏，指用榣木做的教鞭；楚，指用荆条做的教鞭。⑬卜禘：禘，大的祭祀。在举行禘祭之前要进行占卜，因此称为卜禘。⑭视学：考察学校的优劣。⑮躐：越过，超越。⑯操缦：练习弹奏音乐的指法。⑰博依：即博喻，指博通鸟兽、草木、天时、人事之情状。⑱杂服：指洒扫、应对、投壶、沃盥等细碎的小事。⑲兴：喜欢。⑳藏：心怀学习之志。㉑敬：敬道。孙：逊，顺业。务：努力学习。敏：快速。㉒厥修乃来：指所修习的学业学有所成。㉓呻其佔毕：呻，吟诵。佔，看视。毕，简册，书籍。㉔多其讯：讯者难也。指教师自己并不通晓义理，又不肯承认，因此假装知识丰富，向学生们提问一些疑难问题，以掩饰自己的无知。㉕数：指名物制度。㉖佛：通“拂”，违背。㉗刑：成功。㉘陵、节：超过限度。㉙扞格：互相抵触，格格不入。㉚燕朋：燕者亵也。指不正当、不庄重的朋友。㉛燕辟：指贪图享受玩乐。㉜臧：善，美。㉝博喻：此指广泛地因材施教。㉞所以学为君：指向教师学习做国君的品德。㉟三王四代：三王，指夏、商、周。四代，指夏、商、周、虞。㊱庸：功劳。㊲力不能问：指学生的能力不足以回答教师的提问。㊳良冶之子，必学为裘：孔《疏》曰：“善冶之家，其子弟见其父兄世业陶铸金铁，使之柔合以补治破器，皆令全好，故此子弟仍能学为袭袍补续兽皮，片片相合，以至完全也。”㊴良弓之子，必学为箕：孔《疏》曰：“言善为弓之家，使干角挠屈调和成其弓，故其子弟亦睹其父兄世业，仍取柳和软挠之成箕也。”㊵车在马前：指将初学驾车的马拴在车后面，使之熟悉驾车之事。㊶丑：比。㊷五声：宫、商、角、徵、羽。㊸五色：青、赤、黄、白、黑。㊹五官：泛指各级政府官员。㊺五服：斩衰、齐衰、大功、小功、缌麻。

【译文】

思考问题先考虑到法度，热衷于求得贤才，这样的人可以取得一点名气，却不足以感动民众。亲近贤良的人，体察关心关系疏远的人，就足以感动民众，却不足以教化人民。君子如果要想教化人民、移风易俗，就一定要从办学兴教做起！

玉石不经过雕琢，不能成为（精美的）玉器。人不经过学习，不会懂得（世间的）道理。所以说，古代的君王，建立国家，统治人民，都会把办学兴教放在第一位。《说命》里说："应该自始至终经常地想着学习。"说的大概就是这个意思吧。

即使有美味佳肴，不亲口尝一尝，就不会知道它的滋味；即使有非常好的道理，不去认真学习，就不会懂得它的美妙。因此，通过学习，才知道自己的不足；通过教育别人，才能发现自己的学识哪里还有未通达的地方。知道了自己的不足，然后才能自我反省；知道了自己还有未通达的地方，然后才能自强不息，不断进步。因此说，教和学是互相促进的。《说命》里说："教育别人，同时也是在增长自己的知识。"大概说的就是这个意思吧。

古代的教育，家里有私塾，党中有学校，遂中和国都有学校。学子们每年入学一次，隔年考试一次。学习一年过后，要考察学子们读经断句的能力以及他们的学习志趣；学习三年过后，要考察学子们是否专心致力于学业以及是否与同学们和乐相处；学习五年过后，要考察学子们是否能够广博地学习并亲敬师长；学习七年过后，要考察学子们谈论学问的深浅以及结交什么样的朋友，至此，学子们的学习便可以称为学业小成。学习九年过后，学子们要能够触类旁通，有自己独立的见解而不违反师道，这就可以称为学业大成。这之后，就可以教化人民，移风易俗，使自己身边的人心悦诚服，使远方的人也都慕名归附，这便是大学教育的宗旨。《记》中说："蚂蚁随时都在衔泥，（久而久之）也就积成土堆。"大概说的就是这个意思吧。

大学开学的时候，要头戴皮弁帽身穿皮弁服，用释菜礼祭祀先圣、先师，用来表示尊师重道之意。教学子们学习并歌唱《诗经·小雅》中的《鹿鸣》《四牡》《皇皇者华》三首诗歌，以居官受任的优越诱导人们致力于学习。学生入学，学官要击鼓召集学生，打开书箱发放书籍，以使学子们以恭敬顺从的态度对待自己的学业。教鞭是用来鞭笞不听教的学子，以整肃校风。国君不举行卜禘活动，不到学校考察学生的学业，目的在于让学生们从容畅游地用心学习。老师时时对学子们认真观察而不轻易开口解说，目的在于使学生们心存疑问（从而激起学子们努力学习的动力）。低年级的学子们只听（教师）讲解而不提出问题，是因为学习应当一级一级上升而不能一蹴而就。以上七项，便是教学的大原则。《记》中说："凡教学，学官应当安排好教学的相关事宜，学子们则要先树立学习的志向。"大概讲的就是以上的道理吧？

大学的教学，一定要按照季节时令安排教学内容，所教内容一定要是古籍经典，课后休息一定要有固定的场所。学习（要循序渐进，不能急于求成）：不练习弹奏音乐的指法，就不能演奏琴瑟；不广泛地学习博喻比兴手法，就学不会作诗；不学习各种服饰细碎的制度，就学不好礼仪；对技艺的学习缺少兴趣，就不可能掌握这些技艺。因此，君子对于学习，心中常怀向学的志向，经常修整学习思路而不废弃，无论是休息时间，还是闲暇游乐的时候都能如此。这样便能够安心学习而亲敬师长，与同学和乐友善而笃信道义，因此，即使离开了老师和同学，也不会违背道义。《说命》中说："重视道义，顺从学业，努力学习，不断精进，不断实践，那么他修习的学业也就可以取得成功了。”大概说的就是上面的道理吧。

现如今的教师，只会照本宣科，（却不懂得其中的深奥道理；）还经常向学生提一些疑难问题，（以掩盖自己的无知；）还只讲那些名物制度，（而不去深究其中的义理；）只顾盲目地赶教学进度，而不考虑学子们的接受能力；教育学生时也并不竭尽所能地把自己的知识毫无保留地传授给学生，而是有所保留；教授给学生们的知识错误百出，向学生们提出的问题也不符合情理。像这样下去的话，学生们学得不清不楚，对老师又心怀怨恨，苦于学习的艰难而又不知道学习到底有什么用处，虽然最后毕业了，学过的知识也一定就很快忘记了。教育的不成功，大概就是这个缘故吧。

大学的教育方法：在学子们的邪念还没有萌发之前就能够及时制止便称为“预防”，在学子们到了适龄的时候及时开始教育便称为“适时”，不超越阶段而循序渐进地开展教育叫作“顺序”，相互观察学习对方身上的优点长处就叫作“观摩”。以上四个方面，便是教育兴盛成功的方法。

如果坏事发生了之后才加以制止，就会互相抵制、格格不入而难以奏效；错过了适学年龄才开始学习，就会既费工夫力气而又难有所成；如果杂乱无章地而不是循序渐进地教学，教学秩序就会变得混乱不堪；如果一个人独自学习而没有良师益友，就会孤陋寡闻；结交不正当的朋友，就会违背师教；沉溺在享受游乐中，就会荒废自己的学业。以上六者，是教育失败的原因所在。

君子知道了兴盛教育的办法，又懂得了造成教育失败的原因，这样后就可以作为教师去从事教学了。因此，君子教育学生的方法，是引导学生而不是强制灌输，是鼓励学生进取而不是抑制思维，是多方面加以启发且又不说透的教学方法。加强引导而不强制，就能使学生心平气和地学习；鼓励进取而不抑制，就会使学生感到知识容易接受；加以启发且不说透，就会使学生勤于思索。学生在学习过程中就能够做到心平气和地学习，而且感到学习起来比较容易，而又养成了勤于思索的习惯，这就可以称为善于教学了。

君子知至学之难易，而知其美恶，然后能博喻；能博喻，然后能为师；能为师，然后能为长。

学生容易犯四种错误，教师在教学过程中一定要注意。学生们在学习过程当中，有的失于贪多，有的失于求少；有的失于求易，有的失于半途而废。以上四者，心理变化都是不一样的，各有各的特点。只有了解学生们的各种心理，才能纠正他们容易犯的各种错误。教育的根本目的，就在于使学生的长处得到发扬、使他们的错误得到纠正。

善于唱歌的人，能够吸引别人跟

着自己一块儿唱；善于教学的人，能够影响别人继承自己的治学志向。老师的语言应该言简意赅、含蓄精妙，比喻要少用且明白易懂，（能做到以上几点）就可以称得上能使人继承他的志向了。

君子懂得治学上的难易，而又知道学问上的是非，这样以后就能够广泛地因材施教。能广泛地因材施教，就能够为人师表；能够做别人的老师，就能够做国家的官吏；能够做官吏，就可以做一国之君。因此，跟随老师学习，就是在向他学习做国君的道理。因此，选择老师一定要慎重。《记》中说："三王四代（时的君主之所以圣明）就是因为他们选择了优秀的老师。"说的大概就是这个意思吧。

大凡在求学的过程中，学生尊敬老师是最难做到的。只有老师受到了尊敬，他所教授的道理才能受到尊重；道理被人尊重了，人们才会懂得崇尚学习，养成学习之风。因此，只有两种情况国君才可不以对待臣子的礼仪对待臣下：一是当臣子充当尸的时候，国君不把他当成臣子；再就是当臣子担任自己的老师时，也不把他当臣子看待。根据大学的礼仪，老师即使被召到国君那儿去讲学，也不面朝北坐在臣子的位置上，这都是为了表现对老师的尊敬。

善于学习的人，老师无须费多少力气力就可以取得事半功倍的效果，而且还能够将功劳归于老师。不善于学习的人，老师辛辛苦苦的教学也只能取得事倍功半的效果，而且还会怨恨老师。善于提问题的人，如同砍削坚硬的木头，先从比较容易砍削的部位入手，然后再是较难的结节处，砍到一定程度后，木头自然就会分解。不善于提问题的人，就刚好与此相反。善于回答问题的人就像撞钟一样，轻轻地撞击会发出轻微的声音，重重地撞击就会发出震耳的轰鸣，等到钟声渐渐消失，问题也就迎刃而解了。不善于回答问题的人，刚好与此相反。所有这些，都是促进学业进步的办法。

死记硬背书上的一些内容来等待学生的提问，作为老师就不合格。必须等学生提出问题，再（根据这些问题）一一解答才行。只有当学生们没有能力提出问题时才能够直接给他讲解；如果讲解之后他们仍然不能理解，这个问题就可以先放弃不用管了。

优秀的铁匠的儿子，一定先学会缝补衣裘。优秀的弓匠的儿子，一定先学会编制畚箕。刚开始学习驾车的小马驹，要将它拴在车子的后面（以逐渐适应驾车）。君子明白这三件事情所含的道理，就可以树立学习的志向了。

古代的学者，在各类事物的类比上都很擅长。鼓声，并不能归入五声之中，但若缺了鼓声，五声就难以和谐。水，并不能归入五色之中，但若缺少了水，五色就不可能鲜亮。学习，并不能归入五官的分内职能之事，但若缺少了学习，各级官吏就难以掌管好自己的职事。老师，并不属于五服之亲的任何一种，但若没有老师的教育，五服之亲就不会懂得相亲相爱这个道理。

君子说：具有大德行的圣人，不会局限在一官一职；掌握大道理的贤才，不会专于一种才能；拥有大信用的人，无须订盟立约；懂得把握大时机的人，绝不讲究整齐划一。明白了这四个方面的道理，就可以明确学习的根本、确立学习的志向了。

三王在祭祀河流的时候，都是先祭祀河流，后祭祀大海。河是海的源头，海是河的归宿，这种祭祀就叫作致力于根本。

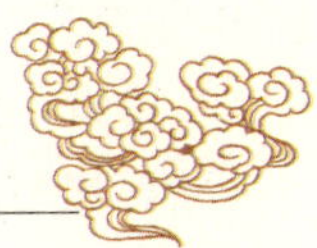

儒行

【原文】

鲁哀公问于孔子曰："夫子之服，其儒服与？"孔子对曰："丘少居鲁，衣逢掖之衣[①]。长居宋，冠章甫之冠[②]。丘闻之也：君子之学也博，其服也乡[③]。丘不知儒服。"

哀公曰："敢问儒行。"孔子对曰："遽数之[④]，不能终其物。悉数之，乃留，更仆未可终也。"

哀公命席。孔子侍曰："儒有席上之珍以待聘[⑤]，夙夜强学以待问，怀忠信以待举，力行以待取。其自立有如此者。

"儒有衣冠中，动作慎；其大让如慢，小让如伪，大则如威[⑥]，小则如愧；其难进而易退也。粥粥若无能也[⑦]。其容貌有如此者。

"儒有居处齐难[⑧]，其坐起恭敬，言必先信，行必中正，道途不争险易之利，冬夏不争阴阳之和；爱其死以有待也，养其身以有为也。其备豫有如此者[⑨]。

"儒有不宝金玉，而忠信以为宝；不祈土地，立义以为土地；不祈多积，多文以为富；难得而易禄也[⑩]，易禄而难畜也[⑪]。非时不见，不亦难得乎？非义不合，不亦难畜乎？先劳而后禄，不亦易禄乎？其近人有如此者。

"儒有委之以货财，淹之以乐好[⑫]，见利不亏其义；劫之以众[⑬]，沮之以兵[⑭]，见死不更其守；鸷虫攫搏[⑮]，不程勇者[⑯]；引重鼎，不程其力；往者不悔，来者不豫；过言不再，流言不极；不断其威，不习其谋[⑰]。其特立有如此者。

"儒有可亲而不可劫也，可近而不可迫也，可杀而不可辱也。其居处不淫[⑱]，其饮食不溽[⑲]，其过失可微辨而不可面数也。其刚毅有如此者。

"儒有忠信以为甲胄，礼

鲁哀公问于孔子曰：夫子之服，其儒服与？

儒者不祈多积，多文以为富。

义以为干橹[20]；戴仁而行，抱义而处；虽有暴政，不更其所。其自立有如此者。

“儒有一亩之宫[21]，环堵之室[22]，筚门圭窬[23]，蓬户瓮牖[24]；易衣而出，并日而食；上答之[25]，不敢以疑；上不答，不敢以谄。其仕有如此者。

“儒有今人与居，古人与稽；今世行之，后世以为楷；适弗逢世，上弗援，下弗推，谗谄之民有比党而危之者；身可危也，而志不可夺也；虽危，起居竟信其志[26]，犹将不忘百姓之病也，其忧思有如此者。

“儒有博学而不穷，笃行而不倦，幽居而不淫，上通而不困；礼之以和为贵，忠信之美，优游之法[27]；举贤而容众[28]，毁方而瓦合[29]。其宽裕有如此者。

“儒有内称不辟亲[30]，外举不辟怨；程功积事，推贤而进达之，不望其报；君得其志，苟利国家，不求富贵。其举贤援能有如此者。

“儒有闻善以相告也，见善以相示也，爵位相先也，患难相死也，久相待也，远相致也。其任举有如此者。

“儒有澡身而浴德，陈言而伏，静而正之，上弗知也；粗而翘之[31]，又不急为也；不临深而为高，不加少而为多；世治不轻，世乱不沮；同弗与，异弗非也。其特立独行有如此者。

“儒有上不臣天子，下不事诸侯；慎静而尚宽，强毅以与人，博学以知服；近文章，砥厉廉隅[32]；虽分国，如锱铢；不臣，不仕。其规为有如此者。

“儒有合志同方，营道同术；并立则乐，相下不厌；久不相见，闻流言不信；其行本方立义；同而进，不同而退。其交友有如此者。

“温良者，仁之本也。敬慎者，仁之地也。宽裕者，仁之作也。孙接者[33]，仁之能也。礼节者，仁之貌也。言谈者，仁之文也。歌乐者，仁之和也。分散者，仁之施也。儒皆兼此而有之，犹且不敢言仁也。其尊让有如此者。

“儒有不陨获于贫贱[34]，不充诎于富贵[35]，不慁君王[36]，不累长上[37]，不闵有司[38]，故曰儒。今众人之命儒也妄，常以儒相诟病。”

孔子至舍，哀公馆之，闻此言也，言加信，行加义：“终没吾世，不敢以儒为戏。”

【注解】

①逢：宽大。掖：通“腋”，腋下。②章甫：殷玄冠之名，宋人戴它。③乡：郑玄说，衣少所居之服，冠长所居之冠，是之谓乡。④遽：匆忙，急促。⑤珍：玉。待聘：指待诸侯聘问之事而能被用上。⑥威：通“畏”，畏惧。⑦粥粥：柔弱的样子。⑧齐难：郑玄说：“齐庄可畏难。”⑨备豫：预先有所准备。⑩禄：供给俸禄。⑪畜：容留。⑫淹：浸渍。⑬劫：劫胁。⑭沮：郑玄说：“恐怖之。”⑮鸷虫：凶猛野兽。⑯不程勇者：王引之说：“不程勇者”应作“不程其勇”与“不程其力”对文。程，量度。⑰习：俞樾说，习乃是重复之意。⑱淫：奢侈。⑲溽：浓厚。⑳干橹：小盾，大盾。㉑一亩：孔疏说，经一步，长百步也，折而方之，则东西南北各十步。宫：墙垣。㉒环堵：四面每面一堵。堵，五版为一堵。㉓圭窬：穿墙而做成的门边小户，上锐下方，形状像圭。㉔牖：窗户。㉕上答之：郑玄说，谓君用其言。㉖信：通“伸”，伸展。㉗优游之法：郑玄说，法和柔者也。㉘“举贤”句：据孔疏改。㉙毁方而瓦合：据《汉书·陈汤传》说：“瓦合”是杂凑的意思。㉚辟：避。㉛翘：陈澔说：“‘翘’与‘招其君之过’的‘招’字同，举也。举其过而谏之也。”㉜厉：磨。廉隅：棱角。㉝孙：通“逊”，谦逊。㉞陨获：困迫失志之貌。㉟充诎：因富贵而失节之貌。㊱慁：污辱。㊲累：系。㊳闵：病。

【译文】

鲁哀公问孔子说：“先生的衣裳，大概就是儒者应该穿的服装吧？”孔子回答说：“我幼年的时候居住在鲁国，所以穿的都是腋下袖子宽大的衣服。长大以后居住在宋国，所以戴殷代的章甫冠。我听说，君子的学问一定要广博，服装穿着要遵循乡土的风俗。我不知道儒者的服装是怎么回事。”

哀公说：“那么，请问儒者的行为是怎样的呢？”孔子回答说：“匆忙之间要一一讲述，是说不完那些事的。如果要全部一一讲述出来的话，那就非久留不可，即使随从的仆人换班休息也讲不完。”

哀公就让人摆设了座席。孔子陪侍哀公坐着，说：“儒者有如筵席上的珍玉，等待被诸侯聘问；早晚勤勉努力地学习，等待别人来咨询；心怀忠心诚实，等待别人的荐举；努力修身行道义，等待别人来录用。儒者的修养立身就是这样的。

“儒者是衣服帽子都合礼，动作也均谨慎。对那些大事推让不敢接受，就像有点傲慢的样子；对小事也推让不敢接受，就像有点虚伪一样；做大事情好像有所畏惧，做小事情又好像有所惭愧。他们难于很难进取，却易于引退，柔弱得就好像一点本领都没有。儒者的容貌就是这样子的。

“儒者是起居严肃可畏，坐立毕恭毕敬，讲话必定先讲信用，行为动作必定不偏不倚。在道路上不和别人争走易行好走的路而避开险难不好走的路，在冬天和夏天不和别人争冬暖夏凉的地方；舍不得轻易一死而要等待命运的改变，保养自己的身体而准备更有作为。儒者做事必定预先有所准备就是这样子的。

“儒者不会把金玉当作珍宝，而是把忠信当作珍宝；不希求土地，而将树立正义道义看作土地；不希求多积钱财，而将多学文章技艺当作自己的财富；要儒者出来做官这是很难办到的，但是给他的俸禄却是可以轻易做出的。虽然给的俸禄可以轻易作出，但是要想留他又还是很难的。因为若不是光明的世道就不能见到儒者，像这样要留他不是也很难吗？先勤勉做事后取俸禄，像这样供给他俸禄不是很容易的事情吗？儒者与人接近就是这样子的。

儒者是用忠信作为盔甲，用礼义作为盾牌从而不被人欺侮。

“儒者是即使用钱财物品来馈赠他，用娱乐玩好的事情来浸渍他，他也不会因见了利就忘了义；即使让许多人胁逼他，用兵器威吓他，他也不会因面对着死亡而选择改变操守；遇到凶猛的野兽就去搏斗，他也不先估量一下自己的勇猛之力够不够；要举重鼎，他也不先估量一下自己的力气够不够；对过去的事情从不后悔，对未来的事情也不妄加揣测；错误的言论不会犯第二次，流言蜚语不去查根究底；时时保持着威严，计划定了不再重复考虑。儒者的独立精神就是这样的。

“儒者可以亲近，却但不可以挟制；可以接近，却不可以逼迫；可以杀死，却不可以被侮辱。他居住的地方并不奢侈豪华，饮食也并不丰富多样，有过失可以轻微委婉地给他示意，却不可以当面一一斥责。儒者的刚强坚毅就是这样子的。

“儒者是用忠信作为盔甲，用礼义作为盾牌从而不被人欺侮；在外遵循仁道行路，在日常生活中也守护正义居家；即使遇到暴虐的统治，也不改变自己的立场。儒者自立就是这样的。

“儒者仅有一亩大小的地方居所，四面各都围着一堵高墙的屋子，竹子编成的门，门旁又有一扇圭形的小门，是用蓬草编成，并且用瓮嵌成的窗洞；（全家只有一件体面的衣服，）要相互换着穿才能出门，（也不是天天粮食充足，）两天只能吃一天的饭食；朝廷要用他的时候，他不怀猜疑之心（做官竭尽忠心）；朝廷不用他的时候，他也不会为谄媚巴结（以求得做官）。儒者做官就是这样的。

“儒者虽是同和当代人一起居住的，但却能合乎古代君子的道理；在今世所做的事，却可以做后世的楷模；如果正好没有遇上政治光明的时代，上面的人不提拔，下面的人不推荐，谗言谄媚的人又结成党羽对他陷害，但是也只可能伤害他的身体，而不可能改变他的志向；虽然受到危害，但是在日常生活中却始终能伸展自己的志向，而且还是时刻不忘百姓的痛苦。儒者忧虑深思就是这样子的。

“儒者会广博地学习而没有止境，笃实行道而从不厌倦。在个人独处的时候，不颓废放荡；在自己通达而得到上面任用的时候，不感到才德不足的窘困。礼节以和谐为贵，以忠信为美，以宽和为法则。仰慕贤人却又能包容众人，可以抑制自己方正端直的锋芒而能和众人相处随和。儒者宽容充裕就是这样的。

“儒者推荐人才时对内不回避自己的亲属，对外不避开自己所怨恨的人；考核对方的功绩必积累很多事实，然后推举贤人而使他得到任用，但不企望能得到报答；只要能使国君任用荐举的贤人而能够实现他的志向，并且有利于国家，自己并不贪图富贵。儒者推举贤人、引荐贤能之人就是这样的。

“儒者听到好的话就互相转告，看见好的事就互相介绍。有爵位互相推让，要让对方居先；如果有患难就相互争先，甚至不惜牺牲自己。若有朋友久处下位，就等待和他一起迁升；若有朋友远在别国尚未得志，就招来推荐给明君。儒者任用举荐就是这样的。

“儒者不仅清洁身体洗去污浊，而且又能沐浴于道德而洁净自己的品格；陈述自己的意见，而又敬服地听候国君的命令。安静地谨守正道，而自己有善言正行也不一定为国君所知道；国君有过失，委婉地启发劝谏，而且不急切地去做；（如果自己地位尊贵了）不在地位卑下的人面前显耀自己的高位，（当自己有了一点小胜利）也不夸大它而自以为成绩很多；处在太平时期，（虽然和许多贤人在一起）也并不轻视自己，身处在混乱时期，（虽然大道不能被推行）并不灰心丧志；见解相同的不和他们结成党羽，和自己见解不同的也不对他们加以诋毁。儒者立身行动独特就是这样子的。

“儒者是对上不做天子的臣子，对下也不为诸侯做事；谨慎安静而崇尚宽厚，坚强刚毅而不苟同他人，学问渊博而知道服畏前贤；所接近的是文章一类的事，而同时磨砺锻炼自己，使自己行为品性刚直不苟；即使以国土作为俸禄给他，他也看得像锱铢一样微不足道；既不为臣子，也不求做官。儒者的规矩行为就是这样的。

“儒者交朋友要有相同的志向和意趣，研习道艺有相同的方法；和朋友地位相同并立的，那是很愉快的，而即使位居下面，也不厌恶卑贱；和朋友很久不相见，听到诽谤朋友的谎言也不会相信；儒者必定以方正为行为的根本，做事必定遵循义理；与自己志同道合的就进而相交，不相同的就退而避开。儒者交朋友就是这样子的。

“温和善良是仁义的根本，恭敬谨慎是仁义的基础，宽容是仁义的作为，谦逊待人是仁义的技能。礼节是仁义的外貌，言谈是仁义的文章，歌咏舞乐是仁义的和悦，分散积蓄是仁义的施行。儒者兼有这许多方面，但还不敢说自己已经全部做到仁义了。儒者恭敬谦让地待人接物就是这样的。

“儒者在贫贱的时候不丧失他的一贯志向，在富贵的时候不骄奢而丧失原先的节操。不因为被君王侮辱而违反道义，不因为卿大夫的困迫而丧失志气，不因为群吏的困扰而违背道义。所以这就叫作‘儒’。现在被众人称为儒者的，却没有儒者的实质，因此常常用儒者的名称互相讥讽。”

孔子从卫国返回鲁国时，鲁哀公招待让他住在馆舍；鲁哀公自从听了这番话后，讲话更加注重信用，行为更加合乎义理。鲁哀公说：“我终身再不敢拿儒者开玩笑了。”

昏义

【原文】

昏礼者[①]，将合二姓之好[②]，上以事宗庙，而下以继后世也，故君子重之。是以昏礼纳采、问名、纳吉、纳征、请期[③]，皆主人筵几于庙[④]，而拜迎于门外，入，揖让而升，听命于庙[⑤]，所以敬慎重正婚礼也。

昏礼者，将合二姓之好，上以事宗庙，而下以继后世也。

父亲醮子而命之迎[⑥]，男先于女也。子承命以迎，主人筵几于庙而拜迎于门外。婿执雁入，揖让升堂，再拜奠雁，盖亲受之于父母也。降出，御妇车，而婿授绥，御轮三周，先俟于门外。妇至，婿揖妇以入。共牢而食[⑦]，合卺而酳[⑧]，所以合体[⑨]，同尊卑[⑩]，以亲之也。

敬慎重正、而后亲之，礼之大体，而所以成男女之别，而立夫妇之义也。男女有别，而后夫妇有义；夫妇有义，而后父子有亲；父子有亲，而后君臣有正。故曰：昏礼者，礼之本也。

夫礼始于冠，本于昏，重于丧、祭，尊于朝、聘，和于射、乡，此礼之大体也。

夙兴[⑪]，妇沐浴以俟见。质明[⑫]，赞见妇于舅姑[⑬]，妇执笲枣、栗、段、脩以见[⑭]。赞醴妇[⑮]。妇祭脯醢，祭醴。成妇礼也。舅姑入室，妇以特豚馈[⑯]，明妇顺也。"厥明[⑰]，舅姑共飨妇以一献之礼[⑱]，奠酬[⑲]。舅姑先降自西阶，妇降自阼阶。"以著代也。

成妇礼，明妇顺，又申之以著代，所以重责妇顺焉也。妇顺者，顺于舅姑，和于室人[⑳]，而后当于夫[㉑]，以成丝麻布帛之事，以审守委积盖藏[㉒]。是故妇顺备，而后内和理；内和理，而后家可长久也。故圣王重之。

是以古者妇人先嫁三月，祖庙未毁㉓，教于公宫㉔；祖庙既毁㉕，教于宗室㉖。教以妇德、妇言、妇容、妇功㉗。教成祭之㉘，牲用鱼，芼之以蘋、藻㉙，所以成妇顺也。

古者天子后立六宫㉚，三夫人、九嫔㉛、二十七世妇、八十一御妻㉜，以听天下之内治㉝，以明章妇顺，故天下内和而家理㉞。天子立六官、三公、九卿、二十七大夫、八十一元士㉟，以听天下之外治，以明章天下之男教，故外和而国治。故曰：天子听男教，后听女顺；天子理阳道，后治阴德；天子听外治，后听内职。教顺成俗，外内和顺，国家理治，此之谓盛德。

是故男教不修，阳事不得，适见于天㊱，日为之食㊲；妇顺不修，阴事不得，适见于天，月为之食。是故日食则天子素服，而修六宫之职，荡天下之阴事㊳；月食则后素服，而修六宫之职，荡天下之阳事。故天子之与后，犹日之与月，阴之与阳，相须而后成者也㊴。天子修男教，父道也；后修女顺，母道也。故曰：天子之与后，犹父之与母也。故为天王服斩衰，服父之义也；为后服资衰㊵，服母之义也。

【注解】

①昏礼：郑玄说，娶妻之礼，以昏为期，因名焉。必以昏者，取其阳往阴来之义。②“将合”句：因为同姓不通婚，所以说“将合二姓之好”。③纳采：纳雁以为采择之礼，即男家向女家送一只雁，告诉已选择其女为对象。问名：询问女子姓名。纳吉：男家占卜得吉兆，通告女家。纳征：纳聘礼作为婚姻之证。请期：请求女家同意婚期。④主人：女方父母。⑤听命于庙：女方父母听受婿家之命于庙堂上的两楹之间。⑥醮：敬酒，受方不必回敬。⑦共牢：泛指夫妇共用一种食物。⑧合卺而酳：合饮一个酒杯。卺，以一匏分为二，夫妇各用其半以酳，故称“合卺而酳”。⑨合体：合卺有合体之义。⑩同尊卑：共牢则不异牲，共同尊卑之义。⑪夙：第二天早上。⑫质明：正明，天亮时。⑬赞：助，此指协助行礼。⑭笲：竹器。⑮赞醴妇：孙希旦说：“妇既见，宜有以答之，故赞为舅姑酌醴（即斟甜酒）以礼妇也。”⑯特豚：指一头小猪。⑰厥明：馈豚的第二天。⑱“舅姑”句：孙希旦说：“凡飨礼，主人献宾，宾酢主人，主人又酌自饮毕，更爵以酬宾，为一献。此飨妇之礼，舅献而姑酬，故曰‘共飨妇以一献之礼’。”⑲奠酬：孔疏云：“妇酢舅，舅于阼阶上受酢，饮毕乃酬，妇更爵先自饮毕，更酌酒以酬姑，姑受爵奠于荐左，不举爵，正礼毕。”⑳室人：郑氏曰：“室人，女妐、女叔、诸妇也。”即丈夫的姐妹及兄弟的妻子。㉑当：称，适合。㉒审：周密。守：守护。委积：积聚，储备。盖藏：储藏。委职、盖藏，此均指家中储藏的财物。㉓祖庙未毁：指此女犹于此祖有服，则于君为亲属。㉔教于公宫：使女师教育于祖庙。㉕祖庙既毁：指此女子此祖无服，则于君为疏远。㉖教于宗室：教之于宗子之家。㉗德：指贞顺的品德。言：指辞令。容：指化妆术。功：指纺织、刺绣等女工之事。㉘祭之：祭告其女所出之祖。㉙芼：做羹的菜。郑氏云：“鱼、蘋藻，皆小物，阴类也。”鱼为俎实，蘋藻为羹菜。㉚六宫：正寝一，燕寝五，共为六宫。㉛九嫔：王宫中的女官，也是帝王妃子。《周礼·天官·内宰》：“九嫔掌妇学之法，以教九御。”㉜世妇：宫中女官，相当于妃嫔之类。《周礼·天官·冢宰》：“世妇掌祭祀宾客丧纪之事。”御妻：也称“女御”“御女”，宫内女官，位在世妇

之下。《周礼·天官·女御》："掌御叙于王之燕寝，以发时献功事，凡祭祀赞世妇，大丧掌沐浴，后之丧持翣……"㉝听：掌管。㉞"以明"两句：此句或以为当作："以明章天下之妇顺，故内和而家理。"此说见王梦鸥《礼记今注今译》。㉟六官：天地四时（春夏秋冬）之官，共六官。元士：官名。天子之士所以称元士，异于诸侯之士也。㊱适：郑氏曰，适之言责也，谴责之义。见：现。㊲食：蚀。㊳荡：荡涤，清除秽恶。㊴相须：相待，相依存。㊵资：郑玄谓当为"齐"。

【译文】

婚礼是将要合成两姓之间的融合欢好，是对祖先的祭祀和宗族的延续，所以君子看重婚礼。因此婚礼中的纳采、问名、纳吉、纳征、请期，女方父母都要在宗庙里设筵摆席，并在门外敬迎男方的使者。进了庙门，互相揖让着登上堂，在庙堂的两柱子间聆听接受使者传达的婿家之命。这些都是用来使婚礼更加恭敬、谨慎、隆重又光明正大。

敬慎重正而后亲之，礼之大体，而所以成男女之别，而立夫妇之义也。

男方父亲在向儿子敬酒后吩咐他去迎娶新妇，这是表示男方比女方主动。儿子接受父命前去迎娶，女方父母则在庙里设下筵席，而且在庙门外拜迎女婿的到来。女婿捧着雁进门，相互揖让着登堂，下拜两次，献上雁，原来这是秉承父母之命的意思。然后下堂出来，驾好新娘坐的车，再把车上的拉手绳交给新娘登车。新郎驾车，等车轮转了三圈后让车夫驾驭，自己先返回，在大门外等候。新娘到达，新郎向新娘作揖，迎请入门。吃饭的时候，夫妇共用一种食物，合饮一个酒杯，用来表示合为一体、尊卑相同地相亲相爱。

夙兴，妇沐浴以俟见。

恭敬、谨慎、隆重又光明正大的婚礼举行过后，然后去爱她，是礼的基本原则，并且这样以后男女之间的分别就建立了起来，夫妇间的道义也随之形成了。夫妇间有了分别，然后夫妇间才有道义；夫妇间有了道义，然后父与子才能亲爱和睦；父与子能亲爱和睦，然后君与臣才能各安其位、各行其是。所以说，婚礼是礼的根本。

礼是从冠礼开始的，以婚礼作为根本，丧祭礼着重于隆重，朝觐和聘问着重尊敬，射礼和乡饮酒则重视和睦，这就是礼的大原则。

婚礼第二天清早起床，新娘梳洗打扮后，等待拜见公婆。天明时分，协助行礼的妇人带着新娘去见公公婆婆。新娘拿着竹器，盛着枣子、栗子、加姜桂腌制的干肉去拜见（枣子和栗子献给公公，干肉献给婆婆）。协助行礼的妇人代替公公婆婆给新娘敬甜酒。新娘在席上祭肉酱、祭甜酒。这样就完成了做媳妇的礼仪。等公公婆婆回到卧室，新娘又拿一头小猪去进献，表明做媳妇的孝顺。次日，公婆共用“一献之礼”的方式向媳妇赐酒，公婆虽受到媳妇的回敬，但不用和她同饮。饮完后，公婆先从西阶下去，新娘再从主人的阼阶下去，用这个方式来表明新娘将替代婆婆（做一个家庭主妇）。

做媳妇的礼仪完成了，媳妇的孝顺表明了，又再次申明她将替代主妇的地位，这都是因为在郑重地要求媳妇要做到孝顺。所谓媳妇的孝顺，就是指顺从公婆，与夫家的女眷相处和睦，然后才称得上是和丈夫相匹配的；并且还要能处理丝麻、布帛的事情，周密地守护家中积聚储藏的财物。因此，做媳妇的能做到孝顺无差错，然后家庭内部和谐安定；家庭内部和谐安定，然后家族可以长久不衰。所以圣王重视妇女的孝顺。

因此古时候女子出嫁前的三个月，如果她的高祖庙还未迁，那就在太宗的庙里接受女师的婚前教育；如果她的高祖庙已经被迁走，就在宗子之家接受婚前教育。教给她有关于妇人的贞顺品德、说话谈吐、容貌化妆、女工之事。教育完成后，祭告女子的祖先，用鱼作牺牲，用蘋、藻做成羹菜，用这些来表示成全妇人柔顺的德行。

古代天子在王后以下设立六宫、三夫人、九嫔、二十七世妇、八十一御妻，用来掌管天下的内部治理，申明表白妇人的和顺，所以天下内部和睦而家庭安定有序。天子设立六官、三公、九卿、二十七大夫、八十一元士，用来掌管天下的外部治理，申明表白天下臣民的政教，所以外部和谐而国家安康稳定。所以说：“天子负责外部的治理，王后负责内部的管理。”教导和顺形成了风俗，外部和内部都和睦协调，国和家都得到了整治，这就叫作盛德。

因此，臣民政教不能修治，阳道之事不能施行，上天就会出现谴责的征兆，就会有日食；妇人的和顺德行不能修治，阴道之事不能施行，上天也会出现谴责的征兆，就会有月食。因此发生日食时，天子就穿上纯白的衣服，整治六官的职事，清除天下阳事中的秽恶；发生月食时，王后就穿上纯白的衣服，整治六宫的职事，清除天下阴事中的秽恶。因此天子和王后，就好比太阳与月亮、阴与阳，相互依存才能成功。天子修治臣民的政教（就如父亲管教儿子），是父道；王后修治妇人的和顺，（就如母亲教导女儿）是母道。因此说：“天子和王后，就好比父亲和母亲。”所以臣子为天子服斩衰三年，就是和为父亲服丧三年一样的意思；为王后服齐衰三年，就是和为母亲服丧一样的意思。